D1985497

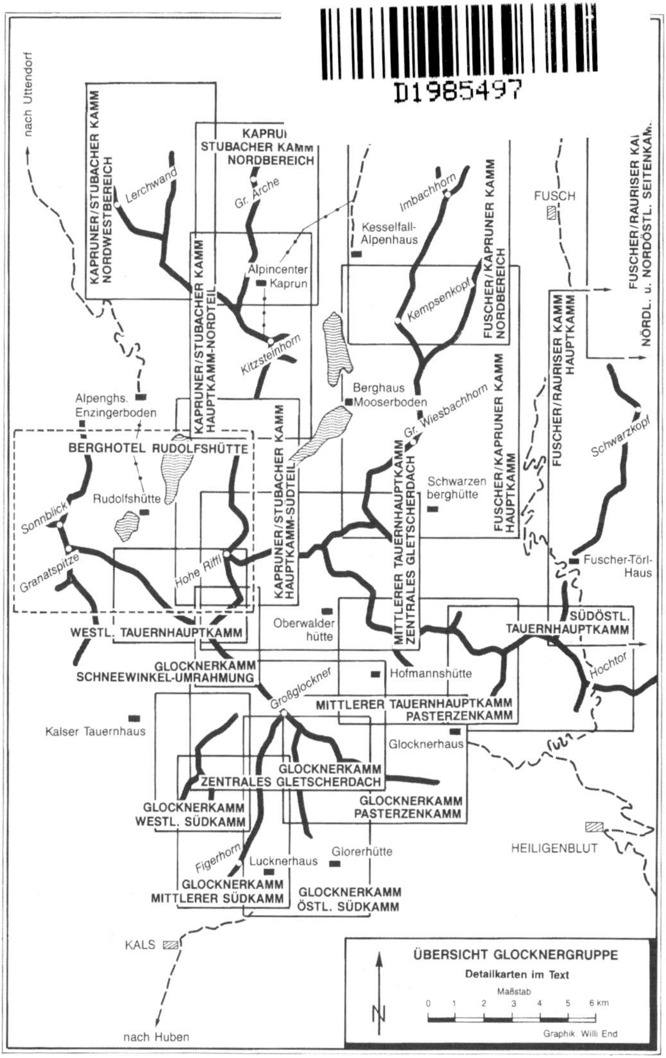

nach Uttendorf
KAPRUNER/STUBACHER KAMM NORDWESTBEREICH
Lerchwand
KAPRUNER/STUBACHER KAMM NORDBEREICH
Gr. Arche
Imbachhorn
FUSCH
FUSCHER/RAURISER KAMM NÖRDL. u. NORDÖSTL. SEITENKAMM
Kesselfall-Alpenhaus
Alpincenter Kaprun
FUSCHER/KAPRUNER KAMM NORDBEREICH
Kempsenkopf
KAPRUNER/STUBACHER KAMM HAUPTKAMM-NORDTEIL
Kitzsteinhorn
FUSCHER/RAURISER KAMM HAUPTKAMM
Berghaus Mooserboden
Alpenghs. Enzingerboden
Gr. Wiesbachhorn
FUSCHER/KAPRUNER KAMM HAUPTKAMM
Schwarzkopf
BERGHOTEL RUDOLFSHÜTTE
KAPRUNER/STUBACHER KAMM HAUPTKAMM-SÜDTEIL
MITTLERER TAUERNHAUPTKAMM ZENTRALES GLETSCHERDACH
Schwarzen berghütte
Rudolfshütte
Sonnblick
Granatspitze
Hohe Riffl
Fuscher-Törl-Haus
Oberwalder hütte
SÜDÖSTL. TAUERNHAUPTKAMM
WESTL. TAUERNHAUPTKAMM
GLOCKNERKAMM SCHNEEWINKEL-UMRAHMUNG
Hofmannshütte
Hochtor
Großglockner
MITTLERER TAUERNHAUPTKAMM PASTERZENKAMM
Kalser Tauernhaus
Glocknerhaus
GLOCKNERKAMM ZENTRALES GLETSCHERDACH
GLOCKNERKAMM WESTL. SÜDKAMM
GLOCKNERKAMM PASTERZENKAMM
HEILIGENBLUT
Figerhorn
Lucknerhaus
Glorerhütte
GLOCKNERKAMM MITTLERER SÜDKAMM
GLOCKNERKAMM ÖSTL. SÜDKAMM
KALS
nach Huben
ÜBERSICHT GLOCKNERGRUPPE
Detailkarten im Text
Maßstab
0 1 2 3 4 5 6 km
N
Graphik: Willi End

GLOCKNER- UND GRANATSPITZGRUPPE

Alpenvereinsführer

Ein Taschenbuch in Einzelbänden
für Hochalpenwanderer, Bergsteiger und Kletterer
zu den Gebirgsgruppen der

Ostalpen

Herausgegeben
vom Deutschen und vom Österreichischen Alpenverein
sowie vom Alpenverein Südtirol

Band

Glockner- und Granatspitzgruppe

WILLI END

Glockner- und Granatspitzgruppe

Ein Führer für Täler, Hütten und Berge
mit 164 Fotos, 51 Anstiegsskizzen, 29 Kammverlaufskizzen,
1 Zufahrtsskizze, 2 Übersichtskartenskizzen und eine farbige
Übersichtskarte im Maßstab 1:75.000

Verfasst nach den Richtlinien der UIAA

BERGVERLAG ROTHER GMBH · MÜNCHEN

Umschlagbild
Großglockner, Glocknerwand von Osten.

Bild auf Seite 6:
»Glocknerkreuz« auf dem Großglocknergipfel.

Bild auf Seite 8:
Morgengebet der Bergführer beim Glocknerkreuz (von Otto Barth).

Bildnachweis: Alle Fotos und Skizzen von Willi End.

Kartenausschnitt im Maßstab 1:75.000 auf dem hinteren Vorsatz:
© Freytag-Berndt, Wien

Die Ausarbeitung der in diesem Führer beschriebenen Anstiege und Routen erfolgte nach bestem Wissen und Gewissen des Autors. Die Benützung dieses Führers geschieht auf eigenes Risiko. Soweit gesetzlich zulässig, wird eine Haftung für etwaige Unfälle und Schäden jeder Art aus keinem Rechtsgrund übernommen.

Die Vorschriften der UIAA zur Erstellung von Kletteranstiegen beziehen sich nur auf die Gliederung der Anstiegsbeschreibungen und auf die Erstellung der sogenannten Beschreibungsköpfe, die die wichtigsten Angaben zu den Kletteranstiegen, der Anstiegsbeschreibung vorangestellt, beinhalten.

Alle Rechte vorbehalten.
© Bergverlag Rother GmbH, München
11. aktualisierte Auflage 2011
ISBN 978-3-7633-1266-5

Vorwort zur 11. Auflage

Der Großglockner ist nicht nur der höchste Berg Österreichs, er ist auch der Berg der Superlative, »ihn umstrahlt das Fluidum einer ungewöhnlichen Persönlichkeit«. Er, der »König der Hohen Tauern«, ist der Mittelpunkt einer herrlichen Bergwelt, die in den Ostalpen ihresgleichen sucht. Im Jahre 1881 schrieb der Wiener Historiker Josef Rabl den ersten Glocknerführer.
Fünf Jahre später verfasste Heinrich Heß den zweiten und nach 37 Jahren Franz Tursky den dritten Glocknerführer. 1953 erschien von Vera Lienbacher eine nicht glückliche Neugestaltung des Führers. Mit der 6. Auflage (1973) durch Hubert Peterka (*19.9.1908, †12.11.1976), zuzüglich der Granatspitzgruppe, erfolgte eine Pionierarbeit. Ab der 7. Auflage (1980) übernahm Willi End den Alpenvereinsführer »Glockner- und Granatspitzgruppe«.
Die 8. Auflage (1990) bedurfte einer grundlegenden Neubearbeitung. Der Aufbau des Führers wurde umgestaltet, die Anstiegsbeschreibungen wurden den AV- und UIAA-Richtlinien entsprechend neu verfasst. Besonderer Wert wurde auf eine reichhaltige Bebilderung (Anstiegsbilder), auf Anstiegsskizzen sowie auf die Beigabe von Kammverlaufskizzen sämtlicher Bergkämme der Glockner- und Granatspitzgruppe gelegt.
Dieses Führerwerk ist für versierte Bergsteiger verfasst, vor allem betreffend der Gipfelanstiege; weniger Geübte mögen sich eines Bergführers bedienen. Die Verhältnisse im Hochgebirge sind ständigen Veränderungen unterworfen, vor allem Gletscher und Eisflanken. Mit dem Ausapern der Eiswände (man lasse sich durch Neuschneebelag nicht täuschen) tritt mitunter gefährliches, brüchiges Gestein (Bratschen) zu Tage, während die Beschreibungen, wenn nicht eigens darauf verwiesen, auf normalen Verhältnissen basieren, denn es ist nicht gesagt, dass diese nicht wieder eintreten können.
Das Begehen sämtlicher Routen (wie im vorliegenden Umfang) ist für den Autor nicht möglich, daher finden sich auch übernommene, nicht überprüfte Angaben. Man klammere sich nicht zu sehr an die Einzelheiten einer Beschreibung, sondern versetze sich in die Lage der Erstersteiger, die ohne Führerwerke und Landkarten, mit Umsicht und Überlegung, ihre Bergfahrten ausführten.
Eigenes Urteilsvermögen ist gefragt, so wird das Bergerlebnis auch an Intensität gewinnen. Selbst Bergwanderungen, die als »unschwierig« oder »einfach« bewertet sind, erfordern alpine Erfahrung und geeignete Ausrüstung.
Trotz allem Bemühen ist, wie jedes menschliche Tun, auch dieses Führerwerk nur Stückwerk. In dieser Erkenntnis bin ich für eventuelle Änderungsvorschläge dankbar.

Der »Vater der Alpenvereinsführer«, Klubkamerad Walther Flaig (*16.8.1893, †20.8.1972), hat es in aller Öffentlichkeit ausgesprochen: »Es gibt gewiss keine mühseligere, langwierigere und materiell undankbarere Arbeit als dieses Führerwerk.« Seine Worte können nicht widerlegt werden, und dennoch habe ich mich mit Freude dieser Arbeit gewidmet.
All jenen sei gedankt, die zu dieser Neuauflage beigetragen haben – ein liebevolles Dankeschön besonders meiner Familie, die mich auf so manch langwieriger Fotoexkursion begleitet und für die zeitraubenden Arbeiten am Schreibtisch Verständnis gezeigt hat.
Innigen Dank dem allmächtigen Schöpfer für dieses Kleinod der Berge und für die Gabe, dass der Mensch befähigt ist, deren Schönheit und beeindruckende Harmonie zu erfassen.
Mögen alle Besucher dieser einmaligen Bergwelt, ob Wanderer, Bergsteiger oder Kletterer, sonniges, beglückendes Bergerleben empfangen – dazu ein herzliches Berg-Heil!

Baden bei Wien, im Sommer 2010 Willi End

In Gottes Hand ist,
was unten
in der Erde ist
und die Höhen
der Berge
sind auch sein.

Psalm 95,4

in memoriam
meiner geliebten Gattin

Hermi

*5.3.1924 †16.9.2003

65 Jahre gemeinsames, sonniges Bergglück waren uns beschieden …

Morgengebet der Bergführer beim Glocknerkreuz.

Der »Vater der Alpenvereinsführer«, Klubkamerad Walther Flaig (*16.8.1893, †20.8.1972), hat es in aller Öffentlichkeit ausgesprochen: »Es gibt gewiss keine mühseligere, langwierigere und materiell undankbarere Arbeit als dieses Führerwerk.« Seine Worte können nicht widerlegt werden, und dennoch habe ich mich mit Freude dieser Arbeit gewidmet.
All jenen sei gedankt, die zu dieser Neuauflage beigetragen haben – ein liebevolles Dankeschön besonders meiner Familie, die mich auf so manch langwieriger Fotoexkursion begleitet und für die zeitraubenden Arbeiten am Schreibtisch Verständnis gezeigt hat.
Innigen Dank dem allmächtigen Schöpfer für dieses Kleinod der Berge und für die Gabe, dass der Mensch befähigt ist, deren Schönheit und beeindruckende Harmonie zu erfassen.
Mögen alle Besucher dieser einmaligen Bergwelt, ob Wanderer, Bergsteiger oder Kletterer, sonniges, beglückendes Bergerleben empfangen – dazu ein herzliches Berg-Heil!

Baden bei Wien, im Sommer 2010 Willi End

In Gottes Hand ist,
was unten
in der Erde ist
und die Höhen
der Berge
sind auch sein.

Psalm 95,4

in memoriam
meiner geliebten Gattin

Hermi

*5.3.1924 †16.9.2003

65 Jahre gemeinsames, sonniges Bergglück waren uns beschieden …

Morgengebet der Bergführer beim Glocknerkreuz.

Das UIAA-Gütezeichen

Die UIAA (Union Internationale des Associations d'Alpinisme) hat Richtlinien für Schwierigkeitsbewertung und Routenbeschreibung herausgegeben. Ist ein Kletterführer nach diesen Richtlinien verfasst, erhalten Autor und Verlag das Recht, dies durch Abdruck des UIAA-Gütezeichens kundzutun.

Was beinhalten die Richtlinien?

- Alle besonderen Routenmerkmale wie Schwierigkeitsgrad, Zeit, Länge und/oder Höhe des Anstiegs, Art der Kletterei, besondere Gefahren usw. sind im Beschreibungskopf, der Routenbeschreibung vorangestellt, anzuführen.
- Zugang und Anstieg sind voneinander zu trennen und separat zu beschreiben. Verweise sind zulässig.
- Die Beschreibung des Routenverlaufs ist kurz und eindeutig (wenn möglich in Seillängen gegliedert) abzufassen.
- Normalwege sind auch in Abstiegsrichtung zu beschreiben.
- Die Bildgestaltung muss unmissverständlich sein.
- Routenskizzen müssen die internationalen Symbole aufweisen.
- Werden Routenbeschreibungen durch Skizzen ergänzt, müssen beide miteinander übereinstimmen.
- Und weitere Forderungen.

Die Überprüfung von Text, Bildern und Skizzen gemäß UIAA-Richtlinien erfolgt durch den DAV (Sicherheitskreis), der die Belange der UIAA in Deutschland vertritt.

Die Richtlinien verlangen keine Überprüfung der Richtigkeit aller Angaben und Routenbeschreibungen. Dies wäre bei der Fülle der Führer und bei der Vielzahl der Routenbeschreibungen jedes einzelnen Führers auch gar nicht möglich. So können sich auch bei UIAA-geprüften Führern nach wie vor noch unrichtige Beschreibungsdetails einschleichen. Autor und Verlag sind angehalten, möglichst gewissenhaft zu arbeiten.

DAV-Sicherheitskreis

Inhaltsverzeichnis

Übergänge und Gratscharten . . . 194

Gipfel und Gipfelanstiege . . . 256

Verzeichnis der Kammverlaufskizzen

(Zeichnung der Skizzen: Willi End)

Verzeichnis der Fotos

(Alle Fotos sowie Beschriftung und Einzeichnung der Anstiege: Willi End)

Verzeichnis der allgemeinen Anstiegsskizzen

Zeichnung der Skizzen: Hans Trautsch
(nach Vorlagen von Hubert Peterka und Willi End)

Verzeichnis der UIAA-Anstiegsskizzen

Zeichnung der Skizzen: Willi End
(nach Angaben der Erstbegeher und eigenen Unterlagen)

Zum Gebrauch des Führers

Allgemeines

Dieser Alpenvereinsführer (AVF) ist, wie bereits erwähnt, für Hochalpenwanderer, Bergsteiger und Kletterer geschrieben, nicht für Ungeübte, diese mögen sich einem autorisierten Bergführer anvertrauen. Die Hochregionen der Hohen Tauern bleiben dem erfahrenen Bergsteiger vorbehalten! Auf Gletschern besteht immer Spaltengefahr. Diese kann unterschiedlich groß sein. Das Ausmaß hängt nicht nur von der Eigenart des Gletschers, sondern auch vom Schneedeckenaufbau und von der Jahreszeit ab. Der Aufbau des Führers erfolgte – nach Möglichkeit – entsprechend den »Grundsätzen und Richtlinien für Alpenvereinsführer« und den »UIAA-Regeln und Vorschriften für Schwierigkeitsbewertung und Routen(Anstiegs-)beschreibung«. Eine reichhaltige Bebilderung erschien zweckmäßig, dabei wurde auf Anstiegsbilder besonderer Wert gelegt; unter Berücksichtigung des Führerumfangs wurde so manches Bild ad acta gelegt. Der Übersicht wegen wurden in einzelne Bilder keine Anstiege oder nur die Hauptanstiege eingezeichnet, während in den Detailbildern sämtliche Anstiege aufscheinen. Mitunter gleichen sich Bilder vom Aufnahmestandpunkt her, nicht aber vom Aufnahmezeitpunkt. Die zeitlich verschiedene Beleuchtung, zueinander verglichen, lässt die Struktur einer Wand erst richtig erkennen, was der Orientierung dient. Ein besonderes Anliegen war dem Verfasser auch die topografische Erfassung der Glockner- und Granatspitzgruppe, da immer wieder Gipfel und Scharten lagemäßig und auch namentlich (selbst in den derzeit greifbaren Landkarten) verwechselt werden. Eine Kartenskizze zeigt die Gliederung dieser Gebirgsgruppen. Nachdem in den Landkarten nicht alle Örtlichkeiten namentlich angeführt sind, wurde zur besseren Übersicht von jedem Bergkamm eine eigene Skizze angefertigt.

Randzahlen (R) bilden den Aufbau des Führers und sind den Örtlichkeiten, Weg- und Anstiegsbeschreibungen vorangestellt. An Hand dieser lässt das alphabetische Stichwortregister (am Schluss des Führers) jede Örtlichkeit finden. Querverbindungen beziehen sich ebenfalls auf die Randzahlen, nicht vorhandene dienen für spätere Ergänzungen.

Täler und **Talorte** sind in einem eigenen Kapitel behandelt. Sämtliche Orte sind für den Fremdenverkehr gerüstet, Gemeindeämter und Fremdenverkehrsverbände geben diesbezüglich Auskunft.

Bergbahnen, Sessellifte sind in einem eigenen Kapitel beschrieben.

Schutzhütten, Stützpunkte (Ghs., Almhütten) sind behandelt, wenn diese

der Allgemeinheit zugänglich sind. Der Zugang zu den Hütten aus dem Tal erfolgt meist auf bezeichneten Wegen; Erzherzog-Johann-Hütte und Oberwalderhütte sind nur über Gletscher erreichbar. Im Winter und Frühjahr sind, selbst wenn nicht darauf hingewiesen wird, mitunter auch Hüttenzugänge lawinengefährdet. Es wird empfohlen, beim Pächter oder im Tal sich zu erkundigen. Außerhalb der Bewirtschaftungszeiten sind einige Hütten bzw. deren Winterräume für Mitglieder mit dem AV-Schlüssel zugänglich. Zwischen den Führer-Neuauflagen ergeben sich im Hüttenbetrieb zwangsläufig immer wieder Änderungen; diese sind ersichtlich in »Die Alpenvereinshütten, Band I: Ostalpen« (hrsg. von DAV, OeAV und AVS im Bergverlag Rother).
Von Hütte zu Hütte wird der günstigeren Übersicht wegen in zwei Abschnitten behandelt: Hüttenverbindungen im einfachen Gelände und Hüttenverbindungen im hochalpinen Gelände. Diese werden in der meist gebräuchlichen Richtung beschrieben, teils auch in beiden Richtungen. Fast jede Hüttenverbindung im Hochgebirge führt über Gletscher, die, wenn auch oftmals begangen und durch Begehertrassen vereinfacht, Spaltengefahren aufweisen. Eine entsprechende Ausrüstung ist selbstverständlich. Hochalpine Hüttenverbindungen bleiben dem geübten Bergsteiger vorbehalten. Gletschererfahrung, Vertrautheit mit Hilfeleistungen nach Spalteneinbrüchen und stabiles Wetter sind Grundbedingungen. Bei diesen Übergängen ist verschiedentlich mit objektiven Gefahren zu rechnen, z. B. wechselnde Gletscherverhältnisse (Spaltenbildungen, Randklüfte), Schneebretter, Wechten, Lawinen, Steinschläge. Man verlasse sich auch nicht auf vorhandene Begeherspuren. Jeden Gletscher nur mit Seil begehen. Wer dem Gelände des Hochgebirges nicht gewachsen ist, möge dieses nur in Obhut kundiger Begleiter oder Führer aufsuchen. Im tiefer liegenden Gelände sind Hüttenverbindungen in der Regel bezeichnete Wege; im Felsgelände sind mitunter Sicherungen vorhanden. Die jeweils längsten Hüttenverbindungen im hochalpinen Gelände sind in der Glocknergruppe die Verbindung Oberwalderhütte – Heinrich-Schwaiger-Haus und in der Granatspitzgruppe die Verbindung Rudolfshütte – St. Pöltener Hütte. Die Hüttenverbindung Hofmannshütte – Stüdlhütte (zugleich höchste Überschreitung innerhalb der Glocknergruppe) gleicht einer extremen Bergfahrt.
Übergänge, benannte Gratscharten sind in einem eigenen Kapitel zusammengefasst. Über einige führen bezeichnete Hüttenverbindungen, die somit auch den Schartenzugang beschreiben. Für die anderen Scharten ist der Zugang bei diesen beschrieben. Übergänge bzw. Scharten dienen meist auch Gipfelanstiegen, hier wird auf die betreffende Scharte, mit ihrem beschriebenen Zugang, verwiesen. Vor allem hoch gelegene Scharten sind oft nur mühsam zu erreichen, und die Orientierung ist nicht immer einfach. Vollständigkeitshalber sind auch Anstiege bzw. Überschreitungen von Übergängen, die heute (durch eventuell veränderte Geländeverhältnisse) praktisch nicht mehr

begangen werden, jedoch historischen Wert besitzen, festgehalten.
Die **Dokumentation** (□) verzeichnet alle bekannten Routen – auch jene, die nicht empfehlenswert bzw. nicht mehr begangen werden.
Weg – Steig – Anstieg sind verschiedene Begriffe. Ein gebahnter Weg ist für jedermann, der einigermaßen gut zu Fuß ist, begehbar. Ein gepfadeter Steig ist mit Vorbehalt zu begehen, dazu gehört auch wegloses Gelände. Ein Anstieg im Schrofen- oder Felsgelände verlangt bereits mehr oder weniger schwierige Kletterei; auch eine Gletscherbegehung fällt unter den Begriff »Anstieg«. Aus dieser Sicht sind Weg, Steig und Anstieg im wörtlichen Sinn angewandt. In der Hochgebirgsregion ist immer und überall entsprechende Bergerfahrung nötig! Zur Beachtung: Für die Urerschließer gab es, unabhängig von der Art des Anstiegs oder seiner Schwierigkeit, immer nur einen »Weg«. Aus dieser längst vergangenen Zeit haben einige Anstiege ihre seinerzeitige Bezeichnung bis heute beibehalten, z. B. »Hofmannsweg« für den nicht ungefährlichen Gletscheraufstieg von der Pasterze zur Adlersruhe. Auch die einer Bergfahrt gleichende Verbindung Rudolfshütte – St. Pöltener Hütte als Tauern-»Höhenweg« zu bezeichnen, ist nicht zutreffend. Diese und ähnliche alte Bezeichnungen (längst zum Eigennamen geworden und scheinbar nicht wegzudenken), aber auch neuere Namensgebungen stehen im Widerspruch zur Begriffsteilung Weg – Steig – Anstieg und sind, wie gesagt, zu beachten; Hinweise bzw. die Schwierigkeitsangabe innerhalb der Beschreibung lassen dies erkennen.
Höhenangaben und **Geländebezeichnungen** beziehen sich auf die AVK Großglocknergruppe (40/2006) und Granatspitzgruppe (39/2002) (1:25.000), für Gebiete außerhalb auf die entsprechenden Blätter der ÖK (1:50.000) oder der F&B-WK (1:50.000). Innerhalb dieser Landkarten gibt es Verschiedenheiten in Höhenangaben und Namensgebung von Örtlichkeiten; nicht angegebene Messpunkte wurden durch Aneroid-Messungen ermittelt.
Schwierigkeitsbewertung: Diese gilt für geübte Bergsteiger und wird im nachfolgenden Kapitel definiert. Wird der Ausdruck »leichtester Anstieg« verwendet, soll dies wörtlich nicht »unschwierig« bedeuten, sondern den am wenigsten schwierigen Anstieg ausdrücken. Ist in der Anstiegsbeschreibung »weniger schwierig« angegeben, bezieht sich dies nicht auf die Schwierigkeitsskala »wenig schwierig« bzw. »unschwierig«, sondern gibt nur einen Vergleich zur vorherigen Seillänge; ähnlich ist es mit der Bezeichnung »leicht« oder »schwierig«. Strecken mit Sicherungen unterstehen mindestens dem Schwierigkeitsbegriff »I«! Objektive Gefahren (Steinschlaggefahr, wechselnde Randkluftverhältnisse, Lawinenbahnen, Wechten) wurden, soweit möglich, vermerkt. Ein Wettersturz (Regen, Neuschnee, Vereisung) kann die angegebene Schwierigkeitsbewertung vollkommen ändern; dies sollte stets bedacht werden! Die tatsächlichen Schwierigkeiten im Eis lassen

sich nur vor Ort feststellen. Dies bedeutet unter Umständen auch das Aufgeben einer Eisfahrt am Einstieg, wenn die Verhältnisse einen sicheren Aufstieg ausschließen.

Zeitangaben sind Durchschnittswerte. Für den Aufstieg (Wege, Steige) sind etwa 300 bis 400 Höhenmeter (für den Abstieg etwa 800 Höhenmeter) in der Stunde anzunehmen, zuzüglich 15 Minuten für 1 km Horizontalentfernung. Alle Gehzeiten sind für normale Verhältnisse gedacht. Zeitangaben für Kletterfahrten sind von der Norm ausgenommen. Der Zeitbedarf für Gletscherbegehungen und Eistouren ist von den Schnee- bzw. Eisverhältnissen abhängig.

Richtungsangaben (rechts, links) sind in Gehrichtung zu verstehen; ist die orografische Richtung (Fließrichtung des Wassers) gemeint, ist es vermerkt.

Ausrüstung und Bekleidung eigens aufzuzählen ist nicht nötig, da dieser Führer für mit dieser Materie vertraute Bergsteiger verfasst wurde. Nachdem es auf diesem Gebiet immer wieder Neuerungen gibt, sei auf die Lehrschriften des Bergverlag Rother und die Alpin-Lehrpläne des DAV (BLV-Verlagsgesellschaft) sowie auf Pit Schuberts »Sicherheit und Risiko in Fels und Eis, Bände I, II und III« (Herausgeber DAV e. V., erschienen im Bergverlag Rother GmbH, München) hingewiesen.

Die günstigste Tourenzeit ist von Anfang Juli bis Mitte September; bei normalen Witterungsverhältnissen sind in diesem Zeitraum auch die Schutzhütten bewirtschaftet. Die Verhältnisse auf den Gletschern und in den Eisflanken ändern sich ständig, und kein Sommer gleicht dem anderen. Allgemein sind in den Monaten Juli und August gute Verhältnisse zu erwarten. Der September kann mit einer stabileren Wetterlage aufwarten, dafür sind Eisflanken schon sehr ausgeapert und steinschlaggefährdeter als im Juli und August. Im Frühsommer gibt es meistens noch keine stabile Firnschneebildung, und neben Spurarbeit hat man mit Lawinengefahr zu rechnen. Für große, kombinierte Touren ist der Rückgang von Eis und Firn (anhand der aus letzter Zeit stammenden Fotos ersichtlich) zu beachten. Für steile Firnflanken und Eiswände, die einer starken Ausaperung unterliegen – wobei oft sehr brüchiges Gestein (Bratschen) zu Tage tritt –, ist eine Begehung vor den Sommermonaten in Erwägung zu ziehen und dann, wenn gesetzter, fest gefrorener Schnee eine solide Unterlage bildet (z. B. Großglockner-Pallavicini-Rinne, Großer-Bärenkopf-N-Wand, Eiskögele-N-Wand, Ödenwinkelwand-N-Wand, Johannisberg-W-Wand, Klockerin-NW-Wand, Hoher-Tenn-N-Wand, Gr.-Wiesbachhorn-NW-Wand). Dies ist zu berücksichtigen, da die Anstiegsbeschreibungen auf normalen Geländeverhältnissen basieren.

Auf Gletschern besteht Spaltengefahr! Diese kann unterschiedlich groß sein. Das Ausmaß hängt nicht nur von der Eigenart des Gletschers, sondern auch vom Schneedeckenaufbau und von der Jahreszeit ab.

Aufbau einer Anstiegsbeschreibung

Die Anstiegsbeschreibungen sind den UIAA-Richtlinien entsprechend abgefasst, beginnend mit dem »Beschreibungskopf«, der die wichtigsten charakteristischen Angaben (sofern bekannt) beinhaltet. Es folgen Angaben für den Zugang, wenn nötig eine Übersicht und die eigentliche Anstiegsbeschreibung. Bei kurzen oder wenig schwierigen Anstiegen sind diese detaillierten Angaben unter der Anstiegsbezeichnung zusammengefasst. Im Einzelnen:

Beschreibungskopf

Die Anstiege tragen geografische Bezeichnungen, z. B. »Nordwand«, »Südkante«. Führen über eine Wand mehrere Anstiege, sind diese nicht separat nach den Erstbegehern benannt. Die Anführung der **Erstbegeher** mit dem **Begehungsdatum** macht dies deutlich. Die Angabe von akademischen Titeln ist hier nicht üblich; bei Frauen wurde der Vorname ausgeschrieben. **Nachfolgebegehungen**, z. B. 1. Alleingang, 1. Abstieg, 1. Winterbegehung werden (soweit bekannt) ebenfalls angeführt.

Die **Literaturangaben** beziehen sich grundsätzlich auf die erstmalige oder ersatzweise auf eine frühe Veröffentlichung der Anstiegsbeschreibung. Diese Angaben scheinen zweckmäßig, da im Führer die Beschreibungen meist in geänderter Fassung gebracht werden. Damit hat man die Möglichkeit, die (oft als Bericht oder ins Detail gehende) Originalbeschreibung zu finden und kann sich vergleichend auch mit dieser befassen.

Es folgen die **Schwierigkeitsangaben**. Der höchste Schwierigkeitsgrad, und sei es nur eine Stelle, wird zuerst genannt. Die Bewertung von freier und künstlicher Kletterei wird getrennt vorgenommen, wobei wieder das Überwiegende zuerst angeführt ist. Die Bewertung bezieht sich ausschließlich auf die klettertechnischen Schwierigkeiten und nicht auf die Länge oder die Gefahren eines Anstiegs. Dies wird separat vermerkt, u. a. auch Schlüsselstellen, Felsbeschaffenheit, von Erstbegehern in der Wand belassene Haken, nötiger Materialaufwand, landschaftliche Eindrücke und Beliebtheit des Anstiegs. Über die »Schwierigkeitsbewertung nach UIAA« siehe folgendes Kapitel.

Die **Wandhöhen** basieren teils auf der AVK (1:25.000) und stellen dann nur Näherungswerte dar oder wurden durch Aneroid-Messungen ermittelt.

Die **Kletterzeit** bezieht sich auf eine geübte Zweierseilschaft und stellt einen Mittelwert dar.

Ein **Foto-** bzw. **Skizzenhinweis** (wenn vorhanden) schließt den Beschreibungskopf.

Übersicht

Wenn nötig, wird eine allgemeine Übersicht des Anstiegsverlaufs gegeben. Bei mehreren Anstiegen über eine Wand erfolgt unter einer eigenen Randzahl eine gesamte Wandübersicht. Bei den jeweiligen Anstiegen wird auf diese und den gemeinsamen Zugang verwiesen.

Zugang
Die Zugänge sind knapp beschrieben. Ausgangspunkte (mit Randzahl) sind Schutzhütten, Übergänge, Scharten, Kare oder befinden sich an Hütten-Verbindungswegen.

Anstiegsbeschreibung
Üblicherweise wird als Erstes der leichteste Anstieg, meistens ist dies der Normalanstieg, beschrieben. Bei Abstiegsbeschreibungen ist bei der Randzahl ein »A« hinzugefügt. Mitunter wird der detaillierten Anstiegsbeschreibung eine allgemeine Übersicht vorangestellt. Übersichten für einen Wandbereich mit mehreren Anstiegen haben eine eigene Randzahl.
Meterangaben sind meist geschätzt.
Höhenmeter sind als solche eigens bezeichnet (Hm).
Eine **Seillänge** sind ca. 40 m.
Felshaken werden erwähnt in der Annahme, dass diese vorhanden sind.
Sanduhren oder gleichartige Sicherungsmöglichkeiten werden ebenfalls angeführt.

Auffinden eines Anstiegs
Jede Anstiegsbeschreibung ist vom Ersteller mehr oder weniger subjektiv beeinflusst. Auch der Benützer einer Anstiegsbeschreibung wird sich nie ganz von seiner persönlichen Auffassungsgabe trennen können. Somit können sich erhebliche Differenzen ergeben. Es ist deshalb nicht sinnvoll, wenn der Führerbenützer sich allzu sehr an die Anstiegsbeschreibung klammert und jedes einzelne Wort auf die Waagschale legt. Ein gutes Maß an Erfahrung, gepaart mit kritischer Selbstsicherheit, ist angebracht. Wem beides fehlt, der wage sich ohne erfahrenen Seilgefährten nicht in längere, unübersichtliche Anstiege. Man lasse sich auch nicht verleiten, über Anstiege aus der frühen Erschließungszeit geringschätzig Vorurteile zu sprechen, denn erfahrungsgemäß hat »die alte Schule« oft genug für unverhoffte Überraschungen gesorgt!

Schwierigkeitsbewertung nach UIAA

Schwierigkeitsbewertung im Fels
Die UIAA-Schwierigkeitsbewertungsskala (kurz: UIAA-Skala), in allen europäischen Führerwerken verwendet, vermittelt einen klaren Überblick über alle unterschiedlich schwierigen Felspassagen, vom leichtesten Freiklettergelände bis zur äußerst schwierigen Hakenkletterei. In der Bewertung wird klar unterschieden zwischen freier Kletterei (ohne Zuhilfenahme irgendwelcher künstlicher Fortbewegungshilfen) und künstlicher Kletterei (Kletterei mit künstlichen Fortbewegungshilfen).

Schwierigkeitsbewertung freier Kletterei

Die UIAA-Skala freier Kletterei unterteilt sich (derzeit) in elf Hauptstufen (in römischen Ziffern von I bis XI) und wird nach oben offen gehalten. Ab Schwierigkeitsgrad III wird zur genaueren Definition die obere und untere Grenze durch den Zusatz »+« (plus) für die obere und »–« (minus) für die untere verwendet.

Kurzdefinitionen:

Früher gebräuchlich:		*Aktuell nach UIAA:*
wenig schwierig	I	geringe Schwierigkeiten
mäßig schwierig	II	mäßige Schwierigkeiten
ziemlich schwierig	III	mittlere Schwierigkeiten
sehr schwierig	IV	große Schwierigkeiten
besonders schwierig	V	sehr große Schwierigkeiten
äußerst schwierig	VI	überaus große Schwierigkeiten
	VII –XI	keine verbalen Festlegungen

Die früher gebräuchlichen Definitionen sind nach UIAA nicht mehr erwünscht, werden aber noch verwendet. Bei der Bewertung von Anstiegen wird der schwierigsten Kletterpassage Rechnung getragen. Der höchste Schwierigkeitsgrad, und sei er nur eine Stelle, wird zuerst genannt. Ist der überwiegende Teil eines Anstiegs leichter, wird dies dahinter vermerkt.

Im Einzelnen sind die Schwierigkeitsgrade wie folgt definiert:

I Geringe Schwierigkeiten.

Einfachste Form der Felskletterei (kein leichtes Gehgelände!). Die Hände sind zur Unterstützung des Gleichgewichts erforderlich. Anfänger müssen am Seil gesichert werden. Schwindelfreiheit und Trittsicherheit erforderlich. Felsgelände mit dem Schwierigkeitsgrad I ist bereits Absturzgelände (= Gelände, wo der Verlust des Gleichgewichts zu einem Sturz führt, der nur durch Seilsicherung aufgehalten werden kann, sieht man von glücklichen Umständen, die den totalen Absturz verhindern, ab). Zahlreiche, in der Regel größere Griffe und Tritte in stark gegliederter Felsstruktur erleichtern das Vorwärtskommen. Weniger steil und deshalb häufig brüchig und grasdurchsetzt.

II Mäßige Schwierigkeiten.

Hier beginnt die Kletterei, die die Drei-Punkte-Haltung erforderlich macht. Im Felsgelände mit dem Schwierigkeitsgrad II sind die Hände zur Unterstützung des Gleichgewichts und zur Fortbewegung erforderlich. Für geübte Kletterer in der Regel noch ohne Seil begehbar (oder gemeinsames Gehen am kurzen Seil unter der Voraussetzung keines unerwarteten Gleichgewichtsverlusts). Weniger erfahrene Kletterer benutzen immer Seilsicherung, besonders in ausgesetzten oder brüchigen Passagen. Wenn Sicherung, dann nur mit einwandfreier Selbstsicherung und einwandfreier Gefährtensicherung. Zahlreiche Griffe und Tritte erleichtern das Vorwärtskommen. Meist weniger steil und häufig brüchig und grasdurchsetzt.

III Mittlere Schwierigkeiten.

Zwischensicherungen an exponierten Stellen empfehlenswert. Senkrechte Stellen oder gut griffige Überhänge verlangen bereits Kraftaufwand. Sehr geübte und sehr erfahrene Kletterer können Passagen dieser Schwierigkeit noch ohne Seilsicherung gehen. Im Felsgelände mit dem Schwierigkeitsgrad III sind Griffe und Tritte in Form und Häufigkeit bereits spärlicher. Hie und da Zwischenhaken in längeren exponierten Kletterpassagen häufig begangener Routen vorhanden. Sichere Beherrschung der Abseiltechnik notwendig, da Abstieg oder Rückzug stellenweise durch Abseilen erfolgen muss. Obere Grenze für Gelegenheitskletterer. Die Mitnahme von Hammer, Haken, Klemmkeilen und Karabinern ist erforderlich. Gleichzeitiges Gehen am Seil nie ratsam.

IV Große Schwierigkeiten.

Hier beginnt die Kletterei schärferer Richtung. Erhebliche Klettererfahrung notwendig. Längere Kletterstellen bedürfen meist mehrerer Zwischensicherungen. Auch sehr geübte und sehr erfahrene Kletterer bewältigen Passagen dieser Schwierigkeit gewöhnlich nicht mehr ohne Seilsicherung. In Felsgelände mit Schwierigkeitsgrad IV sollen sich nur erfahrene Kletterer mit regelmäßigem Training wagen. Immer solide Klettertechnik erforderlich. Gelegentlich recht exponierte Standplätze. Häufig längere, ausgesetzte Passagen. Längere Felsfahrten und solche kombinierten Stils erfordern bereits ein beachtliches Maß an Können, Erfahrung und Durchhaltevermögen. Nichts für Gelegenheitskletterer.

V Sehr große Schwierigkeiten.

Zunehmende Anzahl an Zwischensicherungen ist die Regel. Erhöhte Anforderungen an körperliche Voraussetzungen, Klettertechnik und Erfahrung. Lange, hochalpine Routen im Schwierigkeitsgrad V zählen bereits zu den großen Unternehmungen in den Alpen und außeralpinen Regionen. Felsgelände mit dem Schwierigkeitsgrad V bietet Griffe und Tritte nur mehr in sehr spärlicher Form und Anzahl. Nahezu immer sehr ausgesetzt. Häufig abwechselnd mit Passagen künstlicher Kletterei, die separat nach der A-Bewertung eingestuft werden. Solides Wissen von der Anbringung aller üblichen Zwischensicherungen (Haken, Klemmkeile, Zacken-, Sanduhrschlingen usw.) unbedingt erforderlich. Doppelseil immer zweckmäßig, da beim Rückzug Abseilen über 40 m lange Passagen möglich sein muss.

VI Überaus große Schwierigkeiten.
Die Kletterei erfordert weit überdurchschnittliches Können und hervorragenden Trainingsstand. Große Ausgesetztheit, oft verbunden mit kleinen Standplätzen. Passagen dieser Schwierigkeit können in der Regel nur bei guten Bedingungen bezwungen werden. Häufig kombiniert mit künstlicher Kletterei A0 bis A4. Felsgelände mit Schwierigkeitsgrad VI bietet immer nur sehr kleine Griffe und Tritte, die ein außergewöhnliches Gleichgewichtsempfinden und hervorragende Fingerkraft verlangen. Intensives Klettergartentraining erforderlich. Zwischensicherungen immer in kürzeren Abständen. Immer sehr kraftraubend, nur außergewöhnlich guten, besonders ausdauernden Kletterern vorbehalten. Doppelseil wegen eventuellem Rückzug immer erforderlich.
VII bis (zzt.) XI Keine verbalen Definitionen.

Schwierigkeitsbewertung künstlicher Kletterei
Die künstliche Kletterei wird als eine eigene Form der Felskletterei betrachtet und dementsprechend separat bewertet. Bei künstlicher Kletterei dienen Haken, Klemmkeile oder Sanduhrschlingen und andere künstliche Hilfsmittel nicht allein zur Sicherung, sondern ebenso zur Fortbewegung. Die Bewertung erfolgt mit Hilfe des Buchstabens »A« (artificiel) unter Hinzufügung der arabischen Ziffern 0 bis 4. Diese fünfstufige Skala gestattet die Einstufung künstlicher Kletterei von der einfachsten Art (A0) bis zur schwierigsten (A4). Die Bewertung künstlicher Kletterei unterscheidet nach UIAA nicht zwischen dem Anbringen der künstlichen Fortbewegungshilfen (Haken usw.) und dem reinen Klettern mit ihrer Hilfe. Die Benützung künstlicher Fortbewegungshilfen wird nur in solchen Kletterpassagen erfolgen, wo ein freies Klettern unter Berücksichtigung optimaler Überlebenschancen unmöglich ist.
A0
Die einfachste Form künstlicher Kletterei. Einige wenige Haken oder andere Zwischensicherungen (Klemmkeile, Sanduhr- oder Zackenschlingen) in vorwiegend freien Routen werden als Griff oder Tritt benutzt, Trittleitern sind nicht erforderlich. Die Zuhilfenahme von Seilzug bei Seilquergängen fällt ebenfalls unter die Bewertung A0.
A1
Haken und andere technische Hilfsmittel sind relativ leicht anzubringen, und die Bewältigung der Kletterpassage verlangt relativ wenig Kraft, Ausdauer und Mut. Die Verwendung einer Trittleiter pro Seilpartner ist normalerweise ausreichend.
A2–A4
Größere Schwierigkeiten beim Hakensetzen und Anbringen anderer künstlicher Hilfsmittel (kompakter Fels, geschlossene Risse, brüchiger und kleinsplittriger Fels) und/oder größere körperliche Leistungen beim Überwinden

der Kletterstelle (Überhang, Dach, großer Hakenabstand) und/oder große Ausgesetztheit, welche vom Kletterer immer größere Fähigkeiten verlangen. Vielfach zwei Trittleitern erforderlich, vor allem bei länger anhaltenden Schwierigkeiten.

Jede Schwierigkeitsbewertung ist subjektiv

Der Schwierigkeitsgrad einer Führe ist weder mess- noch absolut vergleichbar. Nur eine mehr oder weniger emotional belastete Beurteilung verschiedener Anstiege untereinander führt zur Festlegung des Schwierigkeitsgrads eines Anstiegs. Keine Schwierigkeitsbewertung ist deshalb frei von subjektivem Einfluss.

Schwierigkeitsbewertung im Eis

Eine auch nur annähernd exakte Schwierigkeitsbewertung im Eis ist nicht möglich. Das Eis ist dauernden Veränderungen unterworfen. Kann eine Eiswand bei guter Firnauflage eine Genusstour sein, so kann die Begehung der gleichen Wand zu anderer Zeit, bei sprödem Wassereis oder gar bei Blankeis, zu einem ernsten Unternehmen ausarten.

Objektiv vergleichbar ist nur die Steilheit eines Eisanstiegs, angegeben in Durchschnittsneigung und Neigung der steilsten Eispassagen. Dies kann aus einer guten, großmaßstäbigen Karte auf zweierlei Möglichkeiten wie folgt ermittelt werden:

Anhand des Neigungsmaßstabs

Die meisten Karten besitzen neben dem üblichen Maßstab auch einen Neigungsmaßstab (Skizze S. 30). Dieser zeigt den Abstand der Höhenschichtlinien in der Projektion und die zugehörigen Neigungswinkel. Durch Vergleich der Abstände der Höhenschichtlinien einer Eisflanke mit denen des Neigungsmaßstabs kann man in etwa die Neigung bzw. Steilheit einer Eisflanke ermitteln. Die Skizze auf S. 30 zeigt ein Beispiel (entnommen der AV-Karte 1:25.000).

Anhand des Neigungsdiagramms

In der Kartenlegende sind immer Maßstab und Abstand der Höhenschichtlinien angegeben. Zuerst wird anhand der Karte die Höhendifferenz zwischen den beiden die Wand oben und unten begrenzenden Höhenschichtlinien errechnet. Sodann wird anhand des Kartenmaßstabs die Horizontalentfernung zwischen den gleichen beiden Höhenschichtlinien ermittelt. Beide Werte überträgt man ins Neigungsdiagramm. Den Schnittpunkt der beiden Werte verbindet man mit dem Nullpunkt und verlängert die so entstandene Gerade bis zur Winkel- bzw. Neigungsangabe.

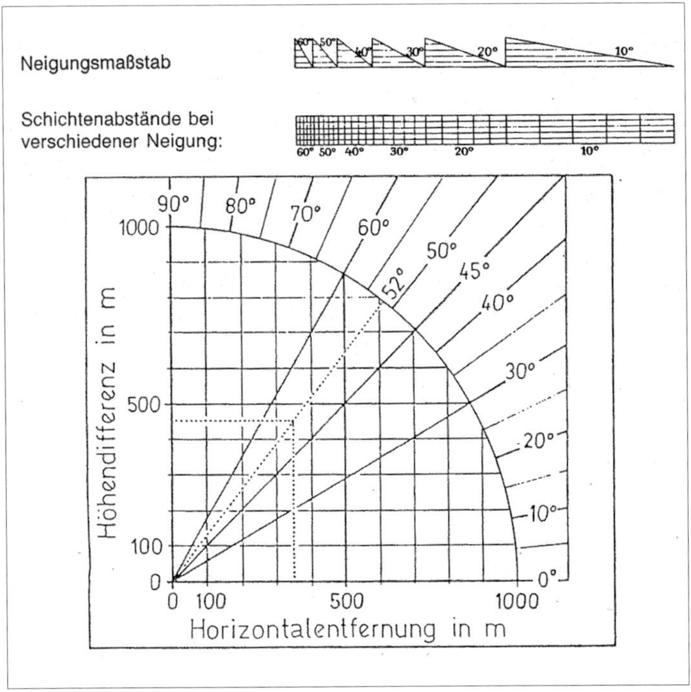

Beispiel (gepunktet):
Höhendifferenz zwischen zwei Höhenschichtlinien: 450 m.
Horizontalentfernung zwischen diesen beiden Höhenschichtlinien: 350 m.
Ermittelte Neigung bzw. Steilheit: 52°.

Symbole für Routenskizzen (nach UIAA/DAV)

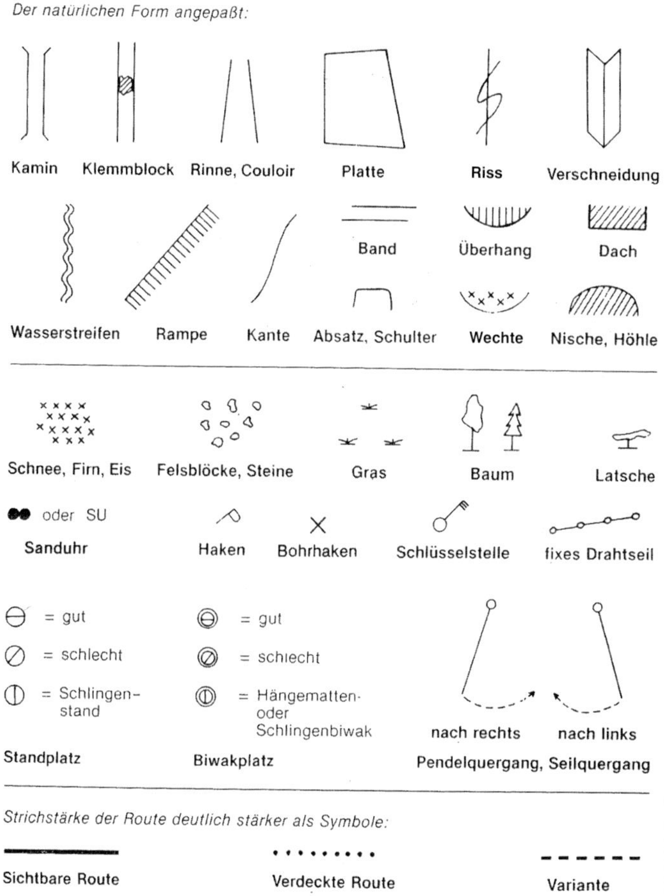

Zusammenstellung: Bergverlag Rother

Abkürzungen

Außer den für die Himmelsrichtungen üblichen Abkürzungen N, O, S, W, NO, SO usw. nördl., südl., westw., ostw., nordöstl. usw. werden folgende Abkürzungen verwendet:

a) Allgemeine Abkürzungen

A	= Abstieg
AAVM	= Akademischer Alpenverein München
Abzw.	= Abzweigung
AV	= Alpenverein
bez.	= bezeichnet, markiert
Bez.	= Bezeichnung
Bgf.	= Bergführer
Bhf.	= Bahnhof
bew.	= bewirtschaftet
DAV	= Deutscher Alpenverein
DÖAV	= Deutscher und Österreichischer Alpenverein
E.	= Einstieg
Einw.	= Einwohner
Ghs.	= Gasthaus, Wirtshaus
GR	= Gegenrichtung
Hm	= Höhenmeter
Jh., Jgh.	= Jagdhütte, Jagdhaus
L	= Lager
m	= Meter
Min.	= Minuten
NL.	= Notlager
ÖAK	= Österreichischer Alpenklub
ÖAV	= Österreichischer Alpenverein
ÖBRD	= Österreichischer Bergrettungsdienst
ÖGV	= Österreichischer Gebirgsverein (auch Sektion des ÖAV)
orogr.	= orografisch (in Richtung fließenden Wassers)
ÖTK	= Österreichischer Touristenklub
P	= Vermessungspunkt, Höhenangabe in Landkarte
Pkw	= Personenkraftfahrzeug
R	= Randzahl
s.	= siehe
S.	= Seite
SL	= Seillänge
Std.	= Stunde(n)
Sw	= Sommerbewirtschaftung

tour. = touristisch
TVB = Tourismusverband
TVN = der ehemalige Touristenverein »Die Naturfreunde«, jetzt Naturfreunde Deutschlands
ZB = Zimmerlager/Betten
UIAA = Union Internationale des Associations d'Alpinisme
vgl. = vergleiche
WR = Winterraum
Ww = Winterbewirtschaftung

b) Abkürzungen für Haken u. Ä.

AH = Abseilhaken
BH = Bohrhaken
H = Haken
HK = Holzkeil
KK = Klemmkeil
RH = Ringhaken
STH = Standhaken
SU = Sanduhr und gleichwertige Felsbildungen
TH = Thenius-Haken (für Seilsicherung ohne Karabiner)
VH = Verhauerhaken
ZH = Zwischenhaken

c) Abkürzungen der Quellennachweise

ABZ = Allgemeine Bergsteigerzeitung, Wien
AJ = Alpine Journal
AL = Alpinismus, ab 5/1982 Alpin-Magazin
AN = Austria-Nachrichten (der ÖAV-Sektion Austria)
AVF-GG = Alpenvereinsführer Glockner- und Granatspitzgruppe
AVK = Alpenvereinskarte
B = Der Bergsteiger
DAZ = Deutsche Alpenzeitung
DB = Der Berg
DN = Donauland-Nachrichten
EO = Die Erschließung der Ostalpen
FB-WK = Freitag & Berndt-Wanderkarte
FRB = Fritz Rigele, 50 Jahre Bergsteiger (Sport und Spiel Verlag, Berlin, 1935)
GF = Der Gebirgsfreund (Mitteilungen des ÖGV)
Jb. = Jahresbericht
Jb. AAVM = Jahresbericht Akademischer Alpenverein München
Jb. AG/TVN = Jahresbericht der Alpinistengilde im TVN

Jb. ASW	= Jahresbericht Akademische Sektion Wien des ÖAV
Jb. BG/ÖGV	= Jahresbericht der Bergsteigergruppe des ÖGV
Jb. BG/ÖTK	= Jahresbericht der Bergsteigergruppe des ÖTK
Jb. BL	= Jahresbericht Bergland
Jb. K	= Jahresbericht Karwendler
Jb. SB	= Jahresbericht der AV-Sektion Bergland
Jb. SN	= Jahresbericht Sektion Nürnberg des DÖAV
Jb. SW	= Jahresbericht Sektion Wien des ÖAV
Jb. TBW	= Jahresbericht Turner-Bergsteiger, Wien
JB	= Jahrbuch
JB. ÖTK	= Jahrbuch des ÖTK
MDÖAV	= Mitteilungen des DÖAV
MÖAV	= Mitteilungen des ÖAV
NAV	= Nachricht an Verfasser
NDAZ	= Neue Deutsche Alpenzeitung
NF	= Der Naturfreund
NSS	= Nachrichten Sektion Salzburg des ÖAV
NSWL	= Nachrichten Sektion Wiener-Lehrer des ÖAV
ÖAZ	= Österreichische Alpenzeitung
ÖK-BMN	= Österreichische Karte (Bundesmeldenetz)
ÖK-UTM	= Österreichische Karte (Universale-Transversale-Mercator-System)
RB	= Anton v. Ruthner: »Berg- und Gletscherreisen in den österreichischen Hochalpen«, Wien 1864
T	= Der Tourist
TBR	= Tourenbuch Rudolfshütte
WAN	= Wiener Alpine Nachrichten
ZDAV	= Zeitschrift (Jahrbuch) des DAV
ZDÖAV	= Zeitschrift (Jahrbuch) des DÖAV

Literatur, Landkarten

Vgl. Informationsteil ab Seite 674.

Allgemeiner Teil

Charakteristik

Fast jeder Bergsteiger hat den Wunsch, wenigstens einmal in seinem Leben auf dem Gipfel des Großglockner zu stehen. Damit betritt er die bedeutendste Eiswelt der Hohen Tauern. Ihre überwältigende Schönheit übertrifft alle ihre Nachbarn; der Großglockner, 3798 m, ist der »König der Hohen Tauern«, Österreichs höchster Gipfel! Und was den Großglockner umgibt ist seiner würdig: wilde Felsrecken wie die Glocknerwand, Firndome wie Johannisberg und Kitzsteinhorn, das Große Wiesbachhorn, Eisknögele und andere. Dazu Firndächer, grandiose Eiswände, Steilgrate, Hängefirne und mächtige Gletscherströme.

Die Glocknergruppe erstreckt sich bis zum Salzachtal im N und zum Mölltal und Kalser Tal im SO und SW. Die Granatspitzgruppe schließt im W an, die Trennung ergibt der Kalser Tauern, 2515 m, innerhalb des Tauernhauptkamms. Im O, am Heiligenbluter Hochtor, 2576 m, folgt die Sonnblickgruppe, hier grenzt die Großglockner-Hochalpenstraße ab (innerhalb des Hochtortunnels die Bundesländergrenze Salzburg/Kärnten). Die Granatspitzgruppe ist im W vom Felber Tauern, 2481 m, mit der anschließenden Venedigergruppe verbunden.

Die Glocknergruppe bedecken mehr als 40 Gletscher, die vom Tauernhauptkamm überragt werden. Dieser bildet ab Johannisberg, 3453 m, das »Zentrale Gletscherdach« der Zentralen Glocknergruppe. Aus dem Tauernhauptkamm entwickelt sich als entscheidender N-Kamm der das Kapruner und das Ferleitental trennende Fuscher/Kapruner Kamm, der im Großen Wiesbachhorn, 3564 m, gipfelt. Andererseits steigt der Tauernhauptkamm ostw. aus dem Gletscherdach, um mit dem Fuscherkarkopf, 3331 m, sein Gipfelrecht zu erlangen. Der ebenfalls nach N ziehende Kapruner/Stubacher Kamm bildet als letzten Hauptgipfel das Kitzsteinhorn, 3203 m. Der eigentliche Glocknerkamm, mit dem Großglockner, 3798 m, als höchste Erhebung, erfährt – unabhängig von seiner geografischen Einheit – eine Zweiteilung: einerseits durch einen dem Hochgebirge angehörenden N-Teil, der im Romariswandsattel beginnt und am Eiskögele, 3426 m, des Hauptkamms endet, andererseits durch einen absinkenden SO-Teil, der als Pasterzenkamm nach der Hohenwartscharte zum Leitertal abklingt. Aus diesem erfolgten die ersten Ersteigungen des Großglockner und weitere 70 Jahre dessen Zugänge (1799–1869), wenn Heiligenblut als Stützpunkt diente. Der S-Bereich des Glocknerkamms bietet keine besonderen alpinen Ziele. Der Blaukopfgrat (Mittlerer S-Kamm), der

Ködnitz- und Leiterkees trennt, war im Zeitalter des klassischen Bergsteigens der entscheidende (der zuerst gesicherte) Aufstieg von Kals zur Adlersruhe (1853–63). Im Blaukopfgrat ergibt sich der Abstrich der Glocknergruppe zu Pfortscharte, Berger- und Peischlachtörl, 2490 m, das die Glockner- von der Schobergruppe trennt. Der Glocknerkamm trägt für den Normalbergsteiger drei herrliche, verhältnismäßig einfache Hochgipfel (Romariswandkopf, Teufelskamp, Gramul), für den Extremen die stattliche Glocknerwand. Im SO-Bereich des Tauernhauptkamms bildet die Untere Pfandlscharte, 2663 m, die Wasserscheide zwischen Fuscher und Mölltal, östl. von dieser der topografisch bedeutende Brennkogel, 3018 m. Hier sinkt der Tauernhauptkamm nach SO zum Heiligenbluter Hochtor ab; der nordwestw. ziehende Kamm erreicht das Fuscher Törl, 2404 m (Großglockner-Hochalpenstraße). Diesem folgt der lange Fuscher/Rauriser Kamm mit seiner höchsten Erhebung, dem Schwarzkopf, 2765 m; das begleitende Seidlwinkltal bildet die Trennung ostw. zur Goldberggruppe.
Seit über 100 Jahren war man bemüht, die Glocknergruppe gebietsmäßig zu ordnen; dazu waren nicht nur die geografischen Bedingungen, sondern auch die alpine Zweckmäßigkeit in Betracht zu ziehen. Nachdem die Begrenzung der Glocknergruppe feststand, musste die Gruppenteilung erfolgen, die zuerst Heinrich Heß, später der Herausgeber des seinerzeitigen Glockner-Spezialführers, Dr. Franz Tursky, vornahm und schließlich von Hubert Peterka und Willi End in geeigneter Form umgestellt wurde.

Einteilung der Glocknergruppe:

1. Glocknerkamm

a) Zentraler Glocknerstock (zwischen Romariswandsattel und Hohenwartscharte)
b) N-Bereich/Schneewinkelumrahmung (zwischen Romariswandsattel und Unterer Ödenwinkelscharte)
c) SO-Bereich/Pasterzenkamm (ab Hohenwartscharte mit Auslauf über Leiterköpfe)
d) S-Bereich/Östl. S-Kamm (zwischen Burgwartscharte und Peischlachtörl)
e) S-Bereich/Mittlerer S-Kamm (ab Fanatscharte mit Auslauf über Figerhorn)
f) S-Bereich/Westl. S-Kamm (ab Gramulsattel mit Auslauf über Bretterspitz)

2. Mittlerer Tauernhauptkamm

a) Zentrales Gletscherdach (zwischen Unterer Ödenwinkel- und Fuscherkarscharte)
b) SO-Bereich/Pasterzenkamm (zwischen Fuscherkar- und Unterer Pfandlscharte)

3. Südöstl. Tauernhauptkamm (zwischen Unterer Pfandlscharte und Fuscher Törl bzw. Heiligenbluter Hochtor)

4. Fuscher/Rauriser Kamm

a) Hauptkamm (zwischen Fuscher Törl und Weichselbachhöhe)
b) Nördl. Seitenkamm (ab Weichselbachhöhe mit Auslauf über Achenkopf zum Salzachtal)
c) Nordöstl. Seitenkamm (ab Weichselbachhöhe mit Auslauf über Baukogel zum Salzachtal)

5. Fuscher/Kapruner Kamm

a) Hauptkamm (zwischen Gruber- und Oberer Jägerscharte)
b) N-Bereich (ab Oberer Jägerscharte mit Auslauf über Imbachhorn)

6. Kapruner/Stubacher Kamm

a) Hauptkamm (zwischen Oberer Ödenwinkel- und Winterkarlscharte)
b) N-Bereich (ab Winterkarlscharte mit Auslauf über Hohe Arche)
c) NW-Bereich (ab Kleetörl mit folgender Kammteilung)

7. Westl. Tauernhauptkamm (zwischen Kalser Tauern und Unterer Ödenwinkelscharte)

Den **Großglockner** hatte man schon frühzeitig in Landkarten fixiert – so in jener für Tirol aus dem Jahr 1561 von Wolfgang Lazius; als Name wurde »Glocknerer« festgelegt, während der Berg in der Landeskarte von Kärnten (1649) »Glöckner mons« (»Glöckelberg«) geheißen hatte und seine Umgebung das »glacies continura« war (das »Ewige Eis«). Jansson (1613) und Freiherr von Valvassor (1688) kannten in ihrer Topografie vom Herzogtum Kärnten diesen mächtigen Gebirgszug, ließen aber den Berg unbeachtet, ohne Namen; das hatte so auch ihr Vorgänger J. Pauliny in einer Karte von Kärnten, dafür aber genau die Landesgrenze zwischen Kärnten/Tirol im Mittel über das Leiterkees und davon hinab zum Mölltal mit Heiligenblut gezogen (1583). So waren vom »Collserthauren herum am Glogger« die Gebietseinheiten entstanden, nahezu gleich wie sie heute noch bestehen: Salzburg, Kärnten, Osttirol, damals die drei Bezirksgerichte »Kaprun in Salzburg, Kals in Tirol, Gericht Kleinkirchheim im Land Kerndten ligundts«, in dem auch die »Basterzen« lag. Spätere Karten (1710, 1732) zeigten keine Veränderung. Einen Fortschritt sah man erst mit einer Karte nach 1800, mit dem Ergebnis der ersten Bergvermessung, doch vermochte auch sie nicht das Wesentliche des Geländes darzustellen. Weitaus genauer war die geologische Karte aus dem Jahr 1849. 1860 erschien die »Orografische-physikalische Karte vom Großglockner und seiner Umgebung«, die der berühmte und allseits hoch geschätzte Geoplast, Franz Keil, als Ergebnis einer achtjährigen Forschertätigkeit der Glocknergruppe (auch im alpinen Bereich) gezeichnet hatte. Das Ergebnis war überwältigend. Diese Keil'sche Glocknerkarte leitete mit der folgenden Karte des Vermessungsoberst Carl von Sonklar (1866) zu den ersten Messblättern des Geografischen Instituts über, aus der 1890 die erste AV-Karte entstand. Jene Keil'sche Glocknerkarte zeigte auch zum ersten Mal den Ostbereich (Muntanitzkamm) der Granatspitzgruppe. Die Übersicht war für damalige Begriffe großartig. Damit war die Glocknerkarte des Ritters Paul von Wiedenmann (eines Kgl. Bayerischen Vermessungsleutnants aus München) im Maßstab 1:66.000 überholt, in der sehr genau die ersten Erfolge der bergsteigerischen Erschließung eingezeichnet sind (1870). Von Wiedenmann hatte diese Karte gezeichnet, ohne eigene Aufnahmen im Gelände gemacht zu haben. Er stützte sich sorgsamst auf die Vorläuferkarten von Keil und Sonklar. Der Keil'schen Musterkarte von 1860 (und ihren Höhenlinien) ging die erste plastische Darstellung des Glocknerkamms voraus, die Franz Keil nach seiner Gipfelersteigung im Jahr 1854 erarbeitet hatte. Das Keil'sche Glocknerrelief (in drei verschiedenen Maßstäben ausgeführt) ist nahezu vollkommen, d. h. mit dem Naturbild identisch. Dieses Werk hat in der Folgezeit nur Paul Oberlercher, der ein Riesenrelief des Großglockner schuf (1:2000; das Werk ist 7 m lang und 3,5 m breit; wurde am 16.6.1895 im Landesmuseum zu Klagenfurt aufgestellt; MAV 1896/105), überboten, nicht jedoch in Sorgfalt und Genauigkeit. Man glaubte, dass der Tiroler Peter Anich die früheste Vermessung des Großglockner vorgenommen habe, was sicher nicht zutrifft. Anich war nie in der Gegend des Großglockner. Die erste Großglocknervermessung nahm der Salzburger Professor Schiegg vor, der an der Salm'schen Großglocknerexpedition teilgenommen hatte, in deren Verlauf am 28.7.1800 die Erstersteigung des Berges gelang. Schiegg hielt sich dabei einige Tage im engsten Bereich des Leiterkeeses auf und stellte die Gipfelhöhe fest (11.982 Pariser Fuß, daher 3761 m). Ein sehr gutes Ergebnis, wenn man dazu die heutige Höhe von 3798 m vergleicht (nach letzter Gipfelmessung 3797 m). 1823 bis 1826 wurden ähnliche Werte ermittelt. Dagegen brachte die 1854 erfolgte Landesvermessung für das Land Salzburg ein ungünstiges Ergebnis, welches wieder diejenige des Jahres 1880 verwischt hatte. Damals weilte der Vermessungshauptmann von Wien, Heinrich Hartl, sieben Tage lang auf der Erzherzog-Johann-Hütte; von dort aus bestieg er tagtäglich den Großglocknergipfel, um gewissenhafteste Vermessungsergebnisse zu erhalten. Diese ergaben zuletzt die Höhe von 3798 m (T 1880 und 1881, auch ÖTZ 1882/88). Gelegentlich einer Gipfelvermessung des Jahres 1912 durch den Hauptmann Julius Gregor wurde die Gipfelhöhe auf 3797,36 m festgelegt. Geografische Breite: 47°, 4', 30", geografische Länge: 30°, 21', 40" östl. von Ferro. Zwischen der historischen »Lustreise zum Berg Glock-

Großglockner, Kleinglockner, Adlersruhe von Süden.

Obere Glocknerscharte
Adlersruhe mit
Erzherzog-Johann-Hütte
Blaukopfgrat
Ködnitzkees

ner« des Laibacher Gelehrten Belsazar Haquet (September 1779) und den Reisen der großen Botaniker des Herzogtums Kärnten, den drei Vorstößen für die Großglocknerersteigung des Fürstbischofs von Gurk bis heute, liegen viele Jahrzehnte. Sie prägten nicht nur geschichtliche Daten. Auch die Fremdenbeherbergung, einst in kleinen Keuschen der Bauern, später in Wirtshäusern, heute in den Pensionen und Hotels vieler Talorte um die Glockner- und Granatspitzgruppe, nahm während dieser Zeitspanne ihren Anfang. Was die ersten Reisen zum Fuße des Großglockner bedeuteten (für Heiligenblut 1799 und 1800), lässt sich unschwer an den Fremdenverkehrsziffern von damals erkennen. Während der ersten 39-jährigen Epoche (nach der Veröffentlichung durch Prettner) ergab eine Zählung 3457 Personen. Davon waren 56 % Österreicher, 27 % Deutsche, 6 % Engländer, 0,5 % Franzosen, 0,5 % Amerikaner und 1,5 % sonstige Europäer. Den stärksten Fremdenbesuch wies das Jahr 1854 auf. 1818 kamen nur elf Besucher (davon die beiden Brüder Ferdinand und Josef von Lobkowitz). 1820 schrieben sich nur sechs Personen in das Heiligenbluter Fremdenbuch, was dem größten Tiefstand entsprach. Ein Jahr später kamen neun Besucher (von welchen ein hoher Offizier der k. u. k. Armee, Freiherr Casimir von Lebowski, den Großglockner mit Führern erstieg). Dann erschienen viele Gäste von Rang und Namen, aus der Gelehrtenwelt, vom Hochadel Österreichs, aus seiner Kunstwelt, seiner Geistlichkeit. So Leopold von Buch (1822), Franz von Rosthorn (1825), Adolf Schaubach (1826), Erzherzog Johann von Österreich mit Gattin, der französische Dichter Alphonse de Lamortine (1834); 1825 waren auch Herzog Friedrich August von Sachsen und der Bischof Georg May aus Gurk gekommen. Im Jahr 1837 bestieg der geachtete Engländer James Forbes (ein Weltreisender seiner Tage) den Großglockner (dies hat die erste ostalpine Gletscherforschung eingeleitet). Von 1838 bis 1852 zählte man alljährlich über 100 Gäste in Heiligenblut »als Fremde«. Die Herbergen waren zu klein geworden. Unter dieser Beengung entwickelte sich das touristische Bergsteigen auch in den anderen Orten rund um den Großglockner, obgleich dieser in erster Linie als vornehmstes Ziel von Heiligenblut aus galt. Das war noch 1850 bis 1852 so gewesen, auch für einen böhmischen Oberst und seine beiden Töchter, für den angesehenen Maler Schleich, für den Geschichtsschreiber Josef Chmel, für eine englische Dame (Miss Ching), für Frau Evans aus Indien und den Amerikaner Clinton wie auch für die Wiener Bergsteiger Franz Schlick und Albert Abbiati sowie für den Lienzer Josef Mayr, für Emil Stahlberger, Theodor Gomperz und Anton v. Ruthner, die alle den Großglockner bestiegen haben. Anton v. Ruthner galt damals schon als Heroe innerhalb des jungen Bergsteigertums Österreichs. Es waren die Brüder Schlagintweit zur Erforschung der Pasterze gekommen, desgleichen Graf Otto v. Fünfkirchen, Graf Leo v. Thun, Graf Constantin v. Lodron, Moritz Schmerling, der Bergsteiger-Pater Corbinian Steinberger und, am 4.9.1854, Oberst Carl v. Sonklar, auch John Ball und der berühmte Künstler Marcus Pernhart. Drei Jahre danach besuchten der Kaiser von Österreich, Franz Josef I., und seine Frau, Kaiserin Elisabeth, im großen Gefolge Heiligenblut und auch die Pasterze (7.9.1856). Ein Jahr später erschienen 339 Fremde im »reizumflossenen Heiligenblut«, darunter Prof. Dr. Ferdinand v. Hebra und der bekannte Afrikaforscher Georg Schweinfurth, der am 21.8.1857 auf dem Großglocknergipfel stand. 1858 kam Paul Grohmann, der Haupterschließer der Dolomiten. Und gleich ihm fanden sich Carl v. Ettinghausen, Alois Pokorny, Valentin Wirry, der Erzbischof von Gurk, Generalleutnant v. Moltke und Franz Keil ein, um in der Eiswelt der Glocknergruppe Bergfahrten zu unternehmen. Im Jahr 1861 stiegen die Besucherzahlen von Heiligenblut auf 455 Personen. Darunter waren u. a. J. Peyritsch, Gottlieb Studer aus Bern und Julius Amthor; 1862 fand sich Paul Güßfeldt unter 423 Personen ein, 1864 und 1865 stieg die Zahl auf 559 Fremde an, sank aber 1866 wieder auf 207 Besucher ab. 1869 und 1870 wurden 606 Ortsfremde gezählt. Darunter der große Hofschauspieler Ludwig Löwe, Heinrich Noë, Franz Defregger, Karl Hofmann, Kardinal Friedrich Fürst Schwarzenberg, Gustav Jäger, Erzherzog Rainer von Österreich, die Wiener Schauspielerin Josefine Gallmeyer und bald auch die sehr beliebte Tänzerin Fanny Elßler; 1873 kam Kronprinz Rudolf von Österreich, aber auch ein »Buchschreiber aus Berlin« (der sich nur so nannte): A.-E. Brehm. Das waren aber schon die Tage, wo man »überall gut schlafen, gut essen, auch schön spazierengehen konnte« (wie ein gut bestallter Hausherr im Fremdenbuch von Heiligenblut verlauten ließ). Auch Kals nahm ab 1850 den Fremdenbetrieb auf, obgleich der Ort nur einen Gasthof besessen hatte; er wurde von Johann Groder geführt, jenem Mann im Mittelpunkt der Bergführer des Orts, die alle die alpine Erschließung des Großglocknergebiets entscheidend vorangetrieben haben. Zum Fremdenort wurde Kals vor allem durch Johann Stüdl. Auch Egid Pegger, Franz Keil und bereits Josef Mayr, ebenso Julius Payer, Hermann Heyß, später Carl Pühringer, Josef Zulehner, der Botaniker Ludwig Molendo, die Engländer Robert und George Burn u. a. wählten Kals zu ihrem Standort, den auch Johann Frischauf (1864), der preußische Major F. Graf v. Gröben und die Bergsteiger B. J. v. Barth und Theodor Harpprecht bevorzugten. Der Besucherzustrom (im Jahr 1864 mit 39 Fremden) steigerte sich ein Jahr später kaum. 1866 kamen Erzherzog Rainer von Österreich und sein Tourenfreund Graf Heinrich Wurmbrandt nach Kals; 1867 gab es bereits 69 Talfremde im Ort, 1869 dann 178 und 1871 198 Besucher, darunter Bergsteiger wie Baron Roland v. Eötvös, Bella v. Inkey, Albert Kaindl, die tüchtigen Brüder E. und G. Calberla aus Dresden, Viktor Hecht, Guido List, Reinhold Seyerlen u. a. Alle standen auf dem Großglocknergipfel. Als am 15. Juli 1875 der berühmte Kalser Bergführer Michael Groder seine 100. Großglocknerersteigung ausführte, war Kals längst zum würdigen Rivalen für Heiligenblut geworden. Auch diese Zeit hatte ihre alpine Sensation: Der Innsbrucker Student Andreas Ploier erstieg den Großglockner in nur 2½ Std. von der Stüdlhütte aus und zurück. Dies galt als »olympische Leistung«, die vorher niemand für möglich gehalten hatte.

In der »Erschließung der Ostalpen« ist die Granatspitzgruppe von nur zwei Seiten dargestellt. Es zeigt, wie wenig man damals (1894) über diese Berge wusste. Dies war verständlich, weil bergsteigerische Irrtümer (Dr. Peter, 1854), unvollständige Karten (von Sonklar, 1866) und irrige oder sich widersprechende Namensverschiebungen auch hier Klarheit verlangt hätten. Und dennoch: Auch von der Granatspitzgruppe gibt es literarische Quellen, Schilderungen, Erlebnisberichte, genaue Darstellungen, vor allem eine Monografie, die der Münchner Künstler und Bergsteiger M. von Prielmayer 1895 (in Übernahme der von dem Wiener Historiker Josef Rabl 1876 vorausgegangenen Darlegung) verfasste. Diese Quellen blieben ebenfalls unbeachtet. Weder der »Hochtourist« (1903, 1911, 1928) noch ein Spezialführer von Wilhelm Brandenstein (1928) waren geeignet, Klarheit zu schaffen.

Die Granatspitzgruppe wurde bekannt, vor allem durch die Schaffung eines großartigen alpinen Höhenwegs am Tauernhauptkamm entlang, durch die Erweiterung des Hüttennetzes (Sudetendeutsche Hütte am Muntanitz, Kalser Tauernhaus im Kalser Dorfertal, Rudolfshütte am Weißsee) sowie (1967) durch die Felbertauernstraße der Querverbindung zwischen Mittersill und Matrei/Osttirol.

Die **Granatspitze**, 3086 m, formschön im Tauernhauptkamm stehend, hat der Gruppe ihren Namen gegeben. Sie ist der touristisch frühest erstiegene Berg der Gruppe. Schon 1869 standen die Vermesser und wenig später Gustav Demelius aus Graz auf ihrem Gipfel. Sie ist die auffallendste Berggestalt, leicht erreichbar, und von ihr zweigt jener gewaltige S-Kamm ab, der im Großen Muntanitz, 3232 m, die höchste Erhebung erreicht.

Bereits Rabl und von Prielmayer unterteilten das Gesamtgebiet, das die Länge von 12 km zwischen Kalser und Felber Tauern einnimmt. Sie erkannten den Tauernhauptkamm als nicht entscheidend. Als wesentlich betrachteten sie den mächtigen S-Kamm zwischen Granatspitze und Großem Muntanitz sowie einige Verzweigungen an ihm mit dem vorgelagerten Gradötz-Kendlstock, nach welchem dieser südl. des Kals-Matreier Törls im Rottenkogelmassiv absinkt. Auch für Rabl und von Prielmayer gilt entscheidend, dass der Tauernhauptkamm drei selbstständige Gratäste besitzt, die, die Täler trennend, zum quer ziehenden Salzachtal stoßen: der Stubacher Mitterkamm, der

Großglocknermassiv von Südosten (aus der Griedenkarkopf-Nordwestflanke).

Gramul
Lange Wand
Glocknerwand
Großglockner
Kleinglockner
Adlersruhe
Hohenwartkopf

Ödkamm und der Felber Mitterkamm.
Für den vorliegenden AVF ergab sich zweckmäßig eine Reihung, die sich auf die vorhandenen Hütten konzentriert. In erster Linie wird der heutige Bergsteiger seine Touren von der Rudolfshütte, im W-Teil von der St. Pöltener Hütte, im S-Teil von der Sudetendeutschen Hütte ausführen. Begrenzung: im N das Salzachtal (Salzburg), im O Stubachtal – Kalser Tauern – Kalser Dorfertal (Salzburg, Osttirol), im S das Kalser Tal mit Auslauf zum Iseltal (Osttirol), im W Tauerntal – Felber Tauern – Felber Tal (Osttirol, Salzburg). Der Tauernhauptkamm beginnt im O mit dem Kalser Tauern, 2515 m, und endet im W am Felber Tauern (Scheitelhöhe), 2481 m. Von ihm zweigen drei N-Kämme ab. Auch ein S-Kamm beginnt, der einer Untergliederung bedarf, da sein N-Stück zum Tourenbereich der Rudolfshütte gehört, sein S-Teil das Tourengebiet der Sudetendeutschen Hütte umfasst. Der weitere S-Kamm bildet das Wandergebiet des Kals-Matreier-Törlhauses.
Das Kals-Matreier-Törl, 2207 m, ist einer der ältesten Übergänge zwischen Kals und Matrei/Osttirol.

Einteilung der Granatspitzgruppe:

1. Östl. Tauernhauptkamm (zwischen Kalser Tauern/Amertaler Scharte)

2. Stubacher/Mitterkamm (zwischen Sonnblickscharte und Teufelsmühle)

3. Ödkamm (ab Grünwinkelscharte mit geteiltem Auslauf zum Salzach- und zum Stubachtal)

4. Westl. Tauernhauptkamm

a) Hauptkamm (zwischen Amertaler Scharte und Felber Tauern)
b) Klockenkogelkamm (ab Amertaler Höhe mit Auslauf zum Tauern- und zum Felber Tal)

5. Felber/Mitterkamm (zwischen Hochgasser und Hohe Arche)

6. Muntanitzkamm

a) N-Bereich (zwischen Unterer Keeswinkel- und Luckenscharte)
b) S-Bereich (zwischen Luckenscharte und Gradötzsattel)

7. Gradötzkamm

a) N-Bereich (zwischen Gradötzsattel und Hohem Tor)
b) S-Bereich (vom Hohen Tor über Kals-Matreier-Törl zum Rotenkogel)

Namensgebung

Als man 1799 versuchte, den Großglocknergipfel zu erreichen, war der gesamte Gletschergürtel um ihn herum fast unbekannt. Es ist verständlich, dass sich Unklarheiten in die ältere Literatur der Glocknergruppe einnisten mussten und es Jahrzehnte dauerte, bis sie wieder verschwanden. Erst Franz Keil hat manche Fehler mit seiner ersten Glocknerkarte (1860) berichtigt. Ihm ebenbürtig ist Paul Oberlercher später gefolgt. Vieles von ihnen ist bis zur Gegenwart erhalten geblieben, vor allem die Gipfelnamen, weit voran der einstige k. u. k. Vermessungsoberst Carl von Sonklar und einige seiner Landesvermesser. Schon der Grundname des Gebirges innerhalb Salzburgs als »Hohe Tauern« brachte eine Zweiseitigkeit in der Entscheidung der Namensform, da seit jeher mit »Tauern« ein Übergang über die Berge, aber kein Bergzug gemeint wurde. Von Sonklar jedoch hatte mit »Tauern« eine ganze Gebirgswelt erfasst und von dieser auch die Niederen Tauern abgezweigt, zweifellos eine Entscheidung, die wir gegenwärtig für richtig halten. Den Sammelbegriff soll es auch für das altüberlieferte »Eisgebirge von Salzburg« gegeben haben, zu dem man ein »Steingebirge« und ein »Grasgebirge von Salzburg« unterschieden hatte. Die Einschränkung dieser Namensformen waren erst mit den »Tauern« entstanden, und sie blieben in mehrfacher Form (vom keltischen Stammwort »Tur«, »Dur«, »Thor«) abgeleitet, weil man damit »durch das Gebirge« gekommen ist, also auf einem Übergang, über einen Sattel oder Pass, über die Wasserscheide des Gebirges. Es gab somit die »Tauernwege« und auf ihnen die »Tauernhäuser«, den »Tauernpass«; viele Namen sind heute noch üblich, z. B. Kalser Tauern, Felber Tauern, Krimmler Tauern, Radstädter Tauern, Mallnitzer Tauern bzw. die Tauernhäuser. Der Name »Pinzgau« soll auf den sumpfigen Talboden verweisen (weil dort vielfach Binsengewächse zu finden sind). Der Name »Großglockner« ist von seiner Glockenform abgeleitet, die vor allem von SW (Kals) erkennbar ist, weshalb man von einer »Kalser Glocke« sprach. Vorläufer sind Namen wie »Glogger« (Grenzbeschreibung, 5.3.1583), aus der später »Klockner« oder der »Glöckner mons« des Jahres 1649 wurde (Holzwurmkarte von Kärnten). In der Glocknerumgebung hatte der Regensburger Gelehrte David Heinrich Hoppe dafür gesorgt, dass der herrliche Firndom über dem Pasterzenbruch statt Keeswinkelkopf nunmehr Johannisberg genannt wurde (in Verehrung für Erzherzog Johann von Österreich, dessen Vorstoß zum Zentralen Gletscherdach 1832 mit Erreichen des Riffltors endete). Man sprach auch schon von der Pasterze, der Gamsgrube, dem Fuscherkarkopf und bald darauf von der »Todtenlochscharte«, wobei die heutige Untere Ödenwinkelscharte gemeint war (Brüder Schlagintweit). Das Große Wiesbachhorn wurde von Karl Hofmann benannt; er leitete den Namen vom slawischen »Vischbachhorn« ab, denn an der O-Seite gab es die »Vischbäche«, die talwärts rauschten. Aus ihnen wurden die Wiesbäche. Das alte Tschareck verwandelte sich zur Glocknerwand, die Teischnitzscharte zur Unteren Glocknerscharte, das Romarischkenhorn zum Romariswandkopf (P. Oberlercher und J. Stüdl), das Tuckett'sche Johannisbergjoch wurde ab 1869 durch K. Hofmann/J. Stüdl zur heutigen Oberen Ödenwinkelscharte. Ferleiten wurde von »Fährleuten« (Menschen die kutschieren, fahren) abgeleitet, das Käfertal von einem Heustadel, der voll von großen Käfern und Holzwürmern war. Eiskögele und Hoher Kasten wechselten in der Namensgebung, hier hatten sich die Erstbegeher 1872 geirrt. Ein Jahr früher, 1871, wurde eine Klarstellung aller Bärenköpfe durch Mappierungsoffizier Major von Pelikan ausgeführt und bei ihnen die Namen Vorderer und Hinterer Bratschenkopf verwendet. Vier Jahre später nannte Heinrich Heß das Tor zu ihnen Keilscharte, in Verehrung für Franz Keil (20.9.1876). Der DAV-Zentralausschuss würdigte Karl Hofmann, indem er das Tschadinhorn als Hofmannspitze (31.1.1871) betitelte. C. von Sonklar hat den ehemaligen »Keeswinkel« als Pasterzenboden bezeichnet und Karl Hofmann den weiten Firnsattel am Großen Wiesbachhorn mit Wielingerscharte benannt. Beides war entscheidend. Ein halbes Jahrhundert zuvor sprach man vom Leitertal, weil durch das Tal von Heiligenblut heran Holzleitern mitgetragen wurden, um somit vielleicht den Großglockner sicher ersteigen zu können oder um die Obere Glocknerscharte zu überbrücken. Auch von einem »Weißen Bärenkopf« spricht man heute noch. Die Gruberscharte wurde sicher vom davon abfließenden Hochgruberkees abgeleitet, ebenso der Kellersberg, das Schwerteck und das Schwerteckkees, die Paul Oberlercher benannte, da er auch ihr Erstbegeher war. Bereits am 6.9.1863 wurde vom unternehmungsfreudigen Lienzer Josef Mayr mit den beiden Kalser Gamsjägern Alois Bauernfeind und Alois Payr der Versuch unternommen, den Großglockner-SW-Grat zum ersten Mal zu erklettern: Man kam aber nur bis in jene Felsscharte, wo er tatsächlich beginnt, und hatte den Felskamm bis zu dieser Scharte als »Luisengrat« mit »Luisenkopf« und »Luisenscharte« benannt. Dabei stand wohl eine rundliche Luise im Hintergrund Pate. Diese Namensnennungen sind heute noch eingebürgert (Namensform durch J. Stüdl, nach seiner Frau erst später »Louisenscharte«.) 1885 wurde auf Vorschlag von Prof. Eduard Richter der schöne Firnkamm zwischen Fochezkopf und Großem Wiesbachhorn »Kaindlgrat« getauft, nicht, weil der Linzer Albert Kaindl ein Frühbegeher war, sondern weil dieser finanziell den Bau einer der wertvollsten Hütten ermöglicht hatte. Der heutige Wasserradkopf war einmal der frühere »Kaserrothkopf«, der Brennkogel erhielt seinen Namen durch den Botaniker Dr. Schwägerich aus Leipzig (1800); bald danach verwandelte sich der »Heiligenbluter Tauern« zum heutigen Hochtor. Wie die Adlersruhe durch Fürstbischof Salm zu ihrem Namen kam (10.7.1800), so gab J. Stüdl dem »Teufelskamp« seinen ungewöhnlichen Namen (weil es Stüdl schwer fiel, davon einen Abstieg zur Pasterze auszuführen); das Teufelskampkees ist eine Ergänzung. Mit Stüdlhütte (Vorschlag von Anton von Ruthner) und

Auf dem Kleinglockner.

Stüdlgrat (Vorschlag von Egid Pegger) wurde J. Stüdl geehrt; den Stüdlgrat nannte man früher (1865) den »Neuen Kalser Weg« und kurzzeitig den »Peggergrat«. Darauf wurde der »Alte Kalser Weg« zur Adlersruhe in Blaukopfgrat umbenannt, wie heute noch die Felsschneide ab Burgwartscharte betitelt ist. Die Dockscharte, zwischen Hoher Dock und Großem Bärenkopf, erhielt ihren Namen durch Ludwig Purtscheller, ebenso der Totenkopf an der W-Seite der Hohen Riffl. Der »Ödenwinkelgrat« zwischen Kalser Tauern und Eiskögelegipfel, über dem Ödenwinkel steilfirstig stehend, wurde zum Kastengrat (obwohl sein ursprünglicher Name, den die Erstbegeher gebrauchten, passender wäre). Treffend war die Betitelung der »Pallavicini-Wechte« der Glocknerwand (nach dem tragischen Unglück vom 26.6.1886). Bald danach hatte Eugen Guido Lammer von einem »Bahnhof« in der berüchtigten »Pallavicini-Rinne« des Großglockner-NO-Absturzes gesprochen, da man in dieser breiten Firnbucht ausqueren, also »rangieren« kann. Eugen Guido Lammer empfahl 1893 ein »Hofmannskees« und ein »Kleinglocknerkees« zu unterscheiden, da beide Eismassen in ihrem Abhang zur Pasterze durch einen Felsgrat getrennt sind, den er künftigen Ersteigern zur Begehung empfahl (heutiger Glocknerkamp); die Gesamtfläche dieses Hochgletschers empor zur Adlersruhe wurde (entgegen dem Inneren Glocknerkar) Äußeres Glocknerkar benannt, beschränkt sich aber heute nur mehr auf den kleinen Karwinkel unter dem Kleinglocknerkees-Abbruch zur Pasterze. Glockner- und Teufelshorn, die beiden respektablen Gendarmen am Großglockner-NW-Grat, wurden durch Paul Oberlercher betitelt; durch ihn ergab sich auch eine Glocknerwandkrone, da sich diese schroffen Grünsteintürme von den anderen Bratschentürmen der Glocknerwand wesentlich unterscheiden. Bei weiteren Namensgebungen stellte man historische Persönlichkeiten in direkten Bezug zum Großglockner. Zuerst die Brüder Klotz, die ersten Ersteiger, die fortan nur noch »Glockner« genannt wurden; man sprach von einer »Hohenwartscharte«, von einem »Salmkamp«, vom »Glocknerleitl«, von einem »Glocknerkoch« (der Leibkoch des Fürsten Salm, Josef Karg, der gar wohl aufzutischen wusste, als man den Großglockner belagerte), von einer »Schwalbe des Großglockners« (da D. H. Hoppe über 40 Jahre immer wieder nach Heiligenblut und zur Pasterze zurückkehrte). Es gab die »Franz-Josefs-Höhe« (für den Kaiserbesuch), den »Glocknerschreiber« (J. A. Schultes, der 1804 eine sehr beachtete »Reise auf den Glockner« geschrieben hatte), es gab eine »Adlersruhe«. J. Stüdl wurde der spätere »Glocknerherr« und 1857 Sidonia Schmiedl, Paulbauers Tochter von Trojach, die »Glocknerfrau« (sie führte die erste Frauenersteigung des Großglockner aus). Thomas Groder aus Kals

Großglockner-Hochalpenstraße (Glocknerhaus, Pasterzenhaus mit Schobergruppe).

Schildberg
Hinterer
Vorderer
Langtalkopf
Hoher Bretterkopf
Hoher Seekamp
Karlkamp
Vorderer
Seeka
Glocknerhaus
Pasterzenhaus

war schon 1865 der »Glocknerwirt« und Josef Schnell die sprichwörtliche »Gams von Kals« (da er so schnell wie eine Gämse war). 42 Jahre später existierte das erste »Glocknerkind«; es war dies die kleine Erika Lammer, die 1907 als 11-jähriges Mädchen von ihrem Vater, Eugen Guido Lammer, als bisher jüngste Besucherin zum Großglocknergipfel geleitet wurde. Zur Erinnerung dienen auch die Hüttennamen: Hofmannshütte, Stüdlhütte, Erzherzog-Johann-Hütte, Rudolfshütte, Salmhütte und das Franz-Josefs-Haus (aus dem alten »Haritzerhaus«); später kam das Heinrich-Schwaiger-Haus, die Oberwalderhütte, die Karl-Fürst-Hütte dazu, nachdem es die »Johannishütte« und die »Wallnerhütte« nicht mehr gab. Weitere Namen für Örtlichkeiten sind: Gröger-Rinne, Gröger-Wechte, Frühstücksplatz und Eiskapelle am Hofmannsweg, Sedlgrat am Großen Grießkogel, Tenngrat am Hohen Tenn zum Fuscher Tal hinab. Zu den genannten Namen kamen viele Namenszüge aus der heutigen Zeit, z. B. Adolf-Schärf-Haus (1993 angetragen), Wallackhaus, Karl-Volkert-Haus, Silesiaweg, Sudetendeutscher Höhenweg, Krefelder Höhenweg u. a., die sich dem einstigen »Austriaweg« oder »Max-Hirschl-Weg«, dem »St. Pöltener Ostweg«, angliedern. Der höchste Firnsattel des Glocknermassiv, der bereits 1876 zum ersten Mal überschritten wurde, bekam 1919 durch Eduard Mayer, anlässlich der 1. Ski-Umkreisung des Großglockner, den Namen Romariswandsattel. In der letzten Periode der Namensgebung verwandelte sich die einstige »Glockerin« zur Klockerin, der »Hochtenn« zum Hohen Tenn und das »Sinnabeleck« zum Sonnenwelleck. Die letzte spezialisierte Namensgebung gab es für das Hofmannskees, den Glocknerwandkamp (Glocknerwand-O-Grat), den Glocknerkamp (Lammer-Anstieg) und den Glocknerkarkamp (Meletzkigrat). Das Hofmannskees ist zwischen Kellersberg-Hauptgipfel und Glocknerkarkamp eingebettet, K. Kosternitz und der Heiligenbluter Führer Josef Bernsteiner sprachen bereits 1895 von einem geteilten Hofmannskees; heute unterscheidet man zwischen einem Äußeren (mit dem Hofmannsweg) und einem Inneren Hofmannskees. Die Namensgebung »Granatkogelgruppe« wurde von Prof. Dr. Gustav Demelius und Arthur von Schmid im Jahr 1870 gebraucht, als die beiden Grazer im Gipfelbereich des Weißsees die ersten Bergfahrten eröffneten. Jahrzehnte später entstand daraus die Granatspitzgruppe. Ehedem nannte man das Gebiet »Landeckgruppe«, weil man glaubte, der Landeckkopf und nicht der Sonklar'sche Granatkogel wäre der entscheidendere Berg im Abschnitt zwischen Kalser und Felber Tauern. Karl Hofmann war dieser irrigen Meinung verfallen. Nicht so Josef Rabl (1876), der ebenfalls eine Granatkogelgruppe fixierte, jedoch erkannte, dass weder der Landeckkopf noch die Granatspitze die höchsten Gipfel seien, sondern dieser noch weiter im S stehen müsse. Es war

Margaritzenspeicher mit Glocknerhaus.

Vorderer
Leiterkopf
Karl-Volkert-Haus
Glocknerhaus
Margaritze-Speicher

schwierig, die Irrtümer und Hörfehler der ersten Vermesser auszumerzen, die vorwiegend durch den örtlichen Dialekt der Begleiter der Vermesser entstanden. Eine Nachlässigkeit ist den Kartografen 1943 bei den Gipfelnamen des Ödkamms (zwischen Kleinem Landeckkopf und Glanzscharte) unterlaufen, da sie hier nicht die alte AV-Karte von 1890 (mit Nachträgen von 1913) verwendeten und dieses Gratstück bereits 1930 bergsteigerisch entschlüsselt war. Gipfel wie Hoher Bäul oder Glanzköpfe sind Beispiele der Verwechslung. Die bergsteigerische Grundlage hatte Wilhelm Brandenstein bereits 1926/29 geschaffen. Ebenso entstanden am westl. benachbarten Felber/Mitterkamm falsche Namen. Hinsichtlich der Namensgebung muss man beachten, dass drei Urvölker jeweils verschiedene Grundnamen gebrauchten. Fast alle Stammwörter entspringen dem Romanischen bzw. Slawischen oder einer schlechten Verdeutschung. Dafür ist der heutige Graue Schimmel ein Beweis, dem alten Grauen Schimme (romanisch = Höcker) gegenüber. Da der graue Bergkopf (er klebt förmlich am NW-Grat des Großen Muntanitz) nie etwas mit einem Schimmel zu tun hatte, ist seine modernisierte Namensgebung unangebracht. Das Gleiche gilt für das Loameskees, den Loamesbach, den Daxerkogel (nicht aber Lameskees, Lamesbach und Taxerkogel, wie heute benannt), ebenso Meßling (nicht Messerling), Goltrattal, das Schnaggentörl (nicht Schlackentörl). Wenn man die Moaralm des Kalser Dorfertals als Mairalm oder die einstige Mahralm als Mairebenalm bezeichnete, so waren dies typische Beispiele einer gewaltsamen Verdeutschung innerhalb der bodenständigen Namensgebung. Das Ködnitztal der Glocknergruppe wurde vom slaw. »Katnica« (= Winkeltal) abgeleitet; Laperwitz und Fruschnitz (heute Teilstücke der Vergletscherung am Glocknerkamm) sind slowenischen Ursprungs, während dagegen Möll vom Althochdeutschen »molte« (= Erde, Staub) stammt (da die Möll in ihrem Abfluss infolge des vielen Schutts als »staubig, nicht rein und klar« gegolten hatte). Aus dieser Sicht stammt auch der Begriff »Glocknermehl« von der »Basterze« herab (Sandablagen im Möllgewässer). Das abschmelzende Firnfeld an der SW-Seite des Kalser Bärenkopfs zum Lending-Seeboden und Seetörl hinab – dessen S-Fleck die Teufelsmühle bildet – wird wieder mit dem ursprünglichen Namen »Bärenkopfkees« bezeichnet, da es ohnehin das weitaus wichtigere Landeckkees im N-Hang des Tauernhauptkamms bildet.

Großglockner – Aufstiegsroute der Erstbesteiger 1799/1800 (Fürstbischof-Salm-Weg).

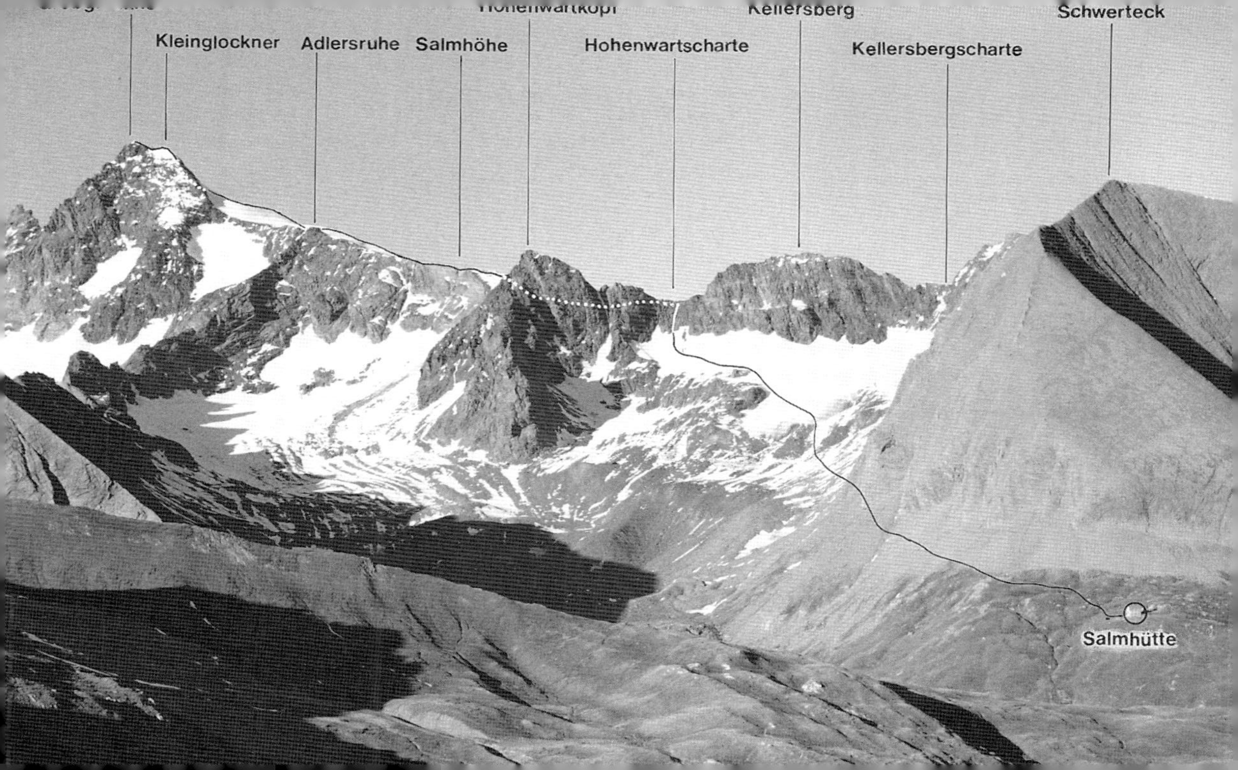

Kleinglockner
Adlersruhe
Salmhöhe
Hohenwartscharte
Kellersberg
Kellersbergscharte
Schwerteck
Salmhütte

Touristische Erschließung

Bergsteigerische Erschließung

Belsazar Hacquet, Professor der Anatomie und Chirurgie in Laibach, der »de Saussure der Ostalpen« genannt, der sich in den Jahren 1760 bis 1780 in der Schaflerhütte in der Gamsgrube (der heutigen Hofmannshütte) mehrere Sommer aufhielt, um das Glocknergebiet wissenschaftlich und bergsteigerisch zu erforschen, berichtet u. a., es gäbe keinen Berg in den Ostalpen, der sich an Eleganz und Kühnheit im Aufbau mit dem Großglockner messen könne. Ähnliches hatten auch David Heinrich Hoppe, Arzt und Botaniker aus Regensburg (Herausgeber des »Botanischen Taschenbuches«), vor allem aber Domdechant Sigmund v. Hohenwart (später Generalvikar des Fürstbischofs von Gurk, Altgraf v. Salm-Reifferscheid, und schließlich Bischof von Linz) gesagt. Letzterer weilte 1791 mit Josef Reiner an der Pasterze als Botaniker, drang zaghaft zu den Gletschern vor, war aber der zündende Funke für die späteren Glocknerreisen seines Vorgesetzten, des Fürstbischofs von Gurk, Franz Xaver Altgraf v. Salm-Reifferscheid. Sigmund v. Hohenwart meinte damals: Würde jemand auf diesen Berg kommen, dann müsste er eine Leiter mittragen, mit der ein Versuch zu machen wäre, ob man damit die jähe Felsscharte überbrücken könne, die die zwei Spitzen trenne, von welcher die »Hintere« die höhere sei. Der älteste Hofadel Österreichs stand damit im Bann dieses Berges, auch der 50-jährige Fürstbischof von Gurk, Sohn des Erziehers von Kaiser Josef II., dessen Jugendfreund er war. Hohe, geistliche Würden wogen schwer in damaliger Zeit; bergsteigerische Ehren gab es nicht. Aber Altgraf v. Salm-Reifferscheid war bereit, sich solche zu verdienen, ähnlich dem Genfer Gelehrten Horace Benedict de Saussure, der die erste Ersteigung des Montblanc durchführte (3.8.1787). Man bezeichnete später diesen Tag als »Geburtsstunde des Alpinismus«. Fürstbischof v. Salm-Reifferscheid beauftragte im Frühjahr 1799 den Pfleger Josef Kussian von Großkirchheim, eine Glocknerexpedition vorzubereiten. Zwei bergvertraute Männer wurden dazu gewonnen, die Brüder Martin und Sepp Klotz, Zimmerleute aus Heiligenblut. Am 15.6.1799 kamen die beiden (aus dem Leitertal) bis eine halbe Stunde unter den Gipfel des Kleinglockner, am 23.7.1799 drangen sie mit Hilfe eines 74 Klafter langen Seils noch etwas höher vor, ein heftiger Schneesturm aber zwang die Wackeren zur Umkehr. Am 25.8.1799 erfolgte die erste Ersteigung des Kleinglockner durch Martin und Sepp Klotz (»Hoysensepp«), die man nun die »Glockner« nannte, und zwei weiteren Zimmer-

Vom Großglockner Tiefblick zum Südwest(Stüdl-)grat (R 1037).

Kalser Freiwandspitz
Figerhorn
Blaue Wand
Fanatkogel
Stüdlhütte
Ködnitzkees
Luisenkopf
Stüdlgrat

leuten mit Sigmund v. Hohenwart und Johann Zopoth, die das vom Fürstbischof gestiftete Kreuz dort aufstellten. Mit einem halben Erfolg gab man sich nicht zufrieden, auf dem höchsten Punkt sollte ein Siegeszeichen stehen!
Im Sommer 1800 startete die zweite Salm'sche Glocknerexpedition mit 62 Teilnehmern, davon 47 Führer und Träger, sowie 16 Pack- und Reitpferde. Am 28.7.1800 erfolgte die erste Ersteigung des Großglockner durch Martin und Sepp Klotz, zwei weiteren Zimmerleuten und Pfarrer Mathias Hautzendorfer von St. Peter in Rangersdorf (Mölltal). Dies war »der größte Triumph in der Frühgeschichte des Alpinismus in den Ostalpen« (Oskar Kühlken, »Das Glocknerbuch«). In der alpinen Literatur ist durch eine Verwechslung Pfarrer Josef Horasch (richtig Orrasch!) aus Dellach (Drautal) unter den Erstbegehern genannt. Anlässlich des Jubiläums »200 Jahre Erstersteigung des Großglockner« wurde der Bericht von Pfarrer Orrasch, der bis dato nicht zur Verfügung stand, herangezogen. Er berichtet, dass die vier Heiligenbluter Zimmerleute (als Führer) verständlicherweise ihren Pfarrer aus Rangersdorf als Ersten auf den Großglocknergipfel bringen wollten. Pfarrer Orrasch, einsichtsvoll, verzichtete auf den Gipfel und blieb mit Sigmund v. Hohenwart und David Heinrich Hoppe auf dem Kleinglockner zurück, dessen Felsen man an drei Stellen mit fixen Seilen versehen hatte (ÖAZ 2000/Folge 1551–1553). Auf der »Hohenwarte« (später Salmhöhe) zurückgeblieben waren Fürstbischof v. Salm-Reifferscheid, Freiherr Franz Xaver v. Wulfen (Seelsorger in Klagenfurt, Verfasser der »Flora norica«), Benediktiner-Pater Prof. Ulrich Schiegg und der Arzt Dr. Anton v. Schallhammer, die dort den Gipfelsieg abwarteten. Und schon am nächsten Tag (29.7.1800) stiegen die »Arbeiter des Glocknerkreuzes«, die vier Heiligenbluter Zimmerleute, wieder bergwärts, um das zwei Klafter hohe Kreuz nun auf dem Großglocknergipfel festzumachen; mit ihnen war der 26-jährige Theologiestudent Valentin Staniç (Assistent bei Prof. Schiegg in Salzburg).
Am 23.8.1802 erfolgte die dritte Ersteigung des Großglockner: Sigmund v. Hohenwart, der unermüdliche Verfechter einer Glocknerersteigung, erreichte mit dem Studenten Pichler sowie mit Martin und Sepp Klotz und sieben weiteren Führern wohlverdient das »Ziel seines Lebens«. Am nächsten Tag (24.8.1902) um 10 Uhr morgens stand Fürstbischof v. Salm-Reifferscheid auf der Adlersruhe, der er ihren Namen gab; eine Stunde danach stieg er über das Glocknerleitl am Steilhang des Kleinglockner und kehrte dort um. Es war seine höchste erreichte Stelle am Großglockner.
Ein halbes Jahrhundert nach der Erstbesteigung erreichte als erster Alleingänger der kühne, 21-jährige Theologiestudent Stephan Steinberger (später als Pater Corbinian bekannt), trotz Neuschnee, nur »mit Steigeisen und Bergstock bewaffnet«, den Großglocknergipfel (17.8.1854) – »ein Sturm mit ungestümer Wucht« war sein Begleiter, ein Viertel Wein und ein Stück

Schwarzbrot reichten für diese 15-stündige Bergtour (Heiligenblut – Großglockner und zurück).
30 Jahre nach der Glockner-Erstbesteigung drang Erzherzog Johann von Österreich als großer Bergsteiger in die Eiswelt bis zum Rifflтor vor; der Erzbischof von Salzburg, Friedrich Fürst Schwarzenberg, bestieg zum zweiten Mal mit seinen Führern das Große Wiesbachhorn.
Es ist eine lange, fast 200-jährige Kette von der ersten Wiesbachhorn-Ersteigung durch die Fuscher Bauern Zanker und Zorner bis heute, vom ersten Betreten der Gletscherwelt durch Anton von Ruthner mit seinem Führer Josef Schweighofer, dem berühmten »Röderer« aus Ferleiten, bis zu den Erfolgen von Karl Hofmann und Johann Stüdl mit Thomas Groder und Josef Schnell, dem wohl besten Führer, den das Glocknergebiet jemals hatte. Die ersten Salm'schen Unterstandshütten verfielen, das Glocknerkreuz »erlag dem Ansturm der Elemente«. Ein Glocknerpanorama, gezeichnet von Marcus Pernhart, und 70 Großfotografien des Wieners Gustav Jägermayer begeisterten jeden Bergfreund. Am 6.8.1872 gab es den ersten Massenbesuch: 29 Bergsteiger an einem Tag. Drei Wochen später, am 24.8.1872, standen zugleich 34 Personen am Gipfel des Großglockner. Ein Jahr später forderte der Großglockner den ersten Toten, den 25-jährigen Emanuel Klumpner aus Wien. Er starb am 6.9.1873 auf den Schultern von Rupert Groder, der den Erschöpften vom »Roten Fleck« des Stüdlgrats hinabtrug. Ein Schneesturm tobte über dem Berg. 13 Jahre später (26.6.1886) brach eine Wechte an der Glocknerwand, und mit ihr stürzten vier der besten Bergsteiger dieser Zeit 200 m in die Tiefe: Markgraf Alfred Pallavicini aus Wien, Legations-Secretär Hermann Crommelin aus Haarlem in Holland und die Kalser Bergführer Christian Ranggetiner und Engelbert Rubesoier. Von der frühesten großen alpinen Leistung (Ödenwinkelschartenkopf-N-Wand, 1869) über eine der berühmtesten Eistouren der Ostalpen (Großglockner-»Pallavicini-Rinne«) bis zur Bezwingung der höchsten Bergflanke in den Hohen Tauern (Gr.-Wiesbachhorn-SO-Wand, 1889, nach der O-Flanke, 1877) war es ein langer Weg von Abenteuern, Entbehrungen, Gefahren und Hindernissen. 1888 fegte eine Lawine die Schwarzenberghütte zu Tal, aber ohne Unterlass erstrahlte das neue »Kaiserkreuz« am Glocknergipfel. Gerade dort, wo man einst glaubte, dass jedes Leben erstorben sei (J. Rabl, 1875).
Die Pioniere: Sigmund v. Hohenwart, Friedrich Fürst Schwarzenberg, Anton v. Ruthner, Karl Hofmann, Johann Stüdl, Markgraf Alfred Pallavicini, Gustav Gröger, Theodor Harpprecht, Albert Kaindl, Franz Keil, Moritz v. Kuffner, Viktor Pillwax, Eugen Guido Lammer.
Die Führer: Martin Klotz, Sepp Klotz, Josef Schnell, Michael und Thomas Groder, Josef Kerer, Anton Hetz, Christian Ranggetiner, Josef Schweighofer, Georg Bäuerle, Johann Kramser, Josef Tribusser, Sebastian Huter.

Die Nachfolger: Georg Löwenbach, Otto Pitschmann, Richard Weitzenböck, Emil Meletzki, Fritz Rigele, Roman Szalav, Fritz Herrmann, Hans Majer, Karl Wien, Willi Welzenbach, Willi Mayr, Richard Gerin, Hubert Peterka. Sie haben mit bergsteigerischen Taten und in Wort und Schrift zum guten Ruf des österreichischen Alpinismus beigetragen.
Die ersten Alleingeher im schwierigen Gelände waren der 21-jährige Corbinian Steinberger (1. Alleinersteigung des Großglockner, 17.8.1854), Eugen Guido Lammer (Gr.-Wiesbachhorn-SO-Wand und O-Flanke, 1888 bis 1893), Fritz Herrmann (1. Abstieg in der Großglockner-»Pallavicini-Rinne«, 1929), Hubert Peterka (Glocknerwand-N-Wand, 1929, Gr.-Wiesbachhorn-SO-Schlucht, 1929), später Ferdinand Krobath, Fritz Stadler u. a.
Das Frauenbergsteigen wurde zunächst geprägt von Miss Mary Whitehead (Großglockner-SW-Grat, »Stüdlgrat«, 24.7.1869), Maria Zeh (Großglockner-»Pallavicini-Rinne«, 28.6.1926), Hilde Kornfeld (Gr.-Wiesbachhorn-NW-Wand, 5./6.7.1927, Glocknerwand-O-Grat, »Glocknerwandkamp«, 12.7.1927) und Luise Klement (Kl.-Wiesbachhorn-NNW-Wand, 5.7.1932).
Das Wirken der ersten Führerlosen wurde am Großglockner-SW-Grat (»Stüdlgrat«) beobachtet: Josef Anton Rohracher und seine vier Lienzer Gefährten benötigten am 3.9.1875 für den Grataufstieg den ganzen Tag (trotz Sicherungen) und erreichten den Gipfel um 18 Uhr bei Schlechtwetter und Sturm. Es musste in der Finsternis wieder über den Grat zurückgeklettert werden. Erst um 23 Uhr wurde die Stüdlhütte erreicht. Damals war der gesicherte Stüdlgrat des Großglockner sechs Jahre alt (Eröffnung der Anlage am 5.8.1869; Sicherungsarbeit, mit 400 m Seil, durch die Brüder Michael, Thomas und Rupert Groder innerhalb von zwei Monaten des Jahres 1869). Am gleichen Tag, als die Sicherungen des Stüdlgrats der Allgemeinheit übergeben wurden, entdeckte Karl Hofmann die Begehungsmöglichkeit der Gletscherflanke zwischen Adlersruhe und Pasterze (den heutigen Hofmannsweg), die jedoch zunächst noch für zu gewagt eingeschätzt wurde.
Es sind bald 120 Jahre verstrichen, seitdem die ersten Gipfel der Granatspitzgruppe von Vermessern mit ihren bäuerlichen Gehilfen betreten wurden. Von den Bergsteigern kam keiner. Sie waren in berühmteren Gebieten tätig: am Großglockner und am Ortler, in den Zillertalern und in der Venedigergruppe. Erst 70 Jahre nach dem Großglockner, 30 Jahre nach dem Großvenediger, wurde die Granatspitze durch die Professoren Gustav Demelius und Arthur v. Schmid am 24.8.1871, geleitet von den Kalser Bergführern Johann Gräfler und Kaspar Gorgasser, betreten. Eine Woche später erreichte Arthur v. Schmid in der Obhut des berühmten Thomas Groder zum ersten Mal den Gipfel des Großen Muntanitz (2.9.1871). Man ahnte nur, dass dies der höchs-

Auf dem Glocknerkarkamp (Meletzki-Grat).

te Gipfel der unbekannten Granatspitzgruppe sein musste. Noch im gleichen Jahr erreichte Viktor Hecht, wieder mit Thomas Groder, den Gradötzgipfel und den Luckenkogel als erste touristische Ersteiger (1871); auf beiden Gipfeln standen bereits Vermesser.
Josef Rabl, Gustav Strauß und Carl Beer, geleitet vom Kapruner Führer Anton Hetz, überschritten am 22.8.1875 zum ersten Mal den Tauernhauptkamm vom Landecktal zum Amertaler See, von dem sie zum Landeckkees anstiegen, um ins Dorfer Ödtal zu gelangen. Vor diesem Übergang erstiegen sie erstmals die Daberkögelen, zwei Tage später (24.8.1875) die Aderspitze – ein eleganter Vorstoß in eine geheimnisvolle Felswelt.
Drei Jahre später überschritt der stürmische Gustav Gröger mit Franz Raneburger erstmalig die Weite Scharte im Tauernhauptkamm (22.8.1878). Verglichen mit anderen Leistungen war dies aber relativ unbedeutend. Bis zum Jahr 1895 blieb es dabei. Erst das Erscheinen einer Gebietsmonografie durch den Münchner Künstler und Bergsteiger M. von Prielmayer brachte das Erwachen: Das Schnaggentörl wurde als bedeutendster Übergang entdeckt (Mittlerer Muntanitzkamm), der Kalser Bärenkopf wurde von unbekannten Ersteigern erklommen, im Juni 1896 wurde die Hohe Fürleg zum ersten Mal betreten (E. Lomler und Karl Bröckelmann mit Führer Franz Köll), und ein Jahr später (4.8.1897) begingen Ludwig Distel und Wilhelm Teufel erstmals den Verbindungsgrat von der Granatspitze zum Kalser Bärenkopf. Hans Prey und Anton Larisch eröffneten am 25.6.1903 eine Prachtkletterei mit dem Vorderen-Kendlkopf-SW-Grat. Am 10.7.1908 entdeckte der St. Pöltener Bergsteiger Hans Donabaum mit seinem Führer Maier den späteren Höhenweg von der Rudolfs- zur St. Pöltener Hütte.
Nach dem Ersten Weltkrieg begann eine neue Erschließungsperiode. Im Mittelpunkt stand vor allem die Klockenkogel-N-Wand, die durch eine Rinne (einst Eis, jetzt Schutt) erstmals von Karl Fürst und Robert Rameis im Sommer 1930 durchstiegen wurde. Knapp zuvor gingen Wilhelm Brandenstein, Richard Gerin und Georg Hecht auf einen regelrechten Beutezug nach allen noch unerstiegenen Gipfeln. Dabei entdeckte man einige würzige Klettereien. Am 23.8.1927 überschritt Wilhelm Brandenstein alle 13 Einzelgipfel des Tauernhauptkamms. Es folgten die entscheidenden Wanddurchstiege – Muntanitz-NO-Wand, Gradötz-NO-Wand, Kalser-Bärenkopf-O-Wand, Vorderer-Kendlkopf-S-Wand –, nachdem die steile Nussingkogel-N-Wand, ihr NW- und NO-Grat begangen waren (R. Gerin und G. Hecht, 1927). Fritz Herrmann, Eduard Bruckner und Franz Schaffer folgten mit der ersten Begehung des langen Sonnenblick-NW-Grats (26.6.1929). Nach ihnen kam die große Wachablöse: Rudl Klose. Er erfasste mit verschiedenen Gefährten, vor allem mit Fritz Liederer, Otto Schefzik und Karl Medlitsch, viele Möglichkeiten, schlug die ersten Haken in die Wände, meisterte die letzten Grate, so

den Gr.-Landeckkopf-N-Grat (16.7.1929), die schneidige NO-Kante des Teufelspitz (6.8.1931), den vergessenen Ödkamm mit seinen trutzigen Glanzköpfen (1.8.1930), den beachtlichen Vorderen-Kendlkopf-SO-Grat (25.7.1932), dem der Nussingkogel-N-Pfeiler (R. Klose, F. Liederer und O. Ziegler, 28.7.1932) und der Wellachkopf-S-Pfeiler (R. Klose und F. Liederer, 29.7.1932) folgten. Inzwischen löste man auch entscheidende Wandprobleme: Klockenkogel-SW-Wand (25.7.1931), Gradötz-NO-Wand (30.7.1931), Gr.-Muntanitz-NO-Wand (31.7.1931) und einige Grate. Als Schlussstein zu diesen großen Erstlingsfahrten führte Rudl Klose mit Gefährten die vollständige Überkletterung des Keeswinkelgrats durch (19.7.1937), nach der ersten Begehung der Luckenkogel-N-Wand (29.8.1934) und der ersten Erkletterung des Kalser-Bärenkopf-NO-Pfeilers durch R. Klose, F. Liederer und K. Medlitsch. Hubert Peterka und Max Jedlicke machten ihren Antrittsbesuch in der Granatspitzgruppe mit einigen Neuanstiegen: Kalser-Bärenkopf-NO-Wand (9.8.1932), Gradötz-NO-Rippe (15.8.1932), Oberster-Muntanitzpalfen-NO-Pfeiler und -O-Grat (14.8.1932).

Nach dem Zweiten Weltkrieg war es um die Erschließung der Glocknergruppe ruhig. Am 19.10.1967 ließen S. Mayerl, H. Lindner und H. Messner mit der ersten Begehung der 500 Meter hohen Glocknerhorn-Nordwandrampe aufhorchen. Der Anstieg erreicht nicht den Großglocknergipfel direkt, sondern steigt am oberen NW-Grat aus. Damit wurde der schwierigste Eisanstieg am Großglocknermassiv eröffnet – nun die »Liebelingstour« aller Bergführerkurse! 12 Jahre sollten vergehen, ehe K. Hoi mit fünf Gefährten die benachbarte Teufelshorn-N-Wand erstieg, als Draufgabe wurde der erste Abstieg an der Mayerl-Rampe ausgeführt (2.9.1979). In den Achtzigerjahren ging es aufwärts, als K. Hoi mit Bergführeraspiranten an den Abstürzen des Glocknerkamp beachtliche Erfolge erzielte: NO-Wand (»Theo-Riml-Gedenkanstieg«, 29.8.1984), NO-Pfeiler (»Smaragdpfeiler«, 1.9.1984), weiters die Direkte NO-Wand des Großglockner (13.08.1985). H. Bärnthaler beging mit vier Gefährten die Glocknerwandkamp-NO-Wand (»Schneiderrinne«, 15.9.1983). Die Klockerin-Direkte-NW-Wand (»Via Heidrun«) wurde von St. Eder mit H. Bärnthaler erstiegen (30.09.1986). Im Ödenwinkel, an der mächtigen Wandflucht des Kastengrats, waren H. Bärnthaler, H. Gregoritsch und St. Eder erfolgreich: Kastenturm-N-Pfeiler (»Fensterpfeiler«, 10.7.1982), Hoher-Kasten-Direkte-N-Wand (»Plattenzauber«, 23.7.1983), Ödenwinkelwand-N-Wand (»Erwin-Couloir«, 1.10.1985); als besonders beachtliche Leistung sei festgehalten: P. Rohrmoser (5.10.1983): Ödenwinkel-N-Wand (neuer Anstieg), anschließend Eiskögele-N-Wand (im Abstieg), Totenkopf-W-Grat mit Hoher-Riffl-N-Wand (im Aufstieg).

In der Grantspitzgruppe wurden zwischen 1983 und 1988 an den S-Wänden der fünfgipfligen Hohen Fürleg und an der O-Wand des benachbarten

Schafflkogel insgesamt dreißig alpine Sportkletterrouten bis Grad VIII bei 150 – 300 Meter Wandhöhe eröffnet.

Verkehrsmäßige Erschließung

Die Glockner-/Granatspitzgruppe wird von N (Salzburg) ab Bahnstation Zell am See und von S (Osttirol) ab Bahnstation Lienz mit dem Postbus erreicht. Dazu die Großglockner-Hochalpenstraße (erbaut 1930–35) als Verbindung von Zell am See (Salzburg) über das Hochtor nach Heiligenblut (Kärnten); ab Guttal Abzweigung der »Gletscherstraße« zur Franz-Josefs-Höhe. Öffnungszeiten: Anfang Mai bis 15. Juni, 6.00 bis 20.00 Uhr. 16. Juni bis 15. September, 5.00 bis 21.30 Uhr. 16. September bis Ende Oktober, 6.00 bis 19.30 Uhr. Letzte Einfahrt jeweils eine ¾ Std. vor der Nachtsperre. Auskunft: Großglockner Hochalpenstraßen AG (✆ 06 62/87 36 73-0), Information über den Straßenzustand bei der Mautstelle Ferleiten (✆ 0 65 46/6 50), Heiligenblut (✆ 0 48 24/22 12).
Weiters die Felbertauernstraße (erbaut 1962–67, Maut; Auskunft: Felbertauernstraße AG, ✆ 0 48 52/6 33 30) als Verbindung von Mittersill (Salzburg) über Matrei/Osttirol nach Lienz (Osttirol). Erbaut 1962–1967, Maut. Auskunft: Felbertauernstraße AG (✆ 0 48 52/6 33 30).
Ab Kals die »Kalser Glocknerstraße« zum Lucknerhaus.

Bahnverbindungen:

Wien – Salzburg – Zell am See
Wien – Klagenfurt – Lienz
Innsbruck – Wörgl – Zell am See
Innsbruck – Sillian – Lienz (»Korridorzug«)
München – Salzburg – Zell am See
München – Kufstein – Zell am See
München – Innsbruck – Sillian – Lienz (»Korridorzug«)

Straßenverbindungen:

Wien – Salzburg – Zell am See, 364 km
Wien – Klagenfurt – Lienz, 462 km
Innsbruck – St. Johann – Zell am See, 153 km
Innsbruck – St. Johann – Lienz, 191 km
München – Kufstein – Zell am See, 188 km
München – Kufstein – Lienz, 226 km

Die Entfernungen weiter zu den Talorten sind bei diesen angegeben.

Zufahrt Glockner-/Granatspitzgruppe:

Vgl. Skizze S. 63.

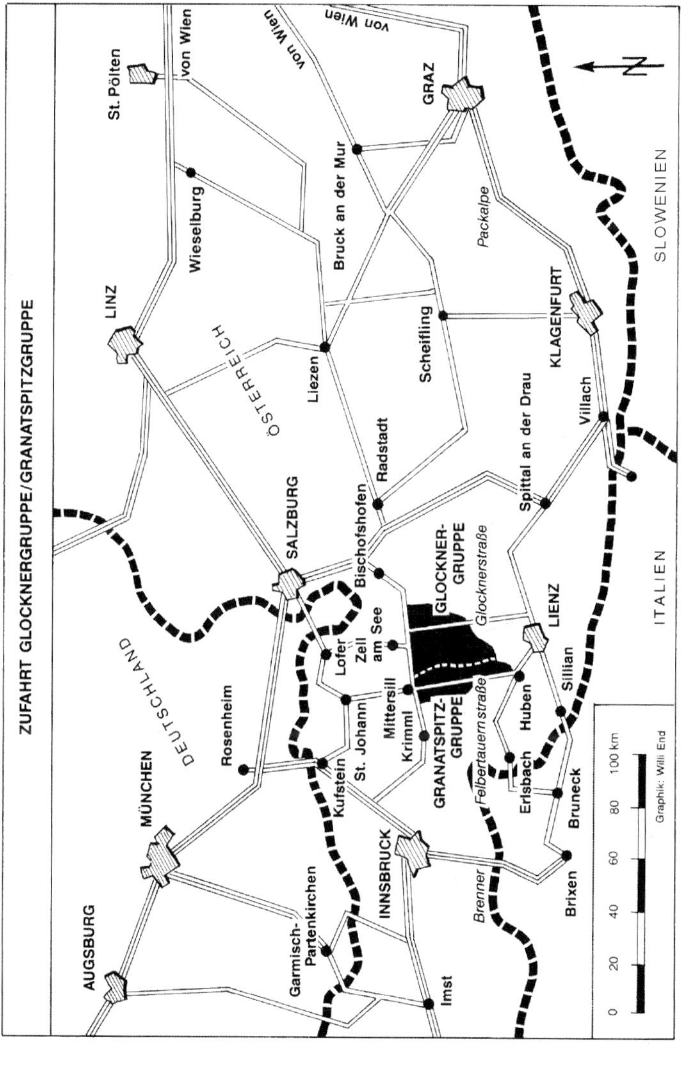
ZUFAHRT GLOCKNERGRUPPE/GRANATSPITZGRUPPE
St. Pölten
von Wien
von Wien
von Wien
GRAZ
N
Wieselburg
Bruck an der Mur
Packalpe
SLOWENIEN
LINZ
ÖSTERREICH
Liezen
Scheifling
KLAGENFURT
Radstadt
Spittal an der Drau
Villach
SALZBURG
Bischofshofen
GLOCKNER-
GRUPPE
Glocknerstraße
DEUTSCHLAND
Lofer
Zell am See
LIENZ
ITALIEN
Rosenheim
St. Johann
Mittersill
Krimml
GRANATSPITZ-
GRUPPE
Felbertauernstraße
Huben
Sillian
MÜNCHEN
Kufstein
Erlsbach
Bruneck
INNSBRUCK
Brenner
Brixen
AUGSBURG
Garmisch-
Partenkirchen
Imst
0 20 40 60 80 100 km
Graphik: Willi End

Geologie

Im Glocknergebiet ist ein reicher Wechsel der verschiedensten Gesteine zu beobachten. Der Großglockner besteht aus Chloritschiefer mit eingelagertem Grünstein, dessen Festigkeit er seine überragende Höhe verdankt. Die höchsten Teile des Tauernhauptkamms sowie die Gipfel des Stubacher/Kapruner Kamms setzen sich aus Glimmerschiefer und Gneis zusammen, während in der östl. Hälfte der Gruppe Kalkglimmerschiefer vorherrscht. Letzteres Gestein zeigt eine auffallende Verwitterung oberhalb der Baumgrenze in steilen, brüchigen Hängen, auch »Bratschen« genannt (z. B. Bratschenköpfe, Fuscherkarkopf). Im westl. Teil der Glocknergruppe kommt noch zweiglimmeriger Granit vor. Im Stubachtal fällt Serpentin auf. In der Umgebung von Kals herrscht Glanzschiefer vor.
Fast alle Gesteine der Granatspitzgruppe gehören den kristallinen Schiefern an, einer stark umgewandelten Felsbildung, die sich häufig in Graten und Wänden findet. Diese Schichtsteine besitzen verschiedenartiges geologisches Alter, sind nicht immer ideal für Begehungen und verlangen äußerste Vorsicht. Entgegengesetzt lagert aber auch an Graten fester, blockartig getürmter Zentralgneis, der geradezu einen granitartigen Charakter besitzt.
Damit sind die frühesten Abschnitte der Alpenentstehung bestätigt, wenngleich auch sie (durch die Hauptabschnitte der tektonischen Bewegungen) umgeformt wurden (Übereinandergleiten der Gesteinstafeln als »Decken«). Das ganze Granatspitzgebiet hat viele solche Ablagerungsstätten, besonders im Muntanitzkamm und im Kendlstock. Grünschiefer (»Prasinit«) tritt am Gradötz und Nussingkogel auf, im Kendlstock und auch am Luckenkogel; am Grauen Schimme und vor allem an der Aderspitze herrscht Kalkglimmerschiefer (Bratschen) vor. Sonst aber gibt es herrlichen, blockigen Zentralgneis; er baut alle jene Gipfel auf, die vom Glanzgschirr (Ödkamm) über den Tauernhauptkamm hinweg bis zum Kalser Bärenkopf reichen. Nach dem Kalser Bärenkopf (südw.) beginnen die (besonders für Kletterer) unangenehmen Verschieferungen. Das Reich des feinblätterigen, grauweißen oder schwarzbraunen Glimmerschiefers befindet sich im S-Flügel des Gebiets (Kendlstock). Geologen haben eine »durchgehende Schieferhülle« festgestellt und sie einer Spezialisierung unterzogen. Wo überall dieses Gestein auftritt, bestimmt es zugleich die Formgebung der Berge.

Geologische Übersicht der Zentralen Glockner- und Östlichen Granatspitzgruppe (1:125.000, nach Ferdinand Löwl ZDÖAV 1898/37)

A-A = Tauernhauptkamm
B-B = Glocknerkamm
C-C = Fuscher/Kapruner Kamm
D-D = Kapruner/Stubacher Kamm
E-E = Nordzug (= Mitterkamm)
F-F = Muntanitz- und Gradötzkamm

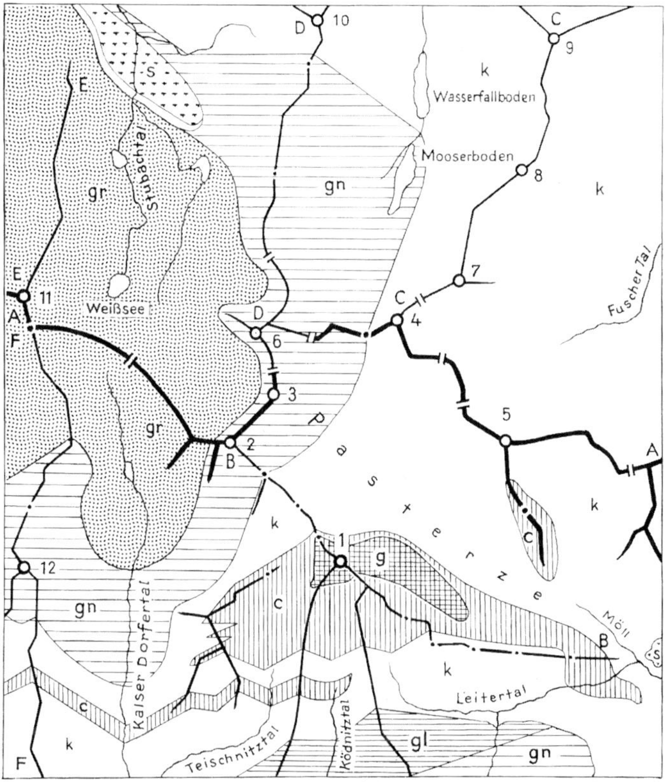

1 = Großglockner
2 = Eiskögele
3 = Johannisberg
4 = Mittlerer Bärenkopf
5 = Fuscherkarkopf
6 = Hohe Riffl
7 = Großer Bärenkopf
8 = Großes Wiesbachhorn
9 = Hoher Tenn
10 = Kitzsteinhorn
11 = Granatspitze
12 = Großer Muntanitz
gr = Granit
gn = Gneis
g = Grünstein
s = Serpentin
c = Chloritschiefer
k = Kalkglimmerschiefer (»Bratschen«)
gl = Glanzschiefer

Die Glocknergruppe war reich an Edelmetallen wie Gold, Silber und Kupfer und auch Zinn. Die Hauptblütezeit des »Tauerngolds« lag um das Jahr 1450, teils in Höhenlagen zwischen 2000 bis 2900 m. Es gab damals 1000 Schürfgruben, welche von Salzburger Erzbischöfen betrieben wurden, in denen 2000 Bergknappen beschäftigt waren. Das Eintreiben der Stollen (ohne Sprengmittel) dauerte oft 30 bis 60 Jahre. Die Reformationskriege und die Bauernaufstände im Land Salzburg sowie das Vorrücken der Gletscher waren die vorwiegendsten Gründe für den Rückgang des Bergbaus. Die Verödung und Vereisung der Hochstollen setzte 1661 besonders stark ein. Alle am Tauernhauptkamm gewonnenen Erze verarbeitete man bis 1879 im Stampf- und Schmelzwerk des Mölltals (Döllach). Im Fuscher Tal wurde oberhalb von Fusch im Hirzbach (richtiger: Erzbach) nach Gold geschürft. Der dortige Bergbau wurde 1805 eingestellt. In den Höhen des Talschlusses (über Ferleiten) am Hauptkamm (Brennkogelgebiet) und am Kloben (SO-Seite) entdeckte Anton von Ruthner 1859 den einstigen höchsten Bergbau Österreichs, als er vom Eis freigegeben wurde. Der vorgeschichtliche Betrieb vollzog sich von Heiligenblut, doch war der Zugang sehr weit und die Ausbeute gering, weshalb man den Stollenbau auflieB. Am Meßling im westl. Granatspitzgebiet fanden einst Grabungen nach gelbem Kupferkies statt; Eisenerzabbau kannte man schon im 14. Jh. im Bereich des Felber Tauern, vor allem an dessen S-Seite und in der Nähe des heutigen Daberkeeses. Sie wurden von Matrei aus betrieben.
Im Juli 1965 wurden von den Bamberger Bergsteigern Peter Meilinger und Hans Hofer bei der Erkletterung der Unteren-Ödenwinkelscharte-N-Wand, in etwa 3000 m Höhe, Riesenbergkristalle entdeckt. Diese Kostbarkeiten konnten nur mittels einer eigens dafür angelegten Seilbahn und durch Mithilfe des Österreichischen Bundesheers am 13.9.1966 geborgen werden. Der Fund ist im »Haus der Natur« in Salzburg ausgestellt (sieben Einzelkristalle mit einem Gesamtgewicht von 1622 kg; das schwerste Stück wiegt 618 kg, ist 116 cm hoch und 76 cm breit, der Umfang beträgt 220 cm). Diese Seltenheit gilt heute als größter Kristallfund der Alpen.

Pflanzen- und Tierwelt

Die **Pflanzenwelt** weist in beiden Gruppen eine besondere Mannigfaltigkeit auf. Neben der häufigen Alpenrose findet man oft Edelraute, Edelweiß, Leimkraut, Steinbrech- und Mannsschildarten, Moosprimeln, Fingerkräuter und Gletscherhahnenfuß sowie Enzianarten. Die Braya, die lange als Weltseltenheit galt und in der Gamsgrube im Glocknergebiet vorkommt, ist ein niederliegender, weiß blühender Kreuzblütler, der sich beim Verblühen lila färbt und dann einem Steinröserl ähnelt. Sie steht keineswegs, wie angenommen, nur in der Gamsgrube und in Sibirien, sondern ist auch im Wasserfallwinkel,

im Leitertal in der Glocknergruppe und bei Matrei/Osttirol in der Granatspitzgruppe zu finden; ferner kommt sie im Venedigergebiet, am Sonnblick, im Karwendel und im Zillertal vor. Sie gehört zu den geschützten Alpenblumen. Von den Heilkräutern sind Arnika, Wermut und Speik hervorzuheben. Im vorliegenden AVF ist die Aufzählung aller vorkommenden Pflanzen nicht möglich. Die Grenze des stämmigen Hochwalds sowie diejenige seiner Flora ist verschieden und liegt etwa um 2000 bis 2200 m, je nach der Lage und Neigung des Gehänges. Etwa 100 m über dem geschlossenen Waldgürtel dringen noch vereinzelte Bäume, Zirben und Lärchen (oft auch in kleinen Gruppen), meist arg zerzaust und verkrüppelt, bis hinauf in die obersten Höhen der Moränen vor, wo sie als »Spitzen der Kampfregion« gelten. An der Schneegrenze (etwa 2600 bis 2700 m) endet durchschnittlich das Vorkommen zusammenhängender Pflanzengesellschaften, um den spärlichen Pflanzenarten der Schneestufe Platz zu machen (zum Beispiel dem Gletscherhahnenfuß).
Ausgedehnte Naturschutzgebiete befinden sich im Gebiet, das Eigentum des ÖAV ist. Die NO-Flanke des Großglockner, der Johannisberg, über den Fuscherkarkopf bis einschließlich der Gamsgrube, der Pasterze, Schwerteck und Kellersberg und das Gebiet zum Magnestrog sind Naturschutzgebiet. Nur dem Alpenverein ist dieses weit ausgedehnte Naturschutzgebiet zu verdanken, weil dieser sein dortiges Grundeigentum zum Naturschutzgebiet erklären ließ. Das ehemalige Naturschutzgebiet im Stubachtal wurde aufgelassen, da es von den ÖBB für ihre Kraftwerke, Stauseen und die das Gebiet durchziehende Straße bzw. die Seilbahn zum Weißsee gekauft wurde. Betreffs des Nationalparks Hohe Tauern vgl. MÖAV 1970/96, MÖAV 1981, Heft 5, sowie spätere Veröffentlichungen. Eine wahrliche Blumen-Schatzkammer stellen auch die hinterste Amertaler Öd, der Hochboden mit dem Amertaler See und die weiten Hänge der Keßleralm in der Granatspitzgruppe dar.
In der **Vogelwelt** trifft man neben Kuckuck, Wiedehopf, Specht, Eulen und Uhu auch auf Auerhahn, Schneehuhn, Spielhahn, Steinhuhn und Haselhühner. An Greifvögeln sind Weißkopf- oder Gänsegeier (der größte Greifvogel der Alpen), Steinadler, Habicht, Bussard, Sperber, der braune Milan, der Kolkrabe und die Bergdohle zu finden. Feldmäuse sieht man im Glocknergebiet und in der Granatspitzgruppe nur selten, jedoch häufiger die Wühlmaus (im Volksmund Wollmaus genannt), die man bis hinauf in die Gletscherregion beobachten kann. Das Murmeltier kommt in der Glocknergruppe zahlreich vor, ebenso Füchse, seltener der Dachs. Die Glocknergruppe besitzt einen prachtvollen Gämsenbestand, da die Tiere hier nie von der Gamsräude befallen waren. Dagegen fehlt Hochwild (Hirsche). Ein gesunder, aber wegen der mageren Äsungsverhältnisse relativ geringer Rehwildbestand ist vorhanden. Im Allgemeinen ist der Gesamtbestand des Hochwilds klein, »Gamsrudel« (wie man diesen im Kalkgebirge begegnet) fehlen in beiden Berggruppen.

Gletscherbedeckung

Glocknergruppe

Die mehr als 40 Gletscher werden, wie in den Hohen Tauern üblich, »Kees« oder auch »Winkel« genannt. Die größte Ausdehnung nimmt die zentrale Glocknergruppe ein, jenes weite Firndach im Tauernhauptkamm, das von Johannisberg, Hoher Riffl und den Bärenköpfen überragt wird und in dessen Tiefe die Pasterze in einem flachen Trogtal liegt. Dieses hat heute keinen Zusammenhang mehr nach O zum Wasserfallwinkel, den es bis 1896 noch gab. Auch die frühere Verbindung zwischen Pasterze und Hofmannskees ist getrennt. Nur die Eiskatarakte des Inneren Glocknerkars (Fallhöhe 500 m), das wild zerspaltene Teufelskampkees, von einer Grathöhe auf 3400 m bis 2800 m hinabreichend, und vor allem der mächtige Oberste Pasterzenboden im Ausmaß von 15 qkm, mit 400 m Breite und 30° Steilheit, ergeben den Entwicklungsbereich für die Pasterze, dem längsten Gletscherstrom der Ostalpen. Das mächtige Karlingerkees wurde zuerst von Oberst Carl von Sonklar (1860), nach ihm von Eduard Richter (1880) vermessen. Während dieser Zeitdifferenz gab es einen bedeutenden Gletscherschwund.

Der Oberste Pasterzenboden ist ein nahezu ebener Gletscher mit beim Johannisberg auftretendem Spaltennetz; sein Zufluss kommt vom Rifflwinkel (einem weiten Firnfeld mit dem Rifftor) und vom Schneewinkel, der von den Steilflanken des Romariswandkopfs, Schneewinkelkopfs und vom Eiskögele überragt wird. An diesem weithin leuchtenden Berggrat hängen südwestl. Laperwitzkees, Fruschnitzkees und im weiteren S-Verlauf das Teischnitzkees sowie am Großglockner das schon klein gewordene Ködnitzkees. Das Fruschnitzkees ist bis ca. 2700 m zum Kalser Dorfertal hinab abgeschmolzen und endet mit einer Séracmauer über steilem Fels; diese ist einer der gefährlichsten Eissturzbereiche der Glocknergruppe, ähnlich dem auf 100 m abgeschmolzenen Eisabbruch des Teischnitzkeeses. Auch diese Séraczone endet über einem Felsgürtel und ist unbegehbar. Gletscher zweiter Ordnung sind Ödenwinkelkees, Rifflkees, Eiserkees, Maurerkees und das Schmiedingerkees an der N-Seite des Kitzsteinhorn.

Von besonderer Bedeutung für den Besucher der Glocknergruppe ist das über dem Mooserboden befindliche Karlingerkees. Dieses beginnt im Rifftor, zieht bis auf 2300 m ab und ist enorm spaltenreich. Das Gleiche gilt für alle Gletscher im Wiesbachhornstock: für das Wielingerkees, das wild zerborstene Teufelsmühlkees, das mächtige Bärenkopfkees zwischen Klockerin und

Großglockner und Glocknerwand mit Pasterze.

Schwarzkopf zum Mooserboden (Fußpunkt 2300 m). Das Bratschenkopfkees ist ein Hängegletscher mit Wandbildungen. Das Hochgruberkees, in der Gruberscharte ansetzend, ergibt eine gefahrvolle Gletscherstrecke, ebenso das Fuscherkarkees, das in der Fuscherkarscharte am Wasserfallwinkel beginnt, zuerst sanft absinkt, dann aber steil zum Käfertal hinabstürzt. Das Sandbodenkees gipfelt im Großen Wiesbachhorn, das Walcherkees setzt am Kleinen Wiesbachhorn an. Das Hirzbachkees unter dem Hohen Tenn ist heute in Auflösung begriffen, ähnlich jenen einstigen Gletschern (Brachkees, Schmalzgrubenkees, Tenngrubenkees), von denen nur noch kleine Firnfelder künden. Auch treten öfters Hochkessel-Eisbedeckungen oder Wandgletscher auf wie Wurferkees, Hochweißenfeldkees, Geralkees, Wasserfallkees, Maurerkees, Kleineiserkees im Stubacher/Kapruner Kamm oder im Östl. Tauernhauptkamm das Brennkogelkees, Spielmannkees, Guttalkees, Südl. und Nördl. Pfandlschartenkees, das Boggeneikees der Gr.-Wiesbachhorn-O-Flanke, das Fochezkees an der Oberen-Fochezkopf-N-Wand, auch Teile des kleinen Törlkeeses über der Wintergasse des Kapruner Törls. Zu dieser Art von Vergletscherung zählen auch das Freiwandkees (Magneskees), Gamskarkees, das Schwerteckkees mit seinem Abfall zur Pasterze, das Hohenwartkees und das Leiterkees gegen die Keesflecke zum Leitertal hinab. Das noch vor wenigen Jahren eindrucksvolle Klockerinkees zum Mooserboden ist nur noch ein Fragment. Eine besondere Stellung nimmt das Bockkarkees ein; einerseits auf Grund des Zusammenhangs nach S ab der Bockkarscharte zum Wasserfallwinkel, andererseits im O-Abstrich zum »Hohen Gang« unter der Hohen Dock.

Die Pasterze

Kleiner Burgstall – Mittlerer Burgstall – Großer Burgstall sind keine Berge, sondern nur sichtbare Felsbarrieren, die das zurückgewichene Eis freigegeben hat. Der dazwischen liegende steile, vom Eis bedeckte Felsboden verursacht den Abbruch der Pasterze und damit den Ansatz des späteren Talgletschers. Der Eisstrom der Pasterze mit 23 qkm Fläche ist gegenwärtig rund 8,5 km lang. Einst reichte der Eisstrom talwärts bis dorthin, wo die Margaritzensperre steht. Das Pasterzengefälle ist flach, die Oberfläche zeigt nur am Uferrand tiefere Spalten. Heute liegt die Pasterzenoberfläche 240 m tiefer, als die Hofmannshütte im Hang steht; als man die erste Hofmannshütte 1870 baute, reichte das Gletschereis bis 30 m unter ihr Fundament. Der ehemals unter der Franz-Josefs-Höhe liegende Gletschersee (Großer Sandersee) ist mittlerweile verlandet. Er galt als Ursprung der Möll. Am rechten Gletscherufer (Großglocknerseite) wird die Pasterze von einer langen (südwestl.) Seitenmoräne begleitet, die vom Eisboden massenhaft Geschiebe talwärts wälzt. Orogr. links (Fuscherkarkopfsei-

Oberwalderhütte mit Großglockner.

Großglockner
Kleinglockner
Glocknerwand
Oberwalderhütte

te) bestehen Grashänge, die bis zum Gratfirst reichen. Sie werden vom ebenen Gamsgrubenweg, von der Franz-Josefs-Höhe bis zur Gamsgrube, durchquert. Als Hochstand des Eises an der Pasterze gilt das Jahr 1856. Der Eisstrom wurde schon 1846 bis 1848 wissenschaftlich durch die Brüder Adolf und Hermann Schlagintweit erforscht. Als man 1875 das Glocknerhaus eröffnete, gingen die Bergsteiger »vom Hause weg fast eben dahin«, weil das Eis so hoch war. Die Margaritze wurde erst 1880 eisfrei.
Der große Gletscherrückgang begann 1915, die Strömungsgeschwindigkeit betrug 1855 noch 25 bis 50 m, nahm seither aber zunehmend ab, 1926 schmolz die Zunge 54 m zurück. Auch die Dicke des Gletschermantels nahm von 1929 bis 1960 um 80 m ab. Als Massenverlust werden zwischen dem Jahre 1856 und 1967 eine Milliarde Kubikmeter Eis genannt. Da sich die Pasterze des Jahres 1856 zu drei Milliarden Kubikmeter Eis errechnen lässt, ist also ein Drittel des Volumens geschwunden. Trotzdem ist die Pasterze auch heute noch der längste und vielleicht schönste Gletscher der Ostalpen.
Von 1878 bis 1900 betrieb Werksdirektor Ferdinand Seeland eine umfassende Vermessungsarbeit, deren Randmarken größte Bedeutung besitzen. Seine Nachfolger waren H. Angerer (1903–18) und Viktor Paschinger (1924–46). Des letzteren Sohn, Univ.-Prov. Herbert Paschinger, assistierte ihm und führte später die Nachmessungen aus (1929–60). Der Alpenverein, als Grundeigentümer, hat 1935 den Gletscherstrom zum Naturschutzgebiet erklärt.

Granatspitzgruppe

Die Gletscherbedeckung der Granatspitzgruppe ist gering. Das einst alles bedeckende Eis der Hohen Tauern ist enorm zusammengeschmolzen (Oberst Carl von Sonklar nannte in seiner Karte von 1866 das Gebiet »Kalsergrat« und zeichnete noch 19 Gletscher und Gletscherbecken ein). Es sind der Größe nach: Sonnblickkees, Landeckkees, Prägratkees, Gradötzkees, Bachtrögerkees, Daberkees, Muntanitzkees und das bereits zweigeteilte, einstmals recht gefährliche Loameskees im Mittelteil des Muntanitzkamms, das gleich dem benachbarten Luckenkees nur mehr geringe Reste aufweist, ebenso das Rabenkees nordwestl. unter dem Hochfilleck.
Wie das Kalser Tauernkees im Verfalle ist, so ergeht es auch dem Stellachkees im Kendlstock, dem Gebrochenen Hangkees bei der Luckenkogel-N-Wand und dem Rest-Bärenkopfkees am Grauen Törl. Geblieben sind Firnlager.
Das große Gletschersterben zeigt sich vor allem am Kalser Tauern- und am Bärenkopfkees. Letzteres – von Sonklar nannte es »Ödkees«, die AV-Karte von 2002 »Landeckkees« – hing über die gesamte Seebachgrube zum Seetörl vor und stürzte mit einem zerborstenen Séracgürtel zum Landecktal ab. Es galt als Gegenstück zum jenseitigen »Klockenkogelkees«, das heute verschwunden ist und einst mit dem benachbarten »Granatkees« (gegenwärtig

Prägratkees) ein übergewaltiges Gletscherhufeisen zum Landecktal ergeben hat. Geblieben sind Moränen, schrofige Hänge und Grünböden, Felstrümmer, Eislachen, Seeäuglein und rauschende Wasserfälle, wie jener, der heute vom Rest des Bärenkopfkeeses zum Landecktal niederdonnert.
Josef Rabl aus Wien führte den Namen »Sonnblickkees« ein; er war jener Pionier, der erstmals den Tauernhauptkamm vom Landecktal zum Dorfer Ödtal überschritt und so die (damaligen!) Tücken des Landeckkeeses kennenlernte.

Klima

Für beide Berggruppen gilt gleichlautend: Auf Grund des westöstl. Verlaufs des Tauernhauptkamms werden harmonische Gleichschaltungen im Entwässerungssystem des großen Bergraums geschaffen, der im N von der Salzach und im S von der Drau umspannt ist. Beide gehören dem Flussgebiet der Donau an. Zur Drau sind die beiden Hauptwasseradern im S-Bereich der Hohen Tauern gerichtet: einerseits die Isel, die in der Venedigergruppe entspringt, andererseits die Möll, die von der Pasterzenzunge, Glocknergruppe, kommt. Während die Isel sich raummäßig größer ausdehnt, gibt doch die Möll auf Grund ihrer entscheidenden Länge den Ausschlag. Die Entwässerungen im N-Bereich sind kürzer, doch mehr parallel laufend (alpiner, romantischer, beengter) und werden als »Achen« (zusammen mit dem Talnamen) angesprochen. Deren Wasserabfuhr nimmt zur Gänze die Salzach auf. Von allen rasch fallenden N-Abflüssen ist die Fuscher Ache am längsten.
Die geologische Urformation hat auf das Wassernetz aller Gruppen der Hohen Tauern keinen Einfluss, was wiederum auf der Vergletscherung beruht. Die Entwässerung der Glockner- und Granatspitzgruppe vollzieht sich in den Gebieten des nördl. Talgürtels mit sechs Hauptabzugsarmen zwischen der Rauriser Ache (im O) und dem Hollersbach (im W), die alle in die Salzach münden (Unter- bis Oberpinzgau). Dies sind: Fuscher Ache, Kapruner Ache, Mühlbach, Stubache und der zweigeteilte Felberbach, dessen O-Teil als Amerbach, aus dem hoch liegenden Amertaler See, entspringt.
Im System des südl. Talgürtels, zwischen Möll (im SO) und Isel (im W), bestehen zwei hauptsächliche Abzugsbereiche. Zur Möll fließen Leiter- und Guttalbach, zur Isel Kalserbach (mit dem Kalser Dorfer-, Teischnitz- und Ködnitzbach) und Tauernbach. Zu diesem Wassernetz bestehen mehrfache Nebenbereiche in den oberen Hanglagen oder Talverästelungen (Abzüge der Gletscherbäche).
Die knappe Übersicht des hydrografischen Netzes kann nur das Wesentliche aufzeigen, obwohl der Bergsteiger immer wieder Gletscherbächen begegnet. An Seen ist die Glocknergruppe arm; sie besitzt heute nur einige Stauseen (Mooserboden, Wasserfallboden, Margaritzenspeicher). Die Granatspitzgruppe besitzt das Staubecken des Tauernmoossees, den Weißsee, den noch

natürlichen Dorfersee, den Amertaler See und einige Kleinseen über der 2000-Meter-Grenze (Karsee, Grüner See, Grauer See, Schwarzer See, Grünsee) als wesentlichen Bestand der Landschaftsszenerien. Auch der Schwarzsee, 2600 m, unter der Aderspitze-SO-Seite gehört dazu, ebenso die Seenplatte des »Naßfeld« unter dem Felber Tauern (N-Seite) mit Langsee, Plattsee, Obersee (früher Tauernsee genannt); die Schwarze Lacke soll durch ein Erdbeben im Jahr 1495 entstanden sein. Die klimatischen Gegebenheiten in diesen Bergräumen entsprechen der Hochgebirgswitterung, selbst im Hochsommer sind ausgiebige Schneefälle bis in Tallagen möglich. Es treten oft schwere Wetterstürze auf, die keinerlei Tourentätigkeit gestatten (auch für Wanderer auf Hüttenwegen). Davon ist besonders die N-Seite der beiden Gebirgsgruppen mit ihren hoch stehenden Auffangschildern für Schlechtwetter aus W und NW betroffen.

Bergrettung

Jeder verantwortungsbewusste Bergsteiger, insbesondere der Kletterer, sollte sich über die grundlegenden Fertigkeiten der Selbst- und Kameradenhilfe im Klaren sein. Ein Sturz ins Seil kann beim Nichtbeherrschen der Sicherungstechniken fatale Auswirkungen haben. Ist Hilfe nur über eine organisierte Rettung möglich, muss diese erst einmal organisiert werden. Für weitere wichtige Informationen hierzu siehe Infoteil ab Seite 672.
Die Bergkameradschaft verlangt bedingungslosen Einsatz, wenn Hilfe nötig ist! Die eigene Leistungsfähigkeit richtig einzuschätzen ist ehernes Gebot, um nicht auch andere in Gefahr zu bringen. Dass man auf den Bergen nichts tut, dessen man sich im Tal schämen müsste, ist eine Selbstverständlichkeit.

Naturschutz

Naturschutz tut not – denn »wir hören nicht, dass Gottes Weise summt, wir schaudern erst, wenn sie verstummt«. Die Schonung des Tier- und Pflanzenbestands wird jedem Bergsteiger und Bergwanderer schon im eigenen Interesse am Herzen liegen. Um die seltensten und schönsten Arten zu erhalten, wurden sie von den Behörden unter Naturschutz gestellt, den jeder als ein persönliches Anliegen betrachten sollte. Die Gendarmerie- und Forstbehörden sowie die Bergwacht überwachen dieses Schutzgebot und sind befugt, auch strafend einzuschreiten. Naturschutzgebiete sind Ruhezonen! Gebrüll und Lärm stören das Wild.
Der Nationalpark Hohe Tauern ist mit ca. 1800 km² das größte zusammenhängende Schutzgebiet Mitteleuropas. Der Schutz der letzten großräumigen Naturlandschaft Österreichs, die Erhaltung einer einmaligen bäuerlichen Kulturlandschaft und das Vermitteln des persönlichen Naturerlebnisses sind seine Aufgaben.

Täler und Talorte

Täler

1 Salzachtal (Unterpinzgau – Oberpinzgau)

Einfallbereich für Glockner- und Granatspitzgruppe. Talboden zwischen Hohen Tauern (im S) und Kitzbüheler Alpen (im N). Breit, sonnig, mit vielen Wiesengründen, teilw. mooriger Landschaft, waldbestandenen Talflanken. Regelmäßige Wasserzuläufe zur Salzach, die den Talgrund durchzieht. Bei Mittersill rund 800 m, bei Bruck a. d. Glocknerstraße 755 m hoch. Ausgesprochenes Ackerland fehlt; dicht bewohnt, rege Wirtschaft, beliebt als Ausflugsziel. Der Talbereich Zell am See – Brucker Moos wird vom Kitzsteinhorn mit dem Schmiedingerkees, Hohem Tenn und Imbachhorn beherrscht.

2 Seidlwinkltal (O-Grenze der Glocknergruppe)

Westl. Arm des Rauriser Tals gegen den Bergzug des Schwarzkopf, 2765 m (höchster Gipfel im Fuscher/Rauriser Kamm der Glocknergruppe). Talbeginn in Wörth, Talende in den Hochböden, bis zu 1900 m, nördl. dem Heiligenbluter Hochtor, 2576 m, des Tauernhauptkamms. Der Talabschnitt »Seidlwinkl« wurde zur Unterscheidung vom »Hüttenwinkl« so benannt (Letzterer ist das Ende des langen Rauriser Tals, das ebenfalls bis zum Tauernhauptkamm reicht). Der Talarm ist nach SW gestreckt, waldig und wenig besiedelt. Nur zwei Übergänge: im Mittelteil des Seidlwinkltals über die Weichselbachhöhe zum Weichselbach-/Fuscher Tal, im Talschluss über die Fuscher Wegscheid (R 720) nach Heiligenblut (über das Heiligenbluter Hochtor), die Großglockner-Hochalpenstraße oder über das Fuscher Törl nach Ferleiten (Fuscher Tal). Im Tal der Ablauf der Seidlwinkl- zur Rauriser Ache, die in die Salzach mündet. Die Weichselbachhöhe, 2220 m (R 741), ist der Hauptübergang. Festlegung des Fuscher/Rauriser Kamms als Trennung zwischen Glockner- und Sonnblickgruppe durch Charles de Beaulieu (ZDÖAV 1903/334).

3 Fuscher Tal zur Glocknergruppe

Östlichstes und längstes Tal, das bis zum Tauernhauptkamm reicht. Talbeginn bei Bruck an der Glocknerstraße südl. des Salzachtals; Talsohle wiesenreich, dann schluchtartig, aufsteigend, Talende nach Ferleiten mit dem kurzen Ferleitental (»Ferleitner Winkel«), 1195–1309 m, aus dem das Käfertal (mit dem berühmten Käferfall) bergwärts zum Fuscher Eiskar abzweigt. Vom vorderen Fuscher Tal Abzweigung des Weichselbachtals gegen die Weichselbachhöhe, 2220 m (Verbindung zum Seidlwinkltal, R 741). Straßenbau zwischen Fusch und einstigem Bad Fusch bereits 1891–93. Über Ferleiten im Tauernhauptkamm die Untere Pfandlscharte (R 713), die früher als der am häufigsten und dabei auch am leichtesten zu begehende Übergang nach S zur Franz-Josefs-Höhe galt. Heute durchzieht die Großglockner-Hochalpenstraße das Tal, führt unter dem Heiligenbluter Hochtor (Tunnel) durch hinab zum Mölltal nach Heiligenblut. Im Fuscher Tal Ablauf der Fuscher Ache zur Salzachmündung. Bergsteigerisch wichtig, landschaftlich großartig; bei Ferleiten bereits hochalpine Umgebung. Überragend der Aufbau des Großen Wiesbachhorn mit einer der mächtigsten Bergflanken der Ostalpen. Höhenunterschied zwischen Ferleiten und Großem Wiesbachhorn über 2400 m!

4 Kapruner Tal zur Glocknergruppe

Westl. des Fuscher Tals, Talbeginn beim Kapruner Moos, Talschluss nach dem Stausee Mooserboden, 2036 m (vorher der Stausee Wasserfallboden, 1672 m). Alpinstes Seitental der Glocknergruppe, zugleich der gesamten Hohen Tauern. Einen außergewöhnlich mächtigen Abschluss stellt das Karlingerkees über dem Stausee Mooserboden mit dem Riffltor, 3100 m (R 671), dar. Der Gletscherabfall beträgt 1080 Hm und wird von keiner Eisbedeckung der Glocknergruppe an Schönheit und Wucht übertroffen. Am Tal-O-Hang gegen das Große Wiesbachhorn, in der Steilflanke der Fochezköpfe, 766 m über dem Mooserboden, steht das Heinrich-Schwaiger-Haus. Südwestl. zieht nach dem Stausee Mooserboden ein enges Hochtal aufwärts zum Kapruner Törl, 2639 m (R 801), das an die Granatspitzgruppe grenzt. Dies ist der am häufigsten begangene Übergang vom Kapruner Tal zum Weißsee. Im Kapruner Tal sind die typischen Terrassenstufen der Tauerntäler ausgeprägt. Die Anfangsstrecke des Tals nach dem Ebenwald galt einmal als »Käskeller«, der folgende Riegel wurde ortsüblich »Grasbichl« genannt. Im Tal, am einstigen Wasserfallboden, erbaute der ÖAV im Jahr 1868 seine erste Schutzhütte, die 1877 eine Vergrößerung und 1885 als Konkurrenz die Orglerhütte des Kapruner Wirts Lorenz Orgler bekommen hat. 1898 wurde am Mooserboden ein Hotel erbaut, das einen Straßenbau durch den ÖAV, Sekt. Zell am See, notwendig machte (MAV 1902/49). Der Besuch von Kaiser Franz Josef I. von Österreich 1893 steigerte die Popularität des Kapruner Tals. Jetzt galt besonders, was man schon 1886 gesagt hatte: »Wer den Mooserboden nicht gesehen hat, kennt nicht die Schönheit des Kapruner Tals.«

Kapruner Tal, Talschluss:

R 42aa Mooserbodenstraße (Kesselfall-Alpenhaus – Mooserboden)

Gr. Wiesbachhorn
Hinterer Bratschenkopf
Klockerin
Schwaiger-Haus
Höhenburg
Stausee Mooserboden
Ghs. Heidnische Kirche
Stausee
Wasserfallboden
42aa
Ebmatten-Fürther-Moaralm

5 Mühlbachtal zur Glocknergruppe

Kürzestes Tal im nördl. Randgebiet des Kapruner/Stubacher Kamms der Glocknergruppe; einst ein hoch geschätztes, »Mühlbachergraben« genanntes Jagdrevier. Parallel, westl., der Aisdorfergraben (früher Rattensbachgraben). Taleinzug vom Salzachtal bei Niedernsill nach S, Talabschluss mit den Judeneralmen. Darüber in der Mitte das Kleetörl, 2372 m (früher Mühlbachertörl; R 826), im O die Lákarscharte, 2488 m (R 823), im W die Steingasse, 2245 m (R 827). Wird meist im Abstieg begangen (R 416 von der Krefelder Hütte).

6 Stubachtal zur Granatspitzgruppe

Wichtiges Seitental des Salzachtals nach S zum Tauernhauptkamm zwischen Glocknergruppe im O und Granatspitzgruppe im W. Talbeginn südl. von Uttendorf, 789 m, Talmitte mit der Schneiderau, 998–1160 m (Siedlungsbereich), Talschluss im hoch gelegenen Enzingerboden, 1479 m (Talstation der Weißsee-Gletscherbahn, R 36). Über ihm die Hochregion mit dem Weißsee und darüber der Kalser Tauern, 2515 m (R 851), Übergang zum Kalser Dorfertal. Die einstigen Schönheiten sind durch den Vorstoß der Technik verloren gegangen; Stauanlagen für Weiß- und Tauernmoossee. Geblieben ist der Hochraum um den Weißsee, den man, und das mit Recht, den Schönheiten nordischer Fjorde gleichstellt. Der Verlauf des Stubachtals erfolgt mit dreistufiger Terrassenbildung (für alle N-Täler der Hohen Tauern charakteristisch). Bei der Schneiderau Einzug der Dorfer Öd (Talname seit 1633 nach der Bauernfamilie Dorfer) zum Stubachtal; dieses reicht vom Landeckkees der Granatspitzgruppe, von 2135–1134 m, mit seinem Ödbach zur Stubache herab. Der Tauernmoosbach zum Enzingerboden (vom Tauernmoossee, 2023 m, im Wasserfall über die Klausenwand) ist von besonderem Reiz. Das »Tauernmoos« am S-Ufer des Tauernmoossees ist ein Alluvialbecken, wird vom Abwasser des Ödenwinkelkeeses genährt. Aus diesem Aufstieg zur Rudolfshütte (R 301). Dort bedeutende Bergziele: Sonnblick, Kastengrat zum Eiskögele, zur Oberen Ödenwinkelscharte (R 668), Hohe Riffl – Totenkopf, über das Kapruner Törl (R 801) zum Kapruner Tal; über den Kalser Tauern (R 851) zum Kalser Tauerntal, über die Granatscharte zum Felber Tauern (R 900) oder zum Landeck-/Tauerntal (R 464). Das Sonnblickkees hieß 1886–95 »Granatschartengletscher«.

7 Amertal zur Granatspitzgruppe

Das Amertal ist ein südöstl. Seitenarm des Felber Tals, das von 1039 m (Werkschulheim) über die Taimeralm, 1341 m, und Amertaler Öd zum Finsterkar mit dem Amertaler See, 2276 m, führt. Dieser füllt eine Hochmulde unterhalb des Grünwinkels, 2484 m. Die Schlussböden der 1½ km langen

Amertaler Öd, »Keesau« genannt, sind von einer Riesensperrstufe abgeschlossen. Zwei Drittel des Tals sind von der Felbertauernstraße durchzogen (N-Rampe, Durchstich des Felbertauerntunnels mit 5,2 km Länge zum Tauerntal; vom Bundesland Salzburg nach Osttirol). Der Name »Öd« (nach Oberst Carl von Sonklar) ist berechtigt! Die heutige Ödalpe wurde einstmals »Weidenaualpe« genannt. Im Amertal der Amerbach vom Amertaler See.

8 Felber Tal (W-Grenze der Granatspitzgruppe)

Talbeginn bei Mittersill im Salzachtal. Zieht nach S; Talgabelung am »Amertaler Eck«, 1039 m (Werkschulheim), der linke Talast wird zum Amertal (mit der Felbertauernstraße), der rechte zieht als Felber Tal zum Hintersee, 1313 m. In ihm der Felberbach, der vom hoch liegenden »Nassfeld« und dessen Plattsee, 2200 m, kommt. Der Felberbach hat bis zur Salzachmündung ein Gesamtgefälle von 1410 m; er ist nach der Fuscher Ache der zweitlängste Wasserabzug der Hohen Tauern. Das Tal wird von alters her besucht: im Mittelalter durch die Karawanenzüge über den Felber Tauern, 2481 m, und den Alten Tauern, 2493 m, jetzt durch die Felbertauernstraße. Mangel an entscheidenden Bergformen, keine Vergletscherung. Der Talboden erstreckt sich über 2 km lang, sanft aufsteigend. Beim Hintersee der Talabschluss mit 1000 m hohen Steilhängen und Felsriegeln zu den Hochböden des »Nassfelds«; dort mehrere Seen in den Hangterrassen bis gegen den Alten Tauern.

9 Oberstes Mölltal (SO-Grenze der Glocknergruppe)

Eines der längsten Ostalpentäler. Wichtiger Verkehrsträger in Kärnten, hat aber, touristisch auf die Glocknergruppe bezogen (außer dem Zugang zu ihr), nur im obersten Raum eine Verbindung – den Heiligenbluter Winkel mit dem Wallfahrtsort Heiligenblut, dem berühmtesten Bergsteigerort Österreichs. Die der Pasterze entspringende Möll durchzieht Heiligenblut, wo auch die S-Rampe der Großglockner-Hochalpenstraße beginnt. Der Höhenunterschied zwischen Heiligenbluter Winkel, 1264 m, und Pasterzenzunge, 2020 m, beträgt 756 m. Dieser Ablauf der Möll ist eng; man spricht daher von einer »Möllschlucht«, die sich erst bei 1353 m hinunter öffnet. Im Heiligenbluter Winkel stürzen prächtige Wasserfälle (Leiterfall, Gößnitzfall; der erste vom Leiter-, der zweite vom Gößnitztal der Schobergruppe) herab. Aus dem westl. abzweigenden Leitertal Nebenäste zum Berger- (R 627) und Peischlachtörl (R 628). Das Bergertörl ist ein uralter Übergang von Heiligenblut nach Kals. Aus dem Heiligenbluter Winkel ergeben sich drei Grenzbereiche: Glockner- (NW), Sonnblick- (NO), Schobergruppe (SW). Zum Zentrum des Gletscherareals der Glocknergruppe vermittelt Heiligenblut den bedeutendsten Zutritt. Einmalige landschaftliche Schönheiten sind hier auf engem Raum vereint.

10 Kalser Tal (SW-Grenze der Glockner- und S-Grenze der Granatspitzgruppe)

Zweigt vom Iseltal bei Huben, 814 m, ab und steigt nach NO, nach einer engen Talschlucht, bis Kals an. Hier Erweiterung zu einem Talbecken (mit etwa 1,2 km Breite und 2 km Länge), nach rund 500 m Höhenunterschied vom Iseltal. Dieser Hochboden südwestl. der Glocknergruppe besitzt touristische Bedeutung: einerseits für die Glocknergruppe im Ködnitz- und Teischnitztal, andererseits im Kalser Dorfertal, zum Kalser Tauern, 2515 m (R 851), dem Übergang zum Stubachtal. Im Kalser Tal der Abzug des Kalser Bachs zur Isel; über dem Kalser Becken die Daberklamm zum Kalser Dorfertal hinauf. Charakteristisch für den Talschluss die graugrüne Berggestalt der Bretterwand. Das Kalser Tal hat eine entscheidend größere bergsteigerische Bedeutung (und Vergangenheit) als das Mölltal mit Heiligenblut. Kals ist der Hauptausgangsort für die leichteste Glocknerersteigung, während Heiligenblut als Hauptausgangsort für die zentrale Glocknergruppe gilt.

11 Kalser Dorfertal (zwischen Glocknergruppe im O und Granatspitzgruppe im W)

Verlängerung des Kalser Tals nach N zum Tauernhauptkamm (seiner Wasserscheide im Kalser Tauern, 2515 m, R 851). Unterster Talabfall mit der felsigen Daberklamm zum Kalser Becken; oberster Talbereich (nach dem Dorfersee, 1935 m) schuttreich zum Übergang des Kalser Tauern. Abzug des Seebachs, nach der Daberklamm »Kalserbach«. Der Dorfersee ist 0,56 km lang und halb so breit, durch einen Felssturz und Hangrutsch vom Unteren Kasten entstanden. Erst ab dem Talmittelstück hochalpines Landschaftsgepräge (mächtige Wasserabzugsbereiche von den Gletschern).

12 Tauerntal (W-Grenze der Granatspitzgruppe)

Anstieg des Tauerntals (Fortsetzung des Iseltals nach N) über der ersten Terrasse (Prosseggklammabfall) gegen den Tauernhauptkamm, der im Felber Tauern, 2481 m, und im Alten Tauern, 2495 m, mit einem Höhenunterschied von ca. 1000 m erreicht wird. Das Felber (N) und das Tauerntal (S) des Hauptkamms trennen Granatspitz- (O) und Venedigergruppe (W). Wird vom Südlichen Tauernbach durchzogen, der südl. des Felber Tauern entspringt und nach seinem Ablauf von 1470 m bei Matrei, 977 m, in die Isel mündet. Im Tauerntal die S-Rampe der Felbertauernstraße zum Iseltal hinab. Abzweigungen zur Granatspitzgruppe mit dem Landecktal nach O und zur Venedigergruppe mit dem Gschlößtal im W. Das Tauerntal dient mehr der Venediger- als der Granatspitzgruppe. Zu dieser ist, seit eine Unterkunft im Landecktal fehlt, der Hauptübergang über die Granatscharte zum Weißsee (Rudolfshütte) unterbrochen.

Talorte

13 Zell am See, 757 m

Stadt am W-Ufer des Zeller Sees, an der Bahnlinie Salzburg – Innsbruck. 8206 Einw.; Gemeindeamt, Fremdenverkehrsverband (✆ 0 65 42/7 70-0), Postamt, Gendarmerieposten, ÖBRD-Ortsstelle, Krankenhaus, Ärzte, Apotheken, drei kath. Kirchen, evangelische Kirche. Pinzgauer Lokalbahn nach Krimml. Busverkehr nach Heiligenblut (Großglockner-Hochalpenstraße), 55 km; zur Franz-Josefs-Höhe, 57 km (Großglockner-Hochalpenstraße); zum Kesselfall-Alpenhaus, 18 km; zum Enzingerboden, 40 km. Postanschrift: A-5700 Zell am See, Salzburg.

14 Bruck a. d. Glocknerstraße, 755 m

Ort im Unterpinzgau, Bahnlinie Salzburg – Innsbruck. 3953 Einw.; Gemeindeamt, TVB (✆ 0 65 45/72 95), Postamt, Gendarmerieposten, Arzt, Apotheke, zwei kath. Kirchen. Busverkehr nach Heiligenblut (Großglockner-Hochalpenstraße), 49 km; zur Franz-Josefs-Höhe (Großglockner-Hochalpenstraße), 51 km. Postanschrift: A-5671 Bruck a. d. Glocknerstraße, Salzburg.

15 Niedernsill, 769 m

Ort im Salzachtal, an der Pinzgauer Lokalbahn (16 km von Zell am See). 1948 Einw.; Gemeindeamt, Tourismusverband (✆ 0 65 48/82 32), Postamt, Arzt, kath. Kirche. Postanschrift: A-5722 Niedernsill, Salzburg. Ausgangsort für: Ghs. Schneiderau R 361/R 363, Rudolfshütte R 301/R 424 (GR).

16 Uttendorf, 804 m

Ort im Salzachtal, an der Pinzgauer Lokalbahn (22 km von Zell am See). 2674 Einw.; Gemeindeamt, Tourismusverband (✆ 0 65 63/82 79), Postamt, Gendarmerieposten, ÖBRD-Ortsstelle, Arzt, kath. Kirche. Busverkehr zum Enzingerboden, 18 km. Postanschrift: A-5723 Uttendorf/Pinzgau, Salzburg. Ausgangsort für: Alpenghs. Enzingerboden R 250/R 251, Rudolfshütte R 301/R 302, R 303, R 304, Ghs. Schneiderau R 361/R 362.

17 Mittersill, 790 m

Markt im Salzachtal, an der Pinzgauer Lokalbahn (29 km von Zell am See). 5800 Einw.; Gemeindeamt, Tourismusverband (✆ 0 65 62/42 92), Postamt, Gendarmerieposten, ÖBRD-Ortsstelle, Krankenhaus, Ärzte, Apotheke, zwei kath. Kirchen, ev. Kirche. Busverkehr nach Matrei/Osttirol, 39 km (Felbertauernstraße); nach Lienz, 67 km. Postanschrift: A-5730 Mittersill, Salzburg. Ausgangsort für: St. Pöltener Hütte (über Tauernhausspital) R 322/R 345, R 325, Tauernhausspital R 344/R 345, Ghs. Gamsblick R 347/R 347a, Ghs. Taimeralm R 372/R 373.

18 Rauris, 948 m

Markt im Rauristal zwischen Großglocknergruppe im W und Goldberggruppe im O. 2765 Einw.; Gemeindeamt, Tourismusverband (✆ 0 65 44/62 37), Postamt, Gendarmerieposten, ÖBRD-Ortsstelle, Arzt, Apotheke, zwei kath. Kirchen. Busverkehr vom Bhf. Taxenbach/Rauris (an der Bahnlinie Salzburg – Innsbruck); nach Wörth, 4 km. Postanschrift: A-5661 Rauris, Salzburg. Ausgangsort für: Rauriser Tauernhaus (über Wörth) R 181/R 182.

19 Fusch a. d. Glocknerstraße, 811 m

Ort im Fuscher Tal. 735 Einw.; Gemeindeamt, Tourismusverband (✆ 0 65 46/6 66), Arzt, kath. Kirche. Busverkehr vom Bhf. Bruck/Fusch (an der Bahnlinie Salzburg – Innsbruck), 7 km; nach Heiligenblut, 42 km (Großglockner-Hochalpenstraße); zur Franz-Josefs-Höhe, 44 km (Großglockner-Hochalpenstraße). Postanschrift: A-5672 Fusch a. d. Glocknerstraße, Salzburg. Ausgangsort für Gleiwitzer Hütte R 81/R 82.

20 Bad Fusch, 1188 m

Im Weichselbachtal, Straße von Fusch a. d. Glocknerstraße (4 km). Bereits 1414 urkundlich erwähnt, erste Badeanstalt 1422; bis 1885 »St.-Leonhard-Bad«, als Rivale für Bad Gastein auch »Kaltes Gastein« benannt. Keine Unterkünfte. Das sechsstöckige Kurhaus (nicht im Betrieb) ist in einem desolaten Zustand; die Quellen werden durch eine neue, offene Anlage erhalten und sind frei zugänglich. »Augenheilquelle« und »Fürstenquelle« (Trink- und Kneippkur), gefasst 1980; daneben die kleine St.-Sebastian-/St.-Wolfgang-Kapelle, errichtet 1987. Gegenüber dem Kurhaus die kath. Kirche St. Wolfgang.

21 Ferleiten, 1152 m

Weiler am Ende des Fuscher Tals, Beginn des Ferleitentals. Mautstelle der Großglockner-Hochalpenstraße über Hochtor nach Heiligenblut (Straßenzustand: Tonbanddienst, ✆ 0 48 24/26 06), s. auch S. 62; Ghs. Lukashansl (Urbau 1784 und Neubau), Wildpark, Kapelle; gegenüber der Tauernghf. Ferleiten (seit 1327 bewirt., Neubau 1983). Busverkehr vom Bhf. Bruck/Fusch (an der Bahnlinie Salzburg – Innsbruck), 15 km; nach Heiligenblut, 34 km (Großglockner-Hochalpenstraße); zur Franz-Josefs-Höhe, 36 km (Großglockner-Hochalpenstraße). Postanschrift: A-5672 Fusch a. d. Glocknerstraße, Salzburg. Ausgangsort für: Franz-Josefs-Haus R 63/R 66, Glocknerhaus R 95/R 100, Schwarzenberghütte R 200/R 201.

22 Kaprun, 786 m

Ort am Eingang zum Kapruner Tal. 2761 Einw.; Gemeindeamt, Tourismusverband (✆ 0 65 47/86 43-0), Postamt, Gendarmerieposten, Arzt, ÖBRD-Ortsstelle, kath. Kirche. Busverkehr von Zell am See (an der Bahnlinie Salzburg – Innsbruck), 9 km; zu den Kapruner Bergbahnen (R 28, R 31), 6 km; zum Kesselfall-Alpenhaus, 9 km, und Lärchwand-Schrägaufzug (R 34). Postanschrift: A-5710 Kaprun, Salzburg.
Ausgangsort für: Bergghs. Mooserboden (Ghs. Heidnische Kirche), über Kesselfall-Alpenhaus R 42/R 42b, Ebmatten-Fürther-Moaralm, über Kesselfall-Alpenhaus R 50/R 42b, Gleiwitzer Hütte R 81/R 83, R 84, Ghs. Glocknerblick R 91/R 92, R 93, Heinrich-Schwaiger-Haus, über Bergghs. Mooserboden (Ghs. Heidnische Kirche) R 113/R 42b, R 114, Kesselfall-Alpenhaus R 130/R 131, Krefelder Hütte R 135/R 136, R 137, Alpincenter Kaprun R 146/R 147, Salzburger Hütte R 195/R 196, R 197, Ghs. Wüstelau R 226.

23 Heiligenblut, 1288 m

Ort im obersten Mölltal. 1331 Einw.; Gemeindeamt, Tourismusverband (✆ 0 48 24/20 01 od. 21), Postamt, Gendarmerieposten, ÖBRD-Ortsstelle, Arzt, Bergführerbüro, kath. Wallfahrtskirche mit Bergsteigerfriedhof; berühmtester Bergsteigerort Österreichs. Hauptausgangsort für die Zentrale Glocknergruppe. Großglockner-Hochalpenstraße über Hochtor nach Ferleiten/Fusch s. S. 62. Busverkehr von Lienz, 40 km; von Zell am See (Großglockner-Hochalpenstraße), 55 km; zur Franz-Josefs-Höhe (Großglockner-Hochalpenstraße), 17 km. Postanschrift: A-9844 Heiligenblut, Kärnten. Ausgangsort für: Erzherzog-Johann-Hütte über Hofmannshütte R 53/R 120, R 59, Franz-Josefs-Haus R 63/R 64, Glocknerhaus R 95/R 96, R 98, R 99, Glorerhütte R 106/R 109, Salmhütte R 185/R 186, Hofmannshütte über Franz-Josefs-Haus R 119/R 64, R 120, Oberwalderhütte über Hofmannshütte R 162/R 64, R 120, R 163.

24 Lienz, 673 m

Stadt im »Lienzer Becken« des Drautals, an der Bahnlinie Villach – Innichen. 13 043 Einw.; Gemeindeamt, Tourismusverband (✆ 0 48 52/6 52 65), Postamt, Gendarmerieposten, ÖBRD-Ortsstelle, Krankenhaus, Ärzte, Apotheken, sieben kath. Kirchen, ev. Kirche. Busverkehr nach Heiligenblut, 40 km; zur Franz-Josefs-Höhe, 57 km (Großglockner-Hochalpenstraße); nach Kals, 34 km; nach Matrei, 28 km; nach Huben 21 km; zum Matreier Tauernhaus, 45 km. Postanschrift: A-9900 Lienz, Osttirol.

25 Huben, 830 m

Ort im Iseltal, an der Mündung des Defreggen- und des Kalser Tals. 172 Einw.; Tourismusverband (✆ 0 48 72/58 60), Postamt, Gendarmerieposten, Arzt, kath. Kirche. Busverkehr von Lienz, 20 km; nach Kals, 13 km; nach Matrei, 8 km. Postanschrift: A-9953 Huben, Osttirol.

26 Kals am Großglockner, 1325 m

Ort in alpiner Landschaft, an der Mündung des Ködnitz- in den Kalser Bach. 1354 Einw.; Gemeindeamt, Tourismusverband (✆ 0 48 76/88 00), Postamt, Arzt, ÖBRD-Ortsstelle, Bergführerbüro, Heimatmuseum, kath. Pfarrkirche mit Glocknerfriedhof, St.-Georgs-Kirche. Beginn der »Kalser Glocknerstraße« zum Lucknerhaus, 7 km, Maut. Hauptausgangsort für die leichteste Großglocknerersteigung. 1 km entfernt Großdorf, 1364 m, Talstation der Kalser Bergbahn (R 39), kath. Kirche. Busverkehr von Huben, 13 km; von Lienz, 34 km. Postanschrift: A-9981 Kals am Großglockner, Osttirol.
Ausgangsort für: Erzherzog-Johann-Hütte/Adlersruhe über Lucknerhaus – Stüdlhütte R 53/R 211, R 54, Glorerhütte R 106/R 107, Lucknerhaus R 148/R 149, R 150, Lucknerhütte R 157/R 158, Stüdlhütte R 210/R 211, R 212, R 213, Kals-Matreier-Törlhaus R 261/R 262, Kalser Tauernhaus R 267/R 268, Mair-Alm R 285/R 286, Sudetendeutsche Hütte R 332/R 336, Ghs. Glocknerblick R 350/R 351, R 352.

27 Matrei/Osttirol, 975 m

Markt im obersten Iseltal, an der Mündung des Virgentals; Anfahrt zur Felbertauernstraße (S-Rampe zum Felbertauerntunnel) nach Mittersill. 4459 Einw.; Gemeindeamt, Tourismusverband (✆ 0 48 75/65 27), Postamt, Gendarmerieposten, ÖBRD-Ortsstelle, Ärzte, Apotheke, Bergführerbüro, kath. Kirche. Talstation (Klaunz) der Doppelsesselbahn Goldried (R 40, R 41). Busverkehr von Lienz, 28 km; von Mittersill, 39 km (Felbertauernstraße). Postanschrift: A-9971 Matrei/Osttirol.
Ausgangsort für: Kals-Matreier-Törlhaus R 261/R 264, Grünseehütte über Matreier Tauernhaus R 255/R 288, R 256, Matreier Tauernhaus R 287/R 288, R 289, St. Pöltener Hütte über Matreier Tauernhaus R 322/R 288, R 323, Sudetendeutsche Hütte R 332/R 333, R 334, R 335, Bergrestaurant Goldried R 356/R 357, R 358.

Kitzsteinhorn-Gipfelbahn (R 30); Kitzsteinhorn:
R 1796 Nordwestgrat
R 1798 Nordgrat

Kitzsteinhorn
Bergstation NW-Grat
Magnetköpfl
P. 2955
1798
1796
Schmiedingerkees

Bergbahnen

Kapruner Bergbahnen

28 Panoramabahn

8er-Kabinen-Einseilumlaufbahn. Talstation Kaprun/Thörl (von Kaprun 6 km, Bus). Talstation, 929 m, Bergstation Langwiedboden, 1978 m. Höhenunterschied 1049 m, Länge 2548 m, Fahrdauer 7,5 Min., Personen/Std. 1850.

29 Langwiedbahn

4er-Sesselbahn mit Haube. Ab Langwiedboden, 1976 m, Bergstation Alpincenter Kaprun, 2452 m. Höhenunterschied 477 m, Länge 1505 m, Fahrdauer 5 Min., Personen/Std. 2200.

30 Gipfelbahn

Gondelbahn. Ab Alpincenter Kaprun, 2452 m, Bergstation Kitzsteinhorn-Nordwestgrat, 3023 m, mit Bergrestaurant. Höhenunterschied 577 m, Länge 2200 m, Fahrdauer 8 Min., Personen/Std. 680. Vgl. Foto S. 85.

31 Gletscherjet 1

Doppelseilumlaufbahn. Talstation Kaprun/Thörl (von Kaprun 6 km, Bus). Talstation, 911 m, Bergstation Langwiedboden, 1978 m. Höhenunterschied 1067 m, Länge 2508 m, Fahrdauer 7,5 Min., Personen/Std. 1800.

32 Gletscherjet 2

Langwiedboden – Alpincenter Kaprun.

■ 33 Weitere Bergbahnen/Lifte (im Bereich Alpincenter Kaprun/Schmiedingerkees, R 146)

34 Lärchwand-Schrägaufzug

Talstation Stegenfeldbrücke. Vom Kesselfall-Alpenhaus 2 km talein auf der »Unteren Bergstraße« (Bus); von Zell am See 20 km (Bus). Talstation, 1209 m, Bergstation Mooserbodenstraße, 1640 m. Höhenunterschied 431 m, Länge 820 m, Fahrzeit 5 Min. Von der Bergstation mit dem Bus auf der

Lärchwand-Schrägaufzug, Bergstation Mooserbodenstraße (R 34).

Gr. Wiesbachhorn
Hinterer Bratschenkopf
Klockerin

»Mooserbodenstraße« entlang dem Stausee Wasserfallboden zum Stausee Mooserboden (6 km); Bergrestaurant Mooserboden (Ghs. Heidnische Kirche), 2040 m (R 42). Vgl. Foto S. 87.

35 Maiskogelbahn (Seilbahn)

Talstation Kaprun/Werksiedlung. Von Zell am See 12 km (Bus), von Kaprun 3 km (Bus). Talstation, 832 m, Bergstation Maiskogel, 1545 m. Höhenunterschied 713 m, Länge 1585 m, Fahrzeit 5 Min.

Weitere Bergbahnen

36 Weißsee-Gletscherbahn

Ehemals Rudolfshüttebahn; Talstation Enzingerboden. Von Zell am See 40 km (Bus); von Uttendorf 18 km (Bus). 1. Teilstrecke: Talstation, 1480 m, Mittelstation Grünsee (Restaurant), 1742 m. Höhenunterschied 257 m, Länge 1435 m, Fahrzeit 6 Min. 2. Teilstrecke: Mittelstation, 1742 m, Bergstation Rudolfshütte, 2311 m. Höhenunterschied 568 m, Länge 2400 m, Fahrzeit 10 Min. Seilbahnbetrieb 9 bis 16 Uhr. Auskunft beim Bewirtschafter der Rudolfshütte.

37 Doppelsesselbahn »Medelzkopf«

Talstation Weißsee (Nähe Rudolfshütte). Talstation, 2258 m, Bergstation Medelzkopflacke, 2564 m. Höhenunterschied 305 m, Länge 1385 m, Fahrzeit 14 Min.

38 Gletscherbahn »Pasterze« (Standseilbahn)

Talstation Pasterzenkees. Talstation, 2212 m, Bergstation Freiwandeck (Parkplatz am Ende der Großglockner-Hochalpenstraße), 2356 m. Höhenunterschied 144 m, Länge 212 m, Fahrzeit 2 Min.

39 Kalser Bergbahn

4er-Sessellift. Talstation Großdorf (von Kals 1 km, Bus). 1. Teilstrecke »Figolbahn«: Talstation, 1375 m, Bergstation Figol, 1761 m. Höhenunterschied 386 m, Länge 1114 m, Fahrdauer 9 Min. 2. Teilstrecke »Blauspitzbahn«: Ab Figol, 1761 m, Bergstation mit Bergrestaurant »Blauspitz« auf dem Roßbichl, 2302 m. Höhenunterschied 545 m, Länge 1588 m, Fahrdauer 10 Min.

39a Gschlößbahn

4er-Sessellift. Talstation Großdorf/Gschlößtal, Bergstation Gschlößberg. Nur Winterbetrieb.

40 Goldried (8er-Einseilumlaufbahn)

Talstation Matrei, 920 m, Bergstation Goldried, 2190 m (Restaurant). Höhenunterschied 1270 m, Länge 3122 m, Fahrdauer 8 Min., Personen/Std. 2000.

41 Goldried (Doppelsesselbahn)

1. Teilstrecke: Talstation Matrei/Klaunz, 1000 m, Mittelstation, 1750 m (Restaurant). Höhenunterschied 750 m, Länge 1692 m, Fahrdauer 12 Min., Personen/Std. 705. 2. Teilstrecke: Ab Mittelstation, 1750 m, Bergstation Goldried, 2150 m (Restaurant). Höhenunterschied 400 m, Länge 1292 m, Fahrdauer 9 Min., Personen/Std. 1000.

Hütten und ihre Zugänge

In der Glocknergruppe

Die Glocknergruppe war der erste Hochgebirgsraum, in dem ÖAV-Hütten standen (Rainerhütte im Jahr 1869 am Wasserfallboden, Stüdlhütte im Jahr 1868 an der S-Seite des Ködnitzkeeses).
Ein Jahr später (1869) stand die erste Hofmannshütte über der Pasterze. Sie hatte die alte Steinhütte des Erzherzogs Johann von 1833 abgelöst, die Heiligenbluter Bergführer für 100 Gulden erbauten. 1872 stand die Kaindlhütte des Linzer Bergsteigers Albert Kaindl unter dem Großen Wiesbachhorn, dann folgten Hüttenbauten, die bis in die Gegenwart bestehen, nachdem die erste Schwarzenberghütte (erbaut 1882) durch eine Lawine hinweggefegt wurde.
Von den Hütten aus jener Zeit besitzt zweifellos das Glocknerhaus (eröffnet 17.8.1876) den Vorrang. Es hatte bis 1894 allein 24 838 Personen als Unterkunft gedient, war damals schon (seit 1887) mit einer Telefonanlage, einer eigenen Wasserleitung, 46 Betten und 16 Matratzen (und mit 24 Heulagern für die Führer) ausgestattet, hatte ein Stallgebäude (für Kühe und Maultiere) sowie eine Signalanlage für Unfälle. Die Baukosten für den einstigen Urbau des Glocknerhauses betrugen 34 565 Goldgulden (die Gesamtsubvention hatte aber nur rund 800 Gulden gebracht).
Die erste Salmhütte über dem Leitertal wurde am 16.8.1883 eröffnet; ihr Urbau hatte 1480 Goldgulden gekostet. Eine gründliche Renovierung der Hofmannshütte erforderte 1887 nochmals 1280 Gulden, die von den Bergsteigern bezahlt wurden. Dies sollte den heutigen Besuchern zu denken geben, wenn sie bequem in einer Hütte verweilen.
Die Hüttenwege sind bezeichnet; wo sie über Schnee- und Gletschergelände leiten, ist nahezu immer eine gespurte Trasse vorhanden. Während der Bewirtschaftungsdauer sind die Hütten auch Unfallmeldestellen.
Mehrere Alpengasthöfe und Unterkünfte an der Großglockner-Hochalpenstraße dienen als Stützpunkte zum eigentlichen Hüttennetz des Berggebiets. In den wichtigsten Schutzhütten sind Winterräume eingerichtet.
Die ÖGV-Biwakschachtel Gruberscharte ist eine Notunterkunft. Die Glockner-Biwakschachtel dient für die extremen Anstiege aus dem Inneren Glocknerkar (für Großglockner oder Glocknerwand).
Die Erzherzog-Johann-Hütte auf der Adlersruhe ist die höchstgelegene Schutzhütte der Ostalpen. Für die Hütten des Zentralraums ist die Großglockner-Hochalpenstraße mit ihrer »Gletscherstraße« die bequemste Zugangsmöglichkeit.

42 Bergrestaurant Mooserboden (Gasthaus Heidnische Kirche), 2040 m

Vor der Moosersperre des Stausees Mooserboden; Endstelle des Busses ab Bergstation des Lärchwand-Schrägaufzugs (R 34). Eigentümer: »Tauern-Touristik«, Kaprun. Sw., keine Nächtigungsmöglichkeit. Nächste Unterkunft die Ebmatten-Fürther-Moaralm, R 50. Nach der Moosersperre (Höhe 107 m, Kronenlänge 494 m) die Drossensperre (Höhe 112 m, Kronenlänge 358 m), dazwischen der Sperrhöcker, die »Höhenburg«, 2112 m. Nächster Talort: Kaprun, 786 m. Postanschrift: A-5710 Kaprun, Salzburg.
Hüttenberg: Kleiner Grießkogel, R 1787.
Gipfeltour: Großer Grießkogel, R 1780.

42a Von der Ebmatten-Fürther-Moaralm

aa) Von der Alm, 1805 m, auf der »Mooserbodenstraße« 3 km. Vgl. Fotos S. 77, 93, 503.
ab) Weg rechts oberhalb der Straße, im Linksbogen über mehrere Wasserläufe zur letzten Straßenkehre und zum Bergrestaurant (1 Std.). Vgl. Foto S. 503.

42b Vom Kesselfall-Alpenhaus/Kapruner Tal

3½ Std., Weg/Straße. Vgl. Foto S. 503.

Vom Kesselfall-Alpenhaus, 1034 m, auf der »Unteren Bergstraße« über der Kapruner Ache talein zur Talstation des Lärchwand-Schrägaufzugs, 1209 m (R 34); 2 km, Bus. Rechts am Hang in Kehren aufwärts zur Bergstation des Lärchwand-Schrägaufzugs, 1640 m. Nun auf der »Oberen Bergstraße« (Mooserbodenstraße) zum Stausee-Wasserfallboden, 1672 m (Limbergsperre: Höhe 120 m, Kronenlänge 350 m; von ihm ist die einstige Limbergalm mit der Orgler-Rainer-Hütte, 1613 m – aus der historischen Zeit der Glocknergruppe –, überflutet). Auf der Straße, über dem Stausee entlang, zur Ebmatten-Fürther-Moaralm, 1805 m, 2¼ Std., und über die letzte Steilstufe zum Bergrestaurant (Straßenende, 6 km von der Bergstation, Bus).

42c Vom Kesselfall-Alpenhaus/Kapruner Tal (Auffahrt)

Auffahrt mit Bus zur Talstation des Lärchwand-Schrägaufzugs (R 34), mit diesem zur Mooserbodenstraße und mit Bus über die Ebmatten-Fürther-Moaralm, 1805 m (R 50), zum Bergrestaurant.

43 Zur Ebmatten-Fürther-Moaralm

¾ Std., R 42aa (GR), R 42ab (GR).

44 Zum Heinrich-Schwaiger-Haus

2½ Std., R 114.

45 Zur Krefelder Hütte
(über Hochschober und Nördliche Kammerscharte)

4 Std., R 415 (GR).

46 Zur Oberwalderhütte über das Riffltor

Hochalpin, **5 Std.**, R 491.

47 Zur ÖGV-Biwakschachtel (Gruberschartenbiwak)
(über Bärenkopfkees)

Hochalpin, **5½ Std.**, R 492.

48 Zur Rudolfshütte über das Kapruner Törl

5 Std., R 402.

49 Zur Schwarzenberghütte über die Gruberscharte

Hochalpin, **7 Std.**, R 492.

49a Zur Gleiwitzer Hütte
(über Kempsenkopf – Obere Jägerscharte – Untere Jägerscharte)

6–7 Std., R 401.

50 Ebmatten-Fürther-Moaralm, 1805 m

An der Mooserbodenstraße, über dem Stausee »Wasserfallboden«. Privat, Sw, (Juni bis Anfang Oktober), 20 ZB, 30 L, AV-Vertragshütte. ✆ Hütte: 0 65 49/72 08. Postanschrift: Martina Aberger, Fürth 3, A-5721 Piesendorf, Salzburg. Vgl. Foto S. 95. Nächster Talort: Kaprun, 786 m. Hüttenberg: Kleiner Grießkogel, R 1787.
Gipfeltour: Großer Grießkogel, R 1780.

50a Vom Kesselfall-Alpenhaus/Kapruner Tal

3 Std., Weg/Straße, R 42b.

50b Vom Kesselfall-Alpenhaus/Kapruner Tal (Zufahrt)

R 42c.

50c Zum Bergrestaurant Mooserboden (Ghs. Heidnische Kirche)

1 Std., R 42aa.

50d Zur Krefelder Hütte
(über Hochschober und Nördliche Kammerscharte)

3½ Std., R 415 (GR).

Stausee Mooserboden, Höhenburg: R 42aa vom Kesselfall-Alpenhaus

Weitere Übergänge R 44–R 49a.

52 Edelweißhütte, 2571 m

Unter dem Gipfel der Edelweißspitze, 2580 m, über dem Fuscher Törl an der Großglockner-Hochalpenstraße (N-Rampe). Privat, Restaurant mit Parkplatz, Sw, 10 ZB. Vom Fuscher Törl Auffahrt 1,6 km. Nächster Talort: Fusch an der Glocknerstraße, 811 m. Postanschrift: A-5672 Fusch an der Glocknerstraße, Salzburg.

53 Erzherzog-Johann-Hütte, 3451 m

Auf der »Adlersruhe«, über dem Hofmannskees, am beginnenden Firnrücken des Kleinglockner. Höchste Schutzhütte der Ostalpen; wichtig für die Ersteigung des Großglockner auf dem Normalanstieg. Urbau eröffnet am 18.8.1880, mehrmals erweitert, 1930 entscheidende Hüttenerweiterung, 1991 Generalsanierung. Name zu Ehren Erzherzog Johanns von Österreich (*1782, †1859), des großen Bergsteigers der klassischen Zeit, Sohn von Kaiser Leopold II. Materialseilbahn von der Lucknerhütte (Gepäckbeförderung). Hütten-Zustiege über Gletscher. Österreichischer Alpenklub, Wien, ✆ 01/5 81 38 58; Sw (Ende Juni bis Ende September/Anfang Oktober), 10 ZB, 120 L; kein WR. ✆ Hütte: 0 48 76/85 00. Nächster Talort: Kals am Großglockner, 1325 m. Postanschrift: A-9981 Kals am Großglockner, Osttirol.
Gipfeltour: Großglockner, R 1001. Hüttenzugang: Der Anstieg über das Hofmannskees (R 59) ist mit dem Gletscherrückgang gefährlich geworden und wird kaum mehr begangen; Alternativen sind R 54 von der Stüdlhütte und R 57 von der Salmhütte.

■ 54 Von der Stüdlhütte

F. Keil, 3.10.1859 (im Urzustand).

2½ Std., über »Schere«, (»Alter Kalser Weg« und »Oberer Mürztalersteig«), Gletscher, Felsstrecke **I** (Sicherungen). Vgl. Foto S. 99, 317.

Von der Stüdlhütte, 2801 m (R 210), in Kehren aufwärts zum Teischnitzkees und rechts zum Felseinschnitt der »Schere«, 3037 m (R 611, 1 Std.) am S-Ende des Luisengrates und ostwärts Abstieg zum Ködnitzkees.
Hierher günstiger (Bez. Nr. 712): Von der Stüdlhütte nach ONO auf den Salzkopf und nordwärts auf das Ködnitzkees, rechts von der »Schere«. Entlang des Luisengrates weiter bis 3100 m (links die Luisenscharte, 3175 m). Im Rechtsbogen aufwärts zum O-Rand des Ködnitzkeeses, 3240 m. Über den

Ebmatten-Fürther-Moaralm.

Gr. Grießkogel
Kl. Grießkogel

Felssporn (Sicherungen) auf das Kampl (bis hierher »Alter-Kalser-Weg«), Vereinigung mit dem von rechts kommenden »Unteren Mürztalersteig« (R 56). Nun als »Oberer Mürztalersteig« weiter in einigen Kehren und entlang der Felsen auf die »Adlersruhe« mit der Erzherzog-Johann-Hütte (günstiger als R 56).

55 Vom Lucknerhaus über die Stüdlhütte

5½ Std., Gletscherbegehung.

Vom Lucknerhaus, 1918 m, mit R 211 zur Stüdlhütte; weiter R 54.

56 Von der Lucknerhütte

J. Mayr mit J. Schnell, 1.9.1853; EO III/179.

4 Std., über Burgwartscharte – Blaues Schartl (Unterer und Oberer Mürztalersteig), Gletscherstrecke, Felsstrecke **I**, bez. Nr. 712A. Einst bedeutend für die Großglockner-Erstbesteigung ab Kals, als es die Stüdlhütte noch nicht gab. Sicherungen von 1906, erneuert 2003. Vgl. Foto S. 99, 317.

Von der Lucknerhütte, 2227 m (R 157) am Weideboden, dann rechts vom Materialaufzug aufwärts zum Ködnitzkees, 2900 m. Auf diesem (Spalten) entlang dem Blaukopfgrat aufwärts und über einen kurzen Moränenhang rechts in die Burgwartscharte, 3104 m (R 622), im Blaukopfgrat; Beginn der Sicherungen. Auf luftigem Grat und über eine steile Platte, die »Burgwarte«, mit der »Hühnerleiter«, über P. 3163 in das Blaue Schartl, 3182 m, und auf dem Schrofenfirst weiter auf das »Kampl« (bis hierher »Unterer Mürztalersteig«, von links R 54). Nun als »Oberer Mürztalersteig« weiter auf die Adlersruhe mit der Erzherzog-Johann-Hütte.

57 Von der Salmhütte über die Hohenwartscharte

3½ Std., Gletscher, Fels **II–**, Sicherungsstifte am Schartenaufstieg; sicherster Abstieg bei Schlechtwetter. Hauptanstieg (von 1799–1854) aus dem Leitertal zur Adlersruhe (»Fürstbischof-Salm-Weg«, 2. Teil). Vgl. Fotos S. 99, 317, 337, 341; Skizze S. 347.

Von der Salmhütte, 2638 m (R 185), nach N in den Moränen der »Keesflecke« zum Hohenwartkees. Am rechten Ufer zum oberen Gletscherrand. Entlang der Kellersberg-S-Wand nach links, zuletzt kurze Kletterei (Sicherungen) in die Hohenwartscharte, 3182 m (R 613, bei Vereisung Steigeisen vorteilhaft; die linke Firnscharte, gegen den Hohenwartkopf-O-Grat, wird nicht betreten). Jenseits kurzer Firnabstieg, im Bogen in die Schneemulde unter der Hohenwartkopf-N-Wand und zum »Salmkamp«; weiter R 59.

Adlersruhe mit Erzherzog-Johann-Hütte von Nordwesten:
R 1002 Kleinglockner/Großglockner-Ostanstieg

Schwerteck
Hohenwartkopf
Erzherzog-Johann-Hütte
1002

□ 58 Von der Salmhütte

J. Mayr (?) mit einem Heiligenbluter Führer, 1.9.1854; EO III/178.

3 Std., über Blaues Schartl, kurze Gletscherstrecke, Felsstrecke **I**, seinerzeit gebräuchlich, s. AVF-GG 9/1995/116.

■ 59 Von der Hofmannshütte

K. Hofmann mit Th. Groder, J. Kerer, 5.8.1869, im Abstieg; ZDÖAV 1870–71/535. J. Pöschl mit unbekanntem Führer, 13.5.1871, im Aufstieg; EO III/181.

5 Std., über Äußeres Hofmannskees (»Hofmannsweg«), **1200 Hm**. Die alte, eingebürgerte Bez. »Hofmannsweg« (nach dem Erstbegeher) darf über diesen hochalpinen Anstieg nicht hinwegtäuschen! Als Normalanstieg bekannt, ist dieser nun durch Rückgang und Verschrundung des Gletschers, verbunden mit Steinschlaggefahr von den ausgeaperten Felsinseln, äußerst gefährlich und kaum mehr zu begehen. Entschieden günstiger R 1046! Vgl. Fotos S. 99, 101, 259, 281, 283, 317, 337.

Übersicht: Das Hofmannskees, ein zerklüfteter Hängegletscher, reicht vom »Salmkamp«, 3372 m (zwischen Adlersruhe, 3451 m, und Hohenwartscharte, 3182 m), bis 2650 m gegen die Pasterze hinab. Der in Gletschermitte ausgeaperte Felssporn (2960–3200 m) teilt dieses in ein Äußeres (südl.) und ein Inneres Hofmannskees (ein Hängegletscher, nördl.). Der das Innere Hofmannskees nördl. begrenzende Glocknerkarkamp (R 1046) beginnt bei P. 2796 m (»Frühstücksplatz« von R 59) und endet auf 3400 m mit zwei Felsköpfen im weiten Firnhang, der bis zum »Glocknerleitl« (R 1002) am Kleinglocknermassiv reicht. Von diesem zieht das Kleinglocknerkees ostw. zum Äußeren Glocknerkar (R 1047) abwärts, das zwischen Glocknerkar- (R 1046) und Glocknerkamp (R 1050) gegen die Pasterze abbricht. Über der Pasterze zieht, von einer Wandstufe (P. 2504 m) überragt, ein von Felsabsätzen durchzogener Schuttrücken aufwärts und endet bei P. 2796 m (»Frühstücksplatz« von R 59) am Beginn des Glocknerkarkamp (»Meletzki-Grat«, R 1046).

Anstieg: Von der Hofmannshütte, 2444 m (R 119), auf Moränensteig abwärts zur Pasterze und diese waagrecht queren zur jenseitigen Seitenmoräne. E. (Steinmänner) am auffallenden Kammfirst. Über steilen Schnee (Geröll) links des großen Kessels (man lasse sich nicht durch Abfahrtsspuren verleiten) etwa 100 m empor, dann links (Steig) auf den ersten Rücken. In Kehren über schrofige Absätze und eine Felsstufe auf die Kammhöhe, P. 2793 m (»Frühstücksplatz«,

Adlersruhe von Süden:
R 54 Alter Kalser Weg/Mürztalersteig von der Stüdlhütte
R 56 von der Lucknerhütte
R 57 von der Salmhütte, Schlussstrecke am Salmkamp
R 59 von der Hofmannshütte, Schlussstrecke am Salmkamp
R 1002 Kleinglockner/Großglockner-Ostanstieg
R 1059A Kleinglockner-Südhang

Erzherzog-Johann-Hütte
← 1002
← 59/57
54
Blaukopfgrat
Burgwartscharte →
(verdeckt)
1059 A
54
Ködnitzkees
56

3 Std., über ihm der »Glocknerkarkamp«, R 1046). Kurzer Abstieg auf einer Platte zum beginnenden Äußeren Hofmannskees. Links ansteigende Querung, bald steil empor und an der »Eiskapelle« vorüber (Spalten!) zu einem doppelten Steilhang, der in einem Firnboden endet (links die Hohenwartscharte, 3182 m, wird nicht betreten; oberhalb die Schuttkuppe der Salmhöhe, 3282 m). Auf dem höher ansetzenden »Salmkamp« rechts entlang (eine schmale, felsige Stelle), über eine Schneemulde und Felsen zur Erzherzog-Johann-Hütte.

☐ 60 Variante (Einstieg) zu R 59

C. Diener, A. von Böhm, 28.8.1883; MDÖAV 1884/223. 1. Skiabfahrt Th. Oberwalder, 1905 oder 1906.

Dieser Anstieg ist nur wegen der historischen Bedeutung festgehalten. Bis 1935 fand hier das »Glockner-Skirennen« statt. Vgl. Foto S. 101.

Von der Pasterze über die linke Eiszunge des Äußeren Hofmannskeeses zur »Eiskapelle«.

☐ 61 Variante (Einstieg) zu R 59

H. Peterka, H. Majer, 2.9.1925.

Über die rechte Eiszunge des Äußeren Hofmannskeeses zum »Frühstücksplatz«; keine Bedeutung. Vgl. Foto S. 101.

■ 62 Von der Hofmannshütte

4 Std. über Glocknerkarkamp, R 1046 (entschieden günstiger als 59).

63 Franz-Josefs-Haus, 2450 m

Über dem Ende der »Gletscherstraße« der Großglockner-Hochalpenstraße, auf der Franz-Josefs-Höhe, am Abhang des Freiwandecks zur Pasterze. Name zu Ehren von Kaiser Franz-Josef I. von Österreich, der die Franz-Josefs-Höhe am 7.9.1856 aufgesucht hatte; früher nach dem Erbauer und Besitzer Peter Haritzer »Haritzerhaus«; für Touristen am 10.7.1906 eröffnet.
Berühmter Glocknerblick. Am Zugangsweg vom Parkplatz Freiwandeck auf dem »Kaiserstein« das Denkmal für Kaiser Franz-Josef I. Daneben die Wilhelm-Swarovski-Beobachtungswarte, eine bergkristallähnliche, 11 m hohe,

Großglockner mit Hofmannskees von Osten

Erzherzog-Johann-Hütte:
R 59 von der Hofmannshütte (»Hofmannsweg«)
R 60 Variante zu R 59
R 61 Variante zu R 59

Großglockner:
R 1002 Ostanstieg

Kleinglockner:
R 1045 Ostanstieg
R 1046 Glocknerkarkamp (»Meletzki-Grat«)

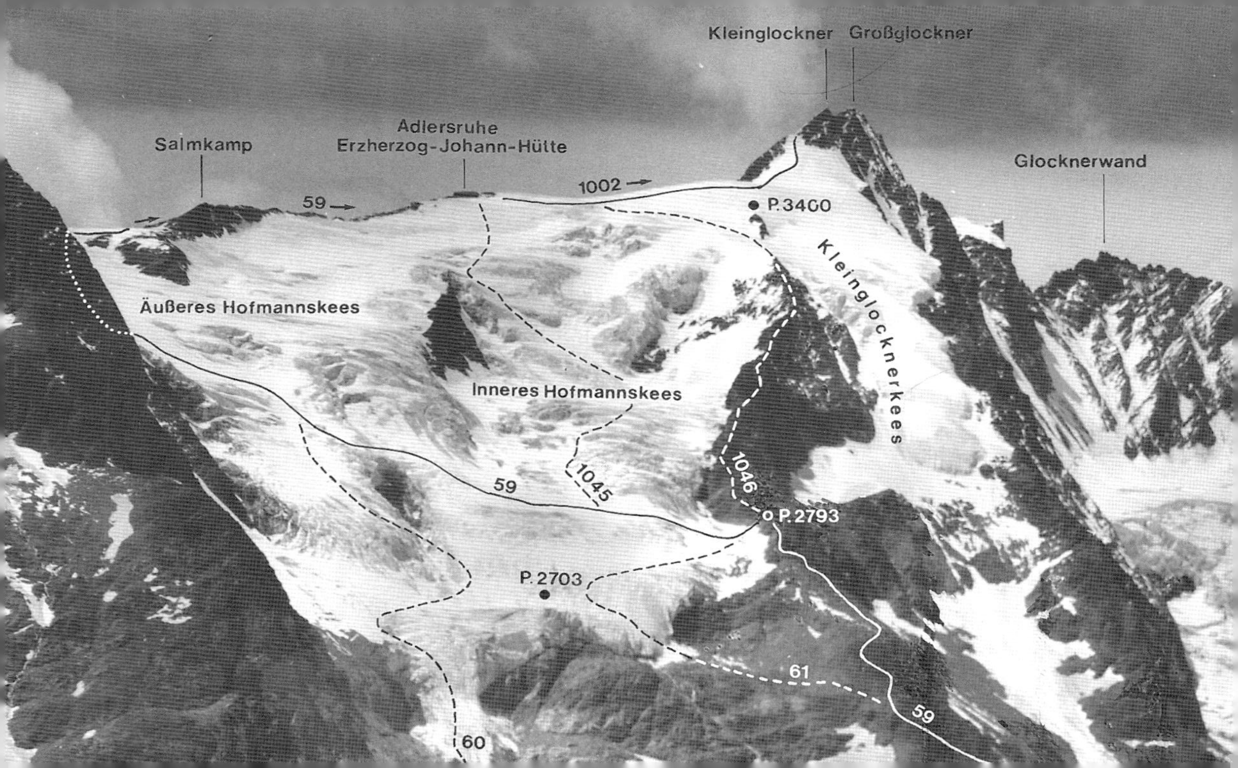
Kleinglockner
Großglockner
Salmkamp
Adlersruhe
Erzherzog-Johann-Hütte
Glocknerwand
1002
59
P.3400
Kleinglocknerkees
Äußeres Hofmannskees
Inneres Hofmannskees
59
1045
1046
P.2793
P.2703
61
59
60

mit optischen Geräten ausgestattete Glaskonstruktion. Errichtet 1998 und anlässlich des 75-jährigen Firmenjubiläums von der Glasdynastie Swarovski (Wilhelm, 1883–1962) gesponsert. Privat, Alpenhotel, Sw, 220 ZB., 54 L. ✆ Haus: 0 48 24/25 12. Nächster Talort: Heiligenblut, 1288 m. Postanschrift: A-9844 Heiligenblut, Kärnten.
Hüttenberg: Freiwandeck, R 1438.
Gipfeltour: Heiligenbluter Freiwandspitz, R 1426.

■ 64 Von Heiligenblut

Auf der Großglockner-Hochalpenstraße (S-Rampe) bis Parkplatz Freiwandeck (17 km, Bus), dann 10 Min. zum Haus. Vgl. Foto S. 393.

■ 65 Von Bruck a. d. Glocknerstraße

Nach Ferleiten und auf der Großglockner-Hochalpenstraße (N-Rampe) bis Parkplatz Freiwandeck (51 km, Bus), dann 10 Min. zum Haus.

■ 66 Von Ferleiten über die Untere Pfandlscharte

7½ Std., R 100, R 102.

■ 67 Variante zu R 66

2 Std. ab Unterer Pfandlscharte.

Rechts über der Scharte Beginn des Steigs. In der Moräne (unter dem Schartenkopf, 2857 m) tiefer und links der Schwarzen Wand den Steilhang abwärts zum Naßfeld-Speicher, 2236 m; im Hintergrund des Hochbodens die Obere Pfandlscharte, 2730 m, mit Kapuziner, 2852 m. Rechts vom Stausee talaus (»Schaflerloch«) zur »Gletscherstraße« und zur Franz-Josefs-Höhe, rechts darüber das Franz-Josefs-Haus.

■ 68 Zur Erzherzog-Johann-Hütte

(über Hofmannshütte – »Hofmannsweg« oder Glocknerkarkamp)

4¼ Std., R 120, R 59; R 1046.

■ 69 Zum Fuscher Törlhaus über Untere Pfandlscharte

5 Std., R 403.

■ 70 Zum Glocknerhaus, »Gletscherstraße«

3 km.

■ 71 Zur Hofmannshütte, »Gamsgrubenweg«

¾ Std., R 120.

72 Zur Oberwalderhütte
(über Hofmannshütte – Wasserfallwinkel)

2½ Std., R 120, R 163.

73 Zur Oberwalderhütte
(über Hofmannshütte, gletscherfreier Zugang)

2 Std., R 164.

73a Zur Salmhütte über die Stockerscharte

4–5 Std., R 404.

74 Ghs. Freiwandeck (Ghs. Gletscherblick), 2370 m

Am Parkplatz Freiwandeck, am Ende der »Gletscherstraße« der Großglockner-Hochalpenstraße (R 21). Privat, Sw, keine Nächtigungsmöglichkeit. Beginn des »Gamsgrubenwegs« zur Hofmannshütte (R 120). Standseilbahn hinab zur Pasterze (R 38). Alpine Angaben s. Franz-Josefs-Haus (R 63).

75 Fuscher Lackenhaus, 2262 m

Restaurant an der Großglockner-Hochalpenstraße (N-Rampe), bei der Fuscher Lacke (Parkplatz); 2 km unter dem Fuscher Törl, 2404 m. Privat, Sw. ✆ Haus: 0 65 45/67 79. Nächster Talort: Fusch a. d. Glocknerstraße. Postanschrift: A-5672 Fusch a. d. Glocknerstraße.

76 Zum Wallackhaus übers Heiligenbluter Hochtor

2 Std., R 405.

77 Zum Rauriser Tauernhaus über das Mittertörl

2½ Std., R 406.

78 Fuscher Törlhaus, 2404 m

Am Fuscher Törl an der Großglockner-Hochalpenstraße (N-Rampe). Auch Dr.-Franz-Rehrl-Haus (nach dem damaligen Salzburger Landeshauptmann). Privat, Sw (Mai bis Oktober), 30 ZB. ✆ Hütte: 0 65 45/74 20. Nächster Talort: Fusch. Postanschrift: A-5672 Fusch a. d. Glocknerstraße.

79 Zum Franz-Josefs-Haus über die Untere Pfandlscharte

5½ Std., R 406a.

80 Zum Glocknerhaus über die Untere Pfandlscharte

5 Std., R 101.

81 Gleiwitzer Hütte, 2174 m

Über dem Boden der Hirzbachalm, 1715 m, nordöstl. vom Hohen Tenn im auslaufenden Fuscher/Kapruner Kamm. Hütte eröffnet am 24.7.1900. DAV-Sektion Tittmoning. Sw (Mitte Juni bis Anfang Okt.), 19 ZB, 53 L; WR (offen, 12 L). ✆ Hütte: 06 76/4 78 34 20. Nächster Talort: Fusch, 811 m. Postanschrift: A-5672 Fusch an der Glocknerstraße, Salzburg.
Hüttenberg: Imbachhorn, R 1707. Gipfeltour: Hoher Tenn, R 1640.

82 Von Fusch a. d. Glocknerstraße

3¾ Std., bez. Nr. 725 (»Gleiwitzer Weg«). Vgl. Foto S. 107.

Auf Karrenweg ins Hirzbachtal. Linksseitig in Kehren aufwärts und weiter zur engen Grabenschlucht. Über den Bach nach rechts und diesem entlang zur Hirzbachalm, 1715 m (R 127, 2½ Std.). An den Zwinghängen im Linksbogen aufwärts und in Kehren bergauf zur Gleiwitzer Hütte (1¼ Std.).

83 Vom Kesselfall-Alpenhaus/Kapruner Tal

5–6 Std. über Südliche Brandlscharte, bez. Nr. 724.

Von der Talstation der Gletscherbahnen Kaprun (R 28/31, 2 km talaus vom Kesselfall-Alpenhaus) im Harleitengraben aufwärts bis P. 1774 m und Querung nach links zur Harleitenalm, 1760 m. Auf dem Bergrücken aufwärts, nahe unter dem Roßkopfgipfel, 1999 m, nach SO, über P. 2133 m in die Südliche Brandlscharte, 2371 m (R 788, 5 Std.). Nach SO abwärts, zuletzt steil bis 2160 m (R 84 von links) und südw. zur Gleiwitzer Hütte (¾ Std.).

84 Von Kaprun über die Piffscharte

6 Std., bez. Nr. 723.

Von Kaprun, 786 m, rechts vom Imbachgraben auf Waldstraße in weiter Kehre aufwärts und beim Wasserfall (hierher auch durch den Imbachgraben) über den Imbachgraben links hinüber zur Oberen Neumayeralm, 1680 m (3 Std.). Weiter in die Piffscharte, 1775 m (R 790).
Kammaufwärts zum Laubkopf, 2038 m, nahe unter dem Gipfel waagrecht zum Oberlauf des Wachtbergbachs, 1960 m (R 1710 von links). Kurz danach Abzw. (R 1709 nach rechts) und an den O-Abhängen des Imbachhorn, 2470 m, weiter (R 83 von rechts) zur Gleiwitzer Hütte.

85 Zum Bergrestaurant Mooserboden (Ghs. Heidnische Kirche)

(über Untere Jägerscharte – Obere Jägerscharte – Kempsenkopf)

6–7 Std., R 407.

Gleiwitzer Hütte mit Hohem Tenn.

Hoher Tenn

86 Glockner-Biwakschachtel, 3205 m

Am »Glocknerwandkamp« (Glocknerwand-O-Grat) über dessen Felsfuß, vor Beginn des Firngrats. Hochalpiner Zustieg. Ausgangspunkt für extreme Anstiege an der NO-Seite von Großglockner und Glocknerwand. ÖAV-Sektion Villach; ✆ 0 42 42/28 95 84; eröffnet am 7.7.1958; offen, 6 NL. Die Zustiege, auch zum Inneren Glocknerkar, ergeben, den jeweiligen Eisverhältnissen entsprechend, Bergfahrten mit wechselnden Schwierigkeiten.

■ 87 Von der Hofmannshütte

R. Kaltenbrunner, R. Weitzenböck, 20.7.1906, 1. Begehung des »Glocknerwandkamps«; ÖAZ 1906/273.

2½ Std., gefährliches Gletschergelände. Vgl. Fotos S. 109, 285, 305, 311.

Von der Hofmannshütte, 2444 m, Abstieg zur Pasterze; diese überschreiten und hinauf zum Inneren Glocknerkar. Am Gletscher aufwärts zu den Firnbrüchen, die links bleiben. Über Firnterrassen (Spalten!) länger aufwärts und rechts in eine Firnmulde; darüber der große Firnboden des Hängegletschers. Rechts die Biwakschachtel am einfassenden »Glocknerwandkamp«.

■ 88 Von der Hofmannshütte

C. Facilides mit J. Kerer, M. Groder, 26.8.1895; 1. Begehung der Unteren-Glocknerscharte-NO-Flanke.

2½ Std., gefährliches Gletschergelände, Fels **III**. Vgl. Foto S. 109.

Von der Hofmannshütte Abstieg zur Pasterze, diese überschreiten und aufwärts zum Inneren Glocknerkar. Am Gletscher nicht hinauf, sondern vorher nach rechts zum Fuß des »Glocknerwandkamp«. E. am Felsfuß links in einem Winkel unter Eisbrüchen. Über die Kluft zu Felsen und davor einen langen, fast gleichmäßig geneigten Firnhang zum Firnboden des Inneren Glocknerkars (Firnbrüche bleiben links); vom Hang einfach zum Biwak.

■ 89 Variante zu R 88

E. Meletzki, R. Bau, 14.8.1920; 1. Begehung des unteren »Glocknerwandkamps«, ÖAZ 1921/137.

III.

E. direkt an der Felswand am Fuß des »Glocknerwandkamp«. Links über die Randkluft und in kurzer Kaminverschneidung auf ein Band. Zur linken Begrenzungskante (darüber rinnendurchsetzter Fels) und 2 SL empor zur ersten Kanzel. Im gestuften Fels und mit abnehmender Neigung zum Biwak (III).

□ 90 Variante zu R 88

H. Peterka, Hilde Kornfeld, F. Herrmann, H. Majer, 12.7.1927. Vgl. AVF-GG 9/1995/126.

Hirzbachalm mit Anstieg (R 82) zur Gleiwitzer Hütte.

91 Gasthaus Glocknerblick, 1670 m

Am Maiskogel über Kaprun; ganzjährig bew. Nächster Talort: Kaprun, 786 m. Postanschrift: A-5710 Kaprun, Salzburg.

92 Von Kaprun/Werkssiedlung

Auffahrt mit der Maiskogelbahn (Seilbahn, R 35); ab Bergstation ¼ Std.

93 Von Kaprun

3 Std., bez. Weg.

Vom westl. Ortsrand, 786 m, über das Eigner-Plattgut, 928 m, am Schaufelberghang zur Maiskogelalm, 1540 m (Bergstation der Maiskogelbahn, R 35), und weiter zum nahen Ghs. Glocknerblick.

94 Zur Krefelder Hütte über das Schoppachtörl

3½ Std., R 408.

95 Alpincenter-Glocknerhaus, 2132 m

An der »Gletscherstraße« der Großglockner-Hochalpenstraße auf dem »Bretterboden«, später »Elisabethruhe« (Zur Erinnerung an Kaiserin Elisabeth von Österreich, die auf einem Maulesel hierhergekommen ist). Urbau eröffnet 17.8.1876, damals direkt über der Zunge der Pasterze gelegen, erweitert 1886 und 1926–27; galt bereits 1886 als »Alpenhotel«. ÖAV-Sektion Klagenfurt, ✆ 04 63/51 30 56. Sw (Anfang Mai bis Ende Okt., nach Befahrbarkeit der Glocknerstraße), 48 ZB, 40 L; WR (offen, 8 L). ✆ Hütte: 0 48 24/2 46 66. Nächster Talort: Heiligenblut, 1291 m. Postanschrift: A-9844 Heiligenblut, Kärnten.
Gipfeltouren: Racherin, R 1461; Wasserradkopf, R 1467; Spielmann, R 1474. *»AV-Gletscher-Lehrpfad Pasterze«*, 1983 angelegt; 13 Stationen vermitteln einen Eindruck vom Eisrückgang der Pasterze. Vom Glocknerhaus ausgehend, am O-Ufer des Margaritze-Stausees entlang und von dessen S-Ende nordwestw., am Elisabethfelsen vorbei, zum Unteren Pasterzenboden (ehemals hier der Sandersee). Aufstieg zum Parkplatz Freiwandeck, oder weiter und mit der Gletscherbahn aufwärts zum Parkplatz (2 Std.). Zurück zum Glocknerhaus auf Weg 702 oder mit dem Bus.

96 Von Heiligenblut

Auf der Großglockner-Hochalpenstraße (S-Rampe) zum Haus, 14 km, Bus.

97 Von Bruck a. d. Glocknerstraße

Von Bruck, 755 m, nach Ferleiten und auf der Großglockner-Hochalpenstraße (N-Rampe) zum Glocknerhaus, 48 km, Bus.

98 Von Heiligenblut

2½ Std., **844 Hm**, bez. Nr. 702/743 (»Haritzersteig«, benannt zu Ehren des Heiligenbluters Peter Haritzer, Erbauer des »Haritzerhauses«, dem heutigen Franz-Josefs-Haus).

Inneres Glocknerkar von Ostnordosten:
Glockner-Biwakschachtel: R 87, R 88 von der Hofmannshütte

oßglockner
Teufelshorn
Glocknerwand
Glocknerwandkamp
Biwakschachte
87
8

Von Heiligenblut, 1291 m, auf der alten Glocknerstraße zur »Himmelsschleife«. Hier nach NW zur Guttalüberquerung und über die Sattelalm zur Briccius-Kapelle, 1633 m (kurz danach R 99 von links). Der Möll entlang weiter zum Fallbach, an diesem aufwärts und schräg links hinan zum Karl-Volkert-Haus (R 129). Auf der »Gletscherstraße« der Großglockner-Hochalpenstraße zum nahen Glocknerhaus.

■ 99 Von Heiligenblut über die Trogalm

4 Std., **844 Hm**, bez. Weg.

Von Heiligenblut, 1291 m, mit R 186 zur Trogalm, 1862 m. Rechts abzweigen, über Leiterbach, 1685 m, und Möll und R 98 (200 m rechts die Briccius-Kapelle) zum Glocknerhaus.

■ 100 Von Ferleiten über die Untere Pfandlscharte

A. von Ruthner mit J. Schweighofer (»Röderer«), 30.8.1852; RB 1864/10.

6½–7 Std., bez., ab Trauneralm Nr. 728, Schneefelder; war früher Hauptübergang vom Fuscher Tal zur Pasterze.

Von Ferleiten, 1152 m, rechts der Fuscher Ache über das Lebermoos in den Hintergrund des Ferleitentals zum Steg, 1269 m, über die Fuscher Ache. Links in Kehren aufwärts zur Trauneralm, 1521 m (1½ Std., R 228). Weiter zum Unteren und Oberen Pfandlboden und in Kehren aufwärts zum »Späherbrünn«, 2295 m.

Durch Blöcke auf den schmalen Firnstreifen des Nördlichen Pfandlschartenkeeses und auf diesem in die Untere Pfandlscharte, 2663 m (R 713, 3½ Std., R 101 von links). Nach S abwärts, das hier schmale Südliche Pfandlschartenkees in 2600 m überqueren (rechts ein See) und über die Mattenhänge der Trögeralm weiter zum Glocknerhaus (2 Std.).

■ 101 Vom Fuscher Törlhaus über Untere Pfandlscharte

5 Std., **I**, bez. Nr. 729 (»Zellersteig«), Queren von Gletschern (Firnhänge). Vgl. Foto S. 405; Skizze S. 403.

Vom Fuscher Törlhaus, 2404 m, auf der Großglockner-Hochalpenstraße aufwärts zur Linkskehre hinter dem Törlkopf. Von dieser rechts auf dem Grat in den nahen Sattel, 2407 m (R 1495 am Grat weiter).

Nun lange, mäßig ansteigende Querung über Moränen und über das Brennkogelkees (darüber der Brennkogel, 3018 m) zum Kloben-NO-Rücken (Schuttrücken). Über diesen und weiter queren zum Kloben-NW-Rücken (P. 2746 m, 1¾ Std.), danach über das Spielmannkees und in die Untere Pfandlscharte, 2663 m (R 713, ½ Std.). Weiter R 100 zum Glocknerhaus.

Glocknerhaus mit Großglockner.

Großglockner
dlersruhe
Glocknerwand
GLOCKNERHAUS
Gösser
Restaurant

■ 102 Zum Franz-Josefs-Haus, »Gletscherstraße« der Großglockner-Hochalpenstraße

3 km oder links dieser (Bez. Nr. 702).

■ 103 Zur Glorerhütte über Tröglalm

4 Std., R 409.

■ 104 Zur Hofmannshütte über Franz-Josefs-Haus

1½ Std., R 70, R 120.

■ 105 Zur Salmhütte über Stockerscharte bzw. P. 2501

4 Std., R 410.

106 Glorerhütte, 2651 m

Am Bergertörl zwischen Berger- und Glatzbachtal, Übergang vom Kalser- zum Mölltal. Auf Anregung Johann Stüdls durch die Kalser Bergführer Veit Oberlohr, Paul Schnell und Thomas Huter 1887 erbaut. Name nach dem Kalser Ortsteil Glor, dem die drei Bergführer entstammten; erweitert 1924, mehrmaliger Besitzwechsel, ab 1968 DAV-Sektion Eichstätt. Sw (Ende Juni bis Anfang Okt.), 10 ZB, 40 L; WR (offen, 4 L). ✆ Hütte: 06 64/3 03 22 00. Nächster Talort: Kals am Großglockner, 1325 m. Postanschrift: A-9981 Kals am Großglockner, Osttirol. Hüttenberg: Kasteneck, R 1238.

■ 107 Von Kals

4 Std., mit Pkw-Auffahrt (R 149) bis Lucknerhaus 2½ Std., bez. Weg Nr. 714.

Von Kals, 1325 m, mit R 212 zur Abzw. vor dem Lucknerhaus. Hier im Bereich der Materialseilbahn (zur Glorerhütte) in Kehren ins obere Bergertal; über Wiesen zur Grodenalm und aus einer breiten Rasenmulde (von Kasteneck und Modlspitz umrahmt) ins Bergertörl mit der Glorerhütte.

■ 108 Vom Lucknerhaus

2½ Std., R 107.

■ 109 Von Heiligenblut

4½–5 Std., bez. Weg Nr. 919, Nr. 714.

Von Heiligenblut, 1291 m, mit R 186 zum Rauhbichlboden. Links (bez. Nr. 714) zum Talgrund, über den Leiterbach, links dem Glatzbach entlang aufwärts und über wenig geneigten Almboden zur Glorerhütte.

■ 110 Zum Glocknerhaus über die Tröglalm

4 Std., R 411.

Glorerhütte mit Großglockner.

■ 111 Zur Salmhütte über die Glatzschneidhöhe

1½ Std., R 426 (GR).

112 Zur Stüdlhütte über die Medlspitzschulter

3 Std., R 412.

113 Heinrich-Schwaiger-Haus, 2802 m

Unter dem Oberen Fochezkopf (NW-Grat des Großen Wiesbachhorn), hochalpine Lage. Name nach dem Münchner Alpinisten Heinrich Schwaiger. Eröffnet am 16.8.1902, erweitert 1963. DAV-Sektion München, Sw (Mitte Mai bis Ende Sept.), 17 ZB, 68 L; WR (offen, 12 L), Materialseilbahn ab Bergrestaurant Mooserboden (Ghs. Heidnische Kirche). ✆ Hütte: 0 65 47/86 62. Nächster Talort: Kaprun, 786 m. Postanschrift: Mooserboden, A–5720 Kaprun.
Hüttenberg: Oberer Fochezkopf, R 1618.
Gipfeltouren: Großes Wiesbachhorn, R 1590; Hinterer Bratschenkopf, R 1570.

114 Vom Bergrestaurant Mooserboden (Ghs. Heidnische Kirche)

2½ Std., bez. Nr. 718 (»Haushoferweg«). Vgl. Fotos S. 115, 435.

Vom Bergrestaurant Mooserboden (Ghs. Heidnische Kirche, von der Ebmatten-Fürther-Moaralm auf R 42a, 1 Std.), 2040 m, über die Mooser- und die Drossensperre des Mooserboden-Stausees zum jenseitigen Ufer. Aufstieg zu einer Hangterrasse und nach links. Dann in vielen Kehren die steile Rasen- und Schrofenflanke des Unteren Fochezkopf aufwärts zum Haus am Vorboden des Hochkars zwischen Unterem und Oberem Fochezkopf.

115 Zur Oberwalderhütte

(über Wielingerscharte – Bratschenkopfscharte – Gruberscharte – Keilscharte – Bockkarscharte)

Hochalpin, **5–6 Std.**, R 493.

116 Zur ÖGV-Biwakschachtel (Gruberschartenbiwak)

(über Wielingerscharte – Bratschenkopfscharte)

Hochalpin, **3 Std.**, R 493.

117 Zur Schwarzenberghütte

(über Wielingerscharte – Bratschenkopfscharte – Gruberscharte – Keilscharte – Remsschartl)

Hochalpin, **8 Std.**, R 494.

Heinrich-Schwaiger-Haus mit Großem Wiesbachhorn:
R 114 vom Bergrestaurant Mooserboden (Ghs. Heidnische Kirche)
R 401 zur Gleiwitzer Hütte

Kl. Wiesbachhorn
Gr. Wiesbachhorn
Heinrich-Schwaiger-Haus
114
401
Drossensperre
Höhenburg
Moosersperr

118 Zur Schwarzenberghütte

(über Wielingerscharte – Bratschenkopfscharte – Klockerinsattel – Gruberscharte – Dockscharte – Remsschartl)

Hochalpin, **7–8 Std.**, R 495.

119 Hofmannshütte, 2444 m

Im Moränenhang über dem NO-Rand der Pasterze, nahe unter dem »Gamsgrubenweg« (R163). Die Hütte, schlechte Bausubstanz, ist geschlossen. WR offen, ohne Heizung; historische Angaben siehe AVF-GG 1995/136. Auskunft: ÖAV-Akademische Sektion Wien, ✆ 01/3 19 78 37.
Gipfeltouren: Großglockner, R 1001; Fuscherkarkopf, R 1410.
Zur Beachtung: In der Annahme, dass die Hofmannshütte neu erbaut wird, scheint die Hütte (obwohl derzeit unbenützbar) im Führer weiterhin als Ausgangspunkt oder Endpunkt von Bergfahrten von dieser auf. Inzwischen dient das Franz-Josefs-Haus (R 63) als Stützpunkt, daher ist bei Bergfahrten ab oder zur Hofmannshütte R 120 zum Franz-Josefs-Haus einzubeziehen.

120 Vom Franz-Josefs-Haus

Erstmalige Begehung dieser Strecke durch Botaniker der Urerschließungsperiode, die zur Gamsgrube vordrangen.

¾ **Std.**, bez. Nr. 715 (»Gamsgrubenweg«, als Naturlehrweg vom Franz-Josefs-Haus zum Wasserfallwinkel). Vgl. Fotos S. 127, 387, 393.

Vom Parkplatz Freiwandeck (R 74) durch den Stollen zum Gamsgrubenweg und entlang der Freiwandspitze-SW-Flanke gegen die Gamsgrube; Tafel. Kurzer Abstieg zur sichtbaren Hofmannshütte.
Gamsgrubenweg: Am 4.8.1999 behördliche Sperre wegen Steinschlaggefahr, nach Sanierung des Wegs (Schutzbauten) ab Sommer 2003 wieder begehbar. Der Stollen ist im Winter/Frühjahr geschlossen, die Öffnung des Stollens ist wetterbedingt! Auskunft über die Großglockner Hochalpenstraßen AG ✆ 06 62/87 36 73-0. Bei geschlossenem Stollen eventuell Abstieg zur Pasterze, dieser entlang und Aufstieg zur Hofmannshütte.

121 Zur Erzherzog-Johann-Hütte über den »Hofmannsweg«

4 Std., R 59.

121a Zur Erzherzog-Johann-Hütte über den Glocknerkarkamp (Meletzki-Grat)

4 Std., R 1046.

Heinrich-Schwaiger-Haus mit Hoher Riffl.

Johannisberg
Hohe Riffl
Totenkopf

Hofmannshütte gegen Untere Ödenwinkelscharte.

■ 122 Zur Oberwalderhütte über den Wasserfallwinkel

2 Std., R 163.

■ 122a Zur Oberwalderhütte mit Umgehung des Wasserfallwinkels

2 Std., R 164.

■ 123 Zur Oberwalderhütte über den Obersten Pasterzenboden

Hochalpin, **2¾ Std.**, R 496.

■ 124 Zur Salmhütte über die Stockerscharte

5–6 Std., R 413.

■ 125 Zur Schwarzenberghütte

(über Blockkarscharte – Remsschartl)

4 Std., R 414.

■ 126 Zur Stüdlhütte über den Romariswandsattel

Hochalpin, **6 Std.**, R 509 (GR).

Hirzbachalm mit Hohem Tenn.

Zwingkopf
Hoher Tenn
Kl. Tenn
Hirzbachtörl
Bauernbrachkopf
Kempsenkopf

127 Hirzbachalm, 1715 m

Bescheidene Almhütte auf weiter Grünfläche am Eingang ins Hirzbachtal, nördl. unter dem Hohen Tenn, landschaftlich einmalig; seinerzeit Stützpunkt für die Ersteigung des Hohen Tenn, als es die Gleiwitzer Hütte noch nicht gab. Privat, Sw (Almprodukte), 10 L. Von Fusch an der Großglocknerstraße, 2½ Std., auf dem Weg (R 82) zur Gleiwitzer Hütte.

128 Ghs. Hoher Sattel, 2301 m

Am Beginn des Parkplatzes »Freiwandeck«, Ende der »Gletscherstraße« der Großglockner-Hochalpenstraße, nahe unter dem Franz-Josefs-Haus. Privat, Sw, 28 L. Alpine Angaben s. Franz-Josefs-Haus (R 63).

129 Karl-Volkert-Haus, 2150 m

Auf der »Marienhöhe« an der »Gletscherstraße« der Großglockner-Hochalpenstraße, nahe unter dem Glocknerhaus. Name nach dem ehem. Präsidenten des TVN-Österreich, eröffnet 7.6.1929 (TVN). Privat, Sw, 125 B. ✆ Hütte: 0 48 24/25 18. Nächster Talort: Heiligenblut, 1288 m. Postanschrift: A-9844 Heiligenblut, Kärnten. Zugang, Übergänge, alpine Angaben s. Glocknerhaus (R 95).

130 Kesselfall-Alpenhaus, 1034 m

Im hintersten Kapruner Tal, beim 40 m tiefen Kesselfall der Kapruner Ache (daher der Name); die sehenswerte Kesselfallklamm ist durch eine Steiganlage zugänglich. Bergrestaurant 2 km nach der Talstation der Gletscherbahn Kaprun (R 28, R 31) am Beginn der »Unteren Bergstraße« zur Talstation des Lärchwand-Schrägaufzugs (R 34). Privat, Hotelbetrieb, Sw, 105 ZB. ✆ 0 65 47/82 02. Nächster Talort: Kaprun, 786 m. Postanschrift: A-5710 Kaprun, Salzburg.

■ 131 Von Kaprun

Straße, 9 km (Bus).

■ 132 Zum Bergrestaurant Mooserboden (Ghs. Heidnische Kirche)

3–3½ Std., R 42.

■ 133 Zur Gleiwitzer Hütte über Südliche Brandlscharte

5–6 Std., R 83.

□ 134 Zur Salzburger Hütte über die Breitriesenalm

Weg verfallen.

Krefelder Hütte.

Krefelder-Hütte

135 Krefelder Hütte, 2293 m

Auf dem Roßkopf, nördl. unter dem Schmiedingerkees. Eröffnet am 10.8.1909 (Kitzsteinhornhaus). DAV-Sektion Krefeld. Sw (Anfang Juli bis Ende Aug.), Ww (Anfang Dez. bis 10. Mai), 32 ZB, 22 L. ✆ Hütte: 0 65 47/ 77 80. Nächster Talort: Kaprun, 786 m. Postanschrift: A-5710 Kaprun, Salzburg. Gipfeltouren: Kitzsteinhorn, R 1795; Maurerkogel, R 1807; Gr. Schmiedinger, R 1820; Kl. Schmiedinger, R 1828; Lakarschneid, R 1858; Hohe Kammer, R 1840.

■ 136 Von Kaprun/Thörl

Mit der Panoramabahn (R 28) oder dem Gletscherjet I (R 31) bis Langwiedboden, Weiterfahrt mit Langwiedbahn (R 29) bis Alpincenter Kaprun, dann Abstieg (½ Std.) zur Krefelder Hütte.

■ 137 Vom Ghs. Wüstlau/Kapruner Tal

4 Std., bez. Weg Nr. 711.

Vom Ghs. Wüstlau, 871 m, (5 km von Kaprun, Bus) mit R 197 zur Salzburger Hütte, 1867 m (2½ Std.). An den Hängen des Geißstein (rechts das ausgedehnte Gruberachkar) zum Roßkopf, 2305 m, mit der Krefelder Hütte (1½ Std.).

■ 138 Vom Alpenghs. Enzingerboden/Stubachtal

6–7 Std., bez. Nr. 711 (»Krefelder Höhenweg«).

Vom Enzingerboden, 1480 m, mit R 304 zum Tauernmoossee (ehemalige Mittelstation der Weißseebahn). Über die Staumauer und mit R 417 (GR) über Kleetörl – Kleinschmiedingerscharte zur Krefelder Hütte.

■ 138a Von der Salzburger Hütte

1½ Std., R 137.

■ 139 Zur Ebmatten-Fürther-Moaralm

(über Nördliche Kammerscharte – Hochschober)

4 Std., R 415.

■ 140 Zum Ghs. Glocknerblick/Maiskogel über das Schoppachtörl

4 Std., R 408 (GR).

■ 141 Zum Mühlbachtal/Niedernsill über Lakarscharte

4½–5 Std., R 416.

■ 142 Zur Rudolfshütte

(über Kleinschmiedingerscharte – Kleetörl)

6–7 Std., R 417.

Alpincenter Kaprun mit Talstation der Gipfelbahn (R 30).

143 Zur Rudolfshütte über die Schmiedingerscharte

Hochalpin, **5–6 Std.**, R 497.

144 Zur Rudolfshütte über die Maurerkogelscharte

Hochalpin, **5 Std.**, R 498.

145 Zum Ghs. Schneiderau/Stubachtal (über Lakarscharte – Steingasse)

8½ Std., R 418.

146 Alpincenter Kaprun, 2452 m

Nördl. unter dem Schmiedingerkees. Bundessportheim; Berghaus-Gletscherbahn, ganzjährig bew., 60 ZB. Nächster Talort: Kaprun, 786 m. Postanschrift: A-5710 Kaprun, Salzburg.
Zugang, Übergänge, alpine Angaben s. Krefelder Hütte (R 135).

147 Von Kaprun/Thörl

Auffahrt mit der Panoramabahn (R 28) oder dem Gletscherjet I (R 31).

148 Lucknerhaus, 1918 m

Im Ködnitztal nahe der Schiederlealm, am Weg zur Stüdlhütte. Endpunkt der »Kalser Glocknerstraße«. Privat, Sw, Ww (über Weihnachten und ab Anfang Februar), 38 ZB, 18 L; ✆ 0 48 76/85 55. Nächster Talort: Kals am Großglockner, 1325 m. Postanschrift: Glor-Berg 16, A-9981 Kals am Großglockner, Osttirol. Gipfeltour: Figerhorn, R 1260.

149 Von Kals

Auf der »Kalser Glocknerstraße« (Maut), 7 km.

150 Von Kals

1½ Std., R 212.

151 Zur Erzherzog-Johann-Hütte (über Lucknerhütte – Stüdlhütte)

5½ Std., R 55.

152 Zur Glorerhütte

2½ Std., R 107.

153 Zur Lucknerhütte

1 Std., R 211.

154 Zur Salmhütte (über Glorerhütte – Glatzschneidhöhe)

4 Std., R 419.

155 Zur Stüdlhütte über die Lucknerhütte

3 Std., R 211.

156 Zur Glorerhütte über das Peischlachtörl

2¾ Std., R 419a.

157 Lucknerhütte, 2241 m

Auf der Talstufe im obersten Ködnitztal, am Weg zur Stüdlhütte. Privat, Sw ab Mitte Juni, 12 ZB, 32 L. ✆ Hütte: 0 48 76/84 55.

Glocknermassiv von Süden mit Lucknerhütte.

Großglockner
Kleinglockner
Glocknerhorn
Glocknerwand
Lucknerhütte
Jörgenalm

Nächster Talort: Kals am Großglockner, 1325 m. Postanschrift: A-9981 Kals am Großglockner, Osttirol.

158 Von Kals

R 212 zum Lucknerhaus, 1918 m (1½ Std.), oder mit dem Pkw (R 149) bis Lucknerhaus; weiter R 211 zur Lucknerhütte (1 Std.).

159 Zur Erzherzog-Johann-Hütte über die Burgwartscharte

4 Std., R 56.

160 Zur Salmhütte über die Pfortscharte

3 Std., R 420.

161 Zur Stüdlhütte

2 Std., R 211.

162 Oberwalderhütte, 2972 m

Hochalpin-Zentrum. Auf dem Großen Burgstall, einer Felsinsel zwischen Wasserfallwinkel (im O) und Oberstem Pasterzenboden (im W); eine der großartigsten Hochgebirgslagen der Ostalpen. Name nach Thomas Oberwalder, der am 3.3.1906 an der Pasterze durch eine Lawine verunglückte. Urbau am 15.8.1910 eröffnet, erweitert 1929, 1944. An- und Umbau 1983–85. ÖAV-Sektion Austria, Wien, ✆ 01/5 13 10 03; Sw (30. April bis 25. September), 46 ZB, 91 L, WR (AV-Schloss, 10 L). ✆ Hütte: 0 48 24/25 46. Nächster Talort: Heiligenblut, 1291 m. Postanschrift: A-9844 Heiligenblut, Kärnten.
Hüttenberge: Eiswandbichl, R 1356; Vorderer Bratschenkopf, R 1580; Breitkopf, R 1402.
Gipfeltouren: Johannisberg, R 1330; Hohe Riffl, R 1716; Schneewinkelkopf, R 1151; Eiskögele, R 1164; Ödenwinkelschartenkopf, R 1321; Mittlerer Bärenkopf, R 1358; Großer Bärenkopf, R 1380; Fuscherkarkopf, R 1410.

163 Von der Hofmannshütte

1. Begehung bis Riffltor: Erzherzog Johann von Österreich mit Heiligenbluter Führern, 8.8.1832; EO III/132.

1½–2 Std., bez. Nr. 702 (»Gamsgrubenweg«) und Gletscherbegehung. Vgl. Fotos S. 127, 387, 393.

Hofmannshütte, Oberwalderhütte mit Gamsgrubenweg:
R 120 Hofmannshütte von der Franz-Josefs-Höhe
R 163 Oberwalderhütte von der Franz-Josefs-Höhe

Oberwalderhütte
163
164
163
120
Hofmannshütte

Am »Gamsgrubenweg« (R 120) zur Gamsgrube (Naturschutzgebiet!), 2529 m, und weiter, am Fuß des SW-Grats (P. 2571 m) vom Fuscherkarkopf vorbei, dann nordw. in die Moränenmulde des »Elschbergls«, 2670 m; Wegende und Beginn des steilen Wasserfallwinkels (mitunter Blankeis). Der Stangenmarkierung am Gletscher bis auf 2800 m folgen, dann nach NW abbiegen und wesentlich flacher (Spalten) zu den Felsabstürzen des Großen Burgstall. Nun auf Steig (Felsen, Geröll) in kurzen Kehren empor auf den Großen Burgstall mit der Oberwalderhütte.

■ 163a Variante zu R 163

Der Stangenmarkierung folgend, weiter gerade aufwärts bis 2940 m und südwestw. zur Hütte.

■ 164 Von der Hofmannshütte

Umgehung des Wasserfallwinkels

2 Std., I, bez., Vgl. Foto S. 127.

Am »Gamsgrubenweg« (R 163) zum Elschbergl, 2670 m. Nun links, an der W-Seite des Gletschers (Wasserfallwinkel) am Felsrücken bis zu seinem Ende. Nun entlang des Großen Burgstall ca. 500 m auf dem von Geröll durchsetzten Gletscher (Dreibeinmarkierung) zu Felskopf. Über diesen und wieder auf den Gletscher und mit R 163 über steilen Fels zur Oberwalderhütte auf dem Großen Burgstall.

■ 164a Vom Franz-Josefs-Haus/Ghs. Freiwandeck

2½ Std., R 120, R 163.

■ 165 Zum Bergrestaurant Mooserboden (Ghs. Heidnische Kirche) über das Riffltor

Hochalpin, **4½ Std.**, R 491 (GR).

■ 166 Zum Heinrich-Schwaiger-Haus

(über Bockkarscharte – Keilscharte – Gruberscharte – Bratschenkopfscharte – Wielingerscharte)

Hochalpin, **5–6 Std.**, R 499.

■ 167 Zum Kalser Tauernhaus über die Schneewinkelscharte

Hochalpin, **5 Std.**, R 500.

Gruberscharte mit ÖGV-Biwakschachtel:
R 493 zur Oberwalderhütte
R 499 zum Heinrich-Schwaiger-Haus

OGV-Biwakschachtel
499
493
Gruberscharte
Hochgruberkees

168 Zur ÖGV-Biwakschachtel (Gruberschartenbiwak)

(über Bockkarscharte – Keilscharte)

Hochalpin, **2½ Std.**, R 499.

169 Zur Rudolfshütte über Obere Ödenwinkelscharte

Hochalpin, **5½ Std.**, R 501.

170 Zur Schwarzenberghütte

(über Bockkarscharte – Remsschartl – Remssattel)

2½ Std., R 421.

171 Zur Stüdlhütte

(über Romariswandsattel – Gramulsattel)

Hochalpin, **6½ Std.**, R 502.

171a Zur Stüdlhütte

(über Schneewinkelscharte – Romariswandkopf – Gramulsattel)

Hochalpin, **4 Std.**, R 502a.

173 ÖGV-Biwakschachtel, 3104 m

Auch: Gruberschartenbiwak. Nahe über der Gruberscharte, 3092 m (R 761), am auslaufenden Klockerin-S-Kamm; Bedeutung für den hochalpinen Übergang Oberwalderhütte – Heinrich-Schwaiger-Haus (R 499, R 493/GR). Eröffnet am 26.9.1970. ÖAV-Sektion Österreichischer Gebirgsverein, Wien, ✆ 01/4 05 26 57. Biwakschachtel offen, 9 NL.

174 Vom Heinrich-Schwaiger-Haus

(über Wielingerscharte – Bratschenkopfscharte)

Hochalpin, **4 Std.**, R 493.

175 Von der Oberwalderhütte

(über Bockkarscharte – Keilscharte)

Hochalpin, **2½ Std.**, R 499.

176 Von der Schwarzenberghütte

(über Remssattel – Remsschartl – Keilscharte)

Hochalpin, **3½ Std.**, R 506/R 499.

Pasterzenhaus an der Großglockner-Hochalpenstraße.

PASTERZENHAUS

177 Von der Schwarzenberghütte
(über Remssattel – Remsschartl – Dockscharte)

Hochalpin, **3¼ Std.**, R 763.

178 Von der Schwarzenberghütte über das Hochgruberkees

Hochalpin, **2¾ Std.**, R 762.

180 Pasterzenhaus, 2119 m

An der »Gletscherstraße« der Großglockner-Hochalpenstraße, kurz nach dem Glocknerhaus. Privat, Sw, 40 ZB, 20 L. ✆ Haus: 0 48 24/2 46 37.
Nächster Talort: Heiligenblut, 1291 m. Postanschrift: A-9844 Heiligenblut, Kärnten. Zugänge, Übergänge, alpine Angaben s. Glocknerhaus (R 95).

181 Rauriser Tauernhaus, 1526 m

Im hintersten Seidlwinkltal zwischen Glocknergruppe (im W) und Goldberggruppe (im O). Privat, Jausenstation, Sw, Nächtigungsmöglichkeit. Nächster Talort: Wörth, 958 m (15 km von der Bahnstation Taxenbach über Rauris). Postanschrift: A-5661 Rauris, Salzburg.

182 Von Wörth

Straße durch das Seidlwinkltal, 12 km (Fahrverbot).

183 Zum Wallackhaus übers Heiligenbluter Hochtor

4¼ Std., R 422.

184 Zum Fuscher Lackenhaus über das Mittertörl

3½ Std., R 423.

185 Salmhütte, 2638 m

Über dem Abschluss des Leitertals am S-Fuß des Schwertecks, unter den »Keesflecken«. Wenig höher die historische Ausgangsstelle (einst die erste Schutzhütte in den Ostalpen) für die drei Großglockner-Ersteigungsversuche ab 1799 und der 1. Ersteigung des Großglockner um 1800. Name zu Ehren des Fürstbischofs von Gurk, Franz Altgraf v. Salm-Reifferscheid, dem Wegbereiter zur Erstbesteigung des Großglockner. Urbau eröffnet am 16.8.1883, Neueröffnung 7.7.1929. Der Hüttenzugang von Heiligenblut (R 186) mit dem weiteren Anstieg zur Erzherzog-Johann-Hütte auf der Adlersruhe (R 57) heißt »Fürstbischof-Salm-Weg«. ÖAV-Sektion Wien, ✆ 01/5 87 92 19. Sw

Südöstlicher Glocknerkamm mit Salmhütte von Südsüdosten.

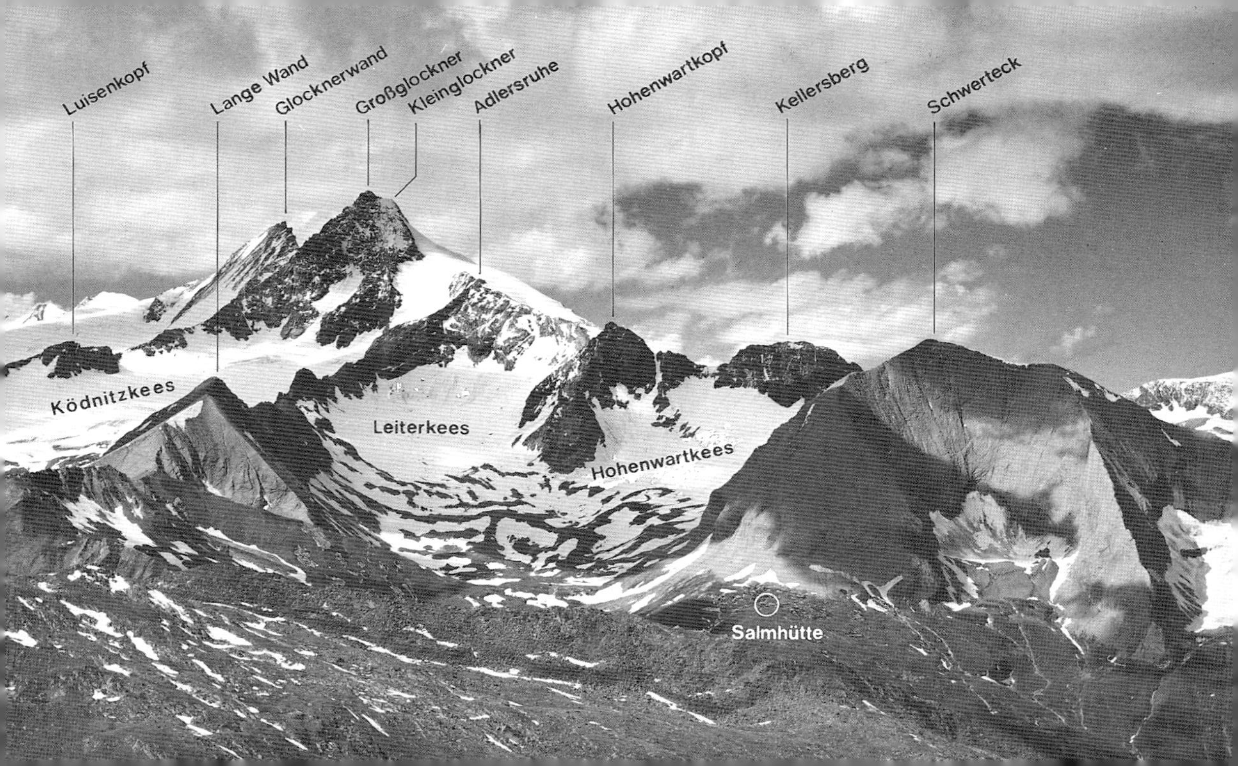

Luisenkopf
Lange Wand
Glocknerwand
Großglockner
Kleinglockner
Adlersruhe
Hohenwartkopf
Kellersberg
Schwerteck
Ködnitzkees
Leiterkees
Hohenwartkees
Salmhütte

(Anfang Juli bis Ende Sept.), 25 ZB, 25 L; WR (offen, 6 L). ✆ Hütte: 0 48 24/20 89. Nächster Talort: Heiligenblut, 1291 m. Postanschrift: Am Hasenpalfen, A-9981 Kals am Großglockner, Kärnten.
Hüttenberg: Glatzberg-Glatzschneidhöhe, R 1237.
Gipfeltouren: Kellersberg-Hauptgipfel, R 1178; Schwerteck, R 1198; Großglockner, R 1001.

■ 186 Von Heiligenblut

5 Std., bez. Weg Nr. 919. Vgl. Foto S. 341.

Auf der Straße talein zur Wolfgangkapelle, links aufwärts am Gößnitzfall vorbei um den First zur Bruchetalm, 1554 m (links zur Elberfelder Hütte, Schobergruppe), ansteigende Hangquerung zur Trogalm, 1862 m (2½ Std., R 99 nach rechts). Ca. 300 m weiter, über den Leiterbach und an diesem rechtsseitig talein zur Leiterochsenhütte, 2161 m, am Rauhbichlboden (kurz danach R 109 links zur Glorerhütte). Weiter, dabei rechts den Talhang über den Leikaufbichl, 2353 m, ansteigend, zuletzt in Kehren, zur Salmhütte.

■ 187 Zur Erzherzog-Johann-Hütte über Hohenwartscharte

3½ Std., R 57.

■ 188 Zur Erzherzog-Johann-Hütte über Blaues Schartl

3 Std., R 58.

■ 189 Zum Franz-Josefs-Haus über die Stockerscharte

4–5 Std., R 425.

■ 190 Zum Glocknerhaus über die Stockerscharte

3½ Std., R 410 (GR).

■ 191 Zur Glorerhütte über die Glatzschneidhöhe

1½ Std., R 426.

■ 192 Zur Hofmannshütte über die Stockerscharte

5–6 Std., R 427.

■ 193 Zum Lucknerhaus
(über Glatzschneidhöhe – Glorerhütte)

4 Std., R 428.

■ 194 Zur Stüdlhütte über die Pfortscharte

3 Std., R 429.

Schwarzenberghütte mit Großem Wiesbachhorn.

195 Salzburger Hütte, 1860 m

Auf der Oberen Häuselalm. Erbaut 1884; war von Bedeutung zur Ersteigung des Kitzsteinhorn, bevor es die Krefelder Hütte gab. ÖTK-Zentrale, Wien, ✆ 01/512 38 44; Sw (Mitte Juni bis Ende September), 5 L; WR (offen, keine Schlafstellen). Nächster Talort: Kaprun, 786 m. Postanschrift: A-5710 Kaprun, Salzburg.

■ 196 Von Kaprun/Thörl

Mit der Panoramabahn (R 28) oder dem Gletscherjet I (R 31) bis Langwiedboden, dann Abstieg (¼ Std.) zur Hütte.

■ 197 Vom Ghs. Wüstelau/Kapruner Tal

2½ Std., bez. Weg Nr. 711.

Vom Ghs. Wüstelau (R 226) über die Kapruner Ache und in Kehren das Grubachtal aufwärts zur Eder-Grundalm, 1420 m. Weiter mäßig ansteigend über die Eder-Hochalm (Untere Häuselalm) zur Oberen Häuselalm mit der Hütte.

□ 198 Vom Kesselfall-Alpenhaus

1. tour. Begehung K. Hofmann, J. Stüdl mit J. Schnell, B. Banzl, 16.9.1869, im Abstieg; ZDAV 1870–71/434.

Weg über die Breitriesenalm verfallen.

■ 199 Zur Krefelder Hütte

1½ Std., R 137.

200 Schwarzenberghütte, 2267 m

Östl. unter der Hohen Dock; hochalpine Lage, südl. der Hütte der Judenbach hinab zur Fuscher Ache. Urbau 1882 von der AV-Sektion Austria und zu Ehren Kardinal Friedrich Fürst Schwarzenberg, dem Bergsteiger und Erstererschließer des Fuscher/Kapruner Kamms der Glocknergruppe, benannt; 1887 von einer Lawine zerstört. 1897 als »Mainzer Hütte« von der DAV-Sektion Mainz wieder errichtet; 1904 abermals durch Lawine zerstört, Errichtung eines Ersatzbaus, 1908 Bau der »Neuen Mainzer Hütte«. Ab 1944 Hütte im Besitz der ÖAV-Sektion Österreichischer Gebirgsverein (✆ 01/4 05 26 57), 1951 abermals Lawinenschaden, ein offener Notunterstand verbleibt, 1984–86 Neubau und ursprünglicher Name »Schwarzenberghütte«. 28 L, Sw Anfang Juli bis Mitte Sept. Nächster Talort: Fusch a. d. Glocknerstraße, 811 m. Postanschrift: A-5672 Fusch a. d. Glocknerstraße.
Hüttenberg: Steinkarlkopf, R 1407.
Gipfeltouren: Hohe Dock, R 1390; Vorderer Bratschenkopf, R 1580; Großes Wiesbachhorn, R 1590; Großer Bärenkopf, R 1380; Klockerin, R 1552.

201 Von Ferleiten

3½ **Std.**, bez. Weg Nr. 727.

Im Ferleitental einwärts zur Vögerlalm, 1270 m (½ Std.). Nun rechts den »Stangenhagriedl« in Kehren empor zur flachen Hangschulter der »Eichhornruhe«, 1700 m (1¼ Std., rechts in der Hanglehne die Stirnmoräne des Boggeneikeeses und darüber die Gr.-Wiesbachhorn-SO-Wand). In vielen Kehren über die »Käferleite« empor zur Stirnmoräne des Hochgruberkeeses; auf 2180 m waagrecht nach links, über die Gletscherabflüsse und empor auf die Hangstufe mit der Schwarzenberghütte.

202 Zum Bergrestaurant Mooserboden (Ghs. Heidnische Kirche) über die Gruberscharte

Hochalpin, **5–6 Std.**, R 505.

203 Zum Heinrich-Schwaiger-Haus

(über Remssattel – Remsschartl – Keilscharte – Gruberscharte – Klockerinsattel – Bratschenkopfscharte – Wielingerscharte)

Hochalpin, **8 Std.**, R 506.

204 Zum Heinrich-Schwaiger-Haus

(über Remssattel – Remsschartl – Dockscharte – Gruberscharte – Klockerinsattel – Bratschenkopfscharte – Wielingerscharte)

Hochalpin, **7½ Std.**, R 507.

205 Zur Hofmannshütte

(über Remssattel – Remsschartl – Bockkarscharte)

4 Std., R 433.

206 Zur Oberwalderhütte

(über Remssattel – Remsschartl – Bockkarscharte)

3 Std., R 434.

207 Zur ÖGV-Biwakschachtel (Gruberschartenbiwak)

(über Remssattel – Remsschartl – Keilscharte)

Hochalpin, **3½ Std.**, R 508.

208 Zur ÖGV-Biwakschachtel (Gruberschartenbiwak)

(über Remssattel – Remsschartl – Dockscharte)

Hochalpin, **3¼ Std.**, R 763.

209 Zur ÖGV-Biwakschachtel (Gruberschartenbiwak)

(über Hochgruberkees)

Hochalpin, **2¾ Std.**, R 762.

210 Stüdlhütte, 2802 m

Auf der Fanatscharte unter dem Teischnitzkees, im S des Glocknerkamms; hochalpine Lage. Urbau am 10.8.1868 eröffnet, erweitert 1872, 1875, 1882, 1892, 1898, 1903, 1926–28; 1996 Neubau in moderner Architektur. Name zu Ehren von Johann Stüdl, dem Hüttenerbauer (aus eigenen Mitteln) und erfolgreichen Gipfelersteiger der Hohen Tauern, Mitbegründer des DAV (1869) und der Sektion Prag (1870). DAV-Sektion Prag, ab 1996 Sektion Oberland, Sw (Ende Juni bis Anfang Oktober und Mitte März bis Mitte Mai), 104 ZB; WR (kleine Hütte, offen, 24 L). ✆ Hütte: 0 48 76/82 09. Materialseilbahn ab Lucknerhütte. Nächster Talort: Kals am Großglockner, 1325 m. Postanschrift: A-9981 Kals am Großglockner, Osttirol.
Hüttenberg: Fanatkogel, R 1251.
Gipfeltouren: Großglockner, R 1001; Gramul, R 1266; Teufelskamp, R 1110; Romariswandkopf, R 1137.

211 Von Kals

Mit Pkw (R 149) bis Lucknerhaus, dann **2½ Std.**, bez. Weg Nr. 702.

Vom Lucknerhaus, 1918 m, talein zur Jörgenalm, auf den Ködnitzboden, 2063 m, und weiter aufwärts zur Lucknerhütte, 2241 m (1 Std., R 157). Entlang dem Ködnitzbach aufwärts, dann über einen begrünten Moränenrücken (»Blaues Wandle«) auf den flachen Viehboden (R 429 von rechts); danach über den Speikleitenhang zur Stüdlhütte.

■ 212 Von Kals durchs Ködnitztal

5 Std., bez. Weg Nr. 702.

Auf der alten Straße zu den Glorhöfen im Ködnitztal. An der linken Talseite weiter zum Groderhof, 1718 m (einer der höchstgelegenen Bauerngehöfte Osttirols). An Felswänden vorbei zur »Kalser Glocknerstraße« und über den Ködnitzbach zur Schliederlealm mit dem Lucknerhaus. Weiter R 211.

■ 213 Von Kals durchs Teischnitztal

4–4½ Std., bez. Weg Nr. 712.

Auf der Straße über Burg zum Ghs. Taurer (3 km, Bus); kurz vor diesem auf der Straße weiter zum Teischnitzbach (die Straße führt links weiter zur Mairalm). Nun rechtsseitig des tief liegenden Teischnitzbachs aufwärts, den Foledischnitzbach überschreiten zum »Herrensteig« (Name nach Johann Stüdl, galt damals als »Herr«) zum Geiswinkel und den Rasenhang zwischen Blauer (rechts) und Roter Wand (links) in die Fanatscharte mit der Stüdlhütte.

■ 214 Vom Lucknerhaus

3 Std., bez. Weg Nr. 702; R 211.

■ 215 Zur Erzherzog-Johann-Hütte übers Ködnitzkees

2½ Std., R 54.

■ 216 Zur Glorerhütte über die Modlspitzschulter

2½ Std., R 435.

■ 217 Zur Hofmannshütte über den Romariswandsattel

Hochalpin, **5½ Std.**, R 509.

■ 218 Zum Kalser Tauernhaus über die Obere Fruschnitzscharte

Hochalpin, **6 Std.**, R 510.

■ 219 Zum Kalser Tauernhaus über die Untere Fruschnitzscharte

Hochalpin, **5½ Std.**, R 511.

■ 220 Zur Oberwalderhütte

(über Gramulsattel, – Romariswandsattel)

Hochalpin, **6½ Std.**, R 502 (GR).

Stüdlhütte mit Großglockner.

Stüdlhütte

220a Zur Oberwalderhütte

(über Gramulsattel – Romariswandskopf – Schneewinkelscharte)

Hochalpin, **4 Std.**, R 502a (GR).

221 Zur Rudolfshütte

(über Gramulsattel – Kalser Tauern)

Hochalpin, **8 Std.**, R 504 (GR).

222 Zur Salmhütte über die Pfortscharte

3 Std., R 436.

223 Berggasthof Wallackhaus, 2304 m

An der Großglockner-Hochalpenstraße (S-Rampe), 2 km unter dem Hochtortunnel. Name nach Hofrat Franz Wallack, dem Erbauer der Hochalpenstraße. Privat, Sw, 70 ZB. ✆ Haus: 0 48 24/22 23. Von Heiligenblut 23 km. Nächster Talort: Heiligenblut, 1291 m. Postanschrift: A-9844 Heiligenblut, Kärnten.

224 Vom Rauriser Tauernhaus über das Heiligenbluter Hochtor

4 Std. R 720 auf das Heiligenbluter Hochtor und R 722 (GR) abwärts zum Haus.

225 Zum Fuscher Lackenhaus über das Hochtor

2 Std., R 405 (GR).

226 Gasthaus Wüstelau, 871 m

Im Kapruner Tal, von Kaprun 5 km (Bus), 1 km vor Thörl (Talstation der Kapruner Bergbahnen). Ausgangspunkt für Salzburger Hütte, R 195 (R 197).

228 Trauneralm, 1521 m

Östl. über dem Talschluss des Ferleitentals. Privat, Sw, Nächtigungsmöglichkeit. Nächster Talort: Fusch a. d. Glocknerstraße, 811 m. Postanschrift: A-5672 Fusch a. d. Glocknerstraße, Salzburg.

229 Von Ferleiten

1½ Std., bez. Weg, R 100.

In der Granatspitzgruppe

Das rund 300 km² umfassende Areal der Hohen Tauern, zwischen Kalser und Felber Tauern, besitzt im O die Rudolfshütte (über dem Stubachtal am Weißsee, seit 25.8.1874), im W die St. Pöltener Hütte (knapp über dem Felber Tauern, seit 3.8.1922), dazwischen die Karl-Fürst-Hütte (erbaut 1937, als Notunterkunft) und die Grünseehütte (seit 14.6.1970) sowie im Tauerntal das Matreier Tauernhaus (seit 1562), weiters das Tauernhaus Schößwend und das Tauernhaus Spital im Felber Tal. Alle drei Tauernhäuser aus dem Mittelalter dienen heute noch dem Bergsteiger. Besser erschlossen ist der Bergraum über Kals mit dem Kals-Matreier-Törlhaus (seit 20.8.1876) und der Sudetendeutschen Hütte unter dem Muntanitzstock (seit 15.7.1929). Alle Hüttenwege sind bezeichnet; jeder der Hüttenübergänge ist lang.

250 Alpengasthof Enzingerboden, 1468 m

Am Ende der Stubachtalstraße, unter dem Tauernmoossee. Talstation der Weißsee-Gletscherbahn (R 36). Privat, ganzjährig bew. ✆ 0 65 63/4 05. Nächster Talort: Uttendorf, 804 m. Postanschrift: A-5723 Uttendorf, Salzburg.

251 Von Uttendorf

Straße über Ghs. Schneiderau, 18 km (Bus).

252 Zur Krefelder Hütte
(über Kleetörl – Kleinschmiedingerscharte)

6–7 Std., R 138.

253 Zur Rudolfshütte

Auffahrt mit der Weißsee-Gletscherbahn, ehemals Rudolfshüttenbahn (R 36).

254 Zur Rudolfshütte

2½–3½ Std., R 303, R 304.

255 Grünseehütte, 2235 m

Beim Grünsee, am St.-Pöltener-Ostweg (R 536, R 543). Erbaut 1967. ÖAV-Sektion Matrei/Osttirol, ✆ 0 48 75/52 61. Nicht bew., 20 L; WR (AV-Schloss). Nächster Talort: Matrei/Osttirol, 975 m.

256 Vom Matreier Tauernhaus

2½ Std., bez. Weg Nr. 512.

Vom Matreier Tauernhaus 5 Min. talein, rechts aufwärts, auf einem Rücken weiter, entlang des Meßlingbachs zum Grünsee, rechts zur Grünseehütte.

258 Zur Karl-Fürst-Hütte
(über Donabaumschartl – Amertaler Scharte)

Hochalpin, **4½ Std.**, R 543.

259 Zur Rudolfshütte

(über Donabaumschartl – Amertaler Scharte – Weite Scharte – Rabenstein – Granatscharte)

Hochalpin, **9 Std.**, R 543.

260 Zur St. Pöltener Hütte

(über Meßlingscharte – Alter Tauern)

2 Std., R 536.

261 Kals-Matreier-Törlhaus, 2207 m

Auf dem Kals-Matreier-Törl im Gradötzkamm der Granatspitzgruppe; historischer Übergang von Matrei nach Kals; hervorragende Aussicht. Urbau seit 20.8.1876. Privat, Sw (Mitte Juni bis Anfang Okt.), 20 L. ✆ Hütte: 06 64/9 25 68 06. Nächster Talort: Kals am Großglockner, 1325 m. Postanschrift: A-9981 Kals am Großglockner, Osttirol.
Hüttenberge: Feldkopf, R 2460; Pfarrerbichl, R 2460; Kalser Höhe, R 2460.
Gipfeltour: Rotenkogel, R 2494.

262 Von Kals

3½ Std., bez. Weg Nr. 502B.

Westw. hinüber zum Raseckbach (hierher auch von Großdorf) und am letzten Bauernhof (Brunner-Gehöft) vorbei zum Waldrand. Im Falschretzgraben aufwärts und ab P. 1654 m links steil auf die Bergstufe P. 1808 m (Bildstock). Westw. weiter, über einen Wasserlauf, dann ein kurzes Steilstück und über den freien Hang aufwärts in das Kals-Matreier-Törl mit Schutzhaus.

263 Von der Bergstation der Figolbahn

2½ Std., bez.

Von der Bergstation (R 39) zum Bergrestaurant Glocknerblick, 1933 m (R 350), auf das Ganotzeck, 2065 m (R 336), weiter auf dem Europa-Panoramaweg zum Haus.

263a Von der Bergstation der Blauspitzbahn

2 Std., bez.

Von der Bergstation (R 39) auf dem Höhenweg unter der Kalser Höhe (2434 m) waagrecht entlang zum Haus.

264 Von Matrei/Osttirol

3½ Std., bez. Fahrweg Nr. 515.

Auf der Bergstraße zur Talstation der Goldried-Sesselbahn. Um den Klaunzerberg herum, dabei an der St.-Veit-Kapelle, 1429 m, vorbei und über den

Goldriedbach (bis hierher breiter Weg). Nun in Kehren aufwärts in das Kals-Matreier-Törl mit Schutzhaus.

■ 265 Von der Bergstation der Sesselbahn Goldried

1¼ Std., bez., von der Bergstation (R 41) auf dem bez. Europa-Panorama-Weg.

■ 266 Zur Sudetendeutschen Hütte (über Hohes Tor – Dürrenfeldscharte)

4 Std., R 454.

267 Kalser Tauernhaus, 1755 m

Auf der Beheimebenalm im Kalser Dorfertal, das die Glockner- (im O) von der Granatspitzgruppe (im W) trennt. Wurde von Kalser Bergführern 1928–30 erbaut und betrieben, seit 1963 DAV-Sektion Mönchengladbach, Sw (Ende Mai bis Mitte Oktober), 20 ZB, 28 L. ✆ Hütte: 06 64/9 85 70 90. Nächster Talort: Kals am Großglockner, 1325 m. Postanschrift: A-9981 Kals am Großglockner, Osttirol.
Gipfeltouren: Luckenkogel, R 2300; Eiskögele, R 1164; Schneewinkelkopf, R 1151; Romariswandkopf-NW-Gipfel, R 1137.

■ 268 Von Kals

2½ Std., Straße, Taxi zum Haus.

Von Kals zum Ghs. Taurer und durch die romantische Daberklamm ins Dorfertal. Über Mairebenalm (Jausenstation Bergeralm), 1628 m – Schönebenalm – Rumesoiebenalm – Palalm zum Kalser Tauernhaus.

■ 269 Zur Oberwalderhütte über Schneewinkelscharte

Hochalpin, **6½ Std.**, R 500 (GR).

■ 270 Zur Rudolfshütte über den Kalser Tauern

3 Std., R 463 (GR). Vgl. Foto S. 177.

■ 271 Zur Stüdlhütte über die Obere Fruschnitzscharte

Hochalpin, **5–6 Std.**, R 510 (GR).

■ 272 Zur Stüdlhütte über die Untere Fruschnitzscharte

Hochalpin, **5–6 Std.**, R 511 (GR).

■ 273 Zur Sudetendeutschen Hütte über Gradötzsattel

4 Std., R 455.

■ 274 Zum Tauerntal/Matreier Tauernhaus über das Schnaggentörl

6½ Std., R 456.

■ 275 Zum Tauerntal/Matreier Tauernhaus über die Aderscharte

7 Std., R 457.

277 Karl-Fürst-Hütte, 2629 m

Am Tauernhauptkamm, in der S-Mulde der Weiten Scharte, 2697 m (R 856), am St.-Pöltener-Ostweg (R 536, R 543). Zur Erinnerung an den Bergsteiger Karl Fürst; eröffnet 28.8.1937. ÖAV-Sektion St. Pölten, ✆ 0 27 42/74 33 9. Offene Notunterstandshütte, 12 L. Nächster Talort: Matrei/Osttirol, 975 m.

■ 278 Von der Rudolfshütte

(über Granatscharte – Rabenstein)

Hochalpin, **5 Std.**, R 536.

■ 279 Von der St. Pöltener Hütte

(über Alten Tauern – Meßlingscharte – Donabaumschartl – Amertaler Scharte)

Hochalpin, **6½ Std.**, R 543.

■ 280A Zum Tauerntal/Parkplatz Landeck

3 Std., **1182 Hm**, bez. (Aufstieg R 533).

Von der Karl-Fürst-Hütte ca. 100 m nach W, dann in S-Richtung hinab am Rücken der auslaufenden Prägratwand (zieht nach links) bis 2380 m (rechts der Schandler See, R 537 zu diesem).
Hier nach O abwärts in den Talschlusskessel, 2280 m, unter der Prägratwand. Nun im Landecktal entlang dem Bach talaus zur Landeckalm, 1713 m, und zum Parkplatz Landeck, 1447 m, an der Felbertauernstraße (5 km zum Matreier Tauernhaus, 11 km nach Matrei).

■ 281 Zur Grünseehütte

(über Amertaler Scharte – Donabaumschartl)

Hochalpin, **4 Std.**, R 536.

■ 282 Zum Ghs. Schneiderau/Stubachtal über die Weite Scharte

Hochalpin, **3½ Std.**, R 533.

Matreier Tauernhaus.

Tauernhaus

283 Zum Ghs. Taimeralm/Amertal über die Amertaler Scharte

Hochalpin, **4 Std.**, R 531.

284 Zum Tauerntal/Matreier Tauernhaus über das Landecktal

3½ Std., R 533 (GR).

285 Alpengasthaus Moaralm (Mair-Alm), 1793 m

Östl. über der Daberklamm, nach dem Ghs. Taurer. Privat, Sw, 14 ZB. ✆ Hütte: 0 48 76/84 40. Nächster Talort: Kals am Großglockner, 1325 m.

286 Von Kals

1½ Std., Straße.

Von Kals zum Ghs. Taurer (3 km, Bus), auf der »Moaralm-Straße« weiter, über den Teischnitzbach und mit weiter Rechtskehre hangaufwärts zur Alm.

287 Matreier Tauernhaus, 1512 m

Im hintersten Tauerntal, südl. unter dem Felber Tauern, zwischen Granatspitz- (im O) und Venedigergruppe (im W). Älteste Talunterkunft in diesem Gebiet, einst »Gastschwaig« genannt, besteht seit dem frühesten Mittelalter (1207); war Lazarett und Herberge für die Begeher (Händler) des Felber Tauern – Alten Tauern; Übergang vom Tauern- (im S) zum Salzachtal (im N). 2 km ab Abzweigung von der Felbertauernstraße, Pkw-Zufahrt; privat, OeAV-Vertragshaus, Alpenghf., ganzjährig bew., 60 ZB. ✆ Haus: 0 48 75/88 11. Nächster Talort: Tauer 22, Matrei/Osttirol, 975 m. Postanschrift: A-9971 Matrei/Osttirol.

288 Von Matrei/Osttirol

Auf der Felbertauernstraße, 16 km, Bus.

289 Von Matrei/Osttirol, Tauerntal-Wanderweg

4 Std., bez. Nr. 925.

290 Zur Grünseehütte

2½ Std., R 256.

291 Zum Kalser Tauernhaus über das Schnaggentörl

6½ Std., R 458.

292 Zum Kalser Tauernhaus über die Aderscharte

7 Std., R 459.

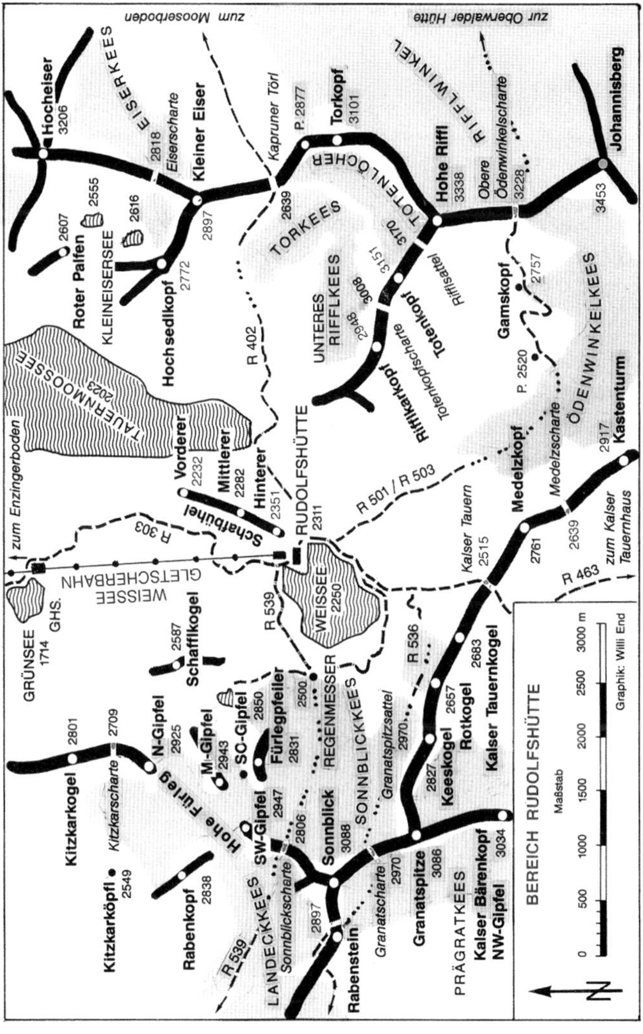
BEREICH RUDOLFSHÜTTE
Maßstab
0 500 1000 1500 2000 2500 3000 m
Graphik: Willi End
N
Hocheiser 3206
EISERKEES
zum Mooserboden
Eiserscharte 2818
Kleiner Eiser 2897
Kapruner Törl 2639
P. 2877
Torkopf 3101
TOTENLÖCHER
RIFFLWINKEL
zur Oberwalder Hütte
Hohe Riffl 3338
Obere Ödenwinkelscharte 3228
Johannisberg 3453
Roter Palfen 2607
2555
2616
KLEINEISERSEE
Hochsedlkopf 2772
TORKEES
UNTERES RIFFLKEES
3170
3151
3008
2948
Rifflsattel
Totenkopf
Totenkopfscharte
Rifflkarkopf
Gamskopf 2757
P. 2520
ÖDENWINKELKEES
Kastenturm 2917
Medelzkopf
Medelzscharte
TAUERNMOOSSEE 2023
R 402
RUDOLFSHÜTTE 2311
Vorderer 2232
Mittlerer 2282
Hinterer 2351
Schafbühel
R 303
zum Enzingerboden
R 501 / R 503
Kalser Tauern 2515
2761
2639
zum Kalser Tauernhaus
R 463
GRÜNSEE 1714
GHS.
WEISSEE GLETSCHERBAHN
WEISSEE 2250
R 539
Schafflkogel 2587
R 536
Kitzkarkogel 2801
Kitzkarscharte 2709
N-Gipfel 2925
Mi-Gipfel 2943
SO-Gipfel 2850
Fürlegpfeiler 2831
REGENMESSER 2500
Hohe Fürleg
SW-Gipfel 2947
Sonnblick 3088
SONNBLICKKEES
Granatspitzsattel 2970
Keeskogel 2827
Rotkogel 2657
Kalser Tauernkogel 2683
2806
Sonnblickscharte
LANDECKKEES
R 539
Kitzkarköpfl 2549
Rabenkopf 2838
Rabenstein 2897
Granatscharte 2970
Granatspitze 3086
PRÄGRATKEES
Kalser Bärenkopf NW-Gipfel 3034

293 Zur Rudolfshütte
(über Donabaumschartl – Amertaler Scharte – Rabenstein – Granatscharte)

Hochalpin, **11½ Std.**, R 532.

294 Zur Rudolfshütte über die Granatscharte

6 Std., R 460.

294a Zur Rudolfshütte über Untere Keeswinkelscharte

7 Std., R 461.

295 Zur Rudolfshütte über die Aderscharte

7½ Std., R 462.

296 Zur St. Pöltener Hütte über das Zirbenkreuz

3½–4 Std., R 323.

297 Zur Sudetendeutschen-Hütte über Nussingscharte

3½ Std., R 335.

298 Zum Ghs. Schneiderau/Stubachtal über die Weite Scharte

Hochalpin, **8–9 Std.**, R 533.

301 Berghotel Rudolfshütte, 2311 m

Nordöstl. über dem Weißsee, 2250 m, nördl. unter dem Kalser Tauern; großartige alpine Lage zwischen Glockner- (im O) und Granatspitzgruppe (im W). Name nach Kronprinz Rudolf von Österreich. Urbau eröffnet am 25.8.1874 (als Kleinhütte), 1883 und 1897 erweitert, 1959 Neubau (als Berghotel), 1979 Umbau zum Alpin-Zentrum des ÖAV, 2004 Verkauf an den Zeller Hotelier Dr. Wilfried Holleis. Privat, bew. Mitte Juni bis Ende September und Weihnachten bis Ende April, 200 ZB, 53 L, Hallenbad, Sauna, Kletter- und Boulderwand. ✆ Hütte: 0 65 63/82 79 0. Bergstation der Weißsee-Gletscherbahn ab Talstation Enzingerboden (R 36). Doppelsesselbahn zur Medelzkopflacke (R 37). Bushaltestelle Enzingerboden. Gletscherpanoramaweg zur Gletscherzunge des Sonnblickkeeses, 1 Std., bez., unschwierig; Länge 2 km, Höhenunterschied 250 m. Ausgangspunkt für einen der längsten Übergänge der Hohen Tauern (St.-Pöltener-Ostweg, R 536).

Alpiner Klettergarten im Bereich Hohe Fürleg (R 2010) und Schafflkogel (R 2071). Eisfallklettereien (mit Stützpunkt Rudolfshütte): a) Grünseefälle

Rudolfshütte am Weißsee mit Granatspitze und Sonnblick.

Granatspitze
Sonnblick
Sonnblickkees

(100–220 Hm), von der Mittelstation der Weißsee-Gletscherbahn (R 33) in ½ Std. b) Im Bereich des Enzingerbodens in Richtung Tauernmoossee (ca. 180 Hm), von der Talstation der alten Weißsee-Bahn in ¾ Std. c) Im näheren Hüttenbereich: ca) Nördl. vom W-Ende der Weißsee-Staumauer. cb) Östl. der Talstation der Doppelsesselbahn Medelzkopf (R 37). cc) Nordwestl. vom Kalser Tauernkogel, Zugang von der Bergstation der Doppelsesselbahn Medelzkopf (R 37). cd) Im Bereich des Ödenwinkelkeeses, Zugang von der Bergstation der Doppelsesselbahn Medelzkopf (R 37). AL 1986/12/49, Beschreibung mit Anstiegsskizzen. Über dem Weißsee-SW-Ufer der »Kristall-Klettersteig«, Schwierigkeit D/E. Nächster Talort: Uttendorf, 804 m. Postanschrift: Stubach 82, A-5723 Uttendorf, Salzburg.
Hüttenberge: Medelzkopf, R 1910 (Glocknergruppe); Schafbühelkamm, R 2080–2082 (Granatspitzgruppe).
Gipfeltouren: Johannisberg, R 1330; Hohe Riffl, R 1716; Kleiner Eiser, R 1751; Hocheiser, R 1765 (alle in der Glocknergruppe). Granatspitze, R 1965; Sonnblick, R 1980; Tauernkogel, R 1951; Hohe Fürleg R 2010 (alle in der Granatspitzgruppe).

■ 302 Vom Alpengasthof Enzingerboden/Stubachtal

Auffahrt mit der Weißsee-Gletscherbahn (R 36).

■ 303 Vom Alpengasthof Enzingerboden/Stubachtal, »Fischerweg«

2½–3 Std., bez. Nr. 715.

Über die Brücke und durch die Daberklamm aufwärts zum Grünsee, 1734 m (Mittelstation der Weißsee-Gletscherbahn, Restaurant); am O-Ufer entlang und weiter zur Französachalm, 1795 m (Name nach dem Versteck französischer Soldaten 1809, verfallen).
An Hangstufen mit Kehren aufwärts zum »Oberen Winkel«, 2108 m, und zur N-Staumauer des Weißsees, 2250 m (bei Vollstau). Knapp links die Rudolfshütte im Hang des Hinteren Schafbühel.

■ 304 Vom Alpengasthof Enzingerboden/Stubachtal

3½ Std., bez. Nr. 711.

Auf der Straße in Kehren aufwärts zum Sametjoch, 2002 m, und im Linksbogen um den Sprengkogel (2204 m) herum zum Tauernmoossee, 2023 m (ÖBB-Werksbahn; R 417 von links). Am W-Ufer entlang zur Niederen Scharte, 2096 m, und weiter zum S-Ende des Sees (R 402 von links). Nun südwestw. aufwärts über den »Stiegenlahner« zum Weißsee und rechts zur Rudolfshütte.

Rudolfshütte am Weißsee mit Kalser Tauernkogel.

Kalser Tauernkogel
Kalser Bärenkopf
Rotkogel
Weißseekees

■ 304a Variante zu R 304

Über den Schafbühelkamm.

Nach der Niederen Scharte, 2096 m, südsüdwestw. auf den Vorderen Schafbühel, 2216 m. An der Schafbühellacke, 2189 m, vorbei, über den Mittleren Schafbühel, 2282 m, und Hinteren Schafbühel, 2352 m, zur Rudolfshütte.

■ 305 Zum Bergrestaurant Mooserboden (Ghs. Heidnische Kirche) über das Kapruner Törl

5 Std., R 402 (GR). Vgl. Foto S. 233.

■ 306 Zur Grünseehütte

(über Granatscharte – Rabenstein – Amertaler Scharte – Donabaumschartl)

9 Std., R 536.

■ 307 Zum Kalser Tauernhaus über den Kalser Tauern

2½–3 Std., R 463.

■ 308 Zur Karl-Fürst-Hütte

(über Granatscharte – Rabenstein)

5 Std., R 536.

■ 309 Zur Krefelder Hütte

(über Kleetörl – Kleinschmiedingerscharte)

6–7 Std., R 417 (GR).

■ 310 Zur Krefelder Hütte über die Schmiedingerscharte

6½ Std., R 497 (GR).

■ 311 Zur Krefelder Hütte über die Maurerkogelscharte

Hochalpin, **5½ Std.**, R 498 (GR).

■ 312 Zum Tauerntal/Matreier Tauernhaus über die Granatscharte

6 Std., R 464.

■ 313 Zum Tauerntal/Matreier Tauernhaus über die Untere Keeswinkelscharte

6 Std., R 465.

■ 314 Zum Tauerntal/Matreier Tauernhaus über die Aderscharte

6½ Std., R 466.

315 Zum Mühlbachtal/Niedernsill

(über Kleetörl – Schaunbach-Mitteralm)

6 Std., R 424.

316 Zur Oberwalderhütte über die Obere Ödenwinkelscharte

Hochalpin, **6 Std.**, R 503.

317 Zur St. Pöltener Hütte

(über Granatscharte – Rabenkopf – Amertaler Scharte – Donabaumschartl – Meßlingscharte – Alter Tauern)

10–12 Std., R 536.

318 Zur Stüdlhütte

(über Kalser Tauern – Gramulsattel)

Hochalpin, **8 Std.**, R 504.

319 Zur Sudetendeutschen Hütte

(über Kalser Tauern – Gradötzsattel)

6 Std., R 467.

320 Zum Gasthaus Schneiderau/Stubachtal über die Sonnblickscharte

Hochalpin, **6 Std.**, R 539.

321 Zum Gasthaus Taimeralm/Amertal

(über Granatscharte – Amertaler Scharte)

Hochalpin, **8 Std.**, R 540.

322 St. Pöltener Hütte, 2481 m

Westl. über dem Felber Tauern, 2460 m (R 900), innerhalb des Tauernhauptkamms, trennt die Granatspitz- (im O) von der Venedigergruppe (im W). Am Felber Tauern das große Tauernkreuz und eine Kraftstrom-Überlandleitung. Hütteneröffnung am 3.8.1922. ÖAV-Sektion St. Pölten, ✆ 0 27 42/61 12 43; über der Hütte eine 360-KV-Hochspannungs-Fernnetzleitung. Sw, Juli bis Ende September, 18 ZB, 59 L; WR (AV-Schloss, 13 L). ✆ Hütte: 0 65 62/62 65. Nächster Talort: Mittersill, 788 m. Postanschrift: A-5730 Mittersill, Salzburg. Ausgangspunkt für einen der längsten Übergänge der Hohen Tauern (St.-Pöltener-Ostweg, R 543).
Hüttenberg: Weinbichl, R 2208.
Gipfeltouren: Hochgasser, R 2200; Meßlingkogel, R 2205; Tauernkogel, R 2211; Hörnl, R 2241.

323 Vom Matreier Tauernhaus

3½–4 Std., über das »Zirbenkreuz«, bez. Weg Nr. 511. Vgl. Foto S. 615.

Vom Matreier Tauernhaus auf der Straße talein bis vor die Wolgemutalm, 1526 m. Rechts abzweigen und durch Wald steil aufwärts zum Hangende mit dem »Zirbenkreuz«, 1984 m (Baumgrenze).
Dem Tauernbach entlang aufwärts zu P. 2030 m. Dem Wasserlauf weiter folgen auf eine Hangstufe nach großen Felsblöcken (rechts der Abhang des Weinbichls). Auf eine Geröllstufe und (meist ein Schneefeld) auf den Felber Tauern; links im Hang die St. Pöltener Hütte.

325 Vom Tauernhaus Spital (Felber Tal)

4–4½ Std., bez. Nr. 917.

Vom Tauernhaus Spital, 1169 m (R 344), bis vor den Hintersee (am S-Ufer das Ghs. Gamsblick, R 347; Pkw-Zufahrt). Links in Kehren hinauf zur Waldgrenze, 1832 m (Quelle), schräg rechts zum Riegel der »Schrankleiten« (an der Gr.-Schrankeck-W-Flanke) bis auf 2100 m und abwärts zum Naßfeld, P. 2043 m (wasserreicher Hochkarboden, vorher R 469 links aufwärts). Über den Tauernbach auf den nächsten Karriegel, P. 2124 m. Entlang der Kraftstrom-Überlandleitung am Rücken des Hochbodens hinauf (rechts Plattachsee, 2200 m, links Langsee, 2231 m) zum Felber Tauern mit der Hütte.

326 Variante zu R 325

Vom Hintersee (Ghs. Gamsblick) auf den Geißstein, 1614 m, und entlang der Stromleitung zum Naßfeld. Sehr steil, Sicherungen verfallen.

327 Zur Grünseehütte

(über Alten Tauern – Meßlingscharte)

2 Std., R 543.

328 Zur Karl-Fürst-Hütte

(über Alten Tauern – Meßlingscharte – Donabaumschartl – Amertaler Scharte)

Hochalpin, **6½ Std.**, R 543.

329 Zur Rudolfshütte

(über Alten Tauern – Meßlingscharte – Donabaumschartl – Amertaler Scharte – Rabenstein – Granatscharte)

10–12 Std., R 543.

331 Zum Gasthaus Taimeralm/Amertal über die Schrankeckscharte

3½–4 Std., R 469.

St. Pöltener Hütte am Felber Tauern.

■ 331a Zum Gasthaus Taimeralm/Amertal über das Schoppmanntörl

5½ Std., R 469a.

332 Sudetendeutsche Hütte, 2650 m

Auf der Oberen Steineralm, südl. der Wellachköpfe im Muntanitzkamm. Hütteneröffnung am 15.7.1929. DAV-Sektion Sudeten, Esslingen. Sw, Juni bis Mitte September, 23 ZB, 32 L, WR (offen, 12 L). ✆ Hütte: 07 20/34 78 02. Nächster Talort: Matrei/Osttirol, 975 m. Postanschrift: A-9971 Matrei/Osttirol. Zur Aussicht »Glocknerblick« 20 Min., zur Aussicht »Venedigerblick« ½ Std. Gipfeltouren: Großer Muntanitz, R 2336; Gradötz, R 2400.

333 Von Matrei/Osttirol

5–5½ Std., bez. Weg Nr. 514.

Von Matrei, 975 m, auf der Felbertauernstraße zur Osterwitzbrücke (Ghs. Felbertauernstüberl, 2,5 km, Bus). Rechts abzweigen und aufwärts zum Steinerbach, 1304 m (Oberer Steinerwasserfall, zur Tiefe gegen die Proseggklamm der Untere Steinerwasserfall). Über den Bach zu P. 1333 m vor dem Weiler Stein (links zur Inneren Steiner-/Hoanzeralm, 1770 m, Jausenstation, 1¼ Std.). Rechts weiter, anfangs in Kehren steil aufwärts zur Unteren, 1772 m, und zur Äußeren Steineralm, 1909 m (Jausenstation, 2 Std., R 334 von rechts, links zur Inneren Steineralm). Dem Bach entlang weiter und ab P. 2012 m in Kehren steil aufwärts zum Gelände der Oberen Steineralm mit der Sudetendeutschen Hütte.

334 Von Matrei/Osttirol

5½ Std., bez. Weg.

Von Matrei über Hinterburg nach Glanz, 1447 m (Straße, 4 km). Nach den letzten Gehöften, 1545 m, an den Hängen des Glanzer Bergs aufwärts und nordwestw. weiter, dann waagrecht queren zum Bergrücken, P. 1952 m. Um diesen, kurz über Felsen (Sicherungen) hinab und durch Lärchenwald zur Äußeren Steineralm, 1909 m (Jausenstation, 1½ Std.). Weiter R 333 zur Hütte.

335 Vom Tauerntal/Bushaltestelle Taxeralm

4½ Std., bez. Nr. 502 (»Karl-Jirsch-Weg«). Von Matrei 10 km, vom Matreier Tauernhaus 6 km.

Rechts der Felbertauernstraße ca. 500 m talein, dann mit zwei weiten Spitzkehren aufwärts zur Oberen Taxeralm, 1662 m. Nun in SO-Richtung lange ansteigende Hangquerung zur Keßleralm (Unterroaneralm, Jausenstation), 1923 m (rechts abwärts zur Inneren Steineralm). Über den Petersbach und in Kehren rechts um den Bergrücken steil aufwärts dem Wasserlauf entlang, über das Blockfeld unter dem Bachtrögerkees in die Nussingscharte (R 963, linker, östl. Einschnitt), 2739 m. Unter dem Unteren Wellachkopf weiter und in O-Richtung über den welligen Almboden zur Sudetendeutschen Hütte.

336 Von Kals/Großdorf

5½ Std., **I** (an der Dürrenfeldscharte), bez. Nr. 516 (»Aussig-Teplitzer-Weg«) bis Hohes Tor, dann bez. Nr. 502 (»Sudetendeutscher Höhenweg«).

Von Großdorf, 1364 m, mit R 352 zum Ghs. Glocknerblick und weiter auf das Ganotzeck, 2065 m (Kapelle für verunglückte Bergsteiger, Quelle, großer Felsblock mit TH/Muster; R 263 links zum Kals-Matreier-Törl). Nach rechts durch eine Mulde (große Felsblöcke, Wasser) über der Ganotzalm und auf-

Sudetendeutsche Hütte mit Bretterwand.

wärts zu Geländeabsatz (rechts Schlucht mit Stollen eines Kupferbergwerks aus dem 14. Jh., Steig 80 m, Drahtseilsicherung; westw. zur Blauspitzbahn-Bergstation). Auf den Rücken, P. 2233 m, und an der NO-Flanke der Blauspitze (früher »Ganotzkogel«, 2575 m) weiter queren, um einen Vorsprung, dann in Kehren empor auf den NO-Rücken, 2440 m (großer Felsblock, R 2478 links auf die Blauspitze). Hangquerung unter Blauem Knopf (2593 m) und Drillingschneid (2554 m) nach NW in das Hohe Tor, 2477 m (R 981); R 454 über die Dürrenfeldscharte zur Sudetendeutschen Hütte.

336a Von der Blauspitzbahn-Bergstation

2½ Std., bez. Weg.

Vom Bergrestaurant Blauspitz, 2302 m (R 39), ostw. zum Geländeabsatz über der Ganotzalm; weiter R 336.

337 Variante (bis Hohes Tor) zu R 336

3½ Std., bez. Weg.

Von Großdorf, 1364 m, vor der Brücke über den Kalser Bach nach NW aufwärts zum Kranzbichl, 1697 m, und in gleicher Richtung weiter zur Kehreralm, 1843 m (2 Std.; hierher vom Ghs. Taurer 1 Std.). Nun ostw. hangauf zu einem Wasserlauf und diesem entlang ins Hohe Tor, 2477 m (1½ Std.).

338 Zum Kals-Matreier-Törlhaus

(über Dürrenfeldscharte – Hohes Tor)

4 Std., R 454 (GR).

339 Zum Kalser Tauernhaus über den Gradötzsattel

3 Std., R 451.

340 Zur Rudolfshütte

(über Gradötzsattel – Kalser Tauern)

6 Std., R 467 (GR).

341 Tauernhaus Schößwend, 1099 m

Im Felber Tal, an der Straße zum Hintersee; uralte Unterkunft, seit 1960 verfallend. 9 km von Mittersill, Bus, 1 km talein das Tauernhaus Spital.

344 Tauernhaus Spital, 1169 m

Im Felber Tal, an der Straße zum Hintersee; uralte Unterkunft. Pinzgauer Althaus, wurde bereits 1247 erwähnt, seit 1598 wurde an der Bausubstanz des Hauses nichts verändert. Privat, ganzjährig bew., 14 ZB. Nächster Talort: Mittersill, 788 m. Postanschrift: A-5730 Mittersill, Salzburg.

345 Von Mittersill

Straße, 10 km, Bus.

346 Zur St. Pöltener Hütte

4–4½ Std., R 325.

347 Gasthaus Gamsblick, 1324 m

Am Hintersee, 1313 m, im innersten Felber Tal. Privat, Sw, keine Nächtigungsmöglichkeit. Nächster Talort: Mittersill, 788 m. Postanschrift: A-5730 Mittersill, Salzburg.

347a Von Mittersill

Straße, über Tauernhaus Schößwend – Tauernhaus Spital, 12 km, Bus.

347b Zur St. Pöltener Hütte

4 Std., R 325.

348 Bergrestaurant Blauspitz, 2302 m

Über Kals/Großdorf, südl. unter der Blauspitze, 2575 m, bei der Bergstation der Blauspitzbahn (R 39).
Privat, ganzjährig bew., keine Nächtigungsmöglichkeit. ✆ 06 44/1 00 02 44. Nächster Talort: Großdorf, 1364 m (1 km von Kals). Postanschrift: A-9981 Kals am Großglockner, Kärnten.

350 Gasthaus Glocknerblick, 1944 m

Über Kals/Großdorf, südöstl. unter dem Ganotzeck, 2065 m. Privat, ganzjährig bew., keine Nächtigungsmöglichkeit, ✆ 0 48 76/83 15. Nächster Talort: Großdorf, 1364 m (1 km von Kals). Postanschrift: A-9981 Kals am Großglockner, Kärnten.

351 Von Kals/Großdorf

Auffahrt mit der Figolbahn (R 39), weiter bez. Weg, ¾ **Std.** (R 36).

352 Von Kals/Großdorf

2 Std., bez. Weg Nr. 516, von Kals 1 km (Bus).

Von Großdorf nach NW aufwärts bis auf 1540 m Höhe, dann in SW-Richtung und im Rechtsbogen steil zum Ghs.

353 Zum Kals-Matreier-Törlhaus

1½ Std., R 263.

354 Zur Sudetendeutschen Hütte
(über Hohes Tor – Dürrenfeldscharte)

4 Std., R 452.

355 Zum Ghs. Goldried übers Kals-Matreier-Törlhaus

2¾ Std., R 453.

356 Bergrestaurant Goldried, 2150 m

Auf »Goldried« nordwestl. vom Roten Kogel, bei der Bergstation der Sesselbahn Goldried (R 40). Privat, ganzjährig bew. ✆ 0 48 75/65 55. Nächster Talort: Matrei/Osttirol, 975 m.

357 Von Matrei/Osttirol (Sesselbahn)

Auffahrt mit der Sesselbahn Goldried (R 40).

358 Von Matrei/Osttirol

4 Std., bez. Weg.

Von Klaunz an den Abhängen des Klaunzer Bergs aufwärts zur Pfaffeneben (Jausenstation), 1503 m. Im Rechtsbogen zur Mittelstation der Sesselbahn Goldried, 1750 m, und weiter über die Kerschbaumeralm mit der Jausenstation Schweinacher, 1950 m, zum Bergrestaurant.

359 Zum Kals-Matreier-Törlhaus

1¼ Std., R 265.

360 Zum Ghs. Glocknerblick

2¾ Std., R 453 (GR).

361 Gasthaus Schneiderau, 998 m

Im Stubachtal, an der Straße zum Enzingerboden. Privat, ganzjährig bew., 4 ZB. Nächster Talort: Uttendorf, 803 m. Postanschrift: A-5723 Uttendorf, Salzburg.

362 Von Uttendorf

Straße, 11 km, Bus.

363 Von Niedernsill, über Aisdorfertal – Breitecksattel

7–7½ Std., bez. Nr. 720.

Auf der Straße nach Bichl und rechts auf den Kremserberg, 930 m. In zwei langen Kehren im Königswald höher und zum Aisdorfergraben (Rattensbachgraben). Talein zur Neuschmiedalm, 1670 m (Ende des Fahrwegs, 3–3½ Std.). Die Abschlussböden des Grabens aufwärts gegen das Steinkarl und nach S in den langen Breitecksattel, 2100 m (R 828; 1½ Std.). Jenseits der Kammhöhe ca. 200 m abwärts auf flache Rasenböden (R 364 nach rechts zur Ferschbach-Hochalm) und links zur Stocker-Hochalm, 2006 m. Von dieser nach S, um den »Unsinnigen« (W-Ausläufer des Königstuhls) und hinab zur Schlauchenalm, 1762 m. Weiter zur Grindschachenalm, 1430 m, über die Stöfflalm zur Stubachtalstraße und 1,5 km talaus zum Ghs. Schneiderau.

364 Variante zu R 363

Von den flachen Rasenböden zur Ferschbach-Hochalm, 1867 m (bez. Nr. 719), talab zur Ferschbach-Grundalm, 1655 m. Im Ferschbachgraben abwärts zum Ferschbachhäusl im Stubachtal und 2 km talein zum Ghs.

365 Zur Krefelder Hütte

(über Steingasse – Lakarscharte)

9½ Std., R 430.

366 Zum Matreier Tauernhaus

(über Grünwinkelscharte – Riegelkopfschartl – Dabersattel)

9–10 Std., R 541.

367 Zum Mühlbachtal/Niedernsill

(über Schlauchenalm – Steingasse)

6–7 Std., R 431.

368 Zum Mühlbachtal/Niedernsill

(über Ferschbachtal – Steingasse)

6–7 Std., R 432.

369 Zur Rudolfshütte über die Sonnblickscharte

Hochalpin, **7 Std.**, R 542.

370 Zum Ghs. Taimeralm/Amertal über Glanzscharte

5–5½ Std., R 470 (GR).

371 Zum Tauerntal/Matreier Tauernhaus über die Weite Scharte

8–9 Std., R 533 (GR).

372 Gasthaus Taimeralm, 1339 m

Im Amertal, an der N-Rampe der Felbertauernstraße. Privat, ganzjährig bew., Nächtigungsmöglichkeit.
Nächster Talort: Mittersill, 788 m. Postanschrift: A-5730 Mittersill, Salzburg.

■ 373 Von Mittersill

Straße, 8 km, Bus.

■ 374 Zum Ghs. Schneiderau/Stubachtal über die Glanzscharte

5–5½ Std., R 470.

■ 375 Zur Rudolfshütte, über Amertaler Scharte – Granatscharte

Hochalpin, **9 Std.**, R 546.

■ 376 Zur St. Pöltener Hütte, über Schrankeckscharte

4½–5 Std., R 471.

Von Hütte zu Hütte

Im einfachen Gelände

Glocknergruppe

■ 401 Bergrestaurant Mooserboden (Ghs. Heidnische Kirche), 2040 m – Gleiwitzer Hütte, 2174 m

(über Kempsenkopf, 3090 m – Obere Jägerscharte, 2752 m – Untere Jägerscharte, 2470 m)

I, 6–7 Std., bez. Nr. 723 (»Gleiwitzer Höhenweg«), teilw. ausgesetzt, Sicherungen. Vgl. Fotos S.115, 443.

Vom Bergrestaurant Mooserboden (Ghs. Heidnische Kirche) über Mooser- und Drossensperre (R 114, R 402, R 491 nach rechts) und Hangquerung links, nordostw., zum Wielingerbach (Abfluss vom Wielingerkees). Über diesen und weitere ansteigende Hangquerung um den Ochsingerriegel zum Karlbach; im Bauernkarl und zum folgenden Hausebenrücken. An diesem in Falllinie des Bauernbrachkopfs (3125 m) von 2300–2700 m in Kehren aufwärts (erst Rasenhang, dann Bratschen) und schräg links empor auf die Kammhöhe mit dem Kempsenkopf, 3090 m (4 Std., R 1689). Nun R 407 (GR) abwärts zur Gleiwitzer Hütte.

■ 402 Bergrestaurant Mooserboden (Ghs. Heidnische Kirche), 2040 m – Rudolfshütte, 2311 m

(über Kapruner Törl, 2639 m)

I, 5 Std., bez. Nr. 716 (»Austria-Weg«), Hauptübergang von der Glockner- zur Granatspitzgruppe. Vgl. Fotos S. 165, 209, 225, 235, 423.

Vom Bergrest. Mooserboden (Ghs. Heidnische Kirche) über Mooser- und Drossensperre zum O-Ufer des Mooserboden-Stausees. Diesem entlang zum Seeende (kurz vorher R 491 nach links). Über die Moräne in SW-Richtung aufwärts zur »Wintergasse«, P. 2285 m (2 Std., R 402a von rechts). In gleicher Richtung aufwärts in das Kapruner Törl, 2639 m (R 801, 1¼ Std.). Jenseits nach NW steil abwärts zum blockübersäten Torkees, dieses nach W und über die Ochsenflecke hinab zum Tauernmoosbach nahe seiner Mündung in den Tauernmoossee. Gegenüber mit R 304 über den »Stiegenlahner« zur Rudolfshütte (1¾ Std.).

□ 402a Variante zu R 402

Seinerzeitiger Anstieg zum Kapruner Törl, beachtlicher Höhenverlust gegenüber R 402. Wird nicht mehr beg. Vgl. Fotos S. 165, 235.

Vom Bergrestaurant Mooserboden (Ghs. Heidnische Kirche) lange ansteigende Hangquerung (über mehrere Wasserläufe, unter den Grießkogel-W-Abstürzen, hoch über dem Stausee Mooserboden, bis 2550 m Höhe und Abstieg zum Eingang zur »Wintergasse« (P. 2285 m) zu R 402.

■ 403 Franz-Josefs-Haus, 2450 m – Fuscher Törlhaus, 2404 m

(über Untere Pfandlscharte, 2663 m)

I, 5 Std., bez. Nr. 702/728.

Vom Franz-Josefs-Haus auf der Gletscherstraße der Großglockner-Hochalpenstraße zum Glocknerhaus (3 km). Nun R 100 (GR) in die Untere Pfandlscharte und R 101 (GR) zum Fuscher Törlhaus.

■ 404 Franz-Josefs-Haus, 2450 m – Salmhütte, 2638 m

(über P. 2501 westl. der Stockerscharte, 2442 m)

4–5 Std.

Vom Franz-Josefs-Haus mit R 425 (GR) zu P. 2340 m und R 410 über die Stockerscharte zur Salmhütte.

■ 405 Fuscher Lackenhaus, 2262 m – Wallackhaus, 2304 m

(über Heiligenbluter Hochtor, 2576 m)

2 Std.

Vom Fuscher Lackenhaus auf der Großglockner-Hochalpenstraße zum N-Portal des Hochtortunnels (4 km). Überschreitung des Heiligenbluter Hochtor, 2576 m (R 719), zum S-Portal und auf der Straße (teils mit Abkürzungen) zum Wallackhaus (2 km).

■ 406 Fuscher Lackenhaus, 2262 m – Rauriser Tauernhaus, 1526 m

(über Mittertörl, 2372 m)

2½ Std., ab Labboden bez. Weg Nr. 114.

Kapruner Törl, Torkopf von Nordwesten

Kapruner Törl:
R 402 vom Bergrestaurant Mooserboden (Ghs. Heidnische Kirche)

Eiserscharte:
R 803 Ostanstieg

Torkopf:
R 1744 Südanstieg
R 1745 Ostanstieg
R 1746 Nordwestgrat
R 1749 Übergang zur Hohen Riffl

ohe Riffl
Torkopf
Totenkopf
Kapruner Törl
Kalser Bärenkopf
1749
745
P. 2878
1746
Karlingerkees
Wintergasse
803
P. 2285
402
Stausee
Mooserboden

Vom Fuscher Lackenhaus mit R 423 (GR) zum Oberen Labboden und R 720 (GR) zum Rauriser Tauernhaus.

■ 406a Fuscher Törlhaus, 2404 m – Franz-Josefs-Haus, 2450 m

(über Untere Pfandlscharte, 2663 m)

5½ Std., bez.

Vom Fuscher Törlhaus mit R 101 zur Unteren Pfandlscharte, R 100 zum Glocknerhaus. Dann auf der Gletscherstraße der Großglockner-Hochalpenstraße 3 km zum Franz-Josefs-Haus.

■ 407 Gleiwitzer Hütte, 2174 m – Bergrestaurant Mooserboden (Ghs. Heidnische Kirche), 2040 m

(über Untere Jägerscharte, 2470 m – Obere Jägerscharte, 2752 m – Kempsenkopf, 3090 m)

I, 6–7 Std., bez. Nr. 723 (»Gleiwitzer Höhenweg«), teilw. ausgesetzt, Sicherungen.

Von der Gleiwitzer Hütte in S-Richtung über die Mattenböden der Zwinghänge in das Ochsenkar, 2350 m. Aus diesem in plattiger Steilrinne (Schnee, Seil) aufwärts in die Untere Jägerscharte, 2470 m (R 786).
Am Grat der Spitzbrettwand bis in 2600 m Höhe, dann an deren SO-Seite die steile Rasenflanke (mit plattigen Stellen) schräg links aufwärts queren in die Obere Jägerscharte, 2752 m (R 785, durchwegs Sicherungen).
Auf dem Kamm (teilw. Sicherungen) auf den Kempsenkopf, 3090 m (3¼ Std., R 1641 am Kamm weiter). Nun R 401 (GR) abwärts zum Bergrestaurant Mooserboden (Ghs. Heidnische Kirche).

■ 408 Ghs. Glocknerblick, 1670 m – Krefelder Hütte, 2293 m

(über Schoppachtörl, 1997 m)

3–3½ Std., bez. (»Alexander-Enzinger-Weg«).

Vom Ghs. Glocknerblick entlang des Höhenkamms über Tröglerköpfl, 1743 m – Drei-Wallnerhöhe, 1861 m – Schoppachtörl, 1997 m – Schoppachhöhe, 2069 m. Weiter auf die Stangerhöhe, 2212 m. Danach zum Karboden unterhalb von Bombachkopf-Tristkogel und waagrecht, unter Rettinger – Lakarschneid, zur Krefelder Hütte.

■ 409 Glocknerhaus, 2132 m – Glorerhütte, 2651 m

(über Tröglalm, 1929 m)

4 Std., bez.

Vom Glocknerhaus mit R 99 (GR) zum Steg über den Leiterbach, 1685 m, zur Trogalm, 1862 m, R 186 zum Rauhbichlboden und weiter R 109 zur Glorerhütte.

■ 410 Glocknerhaus, 2132 m – Salmhütte, 2638 m

(über P. 2501 westl. der Stockerscharte, 2442 m)

3 Std., bez. Nr. 702 (»Wiener Höhenweg«).

Vom Glocknerhaus abwärts zum Margaritzen-Stausee, 2000 m, und diesem entlang bis vor sein S-Ende. In gleicher Richtung aufwärts zur Hangstufe »Am Seele«, 2230 m, und schräg rechts aufwärts zu P. 2340 m (R 425 nach rechts), weiter schräg links zu P. 2501 m auf dem Leiterkopf-O-Kamm, westl. über der Stockerscharte, 2442 m (R 630).
Nun lange, mäßig ansteigende Hangquerung nach W, dabei unter dem Mittleren und Hinteren Leiterkopf – Schwertkopf – Schwerteck zur Salmhütte.

■ 411 Glorerhütte, 2651 m – Glocknerhaus, 2132 m

(über Tröglalm, 1929 m)

4 Std., bez.

Von der Glorerhütte mit R 109 (GR) zum Rauhbichlboden, R 186 (GR) zum Steg über den Leiterbach, 1685 m, und R 99 zum Glocknerhaus.

■ 412 Glorerhütte, 2651 m – Stüdlhütte, 2802 m

(über Medelspitzesattel, 2676 m)

I, 3 Std., Sicherungen, bez. Nr. 713 (»Johann-Stüdl-Weg«).

Von der Glorerhütte lange Querung am S-Hang des Weißen Knotens (2867 m) auf den Medelspitzesattel, 2676 m (R 626).
Jenseits an der W-Seite der Leiterköpfe (2910 m) waagrecht entlang, über einige Gräben (Altschnee bis in den Hochsommer, Drahtseil und ein Brett über einem Abgrund) und zum Rücken, an dem der Steig von der Pfortscharte herab einmündet. R 429 weiter zur Stüdlhütte.

■ 413 Hofmannshütte, 2444 m – Salmhütte, 2638 m

(über P. 2501 westl. der Stockerscharte, 2442 m)

5–6 Std., anfangs Gletscherbegehung, dann bez. Nr. 741/702.

Von der Hofmannshütte mit R 427 (GR), dann R 425 (GR) zu P. 2340 m und R 410 zur Salmhütte.

■ 414 Hofmannshütte, 2444 m – Schwarzenberghütte, 2267 m

(über Bockkarscharte, 3039 m – Remsschartl, 2671 m)

5 Std., Gletscherbegehung, Felsgelände **I**.

Von der Hofmannshütte mit R 163 zum Wasserfallwinkel (Gletscher) und aufwärts, bis die Stangenmarkierung nach links abbiegt. Hier weiter gerade aufwärts in die Bockkarscharte, 3039 m (R 678). Nun R 434 (GR) abwärts zur Schwarzenberghütte.

415 Krefelder Hütte, 2293 m – Bergrestaurant Mooserboden (Ghs. Heidnische Kirche), 2040 m

(über Nördliche Kammerscharte, 2636 m – Hochschober, 2219 m)

I, 4 Std., teils Sicherungen, bez. Nr. 726. Vgl. Fotos S. 503.

Von der Krefelder Hütte zum Alpincenter und südw. weiter, dann in SO-Richtung über Blockgelände zwischen Schmiedingerkees (rechts) und Eissee (links) zum Felshang der Hohen Kammer. In kurzen Kehren steil aufwärts in die Nördliche Kammerscharte, 2636 m (R 811, 2 Std.). Jenseits über Rasenhänge tiefer. Dann lange absteigende Hangquerung, dabei über den Hochschober, 2219 m, zur Ebmatten-Fürther-Moaralm, 1805 m. Weiter R 42aa zum Bergrestaurant Mooserboden (Ghs. Heidnische Kirche).

416 Krefelder Hütte, 2293 m – Mühlbachtal/Niedernsill, 769 m

(über Lakarscharte, 2488 m)

4½–5 Std., bez. Nr. 719; bekannt seit der Überschreitung durch Kardinal Fürst Schwarzenberg mit Begleitung (ca. 1840), als die 2. Ersteigung des Kitzsteinhorn (vom Mühlbachtal) ausgeführt wurde.

Von der Krefelder Hütte westw. zur Abzw. 2480 m (R 417 nach links) vor der Rötenwand. Nach N über das Schaflköpfl, 2513 m, in die Lakarscharte, 2488 m (R 823, 1 Std.). Abstieg westw. durch eine Firnmulde im Hang der »Lakarleite« und zur Lakaralm, 2020 m. Von dieser steil abwärts zur Schaunberg-Mitteralm, 1669 m, am beginnenden Mühlbachtal (R 418 nach links). In diesem, an mehreren Almhütten vorbei, 6 km talaus (bez. Nr. 722) nach Niedernsill im Salzachtal.

417 Krefelder Hütte, 2293 m – Rudolfshütte, 2311 m

(über Kleinschmiedingerscharte, 2716 m – Kleetörl, 2372 m)

I, 6–7 Std., bez. Nr. 711 (»Krefelder Höhenweg«, eröffnet 1929), mühsam.

Von der Krefelder Hütte westw. zu Abzw. 2480 m (R 416 nach rechts) vor der Hinteren Rötenwand. Nach S zu den höchsten Moränenmulden, 2580 m, unter dem Schmiedingerkees. In Kehren westl. empor in die Kleinschmiedingerscharte, 2716 m (R 817, 1¾ Std.). Jenseits in Kehren steil abwärts nach NNW in den Schuttwinkel der »Badstube« vom Winterrethauskar, das bei P. 2405 m erreicht und bis 2260 m abgestiegen wird. Links um einen Rücken zum Grießbach, im Rechtsbogen waagrecht durch das Kar »Alte Viehzeit« (R 424 nach rechts) zum nächsten Rücken und auf diesen (rechts unten der Hacklsee, 2212 m). Im Kar »Kleelahner« südwestw. empor in das Kleetörl, 2372 m (R 826). Jenseits in Kehren hinab in das weite Reichensbergkar, 2200 m (R 497 von links). Dieses nach S durchqueren und im Linksbogen um den W-Rücken, 2280 m, des Richtzeitsedls (2498 m) an seine S-Seite (»Schaflrein«). Ab- und ansteigende Hangquerung nach O zur »Bachreibe«, 2300 m, mit dem Wurfbach im Maurerkar (R 498 von links). Dessen Abhänge (»Schattseitlahner«) südw. queren, dann am Schwarzkarlriedl (2251 m, dahinter der Schwarzkarlsee) rechts vorbei zum Tauernmoossee hinab. Über die Staumauer zur ÖBB-Werksbahn. R 304 zur Rudolfshütte.

418 Krefelder Hütte, 2293 m – Ghs. Schneiderau/Stubachtal, 998 m

(über Lakarscharte, 2488 m – Steingasse, 2245 m)

8½ Std., bez. Nr. 719, mühsam.

Von der Krefelder Hütte mit R 416 zur Schaunberg-Mitteralm, 1669 m (3 Std.). Gegenanstieg über die Polz-Judeneralm, 1990 m, zum Ferschbachkar. An seinem N-Hang höher und an der S-Flanke des Planitzers entlang zum Einschnitt der Steingasse, 2245 m (R 827, 2½ Std.). Abstieg über Geröll nach W auf flache Rasenböden. Nun R 364 gerade oder R 363 links abwärts zum Ghs. Schneiderau (3 Std.).

419 Lucknerhaus, 1918 m – Salmhütte, 2638 m

(über Glorerhütte, 2651 m – Glatzschneidhöhe, 2660 m)

4 Std., bez.

Vom Lucknerhaus mit R 107 zur Glorerhütte; R 426 (GR) zur Salmhütte.

419a Lucknerhaus, 1918 m – Glorerhütte, 2651 m

(über Peischlachtörl, 2490 m)

2¾ Std., bez. Weg.

Vom Lucknerhaus abwärts zur nahen Abzweigung (R 107 links aufwärts). Rechts zur Nigglalm, weiter schräg hangaufwärts, steil um einen Hangrücken und fast waagrecht zum Peischlachbach (rechts zur Lesach-Riegel-Hütte). Diesem entlang aufwärts in das Peischlachtörl, 2490 m (R 628), das links eines mächtigen Felskopfs (2515 m) betreten wird (1½ Std., Kreuz). Nun bez. Nr. 713 (»Wiener Höhenweg«) nach W zu P. 2570 m und an der W-Seite des Kasteneck entlang aufwärts (dabei Queren steiler Geröllhalden, mitunter auch Schneerinnen) in das Berger Törl mit der Glorerhütte (1¼ Std.).

420 Lucknerhütte, 2241 m – Salmhütte, 2638 m

(über Pfortscharte, 2828 m)

I, 3 Std., bez., einige Sicherungen.

Von der Lucknerhütte mit R 211 zum Viehboden. R 429 (GR) über die Pfortscharte zu P. 2594 m, weiter R 426 (GR) zur Salmhütte.

■ 421 Oberwalderhütte, 2972 m – Schwarzenberghütte, 2267 m

(über Bockkarscharte, 3039 m – Remsschartl, 2671 m)

I im Felsgelände, **2½ Std.**, Gletscherbegehung, Trittsicherheit.

Von der Oberwalderhütte mit R 499 in die Bockkarscharte und R 434 (GR) abwärts zur Schwarzenberghütte.

■ 422 Rauriser Tauernhaus, 1526 m – Wallackhaus, 2304 m

(über Heiligenbluter Hochtor, 2576 m)

4½ Std., bez. Weg Nr. 114.

Vom Rauriser Tauernhaus mit R 720 in das Hochtor und R 722 (GR) zum Wallackhaus.

■ 423 Rauriser Tauernhaus, 1526 m – Fuscher Lackenhaus, 2262 m

(über Mittertörl, 2372 m)

3½ Std., bez. Weg Nr. 114 bis Labboden.

Vom Rauriser Tauernhaus mit R 720 zum Oberen Labboden, 2180 m. Rechts aufwärts zum Mittertörl-Tunnel und auf der Großglockner-Hochalpenstraße zum Fuscher Lackenhaus.

■ 424 Rudolfshütte, 2313 m – Mühlbachtal/Niedernsill, 769 m

(über Kleetörl, 2372 m – Schaunberg-Mitteralm, 1669 m)

6 Std., bez. Nr. 711/722.

Von der Rudolfshütte mit R 417 (GR) über das Kleetörl in das Kar »Alte Viehzeit«. In diesem (nicht bez.) nordw. hinab zur Hackl-Hochalm, 1982 m, und entlang des Mühlbachs zur Schaunberg-Mitteralm. Nun mit R 416 im Mühlbachtal, an mehreren Almhütten vorbei, 6 km talaus (bez. Nr. 722) nach Niedernsill im Salzachtal.

■ 425 Salmhütte, 2638 m – Franz-Josefs-Haus, 2450 m

(über P. 2501 westl. der Stockerscharte, 2442 m)

4–5 Std., bez. Nr. 702 (»Wiener Höhenweg«, eröffnet 6.8.1934) und Nr. 741 (»Viktor-Paschinger-Weg«, eröffnet 14.7.1935).

Von der Salmhütte mit R 410 (GR) zu P. 2340 m. Nun unter den Leiterköpfen nordnordwestw. absteigen zum Unteren Pasterzenboden, 2120 m (hier der AV-Lehrpfad). Um den flachen Boden (ehemals hier der Sandersee) links herum und nordwärts. Nun entweder Aufstieg zum Ghs. Freiwandeck oder entlang dem Pasterzenabfluss (Möllursprung) zur Gletscherbahn Pasterze (R 38) und Auffahrt oder Aufstieg zum Ghs. Freiwandeck. Darüber das Franz-Josefs-Haus.

■ 426 Salmhütte, 2638 m – Glorerhütte, 2651 m
(über Glatzschneidhöhe, 2660 m)

1½ Std., bez. (»Wiener Höhenweg«, eröffnet 6.8.1934). Vgl. Skizze S. 347.

Von der Salmhütte nordwestw. über das Naßfeld zur Langen Wand und unter dieser nach S zu P. 2594 m (R 429 nach rechts). Weiter kurz nach S, dann in SO-Richtung über den »Glatzgang« (Schrofen, Sicherungen) auf die Glatzschneidhöhe, 2660 m (R 1237). Jenseits in der wasserreichen Hangmulde abwärts zu R 109 und rechts zur nahen Glorerhütte am Bergertörl.

■ 427 Salmhütte, 2638 m – Hofmannshütte, 2444 m
(über P. 2501 westl. der Stockerscharte, 2442 m)

I, 5–6 Std., bis Unt. Pasterzenboden bez. Nr. 702/741, dann Gletscherbegehung.

Von der Salmhütte mit R 425 zur Gletscherbahn Pasterze. An der Seitenmoräne weiter bis 2220 m und Aufstieg (Moränensteig) zur sichtbaren Hofmannshütte.

■ 428 Salmhütte, 2638 m – Lucknerhaus, 1918 m
(über Glatzschneidhöhe, 2660 m – Glorerhütte, 2651 m)

4 Std., bez.

Von der Salmhütte mit R 426 zur Glorerhütte; weiter R 107 (GR).

■ 429 Salmhütte, 2638 m – Stüdlhütte, 2802 m
(über Pfortscharte, 2828 m)

I, 3 Std., Sicherungen, bez. Nr. 702 (»Johann-Stüdl-Weg«). Vgl. Skizze S. 347.

Von der Salmhütte mit R 426 zu P. 2594 m. In SSW-Richtung steil über Rasen und Geröll in die Pfortscharte, 2828 m (R 625). Jenseits auf Rücken Steilabstieg zum Höhenweg zwischen Glorer- und Stüdlhütte (R 412). Auf ihm unter der Langen Wand zum Ködnitz- und zum Fanatbach; am Viehboden unter den Moränen des Ködnitzkeeses. Nun mit R 211 zur Stüdlhütte.

■ 430 Ghs. Schneiderau/Stubachtal, 998 m – Krefelder Hütte, 2293 m
(über Steingasse, 2245 m – Lakarscharte, 2488 m)

9½ Std., mühsam, bez. Nr. 719.

Vom Ghs. Schneiderau mit R 363 (GR) oder R 364 (GR) zu den »flachen Rasenböden«. Nun R 418 (GR) zur Schaunberg-Mitteralm, 1669 m, und R 416 (GR) zur Krefelder Hütte.

■ 431 Ghs. Schneiderau/Stubachtal, 998 m – Mühlbachtal/Niedernsill, 769 m
(über Schlauchenalm, 1762 m – Steingasse, 2245 m)

6–7 Std., bez.

Vom Ghs. Schneiderau mit R 363 (GR) zu den »flachen Rasenböden«. Nun mit R 418 (GR) zur Schaunberg-Mitteralm, 1669 m, und R 416 durch das Mühlbachtal nach Niedernsill.

432 Gasthaus Schneiderau/Stubachtal, 998 m – Mühlbachtal/Niedernsill, 769 m

(über Ferschbachtal – Steingasse, 2245 m)

6–7 Std., bez.

Vom Ghs. Schneiderau mit R 364 (GR) zu den »flachen Rasenböden«. Nun mit R 418 (GR) zur Schaunberg-Mitteralm, 1669 m, und R 416 durch das Mühlbachtal nach Niedernsill.

433 Schwarzenberghütte, 2267 m – Hofmannshütte, 2444 m

(über Remsschartl, 2671 m – Bockkarscharte, 3039 m)

I, 4 Std., mit Gletscherbegehung. Vgl. Skizze S. 359.

Von der Schwarzenberghütte R 434 in die Bockkarscharte. Über den Wasserfallwinkel (Gletscher) nach S zur Stangenmarkierung, R 163 (GR) abwärts zum »Elschbergl«, 2670 m, und den Gamsgrubenweg zur Hofmannshütte.

434 Schwarzenberghütte, 2267 m – Oberwalderhütte, 2972 m

(über Remssattel, 2600 m – Remsschartl, 2671 m – Bockkarscharte, 3039 m)

1. Überschreitung: Bauer Th. Einzinger, vor 1841, vom Stubachtal. 1. tour. Überschreitung: A. v. Ruthner mit J. Schweighofer (»Röderer«), 30.8.1856, jeweils im Abstieg; ZDÖAV 1869/335.

I, 3 Std., im Felsgelände bez. Nr. 727, mit Gletscherbegehung, am Bockkarkees Stangenmarkierung. Vgl. Foto S. 211, 379.

Von der Schwarzenberghütte in SW-Richtung in Kehren aufwärts gegen die Hohe Dock, unter dieser südw. entlang und den breiten Firnhang über P. 2500 m (eine meist ausgeaperte begrünte Geländestufe) aufwärts in den Remssattel, 2600 m (R 683, 1¼ Std.) und steil empor ins nahe Remsschartl, 2671 m (R 683a, Tafel; R 1391 rechts aufwärts). Nun an der S-Flanke der Hohen Dock auf ca. 1 m breitem Band (»Hoher Gang«, Steinschlaggefahr; Hakensicherung) ca. 500 m lange, ansteigende Querung zu großem Steinmann am Beginn einer länglichen Geländestufe mit kleinem See, 2770 m. Nach dieser auf dem Bockkarkees in W-Richtung aufwärts (links abwärts das zerklüftete Fuschereiskar; in ca. 2860 m R 1392 von rechts herab, danach R 681 und in ca. 2950 m R 506 rechts aufwärts) und im Linksbogen südwestw. in die Bockkarscharte, 3039 m (R 678, 1½ Std.). Nun über den Wasserfallwinkel

(Gletscher) in WSW-Richtung mäßig ab- und ansteigend zur Oberwalderhütte am Großen Burgstall (½ Std.).

■ 435 Stüdlhütte, 2802 m – Glorerhütte, 2651 m
(über Medelspitzesattel, 2676 m)

I, 2½ Std., bez. Nr. 713.

Von der Stüdlhütte mit R 211 (GR) abwärts zum Fanatbach und mit R 429 (GR) lange Querung zum Rücken (von der Pfortscharte herab) und R 412 (GR) über den Medelspitzesattel, 2676 m, zur Glorerhütte.

■ 436 Stüdlhütte, 2802 m – Salmhütte, 2638 m
(über Pfortscharte, 2828 m)

I, 3 Std., einige Sicherungen, bez. Nr. 702/713 (»Johann-Stüdl-Weg«).

Von der Stüdlhütte mit R 211 (GR) abwärts zum Fanatbach und R 429 (GR) zur Salmhütte.

Granatspitzgruppe

■ 451 Sudetendeutsche Hütte, 2650 m – Kalser Tauernhaus, 1755 m
(über Gradötzsattel, 2826 m)

3 Std., bez. Nr. 514, kurze Firnstrecke (Gradötzkees).

Von der Sudetendeutschen Hütte mit R 467 (GR) zum »Muntanitz-Trog«, P. 2500 m. Rechts abzweigen und ostw. hinab zu P. 2313 m am S-Fuß der Muntanitzschneid. Nordw. hinunter zu P. 2035 m, über den Schönleitenbach und waagrecht weiter zum Stotzbach, P. 2044 m (R 468 von links). Diesem entlang abwärts zum Kalser Tauernhaus.

■ 452 Gasthaus Glocknerblick, 1944 m – Sudetendeutsche Hütte, 2650 m
(über Hohes Tor, 2477 m – Dürrenfeldscharte, 2823 m)

4 Std., bez. Weg.

Vom Ghs. Glocknerblick mit R 336 in das Hohe Tor und R 454 über die Dürrenfeldscharte zur Sudetendeutschen Hütte.

■ 453 Gasthaus Glocknerblick, 1944 m – Gasthaus Goldried, 2150 m
(über Kals-Matreier-Törlhaus, 2207 m)

2¾ Std., bez. Weg.

Vom Ghs. Glocknerblick mit R 263 zum Kals-Matreier-Törlhaus, weiter R 265 (GR) zum Ghs. Goldried.

■ 454 Kals-Matreier-Törlhaus, 2207 m – Sudetendeutsche Hütte, 2650 m

(über Hohes Tor, 2477 m – Dürrenfeldscharte, 2823 m)

I, 4 Std., bez. Nr. 502 (»Sudetendeutscher Höhenweg«, eröffnet 1930), einige Sicherungen (Dürrenfeldscharte).

Vom Kals-Matreier-Törlhaus auf dem Törlrücken nach N, über den Feldkopf, 2272 m – Pfarrerbichel, 2387 m, auf die Kalser Höhe (Preslaberkopf), 2434 m (kurz nachher R 454a von rechts). An der linken, westl., Bergflanke unter dem Libanolkopf (2539 m) – Weißer Knopf (2570 m) – Blauer Knopf (2593 m) Querung bis in Falllinie des Drillingsattels (2520 m). Nun zwei Möglichkeiten:
a) Weiter ab- und ansteigende Querung über Rinnen (Schnee), dabei die Drillingschneid (2554 m) links umgehend in das Hohe Tor, 2477 m (R 981, 2 Std., von rechts R 336, R 337).
b) Alte Variante: Rechts aufwärts in den Drillingsattel, 2520 m, ostw. hinab (I, 12 m Drahtseil) zu R 336 und links in das Hohe Tor.
Aus dem Hohen Tor westw. weiter, nahe am Gipfel des Zeiger-Kofelkopfs (2607 m) links vorbei und lange, mäßig ansteigende Hangquerung. Unter dem Tschadinhörndl (2769 m) Überschreiten einer Schlucht (Schnee) sowie einer Steilrinne, 2570 m (Schnee), sogleich die Steilflanke in Kehren empor und schräg links auf den von der Vorderen Kendlspitze herabziehenden SW-Rücken, 2620 m (Ende der Rasenflanke). In der nun schroffen Geröllflanke nordw. weiterqueren zum flachen Rücken, in der weiten Karmulde des Dürrenfeld, P. 2706 m, hier ein großer, langer Felsblock. Weiter und schräg rechts empor auf den das Kar abschließenden scharfen Kamm mit der Dürrenfeldscharte, 2823 m (R 980, 1¼ Std.). Jenseits an der Felsflanke schräg rechts abwärts (Drahtseil) in das Stellachkar unter dem kleinen Stellachkees (R 973, R 976 rechts aufwärts). Hier in Höhe von 2790 m mäßig absteigen, über einen Felsbuckel (Auslauf des Gradötz-W-Grats) auf den weiten und wasserreichen Karboden, P. 2706 m, unter dem Gradötzkees (großer Steinmann; R 467 von rechts). Ostw. über Moränenrücken zur Sudetendeutschen Hütte (¾ Std.).

■ 454a Variante zu R 454

Von der Bergstation der Blauspitzbahn (R 38) westw. zu R 454 nördl. der Kalser Höhe (½ Std., bez.).

■ 455 Kalser Tauernhaus, 1755 m – Sudetendeutsche Hütte, 2650 m

(über Gradötzsattel, 2826 m)

4 Std., bez. Nr. 514.

Vom Kalser Tauernhaus mit R 451 (GR) zum Muntanitz-Trog; weiter R 467 zur Sudetendeutschen Hütte.

□ 456 Kalser Tauernhaus, 1755 m – Tauerntal, 1400 m

(über Schnaggentörl, 2826 m)

6½ Std., mühsam, kaum begangen; s. AVF-GG 10/2003/174.

□ 457 Kalser Tauernhaus, 1755 m – Tauerntal, 1400 m

(über Aderscharte, 2828 m)

I, 7 Std., mühsam, kaum begangen; s. AVF-GG 10/2003/174.

□ 458 Tauerntal, 1400 m – Kalser Tauernhaus, 1755 m

(über Seetörl, 2300 m – Schnaggentörl, 2826 m)

I, 6½ Std., mühsam, kaum begangen; s. AVF-GG 10/2003/174.

□ 459 Tauerntal, 1400 m – Kalser Tauernhaus, 1755 m

(über Aderscharte, 2828 m)

I, 7 Std., mühsam, kaum begangen; s. AVF-GG 10/2003/175.

■ 460 Tauerntal, 1400 m – Rudolfshütte, 2311 m

(über Granatscharte, 2970 m)

I, 6 Std., dürftig bez., Gletscherbegehung, früher oft begangen; sind Spalten im W-Hang der Granatscharte, dann günstiger deren Umgehung mit R 461.

Vom Tauerntal/Parkplatz Landegg an der Felbertauernstraße mit R 464 (GR) in die Granatscharte und R 543 zur Rudolfshütte.

■ 461 Tauerntal, 1400 m – Rudolfshütte, 2311 m

(über Untere Keeswinkelscharte, 2945 m)

I, 7 Std., dürftig bez., Gletscherbegehung, vgl. R 460.

Vom Parkplatz Landegg mit R 464 (GR) auf das Prägratkees bis ca. 2800 m. Auf diesem nach O aufwärts in die Untere Keeswinkelscharte (R 931, 4 Std.). Nun am oberen Kalser Tauernkees, unter der Granatspitze-O-Wand, Querung in den Granatspitzsattel, 2970 m (R 853). Kurz abwärts und R 543 zur Rudolfshütte.

■ 462 Tauerntal, 1400 m – Rudolfshütte, 2311 m

(über Aderscharte, 2828 m)

I, 7½ Std., kaum begangen.

Vom Tauerntal/Parkplatz Landegg an der Felbertauernstraße mit R 458 bis 2600 m, mit R 457 (GR) über die Aderscharte und hinab zum Stotzbach. Nun R 467 (GR) zum Tauernbrünnl und R 463 (GR) zur Rudolfshütte.

■ 463 Rudolfshütte, 2311 m – Kalser Tauernhaus, 1755 m

(über Kalser Tauern, 2515 m)

2½–3 Std., bez. Nr. 711 (»Fischerweg«, eröffnet 1874, Wegname zu Ehren des Wiener Bergsteigers E. Fischer von Röslerstamm). Vgl. Fotos S. 177, 185.

Von der Rudolfshütte links des Weißsees entlang auf den Stierbichl, 2316 m, und südw. zu P. 2377 m (R 536 nach rechts). In der Mulde südw. auf den Kalser Tauern (R 851, 1 Std., Kreuz). Jenseits hinab zum »Tauernbrünnl«, 2278 m (R 467 nach rechts), ins Kar »Im Grund« und hinab zum Dorfersee, 1935 m. Weiter zur Beheimalm mit dem Kalser Tauernhaus.

464 Rudolfshütte, 2311 m – Tauerntal, 1400 m

(über Granatscharte, 2970 m)

I, 6 Std., Gletscherbegehung, früher oft begangen; sind Spalten im W-Hang der Granatscharte, dann günstiger deren Umgehung mit R 465. Vgl. Skizze S. 543.

Von der Rudolfshütte mit R 536 auf das Prägratkees. Auf diesem abwärts (Spalten) bis zu den Moränen, ca. 2760 m.
Nun in SW-Richtung weiter abwärts, über einige Wasserläufe zum Moosbüchel, 2000 m. Im Landeggtal, dem Wasserlauf entlang abwärts (in 1800 m R 458 links aufwärts), zur Landeggalm, 1713 m, und zum Tauerntal/Parkplatz Landegg an der Felbertauernstraße (zum Matreier Tauernhaus 5 km, nach Matrei 11 km).

465 Rudolfshütte, 2311 m – Tauerntal, 1400 m

(über Granatspitzsattel, 2970 m – Untere Keeswinkelscharte, 2945 m)

I, 6 Std., vgl. R 464. Vgl. Skizze S. 543.

Von der Rudolfshütte mit R 536 bis vor die Granatspitze. Hier links aufwärts in den nahen Granatspitzsattel (R 853).
Nun am oberen Kalser Tauernkees (Granatspitzkees), unter der Granatspitze-SO-Wand, Querung in die Untere Keeswinkelscharte (R 931, 3 Std.). Abstieg nach NW auf das Prägratkees und R 464 (GR) zum Tauerntal/Parkplatz Landegg an der Felbertauernstraße.

466 Rudolfshütte, 2311 m – Tauerntal, 1400 m

(über Aderscharte, 2828 m)

I, 6½ Std., selten begangen.

Von der Rudolfshütte mit R 467 bis unter den Schwarzsee. R 457 über die Aderscharte und zum Tauerntal/Parkplatz Landegg an der Felbertauernstraße.

467 Rudolfshütte, 2311 m – Sudetendeutsche Hütte, 2650 m

(über Kalser Tauern, 2515 m – Gradötzsattel, 2826 m)

I, 6 Std., bez. Nr. 517 (»Silesia-Weg«, eröffnet 27.7.1969), landschaftlich großartig. Vgl. Foto S. 177.

Von der Rudolfshütte mit R 463 zum »Tauernbrünnl«, 2278 m. Rechts über den Seebach und nach S auf die breite Hangrampe »Aderleiten« und zum See-

Kalser Tauern mit Medelzkopf von Westen:
R 270 zur Rudolfshütte
R 463 zum Kalser Tauernhaus
R 467 zur Sudetendeutschen Hütte

trog, 2385 m (Grasfläche, R 458 von rechts). Weiter auf den vom Kleinen Aderkopf (2733 m) zum Spinnevitrolkopf (2483 m) ziehenden SO-Kamm mit P. 2512 m (3 Std., R 468 links abwärts). Über diesen und Hangquerung unter dem Schwarzsee nach W, dabei über den Stotzbach (Kreuzen von R 457). In S-Richtung weiter durch den Äußeren Knappentrog. Überschreiten des Luckenkogel-SO-Rückens (»Luckenwand«) und das folgende Luckenkar queren. Unter P. 2537 m (Fuß des Oberen-Muntanitzpalfen-O-Grats) weiter, dann unter P. 2596 m über die Muntanitzschneid zum Muntanitz-Trog (Muntanitzbach), P. 2500 m (R 451 links abwärts). Weiter in den Sattel, 2684 m, am Plojwandrücken (AVK 39/2002 »Bloibalfelen«) und aufsteigende Querung zum Gradötzsattel (R 971, 2½ Std., großer Steinmann). Südwestw. hinab zum wasserreichen Karboden, P. 2706 m (großer Steinmann, R 454 von links). Nach O über einen Moränenrücken zur nahen Sudetendeutschen Hütte (½ Std.).

468A Abstiegsvariante zu R 467

Abstieg zum Kalser Tauernhaus, **1¼ Std.**, bez.

Von P. 2512 m am Kamm entlang zu seinem Eckpunkt, dem Spinnevitrolkopf, 2483 m; anfangs 100 m steil abwärts, kurz nach W und wieder südw. zum Stotzbach, P. 2044 m. Diesem entlang (mit R 451) zum Kalser Tauernhaus.

469 St. Pöltener Hütte, 2481 m – Amertal/Gasthaus Taimeralm, 1339 m

(über Schrankeckscharte, 2329 m)

I, 3½–4 Std., Weg z. T. verfallen.

Von der St. Pöltener Hütte mit R 325 (GR) abwärts zum Naßfeld, P. 2043 m. Danach rechts, aufwärts in die Schrankeckscharte (R 922, 2¼ Std.). An der O-Seite steil abwärts, ab 1940 m entlang dem Wasserlauf, erst links, dann rechts von diesem über P. 1694 m hinab zum Ghs. Taimeralm.

469a St. Pöltener Hütte, 2481 m – Amertal/Ghs. Taimeralm, 1339 m

(über Schoppmanntörl, 2611 m)

I, 5½ Std.

Von der St. Pöltener Hütte mit R 543 in die Meßlingscharte, 2563 m. Nun mit R 897a in das Schoppmanntörl, Abstieg mit R 897b (GR) ins Finsterkar; weiter R 857a zum Ghs. Taimeralm.

470 Amertal/Gasthaus Taimeralm, 1339 m – Stubachtal/Gasthaus Schneiderau, 997 m

(über Glanzscharte, 2354 m)

I, 5–5½ Std., einsam, kaum begangen.

Vom Ghs. Taimeralm auf der Straße 250 m talein, hier links auf Steig aufwärts zur Glanzalm, 1895 m. Nun in OSO-Richtung teils über Blockgelände empor in die Glanzscharte (R 873, 2½ Std.). Jenseits die beiden Glanzseen, 2346 m. Hier an der O-Seite in NO-Richtung schräg abwärts über P. 2123 m zur Oberen Moosegger-Hochalm, 1716 m. Nun am Weg zur Unteren Mooseggeralm, 1654 m, danach steil hinab zum Ödbach in die Dorfer Öd zum nahen Ghs. Schneiderau.

471 Amertal/Gasthaus Taimeralm, 1339 m – St. Pöltener Hütte, 2481 m

(über Schrankeckscharte, 2329 m)

4½–5 Std., bez. Nr. 520.

Vom Ghs. Taimeralm mit R 469 (GR) über die Schrankeckscharte zum Naßfeld, P. 2043 m. Weiter R 325 zur St. Pöltener Hütte.

Im hochalpinen Gelände

Glocknergruppe

491 Bergrestaurant Mooserboden (Ghs. Heidnische Kirche), 2040 m – Oberwalderhütte, 2972 m

(über Riffltor, 3100 m)

5 Std., Zustieg bez. Nr. 717, dann Gletschergelände, hochalpin, am zerklüfteten Karlingerkees enorme Spaltengefahr, Begehung unbedingt mit Seilsicherung, Mindergeübte nur mit Führer! Vgl. Fotos S. 209, 367.

Vom Bergrestaurant Mooserboden (Ghs. Heidnische Kirche) über Mooser- und Drossensperre zum O-Ufer des Mooserboden-Stausees. Diesem entlang bis vor das Seeende (R 402 gerade weiter), zu dem links ein Moränenrücken herabzieht, der Schwarzköpfel- und Karlingerkees trennt. Rechtsseitig dieses Moränenrückens an der »Bärenleite« aufwärts zum mäßig geneigten Oberen Karlingerboden, 2600 m, über der zerklüfteten Zunge des Karlingerkeeses. (Südl. darüber das zerklüftete Vordere Bärenkopfkees zwischen Schattseitköpfl, 3172 m, rechts und Vorderem Bärenkopf, 3249 m, links; zwischen letzterem und Schwarzköpfl, 3124 m, das Mittlere Bärenkopfkees; diese werden nicht betreten.) Hier auf dem Karlingerkees, rechts des Schattseitköpfls nach SW aufwärts (Spalten!) und im Linksbogen in das Riffltor (R 671, 4 Std., im SW die Obere Ödenwinkelscharte, 3228 m, zwischen Hoher Riffl, 3338 m, rechts und Johannisberg, 3453 m, links). Auf der weiten Gletscherfläche des Rifflwinkels nach SO mäßig abwärts, ab 3000 m Hangquerung zum Großen Burgstall mit der Oberwalderhütte.

□ 492 Bergrestaurant Mooserboden (Ghs. Heidnische Kirche), 2040 m – Schwarzenberghütte, 2267 m

(über Gruberscharte, 3092 m)

7 Std., hochalpin, Begehung von zwei gefährlichen Gletschern, nur von historischer Bedeutung; s. AVF-GG 10/2003/180.

■ 493 Heinrich-Schwaiger-Haus, 2802 m – Oberwalderhütte, 2972 m

(über Wielingerscharte, 3265 m – Bratschenkopfscharte, 3383 m – Klockerinsattel, 3295 m – Gruberscharte, 3092 m – Keilscharte, 3187 m – Bockkarscharte, 3039 m)

1. Übergang: K. Hofmann, J. Stüdl mit Th. Groder, J. Schnell, 18.9.1869, Großes Wiesbachhorn – Gruberscharte; ZDÖAV 1870–71/455.

6–7 Std., hochalpin, Gletschergelände, nur bei günstigen Wetter- und Geländeverhältnissen begehen, nahe über der Gruberscharte die ÖGV-Biwakschachtel; GR vgl. R 499. Vgl. Fotos S. 129, 211, 225, 375, 435.

Vom Heinrich-Schwaiger-Haus mit R 1591 auf den Kaindlgrat. Wo dieser breit wird, nach S über die weite Wielingerscharte (R 766; rechts abwärts das Kaindlkees). Steil aufwärts (im Mittelteil ein Bergschrund, vgl. R 499) in die Bratschenkopfscharte (R 765) und nach SW in den Klockerinsattel (R 767) am Bratschenkopfkees vor dem Klockerin-NO-Gipfel (3335 m; es ist mitunter günstiger, aus der Wielingerscharte hierher den Hinteren Bratschenkopf, 3413 m – R 1571, R 1573 – zu überschreiten). Weiter unter dem Klockerin-SW-Gipfel (3425 m) am S-Kamm abwärts in die Gruberscharte (R 761, 4 Std., mit der ÖGV-Biwakschachtel, 3104 m, R 173). Auf dem Östlichen Bärenkopfkees nach W, unter dem N-Grat des Gr.-Bärenkopf-W-Gipfels links herum und auf dem Westlichen Bärenkopfkees nach SW aufwärts in die Keilscharte (R 679). Weiter auf dem Bockkarkees nach S in die Bockkarscharte (R 678) und auf dem Wasserfallwinkel (Gletscher) nach SW zur Oberwalderhütte (3 Std.).

■ 494 Heinrich-Schwaiger-Haus, 2802 m – Schwarzenberghütte, 2267 m

(über Wielingerscharte, 3265 m – Bratschenkopfscharte, 3383 m – Klockerinsattel, 3295 m – Gruberscharte, 3092 m – Keilscharte, 3187 m – Remsschartl, 2671 m)

I im Felsgelände, **8 Std.**, hochalpin, Gletschergelände, nur bei günstigen Wetter- und Geländeverhältnissen begehen!

Pasterzenterrasse mit Großglockner, Glocknerwand:
R 496 Übergang Hofmannshütte – Oberwalderhütte

Glocknerwand
Großglockner
Nördliches Teufelskampkees
Pasterzenterrasse
496

Vom Heinrich-Schwaiger-Haus mit R 493 in die Keilscharte. Auf dem Bockkarkees nach SO abwärts bis ca. 2950 m und weiter R 434 (GR) zur Schwarzenberghütte.

■ 495 Heinrich-Schwaiger-Haus, 2802 m – Schwarzenberghütte, 2267 m

(über Wielingerscharte, 3265 m – Bratschenkopfscharte, 3383 m – Klockerinsattel, 3295 m – Gruberscharte, 3092 m – Dockscharte, 3234 m – Remsschartl, 2671 m)

I im Felsgelände, **7–8 Std.**, hochalpin, Gletschergelände, nur bei günstigen Verhältnissen begehen!

Vom Heinrich-Schwaiger-Haus R 493 in die Gruberscharte (4½ Std.). R 682 in die Dockscharte (½ Std.) und R 681 (GR) zur Schwarzenberghütte (2 Std.).

■ 496 Hofmannshütte, 2444 m – Oberwalderhütte, 2972 m

(über den Obersten Pasterzenboden)

1. Begehung: Vier Unbekannte mit G. Bäuerle, dem Wirtsbauer aus Heiligenblut, 11.9.1844 (Pasterze – Oberster Pasterzenboden). 2. Begehung: A. Schlagintweit, H. Schlagintweit mit P. Kronegger (Plattl), 1848 (bis zur Unteren Ödenwinkelscharte mit 1. Ersteigung derselben). 3. Begehung: A. v. Ruthner mit J. Schweighofer (Röderer) und P. Kronegger (Plattl), 28.8.1859 (erstmals über den Obersten Pasterzenboden hinweg).

4–5 Std., hochalpin, Begehung der mächtigsten Eisbedeckung der Großglocknergruppe, Spaltengefahr, alpingeschtl. bedeutend. Vgl. Fotos S. 181, 311, 319.

Der Oberste Pasterzenboden am SO-Fuße des Johannisbergs hat im W den Schneewinkel mit der Unteren Ödenwinkelscharte und im N einen Überlauf zum Rifflwinkel mit dem Riffltor. Vom Obersten Pasterzenboden fällt der mächtige Pasterzeneisbruch (»Hufeisenbruch«) mit 400 Hm hohen Eiskatarakten nach SO ab, aus denen sich die Pasterze als Troggletscher entwickelt. Von der Hofmannshütte hinab zur Pasterze und diese nach W queren, dem Eisfall des Inneren Glocknerkars entgegen (1 Std.). Vor dem aperen Auslaufhang nordwestw. rechts höher zum Firnboden, 2720 m, westl. des Kleinen Burgstall (Spalten), wo von links das Teufelskampkees herabzieht (R 502 dieses empor). Beginn der breiten, rampenartigen Pasterzenterrasse, die über dem Pasterzenbruch gleichmäßig ansteigt (wenig Spalten). Auf dieser Gletscherrampe bis 3000 m aufwärts (oberhalb R 500 links zur Schneewinkelscharte). Hier am Obersten Pasterzenboden, weit unter dem Johannisberg über dem »Hufeisenbruch«, im großen Rechtsbogen mäßig abwärts zur Oberwalderhütte.

□ 497 Krefelder Hütte, 2293 m – Rudolfshütte, 2311 m

(über Schmiedingerscharte, 2926 m)

I, 5–6 Std., hochalpin, anfangs Gletschergelände, umständlich gegenüber R 417; s. AVF-GG 10/2003/183.

☐ 498 Krefelder Hütte, 2293 m – Rudolfshütte, 2311 m

(über Maurerkogelscharte, 2929 m)

I, 5 Std., hochalpin, Gletschergelände, ungewöhnlich; s. AVF-GG 10/2003/183.

■ 499 Oberwalderhütte, 2972 m – Heinrich-Schwaiger-Haus, 2802 m

(über Bockkarscharte, 3039 m – Keilscharte, 3187 m – Gruberscharte, 3092 m – Klockerinsattel, 3295 m – Bratschenkopfscharte, 3383 m – Wielingerscharte, 3265 m)

1. Übergang: F. Steiner mit A. Granögger, G. Bäuerle, 21.8.1871, bis Großes Wiesbachhorn; ZDÖAV 1872/68, EO III/205.

5–6 Std., hochalpin, Gletschergelände, nur bei günstigen Wetter- und Geländeverhältnissen begehen! Nahe über der Gruberscharte die ÖGV-Biwakschachtel; R 495 (GR). Vgl. Fotos S. 129, 211, 223, 225, 375, 419, 431.

Von der Oberwalderhütte am Wasserfallwinkel (Gletscher) nach NNO in die Bockkarscharte (R 678. Achtung: Im tiefsten östl. Punkt ein 15 m tiefer Eiskolk mit Eissee! Im Schartenbereich Spaltengefahr!). In N-Richtung über das Bockkarkees, zuletzt etwas steiler (Spalten) in die Keilscharte (R 679, 2 Std.). Am Westlichen Bärenkopfkees abwärts, unter dem N-Grat vom Gr.-Bärenkopf-W-Gipfel rechts herum und auf dem Östlichen Bärenkopfkees, zwischen zwei auffallenden Spalten hindurch, nach O in die Gruberscharte (R 761, ½ Std., mit der ÖGV-Biwakschachtel, 3104 m, R 173). Nun nach N, am S-Kamm der Klockerin empor und nahe unter dem Gipfel (3422 m) schräg rechts, nordostw., in den Klockerinsattel (R 767), am Bratschenkopfkees und in die nahe Bratschenkopfscharte (R 765). Von dieser die NO-Flanke abwärts (in deren Mitte Steilstück mit Bergschrund!) und in die Wielingerscharte (R 766). Abstieg zur Wielingerscharte bei Blankeis bzw. großem Bergschrund:
a) Überschreitung des Hinteren Bratschenkopfs: Aus dem Klockerinsattel mit R 1574 und R 1572 (GR).
b) Umgehung des Vorderen Bratschenkopfs (einfach, doch Umweg): Aus der Bratschenkopfscharte südseitig unter dem Gipfel in der Bratschenflanke (Gehgelände) nach O queren auf die flache Schulter P. 3280 m am SO-Kamm und Abstieg mit R 1584 in die Wielingerscharte. Über flachen Firn nordw. zum Kaindlgrat, mit R 1591 (GR) zum Heinrich-Schwaiger-Haus (3½ Std.).

☐ 500 Oberwalderhütte, 2972 m – Kalser Tauernhaus, 1754 m, über die Schneewinkelscharte, 3412 m

Hochalpin, Gletschergelände, zuletzt unangenehmes Steilgelände, wird nicht begangen. S. AVF-GG 9/1995/209. Vgl. Skizze S. 327.

501 Oberwalderhütte, 2972 m – Rudolfshütte, 2311 m

(über Obere Ödenwinkelscharte, 3228 m)

I im Felsgelände, **5 Std.**, hochalpin, Gletschergelände, dann bez. Nr. 702. GR vgl. R 503. Vgl. Fotos S. 207, 367.

Von der Oberwalderhütte auf dem Oberen Pasterzenboden fast eben nach NW gegen das Riffltor (3100 m, R 671). Vor diesem auf dem Rifflwinkel nach WSW in die Obere Ödenwinkelscharte (R 668, 2 Std.).
Jenseits über felsdurchsetztes Gelände abwärts bis 2900 m und nach SW auf den Gamskopf, 2757 m. Nach W abwärts auf das Geröllfeld »Hoher Sand« (Schneefeld) und nach S hinab (Moräne) zum Gletscherrand, ca. 2450 m. Am blockübersäten Ödenwinkelkees nach NW abwärts, links an den felsdurchsetzten Rasenhängen des »Enzingerleitels« weiter und zur Rudolfshütte (3 Std.).

502 Oberwalderhütte, 2972 m – Stüdlhütte, 2802 m

(über Romariswandsattel, 3426 m – Gramulsattel, 3210 m)

6½ Std., hochalpin, Überschreitung des höchsten Firnsattels der Großglocknergruppe (weitaus günstiger ist R 502a). Vgl. Fotos S. 301, 311, 319; Skizzen S. 313, 327.

Von der Oberwalderhütte mit R 662 zum Schneewinkel. An der erreichten Pasterzenterrasse südostw. hinab, bis der doppelhöckerige Kleine Burgstall als Felsinsel erscheint (rechts das Teufelskampkees). Bei Höhenlinie 2720 (ab hier R 509 in GR) von der Pasterzenterrasse westw. das spaltenreiche Teufelskampkees aufwärts, unter »Glocknerwandkamp« und Glocknerwand-N-Wand zum Fuß des Teufelskamp-O-Grats, P. 3336 m. Rechts um diesen (rechts der NO-Abfall des Nördlichen Teufelskampkeeses) und an der Teufelskamp-NO-Flanke (R 1115) schräg aufwärts in den Romariswandsattel (R 614), am Fuß des Teufelskamp-NW-Grats; rechts als Firnhügel P. 3442 m. Vom Sattel ca. 200 m flacher Abstieg über das oberste Fruschnitzkees und südw. in mäßigem Rechtsbogen auf den Gramulsattel (R 631; rechts zur Tiefe zwei Eisbrüche!). Nach O auf das mittlere Teischnitzkees (hierher auch von oberhalb des Gramulsattels auf einem Firnrücken, R 509/GR). Nun waagrecht nach SO (nach SW ein gewaltiger Séracabbruch zum tieferen Grauen Kees!) zur Luisenscharte, 3175 m (R 609), und entlang des Luisengrats abwärts zum Gletscherende bei der »Schere«, 3037 m (R 611), und weiter zur Stüdlhütte.

Ödenwinkel mit Rudolfshütte:
R 463 über Kalser Tauern zum Kalser Tauernhaus
R 503 über Obere Ödenwinkelscharte zur Oberwalderhütte

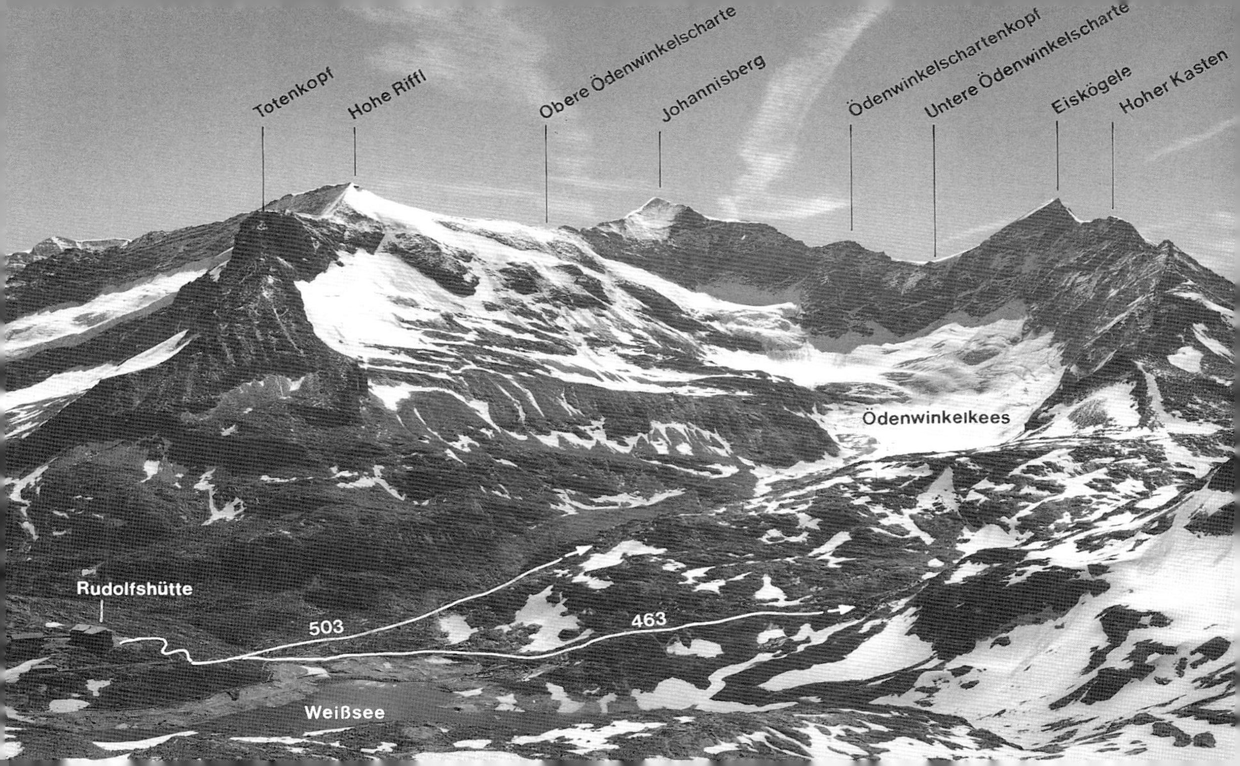

Totenkopf
Hohe Riffl
Obere Ödenwinkelscharte
Johannisberg
Ödenwinkelschartenkopf
Untere Ödenwinkelscharte
Eiskögele
Hoher Kasten
Ödenwinkelkees
Rudolfshütte
503
463
Weißsee

■ 502a Oberwalderhütte, 2972 m – Stüdlhütte, 2802 m

(über Schneewinkelscharte, 3412 m – Romariswandkopf, 3511 m – Gramulsattel, 3210 m)

II, 4 Std., Gletschergelände, Aufstieg 539 Hm, Abstieg 707 Hm, günstiger als R 502 infolge Vermeidung des Teufelskampkees

R 662 in den Schneewinkel, 3100 m. Hier nach SW aufwärts in die Schneewinkelscharte, 3412 m (R 616) und über den NW-Grat auf den Romariswandkopf, 3511 m (R 1137). Auf dem Fruschnitzkees nach SSO abwärts und mit R 502 (vom Romariswandsattel herab) Abstieg zur Stüdlhütte.

■ 503 Rudolfshütte, 2311 m – Oberwalderhütte, 2972 m

(über Obere Ödenwinkelscharte, 3228 m)

I im Felsgelände, **6 Std.**, bez. Nr. 702, dann Gletschergelände, hochalpine Landschaft. GR vgl. R 501. Vgl. Foto S. 185.

Von der Rudolfshütte südw. zur Staumauer am O-Ufer des Weißsees. Südostw. an den felsdurchsetzten Rasenhängen des »Enzingerleitels« auf begrünter Rampe dem Steig folgend zur westl. Seitenmoräne des Ödenwinkelkeeses und auf dieser hinab zur Gletscherzunge. Auf dem blockübersäten Kees bis auf 2450 m im eigentlichen Ödenwinkel. Rechts vom Wasserfall (von der Felsrampe des »Hohen Sands«) über Moränenschutt (Steigspuren) zum Geröll-/Schneefeld »Hoher Sand«, ca. 2520 m. Rechts teils über Felsstufen auf den Gamskopf, 2757 m; nordwestw. weiter, ab ca. 2900 m über felsdurchsetztes Gelände in die Obere Ödenwinkelscharte (R 668, 4 Std.). Von dieser auf dem weiten, flachen Schneefeld des Rifflwinkels nach NO gegen das Riffltor (3100 m). Vor diesem mit R 491 auf dem Oberen Pasterzenboden nach SO zum Großen Burgstall mit der Oberwalderhütte (2 Std.)

□ 504 Rudolfshütte, 2311 m – Stüdlhütte, 2802 m

(über Kalser Tauern, 2515 m – Gramulsattel, 3210 m)

1. Begehung: R. Klose, F. Liederer, K. Medlitsch, 12./13.7.1931; Jb. BG/ÖTK. 1927–34/36. S. AVF-GC 9/1995/212.

8 Std., hochalpin, kaum begangen. Vgl. Skizze S. 313.

□ 504a Schwarzenberghütte, 2267 m – Bergrestaurant Mooserboden (Ghs. Heidnische Kirche), 2040 m

(über Gruberscharte, 3092 m)

6–7 Std., hochalpin, Begehung von zwei gefährlichen Gletschern, kaum begangen, s. AVF-GC 10/2003/187.

■ 505 Schwarzenberghütte, 2267 m – Heinrich-Schwaiger-Haus, 2802 m

(über Gruberscharte, 3092 m – Klockerinsattel, 3295 m – Bratschenkopfscharte, 3383 m – Wielingerscharte, 3265 m)

5–6 Std., kürzester Übergang, jedoch hochalpin, Gletschergelände.

Von der Schwarzenberghütte mit R 762 in die Gruberscharte (R 761, mit ÖGV-Biwakschachtel). Weiter R 499 zum Heinrich-Schwaiger-Haus.

■ 506 Schwarzenberghütte, 2267 m – Heinrich-Schwaiger-Haus, 2802 m

(über Remsschartl, 2671 m – Keilscharte, 3187 m – Gruberscharte, 3092 m – Klockerinsattel, 3295 m – Bratschenkopfscharte, 3383 m – Wielingerscharte, 3265 m)

8 Std., hochalpin, Gletschergelände, enormer Umweg gegenüber R 505. Nur bei günstigen Wetter- und Geländeverhältnissen begehen!

Von der Schwarzenberghütte mit R 434 auf das Bockkarkees bis ca. 2950 m. Hier nach NW aufwärts in die Keilscharte (R 679, 3 Std.). Weiter R 499 zum Heinrich-Schwaiger-Haus.

■ 507 Schwarzenberghütte, 2267 m – Heinrich-Schwaiger-Haus, 2802 m

(über Remsschartl, 2671 m – Dockscharte, 3234 m – Gruberscharte, 3092 m – Klockerinsattel, 3295 m – Bratschenkopfscharte, 3383 m – Wielingerscharte, 3265 m)

1. Überschreitung: K. Hofmann, J. Stüdl mit Th. Groder, J. Schnell, 18.9.1869, Gesamtstrecke, ZDÖAV 1870–71/455.

7½ Std., hochalpin. Notlösung, wenn das Hochgruberkees nicht begehbar ist, selten begangen (R 506 günstiger).

Von der Schwarzenberghütte mit R 434 auf das Bockkarkees bis ca. 2860 m. Nun R 681 in die Dockscharte und R 682 (GR) in die Gruberscharte (ÖGV-Biwakschachtel). Weiter R 499 zum Heinrich-Schwaiger-Haus.

■ 508 Schwarzenberghütte, 2267 m – ÖGV-Biwakschachtel (Gruberschartenbiwak), 3104 m

(über Remsschartl, 2671 m – Keilscharte, 3187 m)

I im Felsgelände, **3½ Std.**, hochalpin, Gletschergelände.

Von der Schwarzenberghütte mit R 434 auf das Bockkarkees bis ca. 2950 m. Hier nach NW aufwärts in die Keilscharte (R 679, 3 Std.). Weiter R 499 zur ÖGV-Biwakschachtel in der Gruberscharte (½ Std.).

■ 509 Stüdlhütte, 2802 m – Hofmannshütte, 2444 m

(über Romariswandsattel, 3426 m)

5½ Std., hochalpin.

Von der Stüdlhütte nach N zur Zunge des Teischnitzkeeses bei der »Schere«, 3037 m. Am mäßig ansteigenden Gletscher entlang des Luisengrats aufwärts bis in Falllinie der Luisenscharte (R 609). Auf 3200 m in NW-Richtung zur Vereinigung mit dem Fruschnitzkees, das in der Mitte zwischen Gramulsattel, 3210 m (links unten), und Teufelskamp, 3511 m (rechts oben), erreicht wird (ca. 3340 m). Im sanften Anstieg schräg links an der Höhenlinie 3420 m unter dem kleinen Felsbau des Teufelskamps queren zum Romariswandsattel (R 614, 2½ Std.) am Teufelskamp-NW-Gratfuß (nicht links zu der eng benachbarten Scharte vor dem Romariswandkopf-Hauptgipfel, die nach NO steil abbricht!).
Jenseits Abstieg und dicht unter der firnigen Teufelskamp-N-Wand ostw. hinab zum O-Grat-Beginn, P. 3336 m. Rechts hinüber auf das von der Teufelskamp-O-Wand kommende Teufelskampkees, dieses bei zunehmender Neigung und wachsender Spaltengefahr hinab. Zahlreiche Querklüfte, Kreuzspalten, in tieferer Lage evtl. Blankeis. Man hält sich den Verhältnissen angepasst links (orogr.).
Das Teufelskampkees ist ein zerklüfteter Hängegletscher und fällt rampenartig, im Schlussteil steil zum Firnboden, 2720 m, vor dem Kleinen Burgstall ab. (Bis hierher R 502/GR.) Nun R 496 (GR) zur Pasterze hinab, diese überqueren und Aufstieg zur Hofmannshütte.

☐ 510 Stüdlhütte, 2802 m – Kalser Tauernhaus, 1755 m

(über Obere Fruschnitzscharte, 2939 m)

I, 5 Std., hochalpin, objektiv gefährlich, nicht begangen, s. AVF-GG 9/1995/214. Vgl. Skizze S. 313.

☐ 511 Stüdlhütte, 2802 m – Kalser Tauernhaus, 1755 m

(über Untere Fruschnitzscharte, 2901 m)

I, 5 Std., hochalpin, sehr mühsam, nicht begangen, s. AVF-GG 9/1995/214. Vgl. Skizze S. 313.

Granatspitzgruppe

■ 531 Karl-Fürst-Hütte, 2629 m – Amertal/ Gasthaus Taimeralm, 1339 m

(über Amertaler Scharte, 2699 m)

4 Std., bez., hochalpin.

Von der Karl-Fürst-Hütte mit R 536 in die Amertaler Scharte und R 857a abwärts zum Ghs. Taimeralm.

■ 532 Matreier Tauernhaus, 1512 m – Rudolfshütte, 2311 m

(über Grünseehütte, 2235 m – Donabaumschartl, 2760 m – Amertaler Scharte, 2699 m – Karl-Fürst-Hütte, 2629 m – Rabenstein, 2897 m – Granatscharte, 2970 m)

11½ Std., hochalpin (St.-Pöltener-Ostweg).

Vom Matreier Tauernhaus mit R 256 zur Grünseehütte und weiter R 543.

■ 533 Tauerntal, 1400 m – Stubachtal/ Gasthaus Schneiderau, 998 m

(über Weite Scharte, 2697 m)

8–9 Std., hochalpin, Aufstieg bez., Abstieg anfangs Gletschergelände.

Vom Parkplatz Landegg an der Felbertauernstraße den bez. Weg zur Landeggalm, 1713 m (1 Std.). Im Landeggtal (in 1800 m R 458 nach rechts) zum Moosbüchel, P. 2000 m (2 Std., R 464 von rechts). Durch das Trogtal mit der Prägratwand (Wasserfall) als Talschluss. In 2280 m aus dem Talschluss links, westw., hinan; vor dem Schandler See (Schändlicher See, AVK 39/2002 »Schandlener See«), 2380 m (R 537 nach links), in N-Richtung am Rücken der auslaufenden Prägratwand hinauf und den Hang weiter, zuletzt ca. 100 m nach rechts zur Karl-Fürst-Hütte, 2629 m (R 277, 2½ Std.). Am St.-Pöltener-Ostweg (R 536, R 543) über das Schneefeld nordw. in die Weite Scharte (Landeggscharte, R 856). Nach N am Landeggkees (Spaltengefahr!) abwärts in eine Mulde und auf der Stirnmoräne zur Schwarzen Lacke, 2224 m (nordwestl. über dieser der Salzplattensee, 2294 m, von diesem R 534, von rechts R 539). Nach NO zur Hangstufe P. 2168 m. Nach N steil in die Keesau, 1620 m (Schlussboden der Dorfer Öd). Nun auf Weg dem Ödbach entlang, über die Hintere Ödalpe, 1425 m, talaus zum Ghs. Schneiderau (3½ Std.).

□ 534 Matreier Tauernhaus, 1512 m – Ghs. Schneiderau, 998 m

(über Grünseehütte, 2235 m – Dabersattel, 2800 m – Riegelkopfschartl, 2680 m – Grünwinkelscharte, 2531 m)

1. Überschreitung: J. Rabl, G. Strauß, C. Beer mit A. Hetz, 22.8.1875; Jb. ÖTK 1876/116.

I im Felsgelände, **9–10 Std.**, hochalpin, nur historische Bedeutung, R 534a günstiger! S. AVF-GG 10/2003/190.

■ 534a Matreier Tauernhaus, 1512 m – Stubachtal/Gasthaus Schneiderau, 998 m

(über Grünseehütte, 2235 m – Donabaumschartl, 2760 m – Amertaler Scharte, 2699 m – Grünwinkelscharte, 2531 m)

9–10 Std., hochalpin, kurze Gletscherstrecke, bez. bis zum Amertaler See.

Vom Matreier Tauernhaus mit R 256 zur Grünseehütte (R 255, 2½ Std.). R 543 in die Amertaler Scharte (R 857, 2½ Std.). R 857A abwärts bis vor den

Amertaler See und mit R 534 über die Grünwinkelscharte (R 871, AVK 39/2002 »Greanwinklschart'n«) zum Salzplattensee, 2294 m, und zur Schwarzen Lacke, 2224 m. Weiter R 533.

☐ 535 Tauerntal, 1400 m – Amertal/Ghs. Taimeralm, 1339 m

(über Haupmerscharte, 2527 m – Riegelkopfschartl, 2680 m)

8–9 Std., hochalpin, sehr mühsam, alter, nicht mehr begangener Übergang über den Tauernhauptkamm, s. AVF-GG 9/1995/217.

■ 536 Rudolfshütte, 2311 m – St. Pöltener Hütte, 2481 m

(über Granatscharte, 2970 m – Rabenstein, 2897 m – Amertaler Scharte, 2699 m – Donabaumschartl, 2760 m – Meßlingscharte, 2563 m – Alter Tauern, 2493 m – Felber Tauern, 2460 m)

1. Überschreitung: H. Donabaum mit F. Maier, 10.7.1908, vor dem Wegebau; MDÖAV 1909/93.

I im Felsgelände (Stellen), **10–12 Std.**, bez. Nr. 502/513 (St.-Pöltener-Ostweg), Gletscherbegehung, Sicherungen meist beschädigt, 14 km langer, hochalpiner Übergang im Bereich des Tauernhauptkamms mit bedeutenden Höhenunterschieden (ca. **2400 Hm**). Nur bei günstigen Wetter- und Geländeverhältnissen begehen! In der S-Mulde der Weiten Scharte die offene Karl-Fürst-Hütte (R 277). GR vgl. R 543. Vgl. Variante R 537! Vgl. Foto S. 541; Skizze S. 543.

Von der Rudolfshütte am O-Ufer des Weißsees entlang zur Abzw. (R 539 nach rechts). In WSW-Richtung zum Weißseekees, an seinem rechten Rand weiter und auf die Bergstufe, 2690 m, nordwestl. vom Rotkogel (2657 m). Nun auf dem Sonnblickkees, unter Keeskogel (2827 m) – Granatspitzsattel (2970 m, R 853) – Granatspitze (3086 m) entlang, in den weiten Schneesattel der Granatscharte (R 855, 2½ Std.; AVK 39/2002 »Granatspitzscharte«). Von der Scharte, jenseits des Kamms, auf dem Prägratkees nordwestw. unter den Felsen des Sonnblicks (3088 m) entlang, zuletzt etwas abwärts in die Rabensteinscharte, 2879 m (R 855b); aus dieser auf dem steilen O-Grat (gelegte Felsplatten) auf den Rabenstein. Nun in der N-Seite ca. 250 m queren, nach P. 2863 m links über den Grat und in WSW-Richtung den Steilhang (Fels und Firn, Drahtseil) abwärts zur Karl-Fürst-Hütte, 2629 m (Notunterkunft, R 277, 1 Std. Hierher Variante: Von der Granatscharte absteigende Querung auf dem Prägratkees nach W, unter dem Rabenstein vorbei, direkt zur Karl-Fürst-Hütte möglich; für den Weiterweg s. auch R 537). Von der Hütte auf dem Firnfeld nordw. und unter der Weiten Scharte (Landeggscharte, 2697 m, R 856) in WNW-Richtung über felsiges Gelände aufwärts zu P. 2830 m im SW-Grat (R 1993) des Großen Landeggkopfs (2898 m). Am Grat (Tauernhauptkamm) abwärts und am Amertaler Schartenkopf (2763 m), mit seinem dunkelblockigen Wandabfall, rechts, westseitig, vorbei in die Amertaler Scharte (R 857). Zunächst ca. 150 m am Kamm entlang (von P. 2724 m R 857a rechts abwärts), Querung (Sicherungen) unter der N-Wand der Amertaler Höhe (2841 m) und empor zum Donabaumschartl (R 891, großes Markierungszeichen). Südseitig (mitunter Eis!) steil schräg rechts hinunter in eine Mulde an der oberen Ecke des Daberkeeses. Hier unter dem Kamm gegen SW hinab zu P. 2480 m ca. 300 m westl. vom Dabersee (2424 m; R 537 von links). Nun Querung nach NW (oberhalb von P. 2401 m) zum S-Fuß der Daberkögelen. Abstieg (kurze Kehren) und im Rechtsbogen über P. 2308 m zur Grünseehütte, 2235 m (R 255, 4½ Std.). Zum nahen Grünsee, 2245 m, über den Seeabfluss (R 256 von links) und nordw. aufwärts zum Schwarzsee, 2344 m, vom S-Ufer nach NW zum Grausee, 2500 m. Über eine Stufe nach links in die nahe Meßlingscharte (R 898) und nach NW zum Alten Tauern (R 899). Die Sattelhöhe wird der Länge nach überschritten und (Sicherungen) der Weinbichl, 2545 m, betreten. Abwärts zum Kreuz am Felber Tauern (R 900), im Gegenhang die nahe St. Pöltener Hütte (2 Std.).

■ 537 Variante zu R 536

2¼ Std., bez., etwas weiter, dafür einfacher als die Originalroute zwischen Karl-Fürst-Hütte – Dabersee. Weg von der ÖAV-Sektion Matrei/Osttirol errichtet und am 28.8.1983 eröffnet.

Von der Karl-Fürst-Hütte, 2629 m, ca. 100 m nach W, dann in S-Richtung am Rücken der auslaufenden Prägratwand abwärts zum Schandler See (Schändlicher See; AVK 39/2002 »Schandlener See«), 2380 m (kurz vorher R 533 von links). In SW-Richtung über den nahen P. 2518 m und weiter in die Wilde-Mannder-Scharte, 2600 m (R 905). Nach NW, unter der Klockenkogel-SW-Wand vorbei (teils plattiges Gelände) in die Haupmerscharte, 2527 m (R 907). Im Linksbogen (nordwestw.) unter dem Dabersee (2424 m) zu P. 2480 m am St.-Pöltener-Ostweg (R 536).

□ 538 Originalroute von R 536, zwischen Donabaumschartl, 2760 m, und Meßlingscharte, 2563 m

I, Querung an der W-Seite des Tauernhauptkamms, nicht bez.! Nach Eröffnung der Variante R 537 nicht mehr begangen; s. AVF-GG 10/2003/192.

□ 539 Rudolfshütte, 2311 m – Stubachtal/Gasthaus Schneiderau, 998 m

(über Sonnblickscharte, 2806 m)

6 Std., hochalpin, Gletscherbegehung, kaum begangen; s. AVF-GG 10/2003/192.

□ 540 Rudolfshütte, 2311 m – Amertal/Gasthaus Taimeralm, 1339 m

(über Granatscharte, 2970 m – Amertaler Scharte, 2699 m)

I im Felsgelände, **8 Std.**, Gletscherbegehung; s. AVF-GG 10/2003/193.

☐ 541 Stubachtal/Gasthaus Schneiderau, 998 m – Matreier Tauernhaus, 1512 m

(über Grünwinkelscharte, 2531 m – Riegelkopfschartl, 2680 m – Dabersattel, 2800 m)

I im Felsgelände, **9–10 Std.**, hochalpin, mühsam, kaum begangen; s. AVF-GG 10/2003/193.

■ 543 St. Pöltener Hütte, 2481 m – Rudolfshütte, 2311 m

(über Felber Tauern, 2460 m – Alter Tauern, 2493 m – Meßlingscharte, 2563 m – Donabaumschartl, 2760 m – Amertaler Scharte, 2699 m – Rabenstein, 2897 m – Granatscharte, 2970 m)

I im Felsgelände (Stellen), **10–12 Std.**, bez. Nr. 502/513 (St.-Pöltener-Ostweg), Gletscherbegehung, Sicherungen meist beschädigt; 14 km langer, hochalpiner Übergang im Bereich des Tauernhauptkamms mit bedeutenden Höhenunterschieden (ca. **2400 Hm**). Nur bei günstigen Wetter- und Geländeverhältnissen begehen! In der S-Mulde der Weiten Scharte die offene Karl-Fürst-Hütte (R 277). GR vgl. R 536. Vgl. Variante R 544!

Von der St. Pöltener Hütte über den Felber Tauern (R 900), nach SW über den Weinbichl, 2545 m, und (Sicherungen) auf den Alten Tauern (R 899). Die Sattelhöhe wird der Länge nach überschritten. Nach SO hinab in die Meßlingscharte (R 898). In gleicher Richtung weiter abwärts, am W-Ufer des Grauese, 2500 m, dann am Schwarzsee, 2344 m, vorbei zum Grünsee, 2245 m (R 256 von rechts), und zur Grünseehütte, 2235 m (R 255, 1½ Std.). Im Linksbogen über P. 2308 m und mit kurzen Kehren zum S-Fuß der Daberkögelen. In 2500 m (oberhalb von P. 2401 m) nach O zu P. 2480 m, ca. 300 m westl. vom Dabersee (2424 m; R 544 nach rechts). An diesem vorbei in die Mulde am oberen Eck des Daberkeeses. Weiter steil aufwärts (manchmal Eis) ins Donabaumschartl (R 891, Markierungszeichen). Auf Steig (beschädigte Sicherungen) Quergang unter der N-Wand der Amertaler Höhe (2841 m) zu P. 2724 m (R 857a links abwärts) und ca. 150 m am Kamm weiter in die Amertaler Scharte (R 857). Am Amertaler Schartenkopf (2763 m) mit dunkelblockigen Wandabfall, links, westseitig, vorbei und auf den SW-Kamm (Tauernhauptkamm) des Großen Landeggkopfs (2898 m); ab P. 2830 m rechts (südostw.) im Zickzack hinab in die Schneemulde, 2640 m, südl. unter der Weiten Scharte (Landeggscharte, 2697 m, R 856); rechts tiefer die Karl-Fürst-Hütte, 2629 m (Notunterkunft, R 277, 6½ Std.). Nach NO über steile Schrofenhänge (Fels/Firn, Drahtseil), auf den Grat und an der N-Seite ca. 250 m queren auf den Rabenstein. Vom Gipfel am steilen O-Grat (gelegte Felsplatten) in die Rabensteinscharte, 2879 m (R 855b), und rechts des Kamms, auf dem Prägratkees, unter den Felsen des Stubacher Sonnblicks (3088 m) entlang (Spalten) aufwärts in den weiten Schneesattel der Granatscharte (AVK 39/2002 »Granatspitzscharte«, R 855, 1 Std.; von der Karl-Fürst-Hütte ansteigende Querung nach O, unter dem Rabenstein vorbei und am Prägratkees direkt in die Granatscharte möglich). Auf dem Sonnblickkees in SO-Richtung abwärts, unter Granatspitze (3086 m) – Granatspitzsattel (2970 m, R 853) – Keeskogel (2827 m) entlang auf die Bergstufe, 2690 m, nordwestl. vom Rotkogel (2657 m). Abstieg zum Weißseekees, an seinem linken Rand nordostw. hinab zur Abzw. (R 539 nach links). Am O-Ufer des Weißsees entlang zur Rudolfshütte (2 Std.).

■ 544 Variante zu R 543

2¾ Std., bez., etwas weiter, dafür einfacher als die Originalroute zwischen Dabersee – Karl-Fürst-Hütte.

Vom P. 2480 m vor dem Dabersee im Rechtsbogen (südostw.) vorbei in die Haupmerscharte, 2527 m (R 907). Nun nach SO, unter der Klockenkogel-SW-Wand vorbei (teils plattiges Gelände) in die Wilde-Mannder-Scharte, 2600 m (R 905). In NO-Richtung über P. 2518 m zum Schandler See (Schändlicher See, AVK 39/2002 »Schandlener See«), 2380 m. An diesem rechts vorbei (R 533 von rechts) in N-Richtung am Rücken der auslaufenden Prägratwand aufwärts und den folgenden Hang weiter, zuletzt ca. 100 m nach rechts zur Karl-Fürst-Hütte.

□ 545 Variante zu R 543, zwischen Meßlingscharte, 2563 m, und Donabaumschartl, 2760 m

I, R 538 (GR).

■ 546 Amertal/Gasthaus Taimeralm, 1339 m – Rudolfshütte, 2311 m

(über Amertaler Scharte, 2699 m - Granatscharte, 2970 m)

I im Felsgelände, **9 Std.**, bez. Nr. 521, 513, hochalpin, Gletscherbegehung.

Vom Ghs. Taimeralm mit R 857a (GR) in die Amertaler Scharte (5 Std.). Weiter R 543 zur Rudolfshütte (4 Std.).

Übergänge und Gratscharten

Glocknergruppe

Glocknerkamm

Zentraler Glocknerstock

601 Untere Glocknerscharte, 3596 m

1. Ersteigung und Überschreitung (N–S): C. Facilides mit J. Kerer, M. Groder, 26.8.1875. 1. gratmäßige Überschreitung: M. v. Kuffner mit Ch. Ranggetiner, E. Rubesoier, 8.8.1884, von der Glocknerwand. 1. Überschreitung (S–N): F. Drasch mit S. Huter, P. Unterberger, Sept. 1887.

Scharfer Einschnitt zwischen Glocknerwand, 3722 m (im NW), und Teufelshorn, 3677 m, anschließend Glocknerhorn, 3680 m, und Großglockner, 3798 m (im SO). Ein markanter spitzer Felsturm teilt die Scharte in zwei Einschnitte. Firnflanke nach NO zum Inneren Glocknerkar, Firnrinne nach S zum Teischnitzkees. Kein Übergang! Name nach P. Oberlercher, vorher »Teischnitzscharte« (nach C. Facilides), danach »Glocknerwandscharte« genannt. S-Anstiege R 606/607 in den frühen Morgenstunden begehen, später Lawinengefahr!

■ 602 Nordostwand-Übersicht

Die NO-Flanke, die »Schartenwand« (320 Hm, 40–50°) ist von einer schrägen, im oberen Drittel sehr steilen Felsrippe durchzogen, die ein spitzer, weithin sichtbarer Felsturm krönt. Dadurch ergeben sich zwei getrennte Firnflankenteile; der spitze Felsturm trennt die Untere Glocknerscharte ebenfalls in zwei Einschnitte, von denen nur der rechte betreten wird. Die lange Felsrippe und die Firnflanke brechen zu einer großen Randkluft ab, die den Firnboden des Inneren Glocknerkars sperrt und oft nicht zu übersteigen ist.
Zugang: Von der Glockner-Biwakschachtel (R 86) über den ebenen Firnboden des Inneren Glocknerkars (¼ Std.).

■ 603 Nordostwand (Linker Anstieg)

C. Facilides mit J. Kerer, M. Groder, 26.8.1875, 1. Scharten-Ersteigung; MDÖAV 1875/208.

Firnwand 45°, Ausstieg **50°** (10 m), **320 Hm**, **3 Std.** Mit dem NW-Grat zum Glocknergipfel großzügige Bergfahrt. Vgl. Fotos S. 197, 267, 269, 305.

Übersicht, Zugang: Vgl. R 602.
Anstieg: E. links der Felsrippe, hoher Bergschrund. Die Firnwand wird bis

ins obere Drittel erstiegen (die Erstbegeher benützten großteils die Felsrippe). Bei einem großen Felskopf rechts über die Rippe und dieser in enger Firnrinne entlang in die rechte Kerbe der Unteren Glocknerscharte.

604 Nordostwand (Mittlerer Anstieg)

M. v. Kuffner, Ch. Ranggetiner, E. Rubesoier, 14.8.1884; 3. Scharten-Ersteigung.

Firnwand **40–50°**, **320 Hm**, **3 Std.** Vgl. Fotos S. 197, 269, 305.

Übersicht, Zugang: Vgl. R 602.
Anstieg: E. (Randkluft) rechts der Felsrippe und dieser entlang in die rechte Kerbe der Unteren Glocknerscharte.

605 Nordostwand (Rechter Anstieg)

F. Drasch mit S. Huter, P. Unterberger, Sept. 1887.

Firnwand **40–50°**, **320 Hm**, **2½ Std.** Vgl. Fotos S. 197, 305.

Übersicht, Zugang: Vgl. R 602.
Anstieg: E. mit R 604 am rechten Rand der Firnwand aufwärts, im obersten Teil entlang der von der Glocknerscharte hereinziehenden Rippe und Ausstieg in die rechte Kerbe der Unteren Glocknerscharte.

606 Südrinne (Rechter Anstieg)

C. Facilides mit M. Groder, J. Kerer, 26.8.1875, im Abstieg nach der 1. Scharten-Ersteigung; MDÖAV 1875/208.

Firnrinne **45°**, 250 Hm, 1 Std., gesamt **800 Hm**, **2½ Std.** Vgl. Foto S. 299.

Von der Stüdlhütte, 2802 m, nach N zur Zunge des Teischnitzkeeses bei der »Schere«, 3034 m (R 54 nach rechts). Am mäßig ansteigenden Gletscher entlang des Luisengrats aufwärts, unter der Luisenscharte vorbei und schräg links unter der W-Wand weiter bis in Falllinie der Unteren Glocknerscharte. Vom Teischnitzkees, ca. 3350 m (Bergschrund), am rechten Rand der Firnrinne entlang den Felsen empor und Ausstieg in den rechten Scharteneinschnitt.

607 Südrinne (Linker Anstieg)

G. Gröger mit Ch. Ranggetiner, 18.7.1879, 2. Scharten-Ersteigung; ÖAZ 1879/192, ÖAZ 1880/31.

Firnrinne **45°**, **250 Hm**, **1 Std.** Vgl. Foto S. 299.

R 606 bis in Rinnenmitte und Ausstieg in den rechten Scharteneinschnitt.

608 Obere Glocknerscharte, 3756 m

1. Ersteigung: M. Klotz, S. Klotz (»Hoysensepp«), Pfarrer M. Hautzendorfer und zwei Zimmerleute, 28.7.1800, 1. Großglockner-Ersteigung; EO III/170.

Zwischen Großglockner, 3798 m (im NW), und Kleinglockner, 3770 m (im O). Diese Gipfelscharte ist ca. 8 m breit und wird im Frühsommer auf ca. ½ m breitem Schneegrat der Länge nach überschritten (Großglockner-Normalanstieg, R 1002), im Spätsommer aper. Nach NO die Pallavicini-Rinne zum Inneren Glocknerkar, entgegengesetzt die S-Rinne zum Ködnitzkees hinab.

609 Luisenscharte, 3175 m

1. Ersteigung: J. Mayer mit A. Bauernfeind, A. Payer, 6.9.1853, ab Ködnitzkees (während des historischen Versuchs, den Großglockner-SW-Grat zu erklettern).

Am Fuß des Großglockner-SW-Grats (Stüdlgrat, R 1037). Nach SSW abwärts der Luisengrat über den Luisenkopf, 3207 m, zur »Schere«, 3037 m (R 611). Der Luisengrat trennt das Teischnitz- (im W) vom Ködnitzkees (im O). Übergang möglich.

■ 610 Von der Stüdlhütte

1½ Std., **374 Hm**, Gletscherbegehung.

Von der Stüdlhütte, 2802 m, mit R 54 nordw. in Kehren zum Felseinschnitt der »Schere«, 3037 m (R 611), nahe unter dem S-Fuß (P. 3043 m) des Luisengrats. Diesem westseitig auf dem Teischnitzkees entlang (Spalten) zur Luisenscharte.

611 »Schere«, 3037 m

Felseinschnitt unter dem S-Fuß (P. 3043 m) des Luisengrats, dem Auslauf des Großglockner-SW(Stüdl)-Grats; dieser trennt das Teischnitz- (im W) vom Ködnitzkees (im O). Übergang: Stüdlhütte – Erzherzog-Johann-Hütte (R 54).

612 Teufelskampsattel, 3503 m

Firnsattel zwischen Teufelskamp, 3511 m (im NW), und P. 3560 m, am Fuß des Glocknerwand-NW-Grats; im SW das Fruschnitzkees, nach O eine steile Firnwand zum Teufelskampkees. Übergänge: Stüdlhütte – Hofmannshütte (R 509); Oberwalderhütte – Stüdlhütte (R 502).

Glocknerhorn, Teufelshorn, Untere Glocknerscharte von Nordnordosten

Untere Glocknerscharte:
R 603 Nordostwand (Linker Anstieg)
R 604 Nordostwand (Mittl. Anstieg)
R 605 Nordostwand (Rechter Anstieg)
Großglockner:
R 1030 Unterer Nordwestgrat
R 1032 Direkter Unterer Nordwestgrat.
Glocknerhorn: R 1063 Nordwandrampe.
Teufelshorn: R 1070 Nordwand

Glocknerhorn
Teufelshorn
Grögerschneid
Untere Glocknerscharte
1030
1032
1030
605
1063
1070
603
604

613 Hohenwartscharte, 3182 m

1. Ersteigung und Überschreitung: M. Klotz, S. Klotz (»Hoysensepp«), 15.6.1799; EO III/169.

Zwischen Hohenwartkopf, 3308 m (im W), und Kellersberg-Hauptgipfel, 3267 m (im O); im NO das Hofmannskees, nach S eine kurze Felsstufe, darunter das Hohenwartkees. Name zu Ehren von Sigmund v. Hohenwart, dem späteren Bischof von Linz und großen Bergsteiger und Botaniker, dem eifrigen Verfechter der Ersteigbarkeit des Großglockner.
Übergang: Salmhütte – Erzherzog-Johann-Hütte (R 57).

Nordbereich/Schneewinkel-Umrahmung

614 Romariswandsattel, 3426 m

1. Ersteigung: J. Stüdl mit Th. Groder, P. Groder, 27.8.1868, im Bestreben, einen Übergang vom Teischnitzkees zur Pasterze zu finden; ZDAV 1870-71/356, EO III/190. 1. Überschreitung: K. Kögler mit J. Kehrer, P. Huter, 21.8.1876, zugleich 1. Gesamtabstieg am Teufelskampkees; ZDÖAV 1877/246.

Höchster Firnsattel der Glocknergruppe zwischen Teufelskamp, 3511 m (im SO), und P. 3442 m, danach der Firnsattel P. 3428 m und der Romariswandkopf-Hauptgipfel, 3511 m (im NW). Nach NO das zerklüftete Nördliche Teufelskampkees (s. R 1115), nach SW das anfangs flache Fruschnitzkees.
Übergänge: Oberwalderhütte – Stüdlhütte (R 502); Stüdlhütte – Hofmannshütte (R 509).

□ 615 Südwestanstieg

Unbekannte mit Führer P. Huter, 1880, im Abstieg.

I im Felsgelände, Gletschergelände bis **60°**, **1737 Hm**, objektiv gefährlich, nur historische Bedeutung. S. AVF-GG 9/1995/228.

Vom Kalser Tauernhaus Aufstieg in unübersichtlichem Gelände und durch den Gletscherbruch (Séracs) des Fruschnitzkeeses.

616 Schneewinkelscharte, 3412 m

1. Ersteigung: K. Hofmann, J. Stüdl mit Th. Groder, J. Schnell, 14.9.1869, von O. 1. Überschreitung W–O: A. v. Schmid, Dr. Prechelmacher mit Th. Groder, 20.8.1871; EO III/191. 1. Überschreitung O–W: K. Kögler mit J. Kerer, P. Huter, 22.8.1876, neuer Zustieg vom Schneewinkel; ZDÖAV 1877/246.

Firnscharte zwischen Schneewinkelkopf-SO-Gipfel, 3475 m (NW), und Romariswandkopf-NW-Gipfel, 3491 m (SO).
Im NO der Obere Pasterzenboden mit dem Schneewinkel, nach SW ein ca. 70 m hoher Felsabhang zum Laperwitzkees. Übergang: Oberwalderhütte –

Kalser Tauernhaus (R 500). Wird beim Übergang (R 502a) Oberwalderhütte – Stüdlhütte betreten.

■ 617 Nordostanstieg

1½ Std vom Schneewinkel (R 662). Aus diesem in SW-Richtung, anfangs steil, in die breite Schneewinkelscharte.

618 Eiskögelescharte, 3419 m

1. Ersteigung: B. Lergetporer mit M. Groder, J. Kerer, 30.7.1878, von S; ZDAV 1873/131.

Firnscharte zwischen Eiskögele, 3426 m (im NW), und P. 3423 m, danach der Schneewinkelkopf, 3476 m (im SO); nach NO ein steiler Firnhang in den Schneewinkel, nach SW das Laperwitzkees.

■ 619 Ostwand

F. Eckstein mit J. Hetz, Chr. Ranggetiner, 10.8.1878.

Firnanstieg bis **40°**, **219 Hm**, **1 Std.** Vgl. Foto S. 331.

Vom Schneewinkel (R 662) unter der Unteren Ödenwinkelscharte in den obersten Winkel, der von einer Firnwand abgeschlossen ist, an der die Eiskögelescharte einschneidet, die links von den beiden Felstürmen (P. 3423 m) des Grats zum Schneewinkelkopf überragt wird. Rechts in der O-Wand ein Felsbau. Links von diesem in Falllinie der Eiskögelescharte über den Bergschrund und zum schrägen Felsbau in Wandmitte aufsteigen. Zuerst gerade weiter, dann aus der Wand links hinaus und in die nahe Eiskögelescharte.

□ 620 Südanstieg

B. Lergetporer mit M. Groder, J. Kerer, 30.7.1872, im Abstieg; ZDAV 1873/131.

Gletschergelände, **1682 Hm**. Anstieg vom Kalser Tauernhaus über das zerklüftete Laperwitzkees, nur von historischer Bedeutung. S. AVF-GG 9/1995/229.

Südbereich/Östlicher Südkamm

621 Blaues Schartl, 3182 m

1. Ersteigung: J. Mayr mit J. Schnell, 1.9.1853; EO III/179.

Im Blaukopfgrat, nahe nördl. der Burgwartscharte, 3104 m (R 622). Wird am Anstieg von der Lucknerhütte (R 56) sowie von der Salmhütte (R 58) zur Erzherzog-Johann-Hütte betreten.

622 Burgwartscharte, 3104 m

1. Ersteigung: J. Mayr mit J. Schnell, 1.9.1853; EO III/179.

Im Blaukopfgrat, nahe unter dem Blauen Schartl, 3182 m (R 621). Wird am Anstieg (R 56) von der Luckner- zur Erzherzog-Johann-Hütte betreten. Der Blaukopfgrat bildet die Verbindung von der Adlersruhe, 3451 m, nach S zur Langen Wand, 3086 m; trennt das Ködnitz- (im W) vom Leiterkees (im O).

623 Kristallscharte, 2973 m

1. Ersteigung und Überschreitung: J. A. Sprecht, A. Wachtler mit G. Ranggetiner, 1857; EO III/179.

Am S-Ende des Blaukopfgrats (R 622) und Beginn des N-Grats auf die Lange Wand, 3086 m.

■ 624 Ostanstieg

L. Wagner, H. Rieß, 14.8.1969, im Abstieg; NAV.

I, ½ Std. Vgl. Skizze S. 347.

Von der Stirnmoräne des Leiterkeeses in einer Schrofenrinne hinauf.

625 Pfortscharte, 2828 m

Zwischen Langer Wand, 3086 m (im N), und Glatte Schneid, 2890 m (im S). Übergang: Salmhütte – Stüdlhütte (R 429).

626 Medelspitzesattel, 2676 m

Rasensenke zwischen der nahen Medelspitze, 2678 m (im SW), und den Leiterköpfen, 2910 m (im NO). Übergang: Glorerhütte – Stüdlhütte (R 412).

627 Bergertörl, 2651 m

Breiter Sattel zwischen Weißem Knoten, 2867 m (im NW), und Kasteneck, 2824 m (im S). Standort der Glorerhütte (R 106). Seit Urzeiten Hauptübergang zwischen Möll- und Kalser Tal.
Bergsteigerisch durch Erzherzog Johann von Österreich bekannt geworden, der 1832 das Bergertörl überschritt; damals »Kalser Scharte«, »Kalser Törl«, »Heiligenbluter Törl« genannt.

628 Peischlachtörl, 2490 m

Grassattel mit Holzkreuz und Reste eines Unterstands, am Ende des Leiterkeeskamms (Großglocknerkamm), zwischen Kasteneck, 2824 m (im N), und Bösem Weibele, 3121 m (im S), trennt die Glockner- von der im S folgenden Schobergruppe. Übergang: Lucknerhaus – Glorerhütte (R 419a).

Südostbereich/Pasterzenkamm

629 Kellersbergscharte, 3165 m

Zwischen Kellersberg, 3267 m (im W), und Kellerskopf, 3243 m (im SO).

630 Stockerscharte, 2442 m

Zwischen Mittlerem Leiterkopf, 2602 m (im W), und dem nahen Vorderen Leiterkopf, 2483 m (im O). Über P. 2501 westlich der Stockerscharte die Übergänge: Glocknerhaus – Salmhütte (R 410); Salmhütte – Franz-Josefs-Haus (R 425); Salmhütte – Hofmannshütte (R 427).

Südbereich/Westlicher Südkamm

631 Gramulsattel, 3219 m

1. Ersteigung: J. Stüdl mit Th. Groder, P. Groder, 27.8.1868; EO III/190, ZDAV 1870–71/356.

Flacher Felssattel in dem vom Gramul, 3276 m, nach NO ziehenden, in ca. 2300 m im Gletscher auslaufenden NO-Kamm; trennt Fruschnitz- (im W) vom Teischnitzkees (im O).
Übergänge: Oberwalderhütte – Stüdlhütte (R 502); Rudolfshütte – Stüdlhütte (R 504).

632 Obere Fruschnitzscharte, 2939 m

1. Ersteigung: Führer P. Huter, 1878.

Zwischen Fruschnitzkopf, 2986 m (im S), und Gamskopf, 3157 m (im NO).
Übergang: Stüdlhütte – Kalser Tauernhaus (R 510).

633 Untere Fruschnitzscharte, 2901 m

1. Überschreitung: Führer P. Huter, 1878.

Zwischen Fruschnitzkopf, 2986 m (im NO), und Zollspitze, 3024 m (im SW).
Übergang: Stüdlhütte – Kalser Tauernhaus (R 511).

633a Rote Scharte, 2960 m

Zwischen Rumesoikopf, 3001 m (im N), und Gelbem Hörnl, 3003 m (im S); im W das Rumesoikar, im O die »Grauen Böden«.

634 Rumesoischarte, 2950 m

Zwischen Kristallspitze, 3005 m (im S), und Grünem Kopf, 3005 m (im N); im W das Rumesoikar, im O die »Grauen Böden«.

635 Ostanstieg

II, 1½ Std.

Von den »Grauen Böden«, 2662 m (R 511), über einen Geröllhang, Rasen und Bratschen in die Scharte.

636 Kristallschartl, 2939 m

Zwischen Kristallspitze, 3005 m (im NW), und Kreuzwand, 3031 m (im SO).

637 Ostanstieg

I, 1¼ Std.

Von den »Grauen Böden«, 2662 m (R 511), nach WSW, über den Weißenbach und aufwärts zum Fuß der Kreuzwand; rechts dieser, zuletzt in einer Rinne in das Kristallschartl.

638 Beilscharte, 2860 m

Zwischen Kristallspitze, 3005 m (im NO), und Dreifinger, 2933 m (im SW); im SO abwärts der lange Bergtrog Tschadinepfohl mit den Geländestufen Oberes Beil, 2806 m, Mittleres Beil, 2738 m, und Unteres Beil, 2583 m; im NW das Rumesoikarl (seinerzeit der Rotkargletscher).

639 Südanstieg

I, 4¼ Std. von Kals.

Aus dem unteren Teischnitztal (R 213) entlang dem Götschbach. Dann über das Untere Beil, 2583 m – Mittlere Beil, 2738 m (3½ Std.) – Obere Beil, 2806 m (Geländestufen im Tschadinepfohlkar), und gerade weiter, zuletzt über Geröll in die Beilscharte.

640 Stoazgrubenscharte, 2798 m

AVK 39/2002 »Stuazgrüabenschart'n«. Zwischen Säulspitz, 2956 m (im N), und Bretterspitz, 2868 m (im SW); im W das Stoazgrubenkar, im O die Geländestufe Mittleres Beil, 2738 m, im Tschadinepfohlkar, 2640 m.

641 Ostanstieg

I, ¾ Std.

Unter dem Mittleren Beil (R 639) vom Tschadinepfohlkar, 2640 m, nach W und über Geröll in die Stoazgrubenscharte.

Südbereich/Mittlerer Südkamm

642 Fanatscharte, 2802 m

Breite Scharte am N-Fuß des Fanatkogels, 2905 m, südl. über dem Teischnitzkees. Standort der Stüdlhütte (R 210).

643 Jörgenwinkelscharte (Foledischnitzscharte), 2630 m

Zwischen Kalser Freiwandspitz, 2919 m (NO), und Figerhorn, 2743 m (SW).

644 Westanstieg

¾ Std.

Von R 213 ab ca. 2400 m über den Steilhang in die Scharte.

Mittlerer Tauernhauptkamm

Zentrales Gletscherdach

661 Untere Ödenwinkelscharte, 3160 m

1. Ersteigung: A. Schlagintweit, H. Schlagintweit mit P. Kronegger (»Plattl«), 1848; vom Schneewinkel nach Begehung der Pasterzenterrasse; EO III/195. 1. Überschreitung: M. v. Kuffner mit Chr. Ranggetiner, E. Rubesoier, 4.8.1884, Aufstieg N-Wand. 1. Längsüberschreitung: G. Gröger mit Chr. Ranggetiner, 1.9.1879, am Tauernhauptkamm.

Zwischen Eiskögele, 3426 m (im SW), und Ödenwinkelschartenkopf, 3261 m (im NO); NW-Ende des flachen Schneewinkels vom Obersten Pasterzenboden; unter einer Riesenwechte Steilwandabbruch nach NW bis 2900 m in den Ödenwinkel mit dem Ödenwinkelkees; früher »Weiße Scharte« genannt. Kein Übergang!

662 Ostanstieg

2¼ Std. von der Oberwalderhütte, Gletscher. Vgl. Foto S. 361; Skizze S. 327.

Von der Oberwalderhütte, 2972 m, am Oberen Pasterzenboden im großen Linksbogen, dann zwischen Johannisberg (rechts) und Pasterzenbruch (links) an der Höhenlinie 3100 m (Spalten) in SW-Richtung am Obersten Pasterzenboden weiter zum flachen Schneewinkel (2 Std.) und nach WNW in die sichtbare Untere Ödenwinkelscharte (¼ Std.).

663 Südostanstieg

4–5 Std. von der Hofmannshütte, **736 Hm**, Gletschergelände.

Von der Hofmannshütte, 2444 m, mit R 496 auf der Pasterzenterrasse bis 3000 m aufwärts.
Von hier in NW-Richtung weiter in den Schneewinkel, 3100 m (R 500 links aufwärts in die Schneewinkelscharte). Nun mit R 662 (kommt von rechts) nach WNW in die Untere Ödenwinkelscharte.

664 Nordwand-Übersicht

Der Abbruch der Unteren Ödenwinkelscharte zum Ödenwinkelkees ist von einer Felsrippe (mit spitzem Felshorn) sowie von dadurch gebildeten Wandkesseln gekennzeichnet. Diese Felsrippe bricht mit einer dreieckigen, lotrechten Felswand zu einem breiten Schneeband ab, das beiderseits in die Nachbarwände ausläuft und von dem Rinnen in die beiden Wandkessel hinaufziehen; links ein schmales Schneeband (Kristallfundstelle). Unter dem Schneeband eine dreieckige Plattenwand, deren Spitze abwärts zeigt und in ca. 2900 m den Firnhang erreicht. Kristallfund: P. Meilinger, H. Hofer, Juli 1965; 7 Kristalle mit zusammen 1622 kg, einer davon größter Kristall der Alpen! Abtransport mit Hubschrauber des Österr. Bundesheeres am 13.9.1966 und ausgestellt im »Haus der Natur« in Salzburg.
Zugang: Von der Rudolfshütte, 2311 m, mit R 503 zum Ödenwinkelkees und in dessen Firnboden, 2520 m (über diesem der erste Gletscherbruch). Hier nach links und steil zum Wandfuß, 2858 m (2½ Std., Randkluft).

665 Nordwand (Rechter Anstieg)

M. v. Kuffner mit Chr. Ranggetiner, E. Rubesoier, 4.8.1884; ÖAZ 1884/288.

III, **320 Hm**, **3½ Std.**, Gletscherzustieg. Vgl. Foto S. 205.

Übersicht, Zugang: Vgl. R 664.
Anstieg: Vom E., 2900 m, an der Spitze der dreieckigen Felswand an festem Fels gerade empor zu einem waagrechten Band und senkrecht höher auf das große Schneeband unter der lotrechten Wand mit der Rippe und dem spitzen Felshorn. Am Schneeband nach rechts und in einer Steilrinne (Schlüsselstelle, fester Fels) aufwärts zu weniger steilen Platten am Beginn des rechten Wandkes-

Ödenwinkelschartenkopf, Untere Ödenwinkelscharte von Nordwesten

Untere Ödenwinkelscharte:
R 665 Nordwand (Rechter Anstieg)
R 666 Variante zu R 665
R 667 Nordwand (Linker Anstieg)

Ödenwinkelschartenkopf:
R 1323 Südwestanstieg
R 1324A Nordostabstieg
R 1325 Nordwand
R 1326A Nordwand
R 1165 Eiskögele-Nordostgrat

Odenwinkelschartenkopf
P. 3214
Untere Odenwinkelscharte
1324 A
1323
1165
666
1326 A
P. 2858
1325
667
665
P. 2900
1326 A
Ödenwinkelkees

sels. Aus diesem nach links auf die überhöhende Rippe und auf dieser (oder rechts neben dem spitzen Turm) in die Untere Ödenwinkelscharte.

666 Variante zu R 665

III+. Vgl. Foto S. 205.

Am Schneeband noch weiter nach rechts. Nach der Steilrinne über Platten links aufwärts in den Wandkessel.
In diesem schräg rechts empor mit Ausstieg am Beginn des Eisköge-le-NO-Grats.

667 Nordwand (Linker Anstieg)

F. Drasch mit G. Rieß, Datum unbekannt; MDÖAV 1890/21.

III, E.-Firnwand **47°**, **320 Hm**, **3 Std.**, Gletscherzustieg. Vgl. Foto S. 205.

Übersicht, Zugang: Vgl. R 664.
Anstieg: E. links von P. 2900 m; über die Firnwand zu Platten und rechts zum großen Schneeband. Von diesem sofort auf das höhere, linke Band an der Abbruchswand und an dieser zu einer Plattenrinne, die in den linken Wandkessel emporführt. Aus dem Kessel an brüchigem Fels gerade empor, dann nach rechts, hoch oben auf die Felsrippe von R 665 und zum Schartenausstieg.

668 Obere Ödenwinkelscharte, 3228 m

1. Ersteigung und Überschreitung: Bauer Th. Enzinger vom Stubachtal, vor 1841; EO III/194. 1. tour. Ersteigung: F. F. Tuckett, D. W. Freshfield, G. H. Fox mit F. Devouassoud, P. Michel, J. Gräfler, 9.6.1865; AJ 1865/139, EO III/195. 2. tour. Überschreitung: Drei Führer A. Hetz, P. Hetz, J. Brandtner, 30.9.1868, womit dieser entscheidende Übergang bekannt wurde; ZDÖAV 1869/335. 1. führerlose Ersteigung: O. Romich, F. Müller, 9.9.1875; JB. ÖTK 1876/81.

Enger Felseinschnitt zwischen Johannisberg, 3453 m (im SO), und Hoher Riffl, 3338 m (im N). Nach O ein fast ebener Schneeboden (spaltenlos) zum Rifflwinkel, nach W ein mächtiger Steilabsturz zum Ödenwinkelkees. Früher durch F. F. Tuckett, 1865, »Johannisbergjoch« genannt; heutiger Name durch K. Hofmann, 1869.

Johannisberg, Obere Ödenwinkelscharte von Nordnordwesten

Obere Ödenwinkelscharte:
R 501 von der Oberwalderhütte

Johannisberg:
R 1332 Ostgrat
R 1335 Südwestgrat
R 1337 Nordwestgrat
R 1338 Nordostwand
R 1717 Hohe-Riffl-Südkamm

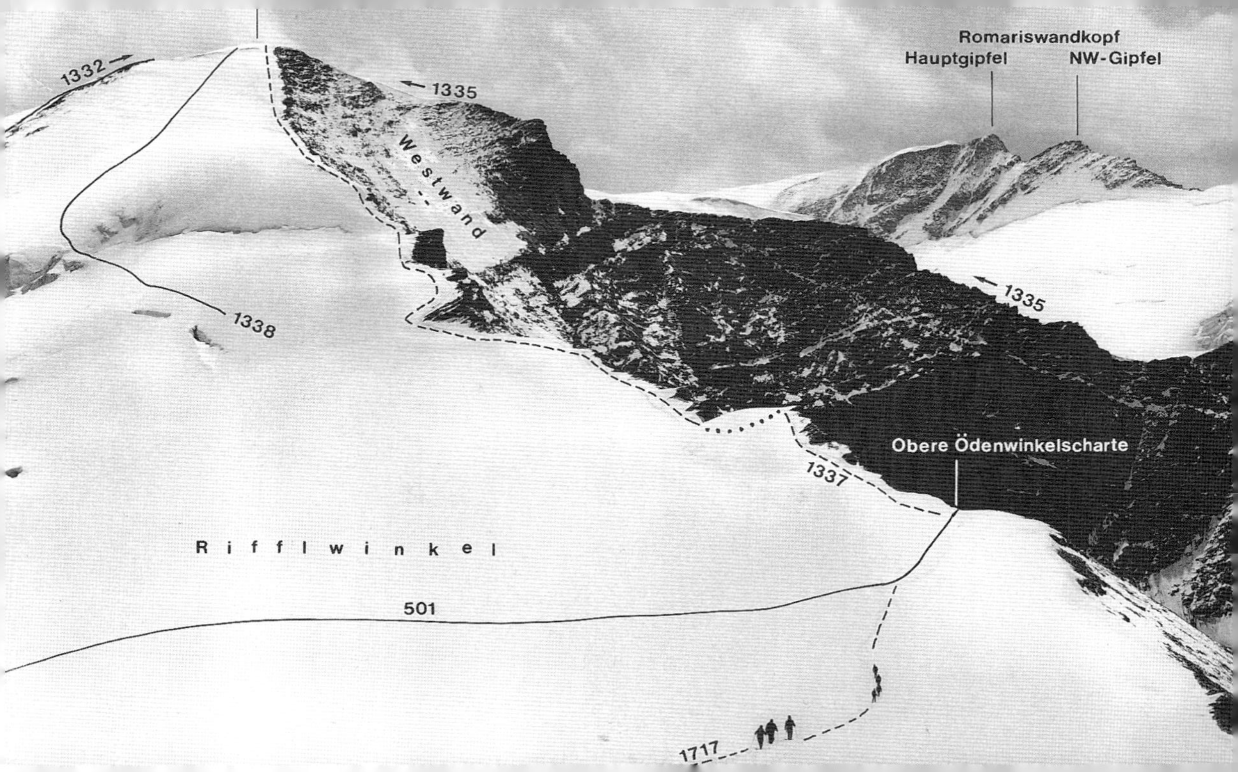
Romariswandkopf
Hauptgipfel
NW-Gipfel
1332
1335
Westwand
1335
1338
1337
Obere Ödenwinkelscharte
Rifflwinkel
501
1717

Übergänge: Rudolfshütte – Oberwalderhütte (R 503, R 501/GR); Oberwalderhütte – Rudolfshütte (R 501, R 503/GR).

669 Ostanstieg

2 Std. von der Oberwalderhütte, R 501.

670 Westanstieg

4 Std. von der Rudolfshütte, R 503.

671 Riffltor, 3100 m

1. Ersteigung: Erzherzog Johann von Österreich mit Heiligenbluter Führern, 8.8.1832, von SO, vom Großen Burgstall und zurück; EO III/197. 1. N-Aufstieg und Überschreitung nach S: A. v. Ruthner mit J. Schweighofer (»Röderer«) und einem Kapruner Sennen, 3.9.1855; EO III/197, RB 1864/114.

Weiter, flacher Gletschersattel zwischen Hoher Riffl, 3338 m (im W), und dem nahen Schattseitköpfl, 3172 m (im NO). Nach S ein flacher Firnboden (darüber der Johannisberg, 3453 m), der dann als Rifflwinkel nach W zur Oberen Ödenwinkelscharte, 3228 m, mäßig ansteigt, andererseits nach SO zum Obersten Pasterzenboden sich senkt und bis zum Großen Burgstall (mit der Oberwalderhütte) reicht. Diese ausgedehnte Gletscherregion wird als »Eisherz des Glocknerstocks« bezeichnet. Vom Riffltor nach NO abwärts das spaltenreiche Karlingerkees. Übergang: Bergrestaurant Mooserboden (Ghs. Heidnische Kirche) – Oberwalderhütte (R 491).

672 Südostanstieg

1½ Std., **143 Hm**, einfaches Gletschergelände.

Von der Oberwalderhütte, 2972 m, am schrägen Firnhang des Oberen Pasterzenbodens waagrecht nach NW und aus seinem flachen, mittleren Bereich mäßig aufwärts in das Riffltor.

673 Führerscharte, 3119 m

Firnsattel an der W-Seite des Vorderen Bärenkopf, 3249 m, flacher Firnhang nach NW zum Schattseitköpfl, 3172 m, bzw. nach W zum Riffltor, 3100 m, und Rifflwinkel; nach N abwärts das zerklüftete Vordere Bärenkopfkees.

Riffltor, Karlingerkees von Nordosten

Riffltor:
R 491 Übergang Bergrestaurant Mooserboden (Ghs. Heidnische Kirche) – Oberwalderhütte

Torkopf:
R 1744 Südanstieg
R 1745 Ostanstieg
R 402 Bergrest. Mooserboden (Ghs. Heidnische Kirche) – Kapruner Törl

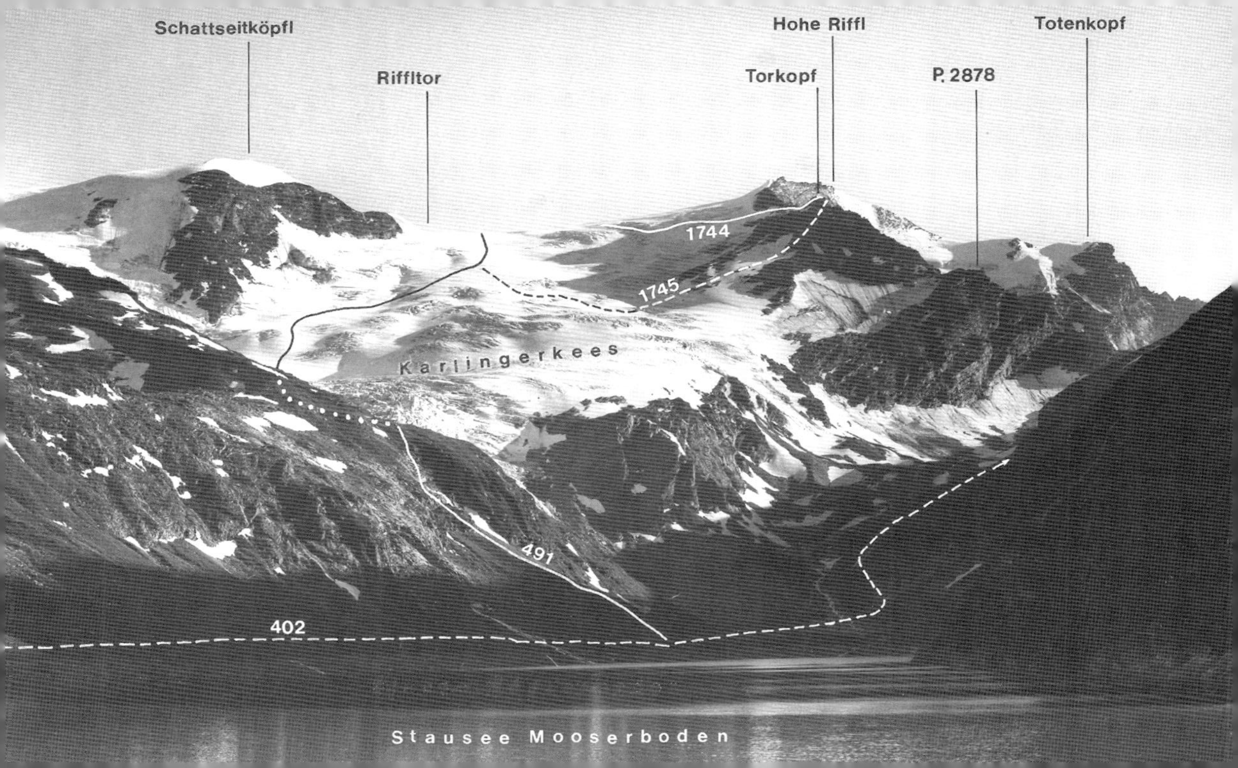
Schattseitköpfl
Riffltor
Torkopf
Hohe Riffl
P. 2878
Totenkopf
1744
1745
Karlingerkees
491
402
Stausee Mooserboden

674 Südostanstieg

1¼ Std., **146 Hm**, einfaches Gletschergelände.

Von der Oberwalderhütte, 2972 m, am schrägen Firnhang des Oberen Pasterzenbodens waagrecht nach NW und aus seinem flachen mittleren Bereich nach N in die Führerscharte.

675 Schneesattel, 3227 m

Firnsattel zwischen Vorderem Bärenkopf, 3249 m (im W), und Mittlerem Bärenkopf-S-Gipfel, 3358 m (im NO).

676 Südanstieg

1½ Std., **254 Hm**, einfaches Gletschergelände.

Von der Oberwalderhütte, 2972 m, in NW-Richtung am W-Abhang des Eisbichls schräg aufwärts in die Scharte.

677 Eiswandscharte, 3337 m

Zwischen Mittlerem Bärenkopf-N-Gipfel (Hauptgipfel), 3357 m, und -S-Gipfel, 3359 m; nach diesem der Eiswandbichl, 3200 m; im O das Bockkarkees, nach W eine Felsflanke hinab zum Mittleren Bärenkopfkees.

678 Bockkarscharte, 3039 m

Gletscherscharte zwischen Eiswandbichl, 3200 m (im W), und Breitkopf-W-Gipfel, 3115 m (im SO), verbindet Wasserfallwinkel (im S) mit Bockkarkees (im N).
Übergänge: Oberwalderhütte – Heinrich-Schwaiger-Haus (R 499, R 493/GR); Schwarzenberghütte – Oberwalderhütte (R 434); Schwarzenberghütte – Hofmannshütte (R 433).

679 Keilscharte, 3187 m

1. Ersteigung: Anton Hetz, Alois Hetz, 15.9.1869, von N; NDAZ 1881/17. 1. Überschreitung: F. Steiner mit A. Granögger, G. Bäuerle, 21.8.1871, von S über Bockkarkees. 2. Überschreitung und 1. Abstieg über Bärenkopfkees: V. Hecht mit A. Wallner, J. Tribusser, 24.6.1873; T 1873/392.

Gletscherscharte zwischen Mittlerem Bärenkopf, 3358 m (im WSW), und Gr.-Bärenkopf-W-Gipfel, 3353 m (im NO); nach NW das Westliche Bärenkopfkees, nach SO das Bockkarkees. Name durch H. Heß zur Verehrung für

Bockkarscharte von Nordosten:

R 434 von der Schwarzenberghütte
R 493 zur Oberwalderhütte
R 499 zum Heinrich-Schwaiger-Haus
R 1403 Breitkopf-Nordwestrücken

Adlersruhe
Glocknerwand
Oberwalderhütte
1403
493
Bockkarscharte
499
434
Bockkarkees

F. Keil; vorher »Obere Bockkarscharte« genannt.
Übergänge: Oberwalderhütte – Heinrich-Schwaiger-Haus (R 499, R 493/GR); Schwarzenberghütte – Heinrich-Schwaiger-Haus (R 506).

680 Dockscharte, 3234 m

1. Überschreitung: K. Hofmann, J. Stüdl mit Th. Groder, J. Schnell, 18.9.1869, N-S-Richtung.

Zwischen Hoher Dock, 3348 m (im O), und Großem Bärenkopf, 3396 m (im W); im N das Östliche Bärenkopfkees, nach S Steilrinne (150 m) zum Bockkarkees.

■ 681 Südrinne

40°, **967 Hm**, **2½ Std.**, Gletschergelände. Vgl. Foto S. 379.

Von der Schwarzenberghütte, 2267 m, mit R 434 über das Remsschartl auf das Bockkarkees bis ca. 2860 m. In nordwestl. Richtung aufwärts (Spalten, rechtsseitig die Hohe-Dock-SW-Wand). Nach Überwindung des Bergschrunds in der Firnrinne (40°) ca. 120 m hinauf in die Dockscharte.

■ 682 Nordnordwestanstieg

40°, **142 Hm**, **¾ Std.**, Gletschergelände. Vgl. Fotos S. 213, 223.

Aus der Gruberscharte, 3092 m (R 761), auf dem Östlichen Bärenkopfkees (nach O abwärts das steile Hochgruberkees) erst in S-, dann in SO-Richtung empor (Spalten) in die Dockscharte.

■ 682A Nordostrinne

Bis **45°**, spaltendurchsetztes Gletschergelände, bei Ausaperung kompliziert! Vgl. Foto S. 213.

Abstieg in der rinnenartigen Gletscherflanke, entlang der Hohe-Dock-NW-Seite, in die Firnmulde, 2800 m (R 762), des Hochgruberkeeses.

683 Remssattel, 2600 m

Von der Schwarzenberghütte sichtbarer, markanter Sattel zwischen Hoher Dock, 3348 m (im O), und Remsköpfl, 2639 m (im W), tiefer Schluchtabbruch nach SW; 71 m höher, am Fuß des Hohe-Dock-SO-Grats, das Remsschartl, 2671 m (R 683a). Wird beim Übergang (R 434) Schwarzenberghütte – Oberwalderhütte betreten.

Dockscharte, Gruberscharte von Nordosten

Dockscharte:
R 682 Nordnordwestanstieg
R 682A Nordostrinne

Gruberscharte:
R 762 Ostanstieg

Dockscharte
682
Gruberscharte
682A
Hochgruberkees
762
P. 2800

683a Remsschartl, 2671 m

Wenig ausgeprägtes Schartl, eher ein kleiner Absatz, über dem Remssattel, 2600 m (R 683), am Fuß des Hohe-Dock-SO-Grats.
Übergang: Schwarzenberghütte – Oberwalderhütte (R 434).

Südostbereich/Pasterzenkamm

684 Fuscherkarscharte, 2841 m

1. Ersteigung: F. F. Tuckett mit Ch. Almer, 1866, von W, wobei der geplante O-Anstieg misslang.

Flacher Schuttsattel (früher ein verwechteter Firnsattel) zwischen Fuscherkarkopf, 3331 m (im SO), und Breitkopf, 3154 m (im N); im W der flache Gletscher des Wasserfallwinkels, im O das Fuscherkarkees, das zuerst sanft, dann als zerklüfteter Hängegletscher steil zum Äußeren Bockkar und Käfertal abbricht. Die an der O-Seite fortschreitende Ausaperung bewirkt äußerst gefährliche, kombinierte Geländeverhältnisse. Die seinerzeitigen Abstiege (R 686A, R 687A, R 688A) sind nun kaum begehbar, jedenfalls gewagt, sehr gefährlich und nur ihrer historischen Bedeutung wegen angeführt.

■ 685 Westanstieg

¾ **Std.**, Gletschergelände.

Von der Oberwalderhütte, 2972 m, mit R 163 (GR) kurz hinab zum Wasserfallwinkel und in 2860 m über den Gletscher waagrecht nach O in die Scharte.

□ 686A Ostflankenabstieg (mit Fuschereiskar)

C. Facilides mit J. Kerer, 1875; MDÖAV 1875/208.

Historische Route; s. AVF-GG 10/2003/215.

Am Fuscherkarkees unter dem Breitkopf abwärts zum Fuschereiskar. Von dort Aufstieg zum »Hohen Gang« – Remsschartl und anschließend Abstieg über die Schwarzenberghütte nach Ferleiten.

□ 687A Ostflankenabstieg (mit Käfertalrücken)

E. Calberla, G. Calberla mit M. Asslaber, J. Tribusser, 23.8.1869, in GR; ZDAV 1870–71/376.

Historische Route; s. AVF-GG 10/2003/216.

□ 688A Ostflankenabstieg (mit Käfertalflanke)

C. Adamek mit A. Hetz, P. Hetz, 16.8.1871.

Historische Route; s. AVF-GG 10/2003/216.

689 Gamsgrubenscharte, 3096 m

Am Beginn des S-Grats auf den Fuscherkarkopf, 3331 m; nach SO der lange Freiwandgrat mit der Freiwandscharte, 2975 m, zum Heiligenbluter Freiwandspitz, 3034 m.
Im SW die tiefe Gamsgrube (mit R 120), nach O eine steile Schneerinne (Randkluft) zum Freiwandkees (Magneskees).

□ 690 Südwestanstieg

I, **652 Hm**, **2 Std.**, mühsam. Begehen untersagt, Naturschutzgebiet!

Von der Hofmannshütte, 2444 m, am Gamsgrubenweg (R 163) kurz aufwärts zur Gamsgrube, P. 2529 m. In dieser an den weiten Gras- und Schutthängen beliebig aufwärts, zuletzt über Geröll in die Scharte.

691 Freiwandscharte, 2975 m

Am Beginn des NW-Grats auf den Heiligenbluter Freiwandspitz, 3034 m; nach N der Freiwandgrat zur Gamsgrubenscharte, 3096 m, und daraus der S-Grat auf den Fuscherkarkopf, 3331 m; auch »Braune Scharte« genannt, weil braunes Gestein am Kamm.

□ 692 Westanstieg

I, **531 Hm**, **1½ Std.**, mühsam, gefährlich, loses Gestein; s. AVF-GG 10/2003/216.

693 »Der Rinner«, 3145 m

Scharte zwischen Fuscherkarkopf, 3331 m (W), und Sonnenwelleck, 3261 m (O); nach S kurzer Felshang zum Freiwandkees (Magneskees), nach N kurz felsig, dann steile Firnflanke (R 1446) in die O-Bucht des Fuscherkarkeeses.

■ 694 Südanstieg

I (Schartenausstieg) und Gletschergelände, **727 Hm**, **3 Std.**

Vom Franz-Josefs-Haus, 2450 m, zum nahen Ghs. Hoher Sattel, 2301 m, an der Großglockner-Hochalpenstraße (Gletscherstraße). Links die »Freiwandleiten«, über der Magneswand (O-Absturz gegen den Naßfeld-Speicher), aufwärts in das Magneskar.
Am Moränenrücken nordwestw. aufwärts, am folgenden Freiwandkees (Magneskees, Spalten) weiter bis zu seinem Ende, dann rechts über brüchige Felsen in die Scharte »Der Rinner«.

695 Kapuzinerscharte, 2800 m

Flache Scharte zwischen Kapuziner, 2852 m (im NO), und Sonnenwelleck-O-Gipfel, 3066 m (im W).

696 Südanstieg

I, 564 Hm, 1¾ Std.

Vom Franz-Josefs-Haus, 2450 m, mit R 67 (GR) zum Naßfeld-Speicher. In N-Richtung, an der Hangstufe rechts vorbei, hangaufwärts (Rasen, Geröll) in die Kapuzinerscharte.

697 Obere Pfandlscharte, 2730 m

Zwischen Kapuziner, 2852 m (im NW), und Schartenkopf-N-Gipfel, 2857 m (im SO), nach diesem der Schartenkopf-S-Gipfel, 2840 m, und die Untere Pfandlscharte, 2663 m.

698 Ostanstieg

1 Std., Geröll.

Unter dem Nördlichen Pfandlschartenkees, aus ca. 2360 m, von R 100 nach W aufwärts ins Gamskar und weiter in die Obere Pfandlscharte.

699 Südanstieg

¾ **Std.**, Rasen, Geröll.

Südl. unter der Südlichen Pfandlscharte von R 67 ansteigende Hangquerung nach N in die Obere Pfandlscharte.

Südöstlicher Tauernhauptkamm

711 Racherinscharte, 2887 m

Zwischen Racherin, 3092 m (im SSW), und Spielmann, 3027 m (im N). Im W das Südliche Pfandlschartenkees und nach O gestufte Steilhänge zum Guttal.

712 Nordwestanstieg

I, 216 Hm, ¾ Std.

Von der Unteren Pfandlscharte, 2663 m (R 713), nach SO, am Südlichen Pfandlschartenkees weiter (Spalten) und Steilanstieg in die Racherinscharte.

713 Untere Pfandlscharte, 2663 m

Übergang im Tauernhauptkamm zwischen Spielmann, 3027 m (im O), und Schartenkopf-S-Gipfel, 2840 m (im W), danach die Obere Pfandlscharte, 2730 m; tiefste Schartenkehle 2656 m.
Übergänge: Ferleiten – Glocknerhaus (R 100); Fuscher Törlhaus – Glocknerhaus (R 101); Ferleiten – Franz-Josefs-Haus (R 67); Verbindung zum Heiligenbluter Hochtor (R 723/GR).

714 Schneeschartl, 2915 m

Zwischen Spielmann, 3027 m (WSW), und Spielmannscharte, 2866 m – Kloben, 2938 m (NO); wird bei der Gratbegehung von Gipfel zu Gipfel sowie am Übergang Heiligenbluter Hochtor – Untere Pfandlscharte betreten (R 723).

715 Spielmannscharte, 2866 m

Zwischen Kloben, 2938 m (im NNO), und Schneeschartl, 2915 m – Spielmann, 3027 m (im WSW); im NW das Spielmannkees (mit R 101), nach SO Moränenmulden mit Resten des Guttalkeeses, danach gestufter Abhang in das Guttal; Übergang möglich.
Wird am Übergang Heiligenbluter Hochtor – Untere Pfandlscharte betreten (R 723).

716 Klobenscharte, 2830 m

Zwischen Kloben, 2938 m (im W), und Brennkogel-W-Gipfel, 2979 m (im O); im N das Brennkogelkees, im S Reste des Guttalkeeses.
Wird am Übergang Heiligenbluter Hochtor – Untere Pfandlscharte betreten (R 723).

717 Bretterscharte, 2606 m

Zwischen Bretterkopf, 2645 m (im N), und Großem Margrötzenkopf, 2734 m (im SSO), nahe dem ersten gelegen.
Wird am Übergang Heiligenbluter Hochtor – Untere Pfandlscharte betreten (R 723).

718 Brennkogelscharte, 2637 m

Zwischen Brennkogel, 3018 m (NW), und Bretterkopf, 2645 m (O).
Wird am Übergang Heiligenbluter Hochtor – Untere Pfandlscharte betreten (R 723).

719 Heiligenbluter Hochtor, 2576 m

Übergang am Tauernhauptkamm zwischen Großem Margrötzenkopf, 2734 m (im W), und Tauernkopf, 2628 m (im O), trennt die Glockner- (im W) von der Goldberggruppe (im O).
Uralter Wallfahrer-Übergang aus dem Pinzgau (Salzburg) nach Heiligenblut (Kärnten); an diesem Wallfahrerweg gab es am 30.6.1683 neun Tote durch Erfrieren in einem Schneesturm. 1797 der denkwürdige Übergang des Generals Dietrich mit einer österreichischen Brigade von 3297 Mann, Rückzug aus dem Mölltal, teils Reiter. Mit dem Bau der Großglockner-Hochalpenstraße (1930–35)

wurde das Hochtor mit einem 311 m langen Tunnel unterführt, N-Eingang 2505 m, S-Ausgang 2503 m, in Tunnelmitte die Bundesländergrenze Salzburg/Kärnten. Einst als »Heiligenbluter Tauern« bezeichnet; großes Kreuz. Übergänge: Rauriser Tauernhaus – Wallackhaus (R 422); Fuscher Lackenhaus – Wallackhaus (R 405).

720 Nordanstieg (vom Rauriser Tauernhaus)

3½ Std., bez. Nr. 114.

Vom Rauriser Tauernhaus, 1526 m, im Seidlwinkltal aufwärts über Seppenalm, 1676 m – Litzlhofalm, 1718 m, zur Reintalerhütte, 1817 m. Im Rechtsbogen zum Oberen Labboden, 2180 m (R 423 rechts aufwärts). Weiter in SW-Richtung zur Fuscher Wegscheid, 2407 m, und zum N-Portal des Hochtor-Tunnels, davon Kurzanstieg zum Hochtor.

721 Nordanstieg (vom Fuscher Lackenhaus)

1¼ Std.

Vom Fuscher Lackenhaus, 2262 m, auf der Großglockner-Hochalpenstraße zum Hochtor-Tunnel (N-Portal, 4 km) und Kurzanstieg zum Hochtor.

722 Südanstieg

¾ Std.

Vom Wallackhaus, 2304 m, auf der Großglockner-Hochalpenstraße mit Abkürzungen zum Hochtor-Tunnel (S-Portal, 2 km) und kurz zum Hochtor.

723 Übergang zur Unteren Pfandlscharte, 2663 m

I, 4 Std., bez. Nr. 702 (»Klagenfurter Jubiläumsweg«, Teil des Tauernhöhenwegs).

Vom Hochtor nach NW (Querung der Gr.-Margrötzenkopf-NO-Flanke) auf die Kammhöhe und über P. 2670 m – Bretterscharte, 2606 m (R 717) auf den Bretterkopf, 2645 m. Aus der nahen Brennkogelscharte, 2637 m (R 718), südseitig unter dem Brennkogel (3018 m) und rechts vom Hahnkopf (2806 m) ansteigend herum und über den Rest des Guttalkeeses zur Kammhöhe mit der Klobenscharte, 2830 m (R 716), und auf den Kloben-O-Gipfel, 2873 m.
Am Hauptgipfel, 2938 m, links vorbei in die Spielmannscharte, 2866 m (R 715). Auf dem NO-Grat, über einen Felshöcker und das Schneeschartl, 2915 m (R 714) auf den Spielmann, 3027 m. Am W-Grat abwärts in die Untere Pfandlscharte (R 713).

Fuscher/Rauriser Kamm

Hauptkamm

731 Fuscher Törl, 2404 m

Zwischen Edelweißspitze, 2580 m (im NNO), und Fuscher Törlkopf, 2455 m (im WSW), mit der Großglockner-Hochalpenstraße (N-Rampe), Überfahrt Ferleiten – Hochtortunnel; Straßenabzweigung auf die Edelweißspitze (1,6 km, Jausenstation Edelweißhütte, Parkplatz). Standort Fuscher Törlhaus (R 78) und einer Gedenkstätte (gestaltet vom Architekten Clemens Holzmeister) für die beim Bau der Straße tödlich verunglückten Arbeiter.
Fuscher Törlkopf, 2455 m: Vom Andenkenladen am Parkplatz Fuscher Törl 2 einfach und kurz über den S-Kamm.

732 Gamsbodensattel, 2499 m

Zwischen Edelweißspitze, 2580 m (im W), und Kendlkopf, 2587 m (im NO).

733 Hirzkarsattel, 2410 m

Zwischen Hirzkarkopf, 2548 m (im S), und Mäuskarkopf, 2621 m (im N). Zustieg von O, aus dem Seidlwinkltal (Gruberalm, 1338 m) über die Hirzkaralm, 1828 m.

734 Höllbachscharte, 2473 m

Zwischen Durcheckkopf, 2680 m (SW), und Schwarzkopf, 2765 m (im N).

735 Blaue Scharte, 2552 m

Zwischen Schwarzkopf, 2765 m (im SW), und dem weiter entfernten Königstuhlhorn, 2603 m (im NO).

736 Grünkarscharte, 2438 m

1. Übergang: A. v. Ruthner mit G. Mayer (»Badhans«), 28.8.1852.

Zwischen Schwarzkopf, 2765 m (im SO), und Klemerbrettkopf, 2567 m (im N). Übergang von Ferleiten nach Bad Fusch.

■ 737 Westanstieg

4½ Std., bez.

Von Ferleiten, 1152 m, vom Tauernhaus Lukashansl im Waldhang in Kehren zur Durcheck-Niederalm, 1413 m, und weiter steil auf die Durcheck-Oberalm, 1807 m (2¼ Std.). Oberhalb der Durcheckwand nach S zu P. 2028 m.

Weiter in O-Richtung am Hang der Karleiten entlang, das Höllenbachkar queren und um den Bergrücken in den Höllbachgraben, P. 2275 m. Den Wasserlauf queren und in N-Richtung aufwärts in die Grünkarscharte (2¼ Std.).

738 Nordanstieg

4 Std., bez.

Von Bad Fusch, 1188 m, über den Talboden südostw. zur Almhütte, 1291 m. Den Waldhang des Eisenecks hinauf zur Riegeralm, 1785 m (1½ Std.). Nahe dem Riegerbach zur Rieger-Hochalm, 2055 m, durch eine Karenge in einen geröllerfüllten Hochboden (Grünkar) und weiter in die Grünkarscharte (2½ Std.).

739 Kaserkarscharte, 2196 m

Zwischen Kaserkarkopf, 2265 m (im S), und Hochgamsburg, 2279 m (im N).

740 Embachschartl, 1970 m

Zwischen Embachhorn, 2110 m (W), und Hochgamsburg, 2279 m (SO).

741 Weichselbachhöhe, 2220 m

Flacher Kammsattel zwischen Breitebenkopf, 2236 m, (im N) und Kaserköpfl, 2355 m, (im SW). Auf der Höhe ein »Wetterkreuz«.

742 Westanstieg

3½ Std.

Von Bad Fusch, 1188 m, die Almstraße mit Linkskehre aufwärts, über den weiten Almboden, dann (am Leberbrünnl, 1279 m, rechts vorbei) zur Walcher-Grundalm, 1596 m. Dem rechten Bach folgend zur Walcher-Hochalm, 1759 m. Um den Kamm (vom Kaserköpfl herab) links herum und aufwärts in die Hangmulde und auf die Weichselbachhöhe.

743 Ostanstieg

4 Std., bez.

Von Wörth, 958 m, entlang dem Seidlwinklbach zum Waldhof, 1007 m. Rechts zum Eingang in den Ribeisgraben und links den Waldrücken aufwärts zur Schütteralm-Jgh., 1614 m. Auf dem Rücken auf die Weichselbachhöhe.

Nördlicher Seitenkamm

744 Freudenendscharte, 2148 m

Zwischen Breitebenkopf, 2236 m (SO), und Freudenendkopf, 2222 m (NW). Übergang vom Weichselbachtal (Bad Fusch) zum Wolfsbachtal – Salzachtal.

745 Westanstieg

3 Std., bez.

Von Bad Fusch, 1188 m, mit R 742 zur Walcher-Grundalm, 1596 m. Nordostw. weiter, anfangs entlang dem Wasserlauf, dann in Kehren hangaufwärts in die Freudenendscharte.

746 Schreckalmsattel, 1981 m

Zwischen Schreckalmhöhe, 2138 m (N), und Tristenwandkopf, 2232 m (S).

747 Westanstieg

4½ Std.

Von Sulzbach, 820 m (im Fuschertal), auf Almstraße talein über Kammerer-Grundalm, 1403 m – Hintersulzbachalm, 1575 m, zur Angereralm, 1609 m. Steilanstieg ostw. in den Schreckalmsattel.

748 Heubergscharte, 1915 m

Im W-Kamm der »Drei Brüder«, zwischen Langweidkogel, 2000 m (im W), und Stolzkopf (Drei-Brüder-W-Gipfel), 2138 m (im O). Kein Übergang, wird bei Ersteigung der »Drei Brüder« betreten.

749 Nordwestanstieg

Vgl. R 1540, R 1541 oder R 1542.

750 Achensattel, 2140 m

Im W-Kamm des Achenkopfs, zwischen Achenkopf, 2260 m (im O), und Breitkopf (Drei-Brüder-O-Gipfel), 2251 m (im W).

751 Nordanstieg

Vgl. R 1536.

Nordöstlicher Seitenkamm

752 Breitebenscharte, 1947 m

Zwischen Breitebenkopf, 2236 m (im SW), und Schwarzwand, 2194 m (im NO).

754 Reißrachsattel, 2098 m

Zwischen Hirschkopf, 2252 m (im N), und Reißrachkopf, 2210 m (im S).

755 Ostanstieg

Vgl. R 1546.

Fuscher/Kapruner Kamm

Hauptkamm

761 Gruberscharte, 3092 m

1. Ersteigung: K. Hofmann, J. Stüdl mit Th. Groder, J. Schnell, 18.9.1869, von der Klockerin und Übergang zur Dockscharte; ZDAV 1870–71/455. 1. Übergang von der Keilscharte: F. Steiner, A. Granögger, G. Bäuerle, 21.8.1871.

Gletscherscharte zwischen Klockerin, 3425 m (im N), und Großem Bärenkopf, 3396 m (im S), direkt am Fuß des Klockerin-S-Kamms; die O-Flanke bildet das Hochgruberkees (im nördl. unteren Bereich zerklüftet!), im W der östl. Teil des nach N absetzenden, zerklüfteten Bärenkopfkeeses. Nahe über der Scharte die ÖGV-Biwakschachtel, 3104 m (R 173).
Übergänge: Oberwalderhütte – Heinrich-Schwaiger-Haus (R 499, R 493/GR); Schwarzenberghütte – Heinrich-Schwaiger-Haus (R 506, R 494/GR; R 507, R 495/GR).

■ 762 Ostanstieg (Hochgruberkees)

J. Fuchshofer, A. Huter, 11.9.1875; T 1873/392.

2¾ Std., Gletscheranstieg in eindrucksvoller, hochalpiner Umgebung; Gletscherverhältnisse beim Pächter der Schwarzenberghütte erfragen! Bis P. 2628 m bez. Weg. Vgl. Fotos S. 213, 223, 419, 425.

Von der Schwarzenberghütte, 2267 m, mit R 434 ca. 20 Min. entlang, dann rechts abzweigen; in W-Richtung über den grasigen Rücken zur orogr. rechten Seitenmoräne des Hochgruberkeeses und dem Moränenkamm folgen zu P. 2628 m (Ende des bez. Wegs, großer Felsblock, Steinmann, ¾ Std.). Im nun unübersichtlichen Gelände den Steinmännern folgen in die flache Gletschermulde in 2800 m Höhe. Am Hochgruberkees aufwärts, dabei an einem markanten Eisbruch und dem rechts davon befindlichen ausgeaperten Fels-

Gruberscharte, Klockerin, Bratschenköpfe von Südwesten

Gruberscharte:
R 499 von der Oberwalderhütte
R 762 von der Schwarzenberghütte

Klockerin:
R 1553 Südkamm (vgl. R 493, R 499)
R 1554a Nordostanstieg
R 1554b Nordostanstieg

Bratschenkopfscharte:
R 499b zur Wielingerscharte
R 1575 Südflanke

Vorderer Bratschenkopf:
R 1586 Südgrat
R 682 Dockscharte-Nordnordwestanstieg

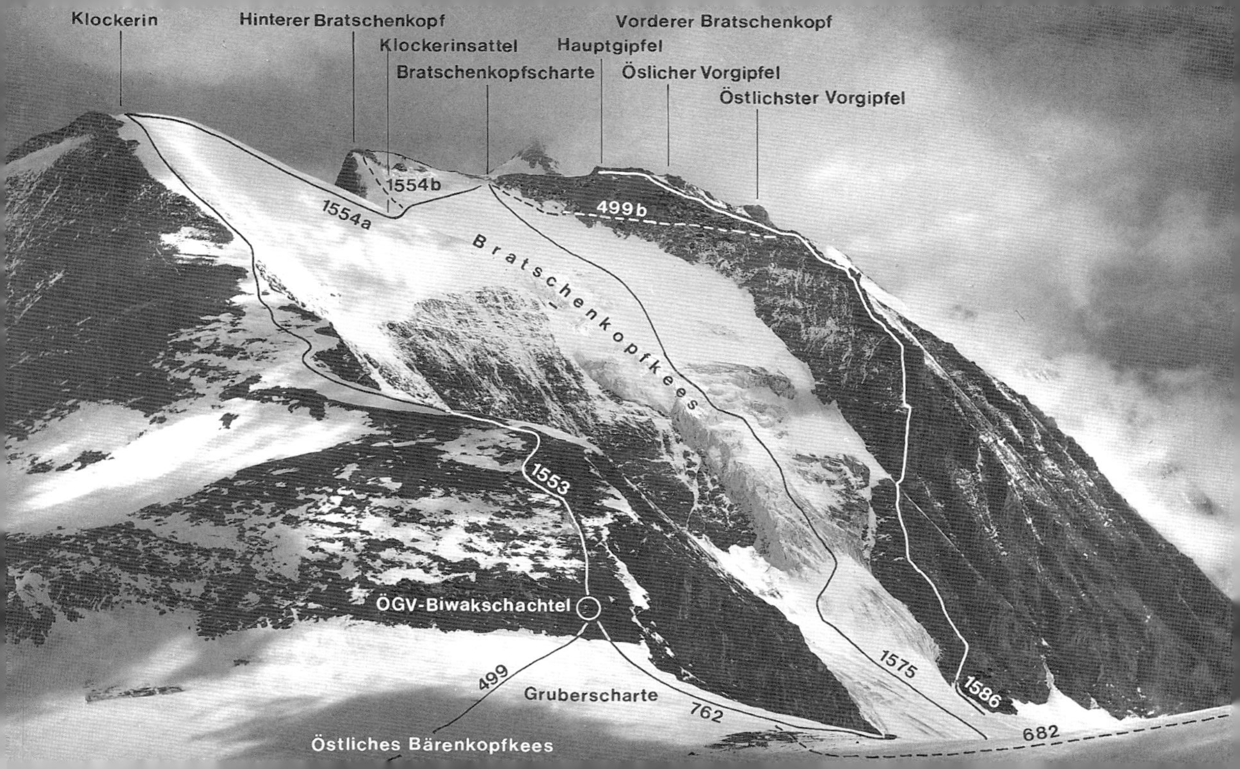

Klockerin
Hinterer Bratschenkopf
Klockerinsattel
Bratschenkopfscharte
Vorderer Bratschenkopf
Hauptgipfel
Öslicher Vorgipfel
Östlichster Vorgipfel
1554b
1554a
499b
Bratschenkopfkees
1553
ÖGV-Biwakschachtel
499
Gruberscharte
762
1575
1586
682
Östliches Bärenkopfkees

sporn (Steinschlaggefahr!) rechtsseitig vorbei, zuletzt steilerer Anstieg (Bergschrund, Spalten) in die Gruberscharte.

■ 763 Südanstieg (über Dockscharte)

K. Hofmann, J. Stüdl mit Th. Groder, J. Schnell, 18.9.1869 (GR); ZDAV 1870–71/455.

I im Felsgelände, **3¼ Std.**, Gletscherbegehung.

Von der Schwarzenberghütte, 2267 m, mit R 681 in die Dockscharte und R 682 (GR) in die Gruberscharte.

□ 764A Nordwestabstieg (Bärenkopfkees)

V. Hecht mit A. Wallner, J. Tribusser, 24.6.1873; T 1873/392. 1. Skiabfahrt: L. Zinger, H. Fritsch, 20.3.1970; NAV.

Gefährliches Gletschergelände, Steinschlaggefahr, Abstieg zum Stausee Mooserboden, wird nicht mehr begangen, s. AVF-GG 9/1995/254. Vgl. Foto S. 225.

765 Bratschenkopfscharte, 3383 m

Zwischen Vorderem Bratschenkopf, 3401 m (im SO), und dem nahen Hinteren Bratschenkopf, 3413 m (im NW); verbindet Bratschenkopfkees (im S) mit der Wielingerscharte, 3265 m (im NO, einem weiten Firnsattel unter dem Großen Wiesbachhorn).
Übergänge: Heinrich-Schwaiger-Haus – Oberwalderhütte (R 493, R 499/GR); Heinrich-Schwaiger-Haus – Schwarzenberghütte (R 494, R 506/GR; R 495, R 507/GR, R 505/GR).

766 Wielingerscharte, 3265 m

1. Ersteigung: Th. Harpprecht mit A. Hetz, 3.9.1868, vom Oberen Fochezkopf mit Kaindlkees als Zugang; JB. ÖAV 1869/281.

Weiter Gletschersattel zwischen Großem Wiesbachhorn, 3564 m (im NO), und Hinterem Bratschenkopf, 3413 m (im SW), leitet nordw. in den Kaindlgrat (R 1591) über und südw. in die Bratschenkopfscharte, 3383 m (R 765).
Nach NW abwärts das steile Kaindlkees; nach SO abwärts, erst sanft, dann steil, das zerklüftete Teufelsmühlkees.

Bärenkopfkees von Nordnordwesten:

R 402 Bergrestaurant Mooserboden (Ghs. Heidnische Kirche) – Kapruner Tal

R 499 Übergang Oberwalderhütte – Heinrich-Schwaiger-Haus (GR 493)

R 764A Gruberscharte – Mooserboden-Stausee

ckerin
Gruberscharte
(verdeckt)
Hohe Dock
Dockscharte
Großer Bärenkopf
Hauptgipfel
Westgipfel
Keilscharte
499
493
Östliches
Westliches
Bärenkopfkees
764A
402
ausee Mooserboden

Übergänge: Heinrich-Schwaiger-Haus – Oberwalderhütte (R 493, R 499/GR); Heinrich-Schwaiger-Haus – Schwarzenberghütte (R 494, R 506/GR; R 495, R 507/GR).

767 Klockerinsattel, 3295 m

Flacher Firnsattel zwischen Klockerin, 3425 m (im SW), und Hinterem Bratschenkopf, 3413 m (im NO).
Übergänge: Heinrich-Schwaiger-Haus – Oberwalderhütte (R 493, R 499/GR); Heinrich-Schwaiger-Haus – Schwarzenberghütte (R 494, R 506/GR; R 495, R 507/GR).

768 Sandbodenscharte, 3211 m

1. Ersteigung: D. Diamantidi mit Th. Lechner, J. Hetz, 25.9.1879, NW-Rinne (»Diamantidi-Rinne«).

Zwischen Großem Wiesbachhorn, 3564 m (SW), und Kleinem Wiesbachhorn, 3283 m (N). Hier Beginn des Gr.-Wiesbachhorn-NO-Grats und des Kl.-Wiesbachhorn-S-Grats.

■ 769 Nordwestrinne (»Diamantidi-Rinne«)

D. Diamantidi mit Th. Lechner, J. Hetz, 25.9.1879; ÖAZ 1880/32.

45°, **331 Hm**, **1½ Std.** Vgl. Fotos S. 443, 455.

Aus dem Firnkessel, 3070 m, unter der Gr.-Wiesbachhorn-NW-Wand (R 1594) am Wielingerkees abwärts (zuletzt Spalten) zum Fuß des N-Pfeilers, 2880 m (R 1600). Hinter diesem den Hängegletscher der N-Flanke (R 1598) queren zu jener langen Firnrinne (»Diamantidi-Rinne«), die den Felsabbruch der Sandbodenscharte durchzieht und diese erreicht.
In der Rinne aufwärts und kurz vor dem Ausstieg rechts in den Felsen in die Sandbodenscharte.

770 Wiesbachschartl, 3031 m

1. Ersteigung und Überschreitung (W–O): A. Hetz, Schafhirt Strohofbauer aus Kaprun, 1871; EO III/215.

Zwischen Kleinem Wiesbachhorn, 3283 m (im SO), und Hoher-Tenn-Bergspitze, 3368 m (im N).

■ 771 Ostflanke

A. Hetz, Schafhirt Strohofbauer, 1871, im Abstieg.

5 Std., **1879 Hm**, mühsamer Anstieg mit kurzer Gletscherbegehung.

Von Ferleiten, 1152 m, auf Weg nordwestw. zum Schleierfall (Walcherbach), 1761 m (nördl. darüber die Walcher-Hochalm, 1853 m).

Drei Kehren weiter und vor der Hörndlscharte, 2015 m (R 779), in WNW-Richtung ins Steinkarl mit kleinem See, 2100 m, höher ins Gamskarl und über Bratschen zum Walcherkees, 2800 m; dieses westw. überqueren (Spalten) zum Wiesbachschartl.

☐ 772 Westflanke

A. Hetz, Schafhirt Strohofbauer, 1871.

Wird nicht mehr begangen. Vgl. Fotos S. 461, 463; s. AVF-GG 10/2003/230.

773 Tennsattel, 3298 m

Zwischen Hoher-Tenn-Bergspitze, 3368 m (SW), und Hoher-Tenn-Schneespitze, 3317 m (NO).

774 Hirzbachtörl, 3046 m

1. Ersteigung: J. Fuchshofer mit M. Holeis, 1878. 1. Überschreitung: G. Schranz, 5.10.1884.

Zwischen Kleinem Tenn, 3155 m (im SO), und Bauernbrachkopf, 3125 m (im NW). Wird bei Begehung des Hohen-Tenn-NW-Grats (R 1641) betreten. Die O- und W-Anstiege waren nur während der Urerschließung von Bedeutung und werden nicht mehr begangen.

☐ 775 Nordostflanke

J. Fuchshofer mit M. Holeis, 1878.

I, Ersteigungsversuch des Hohen Tenn von der Hirzbachalm (R 127), s. AVF-GG 9/1995/258.

☐ 776 Nordostflanke

G. Schranz, 5.10.1884; MDÖAV 1885/122.

II, von der Hirzbachalm (R 127), s. AVF-GG 9/1995/258. Vgl. Foto S. 459.

☐ 777A Westflanke

G. Schranz, 5.10.1885.

II.

Im Bauernkarl links von R 778A zum Wasserfallboden.

☐ 778A Westflanke

H. Prodinger, 1905; MDÖAV 1905/195.

II, s. AVF-GG 9/1995/260.

Im Bauernkarl zum Wasserfallboden.

779 Hörnlscharte, 2015 m

Nahe westl. vom Walcher-Hörnlkopf, 2047 m. O-Anstieg von Ferleiten, 1152 m, mit R 771 (2½ Std.).

780 Teufelsmühlsattel, 3140 m

Flacher Schneesattel am NO-Rand des Teufelsmühlkeeses; Beginn des Gr.-Wiesbachhorn-SO-Grats.
Zugang von der Schwarzenberghütte, 2267 m, mit R 1592 (3 Std.).

781 Kandlscharte, 2300 m

Im vom Zwingkopf, 3117 m, nach O ziehenden Kamm; zwischen Kandlspitz, 2383 m (im O), und Mühlwand-O-Gipfel, 2573 m (im SW).

782 Jaggesscharte, 2026 m

Zwischen Jaggeskopf, 2085 m (im O), und dem weiter entfernten Kandlspitz, 2383 m (im SW).

783 Schmalzgrubenscharte, 2665 m

Im vom Zwingkopf, 3117 m, nach NO ziehenden Kamm; zwischen Bratschenkopf, 2716 m (im SW), und Lorenzkopf, 2703 m (im NO). Nach NW die »Zwingbratschen« zum Hirzbachtal, nach O das Schmalzgrubenkar.

■ 784 Nordanstieg (»Zwingbratschen«)

H. Heß, 3.10.1886; ÖAZ 1886/276.

I, 950 Hm, 2½ Std.

Von der Hirzbachalm, 1715 m (R 127), im Hirzbachtal einwärts. Nahe dem Talkessel über den trümmerreichen Boden nach links und die steilen Rasenhänge aufwärts. Nach diesen, rechts der »Lorenzrinne« (R 1675), die steilen, feinschiefrigen Hänge (»Zwingbratschen«) weiter schräg rechts empor und hinauf in die Schmalzgrubenscharte.

Hoher Tenn, Kleines Wiesbachhorn von Westsüdwesten

Kleines Wiesbachhorn:
R 1626 Nordwestgrat
R 1631A Südgrat

Hoher Tenn:
R 1651 Südgrat, Variante
R 1655 Westgrat

Bergspitze
Schneespitze
Wiesbachschartl
NW-Gratschartl
P. 3168
Kl. Wiesbachhorn
Sandbodenscharte
1655
1651
1626
1626
1631A
Wielingerkees

Nordbereich

785 Obere Jägerscharte, 2752 m

Zwischen Kempsenkopf, 3090 m (im SW), und Spitzbrettwand, 2735 m (im NO); wird bei Begehung des Hohen-Tenn-NW-Grats betreten.
Übergang: Gleiwitzer Hütte – Bergrestaurant Mooserboden (Ghs. Heidnische Kirche; R 407, R 401/GR).

786 Untere Jägerscharte, 2470 m

Zwischen Spitzbrettwand, 2735 m (im W), und Spitzbrettköpfl, 2518 m, AVK 40/2006 »Köpfl« (im O); wird bei Begehung des Hohen-Tenn-NW-Grats betreten.
Übergang: Gleiwitzer Hütte – Bergrestaurant Mooserboden (Ghs. Heidnische Kirche); R 407, R 401/GR.

787 Zwingscharte, 2667 m

Zwischen Spitzbrettwand, 2735 m (S), und Krapfbrachkopf, 2716 m (N).

788 Südliche Brandlscharte, 2371 m

Zwischen Rettenzink (Rötenzink), 2515 m (im S), und Falkenbachkarkopf, 2454 m (im N). Übergang: Kapruner Tal – Gleiwitzer Hütte (R 83).

789 Nördliche Brandlscharte, 2401 m

Zwischen Imbachhorn, 2470 m (NO), und Falkenbachkarkopf, 2454 m (S).

790 Piffscharte, 1775 m

Zwischen Laubkogel, 2038 m (im SW), und Schreckkogel, 1836 m (im NO); wird beim Anstieg Kaprun – Gleiwitzer Hütte betreten (R 84).

Kapruner/Stubacher Kamm

Hauptkamm

795 Rifflsattel, 3170 m

Firnsattel zwischen Hoher Riffl, 3338 m (SO), und Totenkopf, 3151 m (NW).

■ 796 Nordanstieg

Vgl. R 1728.

798 Totenkopfscharte, 3008 m

Felsige Scharte zwischen Totenkopf, 3151 m (im O), und Rifflkarkopf, 3016 m (im W); im S das Rifflkees, im N das Untere Rifflkees.

799 Südschlucht

B. Streitmann, R. Skuravy, 29.7.1930; AN 1930/124.

III–, mit Zugang **880 Hm**, **3 Std.**, teils Gletschergelände.

Von der Rudolfshütte, 2311 m, mit R 503 zum »Hohen Sand«, ca. 2520 m (2 Std.). Im Kar in N-Richtung weiter aufwärts und in die N-Ecke des Rifflkeeses (Spalten). Über die Randkluft und in der S-Schlucht, teils die Begrenzungswände (brüchig) benützend, empor in die Scharte; Ausstieg zwischen zwei gelben Felszacken am Beginn des Totenkopf-W-Grats.

801 Kapruner Törl, 2639 m

1. tour. Ersteigung und 1. Überschreitung: C. v. Sonklar mit Führer, 22.8.1860; JB. ÖAV 1867/77.

Felstörl zwischen Kleinem Eiser, 2897 m (im N), und Torkopf, 3101 m (im SO); im O die »Wintergasse« mit dem Törlkees, im W das blocküberSäte Torkees. Kürzester Übergang vom Kapruner ins obere Stubachtal mit dem Weißsee; in Verbindung mit dem Kalser Tauern, 2515 m (R 463), der kürzeste Übergang vom Kapruner ins Dorfertal. Herrlicher Blick ins Kapruner Tal, das Große Wiesbachhorn gleicht einem Zuckerhut, daher die einstige Bezeichnung »Eisnadel vom Mooserboden«. Eindrucksvoll ist auch der Tiefblick zum Tauernmoossee und zum Sonnblickkees mit dem Dreigestirn Granatspitze – Sonnblick – Hochfilleck darüber. Übergang: Bergrestaurant Mooserboden (Ghs. Heidnische Kirche) – Rudolfshütte (R 402).

802 Eiserscharte, 2818 m

1. Ersteigung: Leutnant v. Pelikan mit A. Hetz, 1871; bei Vermessung.

Zwischen Kleinem Eiser, 2897 m (im SW), und Hocheiser, 3206 m (im N).

803 Ostanstieg

I, **3½ Std.** Vgl. Foto S. 165, 235.

Vom Bergrestaurant Mooserboden (Ghs. Heidnische Kirche), 2040 m, (von der Ebmatten-Fürther-Moaralm R 50, 1 Std.), mit R 402 bis vor die »Wintergasse«. Vom P. 2285 m rechts aufwärts, über die steilen Rasenhänge mit ihren wasserüberronnenen Felsbänken zum Bockpalfen und auf dem mäßig ansteigenden Moränenhang (früher hier das Eiserkees) in die Eiserscharte.

804 Südanstieg

¾ Std.

Vom Kapruner Törl, 2639 m (R 801), rechts vom Kleinen-Eiser-S-Grat.

805 Geralscharte, 2767 m

1. Ersteigung und Überschreitung: Pfarrer B. Hutter mit einem Schafhirten von der Wurfalm/Stubachtal, etwa 1850. 1. tour. Überschreitung: R. Ißler mit J. Brandtner (»Lohninger«), 15.8.1871, nach der 1. Ersteigung des Hocheiser, O-Abstieg; EO III/223, ZDÖAV 1873/135.

Flacher Rücken südl. des Geralkopfs, verbindet Mooserboden (im O) mit Schwarzkarl (im W). Übergang möglich, bis zum Frühsommer verwechtet.

806 Ostanstieg

1. Ski-Abfahrt: L. Zinger, H. Fritsch, 18.3.1970.

3 Std., mühsam. Vgl. Foto S. 497

Von der Ebmatten-Fürther-Moaralm, 1805 m (R 50), südw. einige Wasserläufe überschreiten und vor dem Ebmattenbach über steile Rasenflanken in das Trögekar. In diesem in W-Richtung hinauf und steil in die Geralscharte.

807 Westanstieg

2½ Std., mühsam.

Nördl. vom Tauernmoossee, vor den Scharleitenhängen von R 417 nach O abzweigen zum Schwarzkarlsee. Über den »Mitterbirghang« (Rasen, Geröll) aufwärts zur Höhe des Moränenrückens (P. 2763 m) am Rand des Wurferkeeses und über dieses weiter in die Geralscharte.

808 Maurerkeesscharte, 2860 m

1. Ersteigung: E. Gams mit P. Hepperger, 15.8.1903. 1. Überschreitung: R. Gerin, M. Hilber, R. Szalay, 17.7.1924.

Zwischen Geralkopf, 2931 m (SW), und Hohem Beil, 3100 m – Kitzsteinhorn, 3203 m (N); im W das Maurerkees, nach O ein Felsabbruch.

809 Ostanstieg

R. Gerin, M. Hilber, R. Szalay, 17.7.1924; ÖAZ 1924/234.

I, 1058 Hm, 2½ Std.

Von der Ebmatten-Fürther-Moaralm, 1805 m, mit R 50 weiter. Im Bereich des letzten Wasserlaufs über steile Rasenhänge/Geröll zur letzten Felsrippe, die

Kapruner Törl mit Rudolfshütte von Westen:
R 305 über Kapruner Törl zum Bergrestaurant Mooserboden (Ghs. Heidnische Kirche)

Gr.Wiesbachhorn
Hinterer Bratschenkopf
Torkopf
Kleineiser
Klockerin
Kapruner Törl
305
Hinterer Schafbühel
Rudolfshütte
305

vom Kitzsteinhorn-S-Grat nach O absinkt und in drei kleinen Köpfen endet. Links herum zum Firnlappen (Spalten!) und über ihn in die Maurerkeesscharte.

810 Südliche Kammerscharte, 2683 m

1. Überschreitung: K. Hofmann, J. Stüdl mit J. Schnell, B. Banzl, 16.9.1869, O-W; EO III/221, ZDAV 1870–71/434.

Enger Einschnitt im vom Kitzsteinhorn, 3203 m, zur Hohen Kammer, 2636 m (NO), ziehenden Felsrücken, der östl. Einfassung des Schmiedingerkeeses.

811 Nördliche Kammerscharte, 2636 m

Zwischen Südlicher Kammerscharte, 2683 m (im S; R 810), und Hoher Kammer, 2636 m (im N).
Übergang: Krefelder Hütte – Ebmatten-Fürther-Moaralm (R 415).

812 Maurerkogelscharte, 2929 m

1. Überschreitung: K. Kögler mit J. Kerer, S. Huter, 21.8.1877; EO III/222, ZDÖAV 1877/39.

Zwischen Maurerkogel, 2995 m (im NW), und Kitzsteinhorn, 3203 m (im O); im N das Schmiedingerkees, nach S Felsabsturz zum Maurerkees.
Übergang: Krefelder Hütte – Rudolfshütte (R 498).

813 Wintergassenscharte, 2638 m

Zwischen Maurerkogel, 2995 m (NO), und Hackbrettler, 2708 m (NW).

■ 814 Südanstieg

¾ Std.

Von der Bachreibe, 2300 m (R 417), dem Wurfbach kurz entlang in das Maurerkar und nach N über Schrofen, Geröll in die Wintergassenscharte.

■ 815 Nordwestanstieg

1½ Std.

Kapruner Törl, Eiserscharte von Ostnordosten

Kapruner Törl:
R 402 vom Bergrestaurant Mooserboden (Ghs. Heidnische Kirche)
R 402a Variante zu 402

Eiserscharte:
R 803 Ostanstieg

Kleiner Eiser:
R 1752 Nordostgrat
R 1753 Ostanstieg
R 1754 Südgrat

Hocheiser:
R 1770 Südostwand
R 1771 Südgrat

Totenkopf
Kl. Eiser
Hocheiser
Kapruner Törl
Eiserscharte
1754
1752
1771
1753
1770
Eiserkees
803
Wintergasse
402a
P. 2285
402
Stausee
Mooserboden
H.-Schwaiger-Haus

Südl. unter dem Kleetörl von R 417 südostw. in das Kar der »Wintergasse« und in diesem aufwärts in die Wintergassenscharte.

816 Schmiedingerscharte, 2926 m

1. Ersteigung und Überschreitung: A. Hetz, J. Marcher, 1868. 1. tour. Überschreitung: E. Bucher mit J. Marcher, 17.8.1888; EO III/222.

Zwischen Großem Schmiedinger, 2957 m (NW), und Maurerkogel, 2995 m (SO); im NO das Schmiedingerkees, nach SW 280 m hoher Felsabsturz. Übergang: Krefelder Hütte – Rudolfshütte (R 497).

817 Kleinschmiedingerscharte, 2716 m

Zwischen Kleinem Schmiedinger, 2739 m (im N), und Großem Schmiedinger, 2957 m (im S), nahe am unteren NW-Rand des Schmiedingerkeeses. Übergang: Krefelder Hütte – Rudolfshütte (R 417).

818 Seichenscharte, 2610 m

Zwischen Kleinem Schmiedinger, 2739 m (SO), und Tristinger, 2646 m (N).

819 Ostanstieg

I, 2 Std.

Von der Krefelder Hütte, 2293 m, R 821 in die Winterkarlscharte, 2645 m. Abstieg nach N ins Winterkarl (R 822), links hinauf in die Seichenscharte.

820 Winterkarlscharte, 2645 m

Zwischen Kl.-Schmiedinger-N-Gipfel, 2719 m (im SW), und Hinterer Rötenwand, 2710 m (im NO).

821 Südostanstieg

I, 1¼ Std.

Von der Krefelder Hütte, 2293 m, mit R 417 hinauf bis vor den Anstieg in die Kleinschmiedingerscharte (2728 m). Im Kar nach N und zuletzt in einer Geröllrinne aufwärts in die Winterkarlscharte.

821A Nordabstieg

1 Std.

Im Winterkarl (Geröll) abwärts, nach rechts, weiter zur Lakaralm, 2020 m (R 416).

822 Rötenwandscharte, 2632 m

Zwischen Hintere-Rötenwand-N-Gipfel, 2675 m (im S) und Vordere Rötenwand, 2647 m (im N).

822a Ostrinne

I, $1\frac{1}{4}$ Std.

Von der Krefelder Hütte, 2293 m, R 417 bis vor die Hintere Rötenwand; rechts abzweigen und links durch die O-Rinne in die Scharte.

Nordbereich

823 Lakarscharte, 2488 m

Zwischen Lakarschneid, 2650 m (im NNO), und Vorderer Rötenwand, 2647 m (im SSW).
Übergang: Krefelder Hütte – Mühlbachtal/Niedernsill (R 416).

824 Steinkarlscharte, 2342 m

Zwischen der Hohen Arche, 2453 m (im N), und dem Salbachkopf, 2470 m (im S).

825 Schoppachtörl, 1997 m

Zwischen der Drei-Wallnerhöhe, 1861 m (im N), und der Schoppachhöhe, 2069 m (im S), wird am Übergang Ghs. Glocknerblick – Krefelder Hütte betreten (R 408).

Nordwestbereich

826 Kleetörl, 2372 m

Zwischen Nordwestlichem Schmiedinger, 2521 m (im O), und Jaggeskopf, 2570 m (im NW); im N das Kleelahnerkar, im S das Reichensbergkar.
Übergang: Krefelder Hütte – Rudolfshütte (R 417).

827 Steingasse, 2245 m

Sattel zwischen Hinterem Planitzer, 2562 m (im N), und Königstuhl, 2408 m (im S).
Übergang: Krefelder Hütte – Ghs. Schneiderau/Stubachtal (R 418).

828 Breitecksattel, 2100 m

Weiter Sattel zwischen Breiteck, 2114 m, danach die Lerchwand, 2388 m (im NW), und Hinterer Planitzer, 2562 m (im SO).
Übergang: Niedernsill/Salzachtal – Ghs. Schneiderau/Stubachtal (R 363).

829 Renzelscharte, 2190 m

Zwischen Vorderem Planitzer, 2538 m (S), und Gamskrägen, 2362 m (NO).

830 Ostanstieg

2 Std., **690 Hm**, einfach.

Aus dem Mühlbachtal (R 416), von der Jagdhütte, 1500 m (nach der Hackl-Grundalm) aufwärts zur Birg-Hochalm, 2010 m, und im Kar weiter.

831 Stefflscharte, 2038 m

Zwischen Gamskrägen, 2362 m (S), und Scheibenhöhe, 2126 m (NNO).

832 Ostanstieg

2 Std., **688 Hm**, einfach.

Aus dem Mühlbachtal (R 416), von der Seppinger-Grundalm, 1350 m, steil aufwärts zur Seppinger-Mittelalm, 1803 m, und in NW-Richtung weiter (Steigspuren) in die Scharte.

Westlicher Tauernhauptkamm

841 Medelzscharte, 2639 m

Zwischen Medelzkopf, 2761 m (NNW), und Kastenturm, 2920 m (SO).

842 Von der Rudolfshütte

2 Std.

Von der Rudolfshütte, 2311 m, mit R 463 auf den Kalser Tauern, 2515 m (R 851, 1 Std.). Nun R 1911 auf den Medelzkopf, 2761 m, und Abstieg (R 1913) nach SO in die Scharte. (Die Scharte kann auch mit westl. Umgehung des Medelzkopfs erreicht werden.)

843 Kastenscharte, 3160 m

Am »Kastengrat«, zwischen Hohem Kasten, 3189 m (im W), und Kastengratwand, 3220 m, danach die Ödenwinkelwand, 3326 m (im SO); Steilwände nach NO zum Ödenwinkel, nach SW zum Vorderen Kastenkees.

Granatspitzgruppe

Östlicher Tauernhauptkamm

851 Kalser Tauern, 2515 m

1. tour. Überschreitung: Kardinal Friedrich Fürst Schwarzenberg mit großer Gesellschaft, etwa 1840, von S nach N, im Urzustand.

Breiter Sattel zwischen Kalser Tauernkogel, 2683 m (im NW), und Medelzkopf, 2761 m (im SO), trennt die Glockner- (im O) von der Granatspitzgruppe (im W). Alter Übergang über den Tauernhauptkamm von N nach S, vom Stubach- zum Kalser Dorfertal. Wegkreuz. Übergänge: Rudolfshütte – Kalser Tauernhaus (R 463); Rudolfshütte – Sudetendeutsche Hütte (R 467).

852 Rotkogelscharte, 2533 m

1. Ersteigung und Überschreitung: G. Demelius, A. v. Schmid mit J. Gräfler, K. Gorgasser, 24.8.1871.

Zwischen Kalser Tauernkogel, 2683 m (O), und Rotkogel, 2657 m (W). Nach N das Weißseekees (R 536); von diesem über Firn kurz erreichbar. Vom Weißseekees einfacher Abstieg zum Weißsee-S-Ufer.

853 Granatspitzsattel, 2970 m

Firnsattel zwischen Granatspitze, 3086 m (im W), und Keeskogel, 2827 m (im SO). Nach N das Sonnblickkees (mit R 536, R 543), nach S das Kalser Tauernkees (Granatspitzkees). Beginn des Granatspitze-O-Grats.
Übergang: Rudolfshütte – Untere Keeswinkelscharte (R 465).

■ 854 Von der Rudolfshütte

2½ Std., Gletscherbegehung.

Von der Rudolfshütte, 2311 m, geht es mit R 536 bis vor die Granatspitze (3086 m). Von hier links aufwärts und in den nahen Granatspitzsattel.

855 Granatscharte, 2970 m

1. Ersteigung und Überschreitung: G. Demelius, A. v. Schmid mit J. Gräfler, K. Gorgasser, 24.8.1871, vom Tauerntal her; in GR am gleichen Tag K. Gorgasser; MDÖAV 1873/41.

AVK 39/2002 »Granatspitzscharte«. Gletscherscharte zwischen Granatspitze, 3086 m (im SO), und Stubacher Sonnblick, 3088 m (im NW); nach NO das Sonnblickkees, nach SW das Prägratkees.
Übergang: Rudolfshütte – St. Pöltener Hütte (R 536, R 543/GR).

855a Von der Rudolfshütte

2½ Std., **655 Hm**, Gletscherbegehung. Vgl. Foto S. 541.

Von der Rudolfshütte, 2311 m, mit R 536.

855b Rabensteinscharte, 2879 m

Zwischen Stubacher Sonnblick, 3088 m (im O), und am anliegenden Rabenstein, 2897 m (im W), wird mit R 536, R 543 betreten.

856 Weite Scharte (Landeckscharte), 2697 m

1. Ersteigung und Überschreitung: G. Gröger mit F. Raneburger, 22.8.1878; MDÖAV 1878/242.

AVK 39/2002 »Landeggscharte«. Zwischen Großem Landeckkopf, 2898 m (im NW), und Rabenstein, 2897 m (im SO); im NO das Landeckkees, Schneemulde im S mit der Karl-Fürst-Hütte, 2629 m, an R 536/543; bis 1886 »Landeckscharte« genannt. Übergang: Tauerntal – Stubachtal/Ghs. Schneiderau (R 533).

857 Amertaler Scharte, 2699 m

Zwischen Amertaler Schartenkopf, 2763 m (im NO), und Amertaler Höhe, 2841 m (im SW). Übergänge: Rudolfshütte – St. Pöltener Hütte (R 536, R 543/GR); Rudolfshütte – Amertal/Ghs. Taimeralm (R 540); Matreier Tauernhaus – Schneiderau (R 534a).

857A Nordanstieg

3 Std., **1358 Hm**, bez. Nr. 521.

Etwa 150 m südwestl. der Amertaler Scharte, bei P. 2724 m von R 536/543 abzweigen und in NW-Richtung abwärts bis auf ca. 2500 m, dann nordw. weiter zum W-Ufer des Amertaler Sees (Amersee), 2276 m (nahe dem N-Ufer eine ÖBRD-Diensthütte). Im Linksbogen in die Mitte des geräumigen Finsterkars, 2200 m (R 897b links aufwärts). Den Steilhang nordwestw. tiefer zur Amertaler Öd, Mautstelle der Felbertauernstraße; weiter zur Ödalm, 1547 m, und entlang der Felbertauernstraße 1,5 km zum Ghs. Taimeralm.

858 Landeckkopfscharte, 2632 m

AVK 39/2002 »Landeggkogelscharte«. Zwischen Großem Landeckkopf, 2898 m (im SSO), und Kleinem Landeckkopf, 2714 m (im N).

Kalser Tauern mit Hocheiser.

Hocheiser

858a Westanstieg

1 Std., **354 Hm**.

Vom S-Ufer des Amertaler Sees, 2278 m (R 857A), in ONO-Richtung.

858b Ostanstieg

½ **Std.**, Gletscherbegehung.

Von der Weiten Scharte, 2697 m (R 856), nach N aufs Landeckkees, unter der NO-Wand des Großen Landeckkopfs, über Platten steil in die Scharte.

Stubacher/Mitterkamm

861 Sonnblickscharte, 2806 m

Gletscherscharte zwischen Stubacher Sonnblick, 3088 m (im SW), und Hochfilleck-SW-Gipfel, 2947 m (im N); im O das Sonnblickkees, im W das Landeckkees mit seiner Gletschermulde unter der Sonnblick-N-Wand.
Übergang: Rudolfshütte – Stubachtal/Ghs. Schneiderau (R 539).

862 Kitzkarscharte, 2709 m

Zwischen Kitzkarkogel, 2801 m (N), und Hohe-Fürleg-N-Gipfel, 2925 m (SSW); wird bei der Längsüberschreitung (R 2100) des Stubacher/Mitterkamms betreten.

Ödkamm

Südlicher Ödkamm

871 Grünwinkelscharte, 2531 m

1. Ersteigung und Überschreitung: J. Rabl, G. Strauß, C. Beer mit A. Hetz, 22.8.1875, W-O; JB. ÖTK 1876/116. Lt. Erstersteiger »Amertaler-Dorfer-Öd-Scharte«.

AVK 39/2002 »Greanwinklschart'n«. Zwischen Kleinem Landeckkopf, 2714 m (im SO), und Südlichem Seekogel, 2637 m (im N); im SW der Amertaler See, 2276 m, im NO der Salzplattensee, 2294 m.
Übergang: Matreier Tauernhaus – Stubachtal/Ghs. Schneiderau (R 534, R 534a).

872 Beilscharte, 2520 m

Zwischen Hohem Beil, 2671 m (im NNW), und Nördlichem Seekogel, 2631 m (im S).

873 Glanzscharte, 2354 m

1. Ersteigung/Überschreitung: A. Prinzinger, Herbst 1915; ZDÖAV 1916/111.

Zwischen Glanzgschirr, 2653 m (im N), und Nördlichem Glanzkopf, 2571 m (im S); südostw. der Glanzsee, 2346 m.
Übergang: Amertal/Ghs. Taimeralm – Stubachtal/Ghs. Schneiderau (R 470).

Nördlicher Ödkamm/Nordwestast

877 Graulahnerscharte, 2596 m

Zwischen Glanzgschirr, 2653 m (im SO), und dem Graulahnerkogel, 2671 m (im NW).

878 Schratscharte, 2614 m

Zwischen Graulahnerkogel, 2674 m (SO), und Schratkopf, 2776 m (NW).

879 Schiederscharte, 2282 m

Zwischen Schiederhörndl, 2476 m (im SSO), und Zwölferkogel, 2446 m (im NNW). Übergang vom Stubach- (im O) zum Felber Tal (im W) möglich.

880 Ostanstieg

5 Std., mühsam.

Von der Bushaltestelle Wiesen, 860 m (von Uttendorf 5 km), ca. ½ km talein zur Einmündung des Guggernbachs. Dem Bach links entlang höher (Almweg) bis P. 1182 m. Dem rechts einmündenden Bach entlang zur Hofer-Grundalm, 1574 m, weiter aufwärts zur Hofer-Hochalm, 1823 m; nun über steile Rasenhänge in WNW-Richtung in die Schiederscharte.

881A Westanstieg

2 Std., mühsam.

Über steile Rasenhänge abwärts bis ca. 1850 m. Auf Steig links abwärts, über Santen-Hochalm, 1719 m – Santen-Grundalm, 1574 m, ins Felber Tal vor dem Gehöft Amertal, 1010 m (6 km nach Mittersill, Bus).

Nördlicher Ödkamm/Nordostast

886 Schwarzkopfscharte, 2395 m

Zwischen Glanzgschirr, 2653 m (im SW), und Schwarzkopf-SW-Gipfel, 2476 m (im NO).

887 Schwarztörl, 2350 m

Zwischen dem Schwarzkopf-NO-Gipfel, 2420 m (im S), und dem Brettkopf, 2383 m (im N).

888 Brustingerscharte, 2176 m

Zwischen Brettelkopf, 2301 m (S), und Brustingerkogel, 2302 m (NNO).

Westlicher Tauernhauptkamm

Hauptkamm

891 Donabaumschartl, 2760 m

Zwischen Amertaler Höhe, 2841 m (im O), und P. 2767 m (im WNW), danach P. 2663 m und das Riegelkopfschartl, 2680 m (im W).
Übergänge: Rudolfshütte – St. Pöltener Hütte (R 536, R 543/GR); Matreier Tauernhaus – Schneiderau (R 534a).

892 Riegelkopfschartl, 2680 m

1. Ersteigung und Überschreitung: J. Rabl, G. Strauß, C. Beer mit A. Hetz, 22.8.1875; JB. ÖTK 1876/116.

Zwischen Riegelkopf, 2921 m (im NW), und P. 2663 m (im SSO), danach P. 2767 m und das Donabaumschartl, 2760 m.
Übergänge: Matreier Tauernhaus – Stubachtal/Ghs. Schneiderau (R 534); Tauerntal – Amertal/Ghs. Taimeralm (R 535).

893 Dabersattel, 2800 m

1. Ersteigung und Überschreitung: J. Rabl, G. Strauß, C. Beer mit A. Hetz, 22.8.1875; W–O; JB. ÖTK 1876/105.

Westl. vom Tauernhauptkamm, zwischen Oberem Daberkögele, 2759 m (im SW), und Riegelkopf, 2921 m (im NO).
Früher »Weiter Firnsattel« genannt.
Übergang: Matreier Tauernhaus – Stubachtal/Ghs. Schneiderau (R 534).

894 Riegelturmscharte, 2670 m

Zwischen Riegelturm, 2742 m (im W), und Teufelspitz, 2818 m (im O).

■ 895 Südanstieg

1½ Std.

Von der Grünseehütte, 2235 m, rechts vom See und entlang seines Zulaufs ostw. in den Karboden über P. 2458 m. In NO-Richtung empor in die Riegelturmscharte.

896 Nordanstieg

¾ **Std.**

Vom Schoppmanntörl, 2611 m (R 897), nach O ca. 150 Hm abwärts, unter den Gratfelsen nach rechts und über Geröll hinauf in die Riegelturmscharte.

897 Schoppmanntörl (Schuppentörl), 2611 m

Zwischen Bärenkopf-S-Gipfel, 2835 m (N), und Riegelturm, 2742 m (SO). Übergang: St. Pöltener Hütte – Amertal/Ghs. Taimeralm (R 469a).

897a Westanstieg

¾ **Std., 111 Hm.**

Von der Meßlingscharte, 2563 m (R 898), abwärts zum Grauen See, 2500 m, und am N-Ufer entlang zum folgenden unbenannten See, 2543 m. Nach diesem nach O und aufwärts in den linken Einschnitt des Schoppmanntörl.

897b Ostanstieg

I, ¼ Std., 411 Hm.

Nordostw. des Amertaler Sees auf 2200 m von R 857A abzweigen und im Finsterkar in WSW-Richtung aufwärts. Zuletzt Steilanstieg in den rechten Einschnitt des Schoppmanntörl.

898 Meßlingscharte, 2563 m

Am N-Fuß des Meßlingkogels, 2694 m, nahe östl. der Graue See, 2500 m. Übergänge: Rudolfshütte – St. Pöltener Hütte (R 536, R 543/GR); St. Pöltener Hütte – Amertal/Ghs. Taimeralm (R 468); Grünseehütte – St. Pöltener Hütte (R 536, R 543/GR).

899 Alter Tauern, 2493 m

AVK 39 »Alter Tauer«, flacher Sattel südwestl. vom Weinbichel, 2545 m; Beginn des W-Kamms auf den Hochgasser, 2922 m, im N der Tauernsee (Obersee), 2350 m. Wird bei folgenden Übergängen betreten: Rudolfshütte – St. Pöltener Hütte (R 536, 543/GR); St. Pöltener Hütte – Amertal/Ghs. Taimeralm (R 468); Grünseehütte – St. Pöltener Hütte (R 536, R 543/GR).

900 Felber Tauern, 2460 m

Zwischen Felber Tauernkogel, 2989 m (im W), und Weinbichel, 2545 m (im SO), trennt die Granatspitz- (im O) von der Venedigergruppe (im W). Der

Felber Tauern ist ein berüchtigtes Wetterloch der Hohen Tauern; im Sattel steht das große »Tauernkreuz«; Kraftstrom-Überlandleitung. Standort der St. Pöltener Hütte (R 322).
Übergang: Vom Tauerntal (im S) zum Felber-/Salzachtal (im N) siehe die Hütten-Zugänge R 323, R 325. Die einstige Riesenüberschreitung des Felber Tauern von Tal zu Tal dauerte über 12 Std., und dafür waren fünf Goldgulden als Führertaxe zu entrichten.

Klockenkogelkamm

901 Sillingscharte, 2784 m

Firnsattel, mit steiler O-Flanke, zwischen Amertaler Höhe, 2841 m (im N), und Sillingkopf, 2859 m (im S), am oberen O-Rand des dort flachen Daberkeeses.

■ 902 Überschreitung West – Ost

R. Klose, K. Reisch, 18.8.1930; Jb. BG/ÖTK 1929–34/95, ÖTZ 1934/112, AN 1931/104.

1½ Std., Gletschergelände.

Aus dem Donabaumschartl, 2760 m (R 891), auf dem Daberkees nach SO in die nahe Sillingscharte, 2784 m. Von ihrem nördl. Rand ostseitig auf einer Schneerampe, dann links an Felsen schräg hinab zum Gletscher. Weiter in die flache Mulde, 2420 m, über dem Schandlersee (Schändlicher See; R 533 von rechts) und Gegenanstieg zur Karl-Fürst-Hütte mit R 536, R 543.

903 Klockenkogelscharte, 2720 m

AVK 39/2002 »Glockenkogelscharte«. Zwischen Sillingkopf, 2859 m (im NO), und Klockenkogel, 2829 m, davor Blaues Hütle, 2740 m (im SW).

■ 904 Nordnordwestanstieg

R. Majewsky u. Gef., 1923.

½ Std., Gletschergelände.

Aus dem Donabaumschartl, 2760 m (R 891), auf dem flachen Daberkees nach S, dabei an der Sillingscharte, 2784 m (R 901), und am Sillingkogel rechts vorbei in die Klockenkogelscharte dahinter.

905 Wilde-Mannder-Scharte, 2600 m

Zwischen Wilde-Mannder-N-Gipfel, 2650 m (im S), und Klockenkogel, 2829 m (im N). Wird mit R 537/544 überschritten.

907 Haupmerscharte, 2527 m

AVK 39/2002 »Haupmertörle«. Zwischen Haupmerkopf, 2623 m (im W), und Klockenkogel, 2829 m (im O); im N der Dabersee, 2424 m.
Übergang: Tauerntal – Amertal/Ghs. Taimeralm (R 535).
Wird mit R 537/544 überschritten.

Felber/Mitterkamm

921 Bratschenscharte, 2725 m

Zwischen Hochgasser, 2922 m (im S), und Hörnl, 2852 m (im N), nach O Steilabbrüche (»Vordere Bratschen«) zur hinteren Amertaler Öd, nach W schrofendurchsetzter Hangkessel.

922 Schrankeckscharte, 2329 m

Zwischen Großem Schrankeck, 2395 m (N), und Huggachkogel, 2480 m (S).
Übergang: St. Pöltener Hütte – Amertal/Ghs. Taimeralm (R 469).

923 Archensattel, 1870 m

Südl. an der Hohen Arche, 1920 m; nach S ein breiter Rücken zu P. 2130 m vor dem Brentling, 2242 m.

■ 924 Westanstieg

2½ Std.

Vom Tauernhaus Spital, 1170 m, nordw. durch Wald aufwärts zu einer Lichtung. In SO-Richtung in Kehren aufwärts zur Archenalm, 1613 m, und weiter in den Archensattel.

Muntanitzkamm

Nordbereich

931 Untere Keeswinkelscharte, 2945 m

Zwischen Granatspitze, 3086 m (im N), und dem beginnenden Keeswinkelgrat mit dem Keeswinkelturm, 2980 m (im S); im W das Prägratkees, im O das Kalser Tauernkees (Granatspitzkees).
Übergang: Rudolfshütte – Tauerntal/Matreier Tauernhaus (R 465).

932 Obere Keeswinkelscharte, 2953 m

Zwischen Südlichem Keeswinkelkopf, 2996 m (im N), und Kalser-Bärenkopf-NW-Gipfel, 3034 m (im S). Im W Prägratkees, im O Kalser Tauernkees (Granatspitzkees).

933 Nordwestanstieg

¼ **Std.**, Gletschergelände.

Von der Unteren Keeswinkelscharte, 2945 m (R 931), mit Queren am Prägratkees, am Fuß vom Keeswinkelgrat (unter Keeswinkelturm, 2980 m – Nördlichem Keeswinkelkopf, 2990 m – Südlichem Keeswinkelkopf, 2996 m) entlang zur Oberen Keeswinkelscharte.

934 Graues Törl, 2891 m

Zwischen Kalser-Bärenkopf-Hauptgipfel, 3078 m (im N), und Knaudl, 2931 m (im SSO). Im W Reste vom Bärenkopfkees (AVK 39/2002 unrichtig »Landeckkees«), im O ein steiler Firnhang.

935 Westanstieg

I, ½ **Std.**, kurzes Gletschergelände.

An der »Teufelsmühle«, 2700 m, von R 458 links abzweigen. Am Bärenkopfkees nach N aufwärts, dabei an der W-Seite des Knaudl (2931 m) vorbei und über ein kurzes Wandl (I) ins Graue Törl.

936 Ostanstieg

I, ½ **Std.**

Östl. unter dem Schnaggentörl von R 458 nach N abzweigen, den vom Knaudl (2931 m) absinkenden Grat überqueren und entlang seiner Felsen (der steile Firnhang wird nicht betreten) ins Graue Törl.

937 Schnaggentörl, 2826 m

1. Überschreitung: Vermutlich M. v. Prielmayer mit Führer, vor 1894.

Zwischen Knaudl, 2931 m (im N), und Aderspitze, 2989 m (im S), im W das Bärenkopfkees (unrichtig: Landeckkees) mit der Teufelsmühle, 2700 m. Übergang: Tauerntal/Matreier Tauernhaus – Kalser Tauernhaus (R 458).

938 Lendingscharte, 2906 m

1. Überschreitung (O–W): W. Brandenstein, F. Waldmann, 23.8.1926.

Zwischen Kalser-Bärenkopf-NW-Gipfel, 3034 m (NO), und Schwarzkogel, 2867 m (SW). An der NW-Seite das Prägratkees, im SO Platten zum Lendingkar.

939 Nordwestanstieg

½ **Std.**, Gletschergelände.

Von der Unteren Keeswinkelscharte, 2945 m (R 931), mit Queren am Prägratkees, am Fuß vom Keeswinkelgrat entlang und unter der Oberen Keeswinkelscharte vorbei (Randkluft) in die Lendingscharte.

940 Südostanstieg

I, 1 Std.

An der »Teufelsmühle«, 2700 m, von R 458 links abzweigen und unter dem Bärenkopfkees (unrichtig Landeckkees) in NW-Richtung das obere Lendingkees queren (hierher auch vom Grauen Törl, R 934), über Platten in die Lendingscharte.

941 Seetörl, 2300 m

AVK 39/2002 »Seetörle«. Schmale Hangstufe bei P. 2333 m, südwestl. unter dem Schwarzkogel, 2867 m; unterhalb im SO der Stausee »Bei See«, 2279 m.
Übergang: Tauerntal/Matreier Tauernhaus – Kalser Tauernhaus (R 458).

942 Aderscharte (Landeckscharte), 2828 m

1. Überschreitung: M. v. Prielmayer mit Führer, vor 1894.

AVK 39/2002 »Landeggscharte/Ländeggschart'n«. Zwischen Aderspitze, 2989 m (NO), und Innerem Knappentrögerkopf, 2945 m (S); im SO der Innere Knappentrögertrog mit Schwarzseele, 2602 m.
Übergang: Kalser Tauernhaus – Tauerntal/Matreier Tauernhaus (R 457).

943 Goldredlscharte, 2680 m

Zwischen Luckenkogel, 3100 m (SO), und Brochetkopf, 2663 m (NW).

944 Südwestanstieg

I, 2½ Std.

Von der Landeggalm, 1713 m (R 458), nach O ins Goldredltal und vom hintersten Karboden (P. 2355 m) in NO-Richtung über Schrofen in die Goldredlscharte.

945 Schwarzseeschartl, 2643 m

Südl. unter dem Kleinen Aderkopf, 2733 m, im Aderspitz-SO-Grat; unmittelbar westl. über dem Schwarzseele, 2602 m (R 457).

946 Knappentrögerscharte, 2974 m

Scharfer Einschnitt zwischen Äußerem Knappentrögerkopf, 3031 m (im NO), und Luckenkogel, 3100 m (im SW).

947 Nordwestrinne

W. Brandenstein, 19.8.1927.

III, 174 Hm, 1 Std. Vgl. Skizze S. 633.

Zugang: Vgl. R 2307.
Anstieg: E. links vom Firnfeld, höher eine Randkluft, in der darüber beginnenden brüchigen Felsrinne in die Knappentrögerscharte.

948 Luckenscharte, 2983 m

1. Ersteigung: R. Gerin, G. Hecht, R. Szalay, 28.6.1927, nach Abstieg am Luckenkogel-S-Grat mit Schartenabstieg nach W.

Felskerbe zwischen Luckenkogel, 3100 m (im N), und Schimmescharte, 2912 m, danach Grauer Schimme, 3053 m (im SW); Steilflanke nach W (Goldredltal), nach O das Nördliche Loameskees zum Luckenkar hinab.

949 Westschlucht

R. Gerin, G. Hecht, R. Szalay, 28.6.1927, im Abstieg; ÖAZ 1927/217.

II, 1½ Std.

Aus dem hintersten Goldredltal (R 944) von P. 2355 m zum S-Rand der Luckenkogel-W-Wand. Zwischen W-Wand und P. 2462 m (Fußpunkt der Luckenscharte-W-Kante) in einer steilen, schluchtartigen Rinne bis in die Luckenscharte, die linke obere, zweite Gratkerbe.

950 Ostanstieg

Adeline Edwards mit T. Trost, 1907, im Abstieg.

II, 2 Std.

Im Luckenkar, 2500 m (R 467), aufwärts zum Nördlichen Loameskees, P. 2787 m. Der Gletscher wird nicht betreten, sondern links in ein kleines Kar, daraus auf einen Felssporn und in die Luckenscharte.

Südbereich

951 Schimmescharte, 2912 m

1. Ersteigung: R. Gerin, G. Hecht, R. Szalay, 29.6.1927.

Zwischen Grauem Schimme, 3053 m (im SW), und Luckenscharte, 2983 m, dazwischen ein Felskamm (im NO); im W steile Felsflanke zum Goldredlkar, nach O hin Abfall des Südlichen Loameskeeses (mächtige Spalten) zum Luckenkar.

952 Westrinne

R. Gerin, G. Hecht, R. Szalay, 29.6.1927; ÖAZ 1927/218.

II, 1½ Std.

Aus dem hintersten Goldredltal (R 944) von P. 2355 m aufwärts zum S-Rand der Luckenkogel-W-Wand und zum Fuß der Luckenscharte-W-Kante, P. 2462 m. Rechts der W-Kante im Kar nach ca. 200 Hm aufwärts, dann in einer Steilrinne (Steinschlaggefahr) empor in die Schimmescharte.

953 Grauscharte, 2950 m

Zwischen Grauer Schimme, 3053 m (O), und Graukogel, 2983 m (W); nach S das Muntanitzkees, nach NW Steilabfall und Kar entlang dem NW-Grat zum Goldredltal.

954 Südanstieg

I und Gletschergelände, ½ **Std.**

Vom Kampl, 3129 m (R 957), nach NW über plattige Felsen abwärts (Randkluft) zum Muntanitzkees. Auf diesem waagrecht nach N, dabei unter dem Großen Muntanitz (3232 m) links vorbei, in die Grauscharte.

954a Südwestanstieg

Vgl. R 2319.

955 Daxerkogelscharte, 2681 m

Zwischen Daxerkogel, 2629 m (O), und dem langen Verbindungsgrat zum Graukogel, 2983 m (W); S-Abhang zur Kessleralm, Wandabsturz nach N.

956 Südanstieg

I, **2½ Std.**

Von der Kessleralm, 1923 m (R 335), über den Daxerkogel-S-Rücken (Steigspuren) aufwärts und waagrecht nach rechts in die Hangmulde, P. 2378 m. Nun gerade empor, zuletzt über Geröll in die Daxerkogelscharte.

957 Kampl, 3129 m

1. Überschreitung: R. Gerin, G. Hecht, R. Szalay, 29.6.1927; W–O.

Flacher Sattel zwischen Großem, 3232 m (im NNO), und Kleinem Muntanitz, 3192 m (im SSW); im NW plattiger Abhang zum Muntanitzkees, im SO das Gradötzkees. Wird am Anstieg R 2337 auf den Großen Muntanitz betreten.

958 Südanstieg

Vgl. R 2337.

959 Palfenscharte, 3150 m

Zwischen Großem Muntanitz, 3232 m (im NW), und Oberem Muntanitzpalfen, 3170 m (im SO), an der SW-Seite Schrofen zum Gradötzkees, nach NO eine Steilwand zum Südlichen Loameskees.

960 Südanstieg

Vgl. R 2351.

Südwestkamm

962 Knorrenscharte, 2850 m

Zwischen Streichknorren, 2901 m (W), und Alabalkopf, 2981 m (ONO). Nordseitig Felsabstürze, von SO (Bachtrögerkees), einfach erreichbar.

963 Nussingscharte, 2739 m

1. Ersteigung und Überschreitung: R. Gerin, G. Hecht, 11.8.1927.

Zwischen Nussingkogel, 2991 m (im SW), und Unterer Wellachkopf, 2882 m (im O). Doppelscharte, durch die östl. Kerbe führt R 335 (Zugang vom Tauerntal/Matreier Tauernhaus zur Sudetendeutschen Hütte). Von der östl. Kerbe gelangt man auf einem schrägen Band in die westl. Kerbe, 2763 m.

Gradötzkamm

Nordbereich

971 Gradötzsattel, 2826 m

1. Ersteigung und Überschreitung: V. Hecht mit Th. Groder, 1871.

AVK 39/2002 »Gradetzsattel«. Am Fuß des Gradötz-N-Grats, an der östl. Seitenmoräne des Gradötzkeeses.
Übergänge: Sudetendeutsche Hütte – Kalser Tauernhaus (R 451); Rudolfshütte – Sudetendeutsche Hütte (R 467).

972 Stellachscharte, 2994 m

1. Ersteigung und Überschreitung: Ph. W. Rosenthal mit F. Raneburger, 21.9.1893, SO–W; ÖAZ 1893/277.

Zwischen Stellachwand, 3060 m (im S), und Gradötz, 3063 m (im NW).

973 Westanstieg

Ph. W. Rosenthal mit F. Raneburger, 21.9.1893, im Abstieg; ÖAZ 1893/277.

I, ¾ Std.

Aus dem Stellachkar, 2790 m (R 454), aufwärts zum kleinen Stellachkees und über Schrofen, Geröll in die linke Stellachscharte.

974 Südostanstieg

Ph. W. Rosenthal mit F. Raneburger, 21.9.1893; ÖAZ 1893/277.

II, 1¼ Std.

Aus der Hochleitenscharte, 2678 m (R 978), am anfangs breiten Stachwand-SO-Grat aufwärts bis ca. 2870 m, dann an der Stellachwand (3060 m) rechts vorbei und aufwärts in die Stellachscharte.

975 Graue Scharte, 2985 m

Zwischen Stellachwand, 3060 m (im NO), und Stellachturm, 3038 m (im S), im N-Grat der Hinteren Kendlspitze, 3080 m.

976 Westanstieg

I, ¾ Std.

Aus dem Stellachkar, 2790 m (R 454), über Moränen aufwärts zum kleinen Stellachkees, danach in einer Rinne (Firn) in die rechte, die Graue Scharte.

977A Südanstieg

I, 3 Std., langer, mühsamer Geröllabstieg.

In einer Steilrinne hinab ins Kendlkar (zwischen Kendlspitzen im W und Gaminitzkamm im O).
In diesem über Geröll abwärts (ab seiner Engstelle in 2500 m Karauslauf mit Wasserläufen) bis zu P. 2136 m. Kurz nach rechts und mit R 337 (GR) hinab über die Kehreralm nach Großdorf-Kals.

978 Hochleitenscharte (Kreuzscharte), 2678 m

1. Ersteigung: C. Diener, L. Brunner, 28.6.1891; ÖAZ 1891/166 (von W).

AVK 39/2002 »Karlanscharte«. Breite Scharte zwischen Stellachwand, 3060 m (im NW), und Gaminitz, 2791 m (im S).

979 Westanstieg

I, ¼ Std.

Aus dem oberen Kendlkar (R 977) über Platten in die Scharte.

980 Dürrenfeldscharte, 2823 m

1. Ersteigung: M. v. Prielmayer mit Führer, vor 1894.

Felskerbe am scharfen Kamm zwischen Hinterer Kendlspitze, 3080 m (im O), und Bretterwandspitze-NO-Gipfel, 2855 m (im W); im S die Karmulde des Dürrenfeld, im N das Stellachkar.
Übergang: Kals-Matreier-Törlhaus – Sudetendeutsche Hütte (R 454).

Südbereich

981 Hohes Tor, 2477 m

AVK 39/2002 »Höachtör«. Breiter Rasensattel zwischen Drillingschneid, 2554 m (im SO), und Zeiger-Kofelkopf, 2607 m (im NW).
Übergänge: Kals-Matreier-Törlhaus – Sudetendeutsche Hütte (R 454); Kals/Großdorf – Sudetendeutsche Hütte (R 336, R 337).

982 Drillingsattel, 2520 m

Zwischen Drillingschneid, 2554 m (NW), und Blauem Knopf, 2593 m (SO).
Übergang von R 336 zu R 454 möglich.

983 Kals-Matreier-Törl, 2207 m

Zwischen dem Feldkopf, 2272 m (im N), und der Zimaroß, 2410 m (im S).
Seit alters bekannter Übergang von Kals nach Matrei/Osttirol (R 262, R 264/GR), vom Kalser Tal (im O) zum Iseltal (im W).
Standort vom Kals-Matreier-Törlhaus, 2207 m (R 261).

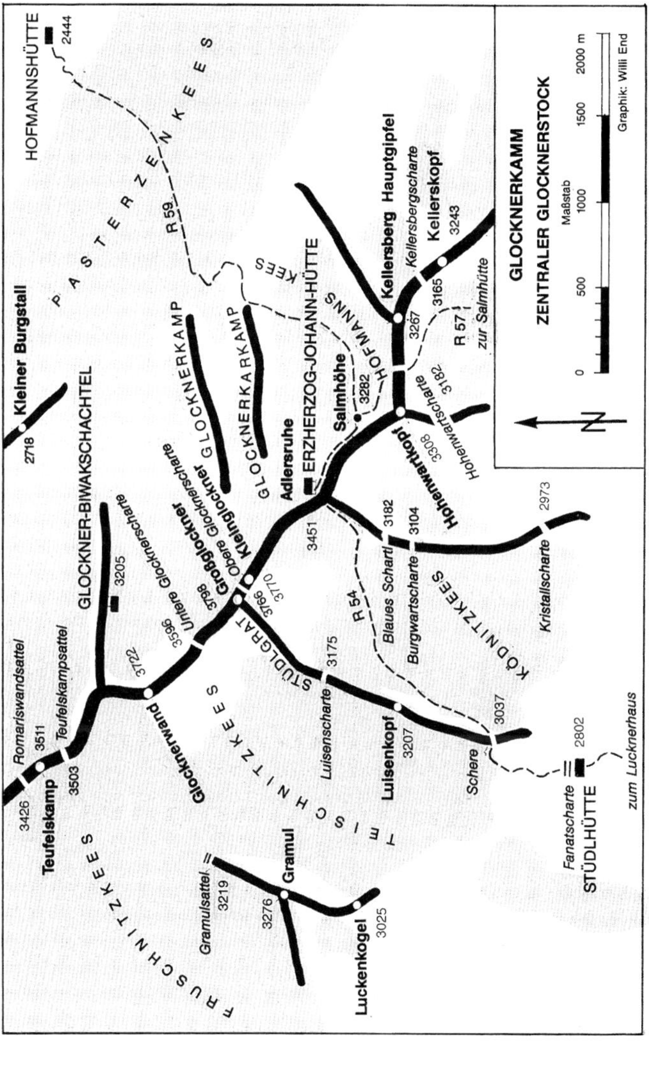
GLOCKNERKAMM
ZENTRALER GLOCKNERSTOCK
Maßstab
0 500 1000 1500 2000 m
Graphik: Willi End
N
HOFMANNSHÜTTE
2444
PASTERZENKEES
R 59
Kleiner Burgstall
2718
GLOCKNER-BIWAKSCHACHTEL
3205
Glocknerscharte
Romariswandsattel
3426
3511
Teufelskampsattel
Teufelskamp
3503
3722
Glocknerwand
3596
Untere Glocknerscharte
Obere Glocknerscharte
3798
Großglockner
Kleinglockner
3766
3770
STÜDLGRAT
GLOCKNERKAMP
GLOCKNERKARKAMP
Adlersruhe
ERZHERZOG-JOHANN-HÜTTE
3451
Salmhöhe
3282
HOFMANNSKEES
Kellersberg Hauptgipfel
Kellersbergscharte
Kellerskopf
3243
3165
3267
R 57
zur Salmhütte
3182
Hohenwartscharte
3308
Hohenwartkopf
3182
3104
Hohenwartkopf
2973
Blaues Schartl
Burgwartscharte
KÖDNITZKEES
Kristallscharte
R 54
3175
Luisenscharte
Luisenkopf
3207
3037
Schere
Fanatscharte
STÜDLHÜTTE
2802
zum Lucknerhaus
TEISCHNITZKEES
FRUSCHNITZKEES
Gramul
3276
Gramulsattel
3219
Luckenkogel
3025

Gipfel und Gipfelanstiege

Glocknergruppe

Glocknerkamm

Tourenbereich: Erzherzog-Johann-Hütte, Glockner-Biwakschachtel, Hofmannshütte, Lucknerhaus, Lucknerhütte, Salmhütte, Stüdlhütte.
Landkarten: AVK Nr. 40 »Großglocknergruppe«, 1:25.000; AVK Nr. 41 »Schobergruppe«; ÖK-UTM Nr 3227 »Großglockner«, 1:50.000; ÖK-BMN Nr. 153 »Großglockner« 1:50.000; FB-WK Nr. 122 »Großglockner/Kaprun/Zell am See«, 1:50.000.

a) Glocknerkamm – Zentraler Glocknerstock

(zwischen Romariswandsattel und Hohenwartscharte)

1001 Großglockner, 3798 m

1. Ersteigung: M. Klotz, S. Klotz (»Hoysensepp«), Pfarrer Mathias Hautzendorfer und zwei Zimmerleute, 28.7.1800; EO III/170. 1. Gipfelüberschreitung: J. Kerer, P. Groder, 10.9.1864. 1. Gratüberschreitung: G. Gröger mit Chr. Ranggetiner, 29.8.1879. 1. Gratübergang von der Glocknerwand: M. v. Kuffner mit Chr. Ranggetiner, E. Rubesoier, 8.8.1884. 1. führerlose Ersteigung, zugleich 1. Alleingang: der 21-jährige Corbinian Steinberger, 17.8.1854. 1. Winterersteigung: W. A. Baillie-Grohmann mit P. Groder, A. Kerer, K. Gorgasser, 2.1.1875; O-Anstieg. 1. Aufstellung eines trigonometrischen Gipfelsignals: J. Groder, J. Schnell, P. Huter, 1854; EO III/179. 1. Sicherungen an der Oberen Glocknerscharte: Th. Groder, R. Groder, M. Groder, 1869.

Edle Berggestalt, schönster Gipfel der Ostalpen und höchste Erhebung von Österreich, wuchtiger, westalpiner Charakter; besteht aus Grünstein, das die schroffe Gipfelform erklärt. Grenzgipfel zwischen Kärnten und Osttirol; mit der hochalpinen Unteren Glocknerscharte, 3596 m, von der Glocknerwand, 3722 m, getrennt. Für Großglockner-Normalanstieg (O-Anstieg, R 1002) Bergerfahrung nötig! Ausgangspunkt die Erzherzog-Johann-Hütte auf der Adlersruhe, 3451 m. Alle anderen Flanken und Grate fast durchwegs extreme Anstiege. Vorgelagert der Kleinglockner, 3770 m, zwischen beiden Gipfeln die schmale Obere Glocknerscharte, 3756 m. Gewaltige NO-Flanke zum Inneren Glocknerkar, mit markanter Eisrinne (Pallavicini-Rinne, R 1004) und

Großglocknermassiv mit Glocknerwandkamp von Nordnordosten.

Kleinglockner
Großglockner
Obere Glocknerscharte
Glocknerhorn
Teufelshorn
Untere Glocknerscharte
Glocknerwand
Glocknerwandkamp

einem pfeilerartigen NO-Grat; langer NW-Grat mit zwei Zackenbildungen (Glocknerhorn, 3680 m, und Teufelshorn, 3677 m) zur Unteren Glocknerscharte, 3596 m, als Verbindung zur Glocknerwand, 3722 m. W-Wand zum Teischnitzkees, S-Wand zum Ködnitzkees, dazwischen der SW-Grat (Stüdlgrat), an dessen Fuß die Luisenscharte, 3175 m; nach dieser als Gratfortsetzung der Luisengrat mit dem Luisenkopf, 3207 m. Der Kleinglockner mit seiner berüchtigten Gipfelwechte wird am Normalanstieg auf den Großglockner überschritten. Dem SO-Grat folgt die Adlersruhe mit dem abfallenden Salmkamp; dies ist jener lange Felsgrat nach S, der die Burgwartscharte, 3104 m, und die Blauen Köpfe, 3135 m, trägt und Ködnitz- vom Leiterkees trennt. Höhe des Großglocknerabsturzes zur Pasterze 1300 m, zum Ködnitzkees 600 m, zum Teischnitzkees 500 m, Neigungswinkel der Flanken bis zu 60°. Gipfelkreuz seit Oktober 1880, gewaltiges Panorama nach allen Seiten.
Die Großglockner-Erstersteigung war der entscheidende Anstoß zur Erschließung der Ostalpen; sie wurde von Belsazar Hacquet angeregt, durch Sigmund v. Hohenwart vorbereitet und vom Fürstbischof v. Gurk, Altgraf Franz v. Salm-Reifferscheid verwirklicht. Er hat drei »Expeditionen« ausgerüstet (1799, 1800, 1802), dazu Unterstandshütten erbauen lassen, ist aber persönlich nur bis über das Glocknerleitl unter dem Kleinglocknergipfel gelangt (24.8.1802). Das vom Fürstbischof v. Salm-Reifferscheid gestiftete und am 29.7.1800 aufgestellte Gipfelkreuz erlag dem Ansturm der Elemente. Das durch den Österreichischen Alpenklub am 2.10.1880 errichtete, 3 m hohe und 300 kg schwere »Kaiserkreuz« war seinerzeit mit einer Inschrift versehen, die an das 25-jährige Ehejubiläum von Kaiser Franz Josef I. und Kaiserin Elisabeth (24.4.1879) erinnerte. Anlässlich »200 Jahre Großglockner-Ersterstei-gung« und »120 Jahre Glocknerkreuz« wurde dieses renoviert und grüßt nun leuchtend vom Gipfel. Das kleine Kruzifix daran: von Tausenden Händen berührt, »gläubig, hoffnungsvoll oder einfach dankbar«. Eine kleine Tafel wurde angebracht mit der Inschrift: »Als einer der Jüngsten meines Handwerks habe ich, Helmut Prünster (Lienz), dieses Kreuz zu Deiner Ehre, oh Herr, instandgesetzt. Lenke die Schritte Derer, die diesem Kreuz zustreben. Geleite

Großglockner, Kleinglockner von Osten

Erzherzog-Johann-Hütte:
R 59 von der Hofmannshütte (»Hofmannsweg«)
Großglockner:
R 1002 Ostanstieg

Kleinglockner:
R 1045 Ostanstieg (Inneres Hofmannskees)
R 1046 Glocknerkarkamp (Meletzki-Grat)
R 1049 Direkte Nordostflanke
R 1050 Glocknerkamp

Adlersruhe
Glocknerleitl
Glocknerhorn
Glocknerwand
1002
Kleinglocknerkees
Äußeres
Inneres
Hofmannskees
1045
Glocknerkarkamp
1046
P. 2793
59
Inneres
Glocknerkar
Glocknerkamp
59
1050
1049

uns alle sicher durch die Stürme des Lebens! Erhalte meiner Heimat Österreich Friede, Freiheit und Wohlstand!« Rundsicht: Die Sichtweite wurde auf 151.880 km² berechnet. Der Blick vom Großglocknergipfel gilt als weitestes Gipfelpanorama der Ostalpen. Die terrestrische Refraktion (man sieht etwas weiter, als die Erdkrümmung zulässt) zugezählt, vergrößert sich die Fernsicht von 220 km auf 237,5 km: im S der gesamte Alpenbogen bis zum Auslauf zur Poebene; im W die Ortlergruppe – Adamellogruppe; im N alle Bergketten bis zum Böhmerwald; im O der Gipfelsaum bis zu den Gesäusebergen, zum Toten Gebirge (die Fernsicht bis zu den Karpaten nebst der Ungarischen Tiefebene, bis zur Adria ist eine Übertreibung). Sehr schön die Gipfel der Dolomiten, Großvenediger, Hochgall, Sonnblick und Hochalmspitze, Großes Wiesbachhorn, Watzmann, Hochkönig, Hoher Dachstein u. a.; sichtbar auch das Kaisergebirge und der Chiemsee, die Nordtiroler Berge, bei klarem Wetter auch die Schwäbisch-Bayerische Ebene bis Regensburg.

■ 1002 Ostanstieg (über den Kleinglockner)

M. Klotz, S. Klotz, Pfarrer Matthias Hautzendorfer und zwei Zimmerleute, 28.7.1800, 1. Gipfelersteigung; EO HI/170.

II, **35–40°** am »Glocknerleitl«, **344 Hm**, **1½–2 Std.**, Normalanstieg, Sicherungen, Mindergeübte mit Führer! Achtung: Während des Übergangs keine Steine ablassen, diese gefährden Bergsteiger in der Pallavicini-Rinne! Am Abstieg vom Kleinglockner sichern, am »Glocknerleitl« nicht abfahren – Absturzgefahr südw. (600 Hm) zum Ködnitzkees! Vgl. Fotos S. 97, 99, 101, 259, 261, 263, 265, 279, 281, 283, 285, 317.

Von der Erzherzog-Johann-Hütte auf der Adlersruhe, 3451 m, in NW-Richtung auf breitem Firnrücken aufwärts, der in einen Steilhang (»Glocknerleitl«, 3500 m, R 1046 von rechts) überleitet und die Basis des Kleinglockner bildet. Am Ende dieses Steilhangs links an der SO-Seite eine nicht immer vorhandene Schneeschulter. Beginn der Felsen und Sicherungen (Eisenstifte, BH). Anfangs eine Platte, dann kombiniert aufwärts zur Gipfelschneide (Länge ca. 40 m) des Kleinglockner mit seiner nordseitig (Pasterzenseite) hinausragenden Wechte (oft bis 50° angeweht, im Hochsommer meist abgeschmolzen). Links unter der Wechte entlang (Eisenstangen zur Sicherung oft tief verschneit!) zu Felskopf (Kleinglocknergipfel, 3770 m); nun ca. 17 m Abstieg (Drahtseil) in die Obere Glocknerscharte (R 608), ohne Schneebelag 3756 m (rechts abwärts die Pallavicini-Rinne, links die S-Rinne). Die etwa 8 m breite Scharte wird im Frühsommer auf ca. ½ m breitem Schneegrat der Länge nach überschritten und ein Felskopf am Aufbau des Großglocknergip-

Adlersruhe, Kleinglockner und Großglockner von Osten:
R 1002 Ostanstieg
R 1046 Glocknerkarkamp (Meletzki-Grat)

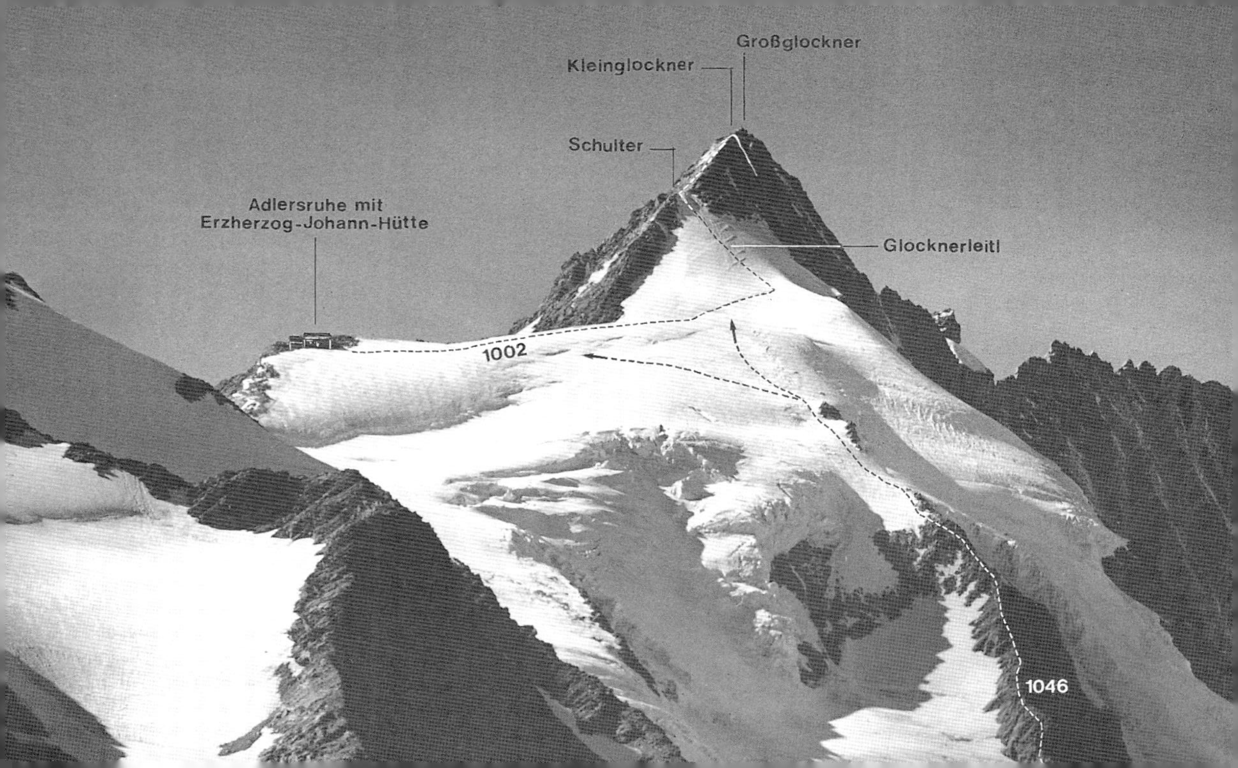
Großglockner
Kleinglockner
Schulter
Adlersruhe mit
Erzherzog-Johann-Hütte
Glocknerleitl
1002
1046

fels erreicht. Über plattigen Steilfels ca. 20 m empor zu gutem Stand und über Blöcke zum Gipfelkreuz (½ Std. vom Kleinglockner).

■ 1003 Zugang zum Inneren Glocknerkar

Firnhang rechts neben Eisbruch: C. Facilides mit J. Kerer, M. Groder, 26.8.1875 (zur NO-Flanke der Unteren Glocknerscharte). Direkter Eisbruch: Markgraf A. Pallavicini mit J. Tribusser, G. Bäuerle, J. Kramser, 18.8.1876 (zur Pallavicini-Rinne). Rechte Eisbruchhänge: R. Kaltenbrunner, R. Weitzenböck, 20.7.1906 (zum Glocknerwand-O-Grat). Eisrinne links im Eisbruch: R. Gerin, O. Pitschmann, 9.8.1911 (zur Pallavicini-Rinne bzw. Glocknerwand-NO-Wand). Linke Felswände über Eisbruch: R. Gerin, O. Pitschmann, 11.8.1911 (zur Pallavicini-Rinne bzw. Großglockner-NO-Grat). Querung im obersten Firnboden: A. Horeschowsky, 6.7.1924 (zur Pallavicini-Rinne vom Glocknerwand-O-Grat). Direkte Eisbruchhänge: H. Peterka, H. Majer, F. Herrmann, 24.8.1926 (zur Pallavicini-Rinne). Kombination an Eisbruchhängen: W. Welzenbach, K. Wien, 19.9.1926 (zur Großglockner-N-Wand).

2½ Std. von der Hofmannshütte, gefährlicher Hängegletscher; rechtsseitige Durchsteigung. Vorsicht Eisstürze!

Mit R 87/88 zur Glockner-Biwakschachtel (R 86) und Querung zum ebenen Firnboden über dem Eisfall. Der Eisfall beginnt unter der Glocknerwand-NO-Wand im ebenen Firnboden, 3200 m, und endet mit einer Eiszunge bei 2500 m an der Pasterze, südl. der Glocknerkamp, nördl. der Glocknerwandkamp mit der Biwakschachtel.

■ 1004 Linke Nordost-Eisrinne (Pallavicini-Rinne)

Markgraf A. Pallavicini mit J. Tribusser, G. Bäuerle, J. Kramser, 18.8.1876; EO III/183. 1. Alleingang: A. Horeschowsky, 6.7.1924; 3. Begehung. 1. Damenbegehung: Maria Zeh mit Th. Zeh, 28.6.1926; 4. Begehung. 1. Abstieg: F. Herrmann, 2.5.1929; 8. Begehung. 1. Winterbegehung: R. Götz, 5.2.1953; ÖAZ 1955/116. Firngleiter-Abfahrt: G. Winter, H. Zacharias, 7.8.1961.

Reiner Eisanstieg, 50°, oberes Drittel bis **55°**, am Gipfelausstieg 5 BH, **600 Hm**, **4 Std.** (Durchschnitt), bis in den Frühsommer vielfach Firn, danach Blankeis; Steinschlaggefahr bei ausgeaperten Felsen des NO-Grats in den Morgenstunden sowie von den Gipfelfelsen des Kleinglockner, auch von im Ausstieg (brüchiges Gestein) befindlichen Seilschaften; nach Neuschnee akute Lawinengefahr! Parade-Eistour der Glocknergruppe, sehr eindrucksvoll. Gipfelausstieg felsig. Die Pallavicini-Rinne ist rechts vom Großglockner-NO-Grat und dessen NO-Rippe begrenzt, links die Séracabbrüche des Glocknerkamp; Ausmünden der Rinne in die Obere Glocknerscharte (R 608). Vgl. Fotos S. 265, 267, 269, 271.

Zugang: Von der Glockner-Biwakschachtel, 3205 m (R 86), am Firnboden des obersten Inneren Glocknerkars im Bogen abwärts (Spalten, Brüche) unter die N-Wand zum Firn(Lawinen-)kegel an der Pallavicini-Rinne (¾ Std.).

Großglockner/Kleinglockner-Gipfel von Südosten:
R 1002 Ostanstieg, von der Adlersruhe

Großglockner
Kleinglockner
Obere Glocknerscharte
Schulter
Glocknerleitl
1002
Ködnitzkees

Anstieg: E. auf Lawinenkegel über den Bergschrund zum Beginn der »Rinnenrippe«, die erstiegen wird. Bei zunehmender Steilheit in der Rinne, weiter. Dort, wo die Rinne am breitesten ist (sie wirkt hier als Flanke), rechts ein kleiner Felszahn (»Rinnenmanndl«) nahe dem NO-Grat. Danach von links ein hereinziehender Felssporn, dieser scheidet den Unteren und Oberen Bahnhof (zu diesen Fluchtmöglichkeiten). Anstieg günstig etwas links der Falllinie der Oberen Glocknerscharte. Etwa 60–80 m unter der Oberen Glocknerscharte rechts in den Felsen (5 BH) steil zum Gipfel (Originalausstieg der Erstbegeher; Steinschlaggefahr vom Großglockner-Normalanstieg).
Flucht-Ausstiege: Von R 1009, R 1010 und R 1011 ist inzwischen abzuraten, da die Felsbereiche des Kleinglockners in den letzten Jahren ausgeapert sind und daher brüchiges Steilgelände zum Erreichen des Kleinglocknerkeeses überwunden werden müsste (R 1006 – 1008 erzwungen, daher belanglos). Eine Alternative bei starkem Steinschlag ergibt der Ausstieg zum NO-Grat (R 1013): In der markanten Rinne, die nach 2 SL von R 1026 begangen wird, aufwärts in die Scharte nach dem NO-Grat-Kopf und R 1013 zum Gipfel.

■ 1005 Variante (Direkter Ausstieg 60°) zu R 1004

W. Welzenbach, K. Wien, 16.7.1927; 6. Begehung. 1. Abstieg: F. Herrmann, 2.5.1929; 8. Begehung der Rinne.

Meist ausgeapert. Vgl. Fotos S. 265, 271.

In der zuletzt schmalen Rinne in die Obere Glocknerscharte empor.

□ 1006 Variante (Linker Ausstieg) zu R 1004

A. Horeschowsky, 6.7.1924; 3. Begehung.

Gefährlich, Steinschlaggefahr vom Kleinglockner! Vgl. Foto S. 265.

Großglockner, Linke Nordost-Eisrinne (Pallavicini-Rinne)

Großglockner:
R 1002 Ostanstieg
R 1004 Pallavicini-Rinne
R 1005 Variante (Direkter Ausstieg) zu R 1004
R 1006 Variante (Linker Ausstieg) zu R 1004
R 1007 Variante (Linker Ausstieg) zu R 1004
R 1008 Variante (Oberster Fluchtausstieg) zu R 1004
R 1009 Variante (Oberer Fluchtausstieg) zu R 1004
R 1010 Variante (Mittlerer Fluchtausstieg) zu R 1004
R 1011 Variante (Unterer Fluchtausstieg) zu R 1004
R 1026 Direkte Nordostwand

Kleinglockner:
R 1055 Nordostwand (Schneider-Rinne)
R 1056 Nordostwand (Theo-Riml-Gedenkanstieg)
R 1056a Nordostwand

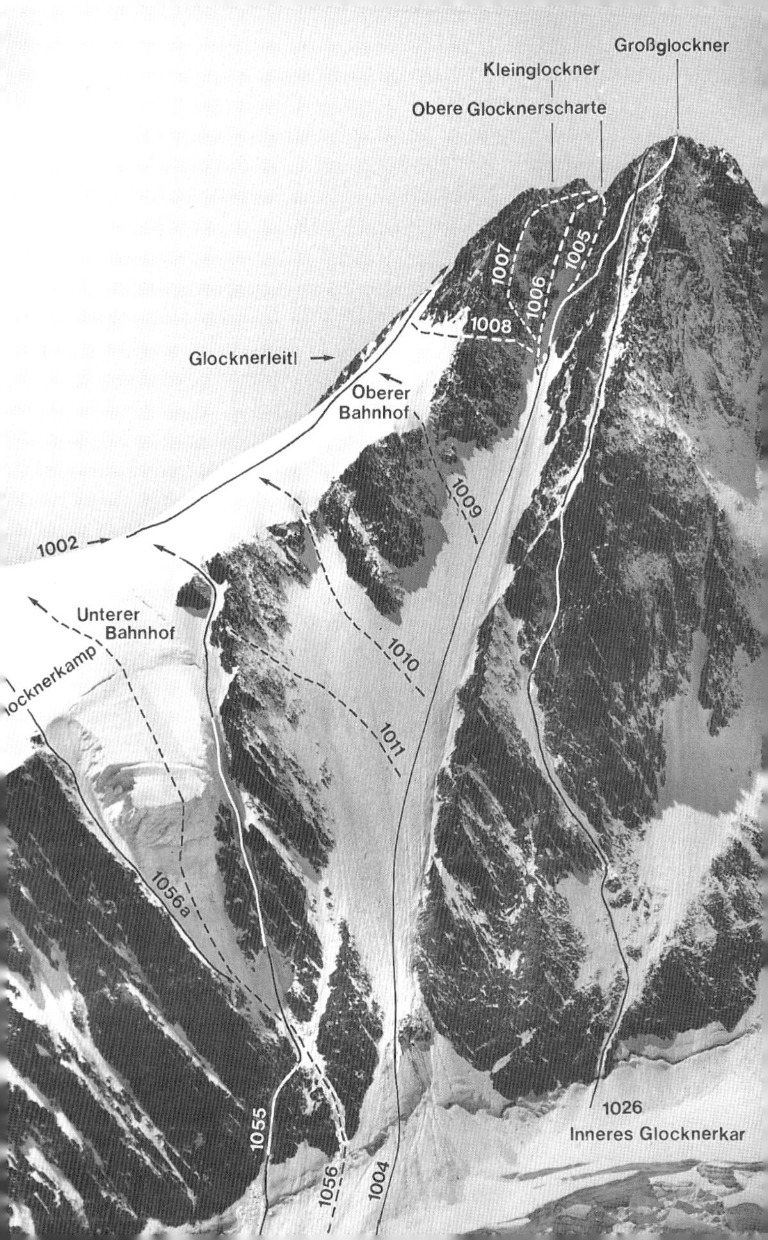

Großglockner
Kleinglockner
Obere Glocknerscharte
1007
1005
1006
1008
Glocknerleitl
Oberer Bahnhof
1009
1002
Unterer Bahnhof
1010
locknerkamp
1011
1056a
1055
1056
1004
1026
Inneres Glocknerkar

Links der Ausstiegsrinne an der Kleinglockner-NO-Wand aufwärts und Quergang in die Obere Glocknerscharte.

□ 1007 Variante (Linker Ausstieg) zu R 1004

F. Herrmann, H. Majer, 24.–25.8.1926; 5. Begehung.

Steiler, ungünstiger Fels. Vgl. Foto S. 265.

Unterhalb der schmalen Ausstiegsrinne links von R 1006 aufwärts und unter der Gipfelwechte (hier befand sich der Biwakplatz der Erstbegeher) zum Ausstieg über der Oberen Glocknerscharte.

□ 1008 Variante (Oberster Fluchtausstieg) zu R 1004

Th. Zeh, Maria Zeh, 28.6.1926; 4. Begehung.

Unter dem Schartenausstieg, an der Kleinglockner-NO-Wand, auf schmalem Band aus der Rinne nach links und über einen Firnhang zum Glocknerleitl (R 1002). Vgl. Foto S. 265.

■ 1009 Variante (Oberer Fluchtausstieg) zu R 1004

Unbekannte Begeher.

Durch die schmale Eiskehle. Ausstieg (Oberer Bahnhof) zum Glocknerleitl (R 1002). Vgl. Foto S. 265.

■ 1010 Variante (Mittlerer Fluchtausstieg) zu R 1004

R. Schwarzgruber, W. Brandenstein, 1929.

Dort, wo der Breitteil der Pallavicini-Rinne von dem links hereinziehenden Felssporn eine Verengung erfährt, zu diesem hinauf. Nun zwischen dem Felssporn (rechts) und den Séracs (links) hinauf zum Ausstieg (Oberer Bahnhof) und zum auslaufenden Glocknerkamp (R 1050). Vgl. Foto S. 265.

Inneres Glocknerkar-Umrahmung

Großglockner:
R 1004 Linke Nordost-Eisrinne (Pallavicini-Rinne)
R 1013 Nordostgrat
R 1016 Nordpfeiler
R 1019 Nordwand (Welzenbach)
R 1024 Rechte Nordost-Eisrinne (Bergler-Rinne)
R 1033 Oberer Nordwestgrat

Glocknerhorn:
R 1063 Nordwandrampe

Teufelshorn:
R 1070 Nordwand

Untere Glocknerscharte:
R 603 Nordostwand

Glocknerwand:
R 1089 Ostgrat (Glocknerwandkamp)
R 1091 Nordostwand
R 1093 Direkte Nordostwand
R 1097 Südostgrat

Kleinglockner
Glocknerhorn
Teufelshorn
Untere
Glocknerscharte
Glocknerwand
Pallavicini-Wächte
1033
1024
1097
1093
1013
1004
1016
1019
1063
603
1070
1091
1089
Inneres Glocknerkar

■ 1011 Variante (Unterer Fluchtausstieg) zu R 1004

H. Peterka, M. Jedlicka, R. Fraißl, 11.8.1934.

4–5 SL über der »Rinnenrippe« links die Firnflanke aufwärts (Unterer Bahnhof) zum obersten Glocknerkamp (R 1050). Vgl. Foto S. 265.

□ 1012 Variante (Linker Zustieg) zu R 1004

R. Gerin, O. Pischmann, 11.8.1911; ÖAZ 1912/357. Parallelanstieg, 9.8.1911; ÖAZ 1912/360; s. AVF-GG 9/1995/298.

Höchst gefährlich, Stein- und Eisschlaggefahr!

■ 1013 Nordostgrat

R. Gerin, O. Pitschmann, 11.8.1911; ÖAZ 1912/357. 1. Winterbegehung: E. Vanis, E. Goldschmied, 15.3.1950.

III+ und **IV**, nach dem Gratkopf III–, Einstiegsfirnwand **45°**, **600 Hm**, **5 Std.**; anspruchsvoller, in diesem Schwierigkeitsbereich schönster Glockneranstieg. Beschreibung mit Direktem Einstieg (R 1014). Vgl. Fotos S. 267, 269, 271, 275.

Übersicht: Der NO-Grat bricht zwischen Pallavicini-Rinne (links) und Bergler-Rinne (rechts) mit einer 100 m hohen Firnwand zum Bergschrund ab und trägt im oberen Teil einen mächtigen Felskopf (NO-Grat-Kopf, Abbruch des senkrechten N-Pfeilers, R 1016), von dem ein Blockgrat zum Gipfel leitet.
Zugang: Vgl. R 1004.
Anstieg: E. auf dem Lawinenkegel der Pallavicini-Rinne, über den Bergschrund und die Firnwand empor zum NO-Grat-Beginn (die Erstbegeher kamen hierher mit von links ansteigendem langen Quergang über die Pallavicini-Rinne). Auf dem Grat, die rechte Begrenzung der Rinne, empor (plattiger

Großglockner, Glocknerhorn, Teufelshorn von Norden

Untere Glocknerscharte:
R 604 Nordostflanke (Kuffner-Anstieg)
R 603 Nordostflanke (Facilides-Anstieg)
Großglockner:
R 1004 Nordostrinne (Pallavicini-Rinne)
R 1013 Nordostgrat (o = Pfeilerkopf)
R 1014 Variante zu R 1013
R 1015 Nordostrippe
R 1016 Nordpfeiler
R 1017 Nordpfeilerrippe
R 1019 Nordwand
R 1021 Variante zu R 1019
R 1023 Variante (Ausstieg) zu R 1019
R 1024 Rechte Nordostrinne (Bergler-Rinne)
R 1025 Variante zu R 1024
R 1032 Unterer Nordwestgrat
R 1033 Oberer Nordwestgrat

Glocknerhorn/Teufelshorn:
R 1063 Nordwandrampe
R 1070 Nordwand

Kleinglockner:
R 1055 Nordostwand (Schneider-Rinne)
R 1056 Nordostwand (Eisnase)

Kleinglockner
Großglockner
Obere Glocknerscharte
Glocknerhorn
Teufelshorn
Grögerschneid
Untere
Glocknerscharte
1033
lLocknerkamp
1021
1032
1023
1025
1024
1016
604
603
56
1063
1070
1019
1017
13
1015
1004
1014
1055
Inneres Glocknerkar
Glocknerwandkamp

Steilfels wechselt mit steilen Eisgraten) zum Beginn der aus der Pallavicini-Rinne rechts abzweigenden steilen Schneerinne zur Scharte hinter dem NO-Pfeiler-Kopf (Fluchtausstieg von R 1004). Auf dem die Rinne rechtsseitig begrenzenden Grat weiter (zunächst Überqueren von R 1015 und R 1026) auf den NO-Grat-Kopf. War bis hierher kompakter Plattenfels, folgt nun ein sehr steiler luftiger Blockgrat (ca. 150 Hm) zum Gipfelkreuz.

□ 1014 Variante (Direkter Einstieg) zu R 1013

R. Szalay und Gef., 1924; 2. Begehung.

Direkter Anstieg zum »plattigen Abbruch«. Vgl. Fotos S. 269, 271, 275.

□ 1014a Variante (Einstieg) zu R 1013

R. Schwarzgruber, W. Brandenstein, 9.7.1930, 3. Begehung; ÖAZ 1949/21.

□ 1014b Variante (Einstieg) zu R 1013

R. Klose, F. Kristen, 28.8.1948.

In einer Steinschlagrinne und 2 SL über guten Fels zum »plattigen Abbruch«.

■ 1015 Nordostrippe

H. Peterka, H. Majer, F. Herrmann, 16.–17.7.1927; ÖAZ 1928/187.

IV+, Einstiegsfirnwand **45°**, **600 Hm**, **5 Std.**, kombinierter Anstieg. Vgl. Fotos S. 269, 271, 275.

Übersicht: Anstieg anfangs an der rechten Wand des NO-Grats und im oberen Bereich links von diesem, an der nun beginnenden NO-Rippe (parallel zum NO-Grat) zum Gipfel.
Zugang: Vgl. R 1004.
Anstieg: E. (Bergschrund) zwischen NO-Grat (R 1013, links) und Bergler-Rinne (R 1024, rechts). Über die Firnwand empor zur Mündung einer langen Eisbucht, die vom NO-Grat herabzieht. An ihrem Rande, dann über steile Felsen (IV+) auf die Höhe des NO-Grats. Dieser wird überschritten, die aus der Pallavicini-Rinne zum NO-Grat hinaufziehende Rinne gequert und der Be-

Großglockner, Glocknerhorn von Nordnordosten

Großglockner:
R 1004 Nordostrinne (Pallavicini-Rinne)
R 1005 Variante zu R 1004
R 1013 Nordostgrat
R 1014 Variante zu R 1013
R 1015 Nordostrippe
R 1017 Nordpfeilerrippe
R 1019 Nordwand
R 1024 Rechte Nordostrinne (Bergler-Rinne)
R 1025 Variante zu R 1024
Glocknerhorn:
R 1063 Nordwandrampe

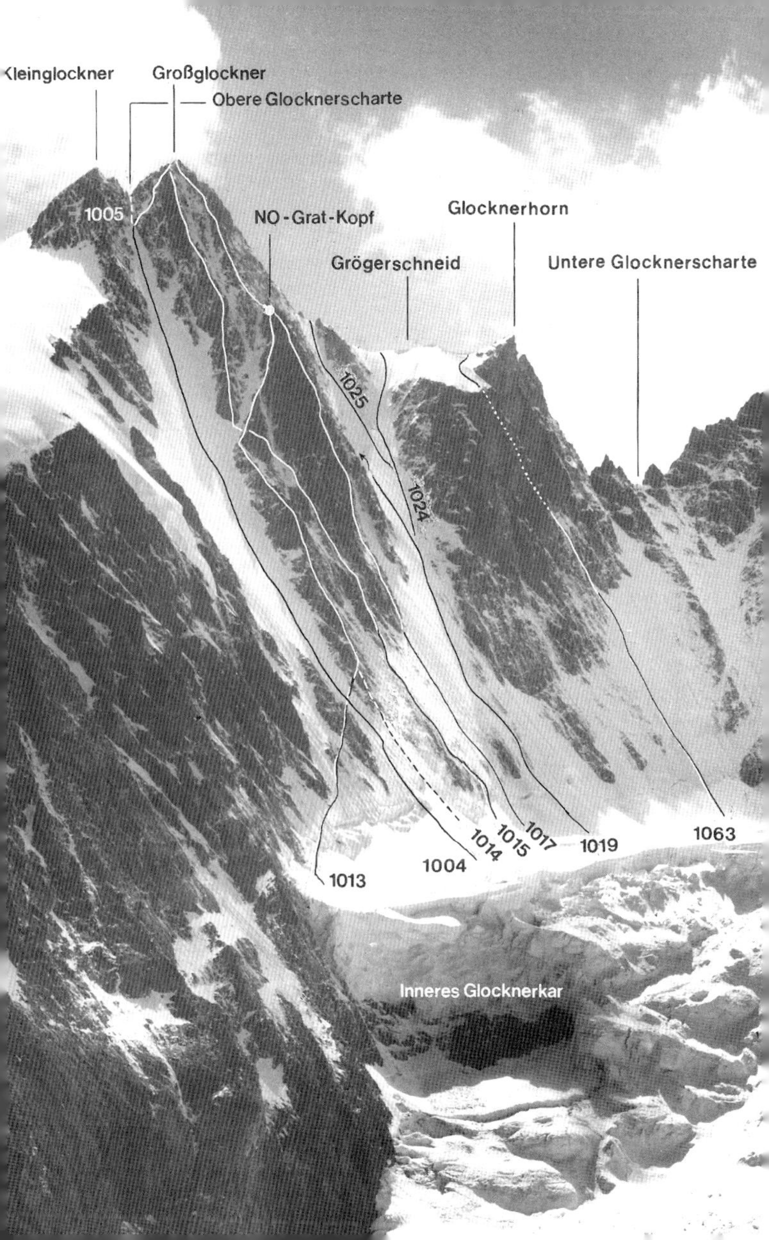

Kleinglockner
Großglockner
Obere Glocknerscharte
1005
NO-Grat-Kopf
Glocknerhorn
Grögerschneid
Untere Glocknerscharte
1025
1024
1063
1019
1017
1015
1014
1004
1013
Inneres Glocknerkar

ginn der zackigen NO-Rippe erreicht, die nun anstelle des NO-Grats die Pallavicini-Rinne rechts begrenzt. Auf dieser zu einem schulterartigen Absatz, danach über Blockstufen zum Gipfelkreuz (darunter Biwak der Erstbegeher).

1016 Nordpfeiler

R. Szalay, Christl Haidacher, M. Hochfilzer, 1940; MÖAV 1968/189.

IV, Einstiegsfirnwand **45°**, **600 Hm**, **6 Std.**, Erstbegeher 5 H. Fotos S. 267, 269, 275.

Übersicht: Vgl. R 1018.
Zugang: Vgl. R 1004.
Anstieg: E. zwischen Pallavicini- und Bergler-Rinne. Über den Bergschrund und die Firnflanke aufwärts zur senkrechten Felswand, mit welcher der NO-Grat-Kopf abbricht (die Erstbegeher kamen vom E. in die Pallavicini-Rinne mit langer ansteigender Querung hierher; R 1015 und R 1026 links in der Firnbucht aufwärts zum NO-Grat). An schwach ausgeprägter Kante empor auf einen Absatz (50 m, IV). Nun weniger steil an die NW-Seite und durch einen kurzen Kamin in ein Schartl. Eine steile Wand aus ineinanderstehenden Platten empor (III), dann rechts zu einer Rinne und Ausstieg am NO-Grat-Kopf. R 1013 zum Gipfel.

1017 Nordpfeilerrippe

R. Schwarzgruber, E. Sulke, 1.8.1932; ÖAZ 1949/22, Jb. ASW 1932/15.

IV, Einstiegsfirnwand **50°**, **600 Hm**, **5 Std.** Rechts von R 1016. Fotos S. 269, 271, 275.

E. (Bergschrund) bei der Mündung der Bergler-Rinne (R 1024). Die Firnwand empor in eine Eisbucht an der Wand des N-Pfeilers, an der rechts eine steile Felsrippe entspringt. Auf dieser empor (IV, fester Fels, geringe Standplätze) auf den NO-Grat-Kopf. R 1013 zum Gipfel.

1018 Nordwand-Übersicht

Die N-Wand, 600 m hoch, fußt im Inneren Glocknerkar links vom NO-Grat (R 1013) und wird rechts von der NO-Rinne (Bergler-Rinne, R 1024) begrenzt. Der untere Wandbereich bildet eine steile Firnwand, darüber der vom NO-Grat-Kopf absetzende N-Pfeiler (R 1016) mit der rechts begleitenden N-Pfeiler-Rippe (R 1017). Diese schräg rechts ansteigende Firnwand geht in den mittleren Teil der Bergler-Rinne über, darüber erhebt sich die steile, felsige Gipfelwand; am Wandfuß großer Bergschrund.
Zugang: Vgl. R. 1004.

1019 Nordwand (Welzenbach-Anstieg)

W. Welzenbach, K. Wien, 19.9.1926; ÖAZ 1926/199, Jb. AAVM 1925–26/49, MDÖAV 1927/252. 1. Winterbegehung: P. Nagy, R. Thaler, 2.–4.3.1964.

Firn **50–55°**, Fels **IV+**, **600 Hm**, **5–7 Std.**, großzügiger Anstieg; Ausstieg »Rechte Gipfelwandrippe«. Vgl. Fotos S. 267, 269, 271, 275.

Übersicht, Zugang: Vgl. R 1004.

Anstieg: Über den bis zu 8 m hohen, senkrecht bis überhängenden Bergschrund (Überstieg meist nur auf Lawinenkegel, der diesen zeitw. zuschüttet, möglich) in die steile Firnwand (anfangs Rinne) der Bergler-Rinne. Nach ca. 400 Hm (R 1024 rechts aufwärts) nach links unter die Felsen der N-Wand zur »Rechten Pfeilerwandrippe«. An dieser zu ungangbarem Plattenaufschwung. Hier abseilen nach links ins Eiscouloir östl. der Rippe. An seinem Rand über plattigen Fels 25 m empor und rechts auf die Rippe über dem Abbruch. Auf steiler Kante zu Flachstück mit Firn. Über plattige Felsen schräg links in eine schmale Eisrinne (die Fortsetzung des vorher benützten Couloirs). Jenseits der Rinne empor zum NW-Grat (R 1033) 40 m unter dem Gipfel.

■ 1020 Variante (Fluchtausstieg) zu R 1019

Unter den Schlussfelsen Ausstieg nach rechts zum NW-Grat. Vgl. Foto S. 275.

■ 1021 Variante (Direkter Gipfelausstieg) zu R 1019

R. Szalay, Chr. Haidacher, 1938. 1. Winterbegehung: W. Kolar, H. Diestler, 5.3.1963.

Idealer Direktausstieg, kombinierte Kletterei, Eisrinne **65°**, Fels **V**, gesamt **600 Hm**, **7 Std.** Gelände naturgemäß oft vereist, jedoch fester, rauer Fels. Messerhaken und kleine KK mitnehmen. Vgl. Fotos S. 269, 275.

Dort, wo R 1019 zur Rechten Gipfelwandrippe quert, in der zum Gipfel ansteigenden schmalen Eisrinne weiter. Anfangs bieten herausstehende Felsblöcke gute Standplätze, in halber Rinnenhöhe Umgehen einer sperrenden Steilstufe rechts, im sehr steilen oberen Teil Messerhaken und kleine KK nötig.

□ 1022 Variante (Ausstieg) zu R 1019

Erstbegeher unbekannt, nach 1945.

IV, Ausstieg »Linke Gipfelwandrippe«. Vgl. Foto S. 275.

□ 1023 Variante (Ausstieg) zu R 1019

P. Aschenbrenner, W. Mayr, K. Baumgartner, R. Seiwald, 6.7.1930; Jb. K 1930–31/18.

Durch Steinschlag genötigter Ausstieg zum NO-Grat, kombinierter Anstieg, Eis **60–70°**, oberer NO-Grat **III+**, gesamt **600 Hm**, **6 Std.** Vgl. Fotos S. 269, 275.

R 1019 bis in Wandmitte (unter der »Rechten Gipfelwandrippe«), hier links in steiler Rinne (3–4 SL) empor in die Scharte nach dem NO-Grat-Kopf; R 1013 zum Gipfel.

1024 Rechte Nordost-Eisrinne (Bergler-Rinne)

E. Rainer, 9.9.1929. ÖAZ 1930, ÖAZ 1931/44. 1. Ski-Abfahrt: St. Eder, 24.5.1980.

50°, **460 Hm**, gesamt **4¼ Std.**, lohnende Eistour, Gegenstück zur Pallavicini-Rinne. Vgl. Fotos S. 269, 271, 275.

Übersicht, Zugang: Vgl. R 1004.
Anstieg: E. mit R 1019 und in der Rinne aufwärts. Dort, wo der vom NW-Grat herabziehende, keilförmige Felsbau die Rinne teilt, rechts vorbei auf die große Firnschulter (Gröger-Schneide), 3660 m, links vom Glocknerhorn. Am NW-Grat (R 1033) zum Gipfel.

1025 Variante (Ausstieg) zu R 1024

R. Szalay und Gef., 1932; 2. Begehung der Bergler-Rinne.

An dem die Rinne teilenden Felsbau linksseitig (55°) empor zum NW-Grat (R 1033) über der Gröger-Schneide. Vgl. Fotos S. 269, 271, 275.

1026 Direkte Nordostwand (Bergführerroute)

K. Hoi, L. Baumgartner, St. Lackner, A. Prugger, H. Christoph (im Rahmen eines Bergführerkurses), 30.8.1985; B 1990 2/22.

V, **600 Hm**, **6 Std.** Dieser großartige Anstieg besteht im unteren Teil aus einer Eisflanke, anschließend folgt kombiniertes Gelände, das im Sommer normalerweise ausapert, zwischen Herbst und Frühsommer Wassereis mit einer Neigung zwischen **70°–90°**. Im oberen Teil führt eine 50°–65° steile Rinne zum Gipfel. Vgl. Fotos S. 265, 275.

Zunächst Anstieg im Bereich von R 1015 (NO-Rippe); man verlässt diese noch vor Erreichen des NO-Grats (R 1013) rechts durch eine steile Rinne (meist Wassereis, schwierigste Stelle des Anstiegs). In dieser Rinne 2 SL aufwärts zum NO-Grat, kurzer Abstieg in die Rinne dahinter und in dieser zwischen NO-Grat (rechts) und NO-Rippe (links) empor zum Gipfel. Bei Ausaperung der Rinne sind die Felsanstiege des NO-Grats bzw. der NO-Rippe günstiger und vor allem weniger gefährlich.

Großglockner-Nordwand:
R 1013 Nordostgrat
R 1014 Variante (Direkter Einstieg) zu R 1013
R 1015 Nordostrippe
R 1016 Nordpfeiler
R 1017 Nordpfeilerrippe
R 1019 Nordwand
R 1020 Variante (Fluchtausstieg) zu R 1019
R 1021 Variante (Direkter Ausstieg) zu R 1019
R 1022 Variante (Ausstieg) zu R 1019
R 1023 Variante (Ausstieg) zu R 1019
R 1024 Rechte Nordostrinne (Bergler-Rinne)
R 1025 Variante (Ausstieg) zu R 1024
R 1026 Direkte Nordostwand
R 1033 Oberer Nordwestgrat

Großglockner
Kleinglockner
Obere Glocknerscharte
Gröger-Schneid
1020
1033
1021
1022
1023
1025
1015
1024
1026
Pallavicini-Rinne
1013
1017
1019
Inneres Glocknerkar
1014
1016
1015
1026

1029 Nordwestgrat-Übersicht

Der NW-Grat ist durch eine waagrechte Firnschulter (Gröger-Schneide) geteilt. Der Untere NW-Grat beginnt in der Unteren Glocknerscharte, 3596 m (R 601), trägt das markante Teufelshorn, 3677 m, und das weniger auffällige Glocknerhorn, 3680 m, und endet nach diesem in der horizontalen Firnschulter der Gröger-Schneide, 3660 m. Hier beginnt der Obere NW-Grat mit dem steilen Gipfelaufbau. Von S, ab Teischnitzkees, zieht eine breite Schneerinne empor zum NW-Grat. Diese Rinne ist von einer Rippe geteilt: die Rechte S-Rinne (Gröger-Rinne) zieht zur Gröger-Schneide empor und vermittelt den Zustieg zum Oberen NW-Grat; die Linke S-Rinne (Drasch-Rinne) erreicht das Teufelshorn und somit den Unteren NW-Grat. Der gesamte NW-Grat vermittelt einen Prachtanstieg mit einmaligen alpinen Eindrücken! Die Zustiege a) und b) sollten in den frühen Morgenstunden begangen werden, bei weichem Firn besteht bereits frühzeitig Lawinengefahr!

Zustiege:

a) Rechte Südrinne (Gröger-Rinne)

G. Gröger mit Chr. Ranggetiner, 29.8.1879; ÖAZ 1880/29.

Rinne **40–45°**, 320 Hm, von der Stüdlhütte gesamt **860 Hm**, **2½ Std.** Vgl. Foto S. 299.

Von der Stüdlhütte, 2802 m, mit R 606 bis in Falllinie der Gröger-Schneide. Über den Bergschrund und in der rechten Firnrinne empor auf die Gröger-Schneide, 3660 m. An deren rechten Flanke, nahe am Firngrat entlang zum felsigen Beginn des Oberen NW-Grats.

b) Linke Südrinne (Drasch-Rinne)

F. Drasch mit P. Unterberger, 27.9.1887; MDÖAV 1890/17.

Rinne **40–45°**, 300 Hm, von der Stüdlhütte gesamt **840 Hm**, **2½ Std.**

Anstieg links von R 1029a zum Quergang von R 1030 am S-Fuß des Teufelshorn.

1030 Unterer Nordwestgrat

G. Gröger mit Chr. Ranggetiner, 29.8.1879; EO III/184.

III, **62 Hm**, **1 Std.** Vgl. Fotos S. 197, 299, 309.

Übersicht, Zustieg: Vgl. R 1029.

Anstieg: Von der Unteren Glocknerscharte, 3596 m (R 601), über zwei Felszacken an den Fuß des Teufelshorn, das sich als schlanker Felszahn (nach NO überhängend) aufschwingt.

Querung an seiner S-Seite über mehrere Rippen und schräg aufwärts auf das Glocknerhorn, 3680 m, anschließend auf die Gröger-Schneide, 3660 m. Beginn von R 1033.

☐ 1031 Variante zu R 1030

F. Drasch mit P. Unterberger, 27.9.1887.

Umgehung des Glocknerhorn an seiner S-Seite, über abschüssige, meist vereiste Platten; schwieriger als der Originalanstieg.

■ 1032 Direkter Unterer Nordwestgrat

E. Meletzki, E. Sporrer, 30.7.1921.

IV, **1½ Std.**, Überschreitung des Teufelshorn. Vgl. Fotos S. 197, 269, 309.

Übersicht, Zustieg: Vgl. R 1029.
Anstieg: Von der Unteren Glocknerscharte, 3596 m (R 601), mit R 1030 über zwei kleine Felszacken zum Fuß des markanten Teufelshorn. An seiner W-Seite (fester Steilfels) empor, zuletzt durch zwei Kamine auf den ausgesetzten, kleinen Gipfel des Teufelshorn, 3677 m. Über dessen SO-Abbruch 20 m abseilen (BH) und am Verbindungsgrat weiter auf das weniger auffallende Glocknerhorn, 3680 m. An der weiterführenden, mitunter überwechteten Gröger-Schneide, 3660 m, nahe rechts des Firngrats entlang zum Beginn des felsigen Oberen NW-Grats (R 1033).

■ 1033 Oberer Nordwestgrat

G. Gröger mit Chr. Ranggetiner, 29.8.1979; EO III/184. 1. Abstieg: O. Hudemann, Th. Wetlesen, 24.8.1911. 1. Winterbegehung: S. Mayerl, G. Röhr, H. Lindner, 21.3.1965.

III, **140 Hm**, **1½ Std.**, anregende Kletterei, steiler, fester Fels, mehrere BH. Vgl. Fotos S. 267, 269, 275, 299, 309.

Übersicht, Zustieg: Vgl. R 1029.
Anstieg: Von der Gröger-Schneide, 3660 m, auf steilem Firngrat zum ersten Gratzacken und diesen nordseitig umgehen auf das Flachstück dahinter (Ausstieg von R 1025). Über steile Grataufschwünge zur senkrechten, 10 m hohen Drasch-Platte (R 1034).
Darunter auf schmalem Band (Ranggetiner-Band) ausgesetzt nach rechts (mehrere BH) und in einem Riss an einer gleichfalls aufrecht stehenden Nebenplatte empor zum Grat. Auf diesem kurz steil weiter und in anregender Blockkletterei zum Gipfelkreuz.

■ 1034 Direkte Variante zu R 1033

F. Drasch mit P. Unterberger, 27.9.1889; EO III/185, MDÖAV 1890/17.

III+, äußerst ausgesetzt.

An der etwas abgelösten 10 m hohen Drasch-Platte direkt über den senkrechten Grataufbau.

Südwestseite

Die Westanstiege werden nur höchst selten begangen, da der häufige Frostwechsel diese Seite des Großglockner in eine »Schuttflanke« verwandelt. Aufgrund ihrer Gefährlichkeit sind die West- und Südwandrouten hier nur ihrer historischen Bedeutung wegen aufgeführt.
Zu empfehlen ist der SW-(Stüdl-)Grat (R 1037).

☐ 1035 Westwand

V. Pillwax mit J. Unterweger, A. Hutter, 23.8.1905; ÖAZ 1905/238, ÖAZ 1906/119.

IV+, brüchiger Fels, gefährlich; s. AVF-GG 10/2003/280. Vgl. Foto S. 299.

☐ 1036 Südwestrippe

A. Awerzger, R. Gerin, R. Szalay, 14.8.1932; ÖAZ 1932/389, ÖAZ 1960/119.

III, brüchiger Fels, gefährlich; s. AVF-GG 10/2003/280. Vgl. Foto S. 299.

■ 1037 Südwestgrat (Stüdlgrat)

J. Kerer, P. Groder, 10.9.1864. 2. Begehung: J. Schnell, 1865; 1. Alleingang. 1. tour. Begehung: E. Pegger mit M. Groder, J. Kerer, 16.8.1865; 3. Begehung. ZDAV 1870–71/530.

IV–, III+ (je 1 Stelle im oberen Bereich), III (Stellen), II, mehrere BH, **534 Hm**, **3–4 Std.**, steiler, mitunter vereister Fels, in heißen Sommern meist schneefrei. Zustieg 463 Hm, 2 Std. Von der Stüdlhütte gesamt 997 Hm, 5–6 Std. Standardanstieg. Im Wesentlichen ist die direkte Gratlinie (mit nur geringen Abweichungen) einzuhalten; im Zustieg Gletscherbegehung. Früherer Name »Neuer Kalser Weg«, dann zu Ehren Johann Stüdls benannt. Für den Abstieg Eisausrüstung erforderlich. Vgl. Fotos S. 55, 279, 299, 317.

Übersicht: Der SW-Grat fußt in der Luisenscharte und trennt die S-Wand von der W-Wand. Seine Fortsetzung abwärts zur »Schere« (R 611) ist der Luisengrat (mit dem Luisenkopf, 3207 m), trennt das Teischnitzkees (im W) vom Ködnitzkees (im O). **Zustieg:** Von der Stüdlhütte mit R 610 zur Luisenscharte, 3175 m (R 609), und ca. 250 m weiter zum eigentlichen Aufschwung des SW-Grats, P. 3264 m (Gedenktafel).

Großglockner, Kleinglockner von Süden

Großglockner:
R 1002 Ostanstieg
R 1037 Südwest(Stüdl-)grat
R 1038 Südwand

Glocknerwand:
R 1095A Südflanke

Kleinglockner:
R 1002 Ostanstieg
R 1057 Südgrat
R 1058 Südwand

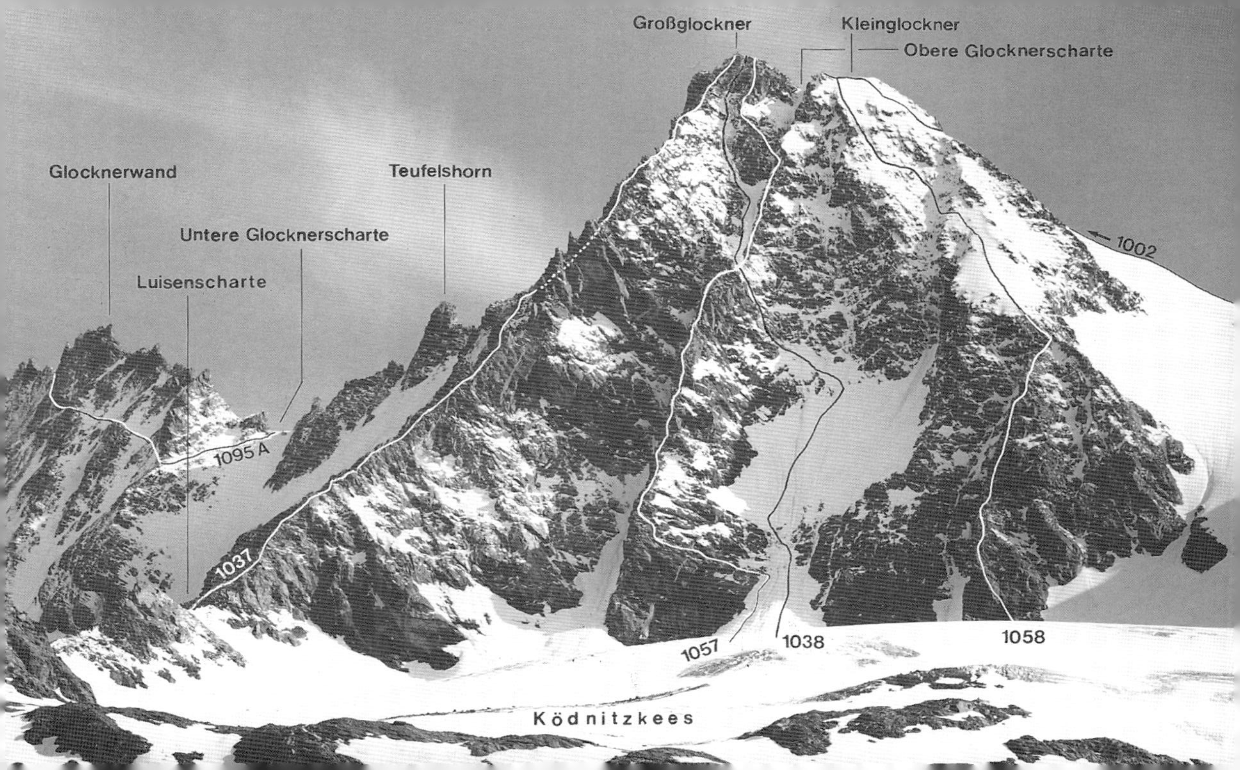
Großglockner
Kleinglockner
Obere Glocknerscharte
Glocknerwand
Teufelshorn
Untere Glocknerscharte
Luisenscharte
1002
1095 A
1037
1057
1038
1058
Ködnitzkees

Anstieg: Auf den Grataufschwung (III) und weiter zu einer ostseitig befindlichen, abschüssigen Platte. Nach dieser 2 m Abstieg an die W-Seite des Grats, über Bänder und Stufen (»Petersstiege«, I) weiter auf den Grat, durch einen Kamin (II+), dann weniger schwierig zum »Frühstücksplatz«, 3450 m. In steiler Verschneidung (15 m, III) empor, kurz an die W-Seite und wieder auf den Grat zur »Kanzel« (Eisenstangen). Südseitig um den folgenden Gratturm, auf Band (10 m) an die W-Seite und steil empor auf den Grat. Auf dem teils schmalen Grat (II) zu 30 m hohem Steilaufbau und auf diesen (III, im oberen Teil Drahtseilsicherung). Auf dem Grat, teils links, zu einem markanten Gratturm. Nach links zu ausgesetzter Gratstelle. An deren Kante empor (III) und steil weiter bis unter die »Kleine Platte«, die über eine südseitige Stufe erreicht wird. Diese überwindet man am besten vom Stand aus direkt auf den Grat. Von diesem westseitig 2 m abwärts und auf schmalem Band in Richtung Gipfel wieder auf den Grat direkt unter der Schlüsselstelle »Die Platte« (IV–). Über der Platte nach rechts (kurzes Drahtseil) an die S-Seite des Grats. Diesem ca. 80 m entlang, dann auf dem Grat ca. 60 m zum Gipfelkreuz.

□ 1038 Südwand

V. Pillwax mit P. Unterberger, S. Huter, 29.6.1891; ÖAZ 1891/237.

IV, Einstiegsfirnwand **40–45°**, **570 Hm**, **5 Std.**, gewaltiger Anstieg, kaum begangen. Vgl. Fotos S. 279, 299.

Übersicht: Die S-Abstürze von Groß- und Kleinglockner sind von der aus der Oberen Glocknerscharte herabziehenden Eisschlucht (S-Rinne) voneinander getrennt. Man steigt zuerst in der Kleinglockner-S-Wand über ein Firnfeld an, quert darüber zum S-Grat und erreicht jenseits absteigend die Eisschlucht und die Großglockner-S-Wand. Die S-Schlucht bricht unten in Überhängen ab.

Anstieg: Von R 54 am Ködnitzkees 100 m aufwärts zur Kleinglockner-S-Wand. E. über eine Randkluft (mit Lawinenkegel!) und an Felsen aufwärts zum Firnfeld, das links erstiegen wird. An der Felswand darüber (brüchiger, dachziegelartiger Fels) schräg links zum S-Grat-Sattel vor dem turmartigen Grataufschwung in ca. halber Wandhöhe. Abstieg links in die S-Rinne (Steinschlaggefahr!) und links dieser entlang (an der Großglockner-S-Wand)

Großglockner von Osten:

Adlersruhe:
R 59 Von der Hofmannshütte

Großglockner:
R 1002 Ostanstieg (über den Kleinglockner)

Kleinglockner:
R 1046 Glocknerkarkamp (Meletzki-Grat)

Kleinglockner
Großglockner
llersruhe
Teufelshorn
Glocknerwand
1002
P. 3400
1046
Hofmannskees
59
P. 2796
P. 240
59

über abdrängende Felsen empor (IV+, ausgesetzt). Von einer Steilplatte bei schrägen Überhängen (sie sperren die S-Rinne) schräg links empor in die Wand und erst höher über besser gangbare Felsen zum Gipfel.

1043 Kleinglockner, 3770 m

1. Ersteigung: M. u. S. Klotz (»Hoysensepp«), S. v. Hohenwart, J. Zopoth und zwei Zimmerleute, 25.8.1799. 1. Winterersteigung: Pfarrer E. Franzisci mit Führer Liendl und drei weiteren Heiligenbluter Führern, 13.1.1853; O-Anstieg.

Der Gipfel, eine scharfe Schneide (im Frühsommer mit der berüchtigten »Glocknerwechte«), ist dem Großglocknergipfel, 3798 m, östl. vorgelagert und durch die hoch gelegene Obere Glocknerscharte, 3754 m, von diesem getrennt. Der Kleinglockner wird bei Ersteigung des Großglockner, auf dem Normalanstieg von O (von der Adlersruhe), überschritten. Sein Massiv wird allgemein dem Großglockner beigezählt, in Anbetracht der Bedeutung seiner mehr oder weniger selbstständigen Anstiege, vor allem an der NO-Seite (der gewaltige Glocknerkamp und Glocknerkarkamp), jedoch getrennt behandelt. Die Ersteigungsgeschichte des Kleinglockner ist mit jener des Großglockner verknüpft.

■ 1044 Ostanstieg (von der Adlersruhe)

Vgl. R 1002.

■ 1045 Ostanstieg (Inneres Hofmannskees)

H. Peterka, H. Majer, 2.9.1925.

Gefährliches Gletschergelände, s. AVF-GG 9/1995/312. Vgl. Fotos S. 101, 259.

■ 1046 Glocknerkarkamp (Meletzki-Grat)

A. Gulden, H. Gulden, H. Mechwart mit J. Bernsteiner, A. Lackner, J. Rubitsch, 27.7.1892, im Abstieg; MDÖAV 1894/19. K. Kosternitz mit J. Bernsteiner, 12.9.1895, im Aufstieg; MDÖAV 1895/240. Anstieg seinerzeit in Vergessenheit geraten, durch E. Meletzki und G. Hecht am 2.9.1925 wiederholt und darauf als Meletzki-Grat populär geworden.

II, 661 Hm, 3 Std. vom E. bis Adlersruhe, mehrere BH im oberen Bereich, schöner Felsanstieg mit kurzer Gletscherbegehung. Felsgrat zwischen Äußerem (rechts) und Innerem Hofmannskees (links). Vgl. Fotos S. 101, 259, 261, 281, 283.

Kleinglockner, Äußeres Glocknerkar von Ostnordosten:

R 59 Hofmannsweg (Schlussstrecke)
R 1002 Ostanstieg
R 1046 Glocknerkarkamp (Meletzki-Grat)
R 1048 Ostnordostflanke
R 1049 Direkte Nordostflanke
R 1050 Glocknerkamp
R 1051 Variante zu R 1050
R 1052 Variante zu R 1050

Kleinglockner
Großglockner
Obere Glocknerscharte
Adlersruhe
1002
1002
59
1052
1046
1050
Kleinglocknerkees
1049
Äußeres Glocknerkar
1048
1051
1050

E. über dem »Frühstücksplatz«, 2796 m (R 59). Am Grat schräg rechts empor auf eine Kammstufe (Blöcke) und weiter aufwärts. In Höhe der ebenen Firnmulde vom Inneren Hofmannskees (links) beginnt die Kammverschmälerung und ein Aufrichten als Grat, den eine dreieckige Felswand sperrt.
An dieser Wand rechts um die Ecke zu kurzem Kamin und auf die Grathöhe. Auf dieser (Blöcke) weiter zu einem Schneegrat und zu Felsköpfen (P. 3400 m), zuletzt über Firn (geradeaus zum Glocknerleitl, R 1002) nach links zur Adlersruhe.

■ 1047 Äußeres Glocknerkar

1. Ski-Abfahrt: R. Szalay und Gef. 1937/38.

Vom Kleinglockner bzw. vom Glocknerleitl, 3500 m (R 1002), zieht nach ONO das Kleinglocknerkees abwärts; ab 3320 m bricht dieses als Hängegletscher mit einem Séracgürtel und mit darunter meist ausgeaperten Felsabbrüchen ins Äußere Glocknerkar ab, das mit einer Schneerinne in 2450 m zur Pasterze ausläuft. Äußeres Glocknerkar und Kleinglocknerkees sind links vom Glocknerkarkamp (Meletzki-Grat, R 1046) und rechts vom Glocknerkamp (R 1050) eingefasst; Letzterer trennt Äußeres (links) und Inneres Glocknerkar (rechts). R 1048 führt an der linken Karseite (entlang von R 1046) und R 1049 in der Mitte durch die Séracabbrüche, zum Glocknerleitl.
Zustieg: Von der Hofmannshütte, 2444 m, auf Moränensteig abwärts zur Pasterze und diese in WSW-Richtung überschreiten zum jenseitigen Moränenufer zu der vom Äußeren Glocknerkar mündenden Schneerinne, 2450 m (1 Std.).

■ 1048 Ostnordostflanke

A. Awerzger, R. Gerin, R. Szalay, 15.8.1933; ÖAZ 1936/102.

Gefährlicher Eisanstieg bis **50°**, Felszone über dem E. **III+**, **1100 Hm**, **5 Std.** Vgl. Foto S. 283.

Übersicht, Zustieg: Vgl. R 1047.
Anstieg: Im Äußeren Glocknerkar aufwärts zu den abschließenden Felswänden (2 Std.); darüber das abbrechende Kleinglocknerkees. Im linken Wandwinkel empor (Blockstufen und verdeckte Firnrinne, Eisschlaggefahr!) und über den Eisbuckel. Nun schräg rechts aufwärts zum Spaltengewirr des Hängegletschers (des Kleinglocknerkeeses) und nahe dem NO-Pfeilerfuß des

Glocknerkamp von Nordnordosten

Großglockner:
R 1002 Ostanstieg
Kleinglockner:
R 1050 Glocknerkamp
R 1053 Nordost(Smaragd-)pfeiler
Glockner-Biwakschachtel:
R 87 von der Hofmannshütte

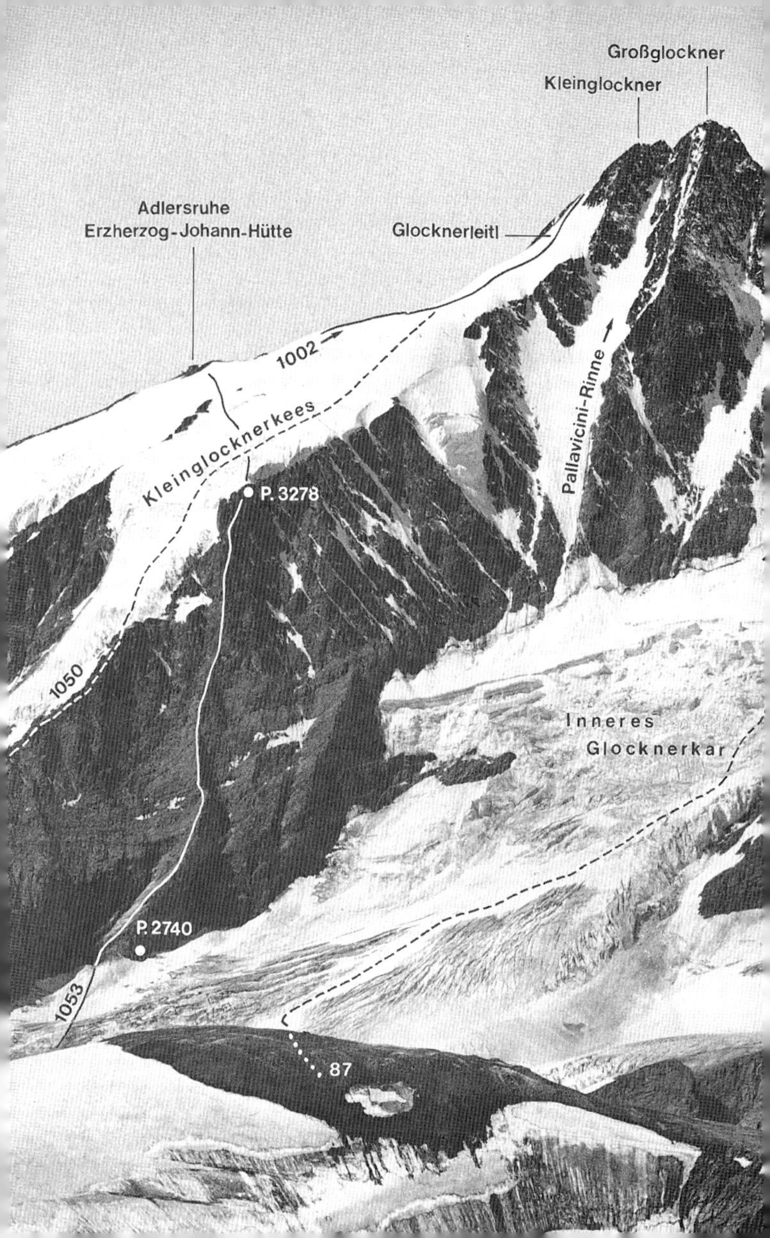
Großglockner
Kleinglockner
Adlersruhe
Erzherzog-Johann-Hütte
Glocknerleitl
1002
Kleinglocknerkees
P. 3278
Pallavicini-Rinne
1050
Inneres
Glocknerkar
P. 2740
1053
87

Glocknerkarkamp über drei Eisstufen (50°), zuletzt links in der Rinne zum Glocknerkarkamp empor und auf weniger steilen Firnhängen zum Kleinglockner (Glocknerleitl, R 1002).

■ 1049 Direkte Nordostflanke

Th. Hanschke, D. Untermann, 20.8.1968; AL 1969/5/5, NAV.

60–70° (an den seinerzeitigen Eiswülsten), sonst durchschnittlich 40°, Schwierigkeiten durch die Eisverhältnisse bedingt, **1000 Hm**, **5–8 Std.**, gewaltiger, eindrucksvoller Anstieg. Vgl. Fotos S. 259, 283.

Übersicht, Zugang: Vgl. R 1047.
Anstieg: In der Mitte des Äußeren Glocknerkars empor, direkt über die Séracabbrüche des Kleinglocknerkeeses (links davon R 1046) und weiter zum Glocknerleitl (R 1002).

■ 1050 Glocknerkamp

E. G. Lammer, 5.8.1893; ÖAZ 1893/234, MDÖAV 1893/272.

III+, mit Gletscherbegehung, gesamt **1500 Hm**, **5–6 Std.**, gewaltiger, eindrucksvoller Anstieg; infolge Ausaperung der unteren Strecke gegenüber dem Originalanstieg wesentlich verändert. Vgl. Fotos S. 259, 283, 285.

Übersicht, Zustieg: Vgl. R 1047.
Anstieg: Im Äußeren Glocknerkar kurz aufwärts und nach rechts zum Fuß des Glocknerkamp (2 Std.). An einer Schrofenwand schräg rechts aufwärts auf die Höhe des vorgebauten, stufenförmigen Rückens, der (nach einer Blockmulde) steil ansteigt. Links in einer Eisrinne mit felsigen Absätzen empor auf die Grathöhe (Originalanstieg). Ein sich verschärfender Grat (das eigentliche Felsbollwerk) leitet zum obersten Felskopf des Glocknerkamps. Links zum Hängegletscher (Eisschlaggefahr!) und in der Mitte des Kleinglocknerkeeses empor in die Firnmulde, die rechts die große mit Spalten durchsetzte Schneeschulter des Kleinglocknerkeeses trägt; es ist die weit hinausragende Schneemasse mit dem Séracabbruch gegen die Pallavicini-Rinne. (Der Erstbegeher wollte vom Oberen Bahnhof die Pallavicini-Rinne erreichen und so zur Oberen Glocknerscharte gelangen, was Schlechtwetter verhinderte.) Am Kleinglocknerkees weiter zur Firnmulde unter dem Glocknerleitl (R 1002).

□ 1051 Variante (am Felsbollwerk) zu R 1050

H. Peterka, H. Majer, 30.6.1925.

III+; s. AVF-GG 10/2003/287. Vgl. Foto S. 283.

□ 1052 Variante (am Firnkamm) zu R 1050

R. Szalay und Gef., 1925.

50° (1 Stelle), **III**; s. AVF-GG 10/2003/287. Vgl. Foto S. 283.

■ 1053 Glocknerkamp – Nordostpfeiler (Smaragdpfeiler)

L. Baumgartner, K. Hoi, G. Häfele, W. Haiden, W. Laserer, M. Rust, 1.9.1984; NAV, B 1985/7/36.

IV (2 SL), IV–, III, Gletscherbegehung, **540 Hm**, **3–4 Std.** Ernster alpiner Anstieg, fast durchwegs festes Gestein, im unteren Teil Stein- oder Eisschlag möglich; günstigste Begehungszeit August/September. Eisausrüstung nicht unbedingt notwendig, jedoch empfehlenswert. Vgl. Foto S. 285; Skizze S. 289.

Übersicht: Der Glocknerkamp entsendet nach N, in das Innere Glocknerkar, eine felsige Steilwand. In Falllinie des höchsten Punkts verläuft ein links und rechts von Rinnen begrenzter Pfeiler mit auffallend grünem Gestein.
Zustieg: Von der Hofmannshütte, 2444 m, zur Pasterze und zum jenseitigen Moränenufer mit dem beginnenden Inneren Glocknerkar und aufwärts zum E. (P. 2740 m, 1½ Std.).
Anstieg: Der 40 m hohe Einstiegsriss (IV–) führt auf die markante braune Plattenrampe aus Kalkglimmerschiefer. Am äußeren Rand dieser Rampe 4 SL (III, teilw. IV) empor in eine gestufte Blockzone. Die Blockstufe aus buntem Umwandlungsgestein 50 m aufwärts (I, II) zum Fuß des markanten »Grünsteinpfeilers«. Auf diesem 6 SL (III) in schöner Kletterei empor an sein Ende (links hinaus eine Eisrinne zum Kleinglocknerkees, Eisschlag möglich!). Vom Pfeilerende über eine gestufte Zone (II) von ca. 80 m zum Beginn des obersten Steilaufschwungs. Am Gneisgrat direkt über seinen Steilaufschwung (2 SL, IV) empor. Auf gestufter Rampe (Blöcke, II) 50 m nach links. Über plattigen Fels zur ausgeprägten Gratkante bei Felszacken und über diese, zuletzt durch einen Risskamin, zum Pfeilergipfel, P. 3278 m (III, 100 m). Zur Adlersruhe: Über eine kurze Steilstufe (Eis) aufs Kleinglocknerkees und ca. 100 Hm aufwärts, dann Querung nach S zur Adlersruhe (1 Std.).
NS: »Es war spannend, als wir nach dem attraktiven Einstiegsriss die braune, glatt gescheuerte Plattenrampe aus Kalkglimmerschiefer betraten. Das Klettern mit den steifen Plastikschuhen war anfangs ungewohnt und schwierig. Aber unsere Bergführeraspiranten waren erprobte Bergsteiger und lösten elegant die heiklen IVer-Reibungsstellen. Wir stellten fest, dass unter bestimmten Umständen Kalkglimmerschiefer durchaus guter Kletterfels sein konnte. Die nun folgende Zone aus ›buntem‹ Umwandlungsgestein versetzte uns in Staunen und ließ den Begriff der Metamorphose verständlich werden. Ich wünschte mir immer einen so praktischen Anschauungsunterricht in Geologie geben zu können. Der Mittelpfeiler bot ideal geschichteten und prächtigen Kletterfels aus Grünstein. Darüber schließt die Zone kompakten Gneisgesteins an. Aber bevor wir diese erreichten, bestaunten wir noch eine 50 m hohe Kegelspitze aus seidig-grün schimmerndem Serpentin. Nun stand fest, dass dieser prächtige und geologisch hochinteressante Anstieg den Namen ›Smaragdpfeiler‹ bekommen wird.« (Klaus Hoi)

1054 Nordostwand-Übersicht

Die NO-Flanke (mit ihrem markanten Hängegletscher), östl. der Pallavicini-Rinne (R 1004), setzt vom Rand des obersten Kleinglocknerkeeses (unter dem Glocknerleitl, R 1002) zum obersten Firnboden des Inneren Glocknerkars ab. Der NO-Eisflanke folgen die Felsabstürze (mit R 1050) des zur Pasterze auslaufenden Glocknerkamp. Die NO-Flanke, östl. der unteren Hälfte der Pallavicini-Rinne (R 1004), ist von dieser durch einen Felsgrat abgegrenzt. Dieser Felsgrat zieht aus dem Inneren Glocknerkar, ca. 3140 m, zum Unteren Bahnhof (Fluchtausstieg aus der Pallavicini-Rinne) am Rand des obersten Kleinglocknerkeeses (darüber das Glocknerleitl, R 1002) aufwärts. Parallel links an diesem Felsgrat die schmale Schneider-Rinne (R 1055). Links davon der markante Hängegletscher der NO-Flanke; über seine Stirnwand führt der Theo-Riml-Gedenkanstieg (R 1056). Beide Einstiege, nahe beisammen, befinden sich links vom Auslauf der Pallavicini-Rinne.
Zugang: Vgl. R 1004.

1055 Nordostwand (Schneider-Rinne)

K. Wagenbichler, H. Bärnthaler, T. Kruch, R. Kraus, E. Hertschek, 15.9.1983; B 1987/6/99.

Meist 50–55°, 2 SL 60 und **65°**, 2 SL kombinierte Kletterei **III** und 60°, nur im obersten Bereich leichter; **400 Hm**, **4 Std.**; eindrucksvoll, kaum objektive Gefahren. Vgl. Fotos S. 265, 269; Skizze S. 290.

Übersicht: Vgl. R 1054.
Zugang: Vgl. R 1004.
Anstieg: E. in Falllinie der markanten Rinne (Bergschrund). Die Rinne (Eiskletterei) hinauf zu einer Eisrampe und auf dieser nach rechts in weniger steiles Gelände. Gerade hinauf, die Wand wird steiler, zur engsten Stelle der Rinne. In diesem Bereich zumeist kombiniertes Gelände (ca. 80 m). Oberhalb in der Rinne weiter zur Schlüsselstelle (65°). Danach etwas nach links und bei abnehmender Steilheit empor zum Ausstieg beim Unteren Bahnhof (R 1011). Nun auf dem Kleinglocknerkees nach SSO zur Adlersruhe (½ Std.).

1056 Nordostwand – Eisnase (Theo-Riml-Gedenkanstieg)

K. Hoi, L. Baumgartner, G. Häfele, W. Haiden, W. Laserer, M. Rust, 29.8.1984; benannt nach dem Ötztaler Bergführer Theo Riml, der bei einem Rettungsversuch im Gebirge ums Leben kam. NAV, B 1985/7/36.

90° (20 m) vor dem Ausstieg, 80° (45 m), 60° (2 SL), Ein- und Ausstieg 40°; **350 Hm**, **4 Std.**; hervorragender Sportkletteranstieg mit hochalpinem Charakter, objektiv sicher, bei normalen Verhältnissen ist eine Begehung immer möglich; inwieweit sich die Gegebenheiten ändern, muss beobachtet werden. Vgl. Fotos S. 265, 269; Skizze S. 291.

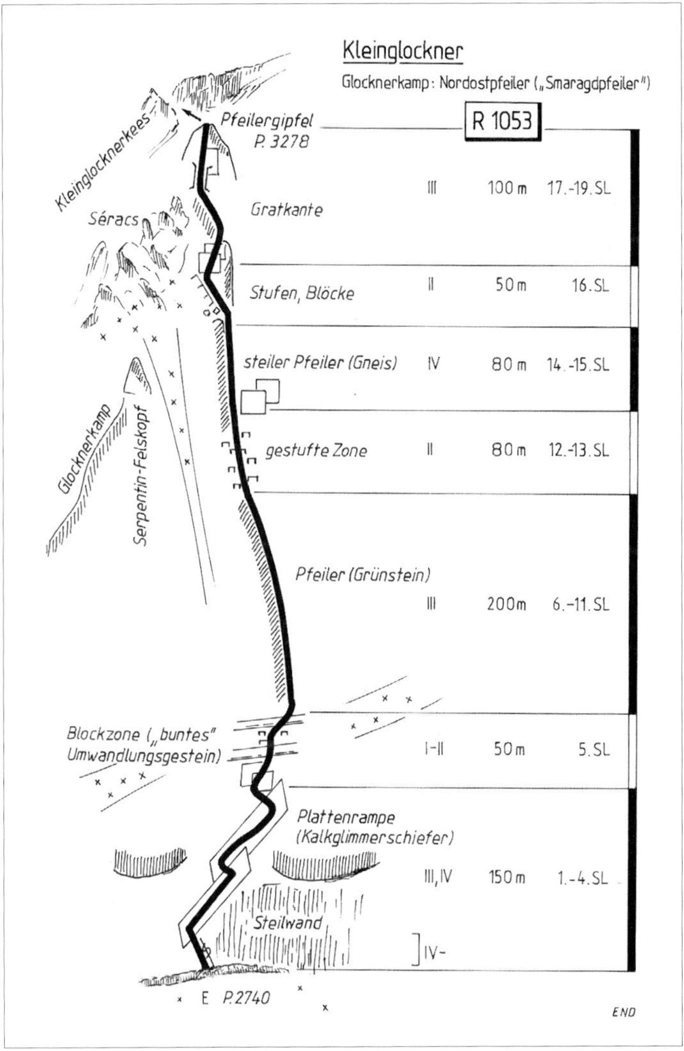
Kleinglockner
Glocknerkamp: Nordostpfeiler („Smaragdpfeiler")
R 1053
Kleinglocknerkees
Pfeilergipfel
P. 3278
Séracs
Gratkante
III 100 m 17.-19. SL
Stufen, Blöcke
II 50 m 16. SL
steiler Pfeiler (Gneis)
IV 80 m 14.-15. SL
Glocknerkamp
Serpentin-Felskopf
gestufte Zone
II 80 m 12.-13. SL
Pfeiler (Grünstein)
III 200m 6.-11. SL
Blockzone („buntes" Umwandlungsgestein)
I-II 50 m 5. SL
Plattenrampe
(Kalkglimmerschiefer)
III, IV 150 m 1.-4. SL
Steilwand
IV-
E P. 2740
END

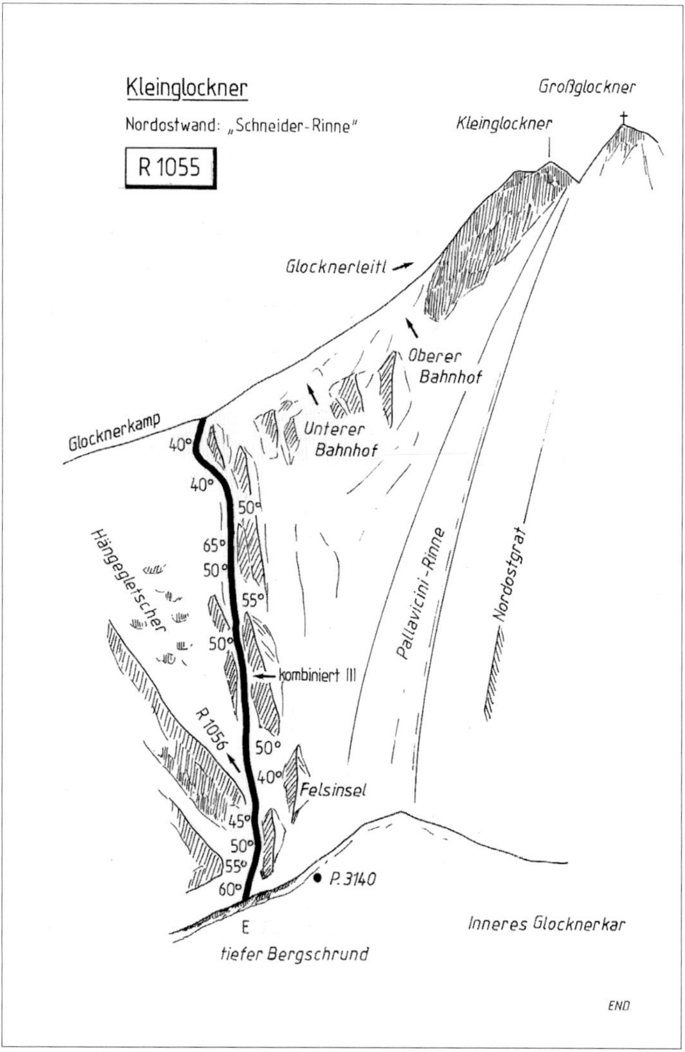
Kleinglockner
Nordostwand: „Schneider-Rinne"
R 1055
Großglockner
Kleinglockner
Glocknerleitl
Oberer Bahnhof
Unterer Bahnhof
Glocknerkamp
40°
40°
50°
65°
50°
55°
50°
kombiniert III
Hängegletscher
Pallavicini-Rinne
Nordostgrat
R 1056
50°
40°
Felsinsel
45°
50°
55°
60°
P. 3140
E
tiefer Bergschrund
Inneres Glocknerkar
END

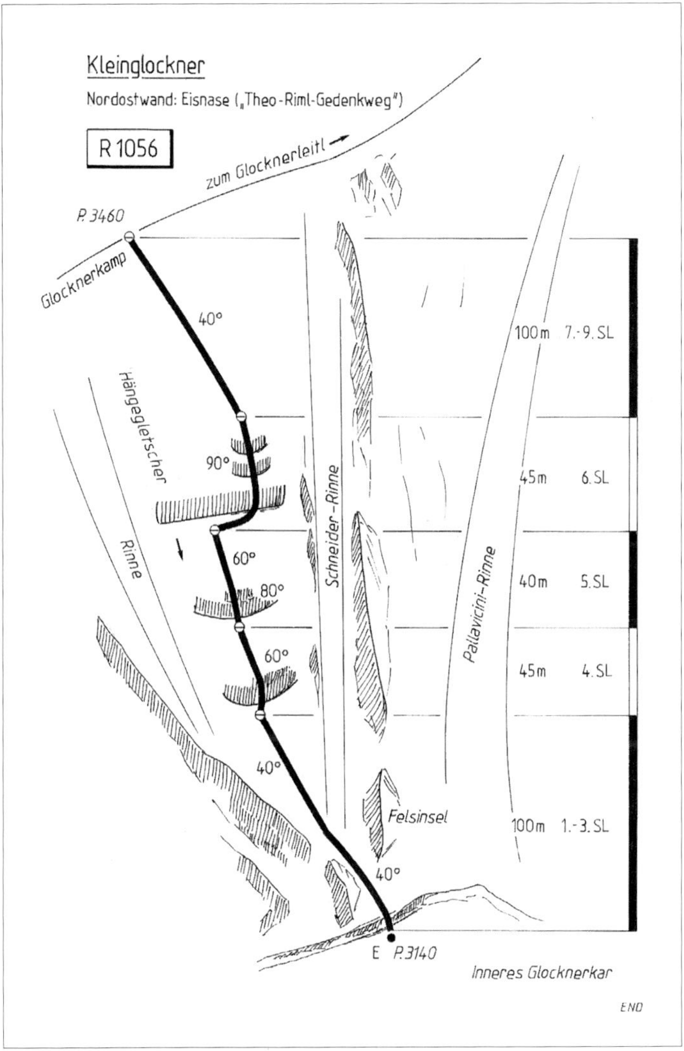
Kleinglockner
Nordostwand: Eisnase („Theo-Riml-Gedenkweg“)
R 1056
zum Glocknerleitl →
P. 3460
Glocknerkamp
40°
Hängegletscher
90°
60°
80°
60°
40°
Rinne
Schneider-Rinne
Pallavicini-Rinne
Felsinsel
40°
100 m 7.-9. SL
45 m 6. SL
40 m 5. SL
45 m 4. SL
100 m 1.-3. SL
E P. 3140
Inneres Glocknerkar
END

Übersicht: Vgl. R 1054.
Zugang: Vgl. R 1004.
Anstieg: E. bei 3140 m. Unter dem Bergschrund nach links gegen das Rinnensystem, das vom großen Hängegletscher herabzieht. Zwischen Felsrippen in schmaler Rinne empor (ca. 40°) und nach 100 m links aufwärts unter den ersten Steilaufschwung. Dieser 60° steile Wulst (1 SL) wird direkt erklettert. Der folgende Aufschwung ist fast senkrecht und führt unter die überhängende Schlusswand (45 m, 80°). Die Schichtpakete des Gletschers schieben sich dachartig übereinander und erschweren einen geraden Aufstieg. Man klettert deshalb anfangs steil schräg rechts aufwärts (ca. 20 m, 90°) und durchsteigt den sehr steilen Abbruch über mehrere kleine Dächer in weiteren 20 m bis zur Kante. Zwischenstand günstig. Über die geneigte Flanke (ca. 40°) nach 100 m zum Ausstieg vor dem Unteren Bahnhof (R 1011). Nun auf dem Kleinglocknerkees horizontal nach SSO zur Adlersruhe (½ Std.).

□ 1056a Nordostwand (neuer Anstieg)

T. Schranz, K. Habacek, Juli 1991; NAV.

Bis **50°**. Vgl. Foto S. 265.

E. mit R 1056, dann in der Rinne links davon aufwärts.

■ 1057 Südgrat

R. Gerin, O. Pitschmann, 12.8.1911; ÖAZ 1912/326. 1. Winterbegehung: S. Schnell, H. Gratz, 30.12.1975.

IV+, 570 Hm, 5 Std., herrlicher, jedoch nur selten begangener Felsanstieg, Parallelgrat zum Stüdlgrat (R 1037). Vgl. Fotos S. 279, 299.

Der S-Grat führt auf den Kleinglocknergipfel und wird im obersten Teil nach links in die Großglockner-S-Wand verlassen. E. links von R 1038. Über der Randkluft schräg links über schuppenartige Platten zu einer höhlenartigen Nische. Rechts von ihr höher, in Linksrichtung über ein teilw. vorhandenes Band zu einem senkrechten Wandl und schräg rechts über dieses auf ein Schuttband. Auf diesem nach links zum S-Grat über seinem Abbruch. Rechts des steilen Grats auf Platten aufwärts zu Überhang. An ihm kurzer Abstieg nach links (steile Platten) zu Stand unter überhängenden Abbrüchen. Rechts weiter der Kante zu (Platten) und bald zum zweiten Überhang. Rechts von ihm über Geröllstufen zum Ansatz des ersten Turms. Er wird an senkrechter Wand mit kurzer rissartiger Verschneidung, zuletzt über ein abschüssiges Gesims erstiegen. Zackige Türmchen folgen. Über die Kante zum zweiten, großen Turm mit glatter Wandstelle. Über diese und über die Turmhöhe in ein enges Schartl hinab. Die folgende Gratstelle wird umgangen, darauf die Schneide direkt verfolgt und jener Punkt erreicht, wo der Grat nach links abknickt. Etwa 50 m noch am S-Grat höher und nach links über die S-Rinne in die Großglockner-S-Wand (diese Querung befindet sich etwa 100 m über jener von R 1038). Im Bogen aufwärts (2 Rinnen und Stufen) zur Gipfelwand. In einer Kaminreihe empor, dann einfacher Fels zum Großglocknergipfel.

■ 1058 Südwand

R. Szalay, Manzi Jolesch, 1926.

III, **570 Hm**, **2½ Std.**, Begehung der rechten Wandeinfassung. Vgl. Fotos S. 279, 299.

□ 1059A Südhang

J. Payer mit J. Schnell, P. Huter, 14.9.1863.

40°, **300 Hm**, **1 Std.** Vgl. Foto S. 99.

Vom Auslauf des Glocknerleitls (R 1002) die breite Firnwand abwärts zum Ködnitzkees.

1061 Glocknerhorn, 3680 m

1. Ersteigung: G. Gröger mit Chr. Ranggetiner, 29.8.1879.

Wenig ausgeprägter Gipfel im Großglockner-NW-Grat, zwischen Teufelshorn, 3677 m (NW), und Gröger-Schneide, 3660 m (SO). Markante N-Wand zum Inneren Glocknerkar. Von der Gröger-Schneide unschwierig erreichbar.

□ 1062 Südanstieg

Vgl. R 1029a.

■ 1063 Nordwandrampe

S. Mayerl, H. Lindner, H. Messner, 19.10.1967; AL 1968/3/52. 1. Winterbegehung: W. Petodnig, G. Rosenfelder, 3./4.1.1970. 1. Abstieg: W. Sucher, K. Hoi; A. Flür, H. Mitterer, F. Mühlegger, G. Santer, 2.9.1979.

60–70°, **500 Hm**, **3½ Std.**, fast immer Blankeis, selbst bei schlechten Verhältnissen lauern nur in den ersten 3 SL objektive Gefahren an dem sonst von hohen überhängenden Wänden geschützten sicheren Anstieg. Bedeutendste Eistour am Großglockner – die »Lieblingstour« aller Bergführerkurse! Vgl. Fotos S. 197, 267, 269, 271.

Zugang: Vgl. R 602.
Anstieg: E. im Inneren Glocknerkar links von R 603/R 1070. Über den Bergschrund und an der Firnwand 250 m aufwärts (40°–50°), dann links in die schräg aufsteigende Steilflanke (Eisrampe) und an ihr von rechts nach links 5 SL (60°–70°) empor. Es werden Felsen erreicht, danach ein Firnrücken mit Ausstieg links vom Gipfel.

□ 1064 Nordostkante (AG-Kante)

H. Schlaudosich, L. Watzek, 9.8.1933; NF 1933/220.

V–, **460 Hm**; Anstieg an der rechten Begrenzungskante der Bergler-Rinne (R 1024); Anstiegsbeschreibung unklar.

1068 Teufelshorn, 3677 m

1. Ersteigung: M. v. Kuffner mit Chr. Ranggetiner, E. Rubesoier, 8.8.1884.
1. Überschreitung: E. Meletzki, E. Sporrer, 30.7.1921 (Abseilen nach SO).

Markanter, ca. 30 m hoher turmartiger Gipfel im Großglockner-NW-Grat, zwischen Unterer Glocknerscharte, 3596 m (im NW), und Glocknerhorn, 3680 m (im SO); mit dem Glocknerhorn eine auffallende, von einer Steilrampe durchzogene N-Wand zum Inneren Glocknerkar.

1069 West-Ost-Überschreitung

Vgl. R 1032.

1070 Nordwand

K. Hoi, W. Sucher, A. Flür, H. Mitterer, F. Mühlegger, G. Santer, 2.9.1979; NAV, B 1979/12/737, AL 1980/1/40.

Fast reine Eiskletterei, **80°** (Stelle), sonst 60–70°, bei ungünstigen Verhältnissen etwas kombinierte Kletterei, **IV+**, **460 Hm**, **3 Std.** Vgl. Fotos S. 197, 267, 269.

Zugang: Vgl. R 602.
Anstieg: E. im Inneren Glocknerkar zwischen R 1063 (links) und R 603 (rechts). Über die ca. 45° steile Eisflanke 300 m empor zum Beginn des schräg links aufwärts ziehenden Couloirs; in diesem 200 m 60–70°, kurz 80°, empor in die Scharte zwischen Teufels- (rechts) und Glocknerhorn (links). Über guten Fels (IV+) noch 50 m zum Gipfel.

1073 Glocknerwand, 3722 m

Gewaltiger, fächerförmiger Felsberg, verwechtet, steilflankig; Rivale des benachbarten Großglockner, 3796 m, von ihm durch die Untere Glocknerscharte, 3598 m, getrennt; schwierigster Gipfel der Glocknergruppe. Ein siebentürmiger Gipfelgrat, südöstl. die Glocknerwandkrone (4.–7. Gipfelgratturm), nordwestl. die Hofmannspitze (1. Gipfelgratturm); als höchste Erhebung gilt der Pöschlturm (2. Gipfelgratturm).
Alle Gipfelgrattürme haben nur geringe Höhenunterschiede. Die tiefste Gratscharte befindet sich zwischen Gerinturm (3. Gipfelgratturm) und Draschturm (4. Gipfelgratturm). Nach NO zum Inneren Glocknerkar eine gerippte Felswand, die nach O ein langer Firngrat (Glocknerwandkamp) begrenzt; auf seinem Felssockel die Glockner-Biwakschachtel (R 86). Nach NW eine gebogene Firnschneide zum Teufelskampsattel; vom NW-Grat eine N-Wand

Großglocknermassiv von Südwesten.

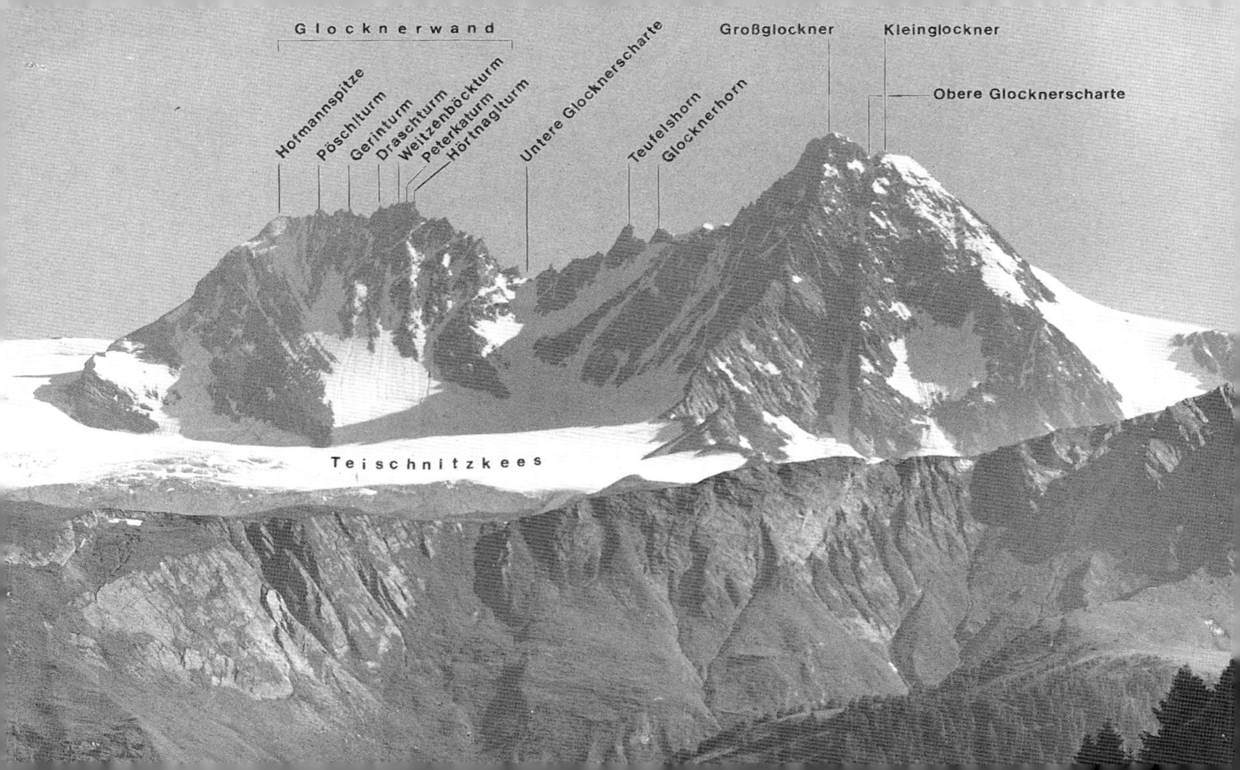
Glocknerwand
Hofmannspitze
Pöschlturm
Gerinturm
Draschturm
Weitzenböckturm
Peterkaturm
Hörtnaglturm
Untere Glocknerscharte
Teufelshorn
Glocknerhorn
Großglockner
Kleinglockner
Obere Glocknerscharte
Teischnitzkees

zum Teufelskampkees. S-Flanke und SW-Flanke zum Teischnitzkees, ein zerscharteter SO-Grat zur Unteren Glocknerscharte. Die Längsüberschreitung der Glocknerwand ist eine gewaltige, eindrucksvolle Bergfahrt.
Der Gratübergang zum Großglockner stellt eine der bedeutendsten Bergfahrten in den Ostalpen dar. Am Treffpunkt O-Grat, N-Wand und NW-Grat die Pallavicini-Wechte, genannt nach dem Unglück am 26. Juni 1886, als bei ihrem Abbruch Markgraf Alfred Pallavicini, Hermann Crommelin, Engelbert Rubesoier und Christian Ranggetiner tödlich verunglückten (ÖAZ 1886/164).

1. Gipfelgratturm: Nordwestgipfel (Hofmannspitze), 3711 m

1. Ersteigung und Überschreitung: K. Hofmann mit J. Kerer, M. Groder, 25.9.1869. Name zu Ehren Karl Hofmanns durch DAV-Beschluss vom 31.1.1871.

2. Gipfelgratturm: Pöschlturm, 3721 m

1. Ersteigung: J. Pöschl mit J. Kerer, P. Groder, 3.9.1872. 1. Überschreitung: M. v. Kuffner mit Chr. Ranggetiner, E. Rubesoier, 8.8.1884; 2. Begehung.

3. Gipfelgratturm: Gerinturm, 3718 m

1. Ersteigung und Überschreitung: R. Gerin, O. Pitschmann, 9.8.1911.

4. Gipfelgratturm: Draschturm, 3716 m

1. Ersteigung und Überschreitung: F. Drasch mit S. Huter, 18.2.1887.

5. Gipfelgratturm: Weitzenböckturm, 3710 m

1. Ersteigung und Überschreitung: Richard Weitzenböck, R. Kaltenbrunner, Rüdiger Weitzenböck, 27.7.1905.

6. Gipfelgratturm: Peterkaturm, 3715 m

1. Ersteigung und Überschreitung: Richard Weitzenböck, R. Kaltenbrunner, Rüdiger Weitzenböck, 27.7.1905.

Bisher »Unbenannter Turm«; Name (durch Willi End) zu Ehren von Hubert Peterka, dem erfolgreichen Bergsteiger und Miterschließer der Glocknergruppe. Die anderen Gipfelgrattürme sind nach deren Erstbegehern benannt.

7. Gipfelgratturm: Südostgipfel (Hörtnaglturm), 3719 m

1. Ersteigung: H. Eglauer, A. Eglauer, F. Hörtnagl, I. Kaup, R. Kreisel, J. Pircher, L. Prohaska, 11.8.1897. 1. Gratübergang zum Großglockner: M. v. Kuffner mit Chr. Ranggetiner, E. Rubesoier, 8.8.1884; ohne 3. Turm.

Glocknerwand

1. Gipfelgratüberschreitung (NW–SO): Richard Weitzenböck, R. Kaltenbrunner, Rüdiger Weitzenböck, 27.7.1905; ohne 3. Turm. 1. Gipfelgratüberschreitung (SO–NW): O. Hudemann, T. Wetlesen, 14.8.1911; 7.–1. Turm. 1. Überschreitung: H. Peterka und F. Herrmann, 25.7.1926; NO-Wand–S-Wand. 1. Winterersteigung: F. Drasch mit S. Huter, 18.2.1887; S-Flanke.

Glocknerwand vom Großglockner.

Glocknerwand
Teufelshorn
Glocknerhorn

Leichtester Anstieg die S-Flanke, einfach SW-Grat auf die Hofmannspitze, schneidigster Anstieg der NW-Grat auf die Hofmannspitze, sehr gefährlich die N-Wand über das Teufelskampkees, elegant der O-Grat, objektiv gefährlich die NO-Wand aus dem Inneren Glocknerkar.

■ 1074 Südflanken-Übersicht

Der S-Absturz der Glocknerwand ist in der Mitte vom auffallenden S-Couloir (von der tiefsten Gipfelgratscharte, zwischen 3. und 4. Gipfelgratturm herab) durchzogen. Der Absturz rechts vom Couloir wird als S-Wand und jener links davon als S-Flanke bezeichnet. Der tiefste Wandfuß ist mit 3293 m vermessen, er bestimmt die Trennung zwischen S- und SW-Flanke. Der gesamte Absturz war einst ein leuchtender Firnbau, während nun durch Ausaperung und besonders zu fortgeschrittener Jahreszeit bratschige Flanken (von Rippen und Schutt durchzogen) vorherrschen. Das schneeige S-Couloir unterliegt ebenfalls der Ausaperung.

Zugang: Von der Stüdlhütte, 2802 m, mit R 606 bis in Falllinie der Luisenscharte. Nun in NNW-Richtung über den Gletscher zum Wandfuß, P. 3293 m (1½ Std.).

■ 1075 Südflanke (Linker Anstieg)

K. Hofmann mit J. Kerer, M. Groder, 25.9.1869, im Abstieg.

30–35°, wenn ausgeapert **II**, **420 Hm**, **1½ Std.** Vgl. Foto S. 299.

Übersicht, Zugang: Vgl. R 1074.

Anstieg: E. am Teischnitzkees rechts vom P. 3293 m, über kleines Schneefeld und nach links auf die vorspringende Schulter. Über Schrofen, dann

Glocknerwand, Großglockner von Westsüdwesten

Untere Glocknerscharte:
R 606 Südrinne (Rechter Anstieg)
R 607 Südrinne (Linker Anstieg)
Großglockner:
R 1029a Rechte Südrinne
R 1030 Unterer Nordwestgrat
R 1033 Oberer Nordwestgrat
R 1035 Westwand
R 1036 Südwestrippe
R 1037 Südwest(Stüdl-)grat
R 1038 Südwand
Kleinglockner:
R 1057 Südgrat
R 1058 Südwand

Glocknerwand:
R 1075 Südflanke (Linker Anstieg)
R 1076 Südflanke (Mittlerer Anstieg)
R 1078 Südflanke (Rechter Anstieg)
R 1079 Südcouloir
R 1080A Südwand
R 1081 Südwestgrat
R 1083A Südwestflanke
R 1086 Nordwestwand
R 1087 Direkte Nordwestwand
R 1095A Südflanke
R 1096A Südostgrat
R 1097A Südostgrat

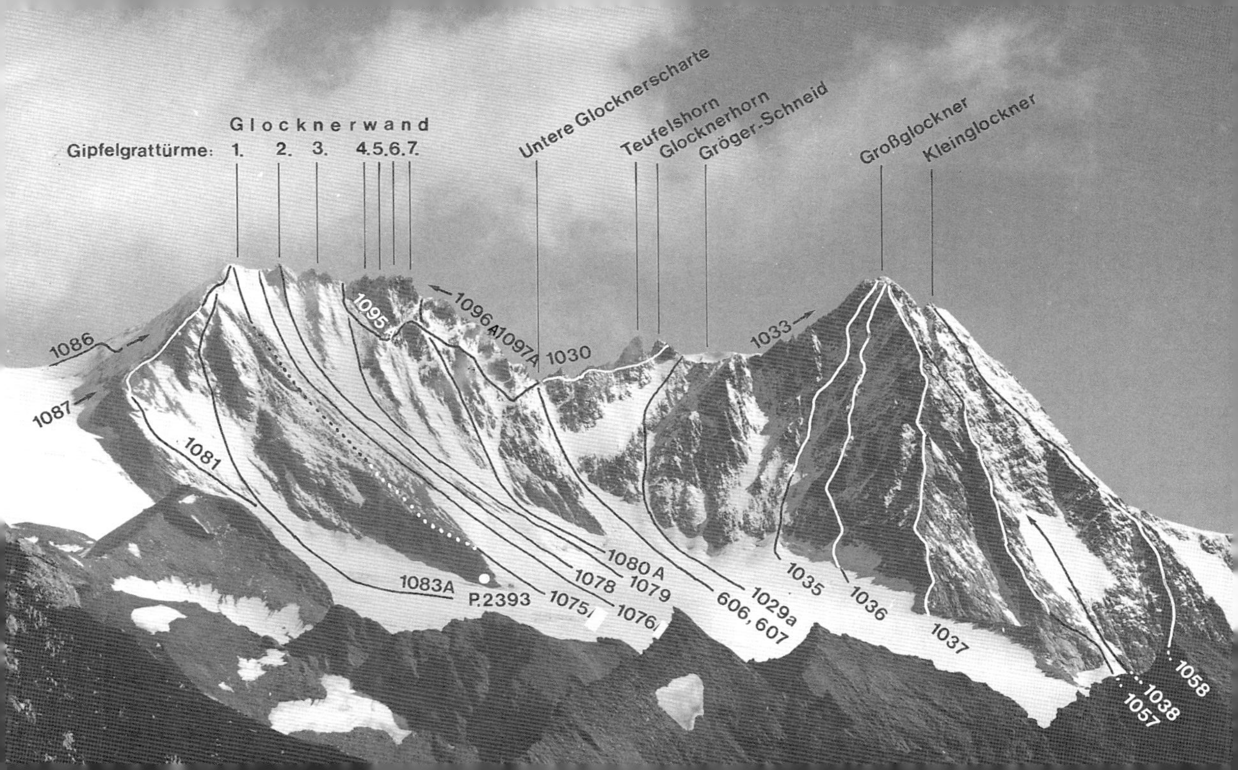
Glocknerwand
Gipfelgrattürme: 1. 2. 3. 4.5.6.7.
Untere Glocknerscharte
Teufelshorn
Glocknerhorn
Gröger-Schneid
Großglockner
Kleinglockner
1086
1087
1081
1095
1096
A1097A
1030
1033
1083A
P.2393
1075/
1076/
1078
1079
1080 A
606, 607
1029a
1035
1036
1037
1057
1038
1058

Blockfelsen schräg rechts aufwärts auf das große Firndach (Schuttdach). Auf diesem beliebig weiter, zuletzt steil auf die aus rotbraunem Fels aufgebaute Hofmannspitze (1. Gipfelgratturm).

■ 1076 Südflanke (Mittlerer Anstieg)

J. Pöschl mit J. Kerer, P. Groder, 3.9.1872.

30–35°, wenn ausgeapert **II**, **420 Hm**, **1½ Std.** Vgl. Foto S. 299.

Übersicht, Zugang: Vgl. R 1074.
Anstieg: E. am Teischnitzkees rechts von R 1075. Über die breite Firnflanke (Schutthalde) gerade aufwärts zu einer Felsrippe. Links in eine Rinne und in ihr auf das große Firndach (Schuttdach). Nach rechts in die Scharte zwischen Hofmannspitze (links) und Pöschlturm (rechts); daraus südostw. steil auf den Pöschlturm (2. Gipfelgratturm).

□ 1077 Variante (Ausstieg) zu R 1076

J. Pöschl mit Führern, 1871, 3. Ersteigung der Hofmannspitze.

Aus der Scharte nach NW auf die Hofmannspitze (1. Gipfelgratturm).

■ 1078 Südflanke (Rechter Anstieg)

F. Drasch mit S. Huter, 18.2.1887.

30–35°, wenn ausgeapert **II**, **420 Hm**, **1½ Std.** Vgl. Foto S. 299.

Übersicht, Zugang: Vgl. R 1074.
Anstieg: E. am Teischnitzkees rechts von R 1076. Über die breite Firnflanke (Schutthalde) aufwärts zu Felsen und über diese auf den Pöschlturm (2. Gipfelgratturm). Die Erstbegeher querten dann an der S-Seite des Pöschlturms auf einem Felsband, mehrere Rippen querend, zur tiefsten Scharte des Gipfelgrats und stiegen auf den Draschturm (4. Gipfelgratturm).

■ 1079 Südcouloir

F. Hörtnagl, J. Pircher, L. Prohaska, I. Kaup, R. Kreisel, H. Eglauer, A. Eglauer, 11.8.1879, wobei die Hälfte der Teilnehmer die Scharte nach dem Quergang am Pöschlturm direkt erreichte; MDÖAV 1898/250.

Glocknerwand, Teufelskamp von Nordosten

Teufelskampkees:
R 502 Übergang Oberwalderhütte – Stüdlhütte
Glocknerwand:
R 1084 Nordwestgrat
R 1088 Nordwand
R 1089 Ostgrat (Glocknerwandkamp)
Teufelskamp:
R 1111 Nordwestrücken
R 1114 Ostgrat
R 1116A Untere Nordostflanke
R 1117A Gesamte Nordostflanke

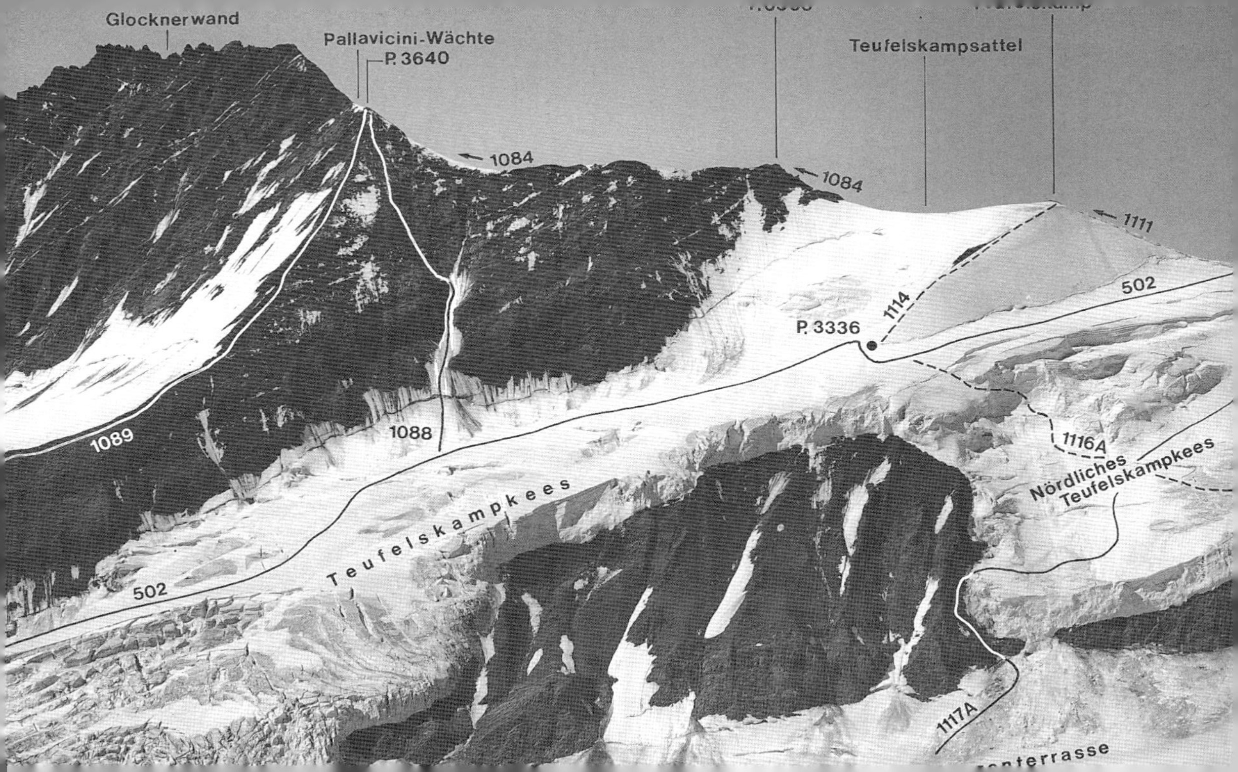
Glocknerwand
Pallavicini-Wächte
P. 3640
Teufelskampsattel
1084
1084
1111
502
1114
P. 3336
1089
1088
1116A
Nördliches Teufelskampkees
Teufelskampkees
502
1117A

Bis **35°**, ausgeaperte Stellen **II**, **420 Hm**, **2 Std.**, günstigster Anstieg, um die Glocknerwandkrone (4.–7. Gipfelgratturm) zu erreichen. Vgl. Foto S. 299.

Übersicht, Zugang: Vgl. R 1074.
Anstieg: E. am Teischnitzkees in Falllinie der tiefsten Gipfelgratscharte, wo ein Lawinenkegel die Randkluft überdeckt. Der Einstiegsschneehang wird zur Firnrinne, die beiderseits von Felsspornen begrenzt ist. In der Rinne gerade aufwärts in die Scharte – oder vor ihr (am Fuß des 4. Gipfelgratturms) – nach rechts und in eine Scharte und am luftigen Grat auf den Hörtnaglturm (7. Gipfelgratturm, dieser bricht nach SO überhängend ab).

□ 1080A Südwand

H. Peterka, F. Herrmann, 25.7.1926, Jb. BG/ÖGV 1931–32/95.

S. AVF-GG 10/2003/300. Vgl. Foto S. 299.

■ 1081 Südwestgrat

Richard Weitzenböck, R. Kaltenbrunner, Rüdiger Weitzenböck, 27.7.1905; ÖAZ 1906/128.

II, **420 Hm**, **1½ Std.** Vgl. Foto S. 299.

E. am Teischnitzkees (R 1074). Vom P. 3293 m nach links am Schneehang weiter und schräg über Schutt (Schnee) in den Sattel am Beginn des SW-Grats, der SW- und NW-Flanke trennt.
Aufwärts über eine Steilstufe mit Blöcken zu einem Firnfleck. Entlang des Grats aufwärts zur Vereinigung mit dem NW-Grat (von links herauf) und über den bratschigen Steilaufbau auf die Hofmannspitze (1. Gipfelgratturm).

■ 1082A Südwestgrat

G. Ozkaitis, F. Pfustern, 27.7.1927; DAZ 1928/101.

II, **420 Hm**, **1 Std.**, günstigster Abstieg.

Von der Hofmannspitze am SW-Grat abwärts, von den Schrofen im Schlussteil schräg links (orogr.) zu einer Firnrinne (bei R 1083) und zum Teischnitzkees (R 1074).

□ 1083A Südwestflanke

O. Hudemann, Th. Wetlesen, 14.8.1911; Jb. SB 1912/125.

S. AVF-GG 10/2003/302. Vgl. Foto S. 299.

■ 1084 Nordwestgrat

K. Hofmann mit J. Kerer, M. Groder, 25.9.1869; ZDAV 1870–71/474.

III, **218 Hm**, **2½ Std.**, der seinerzeit schneidige, verwechtete Firngrat ist nun ausgeapert. Vgl. Fotos S. 301, 305.

Zugang: Von der Stüdlhütte, 2802 m, mit R 509 bis vor den Teufelskamp; rechts abzweigen und aufwärts in den Teufelskampsattel (R 612, 2½ Std.).
Anstieg: Aus dem Teufelskampsattel, 3503 m, rechts des Grats aufwärts unter einen kleinen Felsturm.
Diesen in einer Rinne rechts umgehen, auf den Grat und zu P. 3560 m. Auf dem flachen Grat zu seinem Aufschwung und empor (brüchig) zu dessen Flachstück, P. 3640 m (hier die ehemalige Pallavicini-Wechte, Vorsicht bei Schneebelag!). Nun meist rechts des Grats auf prächtigem Fels über einige Aufschwünge auf die Hofmannspitze, 3711 m (1. Gipfelgratturm). Auf dem waagrechten, luftigen Grat weiter und in einer Rechtsschleife auf den Pöschlturm, 3721 m (2. Gipfelgratturm).

■ 1085 Nordwestwand-Übersicht

Die NW-Wand erhebt sich aus dem Firnkessel, 3500 m (des Teischnitzkeeses), zwischen Hofmannspitze (rechts) und Teufelskamp (links). In Anbetracht des benachbarten einfachen SW- und des schneidigen NW-Grats von untergeordneter Bedeutung. In heißen Sommern Ausaperung, dann Kletterei (III) in ungutem Fels.
Zugang: Von der Stüdlhütte, 2802 m, mit R 509 (2½ Std.).

■ 1086 Nordwestwand

M. v. Kuffner mit Chr. Ranggetiner, E. Rubesoier, 8.8.1884; ÖAZ 1884/287.

Bis **50°**, **160 Hm**, **2 Std.** Vgl. Foto S. 299.

Übersicht, Zugang: Vgl. R 1085.
Anstieg: Am NW-Grat (R 1084) aufwärts auf seine Höhe. Nun Querung in die NW-Wand. Nach einer Randkluft über eine niedere Felswand zu einer brüchigen Rippe und die Firnwand (50°) schräg rechts empor zum SW-Grat und auf die Hofmannspitze (1. Gipfelgratturm).

■ 1087 Direkte Nordwestwand

A. Awerzger, R. Gerin, 9.7.1934; ÖAZ 1936/103.

Bis **50°**, **160 Hm**, **2 Std.** Vgl. Foto S. 299.

Übersicht, Zugang: Vgl. R 1085.
Anstieg: Aus dem Firnkessel, 3500 m, zum Wandfuß, 3560 m. Über den Bergschrund und die Firnwand (50°) gerade aufwärts zur Vereinigungsstelle von NW- und SW-Grat und über Fels auf die Hofmannspitze (1. Gipfelgratturm).

□ 1088 Nordwand

H. Peterka, 7.6.1929; AVF-GG 1980/R 381.

Seinerzeit eine 60° steile Firnwand, nun ausgeapert und äußerst gefährlich; s. AVF-GG 10/2003/303. Vgl. Fotos S. 301, 305, 311.

■ 1089 Ostgrat (Glocknerwandkamp)

R. Kaltenbrunner, R. Weitzenböck, 20.7.1906; ÖAZ 1906/273.

Firngrat bis **45°**, **III–**, **460 Hm**, **2½ Std.**, eleganter Anstieg zur Hofmannspitze. Der Glocknerwandkamp trennt das Teufelskampkees (im N) vom Inneren Glocknerkar (im S), über seinem Felsfuß, vor Beginn des Firngrats, die Glockner-Biwakschachtel. Vgl. Fotos S. 267, 301, 305, 311.

Von der Glockner-Biwakschachtel, 3260 m (R 86), am allmählich ansteigenden Firnkamm (meist ausgeaperte Bratschen) aufwärts, über zwei Felsköpfe und am Firngrat weiter zu einem Turm, schwierig über diesen. Es folgt ein steiler Firngrat zu P. 3640 m (Ansatz der Pallavicini-Wechte, im Hochsommer meist abgeschmolzen), Vereinigung mit dem NW-Grat (R 1084) und auf die Hofmannspitze (1. Gipfelgratturm).

■ 1090 Nordostwand-Übersicht

Die NO-Wand entsteigt dem ebenen Firnboden des Inneren Glocknerkars, 3260 m. Der untere Wandbau besteht aus regelmäßigen Bratschenschichten, die als bandartige Stufen schräg rechts aufwärts ziehen und von Lawinenrinnen durchzogen werden. Nur der obere Wandaufbau hat festen Grünstein dort, wo es am steilsten wird (Zone des Hauptgipfels). Aus der Wand treten drei Längsrippen hervor, von denen die mittlere die ausgeprägteste ist, unter der glatten Gipfelwand der Glocknerwandkrone ansetzt und am tiefsten zur Randkluft reicht. R 1091 benützt vorerst diese Mittelrippe und wechselt dann auf die rechte Wandrippe; R 1093 verläuft durchwegs auf der Mittelrippe. Gesamter Wandbereich unguter Fels, Steinschlaggefahr, äußerst gefährlich!
Zugang: Von der Glockner-Biwakschachtel, 3260 m (R 86).

□ 1091 Nordostwand

R. Gerin, O. Pitschmann, 9.8.1911; ÖAZ 192/357.

IV, **460 Hm**, s. AVF 7/1980/292. Vgl. Foto S. 267, 305.

Glocknerwand von Nordosten

Glockner-Biwakschachtel:
R 87 von der Hofmannshütte

Untere Glocknerscharte:
R 603 Nordostflanke (Facilides-Anstieg)
R 604 Nordostflanke (Kuffner-Anstieg)
R 605 Nordostflanke (Drasch-Anstieg)

Glocknerwand:
R 1084 Nordwestgrat
R 1088 Nordwand
R 1089 Ostgrat (Glocknerwandkamp)
R 1091 Nordostwand
R 1092 Variante zu R 1091
R 1093 Direkte Nordostwand
R 1094 Südostgrat

Hörtnagltur
Peterkaturm
Weitzenböc
Draschturm
tiefste Scha
Gerinturm
Pöschlturm
Hofmannsp
Untere Glocknerscharte
1094
1092
1093
605
603
604
1091
Pallavicini-Wächte
P. 3640
1084
1088
1089
Glockner-Biwakschachtel
Inneres Glocknerkar

☐ 1092 Variante (Ausstieg) zu R 1091

H. Schlaudosich, K. Kinzl, R. Kerschbaum, 1934.

IV. Vgl. Foto S. 305.

☐ 1093 Direkte Nordostwand

H. Peterka, F. Herrmann, 25.7.1926; Jb. BG/ÖGV 1931–32/95, ÖAZ 1928/187. 1. Winterbegehung: E. Kulhavy, A. Sural, 24.–25.12.1951.

IV+, s. AVF-GG 7/1980/294. Vgl. Foto S. 267, 305.

■ 1094 Südostgrat-Übersicht

Der SO-Grat zieht vom Hörtnaglturm (7. Gipfelgratturm) der Glocknerwandkrone gestuft, mit 3 Grattürmen besetzt, abwärts zur Unteren Glocknerscharte. Die 3 Abstiege: R 1097 ist der direkte und kürzeste Abstieg zur Unteren Glocknerscharte, sehr kühn und von Bedeutung, wenn Glocknerwand und Großglockner zusammen überschritten werden. R 1096 benützt nur teilw. den SO-Grat, die 3 Gipfelgrattürme werden südseitig umgangen. R 1095 quert tief unter dem SO-Grat an der S-Flanke. Anstieg R 1099 ergibt keine direkte Gratbegehung, es werden nur Teilstrecken der Abstiege R 1096/R 1097 begangen. Die gesamte Glocknerwandkrone hängt in die NO-Wand hinaus. Vgl. Foto S. 305.

■ 1095A Südflanke

M. v. Kuffner mit Chr. Ranggetiner, E. Rubesoier, 8.8.1884; ÖAZ 1884/287.

III, 120 Hm, 2½ Std., der gesamte SO-Grat wird südseitig umgangen; seinerzeit als erster Anstieg von SO, großzügig als »SO-Grat« bezeichnet. Vgl. Fotos S. 279, 299, 309.

Übersicht: Vgl. R 1094.

Abstieg: Aus der tiefsten Gipfelgratscharte Quergang zu jenen Steilfelsen, die zum S-Couloir abfallen. Sie bilden einen Gürtel unter dem Steilbau des Gipfelmassivs und vermitteln einen langen, absteigenden Quergang zur Unteren Glocknerscharte. Über Firnstreifen (Eis) auf eine Stufe. Sie wird links (orogr.) überquert und so eine zweite Stufe erreicht, die Verbindung zum SO-Grat hat. Von links nach rechts tiefer in die Rinne (R 1080), die vom Teischnitzkees heraufreicht, und zu Stand auf der Stufe, die schräg links zum SO-Grat aufsteigt und dessen große Schulter im Gratmittelteil bildet. Nicht hinauf, sondern nochmals Linksquerung, erneut über eine Schneerinne weiter auf die nächste Rippe, dort kurzer Abstieg auf eine dritte Rippe (sie steigt steil an und bildet den 2. SO-Grat-Turm!), mit deren Erreichen das ganze Massiv umquert und die S-Rinne (R 606/R 607) der Unteren Glocknerscharte sichtbar ist. An der Wand des 2. SO-Grat-Turms auf einem Schneeband entlang und in die Untere Glocknerscharte (R 601).

■ 1096A Südostgrat

Richard Weitzenböck, R. Kaltenbrunner, Rüdiger Weitzenböck, 27.7.1905; ÖAZ 1906/128.

III+, 120 Hm, 2½ Std., abwechselnde Grat- und Flankenbegehung, 8-m-Abseilstelle. Vgl. Fotos S. 299, 309.

Übersicht: Vgl. R 1094.
Abstieg: Aus der Scharte unter dem 7. Gipfelgratturm (Hörtnaglturm) schräg rechts an der S-Seite des Grats in einer Plattenrinne und über steile Felsen abwärts, dann links (orogr.) in eine Nebenrinne (Eis) tiefer zu einer Rippe mit rötlichem Schuttfleck (50 m).
Von ihr langer, aufsteigender Quergang über plattige Rippen, mit Schneerinnen dazwischen, zu guten Felsen und über sie auf die große SO-Grat-Schulter zwischen 3. und 2. Gipfelgratturm.
Vor dem 2. SO-Grat-Turm, von seinem Vorzacken mit lotrechter Stufe, 8 m abseilen. Der überhängende 2. Turm wird rechts auf großer, sanft geneigter Platte umgangen, darauf über Geröll und Schnee in die Scharte zwischen 2. und 1. SO-Grat-Turm; Letzterer bricht in die Untere Glocknerscharte überhängend ab und wird rechts (südl.) über Blöcke umgangen und die Untere Glocknerscharte (R 601) erreicht.

■ 1097A Südostgrat

R. Gerin, O. Pitschmann, 9.8.1911; ÖAZ 1912/357.

IV, 120 Hm, 2 Std., Gratbegehung mit Abseilstellen. Vgl. Fotos S. 267, 299, 309.

Übersicht: Vgl. R 1094.
Abstieg: Von der Glocknerwandkrone aus der Scharte unter dem Hörtnaglturm (7. Gipfelgratturm) nur 10 m rechts (südw.) abwärts (nicht so tief wie bei R 1096A), und mit sehr schwierigem Quergang an steiler Platte (Gerin-Platte) wird nach links (orogr.) der Abbruch des 3. SO-Grat-Turms erreicht. An ihm sehr steil tiefer auf die große Schulter zwischen 3. und 2. Turm (die R 1096 im aufsteigenden Quergang ebenfalls erreicht). Gemeinsam weiter über die 8-m-Wand (abseilen) des Vorzackens und direkt über den 2. SO-Grat-Turm (abseilen) zur Scharte darunter; der 1. Turm wird ebenfalls rechts (südl.) umgangen und die Untere Glocknerscharte (R 601) erreicht.

■ 1098A Variante zu R 1097A

E. Meletzki, E. Sporrer, 30.7.1921.

Vollständige SO-Grat-Begehung, auch der 1. Gratturm wird (mit Abseilen) überschritten.

1099 Südostgrat

O. Hudemann, Th. Wetlesen, 14.8.1911; Jb. SB 1912/125.

IV+, 120 Hm, 3 Std., keine direkte Gratbegehung, es werden nur Teilstrecken der verschiedenen Abstiege begangen.

Übersicht: Vgl. R 1094.

Anstieg: E. in der Unteren Glocknerscharte, 3598 m (R 601). Am 1. und 2. Gratturm südseitig vorbei und auf die große Gratschulter zwischen 2. und 3. Gratturm. Überschreitung des 3. Gratturms. Nun unter dem Hörtnaglturm (7. Gipfelgratturm) nach rechts und in einer Rinne in die Scharte zwischen diesem und dem Peterkaturm (6. Gipfelgratturm). Weiter (sehr ausgesetzt) zum Weitzenböckturm (5. Gipfelgratturm).

1100 Gratübergang Hofmannspitze – Hörtnaglturm

M. v. Kuffner mit Chr. Ranggetiner, E. Rubesoier, 8.8.1884, bis zur tiefsten Gipfelgratscharte ohne Gerinturm; ÖAZ 1884/287. Richard Weitzenböck, R. Kaltenbrunner, Rüdiger Weitzenböck, 27.7.1905, bis Gipfelwandkrone ohne Gerin- und Hörtnaglturm. R. Gerin, O. Pitschmann, 9.8.1911, Überschreitung sämtlicher Gipfelgrattürme; ÖAZ 1912/357. Übergang in Gegenrichtung: O. Hudemann, Th. Wetlesen 14.8.1911; Jb. SB 1912/125.

Es ist möglich, einige Türme an der S-Flanke zu umgehen, diese Flanken weisen jedoch durchwegs ungünstigen Fels auf. Festes Gestein bildet nur die direkte Schneide der Glocknerwandkrone, mit abwechslungsreicher, teilw. sehr ausgesetzter Kletterei, III, IV und **IV+**, Abseilstellen mit BH, **2½ Std.** Gewaltige, nicht zu unterschätzende Bergfahrt!

Anstieg: Auf die Hofmannspitze über den O-Grat (Glocknerwandkamp, R 1089) oder vom Teufelskamp über den NW-Grat (R 1084).

Übergang: Von der Hofmannspitze (1. Gipfelgratturm) Abstieg zum fast waagrechten Grat in die Scharte vor dem Pöschlturm (2. Gipfelgratturm), der steil aufgerichtet ist und aus Grünstein (so auch sämtliche Türme) besteht. Dieser wird in einer Rechtsschleife erklettert, überschritten und die Scharte vor dem zweigipfligen Gerinturm (3. Gipfelgratturm) erreicht. Er, der schwierigste Turm, wird an seiner Kante erklettert und mit Abseilen verlassen

Glocknerwand-Überschreitung zum Großglockner

Großglockner:
R 1030 Unterer Nordwestgrat (mit Zustieg)
R 1032 Direkter Unterer Nordwestgrat (mit Abseilstellen)
R 1033 Oberer Nordwestgrat (mit Zustieg)

Glocknerwand:
R 1095A Südflanke (Kuffner-Anstieg)
R 1096A Südostgrat (Weitzenböck-Anstieg)
R 1097A Südostgrat (mit Abseilstellen)

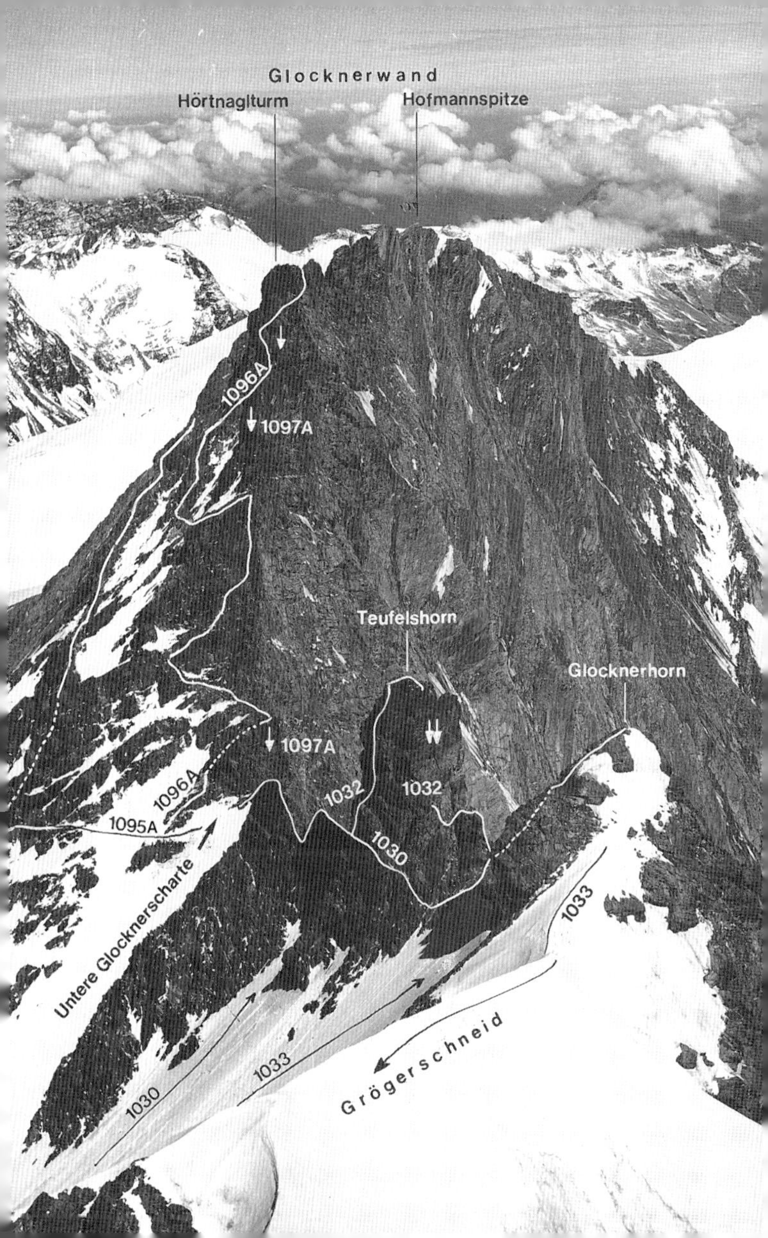
Glocknerwand
Hörtnaglturm
Hofmannspitze
1096A
1097A
Teufelshorn
Glocknerhorn
1097A
1032
1032
1096A
1095A
1030
Untere Glocknerscharte
1033
Grögerschneid
1033
1030

(jedoch günstiger links zur folgenden Scharte umquert). Danach ein kleiner Felszahn und die tiefste (verwechtete) Scharte im Gipfelgrat.
Der schneidige Draschturm (4. Gipfelgratturm) wird an seiner plattigen Steilkante erklettert.
Jenseits leichter Abstieg und weiter über den Weitzenböck- (5. Gipfelgratturm) zum Peterkaturm (6. Gipfelgratturm); über die folgende Scharte auf den Hörtnaglturm (7. Gipfelgratturm). 4.–7. Gipfelgratturm bilden die Glocknerwandkrone.

1102 Gratübergang Glocknerwand – Großglockner

III und **IV+**, 120 Hm Abstieg, **200 Hm** Aufstieg, **5–8 Std.** (die Verhältnisse entscheiden). Eisausrüstung erforderlich. Eine Elitetour ersten Rangs!

Von der Glocknerwand am SO-Grat Abstieg (R 1096) oder Abseilen (R 1097) in die Untere Glocknerscharte und über den NW-Grat (R 1032, 1033) auf den Großglockner.

1110 Teufelskamp, 3511 m

1. Ersteigung: J. Stüdl mit Th. Groder, P. Groder, 27.8.1868. 1. Überschreitung: H. Peterka, F. Herrmann, 26.7.1926 (Gipfelbiwak).

Felsbank zwischen Romariswandsattel, 3244 m (im NW), und Teufelskampsattel, 3503 m (im SO), am Auslauf des NW-Grats der Glocknerwand. Schöner O-Grat zum Teufelskampkees, dessen Fußpunkt 3336 m. Dieser O-Grat ist die »Eisnase« (wird bei Begehung des Teufelskampkeeses umquert, R 502, R 509). NO-Wand, O-Wand, ein flacher Schneehang nach SW; von S reicht das Fruschnitzkees zu beiden Trennsätteln empor.
Der Teufelskampsattel bricht nach O mit einer Firnwand ab (kein Übergang)! Namensgebung nach Johann Stüdl (da ihm im Teufelskampsattel eine Überschreitung des Glocknerkamms nicht gelang). Leicht ersteigbar, gewaltige Aussicht.

Glocknerwandkamp mit Teufelskampkees von Ostnordosten

Glockner-Biwakschachtel:
R 87 von der Hofmannshütte

Pasterzenterrasse:
R 496 Übergang Hofmannshütte – Oberwalderhütte

Romariswandsattel:
R 502 Übergang Oberwalderhütte – Stüdlhütte

Glocknerwand:
R 1088 Nordwand
R 1089 Ostgrat (Glocknerwandkamp)

Teufelskamp:
R 1113A Ostwand
R 1114 Ostgrat

P. 3640
Teufelskamp
Teufelskampsattel
Romariswandsattel
Glockner-Biwakschachtel
1089
1114
1113
A
P. 3336
1088
Teufelskampkees
87
Pasterzenterrasse
502
Kleiner Burgstall
496
Mittleres Pasterzenkees

■ 1111 Nordwestrücken

J. Stüdl mit Th. Groder, P. Groder, 27.8.1868.

I, 20 Min. Vgl. Fotos S. 301, 319.

Vom Romariswandsattel, 3426 m (R 614) am Schneerücken entlang und über schiefrigen Fels zum lang gestreckten Gipfel.

■ 1112 Südwesthang

P. Huter, 21.8.1876.

½ **Std.**, einfach.

Vom Fruschnitzkees (R 509) über Firnhänge zum Teufelskampsattel, 3503 m (R 612), und über Platten zum Gipfel.

□ 1113A Ostwand im Abstieg

H. Peterka, F. Herrmann, 26.7.1926.

40°, 200 Hm; 30 Min. S. AVF-GG 10/2003/312. Vgl. Foto S. 311.

■ 1114 Ostgrat (»Eisnase«)

B. Stolarz, O. Polascek, R. Berger, 28.8.1926; Jb. ASW 1926/50.

40°, 170 Hm, 1 Std., schönster Anstieg, meist verwechtet. Vgl. Fotos S. 301, 311, 319.

E. am Teufelskampkees (R 502) bei P. 3336 m. Der Firngrat wird ohne Abweichungen bis zum Gipfel begangen.

■ 1115 Nordostflanke-Übersicht

Die NO-Flanke (das Nördliche Teufelskampkees) setzt mit einer 70 m hohen Séracmauer und einem Felsgürtel zur Pasterzenterrasse (3000 m) ab; zwi-

Fruschnitzkees vom Luckenkogel (Muntanitzkamm):

I = Großglockner
II = Glocknerwand
III = Teufelskamp
IV = Gramul
V = Gamskopf
VI = Fruschnitzkopf
→ = Zollspitze
A = Fruschnitzkopf (mit den 2 Sérac-abbrüchen ab 3100 m und ab 2800 m)
B = Laperwitzkees
C = »Fruschnitzgang« ab P. 2340 m

x = Romariswandsattel:
1 = R 615 vom Kalser Tauernhaus (1a = im Firnboden, 1b = im Eisbruch)
2 = R 502 zur Stüdlhütte

+ = Obere Fruschnitzscharte:
3 = R 510 zum Kalser Tauernhaus

△ = Untere Fruschnitzscharte:
4 = R 511 zum Kalser Tauernhaus

○ = Gramulsattel:
5 = R 504 von der Rudolfshütte
6 = R 504 (GR) zum Romariswandkopf-Südkamm

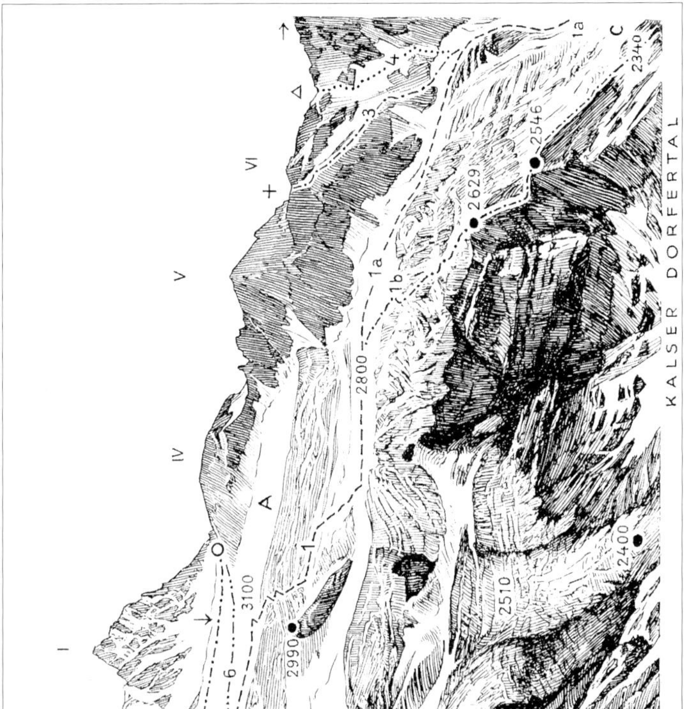
KALSER DORFERTAL
„BICHLPALFLEN"
3212
2903
2990
3100
2800
2629
2546
2340
2510
2400
2488
2632
A
B
C
I
II
III
IV
V
VI
1
1a
1b
2
3
4
5
6

schen diesen eine steile Eisrinne (R 1117, Ersteigungsversuch J. Stüdl mit Führern, 1.9.1868, ZDAV 1870–71/356). Das Nördliche Teufelskampkees ist der gefährlichste Hängegletscher der Glocknergruppe. Er ist ständig Veränderungen unterworfen, gewaltige Spaltenbildungen, enorme Eisschlag- und Lawinengefahr! Eine Begehung dieser Gletscherflanke ist äußerst kompliziert und höchst gefährlich.
Im obersten, einfacheren Gletscherbereich quert R 502, R 509 (GR) in den Romariswandsattel (R 614).

☐ 1116A Untere Nordostflanke

H. Peterka, F. Hermann, 26.7.1926; Jb. BG/ÖGV 1931–32/95; AVF-GG 7/1980/303.

Vgl. R 1115. Vgl. Fotos S. 301, 319.

☐ 1117A Gesamte Nordostflanke

F. Zimmermann, K. Isnenghi, 23.8.1928; AVF-GG 7/1980/303.

Vgl. R 1115. Vgl. Fotos S. 301, 319.

☐ 1118 Zustiegsvariante zum Teufelskampkees

E. Mayer, H. Schneck, 19.6.1919; ZDÖAV 1921/40. S. AVF-GG 9/1995/348.

1121 Luisenkopf, 3207 m

1. Ersteigung und Überschreitung (N–S): A. Bauernfeind, A. Payr, 6.9.1853.

Untergeordnete Erhebung im Luisengrat, dem Auslauf des Großglockner-SW-Grats (Stüdlgrat), zwischen »Schere«, 3037 m (im S), und Luisenscharte, 3175 m (im N).

■ 1122 Süd-Nord-Überschreitung

I, 1 Std., auch als Zugang zum Großglockner-SW-Grat (Stüdlgrat) begangen.

Begehung des Luisengrats von der »Schere«, 3037 m (R 611), über den Luisenkopf in die Luisenscharte, 3175 m (R 609).

1123 Hohenwartkopf, 3308 m

Erstersteiger unbekannt.

Felskopf über der Salmhöhe, östl. die Hohenwartscharte. N-Wand, ein wuchtiger S-Grat, der Leiter- und Hohenwartkees trennt. Name zur Ehrung von Sigmund v. Hohenwart, späterer Bischof von Linz, dem großen Bergsteiger, Botaniker und eifrigen Verfechter der Ersteigbarkeit des Großglockner.

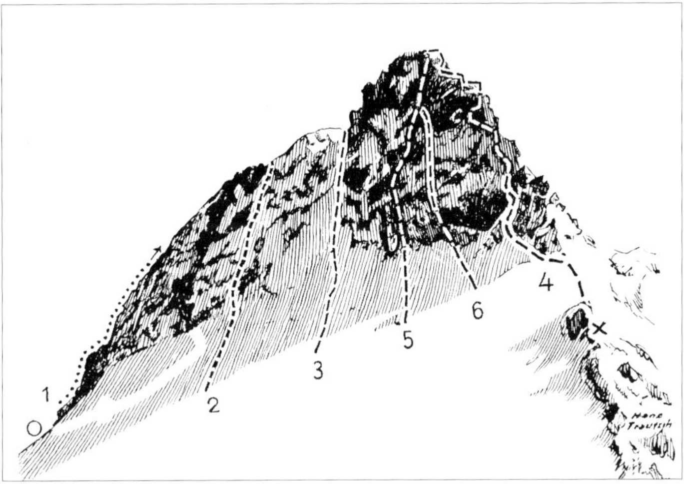

Hohenwartkopf, Nordwand:
1 = R 1124 Ostgrat
2 = R 1129A Nordabstieg
3 = R 1128A Nordabstieg
4 = R 1125 Nordwestgrat
5 = R 1126 Nordwand (Peterka-Anstieg)
6 = R 1127 Nordwand (Meißner-Anstieg)
○ = Hohenwartscharte
x = Salmhöhe

1124 Ostgrat

II, **1 Std.**, **127 Hm**, Normalanstieg. Vgl. Foto S. 317, 341; Skizze S. 315.

Von der Hohenwartscharte, 3183 m (R 613).

1125 Nordwestgrat

II, **1 Std.** Vgl. Skizze S. 315.

Von der Erzherzog-Johann-Hütte, 3451 m, mit R 59 (GR) am Salmkamp abwärts und südw. in die Firnmulde unter der N-Wand. Rechts ein langer Blocksattel, an seinem äußeren Ende eine enge Scharte mit Felszacken. Nun am NW-Grat aufwärts zu einem Steilaufschwung. Diesen links auf Blockband umgehen und von dessen Ende auf dem Grat zum Gipfel.

1126 Nordwand

H. Peterka, F. Herrmann, R. Waiß, A. Ecker, 24.7.1926.

II, **½ Std.**, kurze, nette Kletterei. Vgl. Skizze S. 315.

E. links der Gipfelfalllinie auf Blockrippe zu einer Wandstufe; links hinaus zur zweiten Stufe und in der Blockrinne der Gipfelwand zum höchsten Punkt.

■ 1127 Nordwand

G. Meißner und Deggendorf, ohne Datum.

II, ½ **Std.** Vgl. Skizze S. 315.

Vom E. zum NW-Grat 20 m nach links zum Wandfuß. In schmaler Rinne empor zu einer großen Platte, die von einer Leiste durchzogen ist. Über Blöcke nach links und in der Blockrinne von R 1126 zum Gipfel.

□ 1128A Nordanstieg

II, ½ **Std.** Vgl. Skizze S. 315.

Am O-Grat abwärts zu seiner Verflachung; nun in einer Schneerinne hinab in die Firnmulde unter der N-Wand zu R 57.

□ 1129A Nordanstieg

A. Awerzger, R. Gerin, 8.7.1934; ÖAZ 1936/103.

II, ½ **Std.** Vgl. Skizze S. 315.

Vom O-Grat unter R 1128 die Flanke hinab unter der N-Wand zu R 57.

■ 1130 Südgrat-Übersicht

Der markante S-Grat teilt das an seiner Seite abgeschmolzene Leiterkees (im W) vom Hohenwartkees (im O) und fußt in 2880 m; in der unteren Grathälfte die tiefe S-Grat-Scharte, ca. 3080 m.
Zugang: Von der Salmhütte, 2638 m, mit R 57 zum Hohenwartkees, links abzweigen und um den Gratfuß an seine W-Seite (¾ Std.).

■ 1131 Südgrat

O. Margulies, H. Eitelberger, 17.9.1924; DN 1924/160.

III+, **330 Hm**, **3 Std.**, Vgl. Foto S. 317.

Gratverlauf Großglockner – Hohenwartkopf von Süden

Großglockner:
R 1002 Ostanstieg
R 1037 Südwestgrat

Adlersruhe:
R 54 »Alter Kalser Weg«
R 56 »Unterer Mürztalersteig«
R 59 vom Salmkamp

Hohenwartkopf:
R 1124 Ostgrat
R 1131 Südgrat
R 1132 Direkter Südgrat
R 1133 Südostwand

Hohenwartscharte:
R 57 von der Salmhütte

Adlersruhe
Hohenwartkopf
Hohenwartscharte
1037
1002
59
1124
54
56
57
Leiterkees
1131
1132
1133

Übersicht, Zugang: Vgl. R 1130.
Anstieg: E. an der W-Seite des Grates, ca. 2980 m. In einer Steilrinne empor in die S-Grat-Scharte. Die ersten drei Grattürme werden links, westl., umgangen, die nächsten vier Türme überklettert. Nun an der W-Seite des Grates auf breitem Band, das in eine Steilrampe übergeht, bis zu dessen Abbruch. An der Kante über einen senkrechten Aufschwung empor (H) und in einer Plattenverschneidung zurück auf den Grat. Auf diesem zu einem überhängenden Abbruch. Hier auf schmalem Band etwa 10 m nach rechts (ostw.) und auf einem Plattenschuss 35 m hinan auf die waagrechte Gratschneide. Nach einigen SL zu einem moosigen Riss; in diesem empor auf eine steile Rampe und in eine nach abwärts geschichtete Plattenrinne. Diese wird nach rechts auf eine bandartige Platte verlassen. Auf der Platte zu einer Ecke, jenseits dieser in eine rote Steilrinne und Ausstieg in eine Scharte vor dem Gipfel.

■ 1132 Direkter Südgrat

Th. Nindl, T. Steiner, 28.8.1933; ÖAZ 1935/116.

III+, 430 Hm, 4 Std. Vgl. Fotos S. 317, 341.

Übersicht, Zugang: Vgl. R 1130.
Anstieg: E. am Gratfuß, 2880 m. Über Platten von links über einen Überhang zum ersten Aufschwung. Auf mit losem Gestein bedeckten Platten zu einer großen Verschneidung; an deren linksseitigen Platten im Bogen rechts aufwärts zum Grat. In rissartiger Verschneidung von rechts auf die Gratkante und Spreizschritt auf den ersten Turm. Wenige Meter abwärts (W-Seite) und Quergang in die folgende Scharte. Die folgenden Türme werden überklettert (die Abstiege sind schwierig) und die tiefe S-Grat-Scharte erreicht. Weiter R 1131 zum Gipfel.

■ 1133 Südostwand

A. Awerzger, R. Gerin, 8.7.1934; ÖAZ 1936/103.

II, 250 Hm, 2½ Std. Vgl. Fotos S. 317, 341.

Teufelskamp, Romariswandkopf von Nordosten

Pasterzenterrasse:
R 496 Übergang Hofmannshütte – Oberwalderhütte

Romariswandsattel:
R 502 Übergang Oberwalderhütte – Stüdlhütte

Teufelskamp:
R 1111 Nordwestrücken
R 1114 Ostgrat
R 1116A Untere Nordostflanke
R 1117A Gesamte Nordostflanke

Romariswandkopf:
R 1138 Südostkamm
R 1141A Ostflanke
R 1142A Variante zu R 1141A

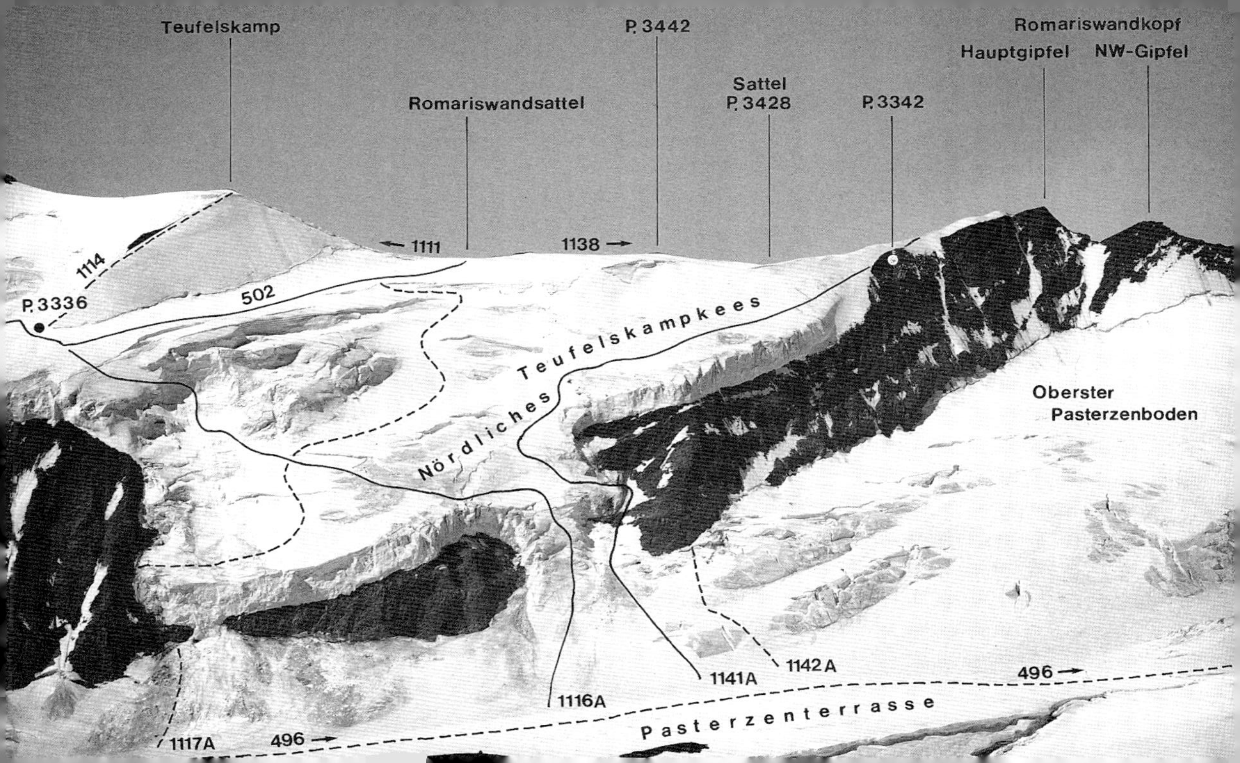
Teufelskamp
P. 3442
Romariswandkopf
Hauptgipfel
NW-Gipfel
Sattel
P. 3428
P. 3342
Romariswandsattel
1111
1138
1114
502
P. 3336
Teufelskampkees
Nördliches
Oberster
Pasterzenboden
1142 A
1141A
1116A
496
Pasterzenterrasse
1117A
496

Zugang: Von der Salmhütte, 2638 m, mit R 57 zum Hohenwartkees links hinüber, am westl. Teil des Hohenwartkeeses hinauf zum Wandfuß (¾ Std.).
Anstieg: Vom oberen O-Grat zieht eine Lawinenrinne herab zum westl. Teil des Hohenwartkeeses, diese vermittelt den E. in die sonst plattige Wand. In der Lawinenrinne bis zur Hälfte aufwärts und nach links in die SO-Wand. Schräg links aufwärts über Bänder, Rinnen und Wandln zu einer Gratkante und jenseits weiter, schräg links höher schließlich über plattigen Fels in die Scharte am obersten O-Grat. Auf diesem mit 1 SL zum Gipfel.

□ 1134 Südwestwand

R. Reif, A. Socher, Frau Socher, ohne Datum.

III, 330 Hm, 3 Std., unbedeutend. S. AVF-GG 9/1995/353.

b) Glocknerkamm – Nordbereich Schneewinkel-Umrahmung

(zwischen Romariswandsattel und Unterer Ödenwinkelscharte)

1137 Romariswandkopf

Hauptgipfel, 3511 m – Nordwestgipfel, 3491 m

1. Ersteigung und Überschreitung: J. Stüdl mit M. Groder, A. Kerer, 29.8.1868 (S-Kamm im Aufstieg, SO-Kamm im Abstieg zum Romariswandsattel). 3. Ersteigung und 1. Ersteigung des NW-Gipfels, Gratübergang zum Schneewinkelkopf: G. Gröger mit Chr. Ranggetiner, 1.9.1879.

Hoher Firnberg, nordwestl. des breiten Romariswandsattels, 3426 m (R 614). Zu seinem Firnhügel, P. 3442 m, und dem Sattel, P. 3428 m, reicht von S eine Schneemulde des Fruschnitzkeeses herauf. Steile N-Wand zum Schneewinkel, SW-Wand zum Laperwitzkees. Beide Felswände werden von Firnrinnen durchzogen, die in der Gipfelscharte, 3460 m, enden. Der O-Kamm setzt mit dem Nördlichen Teufelskampkees zum Oberen Pasterzenboden (R 496) ab. Der lange S-Kamm (Romariswand) trennt Laperwitz- und Fruschnitzkees. Der Hauptgipfel wurde früher »Vorderer Romariswandkopf«, der NW-Gipfel »Hinterer Romariswandkopf« genannt. Die Überschreitung der beiden Gipfel (vom Romariswandsattel zur Schneewinkelscharte oder umgekehrt) vermittelt eine der schönsten Hochtouren der Glocknergruppe. Der Hauptgipfel ist vom Romariswandsattel leicht erreichbar. Weite Aussicht, besonders auf die zentralen Gletscherbereiche des Gebiets und zum Großen Wiesbachhorn. Gipfelüberschreitung beim Übergang Oberwalderhütte – Stüdlhütte (R 502a).

■ 1138 Südostkamm

J. Stüdl mit M. Groder, A. Kerer, 29.8.1868, im Abstieg; ZDAV 1870–71/356.

½ Std., Gletschergelände, Normalanstieg. Vgl. Fotos S. 319, 325; Skizze S. 327.

Johannisberg
3453
ÖDENWINKEL
P. 3371
3261
Ödenwinkelschartenkopf
3160
Untere Ödenwinkelscharte
SCHNEEWINKEL
3426
Eiskögele
OBERSTER PASTERZENBODEN
Eisködelescharte
3419
P. 3423
Hauptgipfel
3476
Schneewinkelkopf
SO-Gipfel
3475
Schneewinkelscharte
3412
NW-Gipfel
3491
Romariswandkopf
Hauptgipfel
3511
Firnsattel
3428
P. 3442
LAPERWITZKEES
ROMARISWAND
FRUSCHNITZKEES
3426
Romariswandsattel
Teufelskamp
3511
Teufelskampsattel
3503
GLOCKNERKAMM
NORDBEREICH: SCHNEEWINKEL-UMRAHMUNG
Maßstab
0
500
1000 m
Graphik: Willi End
N

Vom Romariswandsattel, 3426 m (R 614), am Firnkamm (oder durch die Mulde links von ihm) zum Hauptgipfel.

■ 1139 Südkamm

J. Stüdl mit M. Groder, A. Kerer, 29.8.1868.

3 Std., Gletschergelände, empfehlenswert.

Von der Stüdlhütte, 2802 m, mit R 509 auf das obere Teischnitzkees und nach W in den Gramulsattel, 3219 m (R 631). Jenseits das Fruschnitzkees nach NW waagrecht queren zum S-Kamm. Auf dem Firnkamm zum Hauptgipfel.

■ 1140 Nordwestgrat

G. Gröger mit Chr. Ranggetiner, 1.9.1879, im Abstieg; ÖAZ 1879/251. Schmidt mit P. Untersberger, 17.8.1888, im Aufstieg und Übergang zum Hauptgipfel; MDÖAV 1888/219. 1. Winterbegehung: S. Brunhuber, Julia Huber, 5.2.1934.

II, **99 Hm**, **1 Std.**, mehrere Haken, Seilsicherung. Vgl. Fotos S. 323, 325.

Aus der Schneewinkelscharte, 3412 m (R 616), auf dem Blockgrat, zuletzt steil auf den NW-Gipfel, 3491 m. Auf abschüssiger Platte (100 m Seilsicherung) abwärts in die Gipfelscharte, 3460 m, und steil empor zum Hauptgipfel.

□ 1141A Ostflanke

G. Euringer, H. Strobl, 6.6.1922; MDÖAV 1925/43. Bereits früher begangen, da schon in der AVK 1890 und 1913 die Route eingezeichnet war. 1. Ski-Abfahrt: G. Ozkaitis, O. Franz, Mai 1926.

Gefährliches Gletschergelände, im unteren Teil bis **60°**, **2 Std.**; der Gletscher ist nun ständigen Veränderungen unterworfen, von einer Begehung wird abgeraten (vgl. auch R 1115). S. AVF-GG 9/1995/355. Vgl. Fotos S. 319, 325.

□ 1142A Variante (Ausstieg) zu R 1141A

G. Ozkaitis, O. Franz, Ende Mai 1926; DAZ 1928/101. S. AVF-GG 9/1995/356. Vgl. Foto S. 319.

□ 1143A Nordflanke

O. Lutz, F. Eckschmidt, K. Noß, 10.8.1927; Jb. BG/ÖGV 1927–29/96.

Bis **40°**, **200 Hm**, **1½ Std.**, Abstieg in der aus der Gipfelscharte hinabziehenden Firnrinne, sehr gefährlich, s. AVF-GG 9/1995/356. Vgl. Fotos S. 323, 325.

Romariswandkopf von Nordwesten:
R 1140 Nordwestgrat
R 1143A Nordflanke
R 1144 Nordwand (Rechter Anstieg)

Romariswandkopf
Hauptgipfel
Nordwestgipfel
Schneewinkelscharte
1143A
1140
Schneewinkel

1144 Nordwand (Rechter Anstieg)

K. Polzer, M. Serger, 14.8.1970; NAV.

Bis **50°**, Firnwand **200 Hm**, **1½ Std.**, Zugang Gletschergelände. Vgl. Fotos S. 323, 325.

Zugang: Von der Oberwalderhütte, 2972 m, mit R 662 zum Schneewinkel. In S-Richtung den Hang gegen die Schneewinkelscharte bis 3250 m aufwärts, dann links in die Falllinie des Hauptgipfels.
Anstieg: E. ca. 3300 m; über den Bergschrund und gerade empor gegen die tiefsten Felsen der N-Wand, doch bereits in halber Höhe nach rechts. In einer Eiskehle höher (50°, Schlüsselstelle) und zu eisbedeckten Felsen. Diese rechts umgehen und über steilen Firn nach links weiter auf den Hauptgipfel.

1145 Nordwand (Linker Anstieg)

H. Bärnthaler, M. Schwaiger, 17.9.1980; NAV.

55° (Stellen), im Durchschnitt 50°, teils kombiniert, **200 Hm**, **2–3 Std.**, Anstieg in dem im oberen Wandteil zu einer schmalen Rinne werdenden Couloir, das den linken Teil der felsigen N-Wand durchzieht. Vgl. Foto S. 325.

Zugang: Vgl. R 1144.
Anstieg: E. in Falllinie der den oberen Wandteil durchziehenden Steilrinne. Nach dem Bergschrund im Couloir 3–4 SL empor zur Verengung. Hier über teilw. sehr steiles Eis (immer in der Rinne bleiben) 1 SL weiter. Nun die Rinne rechts aufwärts (nicht gerade über die brüchigen Felsen) auf ein Firnfeld. Über dieses zum Gipfelgrat und rechts zum höchsten Punkt.

1146 Nordostrinne

K. Hoi, W. Almberger, September 1980; NAV.

50–55°, **200 Hm**, **2 Std.**

Links von R 1145. Vgl. Foto S. 325.

1147 Südwestrinne

H. Peterka, F. Sagl, F. Ofner, 11.8.1932. 1. Winterbegehung, 1. Abstieg: J. Brunhuber, Julia Huber, 5.2.1934.

40°, **III+**, **300 Hm**, **2½ Std.**, Anstieg in der von der Gipfelscharte herabziehenden Firnrinne, Steinschlaggefahr.

Romariswandkopf von Nordosten:
R 1138 Südostkamm
R 1140 Nordwestgrat
R 1141A Ostflanke
R 1143A Nordflanke
R 1144 Nordwand (Rechter Anstieg)
R 1145 Nordwand (Linker Anstieg)
R 1146 Nordostrinne

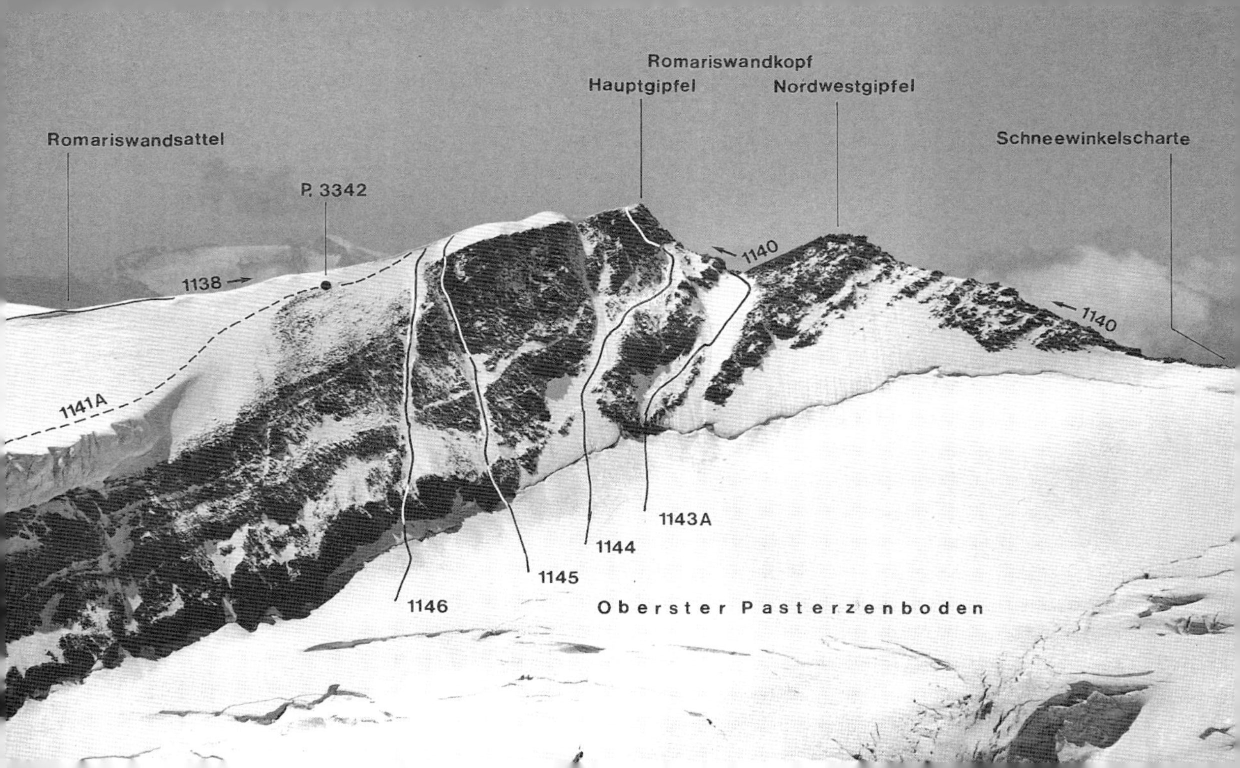
Romariswandkopf
Hauptgipfel
Nordwestgipfel
Romariswandsattel
Schneewinkelscharte
P. 3342
1138
1140
1140
1141A
1143A
1144
1145
1146
Oberster Pasterzenboden

Zugang: Von der Schneewinkelscharte, 3412 m (R 616), auf das Laperwitzkees und nach links zur SW-Wand (¾ Std.).
Anstieg: E. auf 3160 m; über die Randkluft, Lawinenkegel, und in der Rinne aufwärts zu ihrer Verengung und zur Rinnenverbreiterung nach links (wo Felsrippen beginnen) und Quergang zu Blockstand. In der enger gewordenen Rinne, mit zwei Klüften, empor in die Gipfelscharte.

1151 Schneewinkelkopf

Hauptgipfel, 3476 m – Südostgipfel, 3475 m

1. Ersteigung und Überschreitung: K. Hofmann, J. Stüdl mit Th. Groder, J. Schnell, 14.9.1869. 1. Gratübergang zum Eiskögele: G. Gröger mit Chr. Ranggetiner, 1.9.1879. 1. Winterersteigung: R. Reiff, Winter 1896; Übergang vom Eiskögele, Abstieg SO-Grat.

Breiter Schneedom zwischen Romariswandkopf-NW-Gipfel, 3491 m (im SO), dazwischen Schneewinkelscharte, 3412 m, und Eiskögele, 3426 m (im NW). Mächtige Firnflanke nach O, die zum Schneewinkel mit Eisbarrieren absetzt. Verbindung zum Eiskögele-Firngrat mit 2 Felstürmen (P. 3423 m); kleiner Schneegiebel als SO-Gipfel, 3475 m, von dem der S-Grat zum Laperwitzkees zieht; am Hauptgipfel felsige W-Wand und firnige W-Flanke über dem Laperwitzkees; empfehlenswert von der Schneewinkelscharte.

Glocknerkamm von Nordwesten
I = Großglockner und Glocknerwand
II = Teufelskamp
III = Romariswandkopf
IV = Schneewinkelkopf
V = Eiskögele:
5 = R 1169 Südflanke
VI = Gramul
+ = Hoher Kasten
++ = Ödenwinkelwand:
6 = R 1138 Südostanstieg
x = Romariswandsattel:
1 = R 502 von der Stüdlhütte
○ = Schneewinkelscharte:
2 = R 500 Übergang Oberwalderhütte – Kalser Tauernhaus
xx = Untere Ödenwinkelscharte:
4 = R 662 Ostanstieg
A = Teischnitzkees
B = Fruschnitzkees
C = Laperwitzkees
D = Vorderes Kastenkees
E = Hinteres Kastenkees
F = Pasterze
G = Pasterzenterrasse
H = Schneewinkel
K = Ödenwinkel
↓ = Lage der Stüdlhütte
↗ = Lage der Hofmannshütte
↘ = Lage der Rudolfshütte
7 = R 504 Übergang Rudolfshütte – Stüdlhütte

1152 Südostgrat

K. Hofmann, J. Stüdl mit Th. Groder, J. Schnell, 14.9.1869, im Abstieg; ZDAV 1870–71/394.

1 Std., unschwierig, Normalanstieg.

Aus der Schneewinkelscharte, 3412 m (R 616), auf den Firnkamm über den SO-Gipfel, 3475 m, und zum Hauptgipfel.

1153 Südgrat

H. Peterka, F. Sagl, F. Ofner, L. Schneller, H. Zeilinger, 11.8.1932.

II, 150 Hm, 1½ Std., nette Blockkletterei.

Von der Schneewinkelscharte, 3412 m (R 616), Abstieg auf das Laperwitzkees und rechts zum S-Grat. E. auf kurzem Firnhang, nach rechts zu einer ausgeaperten Rippe neben dem S-Grat, Quergang schräg links und aufwärts zu einem großen Block. Am Gratende über eine Wechte auf den SO-Gipfel.

■ 1154A Südwestflanke

H. Peterka, F. Ofner, M. Jedlicka, F. Sagl, 11.8.1932.

II, **120 Hm**, **1 Std.**

Vom SO-Gipfel über eine Wechte und in der Flanke zwischen S- und SO-Grat zum Laperwitzkees hinab und zuletzt über eine kleine Randkluft. Weiter über gestuften Fels empor in die Schneewinkelscharte, 3412 m (R 616).

■ 1155 Westwand

K. Hofmann, J. Stüdl mit Th. Groder, J. Schnell, 14.9.1869; ZDAV 1870–71/394.

II, **150 Hm**, **1 Std.**

E. in der Falllinie des Kamms zwischen SO- und Hauptgipfel, dort, wo die Felswand am tiefsten herabreicht. Über die Randkluft auf ein Band und davon über gute Felsen, Blöcke und Schrofen aufwärts, über eine Wechte auf den Gipfelgrat und links zum Hauptgipfel.

■ 1156 Westflanke

Kalser Führer, 1880.

30–33°, **I**, **180 Hm**, **1 Std.**

Es wird der breite, nicht steile Firnhang begangen, der links, neben der W-Wand als Fortsetzung des Laperwitzkeeses bis fast zum Gipfel reicht. In der Flankenmitte ein Bergschrund; weiter über flachschiefrige Felsen.

■ 1157 Ostwand

H. Peterka, 29.8.1926.

30°, unter dem Ausstieg **45°**, **300 Hm**, **1 Std.**, Firnwand.

Vom Schneewinkel (R 662) zur ersten, waagrechten Riesenspalte; über eine Brücke zur zweiten Querspalte die rechts überstiegen wird, und danach zum Wandfuß (¾ Std.). E. in die breite O-Wand links der Gipfelfalllinie. Über den weiten Bergschrund zuerst schräg rechts, dann gerade empor zum Gipfel.

■ 1157a Direkte Ostwand

G. Greifeneder, K. W. Greifeneder, J. Rauchenbichler, 7.6.1996.

Bis **80°**, **300 Hm**, **2 Std.** v. E., Eisanstieg. Zustieg mit R 1157.

E. in Gipfelfalllinie, über den unteren Gletscherabbruch, Eiswand (45 m, 68–80°), von deren Oberkante (45–50°) mit R 1157 (von links) zum Gipfel.

■ 1158A Nordflanke

G. Gröger mit Chr. Ranggetiner, 1.9.1879; ÖAZ 1879/251.

Bis **45°**, **300 Hm**, **1 Std.**

Am Verbindungsgrat zum Eiskögele bis vor den ersten der beiden Grattürme (P. 3423 m).
Hier orogr. rechts in der Firnflanke steil abwärts und über den Bergschrund. Darunter schräg links zum Schneewinkel nahe unter der Unteren Ödenwinkelscharte, 3160 m (R 661).

1159 Nordwand

E. Feier, F. Mandl, 4.9.1984; NAV.

50° (Stelle), 40°, Firnwand **250 Hm**, **1 Std.**

Südl. der Unteren Ödenwinkelscharte (R 661) über den Bergschrund, in der immer steiler werdenden Eisrinne empor und auf dem folgenden, weniger steilen Firnhang zum Hauptgipfel.

1160 Gratübergang zum Eiskögele, 3426 m

G. Gröger mit Chr. Ranggetiner, 1.9.1879; ÖAZ 1879/251.

1 Std., schöne Grattour.

Vom Gipfel am Schneekamm oder dessen linken Begleitfelsen in die kleine Firnscharte, nach einigen Blockfelsen zwei Grattürme (P. 3423 m). An der O-Seite vorbei in die Eiskögelescharte, 3419 m (R 618, nach dem hintersten Turm). Am Eiskögele-SO-Grat (R 1168) aufwärts zum Gipfel.

1161 Variante zu R 1160

Direkte Gratbegehung mit Überschreitung sämtlicher Grattürme sehr schwierig und zeitraubend.

1164 Eiskögele, 3426 m

1. Ersteigung: B. Lergetporer mit M. Groder, J. Kerer, 30.7.1872, von S (man war der Meinung, den Hohen Kasten erreicht zu haben). 1. Überschreitung: M. v. Kuffner mit Chr. Ranggetiner, E. Rubesoier, 4.8.1884. 1. Gratübergang von der Ödenwinkelwand: B. Lergetporer mit M. Groder, J. Kerer, 30.7.1872. 1. Gratübergang vom Schneewinkelkopf: G. Gröger mit Chr. Ranggetiner, 1.9.1879. 1. Gratübergang zum Hohen Kasten (Kastengrat): E. Friedl, R. Gerin, O. Pitschmann, 7.9.1911. 1. Winterbegehung: R. Reiff, Winter 1896, NO-Grat.

Glockenartiges Eishorn, steil, schroff; Schlüsselstellung im Tauernhauptkamm. Aus der Unteren Ödenwinkelscharte, 3160 m (R 661), der rassige NO-Grat mit seiner »Eisnase«; kleine firnige O-Wand, gewaltige N-Wand zum Ödenwinkel, Firnschneide nach W zur Ödenwinkelwand, die dort zum türmereichen Felsgrat sich umbildet und als Kastengrat über die Kastengratwand zum Hohen Kasten abfällt. An der SW-Seite reicht das Laperwitzkees bis zum Gipfel. Mit dem Schneewinkelkopf im SO durch die Eiskögelescharte, 3419 m (R 618), und einem mit zwei Felstürmen (P. 3423 m) besetzten

Firngrat verbunden. Bedeutung auch als Einzelziel, weitreichende Aussicht, lange Gletscherstrecken als Zugänge; vom Gipfel eine nach N weit hinausreichende Wechte.

1165 Nordostgrat

M. v. Kuffner mit Chr. Ranggetiner, E. Rubesoier, 4.8.1884; ÖAZ 1884/287.

40°, **II**, **256 Hm**, **1 Std.**, Normalanstieg. Vgl. Fotos S. 205, 331, 333.

Von der Unteren Ödenwinkelscharte, 3160 m (R 661), über ein kleines Firnfeld schräg rechts hinan auf den anfangs felsigen Grat, der steil in die N-Wand abfällt.
Links über eine Blockstufe zum Firngrat, der nach einer steilen Wölbung (links die »Eisnase«) gleichmäßig geneigt zum Gipfel leitet.

1166 Variante (»Eisnase«) zu R 1165

Von der Unteren Ödenwinkelscharte, 3160 m, links am Firnhang empor, um den am weitesten links stehenden Felsen links herum und gerade in die immer steiler ansteigende Firnwand (50°) und über die »Eisnase« auf den oberen NO-Grat. Vgl. Foto S. 331.

1167 Ostwand

H. Peterka, 29.8.1926.

Bis **45°**, **180 Hm**, **1 Std.** Vgl. Foto S. 331.

Von der Unteren Ödenwinkelscharte, 3160 m (R 661), hinauf zum Firnboden unter der O-Wand. E. in der Wandmitte. Über den Bergschrund, dann über einen Buckel und links zum SO-Grat, der in seiner Mitte erreicht wird.

1168 Südostgrat

F. Eckstein mit J. Hetz, Chr. Ranggetiner, 10.8.1878.

¼ **Std.** Vgl. Foto S. 331.

Von der Eiskögelescharte, 3419 m (R 618), Schneegrat zum Gipfel.

Eiskögele, Ödenwinkelwand von Nordnordosten

Eiskögelescharte:
R 619 Ostwand

Eiskögele:
R 1165 Nordostgrat
R 1166 Variante (Eisnase) zu R 1165
R 1167 Ostwand
R 1168 Südostgrat
R 1170 Nordwand
R 1172 Variante zu R 1170
R 1173 Variante zu R 1170
R 1174 Westgrat

Ödenwinkelwand:
R 1941 Nordwand (Erwin-Couloir)

Eiskögelescharte
Eiskögele
P. 3423
Ödenwinkelwand
1168
1174
1173
1172
1167
1166
1165
1170
1941

□ 1169 Südflanke

B. Lergetporer mit M. Groder, J. Kerer, 30.7.1872; ZDÖAV 1873/131. 1. Ski-Abfahrt: L. Herz, K. Ritter, 1946.

Vom Kalser Tauernhaus über das Laperwitzkees, nur von historischer Bedeutung, s. AVF-GG 9/1995/366. Vgl. Skizze S. 327.

■ 1170 Nordwand

W. Welzenbach, K. Wien, 3.9.1926; ÖAZ 1926/198, Jb. AAVM 1925–26/48, MDÖAV 1927/252. 1. Winterbegehung: Th. Huber, A. Behringer, 18.3.1961. 1. Abstieg: P. Rohrmoser, 5.10.1983.

Kombinierter Anstieg, **V**, Firnfeld **60°**, 550 Hm ab Randkluft, **840 Hm** ab Ödenwinkelkees, **7 Std.**; eine der gewaltigsten Klettereien der Glocknergruppe, brüchiges Gestein, schlechte Sicherungsmöglichkeiten, Schwierigkeit ist von den Verhältnissen abhängig. Vgl. Fotos S. 331, 333.

Übersicht: Die plattige N-Wand, der Hintergrund des Ödenwinkels, wird im oberen Teil von einem schrägen Couloir durchzogen; dieses beginnt unter dem Gipfel am W-Grat und endet in Wandmitte in schwacher Bucht an Platten. Unter diesen (links der Gipfelfalllinie) ein kleiner Wandpfeiler, der auf jenem breiten Schrägband fußt, das nach links bis über die Falllinie der Unteren Ödenwinkelscharte-N-Wand hinausreicht. In der Tiefe des kleinen Wandpfeilers ein Firnfeld mit etwa 60° bis zur Randkluft. Der Anstieg benützt das Firnfeld, die rechte Seite des kleinen Pfeilers, quert die Plattenbucht schräg rechts empor und steigt durch das Schrägcouloir zum W-Grat aus.
Zugang: Von der Rudolfshütte, 2311 m, mit R 503 in den Ödenwinkel und über zerschründete Gletscherhänge ca. 300 Hm empor zum Wandfuß (3 Std.).
Anstieg: E. in Gipfelfalllinie. Nach der Randkluft über die Firnwand empor zum erwähnten Schrägband und nach rechts zum kleinen Wandpfeiler hinan. An diesem 100 m empor zu einem Abbruch und nach rechts in den plattigen (immer vereisten) Grund der Wandbucht. In ihr ca. 2 SL aufwärts, dann wieder nach links auf die Pfeilerrippe und an ihr (zuletzt sehr schwierig) empor zu ihrem Ende. Nun auf Leisten und Gesimsen 3–4 SL schräg rechts ansteigend zur Ausmündung des schrägen Couloirs (meist Schmelzeis). Vorerst an der linken Begrenzungswand ca. 30 m empor und unter vorgewölbten Platten in die Rinne. In dieser 1–2 SL weiter, dann abermals an der linken Seitenwand 60 m aufwärts (H). Nun über die Rinne und an ihrer rechten Einfassungskante (diese wird über ihrem überhängenden Abbruch betreten) über

Eiskögele von Nordwesten:
R 1165 Nordostgrat
R 1170 Nordwand
R 1172 Variante zu R 1170
R 1173 Variante zu R 1170
R 1174 Westgrat
R 1941 Ödenwinkelwand – Nordwand (Erwin-Couloir)

Großglockner
Glocknerwand
Schneewinkelkopf
Romariswandkopf
Eiskögele
1174
1173
1172
1165
1170
1941

dachziegelartige Felsschichten und einige senkrechte Aufbauten 3–4 SL empor zum W-Grat, ca. 45 Hm unter dem Gipfel (bei günstigen Verhältnissen Anstieg durchwegs im Couloir).

■ 1171 Variante (Einstieg) zu R 1170

R. Fraißl, R. Lange, 29.6.1936; Jb. BG/ÖGV 1936–37/757.

E. von rechts.

■ 1172 Variante (Ausstieg) zu R 1170

V, Fluchtausstieg bei ungünstigen Verhältnissen im Ausstiegscouloir. Vgl. Fotos S. 331, 333.

Nach dem Rechtsquergang zum Ausstiegscouloir, unter der Gipfelwand auf schmalen Bändern schräg links hinauf zum NO-Grat nahe über der »Eisnase«.

■ 1173 Variante (Direkter Gipfelausstieg) zu R 1170

St. Horiczek, W. Cepekic, 14.9.1967; NAV.

V, 3 Std., steiler, meist vereister Fels. Vgl. Fotos S. 331, 333.

Aus der Plattenbucht und nicht nach rechts zum Ausstiegscouloir, sondern schräg links zu einer ausgeschmolzenen Felsleiste und noch weiter links über ein sehr steiles Eisfeld zum tiefsten Felspunkt der Gipfelwand (H). Auf einer Rippe mit Blocküberhängen empor zu einem schmalen Schneeband. Auf diesem etwa 20 m nach rechts und bei einer vereisten Rinne im Fels heikel aufwärts zu schlechtem Stand (H). Nun über ein Eisfeld schräg links empor und über die ansetzende Firnwand auf den NO-Grat nahe unter dem Gipfel.

■ 1174 Westgrat

Verbindungsgrat von der Ödenwinkelwand, vgl. R 1942. Vgl. Fotos S. 331, 333, 533.

c) Glocknerkamm – Südostbereich/Pasterzenkamm

(ab Hohenwartscharte mit Auslauf über Leiterköpfe)

1178 Kellersberg, 3267 m

Erstersteiger unbekannt.

Felsbau östl. über der Hohenwartscharte, 3182 m (R 613). Langer NO-Grat zur Pasterze, der Hofmanns- und Kellersbergkees trennt; Letzteres liegt zwischen Kellersberg und Kellerskopf ebenfalls im Abhang zur Pasterze eingebettet. Die N-Wand entsteigt dem Hofmannskees, die S-Wand dem Hohenwartkees. Bergsteigerisch lohnend!

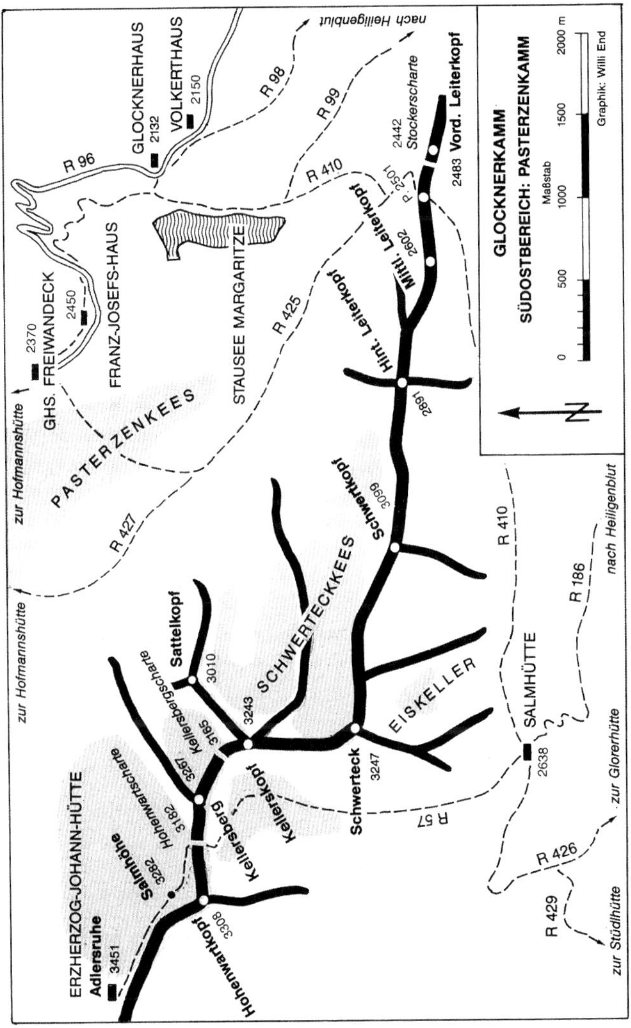
ERZHERZOG-JOHANN-HÜTTE
Adlersruhe
3451
Hohenwartkopf
3308
Salmhöhe
3282
Hohenwartscharte
3182
Kellersberg
Kellerskopf
3267
Kellersbergscharte
3165
3243
Sattelkopf
3010
SCHWERTECKKEES
Schwerteck
3247
EISKELLER
Schwertkopf
3099
Hint. Leiterkopf
2891
Mittl. Leiterkopf
2602
P. 2501
Vord. Leiterkopf
2483
2442
Stockerscharte
PASTERZENKEES
STAUSEE MARGARITZE
FRANZ-JOSEFS-HAUS
2450
GHS. FREIWANDECK
2370
GLOCKNERHAUS
2132
VOLKERTHAUS
2150
R 96
R 98
R 99
R 410
R 425
R 427
R 57
R 410
R 186
R 426
R 429
SALMHÜTTE
2638
zur Hofmannshütte
zur Hofmannshütte
nach Heiligenblut
nach Heiligenblut
zur Glorerhütte
zur Stüdlhütte
N
GLOCKNERKAMM
SÜDOSTBEREICH: PASTERZENKAMM
Maßstab
0 500 1000 1500 2000 m
Graphik: Willi End

■ 1179 Westgrat

II, 84 Hm, ¾ Std., Normalanstieg. Vgl. Foto S. 337.

Nördl. unter der Hohenwartscharte, 3182 m (R 613), über Firn und Blöcke hinauf zum Grat mit seinem Steilaufbau.
Um ihn herum und zum Gipfel.

■ 1180 Nordostgrat

O. Langl, R. Wögerer, 1911; MDÖAV 1924/146.

II, 870 Hm, 3 Std., schöne Kletterei. Vgl. Foto S. 337; Skizze S. 339.

Von der Seitenmoräne am S-Rand der Pasterze in das kleine, felsig abgeschlossene Firnbecken (darüber das Kellersbergkees) am Fuß des NO-Grats. E. rechts von P. 2393 m, in einer Firnrinne und über steilen Schutt schräg rechts auf den Geröllsattel des NO-Grats über seinem Steilabbruch.
Am Gratbeginn links darunter schräg aufwärts in eine ausgeprägte Rinne und in dieser rechts zur Grathöhe; auf dieser in schöner Blockkletterei zum Gipfel.

■ 1181 Direkter Nordostgrat

H. Peterka, 26.8.1926; ÖAZ 1955/124.

III+, gesamt **870 Hm, 3½ Std.** Vgl. Skizze S. 339.

Am unteren NO-Grat (gestufter Steilfels, einige steile Platten mit Rissen, zuletzt ein scharfer Grat) direkt empor in den Geröllsattel; weiter R 1180.

■ 1182A Variante zu R 1181

H. Peterka, F. Herrmann, H. Majer, 11.7.1927; ÖAZ 1955/124.

II, 1½ Std. Vgl. Skizze S. 339.

Am NO-Grat hinab, bis nach rechts (orogr.) eine Rinne abwärts leitet, die den Abbruchrand des Kellersbergkeeses erreicht. Dort eine neuerliche Rinne und nach ihr einige kleine Wandln, zuletzt der Auslauf des Kars zur Pasterze.

■ 1183 Nordflankenquerung

P. Oberlercher, etwa 1891; MDÖAV 1891/94.

40°, II, 4 Std. Vgl. Foto S. 337, Skizze S. 339.

E. am S-Rand der Pasterze, dort wo über der Moräne das Kar »Im tiefen Tal« mündet und ein Gletscherbach abfällt, der vom Schwerteckkees kommt.

Kellersberg von Norden:
R 1179 Westgrat
R 1180 Nordostgrat
R 1183 Nordflankenquerung
R 1184 Nordwand
R 57 Hohenwartscharte-Nordanstieg
R 59 Hofmannsweg – Adlersruhe

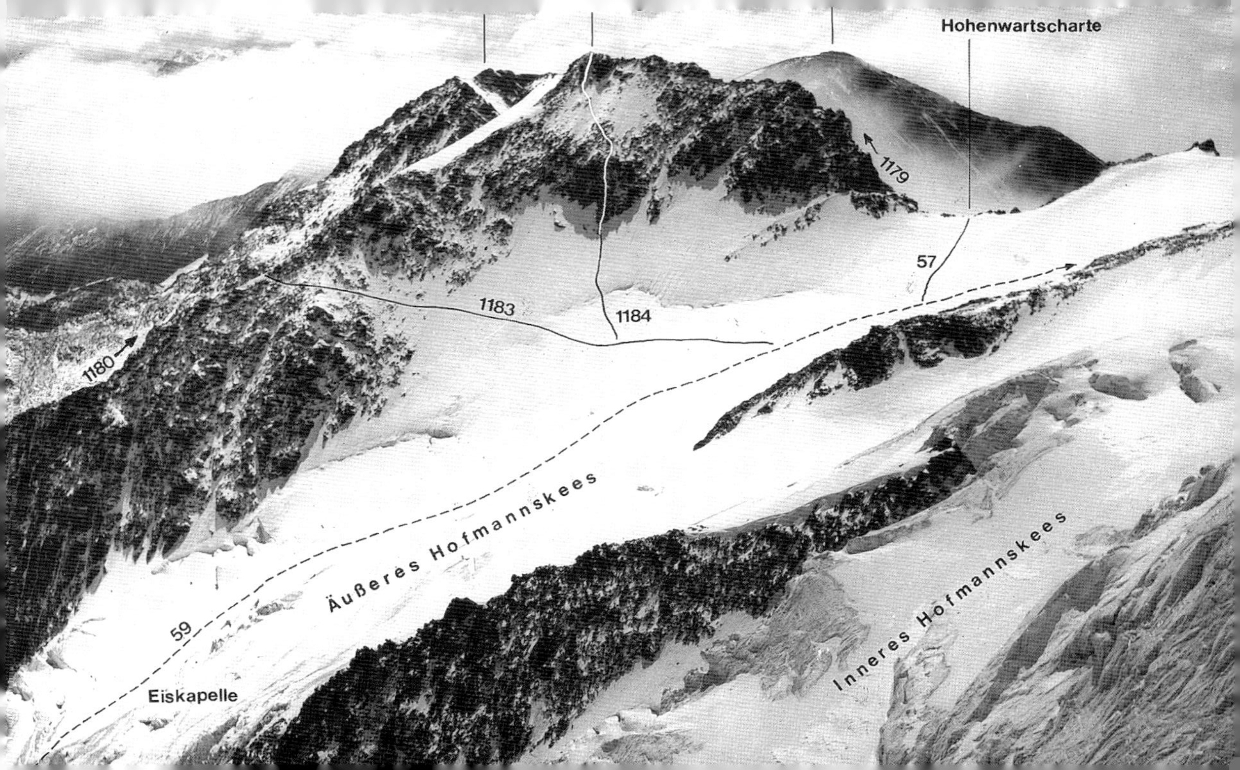

Hohenwartscharte
1179
57
1183
1184
1180
Äußeres Hofmannskees
Inneres Hofmannskees
59
Eiskapelle

Durch Rinnsale aufwärts zur nördl. Zunge des Schwerteckkeeses. Auf Firn weiter und rechts zum Sattelkopf, 3010 m, im NO-Grat des Kellersberg-SO-Gipfels. Kurz in einen Firnsattel und Übertritt zum Kellersbergkees; nach sanfter Steigung wird der Hauptgipfel-NO-Grat bei etwa 3120 m erreicht. Abstieg an der jenseitigen Gratseite in die N-Flanke, die bald firnig wird (40°), und an dieser Querung in die Hohenwartscharte, 3182 m (R 613).

■ 1184 Nordwand

H. Majer, F. Herrmann, H. Peterka, 11.7.1927; ÖAZ 1928/187.

40°, III–, 250 Hm, 1 Std. Vgl. Foto S. 337.

E. am Hofmannsweg (R 59), nach dessen »Eiskapelle«, dort wo ein Firnhang zur N-Wand reicht. Links der Gipfelfalllinie über den Bergschrund. An der steilen Firnflanke gerade weiter zum tiefsten, herabreichenden Felssporn; in schwieriger Kletterei rechts aufwärts zu einer schwach ausgeprägten Gratscharte und rechts zum nahen Hauptgipfel.

■ 1185 Südostgrat

30°, III, 102 Hm, ¾ Std.

Aus der Kellersbergscharte, 3165 m (R 629), den ersten, senkrechten Aufschwung rechts, nördl., auf dem Kellersbergkees umgehen (30°), zurück zum Grat. An der plattigen Kante 60 m steil auf den Vorgipfel, 3240 m, und unschwierig zum Hauptgipfel.

■ 1186 Gratübergang zum Kellerskopf, 3243 m

II, 2 Std. Vgl. Skizze S. 339.

Abstieg R 1185 (GR) in die Kellersbergscharte, 3165 m (R 629), darauf der Kellerskopf, 3243 m, und nach ihm ein flacher Schneekamm (P. 3180 m, P. 3167 m) zum Schwerteck.

Glocknerkamm, Südostbereich von Nordosten

I = Kellersberg:
1 = R 1180 Nordostgrat
2 = R 1181 Direkter Nordostgrat
3 = R 1182A Variante zu R 1181
4 = R 1183 Nordostflankenquerung
9 = R 1186 Übergang zum Kellerskopf
II = Kellerskopf:
5 = R 1189 Nordostgrat
6 = R 1189a Variante zu R 1189
7 = R 1191 Ostflanke

III = Schwerteck:
8 = R 1199 Ostanstieg
x = Sattelkopf
○ = Im tiefen Tal
A = Kellersbergkees
B = Schwerteckkees
C = Pasterze
D = Hofmannskees
E = Adlersruhe

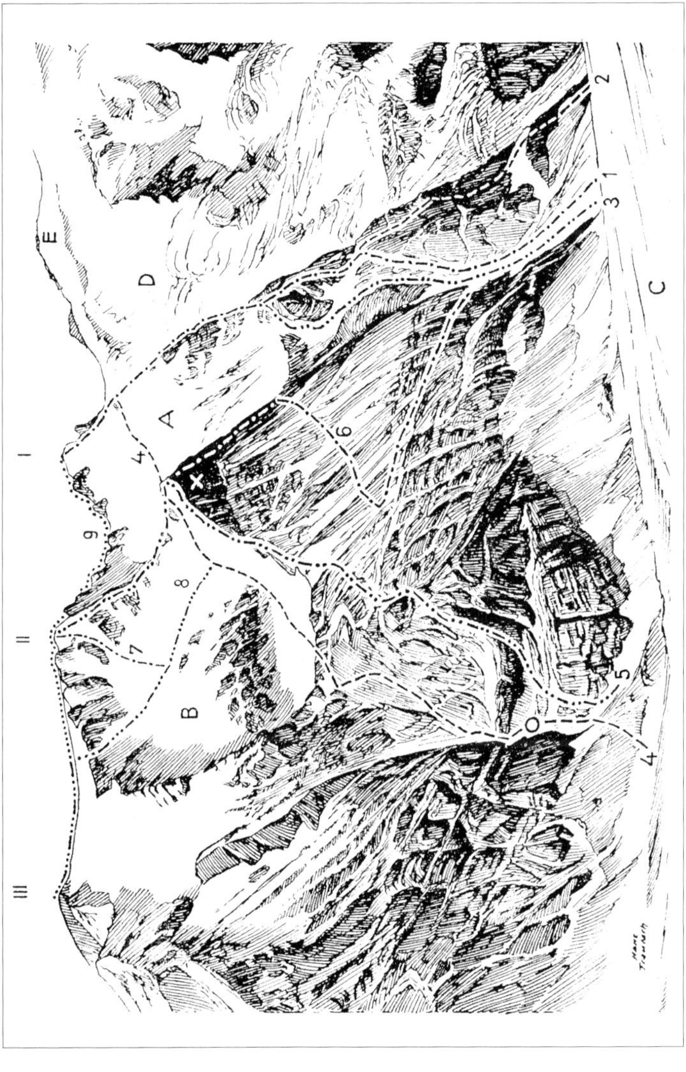
I
II
III
A
B
C
D
E
1
2
3
4
5
6
7
8
9

1188 Kellerskopf, 3243 m

1. Ersteigung und Überschreitung: A. Roessel, 12.8.1904, zum Hauptgipfel.

Vom Kellersberg (im NW) durch die Kellersbergscharte, 3165 m, getrennt; NO-Grat mit dem Sattelkopf, 3010 m (AVK 40/2006 »Kellerswand«), zur Pasterze, im W das Kellersberg- und im O das Schwerteckkees; einsam.

1189 Nordostgrat

A. Roessel, 12.8.1904; ÖAZ 1905/151.

II, 940 Hm, 4 Std. Vgl. Skizze S. 339.

E. am S-Rand der Pasterze, wo über der Moräne das Kar »Im tiefen Tal« mündet und ein Gletscherbach abfällt, der vom Schwerteckkees kommt, rechts darüber der Sattelkopf, 3010 m.
Der Vorbau des NO-Grats wird über begrünte Felsen erstiegen. Vom Sattelkopf eben, dann am NO-Grat zum Kellerskopf.

1189a Variante (Einstieg) zu R 1189

K. Prusik, B. Stolarz, 18.8.1924; Jb. ASW 1924/59, B 1924/394.

III, 1 Std., Ersteigung der Sattelkopf-N-Wand. Vgl. Skizze S. 339.

E. aus der Mitte der Zustiegsrinne (Firn) von R 1180. Links in einer rinnenartigen Verschneidung, die im schluchtartigen Karboden beginnt, empor auf ein auffallendes Band (Terrasse). Auf diesem nach rechts, bis Zickzackbänder steil in eine Gras- und Schuttmulde leiten und daraus über gestuften Fels auf den Sattelkopf; weiter R 1189.

1190 Nordwestgrat

II, 78 Hm, ½ Std.

Aus der Kellersbergscharte, 3165 m (R 629), auf dem Blockgrat zum Gipfel.

1191 Ostflanke

W. Braun, H. Fuchs, J. Michelfeit, 29.7.1932.

II, 940 Hm, 4 Std. Vgl. Skizze S. 339.

Hohenwartkopf, Schwerteck von Südsüdosten

Hohenwartkopf:
R 1124 Ostgrat
R 1132 Direkter Südgrat
R 1133 Südostwand

Schwerteck:
R 1200 Südsporn
R 1201 Südwand
R 1202 Südgrat

Hohenwartscharte:
R 57 Südanstieg

Salmhütte:
R 186 von Heiligenblut

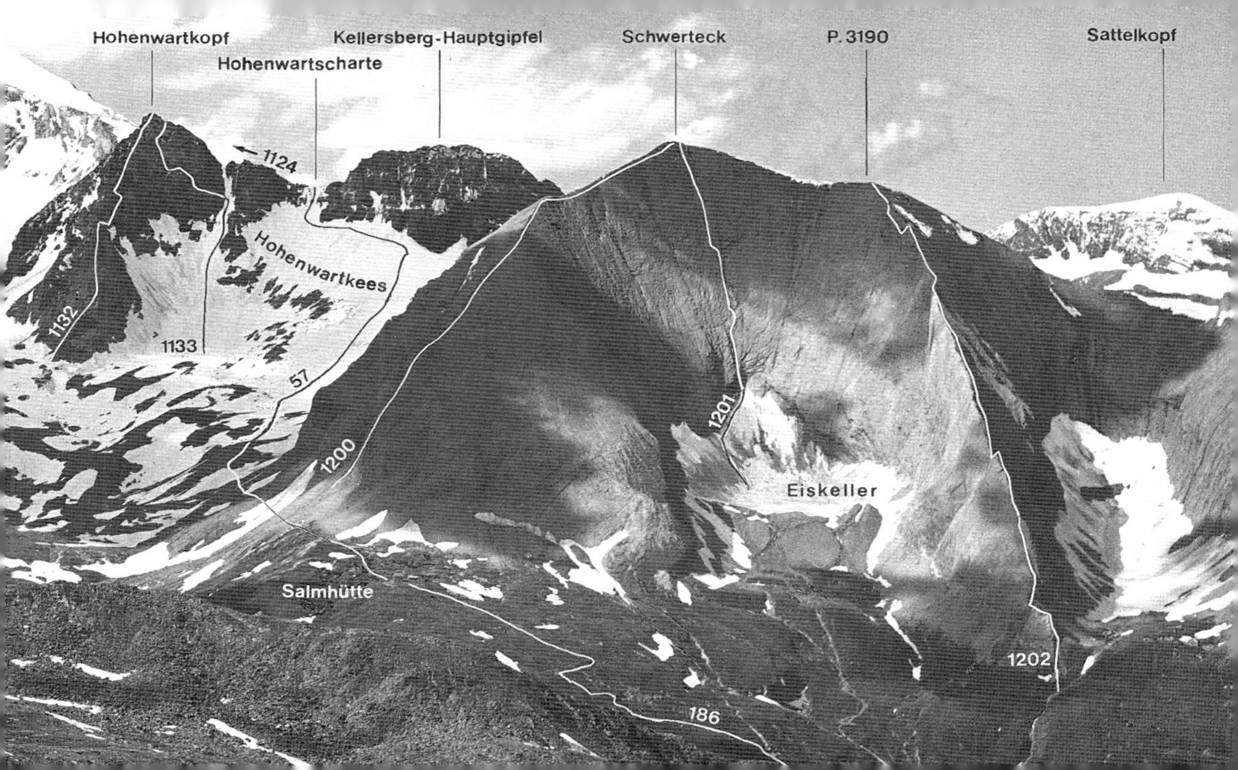
Hohenwartkopf
Hohenwartscharte
Kellersberg-Hauptgipfel
Schwerteck
P. 3190
Sattelkopf
1124
Hohenwartkees
1132
1133
57
1200
1201
Eiskeller
Salmhütte
186
1202

Mit R 1183 bis unter den Gipfel des Sattelkopfs. Hier am Nördlichen Schwerteckkees (gleich R 1199) kurz links, südwestw., aufwärts. Nun rechts zur Gipfelwand. Zwischen zwei Felsrippen in einer Rinne empor, zuletzt über Blöcke zum Kellerskopf.

■ 1192 Südwand

A. Awerzger, R. Gerin, 13.8.1932; ÖAZ 1932/389.

II, 250 Hm, 1½ Std.

E. in den Felsen östl. der großen Schneerinne (2. Rinne neben dem SW-Pfeiler) über dem Hohenwartkees (R 57). Über Platten zum Beginn des langen, breiten Bandes, das die S-Wand horizontal durchzieht. Auf diesem zur Terrasse unter dem Gipfel und durch die ansetzende Plattenrinne zum Kellerskopf.

■ 1193 Südwestwand

A. Awerzger, R. Gerin, 13.8.1932; ÖAZ 1932/389.

II, 250 Hm, 1½ Std.

E. über dem Hohenwartkees (R 613), in der ersten, östl., Schneerinne vom SW-Pfeiler. In dieser Rinne hinauf, die nächste plattige Rinne queren und gerade empor zum Pfeiler (der die östl. befindliche 2. Rinne westl. begrenzt). Am SW-Pfeiler weiter und von ihm schräg rechts über Bänder mehrere Rinnen querend, auf den Kellerskopf.

1198 Schwerteck, 3247 m

1. Ersteigung und Überschreitung: P. Oberlercher, etwa 1890.

Schöne Felskuppe über dem Leitertal, südwestl. über dem Schwerteckkees, das fast zum Gipfel reicht; der markante S-Grat (»Das Schwert«) setzt vom östl. Gipfelpunkt, 3190 m, ab und trennt »Eiskeller« (im W) vom Schwertkar (im O); O-Grat mit Schwertkopf, 3099 m, und Leiterköpfe, 2891 m.

■ 1199 Ostanstieg

P. Oberlercher, 1890.

I, 940 Hm, 4 Std., mit Gletscherbegehung. Vgl. Skizze S. 339.

R 1183 bis unter den Gipfel des Sattelkopf, 3010 m. Hier am Nördlichen Schwerteckkees weiter aufwärts. In 3140 m über den das Schwerteckkees teilenden Felssporn und am oberen Südlichen Schwerteckkees zum Gipfel.

■ 1200 Südsporn

P. Oberlercher, 1890, im Abstieg.

Glocknerkamm, Östlicher Südkamm von Südosten.

Glocknerwand
Kleinglockner
Leitenköpfe
Glatte Schneid
Lange Wand
Adlersruhe
Gramul
Luisenkopf
Leiterkees
Weisser Knoten

II, 600 Hm, 1½ Std., Normalanstieg, nicht bei Schneelage begehen, Steigeisen vorteilhaft, Bratschen! Vgl. Foto S. 341.

Von der Salmhütte, 2638 m, zum Schrofenhang (Bratschen) gegenüber, daran beliebig höher, zuletzt auf schmalem Grat zum Gipfel.

□ 1201 Südwand

H. Peterka, 14.6.1927.

III+, 830 Hm, 3 Std. v. E., viel Wasser, Bratschen, gefährlicher Anstieg. S. AVF-GG 9/1995/376. Vgl. Foto S. 341.

■ 1202 Südgrat (»Das Schwert«)

H. Stowasser, G. Petrides, 28.7.1933; ÖAZ 1935/169.

III+, 650 Hm, 4 Std., markanter, schönster Anstieg, Bratschen. Vgl. Foto S. 341.

Von der Salmhütte, 2638 m, zum S-Grat (10 Min.). E. am tiefsten Punkt auf dem Rasenkamm, plattig weiter auf die Gratschneide, die nicht mehr verlassen wird. Rechts haltend auf den 1. Turm. 10 m abseilen in die folgende Scharte. Über den Schartengrund im Reitsitz weiter und auf den etwa 4 m hohen Zacken (H); dahinter Sicherungsstand. Nun über die plattige (splittrige) Schneide, sich rechts haltend, ausgesetzt und schwierig (H) auf den 2. Turm. Von hier an (bis auf 2 weitere Aufschwünge) leichterer Weiteranstieg. Der große Gratabbruch (der von der Salmhütte überhängend erscheint) ist leicht abzuklettern und bildet das Ende des Grataufbaus. Von der Scharte dahinter über den Schnee- und Geröllhang kurz zum Ausstieg (P. 3190 m). Am Rand des Schwerteckkeeses (hier Wechte über die S-Wand) links zum Gipfel.

1207 Schwertkopf, 3099 m

Gipfel im O-Grat des Schwerteck, 3247 m, wird am Gratübergang von den Leiterköpfen zum Schwerteck überschritten.

■ 1208 Nordwand

K. Rehmberger, L. Frankhold, 14.6.1939; NAV.

III–, 200 Hm, 1 Std. v. E.

Mit R 1183 zu P. 3140 m. Am Südlichen Schwerteckkees nach ONO hinab zur N-Wand. E. 2900 m, über den Bergschrund und die Wand zum Gipfel.

□ 1209A Nordostgrat

K. Rehmberger, L. Frankhold, 14.6.1939, im Abstieg; NAV.

II, 2 Std.

Am Grat abwärts zum Schwerteckkees, 2840 m. Auf diesem zuerst flach, dann steiler ostw. tiefer und in dem weiten Kar hinab zur Pasterze mit R 425.

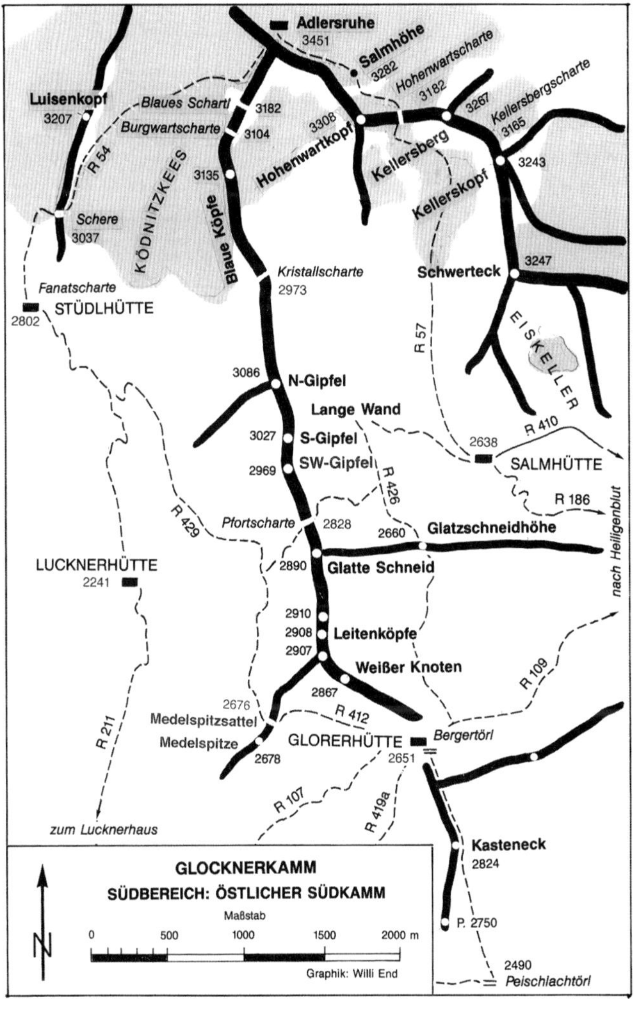
Adlersruhe
3451
Salmhöhe
3282
Hohenwartscharte
3182
3267
Kellersbergscharte
3165
Luisenkopf
3207
Blaues Schartl
3182
Burgwartscharte
3104
3308
Hohenwartkopf
Kellersberg
3243
R 54
KÖDNITZKEES
3135
Kellerskopf
Schere
3037
Blaue Köpfe
Kristallscharte
2973
Schwerteck
3247
Fanatscharte
STÜDLHÜTTE
2802
EISKELLER
R 57
3086
N-Gipfel
Lange Wand
3027
S-Gipfel
R 410
2638
SALMHÜTTE
2969
SW-Gipfel
R 426
R 186
R 429
Pfortscharte
2828
2660
Glatzschneidhöhe
nach Heiligenblut
LUCKNERHÜTTE
2241
2890
Glatte Schneid
2910
2908
Leitenköpfe
2907
Weißer Knoten
R 109
2867
2676
Medelspitzsattel
R 412
Medelspitze
2678
GLORERHÜTTE
2651
Bergertörl
R 211
R 107
R 419a
zum Lucknerhaus
Kasteneck
2824
GLOCKNERKAMM
SÜDBEREICH: ÖSTLICHER SÜDKAMM
Maßstab
0
500
1000
1500
2000 m
N
P. 2750
2490
Peischlachtörl
Graphik: Willi End

1213 Leiterköpfe

Hinterer, 2891 m – Mittlerer, 2602 m – Vorderer, 2483 m

Im O-Grat des Schwertkopf, 3099 m, der das Leitertal nördl. überragt. Untergeordnet, kaum besucht.

1214 Ostkamm

I, 450 Hm, 1½ Std.

Von der Stockerscharte, 2442 m (R 630), am Kamm über den Mittleren auf den Hinteren Leiterkopf.

1215 Nordwestkamm

I, ¼ Std.

Von der Stockerscharte, 2442 m (R 630), am Kamm auf den Vorderen Leiterkopf.

1216 Gratübergang Leiterköpfe – Schwertkopf – Schwerteck – Kellersberg-SO-Gipfel – Kellersberg-Hauptgipfel

II, 3–3½ Std.

d) Glocknerkamm – Südbereich/Östlicher Südkamm

(zwischen Burgwartscharte und Peischlachtörl)

1228 Blaue Köpfe, 3135 m

Felstürme im langen, von der Adlersruhe südl. abwärts ziehenden Grat, der Ködnitz- (im W) und Leiterkees (im O) trennt und in der Kristallscharte, 2973 m (R 623), endet. An ihm das Blaue Schartl, 3182 m (R 621), und die Burgwartscharte, 3104 m (R 622). Nach der Kristallscharte Gratfortsetzung über die Lange Wand in die Pfortscharte, 2828 m (R 625). Dem Grat kommt nur historische Bedeutung zu.

1229 Lange Wand

Nordgipfel, 3086 m – Südgipfel, 3027 m – Südwestgipfel, 2969 m

1. Ersteigung und Längsüberschreitung (Blaukopfgrat bis Adlersruhe): J. A. Specht, A. Wachtler mit Chr. Ranggetiner, 1857; EO III/179.

Breites Massiv im Auslauf des Blaukopfgrats von der Adlersruhe herab, zwischen Kristallscharte, 2973 m (im N), und Pfortscharte, 2828 m (im S). Im O das Leitertal mit seinen Schlussböden (Naßfeld mit Salmhütte). W-Flanke zum obersten Ködnitztal (Rinderböden mit Lucknerhütte).

Lange Wand von Osten mit Salmhütte:

a = R 429 Pfortscharte – Stüdlhütte
b = R 426 Glatzschneidhöhe – Glorerhütte
c = R 57 Hohenwartscharte – Adlersruhe
I = Pfortscharte
II = Lange-Wand-Südgipfel:
1 = R 1230 Südgrat
2 = R 1234 Südostkante
III = Lange-Wand-Nordgipfel:
3 = R 1233 Nordgrat
4 = R 1235 Ostwand
IV = Kristallscharte:
5 = R 624 Ostanstieg

Früher »Hohe Wand«. Der Gipfel beherrscht Leiter- und Ködnitztal.
Der S-Grat zieht über den S-Gipfel, 3027 m, den SW-Gipfel und das SW-Eck, 2969 m, zur Pfortscharte, der N-Grat zur Kristallscharte, hat Anschluss an den Blaukopfgrat zur Adlersruhe.

■ 1230 Südgrat

II, 260 Hm, 1½ Std. Vgl. Skizze S. 347.

Von der Pfortscharte, 2828 m (R 625), am Grat aufwärts zum SW-Gipfel, danach der S-Gipfel und am langen Gipfelgrat weiter zum N-Gipfel.

■ 1231 Südwestkamm

J. A. Specht, A. Wachtler mit G. Ranggetiner, 1857.

II, 420 Hm, 1½ Std.

E. von R 429 bei der Querung zum »Langen Trog«. Am Felskamm zum SW-Gipfel und zum S-Gipfel.

■ 1232 Südwestgrat

II, 480 Hm, 1½ Std.

E. am Gratfuß über »Langen Trog« (R 429); direkte Gratbegehung zum N-Gipfel.

■ 1233 Nordgrat

J. A. Specht, A. Wachtler mit G. Ranggetiner, 1857, im Abstieg.

E. in der Kristallscharte, 2973 m (R 623). Vgl. Skizze S. 347.

■ 1234 Südostkante

R. Reif, A. Socher, 11.9.1929.

II, 370 Hm, 1½ Std. Vgl. Skizze S. 347.

Nach dem Naßfeld von R 426 kurz aufwärts zum Kantenfuß. Der kammartigen Kante folgend (brüchig) zum S-Gipfel.

■ 1235 Ostwand

L. Wagner, H. Rieß, 14.8.1969; NAV.

III+, 250 Hm, 2 Std., ungünstiger Fels, s. AVF-GG 9/1995/382. Vgl. Skizze S. 347.

1236 Glatte Schneid, 2890 m; Leitenköpfe, 2910 m; Weißer Knoten, 2867 m

Erhebungen im Kammauslauf zwischen Pfortscharte, 2828 m (R 625), und Bergertörl, 2651 m (R 627); von Salm- oder Glorerhütte einfach erreichbar.

1237 Glatzschneidhöhe, 2660 m; Glatzberg, 2631 m

Aussichtskuppen in dem von der Glatten Schneid, 2890 m, nach O ziehenden und zur Mündung Glatzbach–Leiterbach absinkenden Seitenkamm; über die Glatzschneidhöhe führt der Übergang Salmhütte – Glorerhütte (R 426).

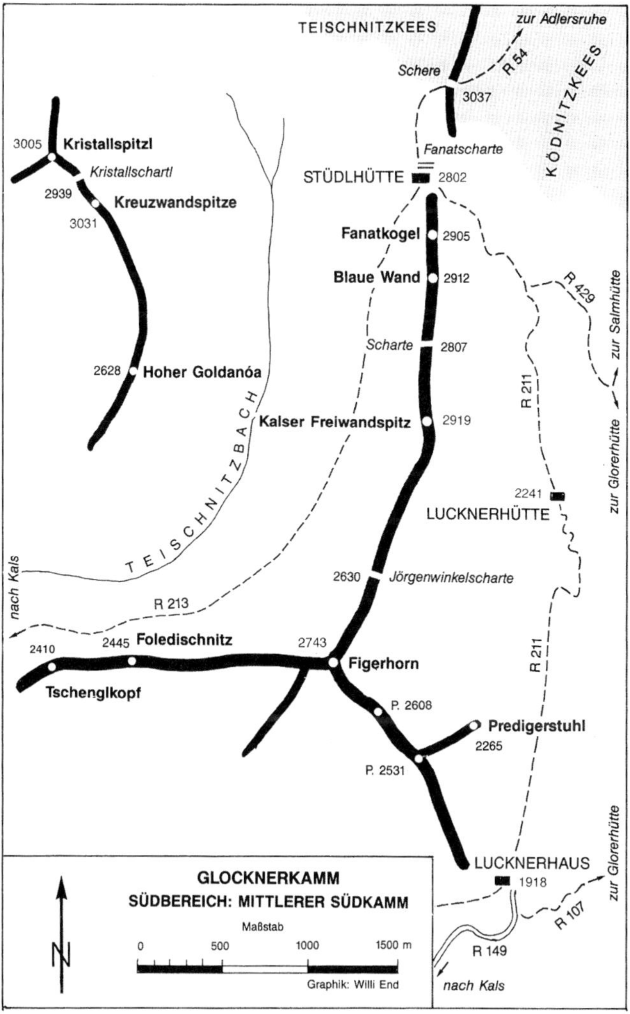
TEISCHNITZKEES
zur Adlersruhe
R 54
Schere
3037
KÖDNITZKEES
Fanatscharte
STÜDLHÜTTE
2802
3005
Kristallspitzl
Kristallschartl
2939
Kreuzwandspitze
3031
Fanatkogel
2905
Blaue Wand
2912
R 429
zur Salmhütte
Scharte
2807
2628
Hoher Goldanóa
R 211
TEISCHNITZBACH
Kalser Freiwandspitz
2919
zur Glorerhütte
2241
LUCKNERHÜTTE
nach Kals
2630
Jörgenwinkelscharte
R 213
2410
2445
Foledischnitz
2743
Figerhorn
Tschenglkopf
P. 2608
Predigerstuhl
2265
P. 2531
zur Glorerhütte
LUCKNERHAUS
1918
GLOCKNERKAMM
SÜDBEREICH: MITTLERER SÜDKAMM
Maßstab
0
500
1000
1500 m
Graphik: Willi End
R 107
R 149
nach Kals

1238 Kasteneck, 2824 m; Medelspitze, 2678 m

Wandergipfel; auf das Kasteneck bez. Aufstieg, ½ Std. von der Glorerhütte. Die Medelspitze wird mit R 412 im Übergang über den Medelspitzesattel erreicht; er fällt tief zum Bergerbach ab.

e) Glocknerkamm – Südbereich/Mittlerer Südkamm

(ab Fanatscharte mit Auslauf über Figerhorn)

1251 Fanatkogel, 2905 m

Hüttenberg der Stüdlhütte, von dieser in 20 Min. zu erreichen, bez. (I). Schlusserhebung des Kamms zwischen Ködnitz- und Teischnitztal.

1252 Blaue Wand, 2912 m

Langer Felsgrat südl. des Fanatkogel, 2905 m; südwärts nach einer Scharte, 2807 m, der Kalser Freiwandspitz, 2919 m.

1253 Nordgrat

II, ½ Std.

Vom Fanatkogel, 2905 m (R 1251), entlang des Grats.

1255 Kalser Freiwandspitz, 2919 m

Im Kamm zwischen Blauer Wand, 2912 m (im N), und Figerhorn, 2743 m (im SW), dazwischen die Jörgenwinkelscharte, 2630 m (R 643).

1256 Ostanstieg

II, 3½ Std.

Von der Lucknerhütte, 2241 m, über die Rinderböden mit Anstieg über das »Knappenloch« zum N-Grat und zum Gipfel.

1260 Figerhorn, 2743 m

Letzter Gipfel im S-Kamm von der Fanatscharte; Wanderbereich, vom Lucknerhaus über die S-Hänge (Greiwiesen) in 2½ Std. einfach erreichbar. Im SO-Kamm, am Rande der Greiwiesen, Zweiter Zenglkopf, 2608 m und Erster Zenglkopf, 2531 m.

1261 Foledischnitz, 2445 m; Tschenglkopf, 2408 m

Zwei untergeordnete Erhebungen im westl. Kammauslauf des Figerhorn gegen das Teischnitztal. An der S-Seite die Araswiese mit der Faresarealm, 2173 m; zu dieser Weg (2½ Std.) vom Weiler Burg (nördl. von Kals).

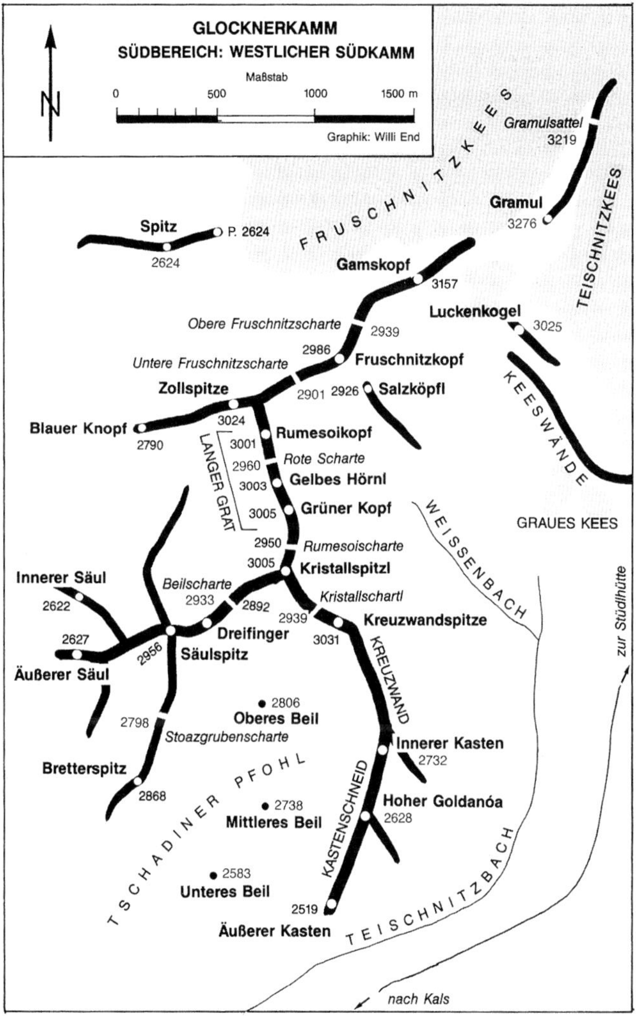
GLOCKNERKAMM
SÜDBEREICH: WESTLICHER SÜDKAMM
Maßstab
0 500 1000 1500 m
Graphik: Willi End
N
FRUSCHNITZKEES
Gramulsattel
3219
TEISCHNITZKEES
Gramul
3276
Spitz
P. 2624
2624
Gamskopf
3157
Obere Fruschnitzscharte
2939
Luckenkogel
3025
2986
Fruschnitzkopf
Untere Fruschnitzscharte
Zollspitze
2901
2926
Salzköpfl
KEESWÄNDE
Blauer Knopf
2790
3024
Rumesoikopf
LANGER GRAT
3001
Rote Scharte
2960
3003
Gelbes Hörnl
3005
Grüner Kopf
WEISSENBACH
GRAUES KEES
2950
Rumesoischarte
3005
Kristallspitzl
Innerer Säul
2622
Beilscharte
2933
2892
Kristallschartl
2939
Kreuzwandspitze
2627
Dreifinger
3031
2956
Säulspitz
Äußerer Säul
KREUZWAND
zur Stüdlhütte
2806
Oberes Beil
2798
Stoazgrubenscharte
Innerer Kasten
2732
Bretterspitz
TSCHADINER PFOHL
2868
KASTENSCHNEID
Hoher Goldanóa
2628
2738
Mittleres Beil
2583
Unteres Beil
TEISCHNITZBACH
2519
Äußerer Kasten
nach Kals

1262 Greibühel, 2247 m; Geierspitz, 2102 m

Erhebungen an den ausgedehnten Greiwiesen (südl. des Figerhorn), über diese von Burg (nördl. von Kals) bez. Weg zum Lucknerhaus (2½ Std.).

f) Südbereich/Westlicher Südkamm

(ab Gramulsattel mit Auslauf über Bretterspitz)

1266 Gramul, 3271 m

1. Ersteigung: J. Stüdl mit Th. Groder, P. Groder, 27.8.1868.

AVK 40/2006 »der Gramul«. Felskuppe zwischen Teischnitz- (O) und Fruschnitzkees (W), nördl. am Zusammenschluss der Gletscher der flache Gramulsattel, 3219 m (R 631). Gratverbindung nach SW zum Gamskopf, 3157 m, im S-Hang der Schuttrücken des Luckenkogel, 3025 m, danach der Séracabbruch des Teischnitzkeeses.

1267 Südostanstieg

J. Stüdl mit Th. Groder, P. Groder, 27.8.1868, im Abstieg. 1. Aufstieg: J. Stüdl mit M. Groder, A. Kerer, 29.8.1868; ZDAV 1870–71/356.

1½ Std., Gletschergelände, empfehlenswert.

Von der Stüdlhütte, 2802 m, mit R 509 in den Gramulsattel, 3219 m (R 631), und von diesem südwestw. über den Schrofenkamm zum Gipfel.

1268 Gamskopf, 3156 m

Felsgipfel westsüdwestl. vom Gramul; am SW-Grat-Fuß die Obere Fruschnitzscharte, 2939 m (R 632). Im Westen, am Ende des Fruschnitzkeeses, der Spitz, 2624 m, mit Steilabbrüchen zum Dorfertal.

1269 Übergang vom Gramul, 3271 m

G. Künne, R. Wolter, 12.8.1920; ÖAZ 1924/97.

II, **1¼ Std.**

Vom Gramulgipfel (R 1266) über Geröll und Felsen südwestw. hinab auf den Firnhang unter dem WSW-Kamm. Diesem entlang und über steile Felsen aufwärts in die letzte Gratscharte, 3154 m. Nun am NO-Grat zum Gipfel.

1270A Oberer Südwestgrat

G. Künne, R. Wolter, 12.8.1920; ÖAZ 1924/97.

Firnrinne **50°**, **II**, **350 Hm**, **1½ Std.**

Vom Gipfel am SW-Grat (dieser hat zuerst W-Richtung) abwärts in eine Scharte, 3091 m (südwestl. dieser einige abenteuerliche Felszacken). Nun in einer Firnrinne (50°) nach SO abwärts und im Kar weiter bis ca. 2800 m (vor dem Salzköpfl) zu R 510.

1276 Fruschnitzkopf, 2986 m

Erstbegeher unbekannt.

Kleine Felserhebung zwischen den beiden Fruschnitzscharten (R 632, R 633); östl. das Salzköpfl (AVK 40/2006 »Salzköpfle«), 2950 m, darunter die »Grauen Böden« (R 511).

1277 Ostgrat

I, ¼ Std.

Von der Unteren Fruschnitzscharte, 2901 m (R 673), über Schrofen.

1280 Zollspitze, 3024 m

AVK 39/2002 »Zollkopf«. Felsmassiv westsüdwestl. über der Unteren Fruschnitzscharte, Steilabbrüche nach N, im S das Rumesoikar.

1281 Ostgrat

K. Folta, R. Neumann, 13.8.1927; ÖAZ 1928/185.

II, ½ Std.

Von der Unteren Fruschnitzscharte, 2901 m (R 633), über Schrofen, zuletzt an plattigen Bratschen zum Gipfel.

1282A Südanstieg

K. Folta, R. Neumann, 13.8.1927; ÖAZ 1928/185.

II, ½ Std.

Am O-Grat kurz hinab und südw. in den Sattel vor dem Rumesoikopf; nach SO über Schrofen und Rasen abwärts zu den »Grauen Böden« mit R 511.

1285 Blauer Knopf, 2790 m

Felsgipfel südwestw. der Zollspitze, 3024 m.

1286 Langer Grat

1. Ersteigung und Überschreitung N–S: K. Folta, R. Neumann, 13.8.1927. 1. Überschreitung S–N: K. Prusik, Trude Heim, O. E. Reicher, 3.7.1930, mit Überschreitung des Gelben Hörnl.

Bezeichnung für den Felskamm vom Sattel südl. der Zollspitze, 3026 m, nach S zur Rumesoischarte, 2950 m (R 634), vor der Kristallspitze, 3005 m.

1287 Nord-Süd-Überschreitung

K. Folta, R. Neumann, 13.8.1927; ÖAZ 1928/185. K. Prusik, Trude Heim, O. E. Reicher, 3.7.1930; ÖAZ 1931/227; mit Berichtigung Jb. ASW 1932/45.

II, 1¼ Std., brüchiger Fels.

Vom Sattel südl. der Zollspitze auf den Rumesoikopf, 3001 m, und am Grat weiter in die Rote Scharte, 2960 m (R 633a).
An der S-Seite queren und in einer Rinne empor auf das Gelbe Hörnl, 3003 m; zurück in die Scharte und weiter auf den Grünen Kopf, 3006 m.
Abstieg nach S, über einen Abbruch, in die Rumesoischarte, 2950 m (R 634).

Die Gratgipfel »Langer Grat«

1288 Rumesoikopf, 3001 m

1289 Gelbes Hörnl, 3003 m

1290 Grüner Kopf, 3005 m

1291 Kristallspitze, 3005 m

1. Ersteigung und Überschreitung: G. Künne, R. Wolter, 13.8.1920.

Schöner Felsbau, durch Scharten begrenzt; im SO das Kristallschartl, 2939 m (diesem folgt die Kreuzwand, 3031 m), im N die Rumesoischarte, 2950 m (diesem folgt der Lange Grat, 3005 m).
Südl. unter der Kristallspitze (AVK 40/2006 »Kristallspitzl«) die ausgedehnte Karmulde »Tschadinepfohl« mit den Hangstufen Oberes Beil (AVK 40/2006 »Hinteres Beil«), 2806 m, Mittleres Beil, 2738 m, und Unteres Beil, (AVK 40/2006 »Vorderes Beil«), 2583 m.

1292 Südostgrat

G. Künne, R. Wolter, 13.8.1920, im Abstieg; ÖAZ 1924/112.

II, ¾ Std.

Vom Kristallschartl, 2939 m (R 636), Quergang in die W-Wand und unter der Grathöhe zum Gipfel.

1293 Südostgrat

K. Prusik, Trude Heim, O. E. Reicher, 3.7.1930; Jb. ASW 1930/32, ÖAZ 1931/227.

II, ¾ Std.

Vom Kristallschartl, 2939 m (R 636), rechts am SO-Grat auf breitem Band in die überhängende O-Wand, dann über Blöcke und durch kurze Risse luftig zum Gipfel.

1294 Nordgrat

G. Künne, R. Wolter, 13.8.1920; ÖAZ 1924/112.

II, ¾ Std.

Von der Rumesoischarte, 2950 m (R 634), östl. unter dem N-Grat auf breiten Bändern, dann auf schmalem Band und über eine 15 m hohe Bratschenwand aufwärts in eine Scharte. Nun am N-Grat über steile Gratstufen zum überhängenden Gipfelturm; an diesem rechts auf schmalem Gesimse vorbei und über die Kante zum Gipfel.

1295A Westgrat

K. Folta, R. Neumann, 13.8.1927; ÖAZ 1928/185.

II, ½ Std.

Vom Gipfel 1 SL über plattiges Gelände nach W und dem W-Grat folgend in die Beilscharte, 2860 m (R 638).

1298 Kreuzwandspitze, 3031 m

Erstbegeher unbekannt.

AVF 40/2006 »Kreuzwand«. Felsbau südöstl. über dem Kristallschartl, 2939 m (R 636), durch dieses mit der Kristallspitze verbunden. Breite O-Wand (Kreuzwand), langer SSO-Grat (Kastenschneid) mit Auslauf über Inneren Kasten, 2738 m, Hoher Goldanoa, 2628 m, und Äußerer Kasten, 2519 m, gegen die obersten Böden des Teischnitztals. Die SW-Flanke fällt zum Tschadinepfohl-Kar (Beilboden) ab.

1299 Südsüdostgrat

Th. Hinrichsen, B. Hinrichsen, 27.7.1965; NAV.

I, 5 Std.

Von Kals ins Teischnitztal und am linken Talhang auf Almwegen zum Hohen Goldanoa, 2628 m (steile Grashänge). Von dort zum Höhenpunkt »Innerer Kasten«, 2732 m, und auf der folgenden Kastenschneid weiter zum Gipfel.

1300A Südwestanstieg

Th. Hinrichsen, B. Hinrichsen, 25.7.1965; NAV, AVF-GG 9/1995/389.

I, ¾ Std.

1306 Dreifingerer, 2933 m

Südwestl. über der Beilscharte, 2860 m (R 638), im Verbindungsgrat Kristallspitze – Säulspitz.

1311 Säulspitz, 2956 m

Erstbegeher unbekannt.

Wuchtiger Felsgipfel mit ansehnlichen Felsabstürzen nach W, zwischen Rumesoikar (im N) und Stoazgrube (im SW), Gratverbindung nach S über die Stoazgrubenscharte, 2798 m, zum Bretterspitz, 2868 m; nach W ein geteilter Grat zur Inneren Säul, 2622 m, und Äußeren Säul, 2627 m, mit Steilabhängen zum Kalser Dorfertal.

1312 Südgrat

I, 159 Hm, ¾ Std.

Von der Stoazgrubenscharte, 2798 m (R 640), auf dem Blockgrat zum Gipfel.

1313 Ostgrat

I, ¾ Std.

Vom Oberen Beil, 2806 m (R 639), in die Scharte zwischen Säulspitz (links) und Dreifingerer (rechts) und am kurzen Grat zum Gipfel.

1316 Bretterspitz, 2868 m

Vermessungspunkt über dem Teischnitztal.

1317 Nordnordostgrat

I, ½ Std. aus der Stoazgrubenscharte, 2798 m (R 640).

1318 Südwestgrat

Th. Hinrichsen, B. Hinrichsen, 15.6.1966; NAV.

I, 4½ Std., bei Nässe meiden, sehr steile Rasenhänge.

Von Kals zum Teischnitztal und bez., nördl. durch den Taurerwald zur Mairalm, 1793 m. Zuerst mäßig ansteigend, dann steil über Wiesenböden und eine Hanglehne aufwärts zum Bretterboden, dessen südl. Eckpunkt die Blaue Wand, 2343 m. Weiter nach NO über Wiesen und Hochböden, die bei dem Kleinen Bretterspitz, 2700 m, eine Hangfläche ergeben (rechts an ihr die Brettergrube). Nun am oder links des Grats zum Gipfel.

Mittlerer Tauernhauptkamm

Tourenbereich: Ebmatten-Fürther-Hochalm, Franz-Josefs-Haus, Hofmannshütte, Oberwalderhütte, Rudolfshütte, Schwarzenberghütte.
Landkarte: AVK Nr. 40 »Großglocknergruppe«, 1:25.000; ÖK-UTM Nr. 3227 »Großglockner« 1:50.000; ÖK-BMN Nr. 153 »Großglockner«, 1:50.000; FB-WK Nr. 122 »Großglockner/Kaprun/Zell am See«, 1:50.000.

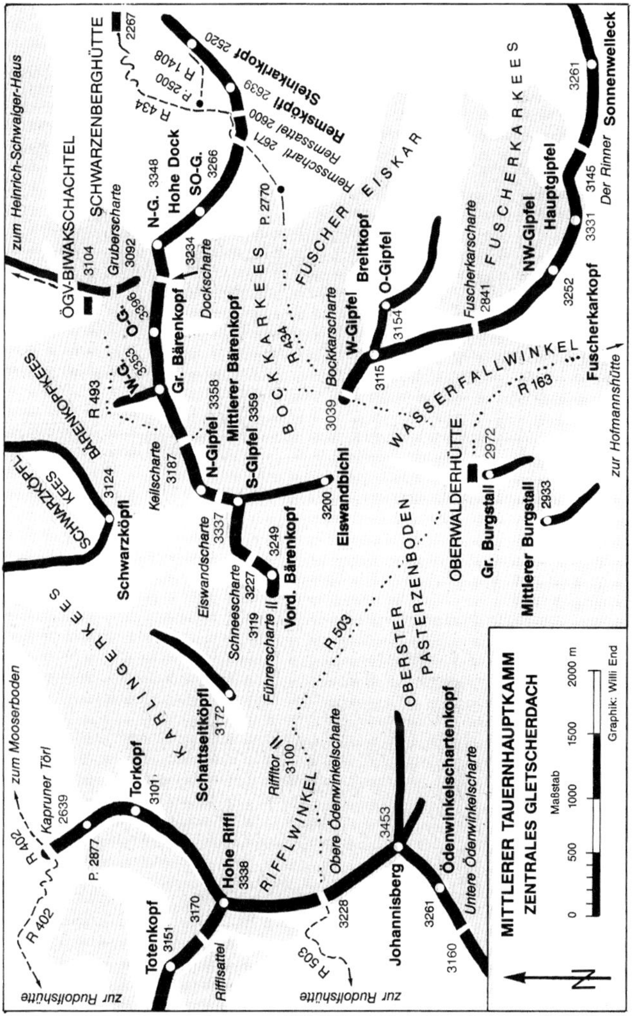
MITTLERER TAUERNHAUPTKAMM
ZENTRALES GLETSCHERDACH
Maßstab
0 500 1000 1500 2000 m
Graphik: Willi End
zum Heinrich-Schwaiger-Haus
ÖGV-BIWAKSCHACHTEL
SCHWARZENBERGHÜTTE
2267
Gruberscharte
3104
3092
Hohe Dock
N-G. 3348
SO-G. 3266
Remsscharte 2671
Remssattel 2600
Remsköpfl 2639
Steinkarlkopf 2520
R 1408
P. 2500
R 434
P. 2770
Dockscharte
3234
Gr. Bärenkopf
W-G. 3353
O-G. 3396
R 493
BÄRENKOPFKEES
SCHWARZKÖPFL KEES
Schwarzköpfl
3124
Kellscharte
3187
N-Gipfel
S-Gipfel 3359
Mittlerer Bärenkopf 3358
BOCKKARKEES
FUSCHER EISKAR
Bockkarscharte
3039
W-Gipfel
Breitkopf
O-Gipfel
3115
3154
Fuscherkarscharte
2841
FUSCHERKARKEES
NW-Gipfel
Hauptgipfel
3331
3145
Der Rinner
3261
Sonnenwelleck
3252
Fuscherkarkopf
zur Hofmannshütte
R 163
WASSERFALLWINKEL
OBERWALDERHÜTTE
2972
Gr. Burgstall
Mittlerer Burgstall
2933
Eiswandbichl
3200
Eiswandscharte
3337
Schneescharte
3227
3249
3119
Führerscharte II
Vord. Bärenkopf
OBERSTER PASTERZENBODEN
R 503
KARLINGERKEES
Schattseitköpfl
3172
Riffltor
3100
Obere Ödenwinkelscharte
RIFFLWINKEL
zum Mooserboden
Kapruner Törl
2639
R 402
Torkopf
3101
P. 2877
Hohe Riffl
3338
3170
Totenkopf
3151
Rifflsattel
zur Rudolfshütte
3228
Johannisberg
3453
Ödenwinkelschartenkopf
3261
Untere Ödenwinkelscharte
3160

a) Mittlerer Tauernhauptkamm – Zentrales Gletscherdach

(zwischen Unterer Ödenwinkel- und Fuscherkarscharte)

1321 Ödenwinkelschartenkopf, 3261 m

1. Ersteigung und Überschreitung: K. Hofmann, J. Stüdl mit J. Schnell, Th. Groder, 23.7.1869; N-Wand – SO-First. In Gegenrichtung: I. Braun mit M. Groder, Chr. Ranggetiner, 13.8.1876. 1. Längsüberschreitung: G. Gröger mit Chr. Ranggetiner, 1.9.1879; Untere Ödenwinkelscharte – NO-Schartl – Johannisberg-SW-Grat.

Firngipfel nördl. über dem flachen Schneewinkel (R 662), zwischen Unterer Ödenwinkelscharte, 3160 m (im SW), und Johannisberg, 3453 m (im N). Nach N eine beachtliche Felswand zum Ödenwinkel. Einfach erreichbar.

■ 1322 Südostanstieg

K. Hofmann, J. Stüdl mit J. Schnell, Th. Groder, 23.7.1869, im Abstieg; ZDAV 1870–71/117.

½ **Std.**, Gletschergelände.

Vom Schneewinkel (R 662) bei ca. 3140 m den Schneehang nordw. auf den flachen SO-First und zum Gipfel.

■ 1323 Südwestanstieg

G. Gröger mit Chr. Ranggetiner, E. Rubesoier, 1.9.1879; ÖAZ 1879/251.

½ **Std.**, Gletschergelände. Vgl. Fotos S. 205, 365.

Von der Unteren Ödenwinkelscharte, 3160 m (R 661), am First des abbrechenden Gletscherrands, über den Felszacken, P. 3214 m, zum Gipfel.

■ 1324A Nordostanstieg

½ **Std.**, Gletschergelände. Vgl. Foto S. 205.

Zum NO-Schartl, ca. 3360 m (am Beginn des Johannisberg-SW-Grats), und nach O über Schnee abwärts zum Oberen Pasterzenboden (R 662).

■ 1325 Nordwand

K. Hofmann, J. Stüdl mit J. Schnell, Th. Groder, 23.7.1869; ZDAV 1869–70/117; für seinerzeitige Begriffe die erste extreme Wanderschließung der Glocknergruppe.

Einstiegsfirnwand **47°**, **III+**, **400 Hm**, **4½ Std.** Vgl. Foto S. 205.

Übersicht: Die N-Wand fußt im Ödenwinkel mit dem Ödenwinkelkees. Dieser Ödenwinkel besteht aus zwei Firnböden (unterer 2700 m, oberer 2980 m), die durch einen Eisbruch getrennt sind. Der untere Firnboden steigt mit einer

Mittlerer Tauernhauptkamm von Südwesten.

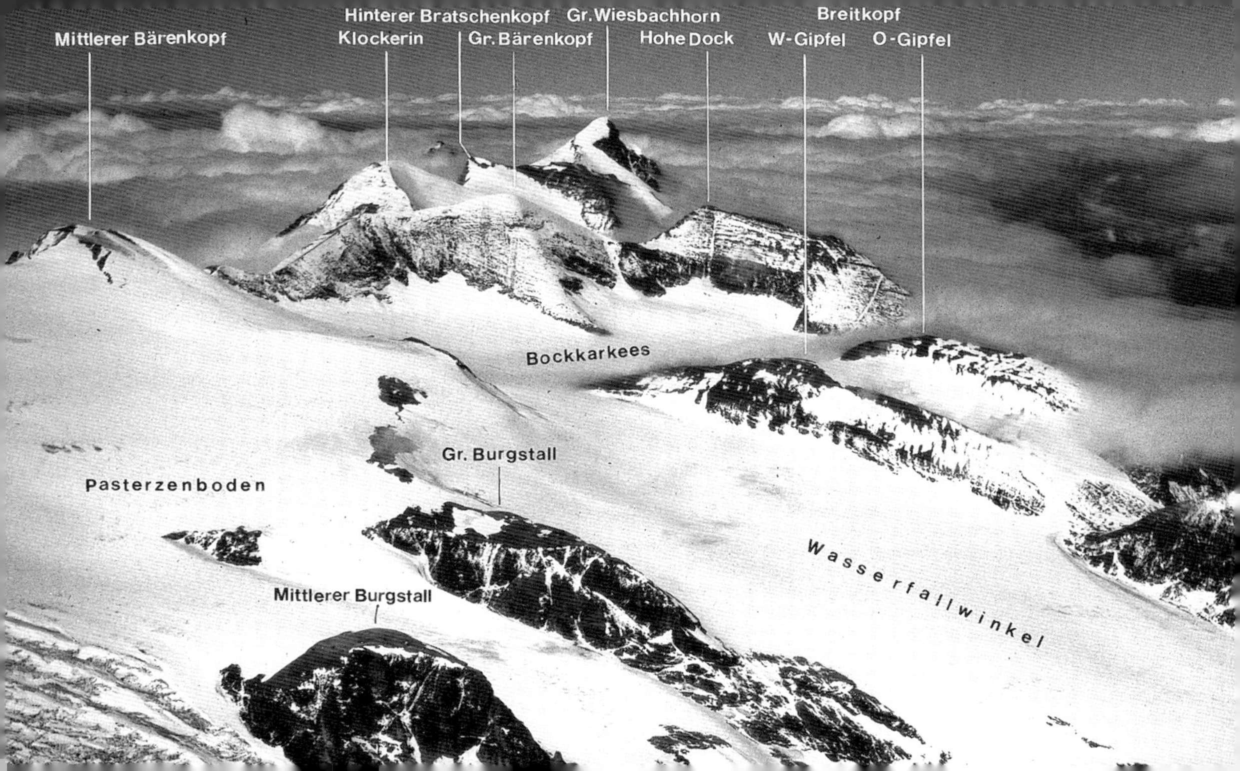
Mittlerer Bärenkopf
Klockerin
Hinterer Bratschenkopf
Gr. Bärenkopf
Gr. Wiesbachhorn
Hohe Dock
Breitkopf
W-Gipfel
O-Gipfel
Bockkarkees
Gr. Burgstall
Pasterzenboden
Wasserfallwinkel
Mittlerer Burgstall

Firnwand zur N-Wand an. Aus dem oberen Firnboden entwickelt sich die Johannisberg-W-Wand. In der N-Wand eine steil abfallende Rippe bis zum obersten Ende der firnigen Einstiegswand; der tiefste Felspunkt (P. 2858 m) befindet sich bereits im Bereich der Unteren-Ödenwinkelscharte-N-Wand (Falllinie des linken Wandkessels). Der Anstieg verläuft vom tiefsten Punkt der N-Wand schräg links aufwärts und erreicht über eine kurze Rippe das NO-Grat-Schartl.

Zugang: Von der Rudolfshütte, 2311 m, mit R 503 zum Ödenwinkelkees und in dessen Firnboden, 2520 m, über dem der erste Gletscherbruch beginnt. Hier nach links und steil zum Wandfuß, 2858 m, Randkluft (2½ Std.).

Anstieg: Die Einstiegsfirnwand (47°) wird an ihrem obersten Rand (wo sie an die Felsen stößt!) nach links hinauf gequert. Von ihrem oberen Ende in einer abfallenden Felsbucht mit Rinnen und einem schmalen Eisfeld empor (gefährlich, links halten!). Oben nochmals kurzer Linksquergang, sehr steil über den Felsgürtel empor (mittlere Wandzone, schlechte Standplätze), wobei die Bucht links unter der N-Rippe erklettert wird. Am Ende ein Band mit dem ersten verlässlichen Stand, danach ein kurzes Band, darüber links der Beginn der Ausstiegsrippe zum NO-Schartl, deren Schlussstrecke firnig ausläuft.

1326A Nordwand

I. Braun mit M. Groder, Chr. Ranggetiner, 13.8.1876; MDÖAV 187/21.

47°, III, 400 Hm, 2½ Std. Vgl. Foto S. 205.

Vom NO-Grat-Schartl an der Ausstiegsrippe von R 1325 abwärts, doch bald rechtsseitig über Felsen hinab zur weit heraufreichenden Firnwand; über diese weiter in den oberen Boden des Ödenwinkels, 2980 m. Weiterer Abstieg durch den Eisbruch (in der Mitte auf einer engen Terrasse von rechts nach links) zum unteren Boden und zum Ödenwinkelkees mit R 501.

1330 Johannisberg, 3453 m

1. Ersteigung: Vier Unbekannte mit G. Bäuerle und dem Wirtsbauer aus Heiligenblut, 11.9.1844 (umstritten, bereits 1864 abgelehnt, da der Gipfel infolge »breiter Schneeklüfte« nicht zu erreichen war). 1. verbürgte Ersteigung: A. v. Ruthner mit P. Kronegger (»Plattl«), J. Schweighofer (»Röderer«), 28.8.1859. 1. Überschreitung (zugleich 2. Ersteigung): K. Hofmann, J. Stüdl, Th. Groder, J. Schnell, 15.9.1869.

Johannisberg von Südosten:

R 1331 Südostgrat
R 1332 Ostgrat
R 1333 Südflanke
R 1334 Südostflanke
R 1335 Südwestgrat
R 1336A Südwestflanke
R 662 Untere Ödenwinkelscharte – Ostanstieg

Johannisberg
Ödenwinkelschartenkopf
NO-Schartl
1335→
1336A
1333
1331
1332
1334
Oberster Pasterzenboden
662
Oberes
Pasterzenkees

Schöner Firndom über dem ausgedehnten Rifflwinkel und dem weiträumigen Obersten Pasterzenboden. Letzterer zieht mäßig ansteigend als SW-Flanke zum Gipfel, darunter der Ursprung des Pasterzenbruchs mit der späteren Pasterze. Firstartiger SO- und O-Grat, langer SW-Grat mit dem Ödenwinkelschartenkopf zur Unteren Ödenwinkelscharte, 3160 m; NW-Grat zur Oberen Ödenwinkelscharte, 3228 m; mächtige W-Wand zum Ödenwinkelkees. Leicht zugänglich, umfassende Aussicht. Einst »Keeserkopf«, dann »Herzoghut«, zuletzt Johannisberg zu Ehren von Erzherzog Johann von Österreich.

1331 Südostgrat

A. v. Ruthner mit P. Kronegger (»Plattl«), J. Schwaighofer (»Röderer«), 28.8.1859; RB 1864/193.

3 Std., Gletschergelände. Vgl. Fotos S. 361, 363, 365.

Von der Oberwalderhütte, 2972 m, im westl. Boden zu den (meist verdeckten!) Spalten des Obersten Pasterzenbodens und der darüber ansteigenden Schneehänge. Diese aufwärts zum Gratbeginn (Felsen rechts werden nicht betreten!). Am SO-Grat an der Firnkante empor, Mittelstück steil, darauf im Rechtsbogen zum ebenen Gipfel.

1332 Ostgrat

Vier Unbekannte mit G. Bäuerle und dem Wirtsbauer, 11.9.1844.

I, 3 Std., Gletschergelände. Vgl. Fotos S. 207, 361, 363, 367.

Von der Oberwalderhütte, 2972 m, mit R 1331 zur SO-Flanke. Rechts zum langen, ausgeaperten Felskamm des O-Grats. Auf diesem, zuletzt im Linksanstieg über einen Firnhang zum oberen, flachen SO-Grat und zum Gipfel.

1333 Südflanke

K. Hofmann, J. Stüdl mit Th. Groder, J. Schnell, 15.9.1869; ZDAV 1970–71/414.

Ausstieg **42°**, **3½ Std.**, Gletschergelände. Vgl. Fotos S. 361, 363.

Von der Oberwalderhütte, 2972 m, mit R 662 zum Obersten Pasterzenboden (2½ Std.). Aus seiner Mitte Anstieg zur breiten S-Flanke. An steiler werdenden Hängen gerade aufwärts (Spalten!), zuletzt über eine Firnwand.

Johannisberg von Ostnordosten:

R 1331 Südostgrat
R 1332 Ostgrat
R 1333 Südflanke
R 1334 Südostflanke
R 1335 Südwestgrat
R 1337 Nordwestgrat
R 1338 Nordostwand

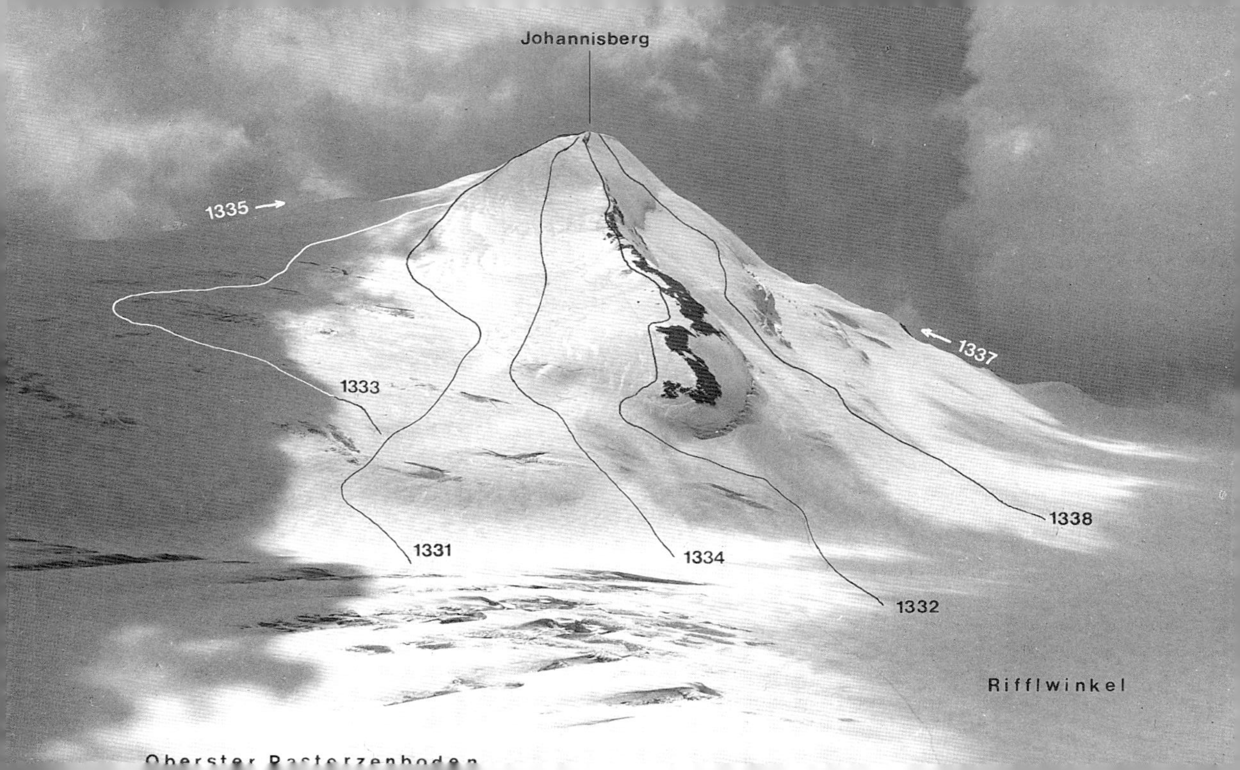
Johannisberg
1335
1337
1333
1338
1331
1334
1332
Rifflwinkel
Oberster Pasterzenboden

■ 1334 Südostflanke

E. Rainer, 26.7.1928.

40°, **½ Std.** Vgl. Fotos S. 361, 363.

Gerader Anstieg über die kurze Firnwand zwischen O- und SO-Grat, mit Ausstieg auf Letzteren.

■ 1335 Südwestgrat

G. Gröger mit Chr. Ranggetiner, 1.9.1879; ÖAZ 1879/251.

II, **3¼ Std.**, Gletschergelände. Vgl. Fotos S. 207, 361, 363, 365.

Von der Oberwalderhütte, 2972 m, mit R 662 bis vor den Schneewinkel; hier vom Obersten Pasterzenboden in NW-Richtung aufwärts ins Ödenwinkelschartenkopf-NO-Schartl, 3360 m (Beginn des SW-Grats, 2¼ Std.). Nach einem kurzen Firnstück die erste Plattenstufe, darüber ein kurzer Schneegrat und ein längerer, gestufter Felsrücken. Sein Mittelteil wird von links erklettert und über Blöcke der weitere Grat (Schnee) betreten; zuletzt am breiten Kamm zum Gipfel.

■ 1336A Südwestflanke

K. Kögler mit J. Kerer, P. Huter; ZDÖAV 1877/246. 1. Skiabfahrt: H. Skofizh, A. Assanek, Juni 1911.

Bis **40°**, **½ Std.** Vgl. Foto S. 361.

Am SW-Grat (Firnstrecke) hinab ins Ödenwinkelschartenkopf-NO-Schartl, 3360 m; nun in der Flanke tiefer, zuletzt um ausgeaperte Felsen herum hinab zum Schneewinkel (mit R 662).

■ 1337 Nordwestgrat

K. Hofmann, J. Stüdl mit Th. Groder, J. Schnell, 15.9.1869, im Abstieg; ZDAV 1870–71/414.

Kurz **50°**, **230 Hm**, **1 Std.**, Firnanstieg. Vgl. Fotos S. 207, 363, 365, 367.

Von der Oberen Ödenwinkelscharte, 3228 m (R 668), um vorgelagerte Felsköpfe links herum und rechts auf dem oben kurz steilen Grat (meist Blankeis) zum Gipfel.

Johannisberg von Südwesten:

R 1323 Südwestanstieg
R 1331 Südostgrat
R 1335 Südwestgrat
R 1337 Nordwestgrat
R 1340 Westwand (Pillwax-Anstieg)
R 1341 Westwand (Richter-Anstieg)
R 1342 Westwand (Peterka-Anstieg)

1331
1335
1337
1341
1342
1340
Schneewinkel
Ödenwinkel

1338 Nordostwand

H. Peterka, H. Majer, 4.9.1925. 1. Ski-Abfahrt: H. Wallner, F. Groß, 1950.

40–50°, **260 Hm**, **1½ Std.** Vgl. Fotos S. 207, 363, 367.

Zugang: Von der Oberwalderhütte, 2972 m, mit R 501 bis vor die Obere Ödenwinkelscharte und in ca. 3200 m nach links zur NO-Wand (1½ Std.).
Anstieg: Links, östl., des markanten Eisbruchs schräg rechts zum Bergschrund und über diesen. In Gipfelfalllinie oder etwas links davon über die Eiswand zum Gipfel.

1339 Westwand-Übersicht

Die W-Wand, 450 m hoch, erhebt sich im hintersten Ödenwinkel über dem obersten Eisbruch des Ödenwinkelkeeses. Die untere Wandzone ist ein Felsbau, die obere bildet ein großer Firntrichter, von dem eine versteckte Eisrinne schräg rechts zum Wandfuß hinabzieht, durch die sämtliche Anstiege den Firntrichter erreichen. R 1340 führt am linken Trichterrand zum NW-Grat, R 1342 rechts zum SW-Grat und R 1341 in der Mitte des Trichters direkt zum Gipfel. Kombiniertes Gelände, Schwierigkeit ist von den Verhältnissen abhängig; lohnendster Anstieg R 1341.
Zugang: Von der Rudolfshütte, 2311 m, mit R 503 bis ca. 2900 m ansteigen; rechts abzweigen und schräg aufwärts auf den obersten Gletscherboden am Wandfuß, 3000 m (3 Std.).

1340 Westwand (Linker Anstieg)

V. Pillwax mit Th. Lechner, F. Nußbaumer, 27.8.1891; ÖAZ 1892/152.

Eis **50°** a. E. , sonst 40–50°, Fels **III**, **450 Hm**, **2½ Std.** Vgl. Foto S. 365.

Übersicht, Zugang: Vgl. R 1339.
Anstieg: Über steilen Firn und eine Doppelrandkluft in die versteckte Eisrinne. In dieser bis in halbe Höhe aufwärts, dann auf der linken Begleitrampe weiter auf den Rampenkopf (darüber der Firntrichter).

Schattseitköpfl, Johannisberg von Nordosten

Karlingerkees:
R 491 Übergang Bergrestaurant Mooserboden (Ghs. Heidnische Kirche) – Oberwalderhütte

Obere Ödenwinkelscharte:
R 501 von der Oberwalderhütte

Johannisberg:
R 1332 Ostgrat
R 1337 Nordwestgrat
R 1338 Nordostwand

Schattseitköpfl:
R 1348 Ostsüdostanstieg
R 1349 Nordostgrat
R 1350 Nordwand

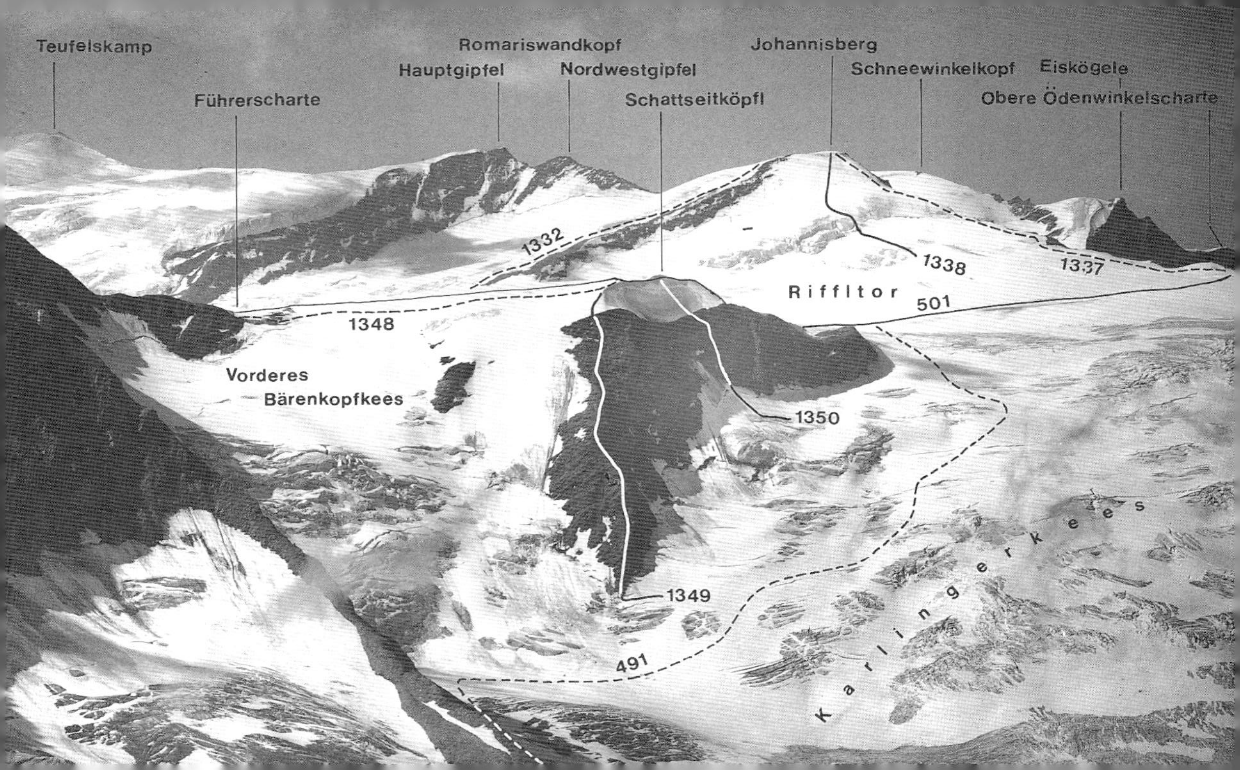
Teufelskamp
Romariswandkopf
Hauptgipfel
Nordwestgipfel
Führerscharte
Schattseitköpfl
Johannisberg
Schneewinkelkopf
Eiskögele
Obere Ödenwinkelscharte
1332
1338
1337
Riffltor
501
1348
Vorderes
Bärenkopfkees
1350
1349
491
Karlingerkees

In gleicher Richtung auf dem beginnenden Firngrat zum NW-Grat (R 1337) und zum Gipfel.

■ 1341 Direkte Westwand

K. H. Richter, G. Mayer, 9.8.1921; DN 1921/3. 1. Alleingang: O. Warta, 1929.

Eis **50°** a. E., sonst 40–50°, Fels **III**, **450 Hm**, **3 Std.** Vgl. Foto S. 365.

Übersicht, Zugang: Vgl. R 1339.
Anstieg: R 1340 auf den Rampenkopf. Nun schräg rechts und über zwei plattige Felsstufen in das große Firnbecken des Trichters. In diesem gerade empor, zuletzt über Felsen, zum Gipfel.

■ 1342 Westwand (Rechter Anstieg)

H. Peterka, F. Zimmermann, 6.10.1936, im Abstieg.

Eis **50°** a. E., sonst 40–50°, Fels **III**, **450 Hm**, **2½ Std.** Vgl. Foto S. 365.

Übersicht, Zugang: Vgl. R 1339.
Anstieg: R 1340 auf den Rampenkopf. Nun schräg rechts über zwei plattige Felsstufen und weiter zum rechten Trichterrand.
Diesem entlang aufwärts zur waagrechten SW-Grat-Schulter und auf dem Grat zum Gipfel.

■ 1343 Nordwestgrat – Westwand

W. Knaus, H. Sachsenhofer, 20.8.1983; NAV.

III (4 SL).

Anstieg links der W-Wand-Rampe (R 1340). E. bei einer senkrechten Verschneidung unter einer die Plattenwand durchziehenden schwarzen Rinne (Wasserlauf).

1346 Schattseitköpfl, 3172 m

Gletschererhöhung nordöstl. über dem Riffltor, 3100 m; zum Vorderen Bärenkopf, 3249 m, mit der Führerscharte, 3119 m, verbunden.

■ 1347 Westsüdwestanstieg

¼ **Std.**, Gletschergelände.

Vom Riffltor, 3100 m (R 671), über den mäßig ansteigenden Firnhang.

■ 1348 Ostsüdostanstieg

½ **Std.**, Gletschergelände. Vgl. Foto S. 367.

Von der Führerscharte, 3119 m (R 673), über den mäßig ansteigenden Firnhang zum Gipfel.

1349 Nordostgrat

H. Peterka, H. Majer, 5.9.1925.

II, 470 Hm, 1½ Std. Vgl. Foto S. 367.

E. auf ca. 2720 m am Oberen Karlingerboden (R 491). Am Grat schöne Blockkletterei, zuletzt über ein mäßig geneigtes Schneedach zum Gipfel.

1350 Nordwand

O. Feutl und Gef., 14.7.1932; WAN 1933/6.

40–50°, III, 210 Hm, 1½ Std. Vgl. Foto S. 367.

Vom Riffltor, 3100 m (R 671), kurzer Abstieg am Karlingerkees und nach rechts zum Wandfuß (Randkluft). Anfangs an einer Blockrippe empor, dann über die Firnwand (Wechte) mit Ausstieg am Gipfel.

1351 Vorderer Bärenkopf, 3249 m

1. Ersteigung: F. Keil, 5.10.1859; EO III/202.

Gipfel über dem Rifflwinkel, N-Abfall (Vord. Bärenkopfkees) zum Karlingerkees.

1352 Westanstieg

1 Std., Gletschergelände.

Von der Oberwalderhütte, 2972 m, mit R 674 in die Führerscharte (R 673) und aus dieser ostw. zum Gipfel.

1353 Ostanstieg

1 Std., Gletschergelände.

Von der Oberwalderhütte, 2972 m, mit R 676 in die Schneescharte (R 675) und westw. auf den nahen Gipfel.

1354A Nordflanke (Vorderes Bärenkopfkees)

H. Peterka, H. Majer, 6.9.1925. 1. Skibefahrung: H. Wallner, F. Groß, 1950.

650 Hm, 1½ Std., gefährliches Gletschergelände.

Von der Mitte des waagrechten Verbindungskamms zum Schattseitköpfl den Schneehang hinab (Spalten) zum Eisbruch. An ihm am orogr. linken Abfall (Schattseitköpflhang) zum Oberen Karlingerboden, 2600 m (mit R 491).

1355 Nordwestflanke (Vorderes Bärenkopfkees)

M. Huber, M. Rieger, 14.8.1970; NAV.

50°, 650 Hm, 2½ Std., gefährliches Gletschergelände.

Vom Oberen Karlingerboden (R 491) mit R 1354 (GR) aufwärts in die Gletschermulde in 2920–3020 m. Nach links über einen Bergschrund und zwischen zwei Felsrippen die Gipfelwand (50°) empor zum höchsten Punkt.

1356 Eiswandbichl, 3200 m

1. Ersteigung: F. Keil, 5.10.1859; EO III/202.

Langer Firnrücken nördl. über dem Großen Burgstall; an seiner NO-Flanke ein geeignetes Übungsgelände (40–50 m hoch) für Firn- und Eisanstiege.

1357 Südanstieg

227 Hm, ¾ Std., Gletschergelände. Vgl. Skizze S. 359.

Von der Oberwalderhütte, 2972 m, über den Schneehang einfach zum Gipfel.

1358 Mittlerer Bärenkopf

Nordgipfel (Hauptgipfel), 3358 m – Südgipfel, 3359 m

S-Gipfel: 1. Ersteigung: F. Keil, 5.10.1859; EO III/202. Hauptgipfel: 1. Ersteigung: G. Demilius mit J. Tribusser, G. Wallner, 30.8.1865. 1. Überschreitung: Anton Hetz, Alois Hetz, 15.9.1869. 1. Gratübergang zum Schwarzköpfl: E. Hanausek, R. Lenzuo, K. Dörflinger, 1917.

Stattlicher Berg nördl. des Eiswandbichl, 3200 m; zwischen den beiden Gipfeln die Eiswandscharte, 3337 m, nach NW abwärts das Mittlere Bärenkopfkees (Hängegletscher) zum Karlingerkees. Im N-Grat das Schwarzköpfl, 3124 m; kurze NO-Flanke zum Westlichen Bärenkopfkees, ein O-Grat zur Keilscharte, 3187 m, ein breiter Firnabfall nach SO zum Bockkarkees; einfach zu erreichen, gerne bestiegen, großartige Rundsicht, einmaliger Glocknerblick. Name durch Vermessungsleutnant von Pelikan, 1871.

1359 Südkamm

F. Keil, 5.10.1859.

I, 158 Hm, 1 Std., Normalanstieg. Vgl. Foto S. 371.

Vom Eiswandbichl, 3200 m (R 1356) auf dem ca. 50 Hm oberhalb beginnenden, felsigen S-Kamm aufwärts, über S-Gipfel, 3359 m, und die folgende Eiswandscharte, 3337 m (R 677), auf den N-Gipfel.

1360 Südwestanstieg

½ Std., Firnanstieg.

Vom Schneesattel, 3227 m (R 675), den Firnhang aufwärts zu R 1359 und zum S-Gipfel, dem die Eiswandscharte und der Hauptgipfel folgen.

1361A Südostflanke

Anton und Alois Hetz, 15.9.1869; NDAZ 1881/17.

¾ Std., Gletschergelände.

Mittlerer Bärenkopf (Südkamm, R 1359) mit Großglockner.

Vom S-Gipfel den Firnhang nach SO abwärts, unter einem Schuttkamm herum und Quergang in die Keilscharte, 3187 m (R 679).

■ 1362A Nordostflanke

G. Gröger mit Chr. Ranggetiner, E. Rubesoier, 1.9.1879; ÖAZ 1870/251.

I, ½ Std.

Am O-Grat abwärts und davon in einer breiten Rinne weiter zum Schräghang, an diesem hinüber in die Keilscharte, 3187 m (R 679).

■ 1363 Ostgrat

Anton und Alois Hetz, 15.9.1869; NDAZ 1881/17.

II, 1 Std.

Von der Keilscharte, 3187 m (R 679), am Blockgrat aufwärts, zuletzt flach auf den N-Gipfel.

■ 1364 Nordwestsporn

H. Peterka, F. Zimmermann, 4.7.1928.

Bis **45°**, **III**, **650 Hm**, **4 Std.**, gewaltiger Anstieg, s. AVF-GG 9/1995/406.

■ 1365 Nordwestflanke (Mittleres Bärenkopfkees)

W. Held, T. Jennewein, W. Mayr, 1.9.1929; ÖAZ 1930/58, Jb. K 1929/16.

Teilstrecken 60–80°, kurze Stellen **90°**, Gipfelausstieg felsig, **IV**, **650 Hm**, **5 Std.**, Eisschlaggefahr, s. AVF-GG 9/1995/408.

1370 Schwarzköpfl, 3124 m

1. Ersteigung und Überschreitung: Anton und Alois Hetz, 15.9.1869.

Eckgipfel nördl. des Mittleren Bärenkopf, 3358 m, mit breitem Firnrücken nach NO (als Begrenzung des Westlichen Bärenkopfkeeses), der zuletzt nach N abfällt und den Kleinen Bärenkopf, 2727 m, trägt; unter der N-Wand das Schwarzköpflkees abwärts gegen den Mooserbodenstausee. Vom niederen N-Gipfel ein WNW-Grat, der Schwarzköpfl- (im O) vom Unteren Karlingerkees (im W) trennt; vom S-Gipfel ein W-Grat zum Unteren Karlingerkees, zwischen beiden Graten eine Eisschlucht. Gipfelersteigung lohnend.

■ 1371 Nordostkamm

Anton und Alois Hetz, 15.9.1869.

Anfangs kurze Kletterei, **II**, dann Gletschergelände, **720 Hm**, **2½ Std.**, lohnend.

Zugang: Vom Bergrestaurant Mooserboden (Ghs. Heidnische Kirche), 2040 m, mit R 491 bis in Falllinie des Bärenkopfkeeses, das am W-Fuß der Klockerin herabreicht. Weiter über Geröll aufwärts zum rechten Gletscherrand (1½ Std.).

Anstieg: E. in ca. 2400 m. Rechts des Gletscherabbruchs über Schrofen und Platten auf den Kleinen Bärenkopf, 2727 m, der überschritten wird. Nun am Rücken des Bärenkopfkeeses im Rechtsbogen aufwärts (rechtsseitig Séracabbrüche in die N-Wand) zu seinem flacheren Teil und ab 2900 m am rechten Rand des westl. Gletscherflügels zum Gipfel.

■ 1372 Nordostflanke (Bärenkopfkees)

H. Heß, O. Romich mit A. Hetz, 21.9.1876; MDÖAV 1877/21.

Bis **45°**, **820 Hm**, **3½ Std.**, gefährliches Gletschergelände, Kreuzspalten!

Zugang: Vgl. R 1371.

Großer Bärenkopf von Südwesten:
R 1381 Westgrat
R 1382 Südgrat
R 1383 Südwestwand
R 1385 Nordgrat

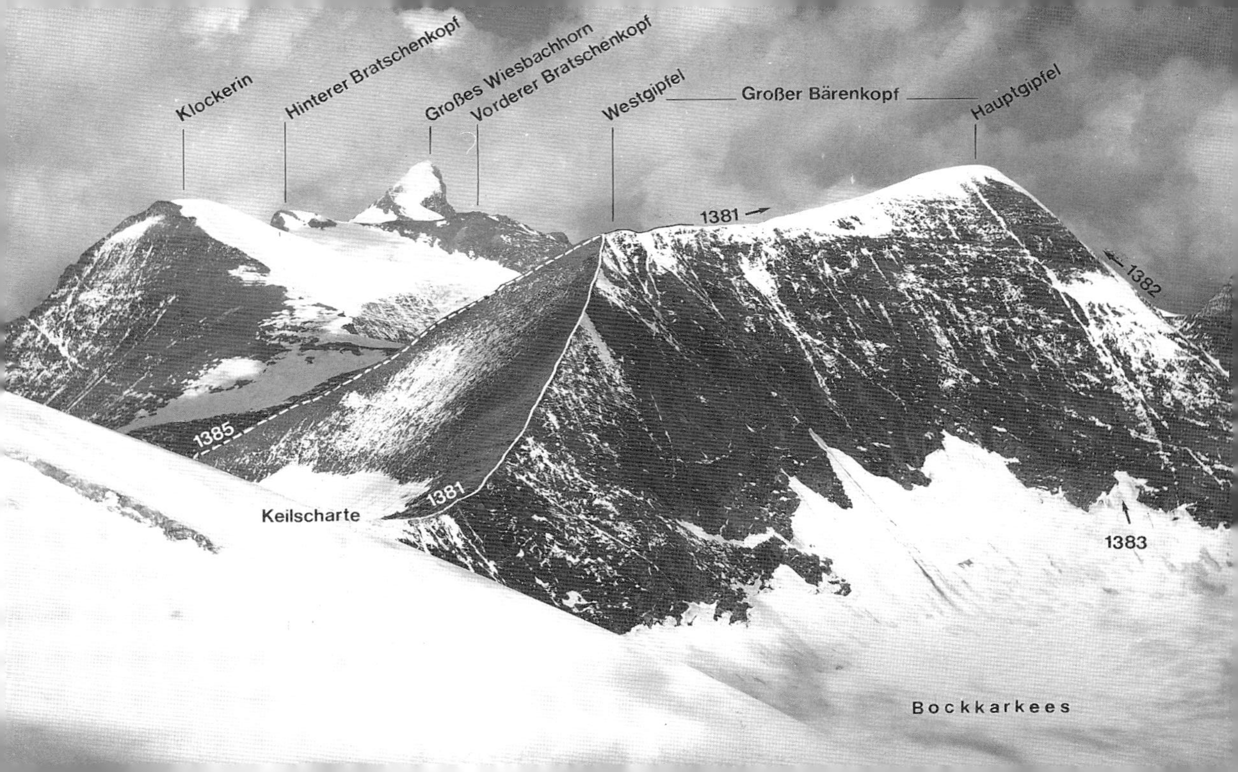
Klockerin
Hinterer Bratschenkopf
Großes Wiesbachhorn
Vorderer Bratschenkopf
Westgipfel
Großer Bärenkopf
Hauptgipfel
1381
1382
1385
1381
Keilscharte
1383
Bockkarkees

Anstieg: E. bei ca. 2300 m unter dem Bärenkopfkees. Über den Abbruch auf dieses. Im Mittelteil (Spalten) gerade empor; der Gletscherbruch wird über eine steile Firnwand erstiegen und nach links, entlang von zwei großen Querspalten, verlassen. Höher eine flache Mulde. Auf dem Bärenkopfkees weiter und ab 2900 m (ostw. in die Gruberscharte mit der ÖGV-Biwakschachtel, ½ Std.) mit R 1371 am NO-Kamm zum Gipfel.

■ 1373 Westnordwestgrat (Schwarzköpflgrat)

R. Gerin, M. Hilber, 7.8.1923; ABZ 1923/Nr. 16. E. Hanausek und Gef. 1917, im Abstieg (mit Abseilen).

III, 720 Hm, 2½ Std., empfehlenswert.

Zugang: Vom Bergrestaurant Mooserboden (Ghs. Heidnische Kirche), 2040 m, mit R 491 zum Beginn der »Bärenleite« (1¾ Std.).
Anstieg: E. auf ca. 2400 m, am Fuß des mit einem Steilaufbau beginnenden WNW-Grats. An der Kante auf den turmartigen Steilaufbau und in den Sattel dahinter (weißgrüne Quadern). Am Grat weiter an steilen, aber festen Bratschen und über seine Kante (Grünstein!) zum nächsten senkrechten Abbruch. Knapp unterhalb auf schmalem Band nach rechts und in kurzem Riss zu Stand unter Überhang. Über diesen zu einer Nische und durch einen schmalen, brüchigen Riss rechts empor (Schlüsselstelle, 35 m). Unschwierig zum N-Gipfel.

■ 1374 Westgrat

A. Awerzger, R. Gerin, 11.8.1938; ÖAZ 1939/76.

III+, 460 Hm, 3 Std.

Nahe vor dem Oberen Karlingerboden (R 491) links über Blockhänge aufwärts zum Gratfuß, 2660 m. Knapp rechts 1 SL über brüchige Felsen aufwärts in eine Schuttrinne und in dieser zu einem mächtig überhängenden Blockbau. Unter diesem nach rechts auf die Kante und daran auf den W-Grat. In Blockkletterei zu einer Steilstufe, die von links erstiegen wird, und direkt am Grat weiter, wobei alle Aufschwünge überklettert werden. Es folgen leichte Bratschen, danach steil auf den S-Gipfel.

■ 1375 Gratübergang zum Mittleren Bärenkopf, 3358 m

¾ Std.

Vom S-Gipfel am Firnkamm des Westlichen Bärenkopfkeeses mäßig ansteigend, zuletzt über leichte Felsen auf den Mittleren Bärenkopf.

Großer Bärenkopf von Nordnordwesten:
R 1381 Westgrat
R 1384 Ostgrat
R 499 Übergang Oberwalderhütte – Heinrich-Schwaiger-Haus (GR 493)
R 1385 Nordgrat
R 1386 Nordwand

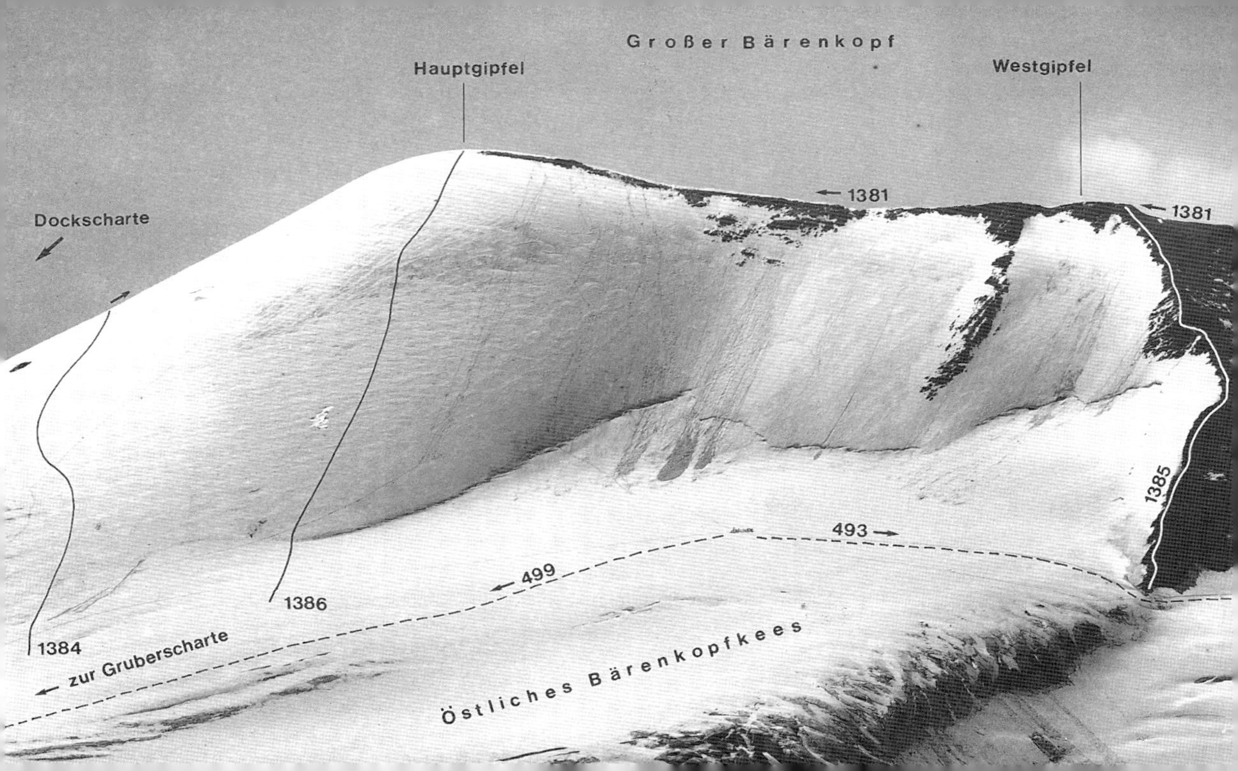
Großer Bärenkopf
Hauptgipfel
Westgipfel
Dockscharte
1381
1381
1385
1386
1384
493
499
zur Gruberscharte
Östliches Bärenkopfkees

1380 Großer (Weißer) Bärenkopf

Haupt(Ost-)gipfel, 3396 m – Westgipfel, 3353 m

Hauptgipfel: 1. Ersteigung: K. Hofmann, J. Stüdl mit Th. Groder, J. Schnell, 18.9.1869. W-Gipfel: 1. Ersteigung: F. Steiner mit A. Granögger, G. Bäuerle, 21.8.1871. 1. Überschreitung (W–O) mit Gratübergang von der Hohen Dock: J. Fuchshofer mit G. Rieß, 5.9.1878.

Markanter breiter Firnberg über Bockkar- (im S) und Östlichem Bärenkopfkees (im N). Im W nach der Keilscharte, 3187 m, der Mittlere Bärenkopf, 3358 m, im O nach der Dockscharte, 3234 m, die Hohe Dock, 3348 m; im N die Gruberscharte, 3092 m, mit der ÖGV-Biwakschachtel. Alpine Bedeutung ersten Ranges; herrliche Aussicht (Wiesbachhorn- und Großglocknerblick!).

■ 1381 Westgrat

F. Steiner mit A. Granögger, G. Bäuerle, 21.8.1871.

I, **186 Hm**, **1 Std.**, Normalanstieg. Vgl. Fotos S. 373, 375.

Von der Keilscharte, 3187 m (R 679), an einem Felsbau an der S-Seite vorbei in die Nachbarscharte, 3188 m, am W-Grat aufwärts zum W-Gipfel und über Schnee (Wechten!) auf den höheren Hauptgipfel.

■ 1382 Südgrat

H. Flucher, Th. Santer, 8.8.1925; Jb. ASW 1925/60.

II, **400 Hm**, **1¼ Std.**, schöner Anstieg. Vgl. Foto S. 373, 379.

E. bei 3000 m, am Bockkarkees (R 434). Am Grat anfangs Blöcke, abschüssige Platten, im Mittelteil kleine Felsbauten und unter dem Gipfel mitunter ein ausgesetztes Firnfeld.

□ 1383 Südwestwand

H. Peterka, H. Majer, 3.9.1925.

III–, **250 Hm**, **1 Std.**, gefährliche Bratschen. Vgl. Foto S. 373, 379.

Aus der Wandbucht hinter dem S-Grat über die Randkluft und kurz über Firn in die Bratschenwand. In dieser aufwärts, zuletzt über ein kleines Firnfeld rechts zu einem Band und Ausstieg mit dem S-Grat.

■ 1384 Ostgrat

H. Hofmann, J. Stüdl mit Th. Groder, J. Schnell, 18.8.1869.

Bis **30°**, **172 Hm**, **¾ Std.** Vgl. Foto S. 375, 379.

a) Von der Dockscharte, 3234 m (R 680), am Firngrat zum Gipfel.

Hohe Dock (Gipfelkreuz).

b) Von der Gruberscharte, 3092 m (R 761), im Linksbogen, dann südw. die vergletscherte NO-Flanke (die Dockscharte wird nicht betreten) auf den oberen O-Grat und zum Gipfel (314 Hm, 1½ Std.).

1385 Nordgrat

R. Majewski, 1922.

II, 306 Hm, 1¼ Std. Vgl. Fotos S. 373, 375.

E. bei 3100 m, am Gratfuß zwischen Westlichem und Östlichem Bärenkopfkees (R 493, R 495); durchwegs am Grat zum W-Gipfel.

1386 Nordwand

H. Peterka, 28.8.1926.

40°, 200 Hm, 1 Std., Anstieg in Gipfelfalllinie; nach O nimmt die Wand an Steilheit ab, westl. der Gipfelfalllinie Abnahme der Wandhöhe und 45° Neigung, im Sommer meist ausgeapert, dann brüchige Bratschenflanke. Vgl. Foto S. 375.

Von der Gruberscharte, 3092 m (R 761), über das Östliche Bärenkopfkees (R 493) zum E. in ca. 3200 m.
Über den Bergschrund und in Gipfelfalllinie über die Firnwand zum Hauptgipfel.

1390 Hohe Dock

Nord(Haupt-)Gipfel, 3348 m – Südostgipfel, 3268 m

1. Ersteigung: G. Mayer (»Badhans«), etwa 1842–45 (anlässlich einer Jagd). 1. Überschreitung: J. Fuchshofer mit A. Hutter, 11.9.1875. 1. O-W-Überschreitung: L. Purtscheller mit G. Schranz, 19.9.1886.

Breites, frei stehendes Felstrapez mit der felsigen Dockscharte, 3234 m, vom westl. benachbarten Großen Bärenkopf getrennt. Im NW die Gruberscharte,

Hohe Dock von Süden

Hohe Dock:
R 1391 Südostgrat
R 1392A Südwestband (Sandband)
R 1393A Südgrat
R 1394 Westgrat
R 1396 Direkte Südwestwand

Großer Bärenkopf:
R 1382 Südgrat
R 1383 Südwestwand
R 1384 Ostgrat

Breitkopf:
R 1404 Südostanstieg

Dockscharte:
R 681 Südrinne

Übergang:
R 434 Schwarzenberghütte – Oberwalderhütte

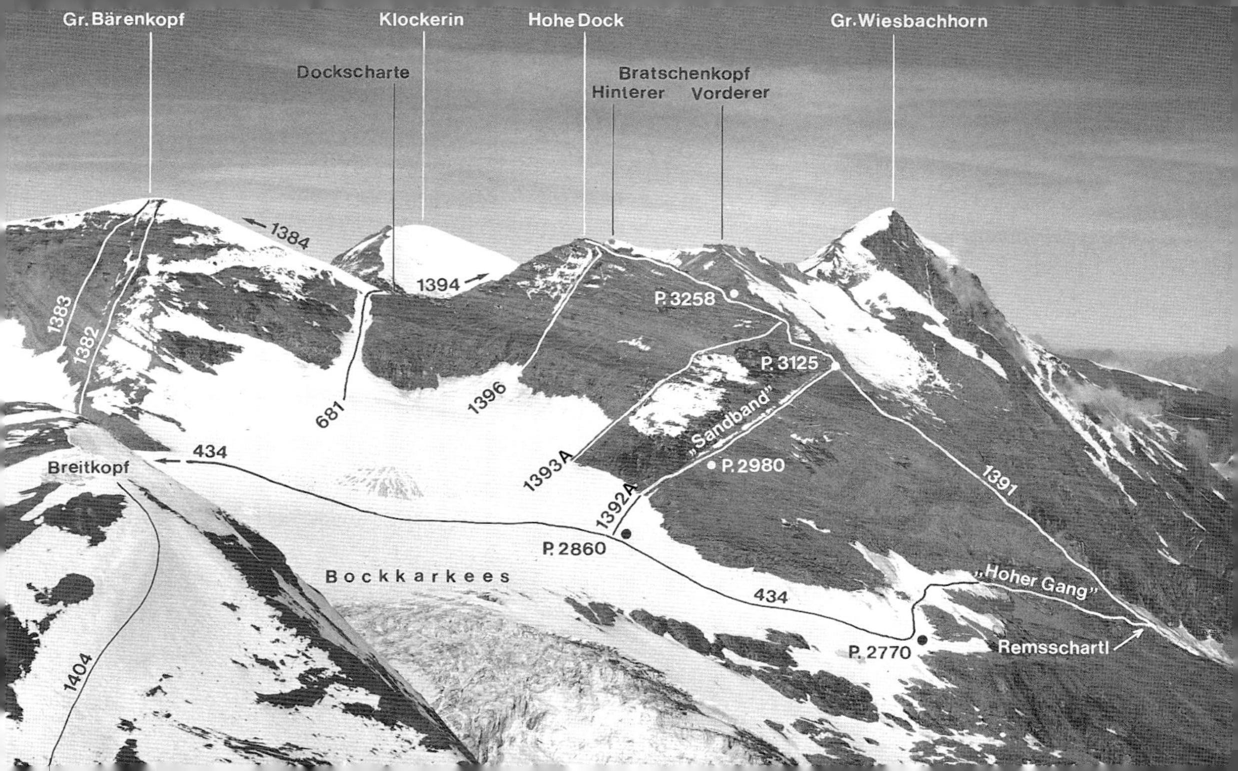

Gr. Bärenkopf
Klockerin
Hohe Dock
Gr. Wiesbachhorn
Dockscharte
Bratschenkopf
Hinterer
Vorderer
1384
1394
1383
1382
681
1396
P. 3258
P. 3125
„Sandband"
P. 2980
1393A
1392A
1391
434
Breitkopf
P. 2860
Bockkarkees
„Hoher Gang"
P. 2770
Remsschartl
1404

3092 m (mit der ÖGV-Biwakschachtel). Im N das Hochgruberkees, im O die Tiefe des Ferleitentals, im W das Bockkarkees, am südöstl. Bergfuß der Remssattel, 2600 m.
Gipfelkreuz seit 1964. Schöne Aussicht, vor allem auf das gewaltige Große Wiesbachhorn und zur N-Rampe der Großglockner-Hochalpenstraße; gewaltige Tiefblicke.

■ 1391 Südostgrat

L. Purtscheller mit G. Schranz, 19.9.1886.

I, 677 Hm, 2 Std., Drahtseilsicherungen, Normalanstieg. Bei Gewitter Fluchtweg über das »Sandband« (R 1392A). Vgl. Foto S. 379, 381.

Vom Remsschartl, 2671 m (R 683), rechtsseitig in einer Schleife auf den breiten Gratrücken und zur Wandstelle, 2720 m. Über diese (Drahtseil) und rechtsseitig in der erdigen Flanke zu auffallendem Quarzzacken, 2780 m. Im nun plattigen Gelände aufwärts (Drahtseil) zu Gratabsatz, am Grat weiter (Drahtseil) und von links auf den nächsten Gratabsatz, 2870 m. Rechtsseitig kurze Schleife und am Grat weiter, mit Unterbrechung drei Drahtseile; nach diesem mäßig geneigt, dann wieder steiler (Drahtseil) zu dunklem Felszacken, 3030 m. Von links auf diesen (Drahtseil). Weniger steil weiter, dann in der Bratschenflanke auf schmalem Band ca. 80 m nach links und im Linksbogen aufwärts zu P. 3125 m, einer flachen, dreieckigen Felsbildung mit seichter Nische (3 m lang, 1 m hoch; Tafel; links abwärts das »Sandband« R 1392A).
Links vom Fels schräg rechts empor (Drahtseil) zu Gratabsatz, 3140 m, von diesem schräg links weiter (kurzes Drahtseil) zum flachen Gratabsatz, 3180 m, unter einem pilzförmigen Grataufschwung. Unter den folgenden, überhängenden Gratzacken längere, schräg links ansteigende Querung auf den Gipfelgrat, 3255 m (nahe links vom zerklüfteten SO-Gipfel, 3268 m). Auf dem ca. 400 m langen, waagrechten Grat, teils ausgesetzt, über zwei kurze Steilstufen (Drahtseil) und eine kleine Gratbrücke, zuletzt mäßig aufwärts zum Kreuz auf dem Hauptgipfel.

■ 1392A Südwestband (»Sandband«)

Ca. **20 Min.**, einfacher Abstieg zum Bockkarkees, Fluchtweg bei Gewitter!

Vom P. 3125 m (am SO-Grat-Anstieg, R 1391) zieht ein anfangs wenig ausgeprägtes, sandiges Band durch die SW-Flanke schräg abwärts zum Bockkar-

Hohe Dock von Nordnordosten:
R 1391 Südostgrat
R 1394 Westgrat
R 1397 Nordgrat
R 1398 Nordwand
R 1583 Vorderer Bratschenkopf – Südostanstieg
R 1592 Großes Wiesbachhorn – Südanstieg

Südostgipfel
Hauptgipfel
Fuscherkarkopf
Hochschober
1391
1394
Dockscharte
P. 3353
1398
1397
1391
1583
P. 3280
1592
P. 3207

kees; hier am Bandende, auf einem Felssporn, 2980 m, ein großer Steinmann als Richtpunkt für den Abstieg. (Rechts vom Band felsig, links Bratschenabhang; im unteren Teil mitunter ein Schneefeld mit 30°.) Rechts vom Felssporn auf den Gletscher, diesen abwärts, ab ca. 2860 m mit R 434 (GR) in O-Richtung in 20 Min. in das Remsschartl, 2671 m (R 683a). Vgl. Foto S. 379.

☐ 1393A Südgrat

Ch. de Beaulieu mit G. Schranz, 27.7.1902.

■ 1394 Westgrat

G. Mayer (»Badhans«), zwischen 1842 und 1845.

II, **114 Hm**, **½ Std.**, Drahtseilsicherung. Vgl. Foto S. 379, 381.

Von der Dockscharte, 3234 m (R 680), auf dem anfangs mäßig steilen Grat zu seinem senkrechten Aufschwung, diesen rechts umgehen und auf dem Grat weiter, über einige Steilstufen zum Hauptgipfel.

☐ 1395 Südwestwand

E. Fuchs, E. Riedl, August 1920; Jb. ASW 1922/57.

Kaum begangen, s. AVF-GG 10/2003/382.

☐ 1396 Direkte Südwestwand

H. Peterka, H. Majer, 3.9.1925. Vgl. Foto S. 379.

Kaum begangen, s. AVF-GG 10/2003/382.

☐ 1397 Nordgrat

J. Fuchshofer mit A. Hutter, 11.9.1875.

Kaum begangen, s. AVF-GG 10/2003/382, vgl. Foto S. 381.

☐ 1398 Nordwand

H. Peterka, 28.8.1926.

Kaum begangen, s. AVF-GG 10/2003/382, vgl. Foto S. 381.

☐ 1399 Ostwand

Ch. de Beaulieu mit G. Schranz, 27.7.1902.

Gefährliches Bratschengelände, s. AVF-GG 9/1995/418.

Steinkarlkopf mit Schwarzenberghütte von Nordnordosten:

Steinkarlkopf:
R 1408 Nordanstieg

Sonnenwelleck:
R 1423 Westgrat

R 1445 Nordwand
R 1446A Rechte Nordflanke
R 1450A Nordostgrat

Sonnenwelleck
Steinkarlkopf
1423
1408
1445
1446

■ 1400 Gratübergang zum Großen Bärenkopf, 3396 m

1¼ Std.

Am W-Grat (R 1394) Abstieg in die Dockscharte, 3234 m (R 680), und Aufstieg am O-Grat (R 1384) zum Großen Bärenkopf.

1402 Breitkopf

Ostgipfel, 3154 m – Westgipfel, 3115 m

1. Überschreitung: L. Purtscheller mit G. Schranz, 19.9.1886.

Erhebungen zwischen Fuscherkarscharte, 2841 m (im S), und Bockkarscharte, 3039 m (im NW). Im N vom Bockkarkees, im NO vom Fuschereiskar, im SO vom Fuscherkarkees und im W vom Firn des Wasserfallwinkels umgeben. Früher »Bockkarkopf« genannt.

■ 1403 Nordwestrücken

½ **Std.** Vgl. Fotos S. 211, 389.

Von der Bockkarscharte, 3039 m (R 678), auf dem flachen Schuttkamm.

■ 1404 Südostanstieg

Prof. Orth mit R. Hacksteiner, 13.9.1891; MDÖAV 1892/8.

Von der Fuscherkarscharte, 2841 m (R 684), über Schutt und Schnee. Vgl. Foto S. 379.

□ 1405 Ostwand

R. Behounek, F. Wustinger, Luise Klement, 9.7.1932; NSWL 1932/38.

1406 Remsköpfl, 2639 m

Felsige Erhebung östl. über dem Remssattel, 2600 m (R 683), von diesem in 5 Min. erreichbar (I).

1407 Steinkarlkopf, 2520 m

Wuchtiger Eckpunkt in dem vom Remssattel, 2600 m (R 683) bzw. vom Remsköpfl, 2639 m, nach NO ziehenden Kamm; ostseitig begrünte Flanke, westseitig Felsabsturz zum Steinkarl. Im N die Schwarzenberghütte. Aussichtspunkt, einfach erreichbar, Gipfelkreuz.

■ 1408 Nordanstieg

Kurze Stelle **I**, **1¼ Std.**, einfach. Vgl. Foto S. 383.

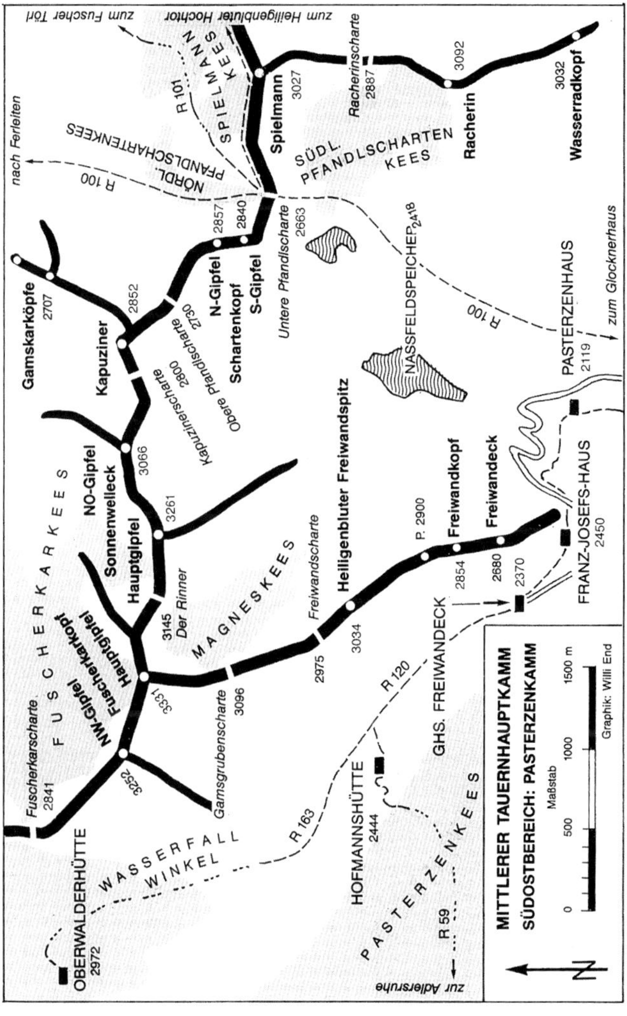
MITTLERER TAUERNHAUPTKAMM
SÜDOSTBEREICH: PASTERZENKAMM
Maßstab
0
500
1000
1500 m
Graphik: Willi End
N
OBERWALDERHÜTTE
2972
WASSERFALL WINKEL
Fuscherkarscharte
2841
3252
Gamsgrubenscharte
NW-Gipfel
Fuscherkarkopf
Hauptgipfel
3331
3096
FUSCHERKARKEES
Hauptgipfel
Sonnenwelleck
NO-Gipfel
3145
Der Rinner
3261
3066
Gamskarköpfe
2707
Kapuziner
2852
Kapuzinerscharte
2800
Obere Pfandlscharte
2730
N-Gipfel
Schartenkopf
S-Gipfel
2857
2840
Untere Pfandlscharte
2663
MAGNESKEES
2975
Freiwandscharte
3034
Heiligenbluter Freiwandspitz
P. 2900
Freiwandkopf
2854
Freiwandeck
2680
2370
GHS. FREIWANDECK
HOFMANNSHÜTTE
2444
PASTERZENKEES
R 59
zur Adlersruhe
R 163
R 120
FRANZ-JOSEFS-HAUS
2450
PASTERZENHAUS
2119
zum Glocknerhaus
R 100
NASSFELDSPEICHER
2418
SÜDL. PFANDLSCHARTENKEES
NÖRDL. PFANDLSCHARTENKEES
nach Ferleiten
R 100
R 101
SPIELMANNKEES
Spielmann
3027
zum Fuscher Törl
zum Heiligenbluter Hochtor
Racherinscharte
2887
Racherin
3092
Wasserradkopf
3032

Von der Schwarzenberghütte mit R 434 auf die begrünte Geländestufe P. 2500 m. Den Firnhang nach O queren in die Kammscharte, 2500 m, und links auf den nahen Gipfel.

■ 1409 Gratübergang zum Remsköpfl, 2625 m

II (Stellen), I, ½ **Std.**

b) Mittlerer Tauernhauptkamm – Südostbereich/Pasterzenkamm

(zwischen Fuscherkar- und Unterer Pfandlscharte)

1410 Fuscherkarkopf

Hauptgipfel, 3331 m – Nordwestgipfel, 3252 m

1. Ersteigung: G. Mayer (»Badhans«), etwa 1842–45, anlässlich einer Jagd. 1. tour. Ersteigung: Graf Nimtsch mit A. Hutter, 5.9.1865. 1. Gratübergang zum Sonnenwelleck: J. Stüdl, M. Umlauft, 15.8.1871, zugleich 1. Überschreitung. 1. Gratübergang zum Freiwandspitz: E. Meletzki, E. Sporrer, 26.7.1921.

Prachtberg im Tauernhauptkamm mit topografischer Schlüsselstellung. Ein südöstl. felsiger Seitenkamm trennt die Pasterze (im SW) vom Freiwandkees (im NO). Diesem entragen Heiligenbluter Freiwandspitz, 3034 m, Freiwandkopf, 2854 m, und Freiwandeck, 2680 m, das mit einer Steilflanke zur Franz-Josefs-Höhe abfällt. Ein geschwungener Firngrat, von einer Scharte (»Der Rinner«, 3145 m) unterbrochen, leitet zum Sonnenwelleck, 3261 m. Südl. des Gipfels die Gamsgrubenscharte, 3096 m. Firnflanke nach N zum Fuscherkarkees, im SW ein gewaltiges Hochkar (Gamsgrube), nach NW ein eleganter Grat zur Fuscherkarscharte, 2841 m, mit dem NW-Gipfel, 3252 m, der mit gewaltiger Bratschenwand den Wasserfallwinkel westl. einfasst; W-Wand und Gamsgrube werden vom langen SW-Grat (Gamsgrubengrat) getrennt, der ebenfalls den NW-Gipfel erreicht. Im SO das enge Freiwandkees (Magneskees). Aus dem Firnmantel der W-Wand wurde eine Bratschenwand. Früher »Fuschereiskarkopf«. Leicht erreichbar, Normalanstieg über den SW-Grat (R 1416). Prachtblick zum Großglocknermassiv. Gipfelkreuz.

Fuscherkarkopf von Südwesten

Hofmannshütte:
R 120 von der Franz-Josefs-Höhe
R 163 zur Oberwalderhütte

Fuscherkarkopf:
R 1411 Nordwestgrat
R 1413 Südflanke mit Südgrat
R 1415 Südwestwand
R 1416 Südwestgrat
R 1417 Westwand

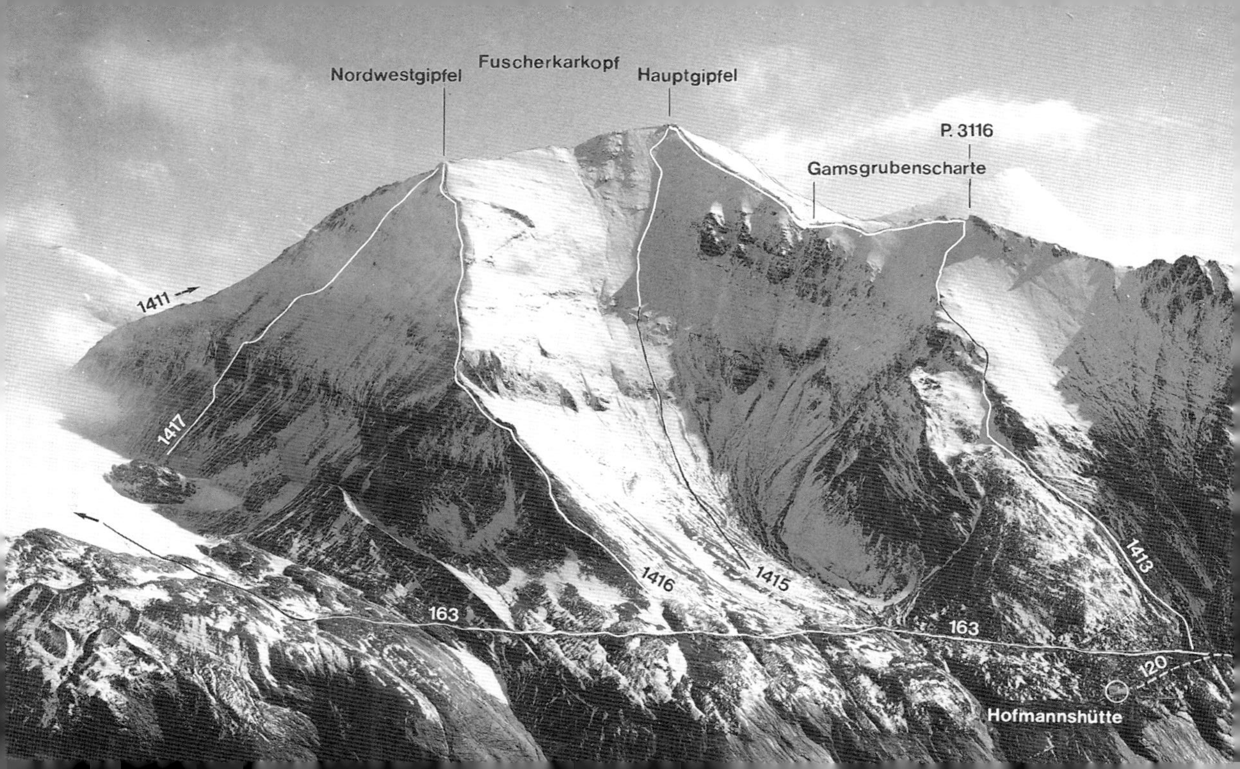

Fuscherkarkopf
Nordwestgipfel
Hauptgipfel
P. 3116
Gamsgrubenscharte
1411
1417
1416
1415
1413
163
163
120
Hofmannshütte

■ 1411 Nordwestgrat

A. Pauly, J. Mayer mit G. Bäuerle, P. Gorgasser, 7.8.1871; JB. ÖTK 1875/100.

II, **496 Hm**, **2 Std.**, lohnend. Vgl. Fotos S. 387, 389.

Von der Fuscherkarscharte, 2841 m (R 684), den Felskamm aufwärts, der in den NW-Grat übergeht. Beim NW-Gipfel eine oft vereiste Platte, dann den Firngrat (Wechten) weiter zum Hauptgipfel.

■ 1412 Südgrat

G. Mayer (»Badhans«), etwa 1842–45.

I, **240 Hm**, **¾ Std.**

Von der Gamsgrubenscharte, 3096 m (R 689), dem Grat folgend, teils links davon, zum Hauptgipfel.

□ 1413 Südflanke

J. Stüdl, M. Umlauft, 15.8.1871.

I, **892 Hm**, **2½ Std.**, Schrofengelände, nicht sinnvoll, s. AVF-GG 6/1975/371. Vgl. Foto S. 387.

□ 1414 Südflanke (Variante)

P. Kronegger (»Plattl«), etwa 1852; Graf Nimptsch mit A. Hutter, 5.9.1865, im Abstieg von der Gamsgrubenscharte.

I, **892 Hm**, **2½ Std.**, brüchig, Steinschlaggefahr! S. AVF-GG 6/1975/372.

□ 1415 Südwestwand

H. Peterka, A. Ecker, 23.7.1926.

II, **536 Hm**, **2½ Std.**, brüchiges Gelände. S. AVF-GG 6/1975/372. Vgl. Foto S. 387.

■ 1416 Südwestgrat (Gamsgrubengrat)

C. Diener, A. v. Böhm, F. Teller, C. v. Camerlander, 27.8.1882; ÖAZ 1883/351, MDÖAV 1884/223.

Sonnenwelleck, Fuscherkarkopf von Nordnordwesten

Breitkopf:
R 1403 Nordwestrücken

Fuscherkarkopf:
R 1411 Nordwestgrat
R 1418 Nordflanke
R 1419 Nordwand
R 1420 Nordostgrat

Sonnenwelleck:
R 1423 Westgrat
R 1445 Nordwand
R 1450A Nordostgrat

Scharte »Der Rinner«:
R 1446A Rechte Nordflanke

Sonnenwelleck
Scharte „Der Rinner"
Hauptgipfel
Fuscherkarkopf
Nordwestgipfel
Fuscherkarscharte
1450 A
1423
1411
1418
1419
1420
1403
Breitkopf
1445
1446A
Fuscherkarkees
Fuschereiskar

I+, 892 Hm, 2½ Std., Normalanstieg, bez., Trittsicherheit nötig, im unteren Bereich Seilsicherung. Vgl. Foto S. 387.

Von der Hofmannshütte mit R 163 ca. ¼ Std. zum Fuß des SW-Grats, 2550 m, spitzer Block, Tafel »Fuscherkarkopf«. In Kehren aufwärts (Seilsicherung) auf Absatz, 2670 m, weiter auf einen Gratkopf, 2750 m, und an einem Gratturm links vorbei auf großen Absatz, 2820 m. Von links über einen Gratzacken (Seil) in die folgende Scharte, 2820 m, und linksseitig (Seil) auf den markanten, plattigen Gratturm, 2830 m. Links vom Grat den Bratschenhang aufwärts und auf den nächsten, plattigen Gratturm, 3025 m. Auf Bratschen, über einen kurzen Rücken und über Blöcke auf einen Absatz, 3160 m. Auf plattigen Bratschen weiter in die markante NW-Gratscharte und auf den NW-Gipfel. Auf dem obersten NW-Grat weiter zum Hauptgipfel.

☐ 1417 Westwand

H. Peterka, H. Majer, F. Herrmann, 14.7.1927, im Abstieg: AVF-GG 7/1980/R 642.

Früher Firnflanke, heute Bratschenhang, dachziegelartig abgeplattet und sandig, mit riesigen absturzbereiten Felsschichten. Vgl. Foto S. 387.

☐ 1418 Nordflanke

F. Assanek, E. Fuchs, E. Ried, August 1920; Jb. ASW 1922/57.

S. AVF-GG 10/2003/390. Vgl. Foto S. 389.

■ 1419 Nordwand

F. Rigele, H. Angerer, 8.9.1923. 1. Ski-Abfahrt: P. Schintelmeister, F. Kügler, E. Schlager, 10.6.1935.

Firnwand 40–45°, Schlüsselstelle **50°**, **300 Hm**, **2–4 Std.** In Wandmitte Steilstück (der frühere »Eiswulst«), bei Ausaperung auch Blankeis; abseits der Gipfelfalllinie, vom Gipfelgrat Steinschlag möglich; oft begangen. Vgl. Foto S. 389.

Aus der Fuscherkarscharte, 2841 m (R 684), am Fuscherkarkees waagrecht zum E. in Gipfelfalllinie. Über den Bergschrund, gerader Anstieg zum Gipfel.

■ 1420 Nordostgrat

F. Boßler mit Führer, 1895.

II, 500 Hm, 3 Std. Vgl. Foto S. 389.

Von der Fuscherkarscharte, 2841 m (R 684), Quergang an der Höhenlinie 2900 m unter der N-Wand zum NO-Grat, der als Bratschenrücken, im Mittelteil als Grat ausgeprägt, den Hauptgipfel erreicht.

☐ 1421 Südostanstieg

G. Mayer (»Badhans«), etwa 1842–45.

I, 918 Hm, 3½ Std., mit Gletschergelände.

Vom Franz-Josefs-Haus, 2450 m, mit R 694 aufs obere Freiwandkees (Magneskees). Zum W-Rand, über die Randkluft und in steiler Schneerinne in die Gamsgrubenscharte, 3096 m, am S-Grat (R 1412) zum Hauptgipfel.

1422 Gratübergang zum Heiligenbluter Freiwandspitz, 3035 m (Freiwandgrat)

III– (Stellen), II, **2 Std.**

Vom Fuscherkarkopf mit R 1412 (GR) am S-Grat abwärts in die Gamsgrubenscharte, 3096 m (R 689).
Aus dieser über einige Gratzacken, zuletzt auf breitem Bratschenrücken in die Freiwandscharte, 2975 m (R 691). Weiter R 1427 über den NW-Grat auf den Freiwandspitz.

1423 Gratübergang zum Sonnenwelleck, 3261 m

J. Stüdl, M. Umlauft, 15.8.1871; C. Diener, A. v. Böhm, F. Teller, C. v. Camerlander, 27.8.1882, mit Variante; ÖAZ 1883/351, MDÖAV 1884/223.

II, 1 Std. Vgl. Foto S. 389.

Am firnigen O-Kamm abwärts; wo der NO-Grat (R 1420) abwinkelt, über Felsen steil in die Scharte »Der Rinner«, 3145 m (R 693). Am felsigen W-Grat (oft kleine Wechten) aufwärts zum Sonnenwelleck.

1426 Heiligenbluter Freiwandspitz, 3034 m

1. Ersteigung: A. Roessel, 2.9.1904 (von der Freiwandscharte). 1. Überschreitung (NW–SO): E. Meletzki, E. Sporrer, 26.7.1921. 1. Überschreitung (O–SW): R. Gerin, R. Szalay, 24.7.1925.

Felsgipfel in dem von der Gamsgrubenscharte, 3096 m, nach SO zur Franz-Josefs-Höhe ziehenden langen Grat (Freiwandgrat) mit Freiwandkopf, 2854 m, und Freiwandeck, 2680 m. Gewaltige Schrofenflanken zur Pasterze (Lawinenhänge!); lohnend die NW-SO-Überschreitung.

1427 Nordwestgrat

A. Roessel, 2.9.1904.

III– (Stellen), II, **60 Hm, 1 Std.**

Von der Freiwandscharte, 2975 m (R 691), über kleine Gratzacken zur zerrissenen »Zackenkrone«.
Nach schmaler Scharte über drei massive Gratzacken in die nächste Scharte und über kleinere Gratzacken auf den Freiwandspitz.

1428 Südostgrat

A. Roessel, 2.9.1904, im Abstieg.

III– (Stellen), II, **617 Hm, 3 Std.**

Vom Franz-Josefs-Haus, 2450 m, über steile Grashänge und Geröll auf das Freiwandeck, 2680 m. An einem nach O überhängenden Gratturm links vorbei in eine tiefe Senke und über Bratschen auf die folgende Graterhebung. In die nächste Scharte und über leichte Platten auf den Freiwandkopf, 2854 m. Über eine steile Wandstelle abwärts und in anregender Kletterei über mehrere Grattürme (fester Fels), zuletzt an einem steilen Pfeiler hinab in eine Scharte und Gegenanstieg auf den Freiwandspitz.

☐ 1429 Ostwand

R. Gerin, R. Szalay, 24.7.1925; ÖAZ 1926/179.

III, **250 Hm**. S. AVF-GG 6/1975/379.

☐ 1430 Ostwand

H. Peterka, 25.8.1926; ÖAZ 1928/187.

III, **250 Hm**, s. AVF-GG 6/1975/380.

☐ 1432A Südwestflanke

R. Gerin, R. Szalay, 24.7.1925; ÖAZ 1926/179.

II, **580 Hm**, brüchiges Gelände, s. AVF-GG 9/1995/430.

☐ 1433 Westwand

A. Ecker, R. Waiß, 25.7.1926; Jb. AG/TVN 1927/20.

II, **3 Std.**, 500 Hm, brüchiges Gelände, ausgelöster Steinschlag gefährdet R 120, s. AVF-GG 9/1995/430.

1436 Freiwandkopf, 2854 m

Felserhebung im Heiligenbluter-Freiwandspitz-SO-Grat (R 1428), wird bei dessen Begehung überschritten.

☐ 1437 Westgrat

A. Ecker, R. Waiß, 25.7.1926; Jb. AG/TVN 1927/20.

II, **300 Hm**, brüchiges Gelände, ausgelöster Steinschlag gefährdet R 120, s. AVF-GG 9/1995/430.

1438 Freiwandeck, 2680 m

Erhebung am Beginn des Heiligenbluter-Freiwandspitz-SO-Grats (R 1428). Links über dem Anstiegsbeginn eine »Mini-Ferrata«.

Heiligenbluter Freiwandgrat von Westsüdwesten (Meletzkigrat, R 1046):
R 64 Großglockner-Hochalpenstraße (Gletscherstraße)
R 120 Gamsgrubenweg (Franz-Josefs-Haus – Hofmannshütte)
R 163 zur Oberwalderhütte

1439 Sonnenwelleck

Hauptgipfel, 3261 m – Nordostgipfel, 3066 m

1. Ersteigung: J. Stüdl, M. Umlauft, 15.8.1871. 1. Überschreitung: C. Diener, A. v. Böhm, F. Teller, C. v. Camerlander, 27.8.1882. 1. Gratübergang zur Oberen Pfandlscharte: V. Pillwax mit Th. Lechner, F. Nußbaumer, 28.8.1891.

AVK 40/2006 »Sinabeleck«. Östl. vom Fuscherkarkopf, 3331 m, mit einer Riesenflanke zum Ferleitner Winkel (Käfertal), dorthin auch ein NO-Grat. Vom Fuscherkarkopf durch die Scharte »Der Rinner«, 3145 m, getrennt. Vom NO-Gipfel der O-Grat in die Kapuzinerscharte, 2800 m, danach Kapuziner, 2852 m, und Obere Pfandlscharte, 2730 m. Unter dem SW-Abfall das Freiwandkees (Magneskees), der breite SO-Rücken zieht abwärts zum Naßfeldspeicher. Die einstige firnige N-Wand zum Fuscherkarkees ist heute eine Bratschenwand. Früher »Sinnabeleck«, »Sinnewelleck«, »Sonnenfilleck« genannt. Gewaltiger Tiefblick zum Fuscher Tal und zum Ferleitner Winkel.

■ 1440 Westgrat

F. Steiner, G. Bäuerle, 23.8.1971.

I, 3½ Std.

Aus der Scharte »Der Rinner«, 3145 m (R 693).

□ 1441A Südwestwand

C. Diener, A. v. Böhm, F. Teller, C. v. Camerlander, 27.8.1882, im Abstieg; ÖAZ 1883/351, MDÖAV 1884/223.

II, Bratschenflanke, s. AVF-GG 9/1995/431.

■ 1442A Südostkamm

II, **2 Std.**, Abstieg ohne Gletscherbegehung.

Auf dem SO-Kamm über Bratschenstufen abwärts zu einem Steilabsturz. Vor diesem nach rechts (orogr.) zu einer Platte, die in Schrofen endet. Nun im Magneskar mit R 694 (GR) zum Franz-Josefs-Haus, 2450 m.

□ 1443 Ostwand

H Peterka, 17.6.1927. S. AVF-GG 7/1980/385.

■ 1444 Ostgrat

V. Pillwax mit Th. Lechner, F. Nußbaumer, 28.8.1891, im Abstieg; ÖAZ 1892/152.

I, **466 Hm**, **1½ Std.**, schönster Anstieg.

Von der Kapuzinerscharte, 2800 m (R 695), Gratbegehung über den NO-Gipfel, 3042 m, zum Hauptgipfel.

☐ 1445 Nordwand

H. Peterka, H. Majer, 27.8.1926. s. AVF-GG 7/1980/386.

Die einstige Firnwand (45°) ist ausgeapert, gefährlich und wird nicht begangen, vgl. Foto S. 383, 389.

☐ 1446A Rechte Nordflanke

R. Gerin, R. Moser, 29.6.1903; ÖAZ 1903/176, s. AVF-GG 7/1980/386.

Bis **45°**, **III**, **2000 Hm**, gefährliches Gelände, mühsam. Vgl. Foto S. 383, 389.

☐ 1448 Linke Nordflanke

R. Behounek, F. Wustinger, 10.8.1933; NSWL 1933/41.

gefährliches Gelände, mühsam, s. AVF-GG 7/1980/388.

☐ 1449 Nordflanke des Nordostgrats

F. Brandner, J. Leitner, T. Beringer, A. Leidl, 1931; ÖAZ 1933/223.

☐ 1450A Nordostgrat

H. Peterka, 10.9.1926.

III+, **966 Hm**, gefährliches Gelände, s. AVF-GG 7/1980/388. Vgl. Foto S. 383, 389.

1451 Kapuziner, 2852 m

1. Ersteigung und Überschreitung (W–O): V. Pillwax mit Th. Lechner, F. Nußbaumer, 28. 8.1891; ÖAZ 1892/152.

Erhebung im Tauernhauptkamm östl. vom Sonnenwelleck, zwischen Kapuzinerscharte, 2800 m (im SW), und Oberer Pfandlscharte, 2730 m (im SO).

■ 1452 Südostgrat

V. Pillwax mit Th. Lechner, F. Nußbaumer, 28.8.1891, im Abstieg; ÖAZ 1892/152.

I, **88 Hm**, **20 Min.** von der Oberen Pfandlscharte (R 697).

■ 1453 Südwestgrat

V. Pillwax mit Th. Lechner, F. Nußbaumer, 28.8.1891; ÖAZ 1892/152.

I, **34 Hm**, **10 Min.** von der Kapuzinerscharte (R 695).

1455 Schartenkopf

Nordgipfel, 2857 m – Südgipfel, 2840 m

1. Ersteigung und Überschreitung (N–S): V. Pillwax mit Th. Lechner, F. Nußbaumer, 28.8.1891; ÖAZ 1892/152.

Im Tauernhauptkamm zwischen Oberer Pfandlscharte, 2730 m (im NW), und Unterer Pfandlscharte, 2663 m (im SO).

1457 Gamskarköpfe, 2707 m

Randgipfel im N-Abfall des Gamskars (früher »Gamskarkees«) zum innersten Ferleitner Winkel.

1458 Südostanstieg

I, 400 Hm, 1 Std.

Vom Nördlichen Pfandlschartenkees (R 100) westw. ins Gamskar und von der Höhe des Kesselrückens, 2700 m, über flache Felsen nordw. zum Gipfel.

Südöstlicher Tauernhauptkamm

(zwischen Unterer Pfandlscharte und Fuscher Törl bzw. Heiligenbluter Hochtor)

Tourenbereich: Glocknerhaus, Fuscher Törlhaus, Karl-Volkert-Haus, Wallackhaus.
Landkarten: AVK Nr. 40 »Großglocknergruppe«, 1:25.000; ÖK-UTM Nr. 3227 »Großglockner«, 1:50.000; ÖK-BMN Nr. 153 »Großglockner«, 1:50.000; FB-WK Nr. 122 »Großglockner/Kaprun/Zell am See«, 1:50.000.

1461 Racherin, 3092 m

1. Ersteigung: A. und H. Schlagintweit für botanische Zwecke, 1848 (vom Glocknerhaus). Einheimische Bergknappen sollen vor 1857 auf dem Gipfel gewesen sein.

Gipfel im S-Ast des Spielmanns, zwischen beiden die Racherinscharte, 2887 m (R 711). Nach NW das Südliche Pfandlschartenkees und über diesem die Untere Pfandlscharte, 2663 m (R 713). An der Racherin Kammteilung südwestw. über den Albitzenspitz, 2971 m, zum Albitzenkopf, 2807 m, südostw. über den Wasserradkopf, 3032 m, gleichfalls zum Hangabfall gegen die »Gletscherstraße«. Zwischen beiden Kämmen das Hochkar des Albitzen, das von Grünflanken in einen Geröllkessel übergeht, der von 2800 m bis zum Gipfel reicht. Die Gipfel sind Wanderbereiche des Glockner- oder Karl-Volkert-Hauses. Schöne Aussicht, vor allem zur Pasterze mit dem Großglockner.

1462 Südwestanstieg

A. Schlagintweit, H. Schlagintweit, 1848.

I, 961 Hm, 3 Std., Normalanstieg.

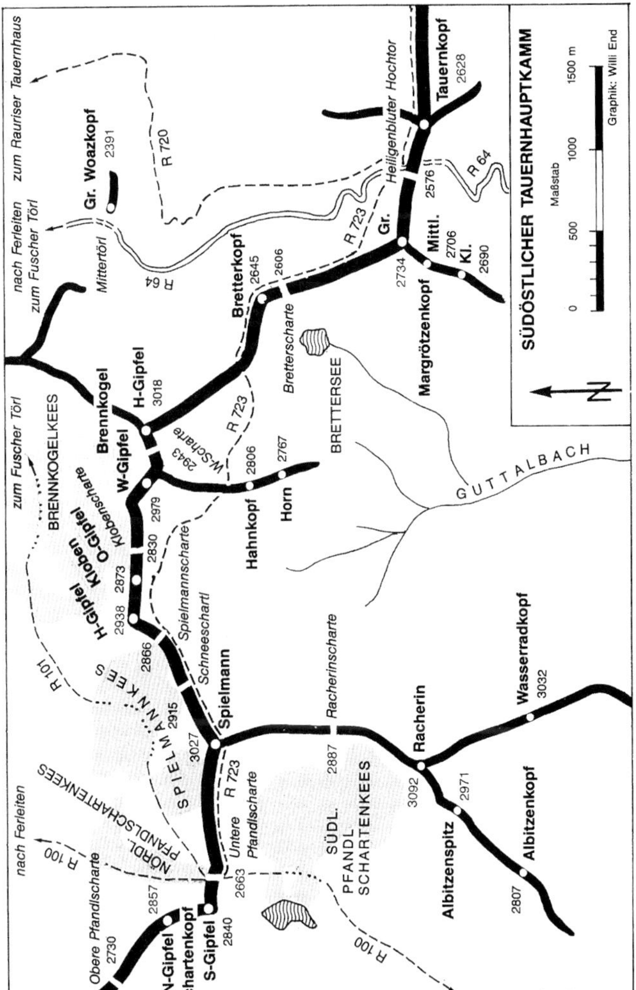
SÜDÖSTLICHER TAUERNHAUPTKAMM
Maßstab
0
500
1000
1500 m
Graphik: Willi End
N
Tauernkopf
2628
Heiligenbluter Hochtor
2576
R 64
Gr.
Mittl.
2706
Kl.
2690
2734
Margrötzenkopf
R 723
Bretterkopf
2645
2606
Bretterscharte
BRETTERSEE
GUTTALBACH
zum Rauriser Tauernhaus
Gr. Woazkopf
2391
R 720
nach Ferleiten
zum Fuscher Törl
Mittertörl
Brennkogel
H-Gipfel
3018
W-Gipfel
W-Scharte
2943
BRENNKOGELKEES
zum Fuscher Törl
Klobenscharte
2979
Hahnkopf
2806
Horn
2767
Kloben
O-Gipfel
H-Gipfel
2830
2873
2938
Spielmannscharte
Schneescharte
2866
R 101
SPIELMANNKEES
2915
Spielmann
3027
Racherinscharte
2887
Racherin
3092
Wasserradkopf
3032
2971
Albitzenkopf
Albitzenspitz
2807
NÖRDL. PFANDLSCHARTENKEES
SÜDL. PFANDLSCHARTENKEES
Untere Pfandlscharte
2663
nach Ferleiten
R 100
Obere Pfandlscharte
2730
N-Gipfel
Schartenkopf
2857
S-Gipfel
2840
zum Glocknerhaus

Vom Glocknerhaus, 2132 m, nach NO über Rasenhänge, später Geröll und Felsstufen auf den Albitzenkopf, 2807 m. Am Kamm weiter über den Albitzenspitz, 2971 m, auf die Racherin.

■ 1463 Nordgrat

III (Stellen am unteren Gratteil), sonst II, **500 Hm**, **2 Std.**

Vom O-Rand des Südlichen Pfandlschartenkeeses, 2600 m (R 100), auf diesem in SO-Richtung aufwärts (zwischen 2700–2800 m rechtsseitig Spalten), zuletzt in einer steilen Felsrinne (Firnrinne) zum N-Grat nahe rechts der Racherinscharte. Auf diesem (brüchiger Fels) zum Gipfel.

■ 1464 Westgrat

I, **300 Hm**, **1 Std.**

Von den oberen Rasenböden der Trögeralm (R 100); E. in 2800 m, Ausstieg in ca. 3040 m am Normalanstieg (R 1462) und auf diesem zum Gipfel.

■ 1465 Gratübergang zum Spielmann, 3027 m

L. Purtscheller, 5.7.1885; MDÖAV 1886/51.

III (Stellen am unteren Racherin-N-Grat), II, **1½ Std.**, sehr brüchig.

Von der Racherin am N-Grat abwärts in die Racherinscharte, 2887 m. Nun am Spielmann-S-Grat, anfangs an seiner W-Seite, zum Gipfel.

1467 Wasserradkopf, 3032 m

1. Ersteigung und Überschreitung: L. Purtscheller, 5.7.1885 (ab Racherin und zurück).

Felsiger SO-Ausläufer der Racherin zur »Gletscherstraße« mit einem südöstl. Vorgipfel, 2942 m. Innerhalb der O-Flanke ein tief reichender Sporn (Rieplkamp).

Der Bergname wurde nach dem plattigen Gestein, das übereinander getürmt hauptsächlich an der SW-Seite auftritt, geprägt (man zog Vergleiche mit den Schaufeln eines Mühlrads).

■ 1468 Südwestanstieg

I, **879 Hm**, **2½ Std.**

Vom Karl-Volkert-Haus, 2150 m, ostw. in die breiten »Albitzenhänge« mit dem Michelbach, der zur Möllschlucht abzieht. Aus dem weiten Block- und Schuttkar in NNO-Richtung über Schrofen zum Gipfel.

□ 1469 Ostflanke

1092 Hm, unangenehmes Gelände. S. AVF-GG 6/1975/389. Vgl. Skizze S. 399.

Wasserradkopf von Osten

I = Wasserradkopf:
1 = R 1471 Südostkamm
2 = R 1469 Ostflanke

II = Wasserradkopf, südöstlicher

Vorgipfel:
3 = R 1470 Südsüdostkamm

III = Racherin:
○ = Wasserradkar
+ = »Jaidstelle«

■ 1470 Südsüdostkamm

II, I, **1087 Hm**, **3 Std.** Vgl. Skizze S. 399.

Vom Parkplatz Palik (Ghs.), 1945 m, an der »Gletscherstraße« der Großglockner-Hochalpenstraße, nordw. die Abhänge (»Die Wasserrader«) empor zur Vorhöhe, 2864 m. Weiter auf den südöstl. Vorgipfel, 2942 m, und über ein Schartl, 2925 m, auf den Gipfel.

□ 1471 Südostkamm (Rieplkamm)

1092 Hm, unangenehmes Gelände. S. AVF-GG 6/1975/390. Skizze S. 399.

1472 Gratübergang zur Racherin, 3092 m

L. Purtscheller, 5.7.1885; MDÖAV 1886/51.

20 Min., einfach, brüchiges Gestein.

1474 Spielmann, 3027 m

1. Ersteigung durch Einheimische vor 1857. 1. Gratübergang von der Racherin: L. Purtscheller, 5.7.1885.

Markante Felspyramide im Tauernhauptkamm östl. über der Unteren Pfandlscharte, 2663 m. Unter dem SW-Abfall das Südliche Pfandlschartenkees mit den folgenden weiten Hangböden der Trögeralm zur »Gletscherstraße« der Großglockner-Hochalpenstraße; über diese der Abstieg von der Unteren Pfandlscharte (R 100).
Im N das Spielmannkees, im SO-Abfall die Reste des einstigen Guttalkeeses und die Hangböden zum Guttal. Gratverbindung nach S über die Racherinscharte, 2887 m, zur Racherin, 3092 m, nach ONO über die Spielmannscharte, 2866 m, zum Kloben, 2938 m. Großartiger Glockner- und Tiefblick ins Ferleitental. Gipfelkreuz.

1475 Westanstieg

I, 362 Hm, 1 Std.

Von der Unteren Pfandlscharte, 2663 m (R 713), die Schutthänge aufwärts zum Fuß des WNW-Grats, 2840 m, und auf diesem zum Gipfel.

1476 Südwestflanke

I, 362 Hm, 1 Std.

Von der Unteren Pfandlscharte, 2663 m (R 713), zum Südlichen Pfandlschartenkees und über Schrofen zum Gipfel.

1477 Südwestwand

II, 362 Hm, 1½ Std.

Von der Unteren Pfandlscharte, 2663 m (R 713), zum Südlichen Pfandlschartenkees. Über die felsige Flanke empor zu P. 2921 m am Verbindungsgrat Racherin – Spielmann und links zum Gipfel.

1478 Südostanstieg

I, 1087 Hm, 3 Std.

Von der Guttalbrücke, 1940 m, an der Großglockner-Hochalpenstraße entlang des Guttalbachs aufwärts zu den höchsten Hangböden und links haltend zu den Resten des Guttalkeeses. Den Moränenhang weiter aufwärts in die letzte Scharte, 2978 m, am NO-Grat und links zum Gipfel.

1479 Nordostanstieg

I, 281 Hm, 1 Std.

Vom P. 2746 m am Kloben-NW-Kamm (R 101) in den obersten Winkel des Spielmannkeeses und in die Spielmannscharte, 2866 m (R 715). Nun am NO-Grat über einen kleinen Grathöcker und das folgende Schneeschartl, 2915 m (R 714), zum Gipfel.

1480 Gratübergang zum Kloben, 2938 m

L. Purtscheller, 5.7.1885; MDÖAV 1886/51.

½ **Std.**, bez. Nr. 702.

Abstieg auf dem NO-Grat übers Schneeschartl, 2915 m, und kleinen Grathöcker in die Spielmannscharte, 2866 m, und weiter auf dem SW-Kamm.

1481 Gratübergang zur Racherin, 3092 m

L. Purtscheller, 5.7.1885; MDÖAV 1886/51.

III (Stellen am unteren Racherin-N-Grat), II, **1½ Std.**, brüchig.

Am S-Grat, im unteren Bereich rechtsseitig, abwärts in die Racherinscharte, 2887 m, und über den N-Grat auf die Racherin.

1483 Kloben

Hauptgipfel, 2938 m – Ostgipfel, 2873 m

Erstbegeher unbekannt, vermutlich durch Bergknappen der historischen Zeit. 1. tour. Ersteigung und Gratübergang zum Brennkogel: A. v. Ruthner mit J. Schweighofer (»Röderer«), 26.8.1859; RB 1864/161.

Rückenartiger Gipfel im Tauernhauptkamm südw. die Spielmannscharte, 2866 m (R 715), ostw. die Klobenscharte, 2830 m (R 716); nach NO ein Rücken entlang des Brennkogelkeeses, der zum Naßfeldboden und zum Trauner Futtererkar, 2060 m, ausläuft. Südw. des östl. Vorgipfels die »Knappenstube«, das einstige und höchste Stollenbergwerk der historischen Zeit (Gold- und Kupferabbau). Die vom Eis überdeckte »Knappenstube« wurde durch Eisrückgang im Jahr 1857 freigelegt und am 26.8.1859 durch den Nestor der österreichischen Bergsteiger, Anton v. Ruthner, aufgefunden. Eindrucksvolle Gipfelrundschau. Nahe unter dem Gipfel eine Bergrettungsschachtel der ÖBRD-Ortsstelle Fusch.

1484 Nordwestkamm

A. v. Ruthner mit J. Schweighofer (»Röderer«), 26.8.1859.

Anstieg von der Trauneralpe (R 100) durch die »Schwarze Leite« und über P. 2710 m; sehr mühsam, wird nicht mehr begangen; s. RB 1864/161. Vgl. Skizze S. 403.

■ 1485A Nordostrücken

I, 966 Hm, 2 Std. Vgl. Skizze S. 403.

Auf dem NO-Rücken, entlang des Brennkogelkeeses abwärts, zuletzt über die Hangstufe »Am Birgl« zum Trauner Futtererkar und zur Großglockner-Hochalpenstraße, 1970 m (2 Std., zwischen »Hexenküche« und »Hochmaiß«); auf dieser 7 km nach Ferleiten.

■ 1486 Nordostanstieg

I, 532 Hm, 2½ Std. Vgl. Skizze S. 403

Vom Fuscher Törlhaus, 2404 m, mit R 101 über den Kloben-NO-Rücken.

■ 1487 Südsüdwestgrat

I, 78 Hm, ¼ Std.

Von der Spielmannscharte, 2866 m (R 715), auf dem Blockgrat zum Gipfel.

■ 1488A Südanstieg

L. Purtscheller, 5.7.1885; MDÖAV 1886/51.

I, 996 Hm, 2 Std.

Am O-Kamm abwärts in die Klobenscharte, 2830 m (R 716). Von der verfallenen »Knappenstube« durch Moränenmulden (das einstige Guttalkees) tiefer und den Steilhang hinab zum Guttalbach. Diesem entlang zur Guttalbrücke, 1940 m, an der Großglockner-Hochalpenstraße.

■ 1489 Westanstieg

I, 804 Hm, 3 Std.

Vom Glocknerhaus, 2132 m, mit R 100 (GR) in die Untere Pfandlscharte, 2663 m (R 713); R 723 (GR) in die Spielmannscharte, 2866 m (R 715), und den Blockkamm nordw. zum Gipfel.

■ 1490 Gratübergang zum Brennkogel, 3018 m

A. v. Ruthner mit J. Schweighofer (»Röderer«), 26.8.1859; RB 1864/176.

I, 1½ Std., meist Gehgelände.

Über den O-Gipfel, 2873 m, hinunter in die Klobenscharte, 2830 m (R 716). Nun auf dem Brennkogel-W-Kamm über P. 2952 m auf den Brennkogel-W-Gipfel, 2979 m. Sodann weiter über die W-Scharte, 2943 m, auf den Brennkogel-Hauptgipfel.

Kloben von Nordosten

I = Kloben:
1 = R 1486 Nordostanstieg
1a = Skiabfahrt
2 = R 1485A Nordostrücken
3 = R 101 »Zellersteig«
4 = R 1484 Nordwestkamm

II = Kloben, Östlicher Vorgipfel

III = Klobenscharte

IV = Spielmann

V = Spielmannscharte

VI = Racherin:
A = Brennkogelkees
B = Trauner Futtererkar
C = Kloben-Nordnordwestflanke
↓ = Spielmannkees (verdeckt)
○ = Fuscher Törl

1491 Brennkogel

Hauptgipfel, 3018 m – Westgipfel, 2979 m

1. Ersteigung frühzeitig durch die Überschreiter des Heiligenbluter Hochtors (sicherlich Wallfahrer). Vielleicht 1. tour. Ersteigung durch den Botaniker Christian Friedrich Schwägrichen, 1800 (anlässlich der Ersteigungsversuche des Großglockner); nach ihm Mineraliensucher. Ersteigung durch A. v. Ruthner mit Pius Kronegger, 1836 (1. Überschreitung und 1. Bergfahrt des später bedeutenden österreichischen Alpinisten).

Eckpunkt des Tauernhauptkamms, zwischen Fuscher Törl, 2404 m (im NNO), und Heiligenbluter Hochtor, 2576 m (im SO), an dem der Fuscher/Rauriser Kamm nach NNO abwinkelt. Im NW das Brennkogelkees, im W die Reste des ehemaligen Guttalkeeses. Nach der W-Scharte, 2943 m, der W-Gipfel, 2979 m, dem Klobenscharte, 2830 m, und Kloben mit seinem östl. Vorgipfel, 2873 m, folgen. Im SO-Kamm die Brennkogelscharte, 2637 m, danach der Bretterkopf, 2645 m, die Bretterscharte, 2606 m, und der Große Margrötzenkopf, 2734 m, zum Heiligenbluter Hochtor. Die O-Wand sollen Mineraliensucher um 1800–05 begangen haben. Hervorragender Aussichtspunkt, Gipfelkreuz.

1492 Südostgrat

II (unterer Gratteil), **381 Hm**, **1 Std.**

Von der Brennkogelscharte, 2637 m (R 718).

1493 Südanstieg

A. v. Ruthner mit J. Schweighofer (»Röderer«), 26.8.1859, im Abstieg; RB 1864/180.

I, **1078 Hm**, **2½ Std.**

Von der Guttalbrücke, 1940 m, an der Großglockner-Hochalpenstraße nach NNO über den »Hüterriegel«, 2158 m, zum Brettersee, 2482 m, und über den linken Seezufluss über Schrofen in die Brennkogelscharte, 2637 m (R 718); weiter auf dem SO-Grat zum Gipfel.

1494 Südwestanstieg

H. Heß, 1886.

Vom Brettersee, 2482 m, nach NNW in das Schartl, 2700 m, zwischen Horn, 2767 m (im S), und Hahnkopf, 2806 m (im N); über Letzteren, dann unter der W-Scharte, 2943 m, vorbei und über den felsigen Hang zum Gipfel.

Brennkogel von Nordnordosten:

R 1495 Nordnordostgrat
R 1497 Nordnordwestflanke
R 1498 Nordnordwestgrat
R 101 Übergang Fuscher Törlhaus – Glocknerhaus

Brennkogel
Hauptgipfel
Westgipfel
P. 2935
P. 2952
P. 2825
P. 2750
1497
101
1495
Sattel
P. 2407
101
Fuscher Törl

1495 Nordnordostgrat

A. v. Ruthner mit P. Kronegger (»Plattl«), 1836.

I, 611 Hm, 2½ Std. vom Fuscher Törl (R 731). Vgl. Foto S. 405.

Vom Fuscher-Törlhaus, 2404 m (R 731), auf der Großglockner-Hochalpenstraße aufwärts zur Linkskehre hinter dem Törlkopf. Rechts auf dem Kamm in den nahen Sattel, 2407 m (große Felsblöcke, R 101 nach rechts). Am Kamm (Blöcke) aufwärts, an einem auffallenden Quarzblock vorbei, zu großem Felsblock, daneben ein kleiner Felszacken.
Auf dem nun breiten Kamm weiter über einen Felsabsatz auf das folgende ebene Gratstück. An der blockigen Steilstufe (P. 2750 m, mit 50 m langem waagrechtem Grat) rechts vorbei auf den waagrechten Kamm, 2750 m (Mauerreste einer Hütte). Weiter zum nächsten überhängenden Felsaufbau, P. 2825 m. Unter diesem über ein Schneefeld nach rechts zu einem Absatz und dahinter in der Bratschenflanke empor auf den nachfolgenden Gratabsatz, P. 2850 m (rotbraunes Gestein). Nun etwas steiler zum nächsten Felsaufbau, P. 2935 m. Dieser wird ebenfalls rechts in den Bratschen umgangen, danach gestuft steil empor zum breiten Gipfelkamm und zum höchsten Punkt.

1496 Direkter Nordnordostgrat

III–, 611 Hm, 3 Std.

Überschreitung der drei jeweils ca. 40 m hohen felsigen Grataufbauten: P. 2750 m (blockige Steilstufe mit 50 m langem waagrechten Blockgrat), P. 2825 m (mit kurzer überhängender Verschneidung) und P. 2935 m (mit auffallender schräger Platte).

1497 Nordnordwestflanke

L. Purtscheller, 5.7.1885, im Abstieg; MDÖAV 1886/51.

II, 500 Hm, 2½ Std. Vgl. Foto S. 405.

Vom Brennkogelkees (R 101) in Falllinie der Brennkogel-W-Scharte hinauf (Ausstiegsvariante in diese); auf schräger Felsbank zum obersten NNO-Grat.

1498 Nordnordwestgrat

III–, 380 Hm, 1½ Std. Vgl. Foto S. 405.

Anstieg vom Brennkogelkees (R 101). Auf dem Grat zu P. 2952 m, am W-Kamm mit R 1490 weiter zum Gipfel.

1500 Bretterkopf, 2645 m

Im Brennkogel-SO-Kamm, zwischen Brennkogelscharte, 2637 m (im W), und Bretterscharte, 2606 m (im S), wird mit R 723 überschritten.

1501 Großer Margrötzenkopf, 2734 m

Westl. über dem Heiligenbluter Hochtor, 2576 m (R 719), wird von diesem erreicht; im S-Kamm der Mittlere Margrötzenkopf, 2706 m, und der Kleine Margrötzenkopf, 2690 m.

1501a Großer Woazkopf, 2391 m

Über dem Mittertörltunnel der Großglockner-Hochalpenstraße.

1501b Von Norden

I, 10 Min.

Vom Mittertörltunnel-N-Portal, 2328 m, rechts auf Steig aufwärts in den weiten flachen Sattel der Elendgrube; links am Kamm über eine Erhebung und über die folgende felsige Scharte (I, brüchig) zum begrünten Gipfel.

Fuscher/Rauriser Kamm

Tourenbereich: Fuscher Törlhaus, Bruck a. d. Glocknerstraße, Fusch a. d. Glocknerstraße, Rauris.
Landkarten: AVK Nr. 40 »Großglocknergruppe«, 1:25.000 (Teilbereich); ÖK-UTM Nr. 3227 »Großglockner«, 1.50.000 (Teilbereich); ÖK-UTM Nr. 3221 »Zell am See«, 1.50.000 (Teilbereich); ÖK-BMN Nr. 124 »Saalfelden am Steinernen Meer«, 1:50.000 (Teilbereich); ÖK-BMN Nr. 154 »Rauris«, 1:50.000 (Teilbereich); FB-WK Nr. 193 »Sonnblick/Großglocknerstraße/Unterpinzgau«, 1:50.000.

a) Fuscher/Rauriser Kamm – Hauptkamm

(zwischen Fuscher Törl und Weichselbachhöhe)

1502 Edelweißspitze, 2580 m; Kendlkopf, 2587 m; Baumgartlkopf, 2623 m; Hirzkarkopf, 2554 m; Mäuskarkopf, 2621 m

Gipfel im Hauptkamm. Nur die Edelweißspitze viel besucht; großartige Aussicht, besonders nach S und W, zur Großglocknergruppe, in der die Gr.-Wiesbachhorn-O-Flanke mit ihrem Sandbodenkees dominiert. Die Edelweißspitze wurde früher »Leitenkogel«, »Bergerkogel« oder »Poneck« genannt.
Edelweißspitze: Vom Fuscher Törl, 2404 m (R 731), auf der »Edelweißstraße« der Großglockner-Hochalpenstraße, 1,6 km (Pkw); unter dem Gipfel großer Parkplatz mit Restaurant, 2571 m, Aussichtsturm.

Kendlkopf: Übergang von der Edelweißspitze über den Gamsbodensattel, 2499 m (R 732), Schutt und Schrofen.
Baumgartlkopf: Übergang vom Kendlkopf; im N das Piffkühkar, ein ausgedehntes Hochkar mit kleinen Seen. Abhang nach SO zum Seidlwinkltal mit dem Baumgartlkar. Vom Hirzkarkopf durch einen Sattel, 2515 m, getrennt. Gipfelkreuz.
Hirzkarkopf: Nordöstl. vom Baumgartlkopf.
Mäuskarkopf: Zwischen Durcheckkopf im N und Hirzkarkopf im S, mit dem Hirzkarsattel, 2410 m (R 733), von Letzterem getrennt; westl. das Piffkühkar; im O-Abfall die Hirzkaralm (Flanke zum Seidlwinkltal). O-Anstieg über die Hirzkarhütten, 1828 m, und den Hirzkarsattel.

1508 Durcheckkopf, 2680 m

Zwischen Mäuskar-, 2621 m (S), und Schwarzkopf, 2764 m (N), davor die Höllbachscharte, 2473 m (R 734). O-Grat zum Oberen Sauruck, 2377 m, mit vorgelagertem Unteren Sauruck, 2062 m, über dem Seidlwinkltal.

1509 Schwarzkopf, 2764 m

Hauptgipfel und höchste Erhebung im Fuscher/Rauriser Kamm; umfassende Aussicht, Gipfelkreuz. Besteigung empfehlenswert, am besten vom Weichselbachtal (Bad Fusch) über die Grünkarscharte, 2438 m (R 736). S-Kamm zur Höllbachscharte, 2473 m; SW-Flanke (Steilhalde) zum Keeskarl und Seidlwinkltal; mit der Blauen Scharte, 2554 m, vom weit im ONO stehenden Königstuhlhorn, 2603 m, getrennt. Nördl. unter der Blauen Scharte in einem Hochboden die Grüne Lacke, 2454 m.
Am Schwarzkopf teilt sich der Kamm in einen längeren NO-Bogen über das Königstuhlhorn und das Kaserköpfl, 2356 m, zur Weichselbachhöhe, 2218 m (R 741), und im NW-Bogen über die Grünkarscharte zum Klemerbrettkopf – Kaserkarkopf – Hochgamsburg – Embachhorn zum Fuscher Tal hinab.

1510 Nordwestgrat

A. v. Ruthner mit G. Mayer (»Badhans«), 28.8.1852.

I, **326 Hm**, **1 Std.**, bez.

Von der Grünkarscharte, 2438 m (R 736), über verwitterte Gratschrofen.

1511 Nordanstieg

J. Stüdl, K. Hofmann mit N. Holzer, 19.9.1869; ZDAV 1870–71/466.

I, 979 Hm, 2½ Std., gesamt **1576 Hm**, **4 Std.**

Nach der Riegeralm, 1785 m (R 738), südostw. das Hochkar aufwärts und durch ein wildes Kleinkar zur Grünen Lacke, 2454 m.

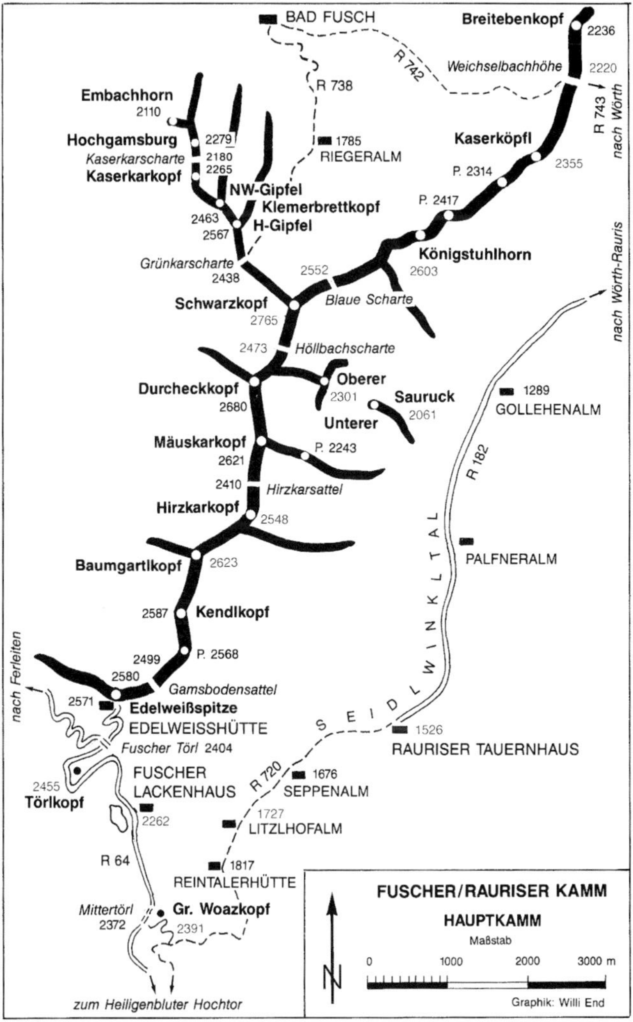
BAD FUSCH
Breitebenkopf
2236
R 742
Weichselbachhöhe
2220
R 743
nach Wörth
R 738
Embachhorn
2110
Hochgamsburg
2279
Kaserkarscharte
2180
2265
Kaserkarkopf
1785
RIEGERALM
Kaserköpfl
P. 2314
2355
NW-Gipfel
Klemerbrettkopf
2463
2567
H-Gipfel
P. 2417
Königstuhlhorn
2603
Grünkarscharte
2438
2552
Blaue Scharte
Schwarzkopf
2765
nach Wörth-Rauris
2473
Höllbachscharte
Durcheckkopf
2680
Oberer
2301
Sauruck
2061
Unterer
1289
GOLLEHENALM
Mäuskarkopf
2621
P. 2243
R 182
2410
Hirzkarsattel
Hirzkarkopf
2548
Baumgartlkopf
2623
PALFNERALM
2587
Kendlkopf
S E I D L W I N K L T A L
2499
P. 2568
2580
Gamsbodensattel
nach Ferleiten
2571
Edelweißspitze
EDELWEISSHÜTTE
Fuscher Törl 2404
1526
RAURISER TAUERNHAUS
FUSCHER
LACKENHAUS
2262
2455
Törlkopf
R 720
1676
SEPPENALM
1727
LITZLHOFALM
R 64
1817
REINTALERHÜTTE
Mittertörl
2372
Gr. Woazkopf
2391
zum Heiligenbluter Hochtor
FUSCHER/RAURISER KAMM
HAUPTKAMM
Maßstab
0
1000
2000
3000 m
N
Graphik: Willi End

Nun südw. in die Blaue Scharte, 2552 m (R 735), und rechts auf dem NO-Kamm zum Gipfel.

1512 Übergang vom Durcheckkopf, 2680 m

I, **1½ Std.**

Vom Durcheckkopf NO-Abstieg in die Höllbachscharte, 2473 m (R 734), und über den S-Kamm auf den Schwarzkopf.

1514 Königstuhlhorn, 2603 m

Felsiger Gipfel im vom Schwarzkopf, 2764 m, nach NO ziehenden Kamm, zwischen beiden Gipfeln die Blaue Scharte, 2552 m (R 735). Kammfortsetzung über das Kaserköpfl, 2356 m, zur Weichselbachhöhe, 2220 m (R 741). Gipfelkreuz.

1517 Kaserköpfl, 2356 m

Zwischen Weichselbachhöhe, 2220 m (im NO), und dem weiter entfernten Königstuhlhorn, 2603 m (im SW).

1518 Nordostkamm

½ Std., unschwierig.

Von der Weichselbachhöhe, 2220 m (R 741), auf dem Kamm über die Vorhöhe, 2250 m, zum Gipfel.

1519 Klemerbrettkopf, 2567 m

Felsgipfel im vom Schwarzkopf, 2764 m, nach NW ziehenden Kamm, nördl. über der Grünkarscharte, 2438 m (R 736), mit einem nach NNO ziehenden, teils felsigen Grat. Vom NW-Gipfel, 2463 m, zieht ebenfalls eine lange Felsschneide nach NNO, zu deren Fuß Steig von der Embach-Hochalm, 1819 m.

1521 Kaserkarkopf, 2265 m; Hochgamsburg, 2279 m

Felsgipfel, zwichen beiden die Kaserkarscharte, 2180 m (R 739), nordnordwestw. vom Klemerbrettkopf, 2567 m.

1523 Embachhorn, 2110 m

Eckpunkt nach der Hochgamsburg, 2279 m, im vom Schwarzkopf, 2764 m, nach NW auslaufenden Grat.

1524 Nordostanstieg

I (Gipfelanstieg), **922 Hm**, **3½ Std.**

Von Bad Fusch, 1188 m, auf Forststraße (weite Kehren) zur Embach-Hochalm, 1819 m; auf Steig Hangquerung nach SW und Steilanstieg zum Gipfel.

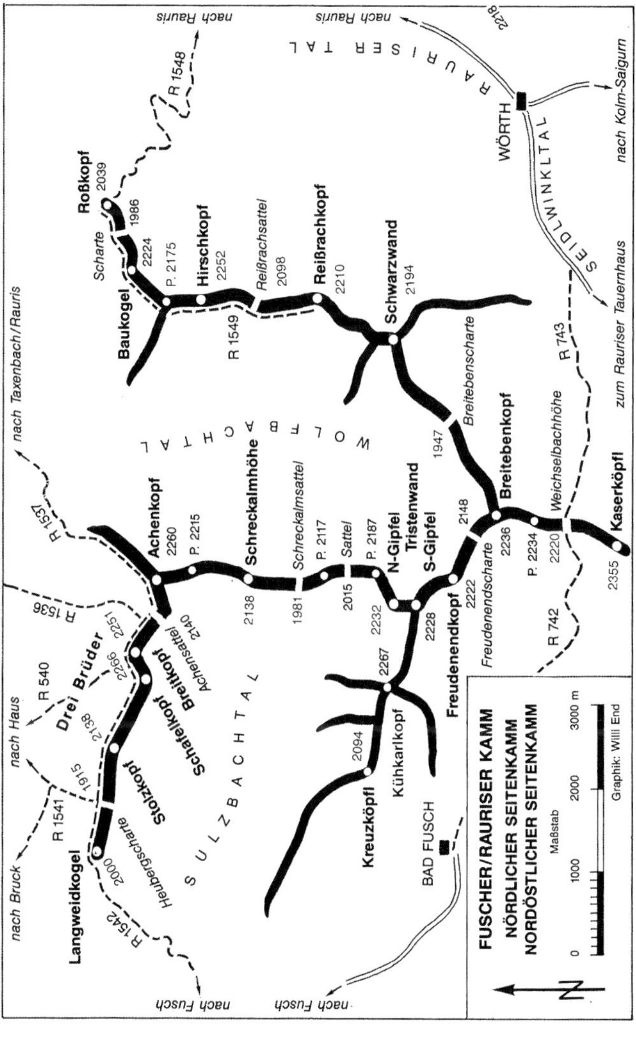
FUSCHER/RAURISER KAMM
NÖRDLICHER SEITENKAMM
NORDÖSTLICHER SEITENKAMM
Maßstab
0
1000
2000
3000 m
Graphik: Willi End
nach Rauris
nach Rauris
RAURISER TAL
2218
WÖRTH
nach Kolm-Saigurn
SEIDLWINKLTAL
zum Rauriser Tauernhaus
R 1548
Roßkopf
2039
1986
Scharte
2224
Baukogel
P. 2175
Hirschkopf
2252
R 1549
Reißbrachsattel
2098
Reißbrachkopf
2210
Schwarzwand
2194
Breitebenscharte
1947
Breitebenkopf
R 743
Weichselbachhöhe
Kaserköpfl
2355
2220
P. 2234
2236
Freudenendscharte
2148
R 742
WOLFBACHTAL
nach Taxenbach/Rauris
R 1537
Achenkopf
2260
P. 2215
Schreckalmhöhe
2138
Schreckalmsattel
1981
P. 2117
Sattel
2015
P. 2187
N-Gipfel
Tristenwand
S-Gipfel
2232
2228
2222
Freudenendkopf
2267
Kühkarlkopf
2094
Kreuzköpfl
BAD FUSCH
nach Fusch
nach Fusch
R 1536
Achensattel
2140
2251
Drei Brüder
2266
R 540
nach Haus
Breitkopf
Schattelkopf
2138
nach Haus
1915
Stolzkopf
R 1541
nach Bruck
Langweidkogel
2000
Heubergscharte
R 1542
SULZBACHTAL

1525 Übergang zur Hochgamsburg, 2279 m

I, 309 Hm, 1 Std., lohnend. Übergang übers Embachschartl, 1970 m (R 740).

b) Fuscher/Rauriser Kamm – Nördlicher Seitenkamm

(ab Weichselbachhöhe mit Auslauf über den Achenkopf zum Salzachtal)

1526 Breitebenkopf, 2236 m

Breiter Rasenrücken zwischen Weichselbachhöhe, 2220 m (im S), und Freudenendscharte, 2148 m – Freudenendkopf, 2222 m (im NW); schöner Aussichtspunkt. Gipfelkreuz.

1527 Südanstieg

½ Std.

Von der Weichselbachhöhe, 2220 m (R 741), auf dem flachen Rücken über P. 2234 m zum Gipfel.

1528 Nordwestanstieg

¼ Std.

Von der Freudenendscharte, 2148 m (R 744), über den NW-Rücken.

1529 Tristenwandkopf, 2232 m

Markanter Gipfel mit teils felsigen Aufbauten zwischen Freudenendkopf, 2222 m (im S), und Schreckalmsattel, 1981 m (im N); vom S-Gipfel, 2228 m, nach W ein einfacher Kamm über Kühkarlkopf, 2267 m (Rasenkuppe, Steig von Bad Fusch über die Riedelalm, 1745 m, 3½ Std.), zum Kreuzköpfl, 2094 m (Gipfelkreuz, bez. Anstieg von Bad Fusch übers Kasereck, 1589 m, 3 Std.).

1530 Nordanstieg

1 Std., Steig.

Vom Schreckalmsattel, 1981 m (R 746), am Kamm nach S, über P. 2117 m in einen Sattel, 2015 m; an der W-Seite unter P. 2187 m vorbei und hangaufwärts zum Gipfel.

1533 Schreckalmhöhe, 2138 m

Zwischen Schreckalmsattel, 1981 m (im S), und Achenkopf, 2260 m (im N).

1534 Südanstieg

¾ Std., Steig.

Vom Schreckalmsattel, 1981 m (R 746), auf dem Kamm zum Gipfel.

1535 Achenkopf, 2260 m

Nördlichster Gipfel des Fuscher/Rauriser Kamms zum Salzachtal; im W das Fuscher Tal, im S das kurze, in das Fuschertal mündende Sulzbachtal und im O das Wolfbach- zum Salzachtal. Im W-Kamm zum Langweidkogel, nach dem Achensattel, 2140 m, die Gipfel der »Drei Brüder« (Breitkopf, 2251 m, Schafelkopf, 2266 m, Stolzkopf, 2138 m); lohnender Aussichtspunkt.

1536 Nordanstieg

5 Std., **1515 Hm**, bez. Nr. 731, Güterweg bis Fürstaualm.

Von Gries, 745 m, über die Salzach und auf den Blasbichl. Rechtsseitig entlang des Schaidmoosgrabens aufwärts zur Fürstaualm, 1422 m, entlang des Wasserlaufs in S-Richtung weiter, in der Karenge über eine Steilstufe und südwestw. aufwärts in den Achensattel, 2140 m. Am Kamm links auf den Achenkogel oder rechts auf den Breitkopf (Drei-Brüder-O-Gipfel).

1537A Nordostabstieg

3 Std., **1544 Hm**, bez. Nr. 730.

Auf dem NO-Kamm über P. 2067 m, Wegkreuz, abwärts und zur Winkler-Hochalm, 1600 m – Winkler-Grundalm, 1445 m, danach die Holzneralm, 1289 m, und über Unter-Thann abwärts zur Salzachbrücke; 1 km zum Bahnhof Taxenbach/Rauris.

1538 Südkamm

1¼ Std., **282 Hm**, Steig.

Vom Schreckalmsattel, 1981 m (R 746), auf dem Kamm über die Schreckalmhöhe, 2138 m, und auf den Achenkopf.

1539 »Drei Brüder«

Westgipfel: Stolzkopf, 2138 m – Mittelgipfel: Schafelkopf (auch Mittagskopf), 2266 m – Ostgipfel: Breitkopf, 2251 m

Im W-Kamm vom Achenkopf, 2260 m, zwischen Achensattel, 1940 m (im O), und Heubergscharte, 1915 m (im W); lohnende Aussichtspunkte, auf jeder Erhebung ein Gipfelkreuz. Die Gipfelüberschreitung verlangt Trittsicherheit (I, ¾ Std.).

1540 Nordanstieg

4½ Std., **1504 Hm**, bez. Nr. 732, Güterweg bis Heubergalm.

Von Haus, 760 m, über die Salzach und aufwärts nach Reit und Kösslriß, 1019 m. Weiter zur Abzweigung, 1600 m (rechts zur Heubergalm, R 1541) und zur nahen Erlhofalm, 1653 m (3 Std.). Im mäßig ansteigenden Schinderkar weiter, zuletzt ein Steilanstieg auf den Breitkopf und rechts auf den nahen Schafelkopf.

1541 Nordwestanstieg

5 Std., **1384 Hm**, bez. Nr. 736.

Von Bruck a. d. Glocknerstraße, 755 m, vom östl. Ortsende nach SO aufwärts über den Pichlberg (Pichlkampen, 1422 m, danach die Quelle »Neun Brünn«), Güterwegende. Weiter zur Heubergalm, 1663 m. Nun nach S in die Heubergscharte, 1915 m, links auf den Stolzkopf, rechts auf Landweidkogel.

1542 Südwestanstieg

4 Std., **1328 Hm**, bez. Nr. 730.

Von Fusch a. d. Glocknerstraße, 811 m, talaus nach Sulzbach. Links des Sulzbachs, anfangs in Kehren, auf dem SW-Rücken über P. 1348 m und P. 1603 m empor auf den Langweidkogel, 2000 m (3½ Std.). Auf dem Verbindungskamm über die Heubergscharte, 1915 m (R 748), zum Stolzkopf.

1543 Langweidkogel, 2000 m

Eckpunkt des vom Achenkopf über die »Drei Brüder« nach W ziehenden Kamms.

1544 Südwestanstieg

Vgl. R 1542.

c) Fuscher/Rauriser Kamm – Nordöstlicher Seitenkamm

(ab Weichselbachhöhe mit Auslauf über den Baukogel zum Salzachtal)

1545 Reißrachkopf, 2210 m

Zwischen Schwarzwand, 2194 m (im SW), und Reißrachsattel, 2098 m – Hirschkopf, 2252 m (im N). Gipfelkreuz.

1546 Ostanstieg

3½ Std., **1263 Hm**, bez. Nr. 124.

Von Rauris, 948 m, von der Kirche nach W über den Kreuzboden, 1246 m, aufwärts zur Gstatter Hochalm, 1675 m.
Auf dem Rücken weiter in den Reißrachsattel, 2098 m (R 754), und auf dem Kamm links zum Gipfel.

Südlicher Fuscher/Kapruner Kamm von Nordwesten.

Gr. Wiesbachhorn
Vorderer Bratschenkopf
Hinterer Bratschenkopf
Klockerin
Gr. Bärenkopf
Keilscharte
Mittlerer Bärenkopf
Kleiner
Vorderer
Schwarzköpfl
Schwaiger-Haus

1547 Baukogel, 2224 m

Zwischen Hirschkopf, 2252 m (S), und Roßkopf, 2039 m (NO). Gipfelkreuz.

1548 Ostanstieg

3½ Std., **1276 Hm**, bez. Nr. 125.

Von Hundsdorf, nördl. von Rauris, 948 m, nach W aufwärts zur Penninghofalm, 1505 m. Auf dem breiten Rücken nordwestw. empor, am Roßkopfgipfel nahe links vorbei und auf den Blaukogel.

1549 Übergang über den Hirschkopf, 2252 m, zum Reißrachkopf, 2210 m

1¼ Std., bez., Trittsicherheit nötig.

Vom Baukogel auf dem Kamm nach SO zu P. 2175 m; in S-Richtung über den Hirschkopf in den Reißrachsattel, 2098 m (R 754), und weiter auf den Reißrachkopf.

Fuscher/Kapruner Kamm

Tourenbereich: Berghaus Mooserboden (Ghs. »Heidnische Kirche«), Gleiwitzer Hütte, Heinrich-Schwaiger-Haus, Schwarzenberghütte.
Landkarten: AVK Nr. 40 »Großglocknergruppe«, 1:25.000 (Teilbereich); ÖK-UTM Nr. 3221 »Zell am See«, 1.50.000 (Teilbereich); ÖK-UTM Nr. 3227 »Großglockner«, 1.50.000 (Teilbereich); ÖK-BMN Nr. 123 »Zell am See«, 1:50.000 (Teilbereich); ÖK-BMN Nr. 153 »Großglockner«, 1:50.000 (Teilbereich); FB-WK Nr. 122 »Großglockner/Kaprun/Zell am See«, 1:50.000.

a) Fuscher/Kapruner Kamm – Hauptkamm

(zwischen Gruber- und Oberer Jägerscharte)

1552 Klockerin

Südwestgipfel, 3425 m – Nordostgipfel, 3335 m

1. Ersteigung und Überschreitung: K. Hofmann, J. Stüdl mit Th. Groder, J. Schnell, 18.9.1869 (in der Annahme am Großen Bärenkopf zu sein). 1. Winterersteigung: Th. Oberwalder, 2.3.1906; NO-Anstieg, Abstieg S-Kamm.

Glockenähnliche Firnkuppe, durch den Klockerinsattel, 3295 m, vom nordöstl. befindlichen Hinteren Bratschenkopf, 3413 m, getrennt. Am S-Fuß die Gruberscharte, 3092 m (mit der ÖGV-Biwakschachtel), die Bärenkopf- (im W) und Hochgruberkees (im O) teilt. Bratschige SO-Flanke zum Hochgru-

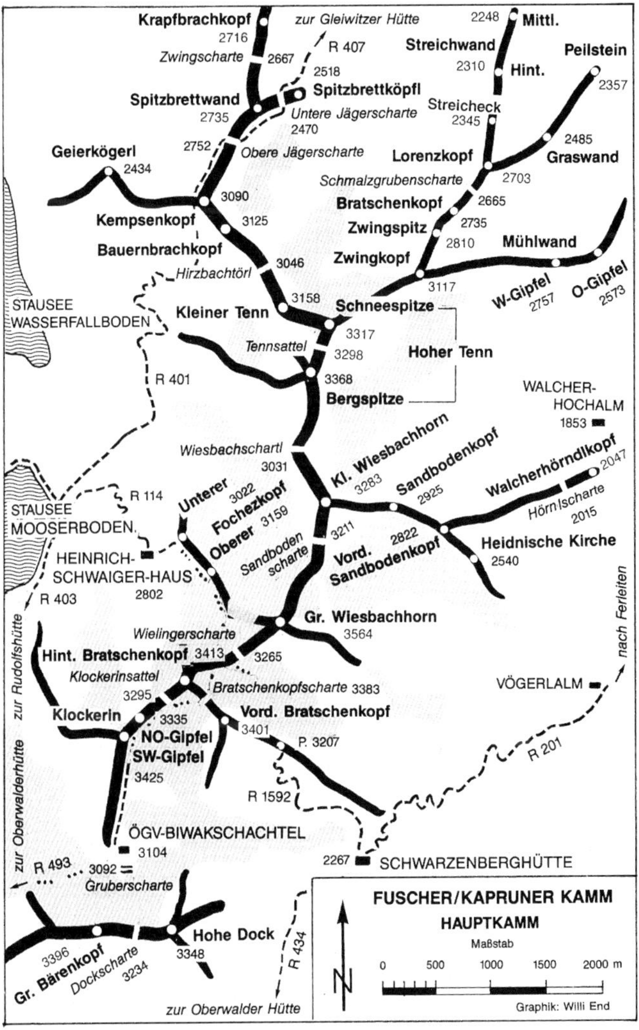
Krapfbrachkopf
2716
Zwingscharte
2667
zur Gleiwitzer Hütte
R 407
2518
2248
Mittl.
Streichwand
Hint.
2310
Peilstein
2357
Spitzbrettwand
2735
Spitzbrettköpfl
Untere Jägerscharte
2470
Streicheck
2345
2485
Graswand
Geierkögerl
2434
2752
Obere Jägerscharte
Lorenzkopf
2703
Schmalzgrubenscharte
3090
Kempsenkopf
3125
Bratschenkopf
2665
Zwingspitz
2735
2810
Mühlwand
Bauernbrachkopf
3046
Zwingkopf
Hirzbachtörl
3117
W-Gipfel
2757
O-Gipfel
2573
STAUSEE
WASSERFALLBODEN
Kleiner Tenn
3158
Schneespitze
3317
Tennsattel
3298
Hoher Tenn
R 401
3368
Bergspitze
WALCHER-
HOCHALM
1853
Wiesbachschartl
3031
Kl. Wiesbachhorn
3283
Sandbodenkopf
2925
Walcherhörndlkopf
2047
Hörnlscharte
2015
R 114
Unterer
3022
Fochezkopf
Oberer
3159
STAUSEE
MOOSERBODEN
HEINRICH-
SCHWAIGER-HAUS
2802
R 403
Sandboden
scharte
3211
Vord.
2822
Sandbodenkopf
Heidnische Kirche
2540
Gr. Wiesbachhorn
3564
nach Ferleiten
zur Rudolfshütte
Wielingerscharte
Hint. Bratschenkopf
3413
3265
Klockerinsattel
3295
Bratschenkopfscharte 3383
VÖGERLALM
Klockerin
3335
Vord. Bratschenkopf
3401
NO-Gipfel
SW-Gipfel
3425
P. 3207
R 201
R 1592
zur Oberwalderhütte
ÖGV-BIWAKSCHACHTEL
3104
2267
SCHWARZENBERGHÜTTE
R 493
3092
Gruberscharte
Hohe Dock
3348
3396
Gr. Bärenkopf
Dockscharte
3234
R 434
zur Oberwalder Hütte
FUSCHER/KAPRUNER KAMM
HAUPTKAMM
Maßstab
0
500
1000
1500
2000 m
N
Graphik: Willi End

berkees, mächtige NW-Wand zum Klockerinkees gegen den Mooserboden; vom felsigen SW-Gipfel ein gewaltiger W-Grat, vom verwechteten NO-Gipfel eine scharfe NW-Rippe. Bergsteigerisch bedeutend; Prachtaussicht, großartiger Tiefblick zum Mooserboden. Früher »Glockerin«/»Glocknerin«.

■ 1553 Südkamm

K. Hofmann, J. Stüdl mit Th. Groder, J. Schnell, 18.9.1869, im Abstieg; ZDAV 1870–71/68. F. Steiner mit A. Granögger, G. Bäuerle, 21.8.1871, im Aufstieg; ZDÖAV 1872/68.

I, 330 Hm, 1 Std., Normalanstieg. Vgl. Fotos S. 223, 419, 425, 429.

Von der Grubenscharte, 3092 m (R 761), auf dem breiten S-Kamm aufwärts; dieser wird oben schmäler und leitet zuletzt steil zum Gipfel.

■ 1554 Nordostanstieg

K. Hofmann, J. Stüdl mit Th. Groder, J. Schnell, 18.9.1869; ZDAV 1870–71/58.

1 Std., **157 Hm**, Gletschergelände. Vgl. Fotos S. 223, 419, 425.

a) Von der Wielingerscharte, 3265 m (R 766), nach S und die NO(Firn)-Flanke aufwärts (in der Mitte Steilstück mit Bergschrund) in die Bratschenkopfscharte, 3383 m (R 765), weiter über den Klockerinsattel, 3295 m (R 767).
b) Bei vereister Flanke bzw. großem Bergschrund: Von der Wielingerscharte mit R 1572 auf den Hinteren Bratschenkopf, 3413 m, und über den Klockerinsattel.

■ 1555 Südostflanke

J. Sichelradner, F. Brozek, 13.7.1921.

Bis **45°**, **III–**, **330 Hm**, **1½ Std.** Vgl. Fotos S. 419, 425, 429.

Von der Gruberscharte, 3092 m (R 761), über den Felsabsatz des S-Kamms empor und nach rechts in die SO-Flanke. Die Firnflanke aufwärts zum schrägen Plattengürtel; dieser wird in der Mitte, im Riss links einer gelben Platte, überstiegen; darüber über die Firnflanke weiter zum Gipfel.

□ 1556 Südwestwand

H. Peterka, H. Majer, 3.9.1925; AVF-GC 9/1995/456.

Gruberscharte, Klockerin von Südsüdosten

Gruberscharte:	**Klockerin:**
R 499 von der Oberwalderhütte	R 1553 Südkamm
R 762 von der Schwarzenberghütte	R 1554 Nordostanstieg
	R 1555 Südostflanke

Klockerin
SW-Gipfel
NO-Gipfel
Gruberscharte
ÖGV-Biwakschachtel
Klockerinsattel
1554
1553
1555
Bratschenkopfkees
499
762
Hochgruberke

1557 Direkte Südwestwand

H. Tomaschek, 19.9.1932.

II, **560 Hm**, **2½ Std.**

E. am Bärenkopfkees, nördl. von P. 2877 m, in Gipfelfalllinie. In einer Kerbe, die zu einer gestuften Rinne wird, aufwärts zu einem kleinen Eisfeld. Nach diesem über steilen Fels zum Gipfel.

1558 Nordwestflanke-Übersicht

Der NW-Absturz zum Klockerinkees (mittlerer Gletscherboden, 2500 m) beträgt über 900 Hm, ist rechts vom W-Grat und dessen nördl. Vorfuß, dem Klockerriedl (ab P. 2677 m bis 2059 m, beim Mooserboden-Stausee), links von einer breiten Felsfläche eingefasst, die sich im W-Absturz des Hinteren Bratschenkopf fortsetzt. Diese Felsfläche gehört dem NO-Gipfel, 3335 m, an und ist von der markanten NW-Rippe (R 1566) durchzogen, die bei P. 2533 m am Klockerinkees fußt und den Abschluss der NW-Abstürze bildet. Die eigentliche NW-Wand fußt in 2600 m Höhe auf dem ansteigenden Klockerinkees. Hier eingeschnitten eine Firnrinne, linksseitig eingefasst von einer Steilwand, rechts von den Séracabbrüchen des zum W-Grat ansteigenden Obersten Klockerinkeeses. Über der Firnrinne ein schräg rechts ansteigender senkrechter Wandgürtel, darüber weniger steiles Gelände und die senkrechte Gipfelwand. R 1562 steigt in der Firnrinne an, umgeht links den senkrechten Wandgürtel, quert unter der Gipfelwand nach rechts und erreicht nahe des SW-Gipfels den W-Grat; R 1565 verläuft rechts von R 1562 und überwindet den senkrechten Wandgürtel im direkten Anstieg. Rechts vom Séracabbruch des Obersten Klockerinkeeses steigen schräg rechts Felsstufen gegen den W-Grat an und vereinigen sich im P. 3002 m, hier Beginn des oberen W-Grats. Abwärts teilt sich der Grat – der W-Arm fällt bis 2680 m kantenartig zum Bärenkopfkees ab, der N-Arm zieht zu P. 2677 m und läuft im Klockerriedl aus. Der W-Grat, schönster Anstieg auf die Klockerin, hat die alpine Erschließung des NW-Absturzes eingeleitet. Der Aufbau der NW-Wand ergibt sich mit dem Ansteigen des Klockerinkeeses.

1559 Westgrat

R. Gerin, O. Pitschmann, 18.7.1911; ÖAZ 1911/266.

40° (Zustieg), **III**, 420 Hm, gesamt **1382 Hm**, **5½ Std.** Vgl. Fotos S. 421, 423.

Klockerin – Westgrat:
R 1559 Westgrat
R 1560 Westgrat-Nordfirst (Klockerriedl)
R 1562 Nordwestwand

Klockerin
Gr. Bärenkopf
Mittlerer Bärenkopf
Großglockner
Glocknerwand
1559
P. 3002
Oberstes Klockerinkees
P. 2861
P. 2796
1562
Schwaiger-Haus
P. 267
P. 2600
Klockerinkees
P. 2500
1560
1559

Übersicht: Vgl. R 1558.
Zugang: Vom Bergrestaurant Mooserboden (Ghs. Heidnische Kirche), 2040 m, mit R 402 unter das Klockerinkees, das über Schutt und Lawinenreste erreicht wird. Am Gletscher aufwärts (linker Winkel) zum ebenen Firnboden, 2500 m. Hier über Firn zu den rechtsseitigen Felsen; in einer Firnrinne, dann über Felsstufen schräg aufwärts auf die W-Grat-Schulter, P. 3002 m (Gratbeginn, 2½ Std.).
Anstieg: Am W-Grat zum 1. Turm und an der rechten Wand von einem breiten Band (2 SL von der Schulter) über seine Kante (brüchig) auf den Turm (links Umgehung möglich). Über ein Wandl zu der folgenden Fels- und Firnschneide und auf dieser zu einem markanten Schartl. Am Bratschengrat aufwärts zum großen Steilaufbau des mittleren W-Grats. Unter den Wänden nach rechts, entlang senkrechter Abstürze hinauf, auf einer Leiste unter Überhängen nach links zum Grat. Auf diesem über den SW-Gipfel zum NO-Gipfel.

■ 1560 Westgrat-Nordfirst (Klockerriedl)

Erstbegeher unbekannt.

III, **700 Hm** bis W-Grat-Schulter, **2 Std.** Vgl. Foto S. 421.

Übersicht: Vgl. R 1558.
Zugang: Vgl. R 1559.
Anstieg: Rechts im beginnenden Karwinkel neben dem Klockerinkees über Felsstufen und Gratbauten zur Höhe des Klockerriedl, 2677 m, dann weniger steil dem Felsrücken entlang zur W-Gratschulter, P. 3002 m, mit R 1559.

□ 1561A Westgrat-Kantenabbruch

H. Peterka, H. Majer, 3.9.1925; s. AVF-GC 10/2003/424.

■ 1562 Nordwestwand

W. Welzenbach, K. Wien, 1.9.1926; ÖAZ 1926/198, Jb. AAVM 1925–26/50. 1. Winterbegehung: H. Kutscher, L. Hetz, 26.2.1961. 1. Alleingang, 2. Winterbegehung: Th. Huber, 6.1.1964.

Bis **56°**, III und **IV**, 922 Hm, mit Zugang **1382 Hm**, **8 Std.**, Vereisungs- und Steinschlaggefahr! Kombinierter Anstieg, Schwierigkeit ist von den Verhältnissen abhängig. Vgl. Fotos S. 421, 423.

Klockerin von Nordwesten:
R 1559 Westgrat
R 1562 Nordwestwand
R 1563 Variante zu R 1562
R 1565 Direkte Nordwestwand (»Via Heidrun«)
R 1566 Nordwestrippe
R 1568A Nordwestrippenflanke
R 402 Übergang Bergrestaurant Mooserboden (Ghs. Heidnische Kirche) – Rudolfshütte

Klockerin
NO-Gipfel
SW-Gipfel
Klockerinsattel
1559
P. 300
1563
Oberstes
Klockerinkees
1562
1565
1566
P. 2533
1568A
Klockerinkees
P. 2500
1562
402

Anmerkung: Die NW-Wand wurde bereits im Sommer 1917 durch Alfred Wiegele (1892–1979) aus Nötsch/Gailtal, mit drei Instruktoren anlässlich eines k.u.k.-Alpinkurses durchstiegen; der Anstiegsverlauf, sicher den geringsten Schwierigkeiten folgend, ist nicht mehr genau feststellbar (NAV).
Übersicht: Vgl. R 1558.
Zugang: Vgl. R 1559.
Anstieg: E. am Firnboden, 2500 m, des Klockerinkeeses. Eine Firnwand empor zum Eisbruch und daneben in einem Firncouloir etwa 150 m aufwärts (wegen Eisschlaggefahr links halten!). In Höhe des Séracgürtels über gestuften Fels auf die linke Begrenzungsrippe des Couloirs. Auf dieser ca. 200–250 m über meist morschen, plattigen (mitunter vereisten) Fels aufwärts, bis man sich über dem senkrechten Wandgürtel befindet, der die NW-Wand von links nach rechts ansteigend durchzieht und am obersten Klockerinkees aufsitzt. Die nun weniger steile Wandzone ist rechts von einer Plattenrampe begrenzt. In dieser weniger steilen Wandzone zuerst gerade, dann schräg rechts über steile, meist vereiste Platten 250–300 m aufwärts zu deren rechtsseitig einfassenden Plattenrampe unter der lotrechten Gipfelwand. Diese Plattenrampe bildet ein paralleles, rinnenartiges Couloir zum nahen W-Grat. Im Couloir (Wassereis) etwa 60 m empor, Übertritt an die rechte Begrenzungswand und an steiler Rippe Ausstieg zum W-Grat 20 m unter dem SW-Gipfel.

□ 1563 Variante 1 (Ausstieg) zu R 1562

F. Zimmermann, K. Isnenghi, F. Windsteig, 18.6.1928; B 1929/685, AN 1928/9/8; s. AVF-GC 10/2003/425. Vgl. Foto S. 423.

□ 1564 Variante 2 (Ausstieg) zu R 1562

R. Götz, M. Hofpointner, G. Werner, 5.1.1962; AL 1966/54.

■ 1565 Direkte Nordwestwand (»Via Heidrun«)

St. Eder, H. Bärnthaler, 30.9.1986; NAV.

75° (Ausstiegsrinne), sonst 50–60°, bis **V**, 922 Hm, mit Zugang **1382 Hm**, **7 Std.**
Übersicht: Vgl. R 1558.
Zugang: Vgl. R 1559.
Anstieg: Vgl. Foto S. 423.

■ 1566 Nordwestrippe

H. Peterka, F. Zimmermann, 7.10.1936. 1. Winterbegehung: M. Rainer, E. Bartl, 3.2.1970.

Ausstieg **45°**, **IV–**, 889 Hm, mit Zugang **1382 Hm**, **6 Std.** Vgl. Foto S. 423.
Übersicht: Vgl. R 1558.
Zugang: Vgl. R 1559.

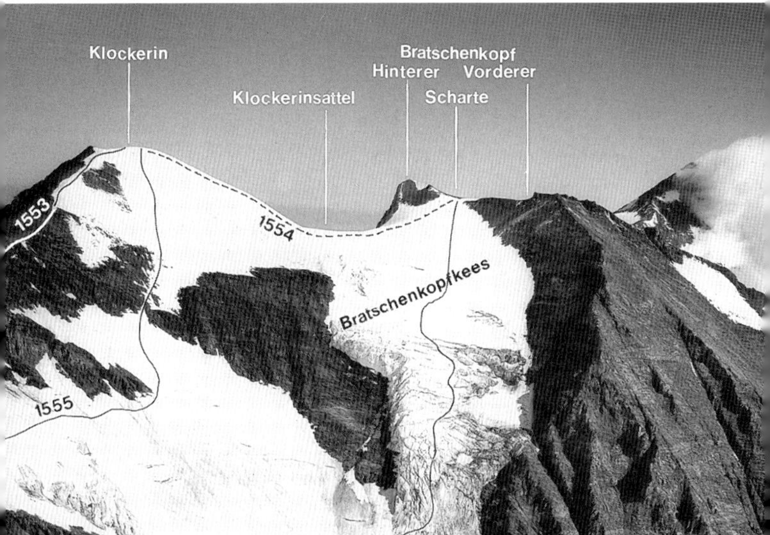

Klockerin, Bratschenköpfe von Süden:

Klockerin:
R 1553 Südkamm
R 1554 Nordostanstieg
R 1555 Südostflanke

Bratschenkopf:
R 1575 Südflanke (Bratschenkopfkees)
R 762 zur Gruberscharte (von der Schwarzenberghütte)

Anstieg: Am Firnboden, 2500 m, des Klockerinkeeses nach links zum Fuß der NW-Rippe, P. 2533 m (breite Randkluft). Rechts eines Überhangs an senkrechter Platte aufwärts zu einer schrägen Leiste, über einen Überhang und weniger steil auf die Höhe des Rippenabbruchs. Schräg rechts auf eine Schulter und an der Blockrippe aufwärts zu einer kleinen, dreieckigen Wand. Auf Band (Blöcke) nach links, wo die linke Firnwand die dreieckige Wand erreicht. An das linke, obere Ende und über Platten schräg rechts auf die Höhe der dreieckigen Wand (die damit umgangen und die Rippe wieder erreicht ist). Den Firngrat weiter zur nächsten Steilstufe. Von links auf ihre Höhe und über die Firnwand in die verwechtete Scharte des NO-Gipfels.

☐ 1567 Variante (Ausstieg) zu R 1566

M. Sild, K. Loibl, 30.5.1938.

☐ 1568A Nordwestrippenflanke

H. Peterka, F. Zimmermann, 7.10.1936, im Abstieg; s. AVF-GG 9/1995/464.Vgl. Foto S. 423.

1570 Hinterer Bratschenkopf, 3413 m

1. Ersteigung und Überschreitung (NO–S): K. Hofmann, J. Stüdl mit Th. Groder, J. Schnell, 18.9.1869 (man glaubte auf der Klockerin zu sein). 2. Ersteigung und Überschreitung (SO–NO): F. Steiner mit A. Granögger, G. Bäuerle, 21.8.1871; ZDÖAV 1872/68.

Eleganter Firngipfel zwischen Wielingerscharte, 3265 m (im NO), und Klockerin, 3425 m (im SW), im SO die Bratschenkopfscharte, 3383 m, und anschließend der kammartige Vordere Bratschenkopf, 3401 m. Gewaltige Felsflanke nach W mit dem Oberen Klockerinkees. Pfeilerartiger N-Grat, der das Kaindl- (im NO) vom Oberen Klockerinkees (im SW) trennt; beide Gletscher brechen mit Séracmauern ab. Nach S Abzug des Bratschenkopfkeeses zum Hochgruberkees. Name durch Vermessungsleutnant v. Pelikan, 1871. Beliebt, einfach zu erreichen, packende Aussicht zum Großen Wiesbachhorn. Normalanstieg von der Wielingerscharte (R 766). Gipfelkreuz.

Hinterer Bratschenkopf von Nordosten:
R 1571 Nordostanstieg (Firnanstieg)
R 1571a Nordostanstieg (Firnanstieg)
R 1572 Nordostanstieg (Felsanstieg)

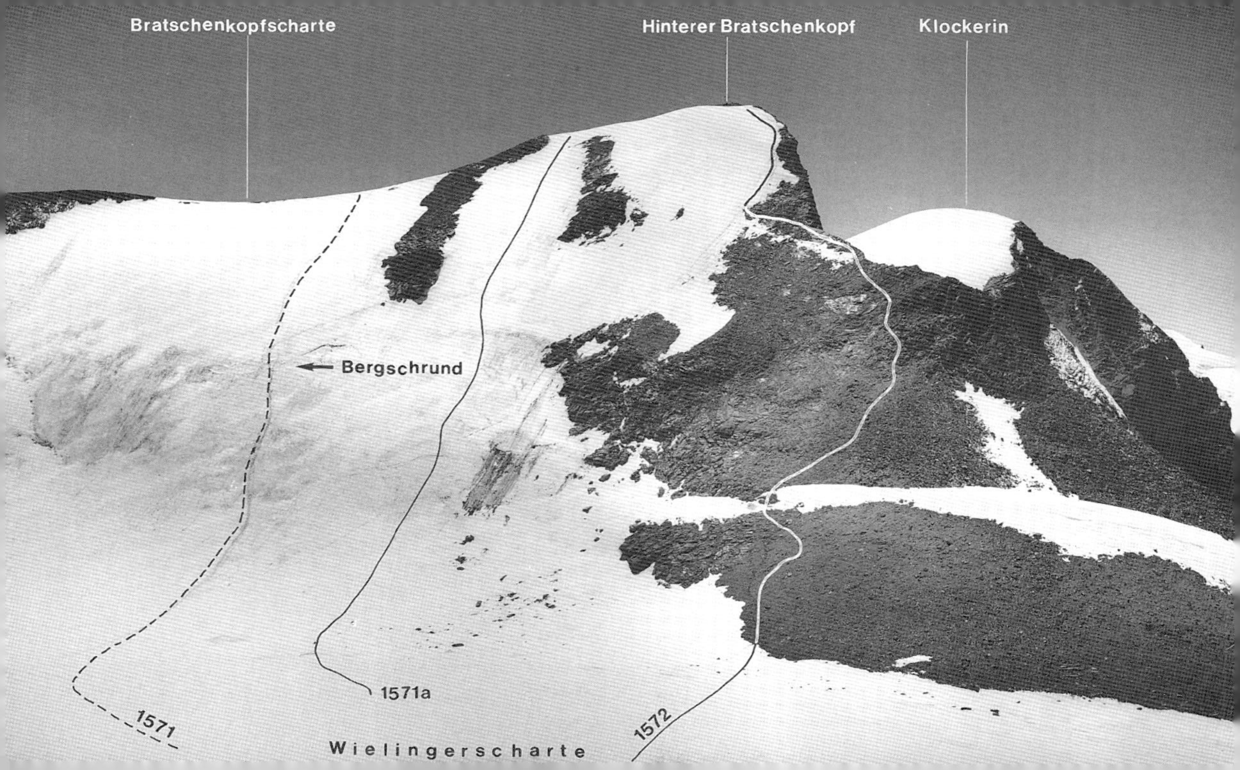

Bratschenkopfscharte
Hinterer Bratschenkopf
Klockerin
Bergschrund
1571a
1571
1572
Wielingerscharte

1571 Nordostanstieg (Firnanstieg)

K. Hofmann, J. Stüdl mit Th. Groder, J. Schnell, 18.9.1869; ZDAV 1870–71/458.

¾ **Std.**, **147 Hm**, einfaches Gletschergelände, Normalanstieg. Vgl. Foto S. 427.

Von der Wielingerscharte, 3265 m (R 766), südw. und über die Firnflanke, in der Mitte Steilstück mit Bergschrund, direkt in die Bratschenkopfscharte, 3383 m (R 765), und rechts zum Gipfel.

1571a Nordostanstieg (Firnanstieg)

K. Maluck, J. Wiech, 6.8.1996.

Rechts von R 1571. Vgl. Foto S. 427.

1572 Nordostanstieg (Felsanstieg)

I, **147 Hm**, ¾ **Std.**, Normalanstieg. Vgl. Foto S. 427.

Von der Wielingerscharte, 3265 m (R 766), südwestw. zum meist ausgeaperten Schutt- und Schrofengelände des Hinteren Bratschenkopfs. Über dieses aufwärts auf die markante N-Grat-Schulter und links entlang zum gratartigen Gipfelaufbau. Über diesen (rechts Steilabsturz, links Schrofen- bzw. Schneeflanke) teils ausgesetzt zum Gipfel.

1573 Südostanstieg

F. Steiner mit A. Granögger, G. Bäuerle, 21.8.1871, im Abstieg; ZDÖAV 1872/68. J. Hossinger, G. Geyer, 9.8.1890, führerlos im Aufstieg; ÖAZ 1891/42.

½ **Std.**, einfach.

Von der Bratschenkopfscharte, 3383 m (R 765), entlang des Schneekamms zum Gipfel.

1574 Südflanke

K. Hofmann, J. Stüdl mit Th. Groder, J. Schnell, 18.9.1869, im Abstieg; ZDAV 1870–71/458.

¼ **Std.**, einfach.

Vom Klockerinsattel, 3295 m (R 767), auf dem Firnhang zum Gipfel.

Vorderer Bratschenkopf von Osten

Klockerin:
R 1553 Südkamm
R 1555 Südostflanke

Vorderer Bratschenkopf:
R 1583 Südostanstieg (zugleich Gr.-Wiesbachhorn-S-Anstieg, R 1592)
R 1586 Südgrat
R 1587 Südpfeiler
R 1592 Südanstieg zum Großen Wiesbachhorn

Klockerin
SW-Gipfel
NO-Gipfel
Vorderer Bratschenkopf
1592
1553
1586
55
1583
587
ochgruberkees
1583

■ 1575 Südflanke (Bratschenkopfkees)

R. Klose, R. Behounek, Luise Klement, 4.7.1937; Jb. BG/ÖTK 1929–39/53, Jb. SB 1937/30.

60° (am Eisbalkon über dem Einstieg), 40–45°, wechselnde Verhältnisse und Schwierigkeiten, **600 Hm**, **4 Std.** Das (anfangs schmale) Bratschenkopfkees schmiegt sich als Hängegletscher westseitig an den Vorderen-Bratschenkopf-S-Grat (R 1586). Vgl. Foto S. 223, 425, 431.

E. am Hochgruberkees (R 762) links vom Fuß des Vorderen Bratschenkopf-S-Grats, 2800 m. Das Bratschenkopfkees verschmilzt in 2900 m Höhe mit einem steilen Eislappen im Hochgruberkees, dieser wird links erstiegen. In der Gletscherwölbung zwei Erhebungen, dann eine flache Mulde. Über dieser mehrere riesige Querspalten (Schlüsselstellen des Anstiegs). Darüber ein Firnhang (rechts zur Bratschenkopfscharte), der gerade zum Gipfel führt.

■ 1576 Nordgrat

H. Peterka, 25.8.1929. 1. Winterbegehung: M. Rainer, E. Bartl, 1.2.1970.

III, 360 Hm, gesamt **620 Hm**, **3½ Std.** Vgl. Foto S. 431.

Vom Heinrich-Schwaiger-Haus, 2802 m, mit R 1591 bis in halbe Höhe der Sicherungen im »Klamml«. Hier nach rechts zum Kaindlkees und an seinem Abbruchrand hinüber zu einem großen Felskopf, 3060 m, über dem pfeilerartigen N-Grat-Abbruch. Am Grat über drei kleine Steilstufen auf eine Schulter und über eine Firnhaube. Die Steilheit nimmt nun ab, es folgt eine schmale Firnschneide und nach dieser wieder steilerer Fels, der zum Gipfel leitet.

□ 1576a Nordanstieg

Th. Harprecht mit A. Hetz, 3.9.1868; Jb. ÖAV 1869/281. Historischer Anstieg, s. AVF-GG 10/2003/430.

■ 1577 Westwand

F. Herrmann, F. Proksch, F. Schaffer, 18.7.1928; Jb. BG/ÖGV 1927–29/95. R. Gerin, M. Hilber, 10.8.1923, Versuch unterer Wandbereich.

Bis 40° am Oberen Klockerinkees, 1 SL **55–60°**, **III+**, 1000 Hm, gesamt **1300 Hm**, **6–7 Std.**, sehr gefährlich, im oberen Wanddrittel das Obere Klockerinkees. S. AVF-GG 9/1995/468.

Vorderer Bratschenkopf von Süden

Hinterer Bratschenkopf:
R 1575 Südflanke

Vorderer Bratschenkopf:
R 499 zur Bratschenkopfscharte
R 1586 Südgrat
R 1587 Südpfeiler

Vorderer Bratschenkopf
499
575
Bratschenkopf-
-kees
1575
1586
1587
Hochgruberkees

1580 Vorderer Bratschenkopf, 3401 m

1. Ersteigung: K. Hofmann mit Th. Groder, J. Schnell, 24.7.1869, SO-Kamm.

Mächtiger Felsbau mit einem östl. Vorgipfel, 3394 m, und einem östlichsten Vorgipfel, 3353 m, nördl. über dem Hochgruberkees; im O vom Teufelsmühlkees, im W vom Bratschenkopfkees flankiert, beide sind zerklüftete Hängegletscher. Ein sanfter Gipfelrücken nach NW in die Bratschenkopfscharte, 3383 m, vor dem Hinteren Bratschenkopf, 3413 m; langer S-Grat, dem ein S-Pfeiler entspringt.

1581 Nordwestkamm

K. Hofmann, J. Stüdl mit Th. Groder, J. Schnell, 18.9.1869.

½ Std., einfach.

Von der Bratschenkopfscharte, 3383 m (R 765), auf dem Schneekamm.

1582 Nordanstieg

K. Hofmann mit Th. Groder, J. Schnell, 24.7.1869, im Abstieg; ZDAV 1870–71/253.

45°, 135 Hm, ¾ Std.

Von der Wielingerscharte, 3265 m (R 766), auf dem flachen Gletscher nach S (zuletzt Spalten) und auf dem N-Grat (Firn, 45°) ca. 80 m zum Gipfel.

1583 Südostanstieg

Kardinal Friedrich Fürst Schwarzenberg, Priester Embacher, Kammerdiener Moser mit J. Schweighofer (»Röderer«), J. Holzer (»Fuscherhans«), Träger Schreder, Träger Voithoffer, 13.9.1841.

II (Stellen), **998 Hm**, **5 Std.**, teils Sicherungen, im Felsgelände Markierung, Gletscherbegehung. Vgl. Fotos S. 381, 429.

Von der Schwarzenberghütte, 2267 m, mit R 1592 zu P. 3280 m. Auf der flachen Gratschulter und dem folgenden Blockgrat (II) weiter über P. 3353 m (östlichster Vorgipfel) und P. 3394 m (östl. Vorgipfel) zum Gipfel. Einfacher Gipfelanstieg: Links vom P. 3207 m (südwestseitig) in der Bratschenflanke (Gehgelände) zum Hauptgipfel.

1583a Variante (Schwarzenberg-Quergang) zu R 1583

Vom Sattel links vom P. 3207 m wird der SO-Kamm verlassen; man quert (nordostseitig) schräg nach rechts (meist vereist!) zum oberen Teufelsmühlkees (flachere Mulde), steigt zwischen Spalten hindurch, wendet sich nach links, dann geradeaus und erreicht die Wielingerscharte, 3265 m (R 766).

Oberer Fochezkopf mit »Kaindlgrat«.

1584 Variante (Ruthner-Quergang) zu R 1583

A. v. Ruthner, Graf Denys-Andrassy mit J. Schweighofer (»Röderer«), G. Mayer (»Badhans«), J. Eslinger, 14.8.1854; RB 1864/62.

II, Gletscherbegehung.

Vom P. 3280 m am Beginn der langen waagrechten Schulter, über bratschige Schrofen nach rechts (Ruthner-Quergang) und schräg abwärts auf den oberen Firnboden des Teufelsmühlkeeses. Nahe an der Wand des Vorderen Bratschenkopf vorbei und nordw. in die Wielingerscharte, 3265 m (R 766).

1585 Gesamter Südostkamm

K. Hofmann mit Th. Groder, J. Schnell, 24.7.1869; ZDAV 1870–71/253.

II, Ausstiegsvariante zu R 1583 bzw. R 1584.

Von der Abzweigung von R 1584 gerade weiter, auf der langen Schrofenschulter zum östlichsten Vorgipfel, 3353 m, der rechts umgangen wird. Danach eine gleichartige Schulter (Schnee), Gratfelsen und der östl. Vorgipfel, 3394 m. Darüber der fast waagrechte Kamm zum Gipfel.

1586 Südgrat

H. Peterka, 14.6.1927.

III+, 600 Hm, 3 Std., gesamt **1133 Hm**, **5 Std.**, Zugang mit Gletscherbegehung. Vgl. Fotos S. 223, 429, 431.

Zugang: Von der Schwarzenberghütte, 2267 m, im südl. Moränenhang des Hochgruberkeeses aufwärts zu P. 2628 m und schräg über den Gletscher zum linken Sockel der S-Wand, wo der S-Grat fußt, 2800 m (2 Std.).
Anstieg: Der S-Grat beginnt mit einem schrägen Sporn, der links vom Bratschenkopfkees begleitet ist (Randkluft). Nach einer glatten Platte steile Schrofen und darüber der erste Gratabsatz. Über Bratschen schräg weiter zum zweiten Gratabsatz, über dem eine schräge Platte. Darüber der senkrechte Gipfelaufbau; dieser wird von links über Platten erklettert, zuletzt wird rechts an der Kante der Gipfel erreicht.

Großes Wiesbachhorn, Oberer Fochezkopf von Nordwesten

Heinrich-Schwaiger-Haus:
R 114 vom Bergrestaurant Mooserboden (Ghs. Heidnische Kirche)
R 493 zur Oberwalderhütte

Großes Wiesbachhorn:
R 1591 Nordwestgrat (Kaindlgrat)

Gr.Wiesbachhorn
Wielingerscharte
493
Ob. Fochezkopf
Kaindlgrat
Kaindlkees
Fochezkees
1591
Heinrich-Schwaiger-Haus
114

■ 1587 Südpfeiler

M. Horner, K. Lux, 8.8.1971; NAV.

V–, 600 Hm, 4½ Std. Vgl. Fotos S. 429, 431.

Zugang: Vgl. R 1586.

Anstieg: E. rechts von R 1586, wobei über Schrofenbänder und Gratstufen die rechte Parallelrippe des S-Grats überstiegen wird. Dahinter rechts zum markanten S-Pfeiler, der im oberen Drittel sehr steil ist und eine Schulter aufweist. Danach über einen senkrechten, wandartigen Felsbau, Rippen und Risse benützend (bei abgespaltenem Turm Abnahme der Steilheit) zum obersten S-Grat (R 1586).

1590 Großes Wiesbachhorn, 3564 m

1. Ersteigung: Die Fuscher Bauern Zanker und Zorner, im 18. Jh., noch vor der Erstbegehung des Großglockner; SO-Anstieg (Judenalm – »Bratschen« – Teufelsmühlkees) in die Wielingerscharte und die SW-Flanke zum Gipfel. 2. Ersteigung: Kardinal Friedrich Fürst Schwarzenberg, Priester Embacher, Kammerdiener Moser mit J. Schweighofer (»Röderer«), J. Holzer (»Fuscherhans«) und den Trägern Schreder und Voithoffer, 13.9.1841; von SO. 1. Überschreitung: K. Hofmann mit Th. Groder, J. Schnell, 24.7.1869. 1. Gipfelüberschreitung: C. Facilides mit M. Groder, J. Kerer, 17.7.1877; Aufstieg Sandbodenkees. 2. Gipfelüberschreitung: D. Diamantidi mit Th. Lechner, J. Hetz, 25.9.1879; Aufstieg NO-Grat. 1. Gratübergang vom Kleinen Wiesbachhorn: L. Purtscheller mit G. Schranz, 18.9.1886. 1. Gratübergang vom Hohen Tenn: L. Burger, J. Schattbacher mit J. Granitzer, J. Laimgruber, 1892. 1. Gratübergang zur Klockerin: K. Hofmann, J. Stüdl mit Th. Groder, J. Schnell, 18.9.1869. 1. Längskamm-Überschreitung von der Klockerin: F. Steiner mit A. Granögger, G. Bäuerle, 21.8.1871; Ausgangspunkt Pasterze (!). 1. Wintererersteigung: Th. Oberwalder, 2.3.1906; SW-Flanke.

Beherrschender Firndom, einer der schönsten Ostalpenberge, Rivale des Großglockner, vollkommen frei stehend. Hauptgipfel des Fuscher/Kapruner Kamms. Gratverbindung einerseits über das Kleine Wiesbachhorn, 3283 m, zum Hohen Tenn, 3368 m, andererseits über den Hinteren Bratschenkopf, 3413 m, zur Klockerin, 3425 m. Die enge Sandbodenscharte, 3211 m (im N), trennt vom Kleinen Wiesbachhorn, 3283 m, und die breite Wielingerscharte, 3265 m (im SW), vom Hinteren Bratschenkopf, 3413 m; Firnflanke nach SW zur Wielingerscharte, 3265 m; tiefster Absturz nach O und SO gegen Ferleiten – mit 2418 Hm (!) größter Höhenunterschied zwischen Tal und Gipfel in den Ostalpen. Schmaler, gebogener Firngrat nach NW zum vorgelagerten Oberen Fochezkopf, 3159 m; elegante Firnwand (NW-Wand) zum Kessel des Wielingerkeeses; verwechteter Firngrat (NO-Grat) zum Sandbodenschartl; gletscher-

Großes Wiesbachhorn von Nordwesten:

R 1591 Nordwestgrat (Kaindlgrat)
R 1594 Nordwestwand
R 1596 Nordwestwand (Linker Anstieg)
R 1602 Nordostgrat

Gr. Wiesbachhorn
1602
1591
1596
1594
1591
Oberer Fochezkopf

bedeckte O-Flanke (Sandbodenkees); enorm breite SO-Wand zum tief liegenden Boggeneikees; im S das Teufelsmühlkees vor dem Vorderen Bratschenkopf. Die NW-Wand ist die Mode-Eistour der Glocknergruppe, übertrifft aber nicht die Pallavicini-Rinne an alpiner Bedeutung! Früher als »Vischbachhorn« für den höchsten Berg der Hohen Tauern gehalten. Viel bestiegen. Normalanstieg NW-Grat (Kaindlgrat) mit Stützpunkt Heinrich-Schwaiger-Haus. Gipfelkreuz.

■ 1591 Nordwestgrat (Kaindlgrat)

Führer A. Hetz, P. Hetz aus Kaprun, 9.9.1867. 1. tour. und 2. Begehung: Th. Harpprecht mit A. Hetz, 3.9.1868; JB. ÖAV 1869/281.

Firnschneide im Mittelteil **35°**, Gipfelaufbau bis 35°, **I** (Felsgelände zum Oberen Fochezkopf, Sicherungen), **768 Hm**, **2½–3 Std.**, Normalanstieg, viel begangen, meist Trasse vorhanden. Vgl. Fotos S. 435, 437, 449, 491.

Vom Heinrich-Schwaiger-Haus, 2802 m, links zu einer steilen Rinne (»Klamml«, Drahtseil). In dieser aufwärts und darüber rechts (nicht am Band weiter!) über Blöcke, einfache Felsen und Schnee auf den Oberen Fochezkopf, 3159 m (großer Steinmann). Beginn der Firnschneide des Kaindlgrats (zeitweise Wechten, mitunter ein Eisgrat). Der Gratverlauf, bogenartig geschwungen, fällt beiderseits (vor allem links) sehr steil ab; man bleibt rechts der Schneide und hat sie nach etwa 15–20 Min. überwunden (steilstes Stück 35°; in letzter Zeit tritt westl. unter dem Grat durch Ausaperung eine Geröllbank auf, die eine Umgehung des Steilstücks ermöglicht). Der Grat verläuft dann (in Höhe der Wielingerscharte, 3265 m, R 493 zu dieser) allmählich breiter und weniger steil rückenartig zum Gipfelbau (im Sommer bei Ausaperung in halber Höhe plattige Felsen, I) und zum Gipfel; nach O eine große Wechte!

■ 1591a Südwestflanke

Die Fuscher Bauern Zanker und Zorner, im 18. Jh.

Firnflanke **40°**, **300 Hm**, **1 Std.** Vgl. Foto S. 491.

Von der Wielingerscharte, 3265 m (R 766), durch die Flanke rechts des W-Kamms (oberster NW-Grat) zum Gipfel.

■ 1592 Südanstieg

II (Stellen), teils Sicherungen im Gelände des Vorderen Bratschenkopfs, Gletscherbegehung, im Felsgelände Markierung, Überstieg vom Gletscher zum Fels mitunter kompliziert, evtl. Eisschlaggefahr, Auskunft beim Hüttenpächter einholen! **1303 Hm**, **5 Std.** Anstiegskombination: R 1583 – R 1584 – ab Wielingerscharte R 1591. Vgl. Foto S. 381, 429.

Großes Wiesbachhorn – Nordwestwand:

R 1594 Rigele/Welzenbach-Anstieg
R 1596 Peterka/Majer-Anstieg
R 1591/ Zustieg vom Unteren Kaindlgrat

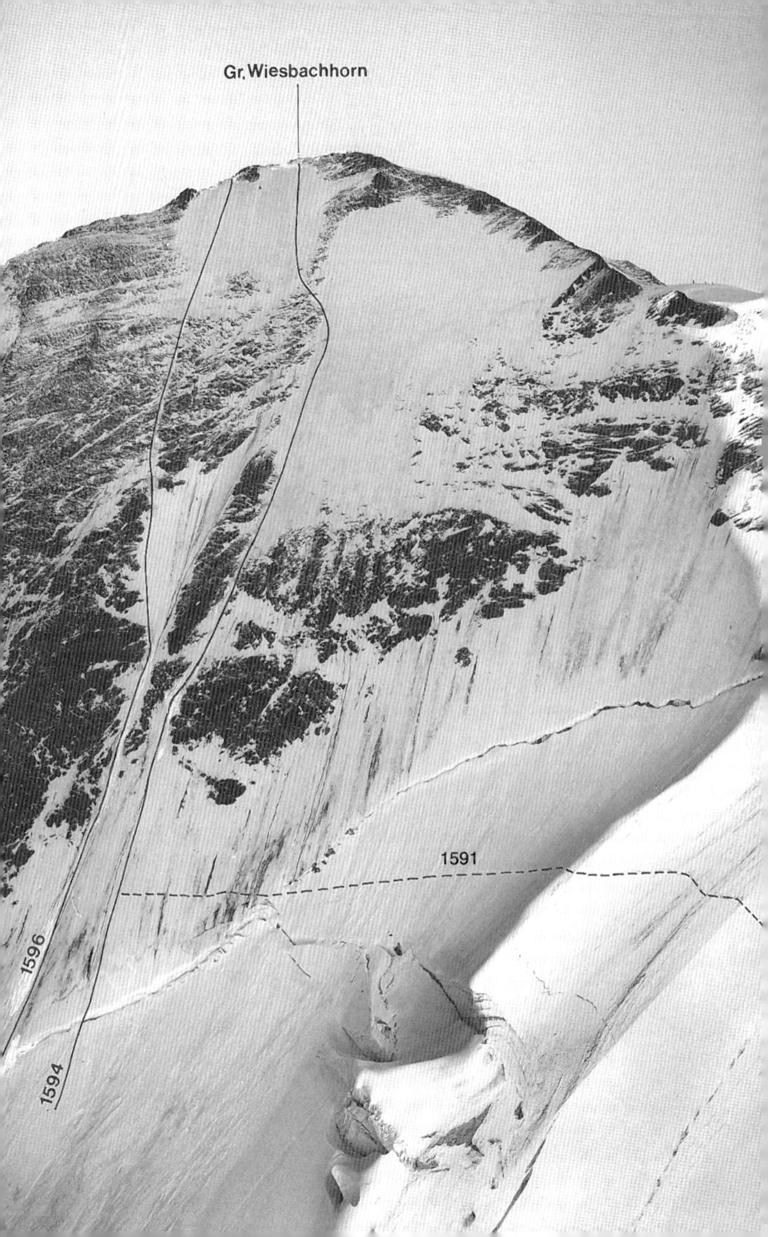
Gr. Wiesbachhorn
1591
1596
1594

Von der Schwarzenberghütte, 2267 m, nordw. auf bez. Steig über die orogr. rechte Seitenmoräne des Hochgruberkeeses, 2280 m (Steinmann) und die Endmoräne queren (Geröll, Blöcke) zum linken Gletscherufer, 2300 m. Auf der schmalen, nördl. Zunge des Hochgruberkeeses (Firn oder Eis, evtl. kurz 40°) empor und nach links zu den Felsplatten zwischen der Gletscherzunge (rechts) und dem Hochgruberkees (links), Drahtseilbeginn. Über die Platten (alte Eisenstifte) links haltend aufwärts zu einer ausgesetzten Gratkante und auf dieser bis ca. 2600 m (Drahtseilende). Nun im Schrofengelände (Steig) der SO-Flanke des Vorderen Bratschenkopf empor in den Sattel links vom Felskopf, P. 3207 m (Blick rechts zum Teufelsmühlkees, von dem eine schräge Bratschenwand herüberreicht). Vom Sattel am Grat ca. 50 m weiter, zuletzt steil (Drahtseil) auf die lange, flache Gratschulter, P. 3280 m (3½ Std., Steinmann; darüber P. 3353 m, der Östlichste Vorgipfel des Vorderen Bratschenkopf). Vom P. 3280 m Abstieg rechts über Geröll und Firn zum oberen Teufelsmühlkees und über dieses nordw. zur Wielingerscharte, 3265 m (R 766, ½ Std.). Weiter R 1591 auf den Gipfel (1 Std.).

■ 1593 Nordwestwand-Übersicht

Die NW-Wand, 500 m hoch, entragt dem oberen Firnkessel des Wielingerkeeses, das als zerklüfteter Hängegletscher (R 1597) nach NW zum Mooserboden hinabzieht. Rechte Wandeinfassung der NW-Grat (Kaindlgrat, R 1591), linke der N-Pfeiler (R 1600). Die gleichmäßig 55° geneigte Firnwand wird im oberen Bereich von einem schräg links ansteigenden Eisbuckel durchzogen (seinerzeit ein »Eiswulst« mit 70°), der in seiner Mitte eine schwache Kerbe mit 60° aufweist (einst als »Eiskehle« benannt); diese wird von R 1594 durchstiegen, danach wieder 55°, zuletzt mit 40° zum Gipfel. Die Wand ist in letzter Zeit im Sommer ausgeapert (sandiges, brüchiges Gestein).
Zugang: Vom Heinrich-Schwaiger-Haus, 2802 m, mit R 1591 auf den Oberen Fochezkopf, 3159 m, und am N-Grat abwärts, dann über steilen Firn (Schrofen) rechts hinab in den Firnkessel des Wielingerkeeses zum E. in 3070 m (2 Std.). Nun üblicher Zustieg: Vom untersten Kaindlgrat (R 1591) absteigende Querung ca. 150 Hm über dem Firnkessel des Wielingerkeeses und Erreichen des Anstiegs über seinem Einstiegs-Bergschrund. Vgl. Foto S. 439.

■ 1594 Nordwestwand

F. Rigele, W. Welzenbach, 15.7.1924; Jb. ASW 1924/58, Jb. AAVM 1923–24/43, MDÖAV 1925/146, B 1924/290. 1. Alleingang, anschließend 1. Abstieg: Fritz Stadler, 29.6.1949. 1. Skiabfahrt: K. Lapuch, M. Oberegger, 22.6.1969, im westl. Wandbereich; AL 1969/10/30.

In der Nordwestwand des Großen Wiesbachhorns

Firnwand a. E. 50°, in der oberen Wandhälfte 1 SL 55°, davon 15–20 m mit **60°**, Ausstieg 40°; **500 Hm**, **2–5 Std.** (je nach Verhältnissen); infolge der fortschreitenden Ausaperung im Sommer abschüssige Platten, erhöhte Steinschlaggefahr, nur bei günstigen Schnee- bzw. Eisverhältnissen begehen (s. auch »Die günstigste Tourenzeit«, S. 23)! Anstieg der Erstbegeher (bei damals noch reiner Eiswand) links der im Foto (Wandverhältnisse 1988) eingezeichneten Linie. Klassische Ostalpen-Eistour von historischer Bedeutung: Anlässlich der Erstbegehung wurden, erstmals in der alpinen Geschichte, Eishaken – 18–20 cm lange gezahnte Eisenstifte – zur Überwindung des damals fast senkrechten »Eiswulstes« verwendet. Vgl. Fotos S. 437, 439.

Übersicht, Zustieg: Vgl. R 1593.
Anstieg: E. wenig rechts der Gipfelfalllinie, Bergschrund, dort, wo oberhalb Felspartien aus der Firnwand herausragen (Eisschlaggefahr!). Mit zunehmender Steilheit bis unter den Eisbuckel. In der schwach ausgeprägten Kerbe über das Steilstück (60°, 1 SL) und mit abnehmender Steilheit zum Gipfel.

☐ 1595 Variante (Ausstieg) zu R 1594

Hilde Kornfeld mit F. Herrmann, 5.–6.7.1927, 1. Damenbegehung, 2. Begehung der NW-Wand; Jb. BG/ÖGV 1927/285, s. AVF-GG 10/2003/440.

☐ 1596 Nordwestwand (Linker Anstieg)

H. Peterka, H. Majer, 13.7.1927. 1. Alleingang: F. Krobath, 1930.

Bei Ausaperung enorm steinschlaggefährdet und nicht begehbar. Vgl. Fotos S. 437, 439.

☐ 1597 Nordwestflanke (Wielingerkees)

R. Behounek, Luise Klement, 20.7.1933.

Gefährlicher Hängegletscher, u. a. ein 50-m-Eisbruch mit **80°**, **1110 Hm**; Verhältnisse bestimmen Schwierigkeit und Zeit (ca. **7 Std.**). Vgl. Foto S. 443.

Vom Bergrestaurant Mooserboden (Ghs. Heidnische Kirche), 2040 m, mit R 401 zum Wielingerbach. Entlang diesem aufwärts zur Gletscherzunge, 2200 m. Der erste Eisbruch ist 80° steil und 50 m hoch, danach mehrere Querklüfte. Eine Durchsteigung ergeben die Verhältnisse (mitunter unbegehbar!). Ausstieg aus dem Hängegletscher zur oberen Bucht am Fuß der NW-Wand (R 1594) oder rechts aufwärts zum Oberen Fochezkopf, 3159 m.

Wielingerkees von Westnordwesten
Sandbodenscharte:
R 769 Nordwestrinne (Diamantidi-Rinne)
Großes Wiesbachhorn:
R 1597 Nordwestflanke
R 1598A Nordflanke
R 1600 Nordpfeiler
R 1602 Nordostgrat
Oberer Fochezkopf:
R 1620 Nordgrat
R 1621 Nordwand
R 401 Übergang Bergrestaurant Mooserboden (Ghs. Heidnische Kirche) – Gleiwitzer Hütte

Kl. Wiesbachhorn
P. 3306
Wiesbachschartl
Sandbodenscharte
1602
1598A
1600
769
Wielingerkees
1621
Wielingerkees
1620
P. 2200
1597
401
401

■ 1598A Nordflanke (Hängegletscher)

R. Klose, F. Kristen, 26.8.1948, im Abstieg; ÖTZ 1974/36, s. AVF-GG 10/2003/440.

Bis **50°**, **500 Hm**, Verhältnisse bestimmen Schwierigkeit und Zeit, sehr eindrucksvoll. Vgl. Foto S. 443.

□ 1599 Variante zu R 1598A

K. Lapuch, M. Oberegger, G. Seibt, 22.6.1969; AL 1969/10/59.

■ 1600 Nordpfeiler

H. Bergauer, M. Blitz, 18.9.1967; NAV.

50°, **IV** (?), **500 Hm**, **4–5 Std.** Vgl. Foto S. 443.

Aus dem Firnkessel, 3070 m, unter der NW-Wand (R 1594) zum tiefsten Punkt des Pfeilers, der mit einigen Felserhebungen hervortritt (Randkluft). Am Pfeiler aufwärts zum Felshörndl, 3142 m, und seiner Firnschneide. Auf dieser nach links in die Firnflanke (50°) und zu den ersten (tiefsten) Flankenfelsen (Kreuzen von R 1598). Im Firn weiter, über dem Bergschrund zu einer Rippe, die immer steiler wird (einigermaßen gutes Gestein). Zuletzt eine Steilplatte, darüber ein kleiner Überhang (Schlüsselstelle; Vereisungsgefahr; über dem Überhang eine Wasserrinne von einem Firnstreifen herab). Im letzten Aufstiegsteil ein Firnfeld zum NO-Grat (R 1602, Wechten) und Gipfel.

□ 1601 Nordwestpfeiler

K. Lapuch, A. Thausing, 19.8.1973; B 1973/706.

Anstieg zum oberen N-Pfeiler (R 1600).

■ 1602 Nordostgrat

D. Diamantidi mit Th. Lechner, J. Hetz, 25.9.1879; ÖAZ 1880/32.

III–, **359 Hm**, **1¼ Std.**, Firn, teils felsig; die unteren Felsbauten des Grats sind eine gefährliche, verfirnte Schneide! Vgl. Fotos S. 437, 443, 453, 455.

Aus der Sandbodenscharte, 3211 m (R 768), am beginnenden Grat über einen schroffen Felsturm (P. 3306 m). Jenseits des Turms auf schmaler Felsschneide zu einem Firnsattel (R 1598 rechts abwärts), aus dem der Grat mit Wechten aufbaut. Möglichst rechts unter dem steilen Grat entlang (vorstehende Felsköpfe), zuletzt auf dem scharf ausgeprägten, weniger steilen Grat.

■ 1603 Ostflanke-Übersicht

Großes Wiesbachhorn (Gipfelkreuz).

Die O-Flanke ist vom geteilten Sandbodenkees bedeckt. Der obere, kleinere Teil, über einer quer laufenden Felsschicht, setzt haubenartig an, wird flacher und verläuft zur Gipfelwechte bzw. zum NO-Grat. Der untere Teil des Sandbodenkeeses im Mittelteil (2700–2600 m) mäßig geneigt, setzt dann mit Séracbildung bis 2200 m, zum Steinkarl im engen Sandboden ab. Über diesem die Hänge des Lengfelds und anschließend als nördl. Einfassung des Sandbodenkeeses der Sandbodengrat (R 1629) mit dem Felsturm Heidnische Kirche, 2540 m – Vorderer Sandbodenkopf, 2822 m – Sandbodenkopf, 2925 m – Kleines Wiesbachhorn, 3283 m. Flanke mit Zugangsgelände 2000 Hm, eine der gewaltigsten Bergfahrten der Ostalpen, kaum begangen.

■ 1604 Ostflanke (Sandbodenkees), Linker Anstieg

C. Facilides mit M. Groder, J. Kerer, 17.7.1877; ZDÖAV 1877/337.

Gletscherbegehung bis **45°**, **2415 Hm**, **7½ Std.** Vgl. Fotos S. 447, 453.

Von Ferleiten, 1152 m, mit R 201 zur Vögerlalm, 1270 m, kurz weiter und auf Steig nordw. zum Lengfeld. Die Steilhänge in NW-Richtung aufwärts in den Felssattel rechts der Heidnischen Kirche, 2540 m, und hinter dieser Abstieg südw. zum Sandbodenkees und dieses überqueren, 2460 m (4 Std., Originalanstieg).
Hierher günstiger: Vom Lengfeld ins kleine Steinkarl und dessen Sandboden, wo das Sandbodenkees endet. Links diesem hangaufwärts zum Trennkamm gegen das links befindliche Obere Eiskar. Am Schrofenkamm aufwärts zum Sandbodenkees. Nun links am Gletscher hinauf zum Aufbau der Firnhaube des oberen Gletscherteils. Diese wird am linken Rand (teils über Felsen) erstiegen; etwa 80 m unter der Gipfelwechte nach rechts zum NO-Grat.

□ 1605A Abstiegsvariante zu R 1604

E. G. Lammer, 27.7.1889; T 1889/Nr. 22.

Abstieg über den Gesamthang des Trennkamms bis zur Moräne des Boggeneikeeses. Vgl. Foto S. 453.

■ 1606 Ostflanke (Sandbodenkees), Rechter Anstieg

A. Roessel, 21.8.1921; ÖAZ 1922/154.

Gletscherbegehung bis **45°**, **III–** (am NO-Grat), **2415 Hm**, **7 Std.** Vgl. Fotos S. 447, 453.

Großes Wiesbachhorn von Südosten:

R 1604 Ostflanke (Facilides-Anstieg)
R 1606 Ostflanke (Roessel-Anstieg)
R 1608 Südostwand
R 1609 Variante zu R 1608
R 1610 Südostpfeiler
R 1611 Südostschlucht
R 1612 Südostverschneidung
R 1613 Südostgrat (mit Zustieg der Erstbegeher)
R 1614 Variante zu R 1613

Gr. Wiesbachhorn
ielingerscharte
Teufelsmühlsattel
1614
1613
1609
1612
1604
1610
Teufelsmühl-
-kees
P. 2579
1611
P. 2298
1610
Boggeneikees
1608

Von Ferleiten, 1152 m, mit R 771, in die Hörndlscharte, 2015 m (R 779), nahe rechts vom Walcher-Hörndlkopf, 2047 m (2¼ Std.). Die Steilhänge in SW-Richtung aufwärts in den Felssattel rechts vom Bergrestaurant Mooserboden (Ghs. Heidnische Kirche), 2040 m, und hinter diesem (gleich R 1604) Abstieg südw. zum Sandbodenkees und dieses überqueren, 2460 m (4 Std.). Am Sandbodenkees aufwärts (R 1604 bleibt links) und nach rechts auf den NO-Grat oberhalb von P. 3306 m. R 1602 zum Gipfel.

1607 Südostwand-Übersicht

Die SO-Wand, die größte Wand der Glocknergruppe, ist rechts vom Sandbodenkees bedeckt, links der SO-Grat (Teufelsmühlgrat) als Trennung zum Teufelsmühlkees. Am Wandfuß, unter dem Unteren Eiskar, das kleine Boggeneikees, zu dem aus der Wand von P. 2579 m bis P. 2298 m eine enge Eisrinne hinabzieht. Diese ist das »Herz der SO-Wand«; vom P. 2579 m an ist die SO-Schlucht (R 1611) rechts vom SO-Pfeiler (R 1610) begleitet. Links bei P. 2579 m winkelt die SO-Schlucht (R 1611) ab, die an die 350 m hohe, senkrechte Gipfelwand stößt. Hervorgehoben sei der SO-Pfeiler (R 1610) und der Originalanstieg (R 1608), an dem die steile Firnhaube des Sandbodenkeeses miterstiegen wird; höchst gefährlich sind SO-Verschneidung (R 1612) und SO-Schlucht (R 1611).
Zugang: Von Ferleiten, 1152 m, mit R 201 bis kurz nach der Vögerlalm, 1270 m. Nun dem Wasserlauf folgend über steile Hänge ins Untere Eiskar, 2000 m (über dem Boggeneikees), daraus nach links und über Wandrippen und eine Schneerinne zur Ausmündung der Eisrinne bei P. 2298 m (4 Std.).

1608 Südostwand

E. G. Lammer, 27.7.1889; T 1889/Nr. 22.

III, **1272 Hm**, **6 Std.**, lohnend, sicherster Anstieg. Vgl. Foto S. 447.

Übersicht, Zugang: Vgl. R 1607.
Anstieg: E. an der steilen Rippe neben der Eisrinne, bei P. 2298 m rechts in einer Wasserrinne aufwärts und entlang des erreichten Rückens zu dessen Höhe (Bratschen und Rasen, 1½ Std.).
Auf der nicht steilen Rippe weiter, die sich (nach einigen Schneefeldern) aufrichtet und zu einer Kante formt. (Rechts vor der Kante eine gestufte Wandzone, darüber Wölbung der Firnhaube vom Sandbodenkees, das steil zur Wand geneigt ist.) Am Fuß der Kante schräg rechts auf einem Stufensystem

Oberer Fochezkopf von Norden:
R 1620 Nordgrat
R 1621 Nordwand
R 1623A Nordwestgrat
R 1591 Gr.-Wiesbachhorn-Nordwestgrat (Kaindlgrat)

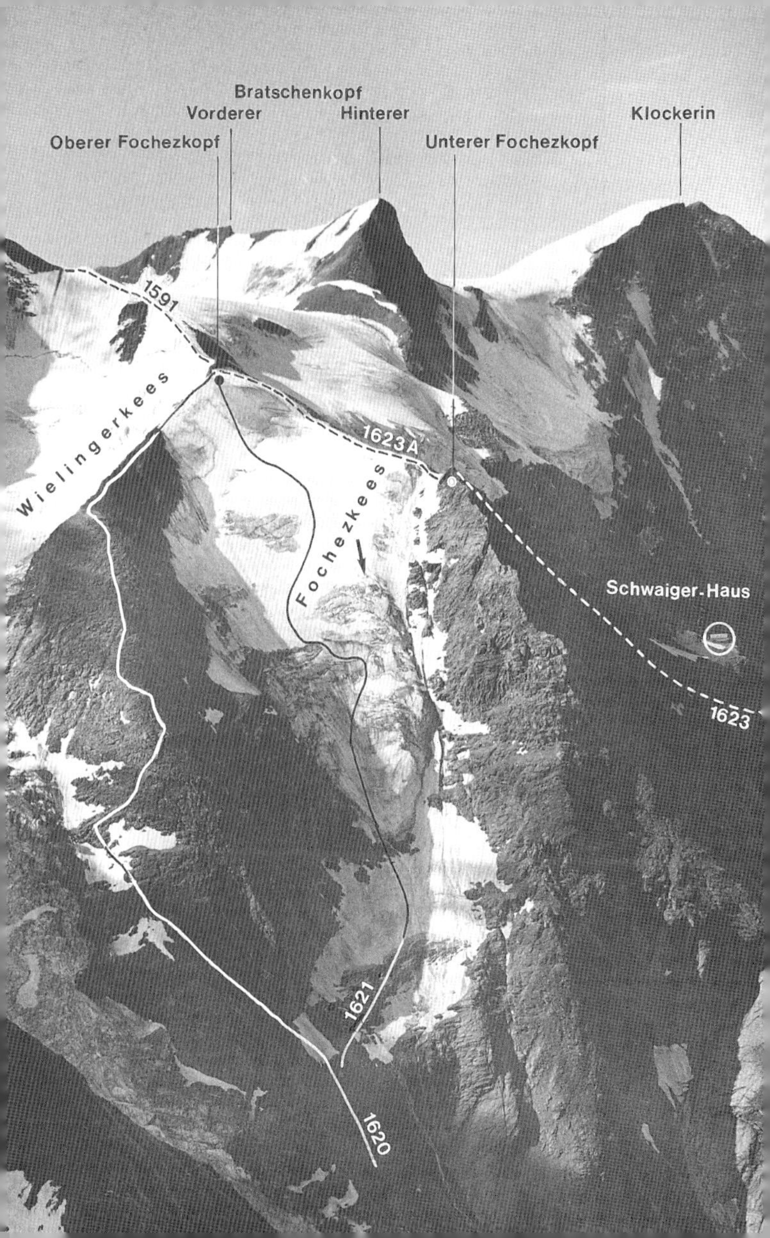

Bratschenkopf
Vorderer
Hinterer
Klockerin
Oberer Fochezkopf
Unterer Fochezkopf
1591
Wielingerkees
1623 A
Fochezkees
Schwaiger-Haus
1623
1621
1620

unter der Wand entlang aufwärts zu einem Firnrücken; vor ihm schräg links durch eine Rinne hinan und aus der oberen Wand zum Sandbodenkees und (R 1604) zum Gipfel.

☐ 1609 Variante (Große Kante) zu R 1608

Anstieg über die Kante zum Sandbodenkees (R 1604). Vgl. Foto S. 447.

■ 1610 Südostpfeiler

G. Löwenbach mit J. Oberhollenzer, J. Altenhuber, 16.10.1898; MDÖAV 1898/275.

III+, 1000 Hm, 6 Std., gewaltiger Anstieg; Zugang 1427 Hm, 5 Std. Früher diente die 300 m hohe Eisrinne als Zugang zum Pfeilerfuß, diese ist jetzt von hohen Querklüften durchzogen, weshalb nun links die Platten begangen werden. Vgl. Foto S. 447.

Übersicht, Zugang: Vgl. R 1607.
Anstieg: E. am Pfeilerbeginn (P. 2579 m) durch einen eiserfüllten Kamin (Schlüsselstelle!) zu einer Rippe, die den Pfeilersockel ergibt. Am Pfeiler leichter empor, der links steil zur SO-Schlucht (R 1611) abbricht, rechts dachziegelartige Felsschichten trägt, an denen Schneeschilder haften, darunter die SO-Verschneidung (R 1612). Am großen Strebepfeiler keine besonderen Schwierigkeiten. Oben, wo er bugartig umbiegt, ein Schneefeld, »Pfeilerdurchbrechung« benannt. Darüber eine firndurchsetzte Querschicht der kühn gewordenen Pfeilerkante und bald ihre schneidenartige Höhe. Als Fortsetzung ein steiler Firngrat (Wechten), die Verbindung zum Gipfelaufbau, der mit schroffen Felstürmen beginnt. (Man spricht hier von einem OSO-Grat, weil dieser markant aus der Wandzone hervortritt.) Vom Ende des Firngrats nach rechts, nordw., über Wandln westw. zum unteren Ende eines nach rechts ziehenden Schnee- und Felscouloirs. In diesem hinauf in die Scharte zwischen den beiden letzten Türmen des OSO-Grats. Auf den rechten roten Turm (erst in überhängendem Kamin in der O-Seite, dann um eine luftige Ecke und durch schmalen Riss in der N-Seite). Turmabstieg nach NW einfach; hier endet die Gratrippe; nach Überkletterung des letzten Turms ein Schneefeld und über dieses zum Fuß der Schlusswand. Diese wird durch kurze Kamine und über Absätze erklettert; zuletzt rechts über die Wechte und zum Gipfel.

☐ 1611 Südostschlucht

H. Peterka, 8.6.1929, s. AVF-GG 9/1995/488. Vgl. Foto S. 447.

Sehr gefährlich, Steinschlaggefahr.

☐ 1612 Südostverschneidung

H. Peterka, 13.6.1927, s. AVF-GG 9/1995/488. Vgl. Foto S. 447.

Höchst gefährlich!

■ 1613 Südostgrat (Teufelsmühlgrat)

R. Klose, N. Kustenz, 26.8.1948.

III–, 430 Hm, 2 Std., anregende Kletterei. Zustieg der Erstbegeher ungünstig (s. AVF-GG 9/1995/490).

Übersicht: Vgl. R 1607.
Zustieg: Von der Schwarzenberghütte, 2267 m, mit R 1592 aufs obere Teufelsmühlkees, 3260 m (nordw. zur Wielingerscharte, R 766). Den Gletscher nordostw. queren in den Teufelsmühlsattel, 3140 m (3 Std., Gratbeginn).
Anstieg: Auf der markanten Gratschneide, links in der Tiefe das Teufelsmühlkees, zum Gipfel. Vgl. Foto S. 447.

□ 1614 Variante zu R 1613

S. Brunhuber, O. Aigner, Th. Gelb, 8.9.1946; GF 1947/45, s. AVF-GG 9/1955/490. Vgl. Foto S. 447.

1618 Oberer Fochezkopf, 3159 m

1. Ersteigung und Überschreitung (N–S): Führer A. Hetz, P. Hetz aus Kaprun, 9.9.1867.

Felsgipfel nördl. unter der Wielingerscharte, 3265 m, und nordwestl. gegenüber der Gr.-Wiesbachhorn-NW-Wand. Steiler N-Grat und N-Flanke (Fochezkees) zum Unteren Wielingerkees; im SW das Kaindlkees; nordwestl. der Untere Fochezkopf, 3022 m; nach W eine mächtige Bratschenflanke mit dem Zugang zum Heinrich-Schwaiger-Haus.

■ 1619 Nordwestanstieg

Vgl. R 1591.

■ 1620 Nordgrat

A. Hetz, P. Hetz, 9.9.1867. 1. Abstieg: D. Diamantidi mit Th. Lechner, J. Hetz, 25.9.1879; ÖAZ 1880/32.

II, 405 Hm, 1½ Std.; Zugang 720 Hm, 2 Std. Der N-Grat trennt N-Wand und Fochezkees (im W) vom Wielingerkees (im O). Vgl. Fotos S. 443, 449.

Zugang: Vom Bergrestaurant Mooserboden (Ghs. Heidnische Kirche), 2040 m, mit R 1597 zum rechten Rand des Wielingerkeeses.
Über Geröll und Firnflecke entlang der N-Wand des Fochezkopf zu ihrem obersten Sockel, wo der N-Grat die Eisbrüche des Wielingerkeeses fast erreicht, 2760 m, hier E.
Anstieg: Über einen Felssockel mit anschließendem Schneefeld rechts empor und Quergang um den Fuß des N-Grats links herum, dann schräg links zu dem durchbrochenen Firnhang zwischen Wielingerkees und N-Grat. Man erreicht eine schräge Bratschenstufe. Von ihr schräg rechts aufwärts zum N-Grat. Et-

was höher ein Schrofenkopf mit Beginn eines schmalen Firngrats und auf diesem zum Gipfel.

■ 1621 Nordwand

H. Peterka, 10.10.1927, s. AVF-GG 10/2003/451.

Wird nicht begangen, gefährlich. Vgl. Fotos S. 443, 449.

□ 1622 Direkte Nordwand

K. Lapuch, M. Oberegger, 6.7.1974. 1. Ski-Abfahrt: K. Lapuch, M. Oberegger, 7.7.1974; NSS 1974/7–9/4.

■ 1623A Nordwestgrat

Erstbegeher unbekannt.

III–, **400 Hm**, **1½ Std.** Vgl. Foto S. 449.

Vom Gipfel zum Unteren Fochezkopf, 3022 m, und am NW-Grat (Bratschen) sehr steil abwärts, dann auf einer Rasenstufe nach links zu den Kehren von R 114 (der Gratabbruch wird nicht begangen).

1625 Kleines Wiesbachhorn, 3283 m

1. Ersteigung: J. Zembacher, J. Schernthaner (beide Führer), 2.9.1875. 1. tour. Ersteigung: J. Fuchshofer mit P. Unterwurzer, 15.9.1877. 1. Überschreitung (zugleich 1. Gratübergang zum Großen Wiesbachhorn): L. Purtscheller mit G. Schranz, 18.9.1886.

Schroffer Felsbau, zweitrangig gegenüber den Nachbarn Hoher Tenn, 3368 m (im N), und Großes Wiesbachhorn, 3564 m (im S), dazwischen nordwestl. das Wiesbachschartl, 3031 m (R 770), südl. die Sandbodenscharte, 3211 m (R 768). Steile, firnige NNO-Wand mit dem Walcherkees; SSO-Grat über den Sandbodenkopf, 2925 m – Vorderen Sandbodenkopf, 2822 m, zur »Heidnischen Kirche«, 2540 m, über dem Lengfeld; felsige SO-Wand zum Sandbodenkees, W-Wand zum Wielingerkees, türmereicher S-Grat zur Sandbodenscharte, 3211 m; mächtige NO-Flanke (Walcher-Schattseitbratschen) zum Steinkarl mit Walcher-Hochalm, 1853 m. Normalanstieg NW-Grat (R 1626).

Kleines Wiesbachhorn, Hoher Tenn von Südosten

Großes Wiesbachhorn:
R 1602 Nordostgrat
Ostflanke:
R 1604 Facilides-Anstieg
R 1605A Abstiegsvariante zu R 1604
R 1606 Roessel-Anstieg

Kleines Wiesbachhorn:
R 1629 Südostgrat
R 1630 Südostwand
R 1631A Südgrat

Hoher Tenn:
R 1649 Ostwand
R 1651 Südgrat

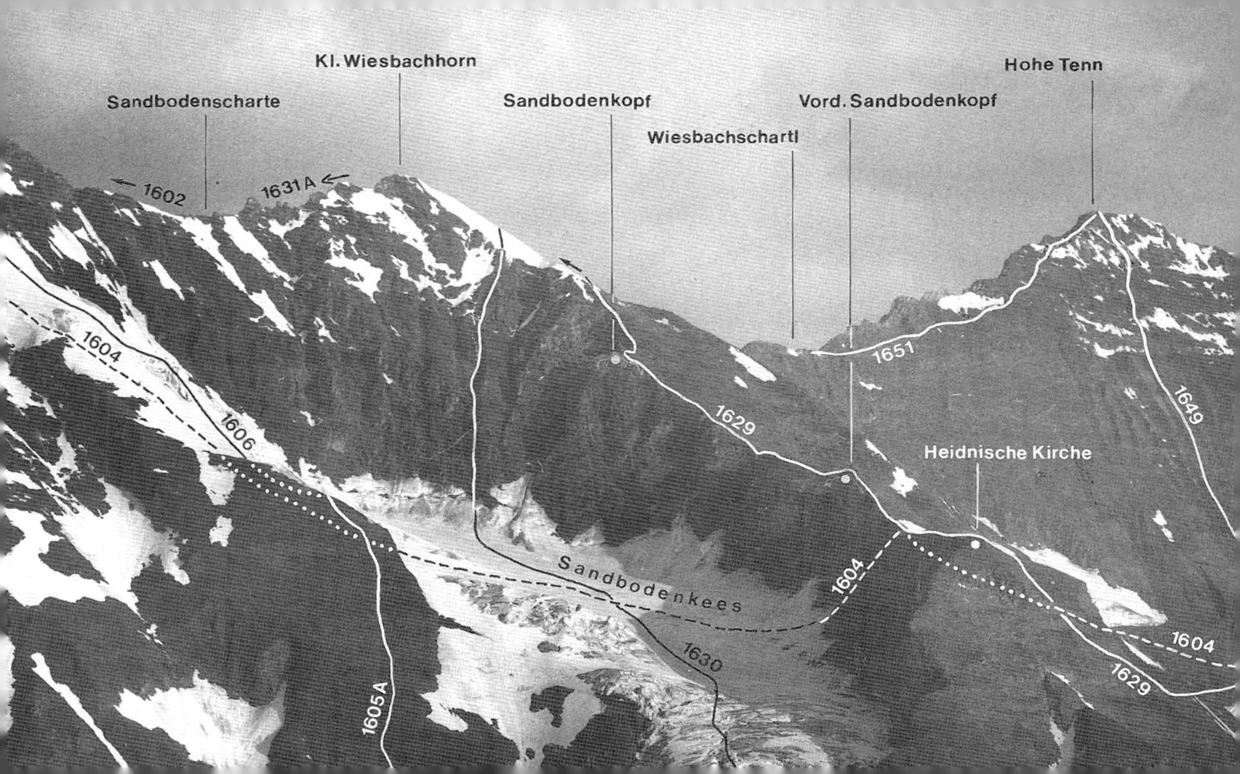

Sandbodenscharte
Kl. Wiesbachhorn
Sandbodenkopf
Wiesbachschartl
Vord. Sandbodenkopf
Hohe Tenn
1602
1631 A
1651
1649
1629
1604
1606
Heidnische Kirche
Sandbodenkees
1630
1605 A

■ 1626 Nordwestgrat

Vermutlich L. Burger, J. Schattbacher mit J. Granitzer, J. Laimgruber, 1892; MDÖAV 1892/223.

I, 253 Hm, ¾ Std., Normalanstieg. Vgl. Fotos S. 229, 455.

Vom Wiesbachschartl, 3031 m (R 770), am Grat (Firn, Blöcke) in das NW-Grat-Schartl, 3149 m, und linksseitig den Steilhang zum höchsten Punkt.

□ 1627 Nordostflanke (Walcher-Schattseitbratschen)

J. Zembacher, J. Schernthaner, 2.9.1875; MDÖAV 1876/71. s. AVF-GG 10/2003/454; historischer Anstieg, ab Ferleiten 2132 Hm.

■ 1628 Nordnordostwand

F. Rigele, V. Seereiner, Sommer 1928; FRB 1935/276.

40°, 384 Hm, 2 Std.

Zugang: Vgl. R 771.
Anstieg: Auf dem Walcherkees (Spalten) zum Wandfuß, 2900 m (Bergschrund). Anfangs weniger, dann steiler ansteigend (mitunter Blankeis) gerade zum Gipfel.

□ 1629 Südostgrat (Sandbodengrat)

L. Purtscheller mit G. Schranz, 18.9.1886, s. AVF-GG 10/2003/454; historischer Anstieg, ab Ferleiten 2132 Hm. Vgl. Foto S. 453.

□ 1630 Südostwand

E. Brauner, R. Fraißl, 1.8.1932; GF 1933/185, s. AVF-GG 10/2003/454. Vgl. Foto S. 453.

■ 1631A Südgrat

L. Purtscheller mit G. Schranz, 18.9.1886; MDÖAV 1887/114.

II, 73 Hm, 1¼ Std., abschüssiges Gelände, Schutt. Vgl. Fotos S. 229, 453, 455.

Vom Gipfel an der W-Seite in einer Steilrinne 45 m abwärts und auf den S-Grat (Umgehung des Gipfelabbruchs). An den nächsten Zacken wieder rechts, westseitig, vorbei in die Scharte nach dem zweiten Gratabbruch. An den folgenden zwei Zacken abermals rechts vorbei und weiterqueren zum

Kleines Wiesbachhorn von Westnordwesten

Sandbodenscharte:
R 769 Nordwestrinne (Diamanti-di-Rinne)

Kleines Wiesbachhorn:
R 1626 Nordwestgrat
R 1631A Südgrat
R 1632A Westflanke
R 1602 Gr.-Wiesbachhorn-Nordostgrat
R 1635 Westwand – Oberes Band
R 1636 Westwand – Unteres Band

NW-Grat-Schartl
P. 3168
1626
1636
1632A
1631A
1635
Sandbodenscharte
1602

5. (größten) Gratturm. Um diesen rechts herum und aufwärts in die Sandbodenscharte, 3211 m (R 768).

■ 1632A Westflanke

G. Schranz, 1889.

I, 73 Hm, 1 Std. Vgl. Foto S. 455.

Am NW-Grat (R 1626) abwärts zur Firnschulter und in die W-Flanke. Hier auf breitem, mehrmals überdachtem Band tief unter dem S-Grat waagrecht entlang bis unter den 5. (größten) S-Grat-Turm. Nun mit R 1631 in die Sandbodenscharte, 3211 m (R 768).

□ 1633 Westwand-Querung zum Wiesbachschartl

In historischer Zeit wurde eine W-Wand-Querung öfter ausgeführt, um von der Kaindlhütte (heutiges Heinrich-Schwaiger-Haus) das Wiesbachschartl zu erreichen und den Übergang vom Mooserboden nach Ferleiten auszuführen.

■ 1634 Zugang zur Westwand

Vom Heinrich-Schwaiger-Haus, 2802 m, mit R 1593 in den Firnkessel (3070 m) unter der Gr.-Wiesbachhorn-NW-Wand. Am Wielingerkees abwärts (zuletzt Spalten) zum Fuß des N-Pfeilers (dahinter die Diamantidi-Rinne, R 769, in die Sandbodenscharte) und weiter zum Fuß der W-Wand, 2932 m (2½ Std.).

□ 1635 Westwand, Oberes Band (Kederbacher-Band)

A. Kaindl mit J. Grill (»Kederbacher«) sen., J. Punz (Vater und Sohn), 3.5.1872; JB. ÖAV 1872/66, s. AVF-GG 10/2003/456.

Einfacher über das Untere Band (R 1636). Vgl. Foto S. 455.

■ 1636 Westwand, Unteres Band (Gröger-Band)

G. Gröger mit Chr. Ranggetiner, 2.9.1879.

II, 131 Hm, ¾ Std.; Zugang 363 Hm und 265 Hm im Abstieg, 2½ Std. Vgl. Foto S. 455.

Zugang: Vgl. R 1634.
Anstieg: Mit R 1635 zur Rinne, jedoch auf dem Band weiter, dabei über eine Bandverschmälerung. Nun links aufwärts in das NW-Grat-Schartl, 3149 m, und am NW-Grat (R 1626) abwärts ins Wiesbachschartl, 3031 m (R 770).

■ 1637 Übergang zum Großen Wiesbachhorn, 3564 m

L. Purtscheller mit G. Schranz, 18.9.1886; MDÖAV 1887/114.

III–, 73 Hm Abstieg, **359 Hm** Aufstieg, **2½ Std.**, eindrucksvoll, lohnend.

Vom Kleinen Wiesbachhorn R 1631 am S-Grat in die Sandbodenscharte, 3211 m (R 768) und am NO-Grat (R 1602) auf das Große Wiesbachhorn.

1640 Hoher Tenn

Südwestgipfel (Bergspitze), 3368 m – Nordostgipfel (Schneespitze), 3317 m

1. Ersteigung: Kardinal Friedrich Fürst Schwarzenberg in kleiner Gesellschaft, etwa 1840; Tenngrat. 1. Überschreitung (S–NO): A. Kaindl mit J. Grill (»Kederbacher«) sen., J. Punz (Vater und Sohn), 3.5.1872. 1. Gratübergang zum Bauernbrachkopf: L. Purtscheller, 17.7.1882. 1. Gratübergang zum Kleinen Wiesbachhorn: L. Burger, J. Schattbacher mit J. Granitzer, J. Laimgruber, 1892.

Hochgipfel ersten Rangs, einer der dankbarsten Ostalpenberge; berühmter Blick vom Zeller See. Zwischen beiden Gipfeln der Tennsattel, 3298 m.
Langer NW-Grat (Normalanstieg) über Kleinen Tenn, 3158 m, Hirzbachtörl, 3046 m, Bauernbrachkopf, 3125 m, Kempsenkopf, 3090 m, Obere Jägerscharte, 2752 m.
Langer NO-Kamm; drei Bratschenflanken, an der O-Flanke das Walcherkees; im S nach dem Wiesbachschartl, 3031 m, das Kleine Wiesbachhorn, 3283 m, und nach N eine lange Eisflanke (oft ausgeapert) zum Hirzbachboden. Gipfelkreuz am NO-Gipfel.

■ 1641 Nordwestgrat

B. Bricht mit G. Schranz, J. Oberhollenzer, 21.6.1889; MDÖAV 1889/172.

II, Kleiner Tenn **III** (Stelle), Sicherungen, **278 Hm**, **1½ Std.**; Zugang 914 Hm, 3¼ Std., Normalanstieg, empfehlenswert, teilw. ausgesetzt. Erstmals Sicherungen am Kleinen Tenn durch die ÖAV-Sektion Pinzgau, gesamte Sicherungen durch die DAV-Sektion Gleiwitz 1901/1903. Vgl. Fotos S. 459, 461, 463.

Zugang: Von der Gleiwitzer Hütte, 2174 m, mit R 407 auf den Kempsenkopf, 3090 m.
Anstieg: Vom Kempsenkopf am Kamm südostw. auf den Bauernbrachkopf, 3125 m, und Abstieg (Sicherungen) ins Hirzbachtörl, 3046 m (R 774). Am waagrechten Kamm (ostseitig steiler Schneehang, westseitig Felsabbrüche) zum Steilaufbau des Kleinen Tenn. In kaminartigem Spalt aufwärts und ausgesetzt über eine 4 m hohe, senkrechte Felsstufe auf den Gipfel des Kleinen Tenn, 3158 m (Drahtseil, Eisenstifte). Nun an der steilen O-Seite ab- und ansteigend, dann auf dem breiten NW-Kamm auf den NO-Gipfel (Schneespitze), 3317 m; von diesem südwestw. über den Tennsattel, 3298 m (R 773), auf den Hauptgipfel (Bergspitze), 3368 m.

□ 1642 Nordostgrat (Tenngrat)

Kardinal Friedrich Fürst Schwarzenberg mit Begleitung, etwa 1840.

I, 255 Hm, 1 Std.; Zugang 2295 Hm, 6 Std.; historischer Anstieg.

Von Fusch a. d. Glocknerstraße, 811 m, auf der Straße 1,5 km talein zum Kraftwerk. Nun auf Karrenweg rechts aufwärts zur Schmalzgruben-Hochalm, 1710 m (2½ Std.). In SW-Richtung über den Melchboden ins Schmalzgrubenkar und über die Schneeleite (ehemaliges Schmalzgrubenkees) auf den Zwingkopf, 3117 m (2½ Std.). Am hier ansetzenden Tenngrat (Bratschenkamm) auf die Schnee- und über den Tennsattel auf die Bergspitze (1 Std.).

□ 1643 Variante zu R 1642

J. Fuchshofer mit G. Rieß, 6.9.1778, s. AVF-GG 10/2003/458.

I, 255 Hm, 1 Std.; Zugang 1955 Hm, 5 Std.; Anstieg, als es Gleiwitzer Hütte und heutigen Normalanstieg (R 1641) noch nicht gab; dieser wurde von Ferleitner Führern als Steig angelegt und am 21.7.1889 eröffnet (MDÖAV 1889/175, ZDÖAV 1903/361). Vgl. Foto S. 459.

□ 1644 Nordostflanke

H. Peterka, H. Majer, 28.6.1925, ungünstig, s. AVF-GG 9/1995/502.

■ 1645 Direkte Nordwand

E. Friedl, R. Gerin, K. Plaichinger, F. Riebe, 29.6.1908; ÖAZ 1908/217. Damals, bei noch durchgehender Eiswand, schlugen die Erstbegeher 1000 Stufen und waren 9½ Std. tätig! 1. Ski-Abfahrt: P. Schintelmeister, F. Kügler, 23.6.1935.

Firnwand, anfangs 30°, die letzten 400 Hm (eigentliche Gipfelwand) **40–45°**; im Sommer bei Ausaperung (Fels **III**) Blankeis in der Gipfelwand, gesamt **1000 Hm, 2½ Std.**; Zugang 665 Hm, 1½ Std. Schwierigkeit von den Verhältnissen abhängig. War eine der klassischen Ostalpen-Eistouren. Vgl. Foto S. 459.

Zugang: Von der Hirzbachalm, 1715 m, entlang dem Hirzbach talein in die Zwinggrube im Talschluss. (Hierher von der Gleiwitzer Hütte mit langer absteigender Querung entlang der Zwinggehänge.) Am Moränenkamm aufwärts ins Gletscherkarl und zum Hirzbachkees, 2380 m (1½ Std.).

Anstieg: Am Hirzbachkees (der N-Wand zugeordnet, Spalten) aufwärts zu einer flachen Gletscherterrasse, darüber die steilere Gipfelwand. Über den Bergschrund, danach in Gipfelfalllinie eine aus dem Firn hervortretende Fels-

Hoher Tenn von Norden

Hirzbachtörl:
R 776 Nordostflanke
Hoher-Tenn-Schneespitze:
R 1641 Nordwestgrat
R 1643 Nordostgrat
R 1645 Direkte Nordwand
R 1646 Nordwand (Linker Anstieg)
R 1647 Nordpfeiler

Hoher Tenn-Schneespitze
1643
Hirzbachtörl
Kl. Tenn
1641
1646
1645
776
Hirzbachkees
1647
776

rippe, rechts dieser entlang und gerade empor zum Schneespitz. Am Gipfelkamm nach SW, über den Trennsattel zum felsigen Bergspitz.

☐ 1646 Nordwand (Linker Anstieg)

H. Peterka, 6.6.1947. Steinschlaggefahr! Vgl. Foto S. 459.

■ 1647 Nordpfeiler

F. Riegele, H. Angerer, 3.9.1923; MDÖAV 1929/37.

III– (E), Pfeiler I–II, Gipfelwand bis **40°**, **868 Hm**, **3 Std.**; Zugang 785 Hm, 1½ Std. Der N-Pfeiler ist die linke Begrenzung der N-Wand. Vgl. Foto S. 459.

Zugang: Mit R 1645 zum Gletscherbeginn und links davon aufwärts zum Fuß des N-Pfeilers, 2500 m.

Anstieg: E. über eine schräge Platte (Schlüsselstelle, meist vereist). Am 300 m hohen Pfeiler keine besonderen Schwierigkeiten (Schrofen und kleinere Steilstufen), danach ein Schuttrücken zum Pfeilerkopf und die 240 m hohe Firnwand zur Schneespitze.

■ 1648A Oberer Nordwestgrat

L. Purtscheller, 17.7.1882; ÖAZ 1883/87.

II, **322 Hm**, **¾ Std.**

Von der Bergspitze Abstieg nordw. in die schmale Firnmulde zwischen Berg- und Schneespitze. Aus ihr über Blöcke zu P. 3104 m am N-Grat und Queren der Felsabstürze des Kleinen Tenn ins Hirzbachtörl, 3046 m (R 774).

☐ 1649 Ostwand

A. Awerzger, R. Gerin, F. Schaffer, 28.8.1932; ÖAZ 1932/389.

II, **838 Hm**, **4 Std.**; Zugang 1378 Hm, 4 Std., langwieriger, gefährlicher Anstieg, Steilbratschen, nicht mehr begangen, s. AVF-GG 9/1995/503. Vgl. Foto S. 453.

■ 1650 Südgrat

A. Kaindl mit J. Grill (»Kederbacher«) sen., J. Punz (Vater und Sohn), 3.5.1872; JB. ÖAV 1873/66.

II, **337 Hm**, **1½ Std.** Anstieg an der W-Flanke des S-Grats, Bratschen. Vgl. Fotos S. 461, 463.

Hoher Tenn von Westsüdwesten:

R 1641 Nordwestgrat
R 1650 Südgrat
R 1652 Südwestflanke (Rechter Anstieg)
R 1653 Südwestflanke (Mittl. Anstieg)
R 1654A Südwestflanke (Linker Anstieg)
R 1655 Westgrat
R 772 Wiesbachschartl-Westflanke

Hoher Tenn
. Tenn
1650
1641
P. 2631
1654 A
1653
1652
1655
772
Höhenburg
Ghs. Heidnische
Kirche -->
Moosersper

Vom Wiesbachschartl, 3031 m (R 770), Quergang links an der steilen Bratschenflanke um mehrere Gratrippen; Anstieg zu Steilrinne (mitunter Firnrinne). Diese bringt kaminartig verengt auf den S-Grat; auf diesem zum Gipfel.

☐ 1651 Südgrat, Variante

H. Lorenz mit J. Oberhollenzer, 18.8.1890; MDÖAV 1890/207, s. AVF-GG 10/2003/464. Vgl. Fotos S. 229, 453.

☐ 1652 Südwestflanke (Rechter Anstieg)

P. Riemann, J. Marcher, A. Hetz, 12.9.1877; MDÖAV 1878/165, s. AVF-GG 10/2003/464.

III–, **768 Hm**; Zugang 560 Hm. Mächtige Bratschenflanke, sehr gefährlich! Vgl. Fotos S. 461, 463.

☐ 1653 Südwestflanke (Mittlerer Anstieg)

A. Kühnel, A. Klammer mit Th. Lechner, 2.8.1888, im Abstieg, s. AVF-GG 10/2003/464.

Anstieg in der langen Steinschlagrinne zum obersten W-Grat; vgl. auch R 1652. Vgl. Fotos S. 461, 463.

☐ 1654A Südwestflanke (Linker Anstieg)

K. Zeuner, 25.7.1909; Jb. K 1910–11/35, s. AVF-GG 10/2003/464.

Abstieg links von R 1653. Vgl. Fotos S. 461, 463.

☐ 1655 Westgrat

R. Gerin, M. Hilber, 5.8.1923; ABZ 1923/Nr. 16. 1. Winterbegehung: F. Tögelhofer, E. Sienerer, 7.3.1948, s. AVF-GG 10/2003/464.

III, **737 Hm**; Zugang 591 Hm, ungute Bratschenkletterei, Steigeisen vorteilhaft! Vgl. Fotos S. 229, 461, 463.

■ 1656 Übergang zum Kleinen Wiesbachhorn, 3283 m

L. Burger, J. Schattbacher mit J. Granitzer, J. Laimgruber, 1892; MDÖAV 1892/223.

II, Abstieg 337 Hm, Aufstieg **253 Hm**, **2½ Std.**

Hoher Tenn von Westen

Wiesbachschartl:
R 772 Westflanke

Hoher Tenn:
R 1641 Nordwestgrat
R 1650 Südgrat
R 1652 Südwestflanke (Rechter Anstieg)
R 1653 Südwestflanke (Mittlerer Anstieg)
R 1654A Südwestflanke (Linker Anstieg)
R 1655 Westgrat

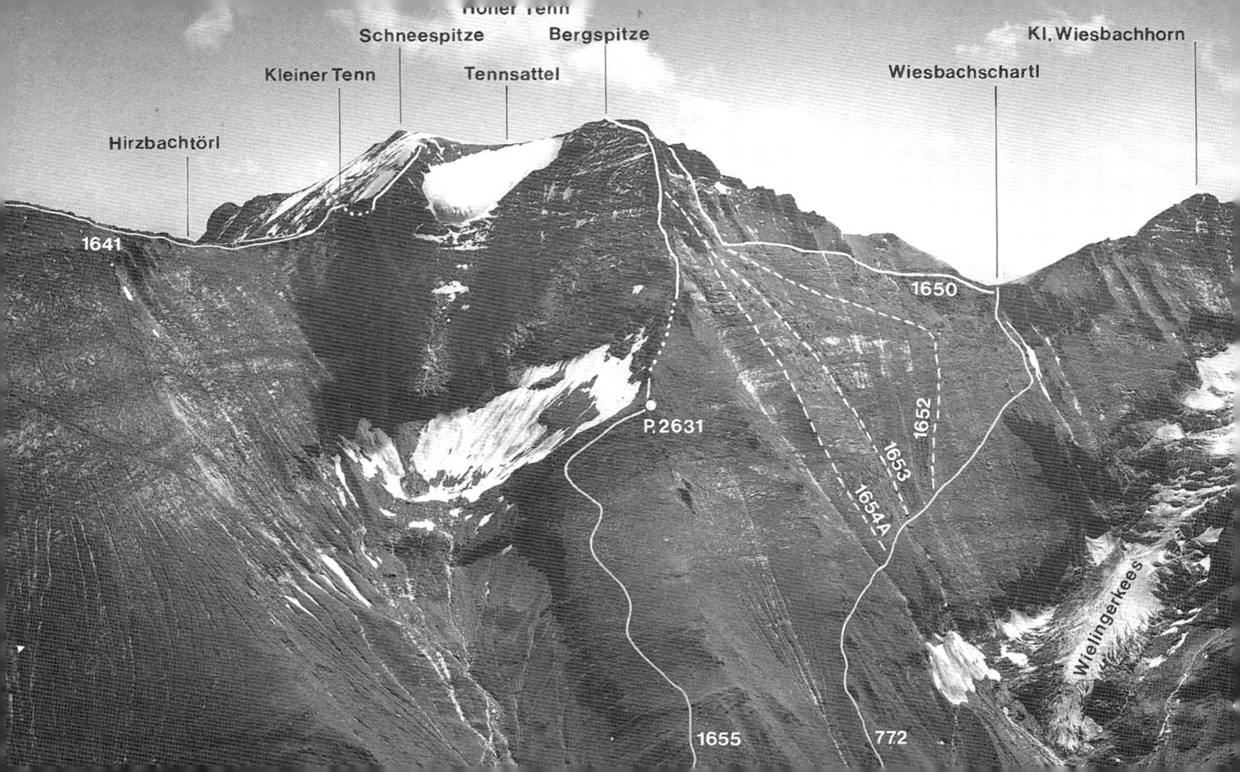

Hoher Tenn
Schneespitze
Bergspitze
Kl. Wiesbachhorn
Kleiner Tenn
Tennsattel
Wiesbachschartl
Hirzbachtörl
1641
1650
P. 2631
1652
1653
1654A
Wielingerkees
1655
772

Von der Bergspitze am S-Grat (R 1650/GR) abwärts ins Wiesbachschartl und am NW-Grat (R 1626) auf das Kleine Wiesbachhorn.

1659 Kleiner Tenn, 3158 m

Im NW-Grat (R 1641) des Hohen Tenn, zwischen Hoher-Tenn-Bergspitze, 3368 m (S), und Hirzbachtörl, 3046 m – Bauernbrachkopf, 3125 m (NW).

1661 Zwingkopf, 3117 m

1. Ersteigung und Überschreitung: Kardinal Friedrich Fürst Schwarzenberg mit Begleitung, etwa 1840 (zugleich 1. Ersteigung des Hohen Tenn mit Begehung des Tenngrats).

Nordöstl. der Hohe-Tenn-Schneespitze, 3317 m, am Beginn des Tenngrats; früher »Zollingköpfl« genannt; Kammteilung nordostw. zum Zwingspitz, 2810 m, ostw. zur Mühlwand, 2757 m.

■ 1662 Südostanstieg

Vgl. R 1643.

□ 1663 Nordflanke

L. Purtscheller, 17.7.1882; ÖAZ 1883/87, s. AVF-GG 10/2003/465.

II, **1398 Hm**, **4½ Std.**, sehr mühsam.

■ 1664 Nordostanstieg

I, **848 Hm**, **1½ Std.**

Von der Schmalzgrubenscharte, 2665 m (R 783), auf dem Kamm südw. über den Bratschenkopf, 2735 m, auf den Zwingspitz, 2810 m; nun links des Kamms über die Schneeleite (einstiges Schmalzgrubenkees) auf den Gipfel.

1667 Zwingspitz, 2810 m

Erster Gipfel im NO-Kamm des Zwingkopf, 3117 m; Kammfortsetzung über Bratschenkopf, 2735 m, zur Schmalzgrubenscharte, 2665 m (R 783).

■ 1668 Nordostanstieg

½ Std., **137 Hm**, einfach.

Von der Schmalzgrubenscharte, 2665 m (R 783), dem Kamm entlang über den Bratschenkopf, 2735 m, auf den Gipfel.

1670 Bratschenkopf, 2735 m

1. Ersteigung und Überschreitung: Ch. de Beaulieu mit G. Schranz, 11.8.1900.

Im auslaufenden Zwingkopf-NO-Kamm, zwischen Zwingspitz, 2810 m (im SW), und Schmalzgrubenscharte, 2665 m (im N).

1672 Lorenzkopf, 2703 m

1. Ersteigung: A. Kaindl, J. Pöschl mit J. Grill (»Kederbacher«) sen., 16.8.1871.

Eckpunkt des Zwingkopf-NO-Kamms; Kammteilung zum Hirzbachtal; N-Kamm (früher »Hirzbachtalgrat«) über die Streichwand, 2345 m, zum Roßköpfl, 1970 m; NO-Kamm über die Graswand, 2485 m, zum Peilstein, 2357 m. Von diesen Kämmen eingefasst der Hochbrechlboden mit dem Brechlsee, 2135 m; im SW die Schmalzgrubenscharte, 2665 m (R 783).

1673 Südwestanstieg

¼ Std.

Von der Schmalzgrubenscharte, 2665 m (R 783), einfacher Kamm.

1674 Nordnordostanstieg

I, 1398 Hm, 4 Std.

Von der Hirzbachalm, 1715 m (R 127), auf Steig zum Unterbrechlboden und südwestw. über den Brechlsee, 2135 m (am Hochbrechlboden). Aufwärts auf die höchsten Hänge des Brechlkars, zuletzt über eine steile und schmäler werdende Geröllhalde auf den Kamm nahe östl. vom Lorenzkopf und auf diesen.

1675 Nordwestrinne (Lorenz-Rinne)

I, 993 Hm, 3 Std., mühsam in die N-Grat-Scharte, 2380 m, s. AVF-GG 10/2003/466.

1677 Streichwand

Streicheck, 2345 m – Hintere Streichwand, 2310 m – Mittlere Streichwand, 2255 m – Vordere Streichwand, 2104 m

Erhebungen am W-Rand des Hochbrechlbodens, in Fortsetzung des Lorenzkopf-N-Kamms zum Roßköpfl, 1970 m, als Eckpunkt; westseitig Steilabhänge ins Hirzbachtal.
Vom Hochbrechlboden im O einfach erreichbar, Zugang von der Hirzbachalm, 1715 m (R 127), über den Unterbrechlboden (2½ Std.)

1680 Graswand, 2485 m; Peilstein, 2357 m; Hochetzkopf, 1905 m

Erhebungen im vom Lorenzkopf, 2703 m, nach NO ziehenden Kamm; im NW der Hochbrechlboden mit dem Brechlsee, im SO die weiten Hänge der Schmalzgrubenalm; von beiden Seiten einfach erreichbar.

1683 Mühlwand-Westgipfel, 2757 m; Mühlwand-Ostgipfel, 2578 m; Kandlspitz, 2383m; Jaggeskopf, 2085 m; Heuwand, 2088 m

Auslaufgipfel des Zwingkopf, 3113 m, ab der Schneeleite nach ONO gegen das Fuscher Tal; zwischen Mühlwand und Kandlspitz die Kandlscharte, 2300 m (R 781), zwischen Kandlspitz und Jaggeskopf die Jaggesscharte, 2026 m (R 782). Im N das Schmalzgrubenkar und unter diesem die Schmalzgruben-Hochalm, 1710 m (Zugang R 1642). Die SO-Flanke zum Fuscher Tal ist sehr steil und von vielen Wasserläufen durchzogen.

1686 Bauernbrachkopf, 3125 m

1. Ersteigung und Überschreitung (SO–W): L. Purtscheller, 17.7.1882; ÖAZ 1883/87.

Felsberg nordwestl. des Hohen Tenn, 3368 m, zwischen Hirzbachtörl, 3046 m (R 774; im SO), und Kempsenkopf, 3090 m (im NW); wird während des Normalanstiegs (R 1641) auf den Hohen Tenn überschritten.

☐ 1687A Westflanke

L. Purtscheller, 17.7.1882; ÖAZ 1883/87.

II, 1453 Hm, 2½ Std., mühsam, dachziegelartige Bratschen, Steigeisen!

Direkter Abstieg zum Hausebenhang (Überqueren von R 401) und weiter über Steilhänge zum Wasserfallboden.

1689 Kempsenkopf, 3090 m

Zwischen Bauernbrachkopf, 3125 m (im SO), und Oberer Jägerscharte, 2752 m (im NO). Wird am Normalanstieg (R 1641) auf den Hohen Tenn überschritten; ebenfalls am Übergang Bergrestaurant Mooserboden (Ghs. Heidnische Kirche) – Gleiwitzer Hütte (R 401, R 407).

☐ 1690 Nordwestwand, Westgrat

R. Behounek, F. Wustinger, W. Braun, 13.8.1933; NSWL 1933/41, s. AVF-GC 10/2003/468.

III+, 990 Hm; Zugang 428 Hm; Bratschengelände.

b) Fuscher/Kapruner Kamm – Nordbereich

(ab Oberer Jägerscharte mit Auslauf über das Imbachhorn)

1692 Spitzbrettwand, 2735 m

Im SW die Obere Jägerscharte, 2752 m (R 785), im ONO die Untere Jägerscharte, 2470 m (R 786), und im N die Zwingscharte, 2667 m (R 787); an der SO-Seite führt R 407 vorbei.

1694 Krapfbrachkopf, 2716 m

1. tour. Ersteigung: A. Kaindl mit A. Hetz, J. Grill (»Kederbacher«) sen., 19.7.1871; NDAZ 1881/17.

Markanter Gipfel westl. über dem Ochsenkar (R 407), zwischen Zwingscharte, 2667 m (R 787; im SW), und Vorderem Spitzbrett, 2531 m (im NO).

1695 Ostanstieg

J. Stöckl, Dr. Lederer, M. Mühlauer mit G. Schranz, J. Oberhollenzer (»Pusterer Jackl«), Spätherbst 1897; MDÖAV 1898/182.

I, 539 Hm, 2 Std.; war bis 1903 mit Sicherungen versehen (MDÖAV 1901/213), aus Jagdrücksicht wurden die Sicherungen wieder entfernt (MDÖAV 1904/135).

Von der Gleiwitzer Hütte, 2174 m, mit R 407 ins Ochsenkar; nun westw. zum O-Grat und an diesem südseitig entlang zum Gipfel.

1696 Südgrat

A. Kaindl mit A. Hetz, J. Grill (»Kederbacher«) sen., 19.7.1871.

I, 1 Std.

Von der Oberen Jägerscharte, 2752 m (R 785), am Kamm nordw. über die Spitzbrettwand, 2735 m, in die Zwingscharte, 2667 m (R 787), zum Gipfel.

1697 Übergang zum Vorderen Spitzbrett, 2531 m

II, ½ Std. Der Gratbogen ist die N-Einfassung vom Ochsenkar.

Dem felsigen Grat folgend nach NO zur Scharte, 2625 m, und ostw. weiter.

1699 Vorderes Spitzbrett, 2531 m

Rückenartige Erhebung nordöstl. vom Krapfbrachkopf, 2716 m, über den Zwinghängen (R 407).

1700 Nordostanstieg

A. Kaindl mit E. Hetz, J. Grill (»Kederbacher«) sen., 19.7.1871.

1 Std., 355 Hm, einfach.

Von der Gleiwitzer Hütte, 2174 m, über den Karboden südwestw.

1701 Messerfeldkopf, 2442 m

Erhebung im auslaufenden NO-Kamm des Krapfbrachkopf, 2716 m, gegen die Südliche Brandlscharte, 2371 m.

1702 Ostanstieg

I, **270 Hm**, **¾ Std.**, von der Gleiwitzer Hütte.

1704 Rötenzink, 2515 m

Südwestl. über der Südlichen Brandlscharte, 2371 m; auch »Rötinger« oder »Rettenzink« genannt. Gipfelkreuz.

1705 Nordostanstieg

I, Sicherungen, ½ **Std.** von der Südlichen Brandlscharte (R 788).

1706 Falkenbachkarkopf, 2454 m

Zwischen Südlicher Brandlscharte, 2371 m (R 788, im SW), und Nördlicher Brandlscharte, 2401 m (R 789, im N). Von der Nördlichen Brandlscharte auf dem N-Grat (Gras, zuletzt felsig, II, ¼ Std.) zum Gipfel.

1707 Imbachhorn, 2470 m

Nordöstl. der Nördlichen Brandlscharte, 2401 m; nach NO Kamm über Türchelkopf, 2134 m – Laubkopf, 2038 m, zur Piffscharte, 1775 m, nach NW Kamm über P. 2132 m zum Katzenkopf, 1982 m. Früher »Innbachhorn«/»Irbachhorn«. Lohnend, umfassende Aussicht aufs Zeller Becken. Gipfelkreuz.

1708 Von der Gleiwitzer Hütte

1½ Std., **347 Hm**, bez., unschwierig.

Mit R 83 (GR) in die Südliche Brandlscharte, 2371 m (R 788). Nordostw., dabei am Falkenbachkarkopf, 2454 m, rechts vorbei, in die Nördliche Brandlscharte, 2401 m (R 789), und auf den Gipfel.

1709 Von Kaprun

5 Std., **1684 Hm**, bez. Nr. 723, unschwierig.

Mit R 84 zum Oberlauf des Wachtbergbachs, 1960 m (R 1710 von links). Kurz danach unter dem Gipfelkamm südwestw. in die Nördliche Brandlscharte, 2401 m (R 789), und rechts zum nahen Gipfel.

1710 Von Bruck a. d. Glocknerstraße

5½ Std., **1715 Hm**, bez. Nr. 735, unschwierig.

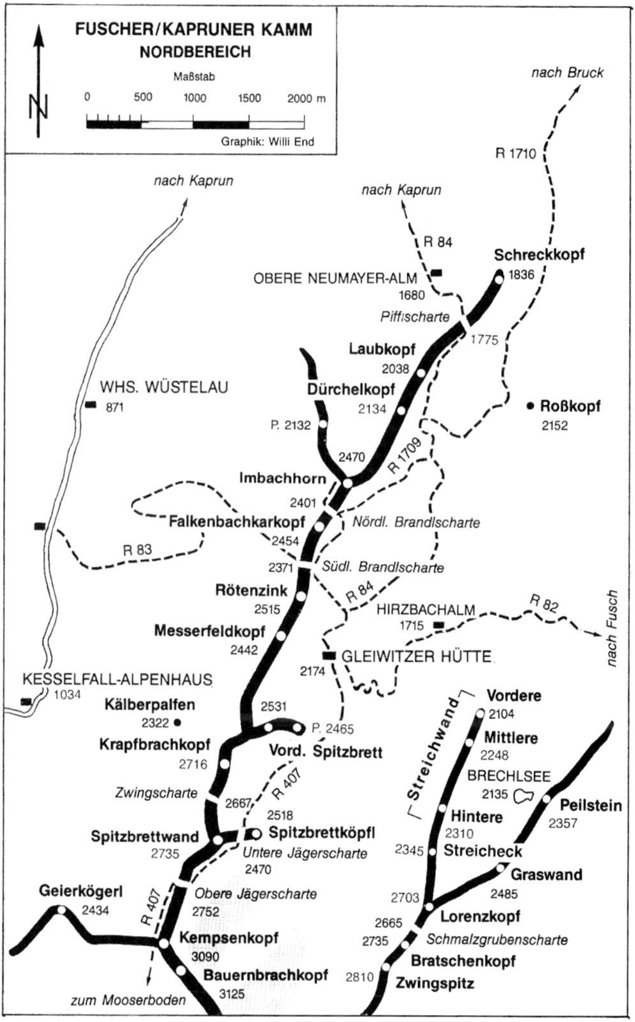

FUSCHER/KAPRUNER KAMM
NORDBEREICH
Maßstab
0 500 1000 1500 2000 m
Graphik: Willi End
nach Bruck
R 1710
nach Kaprun
nach Kaprun
R 84
Schreckkopf
1836
OBERE NEUMAYER-ALM
1680
Piffscharte
1775
Laubkopf
2038
Dürchelkopf
2134
Roßkopf
2152
WHS. WÜSTELAU
871
P. 2132
2470
R 1709
Imbachhorn
2401
Falkenbachkarkopf
2454
Nördl. Brandlscharte
R 83
2371
Südl. Brandlscharte
Rötenzink
2515
R 84
HIRZBACHALM
1715
R 82
nach Fusch
Messerfeldkopf
2442
GLEIWITZER HÜTTE
2174
KESSELFALL-ALPENHAUS
1034
Kälberpalfen
2322
2531
P. 2465
Streichwand
Vordere
2104
Mittlere
2248
BRECHLSEE
2135
Krapfbrachkopf
2716
Vord. Spitzbrett
R 407
Zwingscharte
2667
2518
Peilstein
2357
Hintere
2310
Spitzbrettwand
2735
Spitzbrettköpfl
Untere Jägerscharte
2470
2345
Streicheck
Graswand
2485
Geierkögerl
2434
R 407
Obere Jägerscharte
2752
2703
Lorenzkopf
2665
Kempsenkopf
3090
2735
Schmalzgrubenscharte
Bratschenkopf
Bauernbrachkopf
3125
2810
Zwingspitz
zum Mooserboden

Auf der Straße zum Fuschertaleingang (1,4 km). Westw. auf den Rücken des Brucker Bergs (Hahneck, 1301 m).
Links am Rettenbachkopf, 1439 m – Schreckkopf, 1836 m, querend zur Wachtbergalm (Bäcker-Anderalm), 1671 m (mit Brucker Skihütte) und im Rechtsbogen (Wasserlauf überqueren) zum Oberlauf des Wachtbergbachs, 1960 m (R 84 von rechts).
Weiter mit R 1709 zum Gipfel.

■ 1711 Vom Kesselfall-Alpenhaus/Kapruner Tal

6 Std., **1427 Hm**, bez., unschwierig.

Mit R 83 in die Südliche Brandlscharte, 2371 m; weiter R 1708 zum Gipfel.

■ 1712 Direkte Nordwand

St. Eder, 17.5.1979; NAV. 1. Ski-Abfahrt: St. Eder, H. Schernthaner, 15.4.1984.

Bis **65°**, komb., Felsaufschwung unter Gipfel **IV**, III, Anstieg in Gipfelfalllinie.

Kapruner/Stubacher Kamm

Tourenbereich: Bergrestaurant Mooserboden (Ghs. Heidnische Kirche), Krefelder Hütte, Oberwalderhütte, Rudolfshütte, Ghs. Schneiderau.
Landkarten: AVK Nr. 40 »Großglocknergruppe«, 1:25.000 (Teilbereich); ÖK-UTM Nr. 3220 »Mittersill«, 1:50.000 (Teilbereich); ÖK-UTM Nr. 3221 »Zell am See«, 1:50.000 (Teilbereich); ÖK-UTM Nr. 3227 »Großglockner«, 1:50.000 (Teilbereich); ÖK-BMN Nr. 123 »Zell am See«, 1:50.000 (Teilbereich); ÖK-BMN Nr. 153 »Großglockner«, 1:50.000 (Teilbereich); FB-WK Nr. 122 »Großglockner/Kaprun/Zell am See«, 1:50.000.

a) Kapruner/Stubacher Kamm – Hauptkamm

(zwischen Oberer Ödenwinkel- und Winterkarlscharte)

1716 Hohe Riffl, 3338 m

1. Ersteigung und Überschreitung: K. Hofmann, J. Stüdl mit Th. Groder, J. Schnell, 15.9.1869. 1. Gratübergang vom Totenkopf: R. Gerin, O. Pitschmann, 17.7.1911. 1. Ski-Ersteigung: W. v. Alt mit Führer, 1906.

Schöne Firnkuppe zwischen Oberer Ödenwinkelscharte, 3228 m (S), und Riffltor, 3100 m (O), topografische Schlüsselposition im Tauernhauptkamm, (nordw. der Kapruner/Stubacher Kamm zum Kitzsteinhorn).

Südlicher Kapruner/Stubacher Kamm von Westsüdwesten.

Hocheiser
Hochsedlkopf
Kleineiser
Kapruner Törl
(verdeckt)
Gr. Wiesbachhorn
Hinterer Bratschenkopf
Klockerin
Rifflkarkopf
Totenkopf
Hohe Riffl

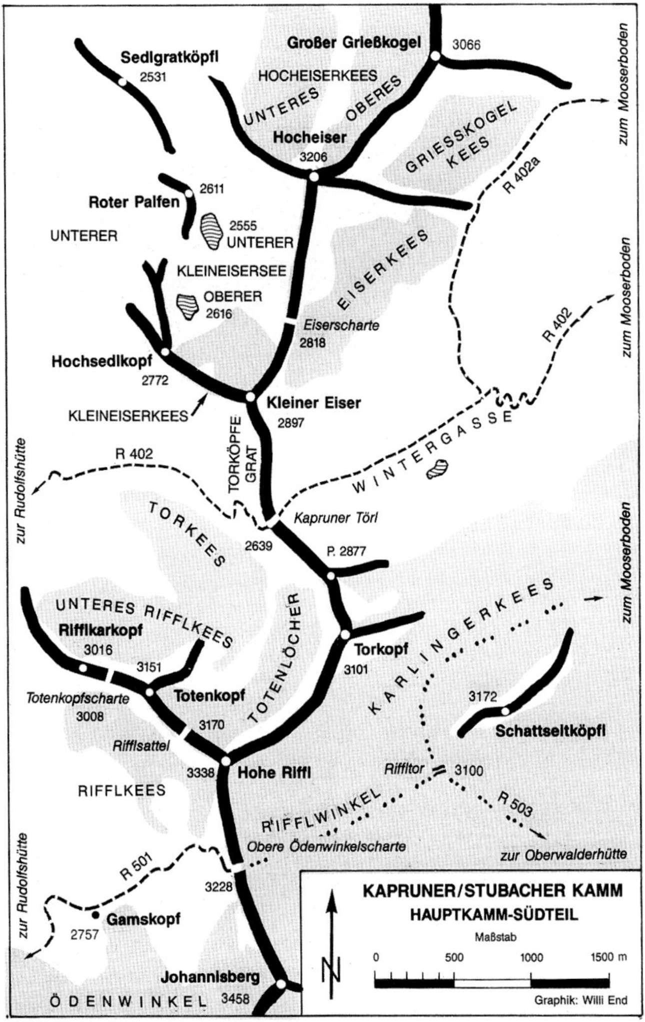
Großer Grießkogel
3066
Sedlgratköpfl
2531
HOCHEISERKEES
UNTERES
OBERES
GRIESSKOGEL KEES
Hocheiser
3206
zum Mooserboden
R 402a
2611
Roter Palfen
2555
UNTERER
UNTERER
KLEINEISERSEE
OBERER
2616
EISERKEES
Eiserscharte
2818
zum Mooserboden
R 402
Hochsedlkopf
2772
Kleiner Eiser
2897
KLEINEISERKEES
TORKÖPFE GRAT
WINTERGASSE
zur Rudolfshütte
R 402
TORKEES
Kapruner Törl
2639
P. 2877
UNTERES RIFFLKEES
TOTENLÖCHER
KARLINGERKEES
zum Mooserboden
Rifflkarkopf
3016
3151
Torkopf
3101
Totenkopfscharte
3008
Totenkopf
3170
3172
Schattseitköpfl
Rifflsattel
3338
Hohe Riffl
Riffltor
3100
RIFFLKEES
RIFFLWINKEL
R 503
Obere Ödenwinkelscharte
zur Oberwalderhütte
zur Rudolfshütte
R 501
3228
Gamskopf
2757
Johannisberg
ÖDENWINKEL
3458
KAPRUNER/STUBACHER KAMM
HAUPTKAMM-SÜDTEIL
Maßstab
0
500
1000
1500 m
N
Graphik: Willi End

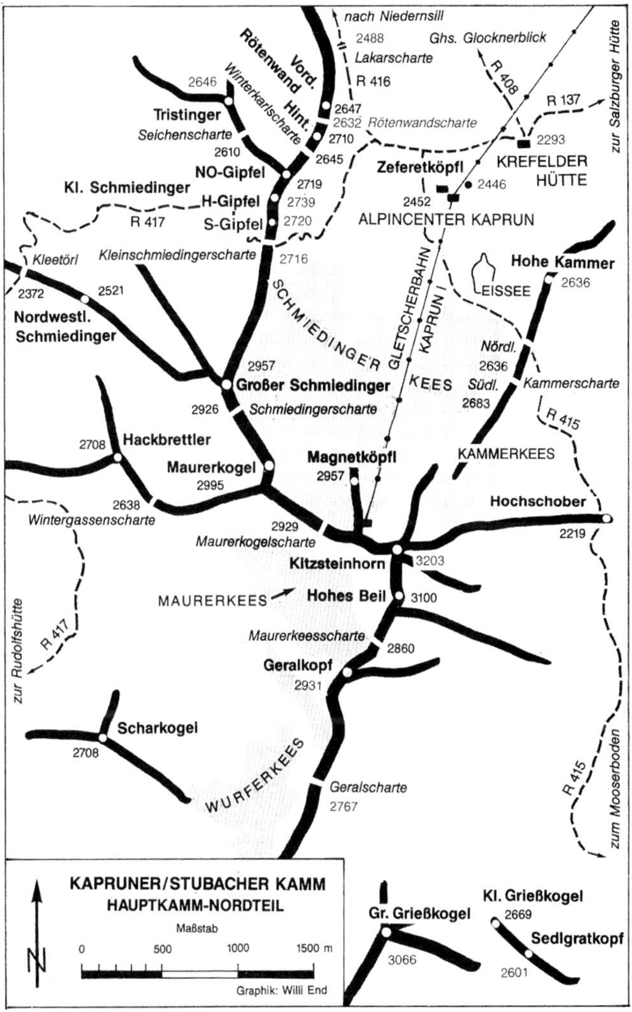
KAPRUNER/STUBACHER KAMM
HAUPTKAMM-NORDTEIL
Maßstab
0 500 1000 1500 m
Graphik: Willi End
nach Niedernsill
2488
Lakarscharte
R 416
Ghs. Glocknerblick
R 408
R 137
zur Salzburger Hütte
Vord.
Rötenwand
Hint.
Winterkarlscharte
2646
Tristinger
Seichenscharte
2610
2647
2632 Rötenwandscharte
2710
2645
2293
KREFELDER HÜTTE
Zeferetköpfl
2446
2452
ALPINCENTER KAPRUN
NO-Gipfel
2719
Kl. Schmiedinger
H-Gipfel
2739
S-Gipfel
2720
R 417
Kleetörl
Kleinschmiedingerscharte
2716
2372
2521
Nordwestl. Schmiedinger
SCHMIEDINGER KEES
GLETSCHERBAHN KAPRUN I
Hohe Kammer
2636
EISSEE
Nördl.
2636
Südl.
2683
Kammerscharte
R 415
2957
Großer Schmiedinger
2926
Schmiedingerscharte
2708
Hackbrettler
Maurerkogel
2995
Magnetköpfl
2957
KAMMERKEES
Hochschober
2219
2638
Wintergassenscharte
2929
Maurerkogelscharte
Kitzsteinhorn
3203
MAURERKEES
Hohes Beil
3100
zur Rudolfshütte
R 417
Maurerkeesscharte
2860
Geralkopf
2931
Scharkogel
2708
WURFERKEES
Geralscharte
2767
R 415
zum Mooserboden
Gr. Grießkogel
3066
Kl. Grießkogel
2669
Sedlgratkopf
2601

Von S sanfter Schneekamm, von SO breite Schneeflanke über dem Firnboden des westl. Rifflwinkels, nach N gewaltige Steilwand (Eis) zum Oberen Rifflkees (»Totenlöcher«), das etagenartig zum Unteren Rifflkees – Torkees abfällt.
Der Gipfel besteht aus einer schmalen, nordw. verwechteten Firnschneide, diese ist die Verbindung zum Torkopf, 3101 m, nach NO; nordwestw. ein Seitengrat mit dem Totenkopf, 3151 m, vor diesem der Rifflsattel; W-Flanke zum Ödenwinkelkees.
Leicht erreichbar, überwältigende Aussicht. Gipfelkreuz.

■ 1716a Südostanstieg

2 Std., **366 Hm**, Gletschergelände.

Von der Oberwalderhütte, 2972 m (R 162) am Oberen Pasterzenboden waagrecht nach NW und auf dem anschließenden weitläufigen Rifflwinkel mäßig aufwärts auf die Hohe Riffl.

■ 1717 Südkamm

K. Hofmann, J. Stüdl mit Th. Groder, J. Schnell, 15.9.1869; ZDAV 1870–71/425.

½ **Std.**, **113 Hm**, einfacher Firnanstieg. Vgl. Foto S. 207.

Von der Oberen Ödenwinkelscharte, 3228 m (R 668), nordw. und entlang des schmäler werdenden Firnrückens zum Gipfel.

■ 1718 Südostflanke

K. Hofmann, J. Stüdl mit Th. Groder, J. Schnell, 15.9.1869, im Abstieg; ZDAV 1870–71/425. 1. Ski-Abfahrt: H. Skofizh, F. Assanek, 4.6.1911.

¾ **Std.**, **166 Hm**, einfacher Firnanstieg.

Ostw. der Oberen Ödenwinkelscharte, 3228 m (R 668), vom Rifflwinkel ab ca. 3180 m über die Firnflanke zum Gipfel.

■ 1719 Südwestflanke (Rechter Anstieg)

A. Reitsch, H. Weber, 11.10.1921; B 1924/393.

Bis **40°**, **III**, **1096 Hm**, s. AVF-GG 9/1995/520.

□ 1720 Südwestflanke (Linker Anstieg)

R. Gerin, M. Hilber mit R. Szalay, 15.7.1924; ÖAZ 1924/233.

Bis **40°**, **III**, **1096 Hm**. S. AVF-GG 9/1995/520.

Hohe Riffl (Gipfelkreuz).

1721 Nordwand-Übersicht

Die N-Wand, 350 m hoch, fußt im Oberen Rifflkees (»Totenlöcher«); dieses erstreckt sich über der vom Totenkopf, 3151 m, nach O ziehenden Felsformation, die zum Unteren Rifflkees absetzt. Die östl. Wandhälfte besteht aus Fels, die westl. ist eine reine Firnwand, in deren oberen Hälfte ein steiler, keilartiger Eiswulst vorspringt.

Zugang: a) Von der Oberwalderhütte, 2972 m, (R 162) mit R 1716a auf die Hohe Riffl, 3338 m, und Abstieg am NW-Grat (R 1725) in den Rifflsattel, 3170 m (R 795), vor dem Totenkopf, 3151 m; Abstieg nordnordostw. auf die Terrasse des Oberen Rifflkeeses (»Totenlöcher«) und Querung unter die N-Wand (3¼ Std.).

b) Von der Oberwalderhütte, 2972 m (R 162) mit R 1716a auf die Hohe Riffl und mit R 1724A (Abseilroute) zum Wandfuß (3 Std.).

c) Vom Kapruner Törl, 2639 m (von der Rudolfshütte 2 Std., R 402/GR); vom Bergrestaurant Mooserboden (Ghs. Heidnische Kirche; 3 Std., R 402), Querung nach S zum Oberen Rifflkees (»Totenlöcher«; ¼ Std.), das rechts mit einer Sérac- und einer Felswand zum Unteren Rifflkees abbricht. Dieser spaltenreiche Hängegletscher (durch große Spalten mitunter unbegehbar, daher beim Hüttenpächter erkundigen!) wird im Schräganstieg bis unter die N-Wand begangen (1 Std.).

1722 Direkte Nordwand

G. Kahr, H. Gamerith, 16.7.1928. 1. Winterbegehung: F. Kintscher, H. Bucek, 10.–11.2.1968.

Firnwand **45–50°**, **350 Hm**, **2 Std.** Vgl. Foto S. 477.

Übersicht, Zugang: Vgl. R 1721.
Anstieg: Über den Bergschrund und rechts den Felsen der östl. Wandhälfte in idealer Linie direkt zum Gipfel.

1723 Nordwand

P. Aschenbrenner, K. Baumgartner, 1.9.1929; Jb. K 1929/17, ÖAZ 1930/59. 1. Ski-Abfahrt: St. Eder, 25.5.1980.

Firnwand **55–60°**, **350 Hm**, **3 Std.** Vgl. Foto S. 477.

Übersicht, Zugang: Vgl. R 1721.
Anstieg: Rechts von R 1722 und somit rechts der Gipfelfalllinie, dabei unter dem Eiswulst in halber Wandhöhe nach links und empor zum Gipfel.

Hohe Riffl von Nordnordosten:
R 1722 Direkte Nordwand
R 1723 Nordwand
R 1724 Variante zu R 1723
R 1725 Nordwestgrat
R 1767 Hocheiser – Nordostanstieg

Hohe Riffl
Eiskögele
Ödenwinkelwand
Rifflsattel
1725
1724
1723
1722
(„Totenlöcher")
1767
Oberes Rifflkees
Oberes Hocheiserkees

1724 Variante (Ausstieg) zu R 1723

P. Holl, P. Gschwandl, 27.3.1970; GF 1970/33, ÖAZ 1970/107, MÖAV 1970/102.

Ausstieg zum oberen NW-Grat. Vgl. Foto S. 477.

1724A Nordwand

Abseilroute, 5x25 Meter abseilen, AH vorhanden.

Vom Verbindungsgrat zum Torkopf, ca. 200 m vom Gipfel der Hohen Riffl entfernt, verläuft an der Felsflanke östl. der Eiswand die Abseilroute. Diese erreicht (im unteren Wanddrittel) eine Felsinsel in der Eiswand; von dieser nach links zu den Einstiegen.

1725 Nordwestgrat

Firngrat aus dem Rifflsattel (R 795). Vgl. Foto S. 477.

1727 Totenkopf, 3151 m

1. Ersteigung und Überschreitung: L. Purtscheller, 19.9.1885 (Östlicher Firngipfel). 1. Ersteigung des Felsgipfels und 1. Gesamtüberschreitung: R. Gerin, O. Pitschmann, 17.7.1911.

Steiler Felsberg mit W- und Ost-Gipfel im NW-Grat der Hohen Riffl, 3338 m; vom O-Gipfel (Hauptgipfel) mit einer verwechteten Firnschneide über den Rifflsattel als Verbindung zur Hohen Riffl. Gewaltige N-Wand zum Unteren Rifflkees, mächtige S-Wand zum Rifflkees (Totenkopfkees), langer NW-Grat (mit dem Rifflkarkopf, 3016 m) zu den Ochsenflecken über dem Tauernmoossee. Beliebter Kletterberg.

1728 Nordostanstieg

L. Purtscheller, 19.9.1885; MDÖAV 1886/68.

3 Std., **534 Hm**, gefährlicher Gletscheranstieg.

Vom Kapruner Törl, 2639 m (R 801), gleich R 1721c südw. zum Oberen Rifflkees (»Totenlöcher«; ¼ Std.), das rechts mit einer Sérac- und Felswand zum Unteren Rifflkees abbricht. Der Hängegletscher ist spaltendurchsetzt und wird im Schräganstieg mit Queren bis nach der Gipfelfalllinie der Hohen-Riffl-N-Wand überwunden und der Rifflsattel (R 795) erreicht; rechts auf den Totenkopf-O-Gipfel.

1729A Südflanke

L. Purtscheller, 19.9.1885; MDÖAV 1886/68.

III– und Gletschergelände, **653 Hm**, **2 Std.**

In der Nordwand der Hohen Riffl.

Vom O-Gipfel Abstieg zum Rifflsattel, wo der Hohe-Riffl-NW-Grat beginnt. Unter der Schartenwechte über lockere, bratschige Felsen abwärts zu einem schrägen Band und tieferer Stufe. Später eine Platte und ein steiler Kamin (schwierig), der zum größten Firnfeld der S-Flanke führt. Dieses abwärts und links (orogr.) auf ein Band, das in einer Firnrinne endet, durch die das Rifflkees erreicht wird (Randkluft). Am Rifflkees (Spalten) abwärts zur Moräne und weiter zum »Hohen Sand«, ca. 2520 m (2 Std.). Mit R 501 (in 1½ Std.) zur Rudolfshütte, 2311 m.

■ 1730 Südwand

K. Zuska, L. Graf, 7.8.1933; AN 1934/21.

V und III, **250 Hm**, **4 Std.**, fester Fels. Vgl. Foto S. 481.

Zugang: Vgl. R 1731.
Anstieg: E. in Gipfelfalllinie am zutiefst herabreichenden Felssporn. Rechts am Sporn auf steilem Plattenband 30 m aufwärts (H) und 10 m rechts höher zu einer Plattenwand. Links im nassen, schwarzen Riss 2 m aufwärts und auf schrägem Band nach links zu einer Kante. An dieser 30 m (brüchig) empor und 20 m bis unter Überhänge. Auf der Schrofenterrasse 25 m gegen den NW-Grat. Über den Überhang zu einem kurzen Band und nach 10 m rechts über eine Kante zu einer überdachten Nische. Daraus auf Plattenband rechts um eine Kante und schräg links aufsteigend zu Stand (30 m). 3 m links zu einer Plattenrinne und an deren linker Begrenzungskante empor in die Gipfelschlucht (30 m). An der linken Begrenzungswand bis unter den Gipfelüberhang (100 m). Nun nach rechts über eine raue Platte bis an die Wand und mit Spreizschritt in einen schwarzen Riss (H). In diesem auf ein Schuttband (25 m). Auf diesem Abstieg zu großem Überhang (30 m). Das höher leitende Band weiter verfolgen, über eine gut griffige Wand senkrecht hinauf zu einem kurzen Riss und durch ihn auf die Kante (guter Stand, 30 m). 5 m um die Kante und in einem Riss auf einen Schrofenplatz (15 m). Zu einem abgesprengten Block und durch dessen Riss empor. Nun zu einer Nische unter einem Überhang; 4 m nach links in die glatte Wand und im mittleren Riss zu Schrofen; von ihm über eine kurze Wandstelle auf den W-Gipfel.

■ 1731 Südwestpfeiler

H. Gregoritsch, H. Bärnthaler, R. Schmuck, 17.7.1983; B 1985/12/91; TBR; MÖAV 1986/3/17. B 1985/12/91.

V (2 Stellen), meist IV und V–, **250 Hm**, **3 Std.**; Zugang 823 Hm, 2½ Std. Erstbeg. alle H belassen, KK aller Größen empfehlenswert; Anstieg über den Zentralen Pfeiler in der S-Wand; fester, roter Gneis. Vgl. Foto S. 481; Skizze S. 483.

Totenkopf von Südwesten:
R 1730 Südwand
R 1731 Südwestpfeiler
R 1732 Westgrat

Totenkopf
Westgipfel
Ostgipfel
1732
1730
1731

Zugang: Von der Rudolfshütte, 2311 m, mit R 503 zum »Hohen Sand«, ca. 2520 m. Im Kar in N-Richtung weiter aufwärts, zuletzt über das Rifflkees (Spalten) zum Fuß der S-Wand.

Anstieg: E. am tiefsten Punkt des Pfeilers in Gipfelfalllinie, ca. 20 m rechts von R 1730, Randkluft. 1. SL: In der markanten Plattenverschneidung empor, weiter über eine Platte und durch Riss auf ein breites Schuttband, nahe unter diesem Stand bei 2 H (40 m, III+, IV, III).

2. SL: Auf dem Schuttband rechts aufwärts zu einem rissdurchzogenen Überhang; im Riss empor, dann in einer Verschneidung und nach rechts zu Stand auf Absatz (30 m, V, III, 1 H).

3. SL: Rechts über die steile Platte und über geneigte Platten zu Stand unter senkrechter Wand (40 m, V–, III, II, 1 H).

4. SL: In schwarzem Riss über diese Wand (»Hansi-Wandl«), dann nach links, in einer Verschneidung empor und auf Band nach links an die Kante zu STH (40 m, V–, IV–).

5. SL: Links hinter der Kante in einer Verschneidung empor und über weniger steiles Gelände zu Stand (30 m, III, II, H).

6. SL: An der ansetzenden Kante empor und weiter über Platten zu STH (40 m, V–, IV, III).

7. SL: In der Verschneidung empor zu Stand auf Band (40 m, IV, V, 1 H).

8. SL: Erst rechts haltend, dann nach links und in einer Verschneidung empor auf ein Schuttband; auf einer Rampe rechts aufwärts zu Absatz (40 m, III, IV, III+).

9. SL: Weiter zum O-Gipfel (20 m, III).

■ 1732 Westgrat

R. Gerin, O. Pitschmann, 17.7.1911; ÖAZ 1911/267.

IV, III, **193 Hm**, **2 Std.**; Zugang 880 Hm, 3 Std., beliebter Anstieg; in Verbindung mit dem vorhergehenden Rifflkopf-NW-Grat (R 1741) als Totenkopfgrat bekannt. Vgl. Fotos S. 481, 485.

Zugang: Vgl. R 1733.

Anstieg: Von der Totenkopfscharte, 3008 m (R 798), senkrecht (brüchig) empor auf den 1. Gratturm. Am Grat entlang und in der rechten Flanke in die folgende Scharte. An der linken Kante des nächsten Turms über gelbes, bratschiges Gestein empor und der Gratschneide folgen; dann in die rechte Wand. Auf schmalem Band nach rechts, über einen Überhang auf den Grat und auf seiner Firnschneide zum Gipfelaufbau. Schräg rechts über eine senkrechte Wandstelle, über den Überhang und auf steilen Platten nach links zur Kante (H). Senkrecht empor zu kleiner Terrasse (40 m, IV, Schlüssel-SL, ausgesetzt) und zum W-Gipfel; auf der Schneeschneide weiter zum O-Gipfel.

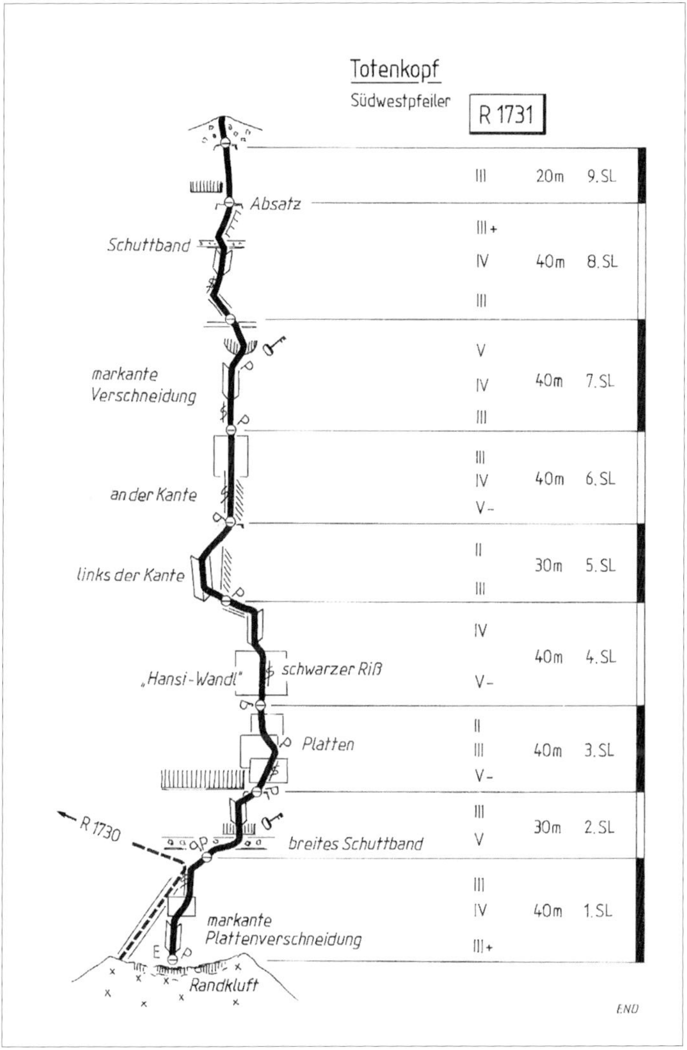
Totenkopf
Südwestpfeiler
R 1731
III 20m 9. SL
Absatz
III+
IV 40m 8. SL
III
Schuttband
V
IV 40m 7. SL
III
markante Verschneidung
III
IV 40m 6. SL
V-
an der Kante
II
30m 5. SL
III
links der Kante
IV
40m 4. SL
V-
„Hansi-Wandl"
schwarzer Riß
II
III 40m 3. SL
V-
Platten
III
30m 2. SL
V
R 1730
breites Schuttband
III
IV 40m 1. SL
III+
markante Plattenverschneidung
E
Randkluft
END

■ 1733 Totenkopfgrat

IV, III und leichter, **970 Hm**, **4 Std.**, lohnende, doch anspruchsvolle kombinierte Tour, Gletscherabstieg.

Vom Vorderen Ochsenfleck den NW-Grat (R 1741) auf den Rifflkarkopf, 3016 m, Abstieg in die Totenkopfscharte, 3008 m (R 798), und über den W-Grat (R 1732) auf den Totenkopf.

■ 1734 Nordwand

K. Zuska, L. Graf, 17.8.1933; AN 1934/21.

III+, am W-Grat **IV**, Gletscherbegehung, **370 Hm**, **2½ Std.**, Zugang 485 Hm, 3 Std.

Zugang: Von der Rudolfshütte, 2311 m, mit R 402 (GR) ins Kapruner Törl, 2639 m (R 801); nun südsüdwestw. zum Unteren Rifflkees und über dieses (Spalten) westw. zum Wandfuß.

Anstieg: In Wandmitte zieht ein steiles Plattenband von W nach O, 30 m westw. der E. Über die Randkluft und senkrecht nach links (schwierige Platten) zu einer auffallenden Rippe. An dieser 60 m aufwärts zu einer Plattenwand, gerade empor zum überhängenden Gipfelaufbau (90 m). Nun auf Bändern zum W-Grat (R 1732) und mit 3 SL zum W-Gipfel.

□ 1735 Nordostgrat

H. Hold, H. Langer, W. Müller, F. Stürmer, 5.7.1936; AN 1936/202, s. AVF-GG 10/2003/486.

■ 1736 Übergang zur Hohen Riffl, 3338 m

R. Gerin, O. Pitschmann, 17.7.1911; ÖAZ 1911/287.

1½ Std., Firnschneide.

Vom felsigen W-Gipfel über den firnigen O-Gipfel in den Rifflsattel, 3170 m (R 795), und den NW-Grat (meist verwechtete Firnschneide) auf die Hohe Riffl.

1740 Rifflkarkopf, 3016 m

1. Ersteigung und Überschreitung: R. Gerin, O. Pitschmann, 17.7.1911.

Graterhebung westl. vom Totenkopf, 3151 m, von diesem durch die Totenkopfscharte, 3008 m, getrennt; der Rifflkarkopf wird bei Begehung des Totenkopfgrats überschritten.

Totenkopf, Rifflkarkopf von Nordosten

Totenkopf:
R 1732 Westgrat

Rifflkarkopf:
R 1741 Nordwestgrat

Totenkopf
Rifflkarkopf
Medelzkopf
Totenkopfscharte
Oberes Rifflkees
1732
1741
Unteres Rifflkees

1741 Nordwestgrat

R. Gerin, O. Pitschmann, 17.7.1911; ÖAZ 1911/267.

II, mit Zugang **705 Hm**, **3 Std.**; in Verbindung mit dem folgenden Totenkopf-W-Grat (R 1732) als Totenkopfgrat bez. Vgl. Foto S. 485.

Übersicht: Der NW-Grat zieht vom Gipfel zerzackt nach W, winkelt dann als Blockgrat nach N ab und verläuft als Schuttkamm im Vorderen Ochsenfleck.
Anstieg: Von der Rudolfshütte, 2311 m, südw. zur kleinen Staumauer am O-Ufer des Weißsees. Über den Stiegenlahner nordostw. hinab bis vor den Tauernmoossee und ostw. zum Vorderen Ochsenfleck. Am beginnenden Schuttkamm (Rifflwandrücken) hinauf, auf folgendem Blockgrat zum Gipfel.

1743 Torkopf, 3101 m

1. Überschreitung: L. Pelikan, A. Med, H. Grassinger, J. Grassinger, L. Grassinger, 2.8.1920.

Felsiger Eckpfeiler im Hohen-Riffl-NO-Grat, westl. über dem Karlingerkees; zerzackter NW-Grat zum Kapruner Törl, 2639 m, W-Wand zum Oberen Rifflkees.

1744 Südanstieg

I, ½ **Std.**, auch günstigster Abstieg. Vgl. Fotos S. 165, 209, 489.

Vom Riffltor, 3100 m (R 671), am obersten Karlingergletscher waagrecht nach NW zum Verbindungsgrat Hohe Riffl – Torkopf und aus einem Schartl über einige Felsen zum Gipfel.

1745 Ostanstieg

E. Mayer, 19.7.1919; ÖAZ 1920/152, ZDÖAV 1921/40.

I, **1 Std.** Vgl. Fotos S. 165, 209, 489.

Aus der oberen Firnmulde (ca. 3000 m) des Karlingerkeeses westw. und über flache Platten, einen kurzen Grat und Kamin zum Gipfel.

1746 Nordwestgrat

Erstbegeher unbekannt.

II, **460 Hm**, **3 Std.**, schöne Kletterei, beliebt. Vgl. Fotos S. 165, 489.

Vom Kapruner Törl, 2639 m (R 801), zum zerzackten Grat. Den ersten Abbruch rechtsseitig umgehen, mehrere Gratzacken überklettern. Die folgenden drei Grattürme rechtsseitig umgehen, in eine schulterartige Scharte. Den Schlussgrat (brüchig) linksseitig queren oder direkt zum Gipfel verfolgen.

1747 Direkter Nordwestgrat

L. Pelikan, A. Med, H. Grassinger, J. Grassinger, L. Grassinger, 2.8.1920; Jb. TBW 1920, NF 1921/33, ÖAZ 1922/110.

III+, Überschreitung sämtlicher Grattürme.

1748 Westwand

A. Bischofberger, August 1935; ÖAZ 1936/292.

III+, 250 Hm, 1½ Std.

Zugang: Vom Kapruner Törl, 2639 m (R 801), südw. zum Oberen Rifflkees und empor zum Wandfuß (½ Std.).
Anstieg: Links der Gipfelfalllinie springt eine Felsrippe in den Gletscher vor. Hier E. (ca. 2850 m). Zuerst nach rechts aufwärts, dann gerade empor.

1749 Übergang zur Hohen Riffl, 3338 m

1 Std., schmaler Firngrat, eindrucksvoll. Vgl. Fotos S. 165, 489.

Vom Torkopf nach einem Schartl am Verbindungsgrat entlang, der meist firstartig schmal und verwechtet ist; ab 3200 m eine sanft überleitende Firnschneide ausgesetzt zur Hohen Riffl.

1751 Kleiner Eiser, 2897 m

1. Ersteigung: Leutnant v. Pelikan mit A. Hetz, 1871; bei Vermessung.

Felsberg nördl. vom Kapruner Törl, 2639 m. SW-Wand zum Übelkar, S-Grat zum Kapruner Törl, langer NW-Grat; nordwestl. der Hochsedlkopf, 2772 m; nordw. reicht das Kleineiserkees (einst »Hochsedlkees«, »Hacksedlkees« genannt) fast zum Gipfel. Der NO-Grat mit der Eiserscharte, 2818 m, ergibt die Verbindung zum Hocheiser, 3206 m; ostw. Reste vom Eiserkees zu den tieferen Schrofenhängen über der »Wintergasse« (R 402).

1752 Nordostgrat

Leutnant v. Pelikan mit A. Hetz, 1871.

I, ½ Std. Vgl. Foto S. 235.

Von der Eiserscharte, 2818 m (R 802), mit Blockkletterei zum Gipfel.

1753 Ostanstieg

H. Wödl u. Gef., 1885; EO III/223.

I, 1 Std. Vgl. Foto S. 235.

Vom Kapruner Törl, 2639 m (R 801), rechts vom S-Grat über Moränenhänge aufwärts und an der O-Flanke (Blockkletterei) zum Gipfel.

1754 Südgrat (Törlköpfegrat)

L. Pelikan, 25.7.1920; Jb. TBW 1920; ÖAZ 1922/110.

II, 263 Hm, 1 Std., schöne Kletterei. Vgl. Fotos S. 235, 491.

Vom Kapruner Törl, 2639 m (R 801), die ersten Grataufschwünge rechts umgehend (Felsstufen), auf dem Grat (drei Aufbauten) wenig steil zum Gipfel.

□ 1755 Südwestwand

L. Hormayer, R. Elster, 1932, s. AVF-GG 10/2003/492.

II, **229 Hm;** vgl. Foto S. 491.

■ 1756 Nordanstieg

I, kurze Gletscherstrecke, gesamt **872 Hm**, **4½ Std.**

Von der Rudolfshütte, 2311 m, mit R 304 (GR) zur ÖBB-Werksbahn am W-Ufer des Tauernmoossees und diesem entlang (R 417/GR) zum N-Ende des Sees; 500 m weiter zum Wasserlauf, 2100 m (vom Unteren Hocheiserkees herab) vor dem Schwarzkarlriedl (2251 m). Südostw. ins enge Kleineiserkar, das von der Hocheiser-SW-Wand (im O) und vom Hochsedlkopf-N-Grat (im W) eingefasst und vom Kleineiserkees (im S) abgeschlossen wird. Auf Moränen aufwärts, am Unteren und Oberen Hochsedlsee/Kleineisersee, 2555 m/2616 m, vorbei zum Kleineiserkees. Auf diesem weiter und über die 100 m hohe felsige N-Flanke zum Gipfel.

1758 Hochsedlkopf, 2772 m

Erstbegeher unbekannt.

Steile Gipfelform östl. über dem Tauernmoossee, nordwestl. vom Kleinen Eiser, 2897 m; im N das Kleineiserkar, im S das Übelkar.

■ 1759 Nordgrat (Hochsedlgrat)

Erstbegeher unbekannt.

II, I und Gehgelände, gesamt **743 Hm**, **4½ Std.**, Normalanstieg. Vgl. Foto S. 495.

Von der Rudolfshütte, 2311 m, gleich R 1756 zum Wasserlauf, 2100 m. Nun südostw. über Blöcke auf das vorgelagerte Sedlgratköpfl, 2531 m. Am schuttbedeckten Verbindungskamm weiter, zuletzt am N-Grat zum Gipfel.

■ 1760 Nordwestgrat

L. Hormayer, R. Elster, 1932; NAV.

II, gesamt **744 Hm**, **4½ Std.** Vgl. Foto S. 495.

Von der Rudolfshütte, 2311 m, mit R 304 (GR) zum S-Ende des Tauernmoossees und ostw. (R 402/GR) über die Ochsenflecken zu P. 2280 m vor dem Torkees. In N-Richtung am Ochsenköpfl, 2288 m, rechts vorbei zum NW-Grat-Fuß, 2300 m. Auf dem Schrofen-, zuletzt am N-Grat zum Gipfel.

Torkopf von Nordosten:

R 1744 Südanstieg
R 1745 Ostanstieg
R 1746 Nordwestgrat
R 1749 Übergang zur Hohen Riffl

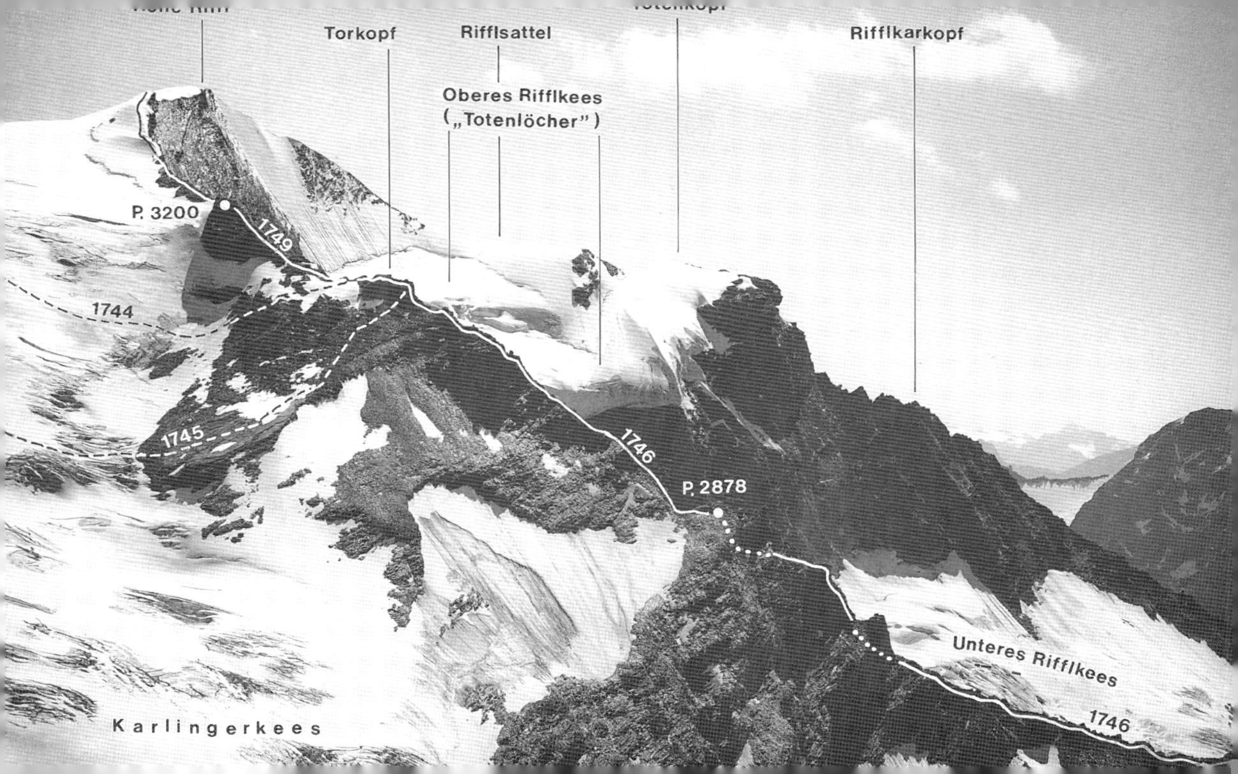
Torkopf
Rifflsattel
Rifflkarkopf
Oberes Rifflkees
(„Totenlöcher")
P. 3200
1749
1744
1745
1746
P. 2878
Unteres Rifflkees
1746
Karlingerkees

□ 1761 Südrücken

Keine Bedeutung; s. AVF-GG 10/2003/493.

■ 1762A Westflanke

I, 2 Std., einfacher, rascher Abstieg.

Vom Gipfel die lange Schrofenrinne abwärts zu P. 2414 m und links (südsüdostw.) waagrecht zum Übelkar; R 402 zur Rudolfshütte, 2311 m.

■ 1763A Ostflanke

I, Abstieg über Blockhänge ins Kleineiserkar zu R 1756.

1765 Hocheiser, 3206 m

1. Ersteigung und Überschreitung: R. Ißler mit J. Brandtner (»Lohninger«), 15.8.1871. 1. Winterersteigung: J. Reiff, 1896; Übergang vom Großen Grießkogel.

AVK 40/2002 »Hoch-eiser«. Mächtige, dreikantige Felspyramide, einer der Hauptgipfel der Glocknergruppe; höchste Erhebung im Kapruner/Stubacher Kamm. Lange Grate nach allen Seiten: S-Grat zur Eiserscharte, 2818 m, W-Grat mit NW-Rücken, NO-Grat als Verbindung zum Großen Grießkogel, 3066 m, und O-Grat zu den W-Hängen des Mooserbodens. Im N das Obere Hocheiserkees, unter der SO-Wand das Eiserkees, unter der NW-Wand das Untere Hocheiserkees (Schwarzkarlkees), unter der SW-Wand das Kleineiserkees mit den Hochsedlseen (Kleineisersee). Gern bestiegen, weite Aussicht.

■ 1766 Nordanstieg

R. Ißler mit J. Brandtner (»Lohninger«), 15.8.1871; ZDÖAV 1873/135.

Normalanstieg von der Rudolfshütte über das Obere Hocheiserkees, **895 Hm**, **5½ Std.** Vgl. Foto S. 499; Skizze S. 494.

Von der Rudolfshütte, 2311 m, mit R 304 (GR) zur ÖBB-Werksbahn am W-Ufer des Tauernmoossees und diesem entlang (R 417/GR) zum N-Ende des Sees; ca. 20 Min. weiter bis vor die Scharleitenhänge. Nun nach O abzweigen (mit R 807) zum Schwarzkarlsee, und über den Mitterbirghang aufwärts zur Höhe des Moränenrückens (P. 2763 m) am Rand des Wurferkeeses. Südostw. zu P. 2883 m am Beginn des Oberen Hocheiserkeeses und an seinem W-Rand (Rücken) empor zum Gipfel.

Großes Wiesbachhorn, Kleiner Eiser von Westen

Großes Wiesbachhorn:
R 1591 Nordwestgrat (Kaindlgrat)
R 1591a Südwestflanke

Kleiner Eiser:
R 1754 Südgrat
R 1755 Südwestwand

Kl. Wiesbachhorn
Oberer Fochezkopf
Hochsedlkopf
Gr. Wiesbachhorn
Wielingerscharte
Hinterer Bratschenkopf
Kleineiser
Klockerin
1591
1591a
Kaindlkees
Oberes
Klockerinkees
1754
1755
P. 2604

■ 1767 Nordostanstieg

I, 1166 Hm, 4½ Std., kombinierter Anstieg, Normalanstieg vom Bergrestaurant Mooserboden (Ghs. Heidnische Kirche). Vgl. Fotos S. 477, 497, 499.

Vom Bergrestaurant Mooserboden (Ghs. Heidnische Kirche), 2040 m, mit R 1781 auf den Großen Grießkogel, 3066 m (3½ Std.). Südwestw. auf dem mäßig abfallenden Blockgrat in den breiten Sattel, 3016 m, am Beginn des Hocheiser-NO-Grats. Auf dem anfangs breiten, dann schmäler werdendem Firngrat (ostseitig meist verwechtet) zum Hocheisergipfel.

■ 1768 Ostflanke – Nordostgrat

R. Ißler mit J. Brandtner (»Lohninger«), 15.8.1871; ZDÖAV 1873/135; L. Purtscheller, 20.9.1884, ähnlicher Abstieg.

2 Std., **600 Hm**, Firnanstieg; Zugang 560 Hm, 2¼ Std.

Übersicht: Die O-Seite des Verbindungsgrats Hocheiser – Großer Grießkogel ist von zwei Firnrinnen durchzogen; die nördl., rechte Rinne erreicht fast den NO-Grat und vermittelt den Anstieg.
Zugang: Vgl. R 402a.
Anstieg: Über das Grießkogelkees (Spalten), unter der Gr.-Grießkogel-S-Wand empor zur Rinne, die sehr steil und beiderseits von Felsen eingeengt ist. Am Rinnenende zu einem Schneefeld unter der Grathöhe. Über die Wechte auf den Grat und zum Gipfel.

□ 1769 Ostgrat – Ostwand

R. Gerin, M. Hilber, 2.8.1923; ABZ 1923/Nr. 15/3.

III, **606 Hm**, **3 Std.**, kombinierter Anstieg; Zugang 560 Hm. S. AVF-GG 9/1995/539.

■ 1770 Südostwand

H. Borsig, A. Borsig, 17.7.1924; Jb. AAVM 1923–24/45.

III, **423 Hm**, **3 Std.** Vgl. Foto S. 235.

Übersicht: Die felsige SO-Wand überragt das Eiserkees, am Wandfuß P. 2783 m. Drei Steilrinnen durch die Wand; die linke (westl.) ergibt den Beginn, die mittlere Rinne den weiteren Anstieg; Ausstieg zum obersten S-Grat.
Anstieg: Von der Eiserscharte, 2818 m (R 802), unter dem S-Grat entlang (auf dem Eiserkees) zum Wandfuß, P. 2783 m (Randkluft). In der anfangs kaminartigen westl. Rinne 40 m aufwärts auf ein Köpfl und nach rechts auf ein breites Schrofenband. Auf diesem zur mittleren Rinne und in dieser empor (zuletzt über einen Überhang) bis ca. 40 m unter den Gipfel. In der Rinne links zum S-Grat und zum Gipfel.

■ 1771 Südgrat

E. Witlaczil, 6.8.1896; MDÖAV 1896/251.

II, 373 Hm, 1¼ Std., schöner Anstieg. Vgl. Fotos S. 235, 495, 499; Skizze S. 494.

Von der Eiserscharte, 2818 m (R 802), den S-Grat-Beginn rechts umgehend, in ein Gratschartl. Am S-Grat steil empor auf eine große Schulter. Nach links (W-Seite) in eine Rinne, in dieser zum Grat und über seine oberste Schulter (Ausstieg R 1770) zum Gipfel.

■ 1771a Direkter Südgrat

L. Pelikan, 25.7.1920; Jb. TBW 1920, ÖAZ 1922/110.

III, 373 Hm, 1¾ Std. Der 1. Gratturm sowie der überhängende Abbruch über der großen Schulter werden direkt erklettert. Vgl. Foto S. 495.

□ 1772 Südwestwand

R. Gerin, M. Hilber, R. Szalay, 16.7.1924; Jb. SW 1925/18, ÖAZ 1924/233.

IV, 500 Hm, s. AVF-GG 9/1995/542. Vgl. Foto S. 495.

□ 1773 Südwestwand

O. Sanz, H. Nack, H. Ganzberger, 11.6.1977; AN 1978/10; NAV.

III+, 373 Hm, 2 Std. Anstieg im Bereich von R 1772, s. AVF-GG 9/1995/542. Vgl. Foto S. 495; Skizze S. 494.

■ 1774 Westgrat

R. Gerin, M. Hilber, 3.8.1923; ABZ 1923/Nr. 15/3.

III– (Stellen), II, **200 Hm, 1 Std.** Vgl. Foto S. 495; Skizze S. 494.

Vom Mitterbirghang (R 1766) südostw. zur Moräne des Unteren Hocheiserkeeses (Schwarzkarlkees) und an seinem W-Rand aufwärts in den flachen Sattel am Beginn des steilen W-Grats. E. am flachen Gratbeginn.
Zuerst über feste Blöcke und Platten direkt an der Gratschneide aufwärts (II, I). Ein kleines Wandl wird an einem senkrechten Riss (III–) erklettert. Danach leichter über brüchiges Gestein zur nächsten Steilstufe (weiße Felsen). Über diese (II) und wieder über feste Blöcke (I) weiter an der Gratkante. Der dritte Steilaufschwung (ca. 3 m, III–) wird südseitig, ausgesetzt, überwunden, ebenso der vierte durch einen Riss mit Klemmblöcken an seiner S-Seite. Nun leicht zum Gipfel.

■ 1775 Nordwestwand

A. Bischofberger, August 1935; ÖAZ 1936/292.

III–, 256 Hm, 1½ Std. Vgl. Foto S. 495; Skizze S. 494.

Vom Sattel am W-Grat-Beginn (R 1774) am Gletscher zum Fuß der NW-Wand. Dort, wo der Firn am höchsten emporzieht, über die Randkluft (ca. 2950 m). Unter einer Steilwand auf abschüssigem Band rechts aufwärts und so bald wie möglich wieder links zurück, dann gerade zum Gipfel.

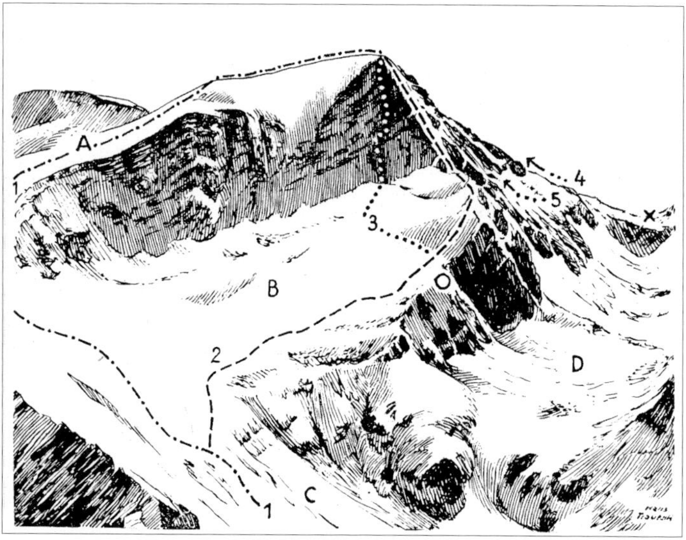

Hocheiser von Norden:
1 = R 1766 Nordanstieg
2 = R 1774 Westgrat
3 = R 1775 Nordwestwand
4 = R 1771 Südgrat
5 = R 1773 Südwestwand

A = Oberes Hocheiserkees
B = Unteres Hocheiserkees
C = Mitterbirghang
D = Kleineiserkees
X = Eiserscharte
O = »Graskempen« (Hocheiser-

Foto rechts: Hocheiser von Westsüdwesten

Hochsedlkopf:
R 1759 Nordgrat
R 1760 Nordwestgrat

Hocheiser:
R 1771 Südgrat
R 1771a Direkter Südgrat
R 1772 Südwestwand
R 1773 Südwestwand
R 1774 Westgrat
R 1775 Nordwestwand

Hocheiser
Kl. Wiesbachhorn
Eiserscharte
1771
1771a
1771
1773
1775
1774
1772
1759
1760

1775a Nordwestrinne

K. Förster, H. Förster, 23.9.2000; NAV.

40°, 300 Hm.

Vom Unteren Hocheiserkees (P. 2850 m) Aufstieg zum W-Rand des Oberen Hocheiserkeeses (P. 3150 m) nördl. unter dem Gipfel.

1776 Übergang zum Großen Grießkogel, 3066 m

Vgl. R 1767 (GR).

1780 Großer Grießkogel, 3066 m

1. Ersteigung und Überschreitung: H. Eißler mit J. Villechner, 2.9.1883. 2. Ersteigung und 1. Gratübergang zum Hocheiser: L. Purtscheller, 20.9.1884. 1. Winterersteigung: J. Reiff, Winter 1896; O-Anstieg.

Steiler Felsbau, nordöstl. des Hocheiser, 3206 m, gegen den Mooserboden. An der N-Seite ein Hängegletscher (Hochweißenfeldkees), NO-Wand und SO-Wand, Normalanstieg (Sedlgrat) von NO vom Mooserboden, auch von W. über das Hocheiserkees bzw. die Geralscharte, 2767 m, günstig erreichbar. Großartige Aussicht auf den Fuscher/Kapruner Kamm (Abschnitt Klockerin – Großes Wiesbachhorn).

1781 Ostanstieg (Sedlgrat)

H. Eißler mit J. Villechner, 2.9.1883, im Abstieg; ÖAZ 1883/284. L. Purtscheller, 20.9.1884, im Aufstieg; EO III/23.

I, mit Zugang **1025 Hm**, **3½ Std.**, bez. Nr. 734. Normalanstieg; früher »Birgsedlgrat«, auch »Seelgrat« genannt. Vgl. Fotos S. 497, 499.

Vom Bergrestaurant Mooserboden (Ghs. Heidnische Kirche), 2040 m, am Sedlgrathang in SW-Richtung aufwärts zur Hangstufe »Am Hals«, 2450 m. Nun aufwärts über den Sedlgratkopf, 2601 m, zum Kleinen Grießkogel, 2669 m, am linken Rand vom Nördlichen Grießkogelkees südwestw. zum Gr.-Grießkogel-O-Grat (Sedlgrat).
Auf diesem empor und nach einem Schneefeld steil über Blöcke, zuletzt auf waagrechtem Grat zum Gipfel.

Großer Grießkogel, Geralscharte von Osten

Großer Grießkogel:
R 1781 Ostanstieg
R 1782 Westanstieg

Hocheiser:
R 1767 Nordostanstieg
Geralscharte:
R 806 Ostanstieg

Grießkogel
Hocheiser
Großer
Kleiner
Sedlgratkopf
Geralscharte
Hochweißenfeldkees
1767
Grießkogelkees
1782
806
1781
Ghs. Heidnische Kirche
Stausee Mooserboden

■ 1782 Westanstieg

H. Eißler mit J. Villechner, 2.9.1883; ÖAZ 1883/284.

I mit Gletscherbegehung, **358 Hm**, **1½ Std.** Vgl. Foto S. 497.

Von der Geralscharte, 2767 m (R 805), am Schuttkamm aufwärts zum Oberen Hocheiserkees, im Linksbogen über dieses und über Felsen zum Gipfel.

■ 1783 Südostwand

R. Gerin, M. Hilber, 9.8.1923; ABZ 1923/Nr. 15.

III, **423 Hm**, **2 Std.**; Zugang 723 Hm, 2 Std.

Zugang: Vom Bergrestaurant Mooserboden (Ghs. Heidnische Kirche), 2040 m, mit R 1781 zur Hangstufe »Am Hals«. Aufwärts zum Gr.-Grießkogel-O-Grat und links von diesem über das Grießkogelkees zum Wandfuß. **Anstieg:** E. (Randkluft) bei jener großen Rinne, die links von einem Pfeiler (seine O-Seite grasbewachsen) begrenzt ist. Nach der Randkluft auf Plattenband nach rechts und neben einer Wasserrinne zu einer plattigen Verschneidung. In dieser empor zum grasbewachsenen Begrenzungspfeiler und durch eine breite Steilrinne auf dessen Höhe (½ Std.). Links einer Rinne über rasendurchsetzte Platten in eine Nische unter einem wasserüberronnenen Überhang. Über diesen, am zweiten Überhang links auf Band vorbei und aufwärts zu breitem Schuttband. Auf diesem 2 SL nach links, dann über die Platten oberhalb des Schuttbands schräg links hinauf zu einer schwach ausgeprägten Rippe. An dieser empor in eine Schneerinne und zum Gipfel.

□ 1784 Nordostwand

R. Gerin, R. Szalay, 9.7.1925; ÖAZ 1926/179.

IV, **465 Hm**, **2 Std.**; Zugang 560 Hm, s. AVF-GG 9/1995/546. Vgl. Foto S. 499.

■ 1785 Übergang zum Hocheiser, 3206 m

L. Purtscheller, 20.9.1884; EO III/223.

1 Std., Firngrat, lohnend; vgl. R 1767.

Hocheiser, Großer Grießkogel von Nordosten

Hocheiser:
R 1766 Nordanstieg
R 1767 Nordostanstieg
R 1771 Südgrat

Großer Grießkogel:
R 1781 Ostanstieg
R 1784 Nordostwand

Kalser Bärenkopf
Hocheiser
Gr. Grießkogel
Granatspitze
1767
1766
1771
1781
Oberes Hocheiserkees
Grießkogelkees

1787 Kleiner Grießkogel, 2669 m

1. Ersteigung: L. Purtscheller, 20.9.1884; EO III/223.

Felsiger Gipfel über dem Mooserboden, östl. vom Großen Grießkogel, 3066 m. Wird am NO-Anstieg auf denselben (R 1781) überschritten.

1789 Sedlgratkopf, 2601 m

Unbedeutende Erhebung südöstl. vom Kleinen Grießkogel, 2669 m; wird am NO-Anstieg auf den Großen Grießkogel (R 1781) überschritten.

1790 Geralkopf, 2931 m

1. Ersteigung und Überschreitung: E. Gams, P. v. Hepperger, 15.8. 1903. 1. Direktüberschreitung: L. Pelikan, A. Med, 4.8.1920.

Zerzackte Felsschneide zwischen Geral-, 2767 m (S), und Maurerkeesscharte, 2860 m (NO).

Wird am Übergang Hocheiser – Kitzsteinhorn überschritten.

1791 Südanstieg

E. Gams, P. v. Hepperger, 15.8.1903; ÖAZ 1904/59.

I, ¾ Std.

Von der Geralscharte, 2767 m (R 805), links des S-Grats (teils über Schneefelder), zuletzt am Grat zum Gipfel.

1792 Südgrat

L. Pelikan, A. Med, 4.8.1920; Jb. TBW 1920; ÖAZ 1922/110.

III, 1¼ Std.

Von der Geralscharte, 2767 m (R 805), direkte Gratbegehung zum Gipfel.

1793 Nordgrat

E. Gams, P. v. Hepperger, 15.8.1903; ÖAZ 1904/59.

II, ¾ Std. Vgl. Foto S. 503.

Von der Maurerkeesscharte, 2860 m (R 808), am N-Grat zum Steilaufbau vor dem Gipfel, diesen rechts umgehend und von W zum höchsten Punkt.

1795 Kitzsteinhorn, 3203 m

1. Ersteigung: J. Entracher mit Vermessern, 1828. 2. Ersteigung: Kardinal Friedrich Fürst Schwarzenberg mit Begleitung (etwa 1840, von der Làkarscharte herüber). 1. Überschreitung: K. Hofmann, J. Stüdl mit J. Schnell, B. Banzl, 16.9.1869. 1. Gratübergang zum Hocheiser: E. Gams, P. v. Hepperger, 15.8.1903. 1. führerlose Ersteigung: H. Heß, E. Gerstenberg, 4.8.1878.

Firnpyramide über dem Schmiedingerkees, Wahrzeichen über dem Zeller See, einer der schönsten Ostalpenberge. Im N das Schmiedingerkees, von Liftanlagen übersät, darunter das Alpincenter Kaprun (R 146) und die Krefelder Hütte (R 135). Regelmäßige Grate, nach SW eine Steilwand (Fels), nach O zum Wasserfallboden eine fast 1550 m hohe Steilflanke. Weite Aussicht nach N, eine Besonderheit einmaliger Art – 2450 m tiefer der Zeller See; überwältigender Blick zur Glocknergruppe mit Großem Wiesbachhorn, Hocheiser, Johannisberg, Großglockner sowie zu den Nördlichen Kalkalpen, dort besonders schön der Hochkönigstock, im W die Venedigergruppe sowie die Zillertaler Alpen. Seilschwebebahn von Kaprun zur obersten Bergstation »Kitzsteinhorn-NW-Grat«, 3023 m; leicht erreichbar, Normalanstieg von der Bergstation über den NW-Grat.

1796 Nordwestgrat

I, **173 Hm**, **½ Std.**, gesichert, Normalanstieg, viel begangen. Vgl. Foto S. 85.

Von der Bergstation »Kitzsteinhorn-NW-Grat«, 3023 m, der Gipfelbahn (R 30) entlang den Sicherungen zum Gipfel.

1797 Nordanstieg – Nordwestgrat

J. Entracher mit Vermesser, 1820. 2. Begehung Kardinal Friedrich Fürst Schwarzenberg mit Begleitung, etwa 1840.

Gipfelanstieg **I**, Sicherungen, **908 Hm**, **3 Std.**; Zugang Gletschergelände.

Von der Krefelder Hütte, 2293 m, südwestw. über Rasenhänge und Blockgelände zum Schmiedingerkees, 2600 m (1 Std.). Über dieses in S-Richtung aufwärts, zuletzt am Magnetköpfl (2957 m) rechts vorbei zur Bergstation »Kitzsteinhorn-NW-Grat«, 3029 m (1½ Std.). R 1796 zum Gipfel.

1798 Nordgrat

K. Hofmann, J. Stüdl mit J. Schnell, B. Banzl, 16.9.1869 (mit Zugang vom Wasserfallboden zum Kammerkees); ZDAV 1870–71/434.

II, Sicherungen, **247 Hm**, **¾ Std.**; Zugang 661 Hm, 2¾ Std. Vgl. Fotos S. 85, 503.

Von der Krefelder Hütte, 2293 m, mit R 415 in die Nördliche Kammerscharte, 2636 m (2 Std.). Jenseits in S-Richtung unter der Südlichen Kammerscharte vorbei zum Kammerkees, 2800 m, auf diesem hinauf in die Scharte, 2955 m, im unteren Drittel des N-Grats und auf diesem steil zum Gipfel.

1799 Oberer Ostgrat

F. Steirl, Th. Hanzal, 19.9.1954; GF 1955/70.

IV–, **352 Hm**, s. AVF-GG 9/1995/549. Vgl. Foto S. 503.

☐ 1800A Südliche Ostflanke

A. Posselt-Czorich, Graf Thun mit J. Marcher, 15.9.1877; MDÖAV 1878/164, EO III/221.

III– (?), **1100 Hm**, **3 Std.**, steiles Bratschengelände, gefährlicher Abstieg, nur von historischer Bedeutung. Vgl. Foto S. 503.

☐ 1801A Nördliche Ostflanke

L. Purtscheller mit J. Grill (»Kederbacher«) sen., 15.7.1881; MDÖAV 1882/191, EO III/221.

1100 Hm, steiles Bratschengelände, gefährlicher Abstieg, nur von historischer Bedeutung, s. AVF-GG 9/1995/552. Vgl. Foto S. 503.

■ 1802A Südgrat

E. Gams, P. v. Hepperger, 15.8.1903; ÖAZ 1904/59.

III–, **342 Hm**, **2 Std.** Vgl. Foto S. 503.

Auf dem von mehreren Steilabbrüchen durchsetzten Grat über das Hohe Beil, 3100 m, abwärts, bis ein großer Absturz in ein Schartl zum Ausweichen nach rechts (orogr.) nötigt.
Mit Linksschleife wieder auf den S-Grat, bald rechts durch eine Schlucht zum Maurerkees, waagrecht in die Maurerkeesscharte, 2860 m (R 808), und somit den letzten Gratturm, P. 2957 m, rechts umgehen.

☐ 1803 Direkter Südgrat

L. Pelikan, A. Med, 4.8.1920; Jb. TBW 1920; ÖAZ 1922/110.

☐ 1804 Südwestwand

R. Gerin, M. Hilber, 6.8.1923; ABZ 1923/Nr. 15.

III, **362 Hm**, s. AVF-GG 9/1995/552.

Kitzsteinhorn, Höhenburg von Südosten

Hüttenverbindungen:
R 42aa Ebmatten-Fürther-Moaralm–Ghs. Heidnische Kirche (Straße)
R 42ab Ebmatten-Fürther-Moaralm – Ghs. Heidnische Kirche (Weg)
R 42b Kesselfall-Alpenhaus – Ebmatten-Fürther-Moaralm
R 415 Krefelder Hütte – Ebmatten-Fürther-Moaralm

Geralkopf:
R 1793 Nordgrat

Kitzsteinhorn:
R 1798 Nordgrat
R 1799 Oberer Ostgrat
R 1800A Ostflanke (Südlicher Anstieg)
R 1801A Ostflanke (Nördlicher Anstieg)
R 1802A Südgrat

Kitzsteinhorn
Hohes Beil
O-Grat-Scharte
Maurerkeesscharte
eralkopf
Kammerschar
Südl.
Nörd
1802A
1798
1793
1799
415
Hochschober
1801A
1800A
415
Ebmatten-Fürther-Moaralm
42ab
42b
42aa
Stausee
Wasserfallboden
oosersperre
Höhenburg
Drossensperre

■ 1805 Südwestwandrippe

St. Eder, 21.3.1984; NAV.

Bis **V–**, **400 Hm**, kombinierter Anstieg links der Gipfelfalllinie.

1807 Maurerkogel, 2995 m

Gipfel am SW-Rand des Schmiedingerkeeses. Im SO die Maurerkogelscharte, 2929 m, gegen das Kitzsteinhorn, 3203 m. Im WSW die Wintergassenscharte, 2638 m, als Trennung zum Hackbrettler, 2708 m; im NW die Schmiedingerscharte, 2926 m, folgend der Große Schmiedinger, 2957 m. Im S das Maurerkees, im NW das Hochkar der »Wintergasse«.

■ 1808 Ostanstieg

I, gesamt **701 Hm**, **2½ Std.**

Von der Krefelder Hütte, 2293 m, mit R 417 zum Schmiedingerkees. Auf diesem im Liftbereich in S-Richtung aufwärts, aus der obersten Firnmulde nach rechts und über Schrofenrippen links zum nahen Gipfel.

□ 1809 Direkter Ostanstieg

R. Hösch u. Gef., 4.8.1937; ÖTZ 1938/Nr. 4.

I, **½ Std.**; rechts von R 1808.

□ 1810 Ostkante

A. Borsig, H. Borsig, 12.7.1924; Jb AAVM 1923–24/93.

III–, kurze Kletterei, unbedeutend. S. AVF-GG 9/1995/554.

■ 1811 Nordwestgrat

A. Hetz, J. Marcher, 1876.

I, **69 Hm**, **½ Std.**

Von der Schmiedingerscharte, 2926 m (R 816), auf meist verfirntem Grat.

□ 1813 Westsüdwestgrat

Hans Kleinhans, Herbert Kleinhans, 28.8.1936; ÖTZ 1938/Nr. 4.

II, **357 Hm**, **1½ Std.**

Von der Wintergassenscharte, 2638 m (R 813); Einzelheiten nicht bekannt.

1816 Hackbrettler, 2708 m

Westl. vom Maurerkogel, 2995 m; zwischen beiden die Wintergassenscharte, 2638 m (R 813), von dieser über den SO-Grat erreichbar; nach W der Kamm über den Seichenkopf zum Richtzeitsedl, 2498 m, dessen W-Fuß vom Krefelder Höhenweg (R 417) gequert wird.

1820 Großer Schmiedinger, 2957 m

1. Ersteigung: Pfleger Klauzner, seine zwei Söhne, ein Beamter mit J. Bucher (»Häuselbauer«), 1845. 1. tour. Ersteigung: ein Berliner mit A. Hetz, 1868. 1. Überschreitung: H. Heß, 1886.

Einfacher Berg am W-Rand des Schmiedingerkeeses. Vom Gipfel zieht ein Kamm nach NW über den Nordwestlichen Schmiedinger, 2521 m, zum Kleetörl, 2372 m, ein Kamm nach N zur Kleinschmiedingerscharte, 2716 m, und weiter über den Kleinen Schmiedinger, 2739 m, und die folgende Winterkarlscharte, 2645 m, zur Lakarscharte, 2488 m.
Im O das Schmiedingerkees, im N das Winterethauskar, im SW die »Wintergasse«. Gratverbindung nach SO über die Schmiedingerscharte, 2926 m, zum Maurerkogel, 2995 m. Name durch Heinrich Heß seit 1886. Schöne Aussicht, einfach erreichbar.

1821 Ostanstieg

Pfleger Klauzner, seine zwei Söhne, ein Beamter mit J. Bucher (»Häuselbauer«), 1845.

2½ Std., **666 Hm**, einfach.

Von der Krefelder Hütte, 2293 m, mit R 417 zum NW-Rand des Schmiedingerkeeses. Auf diesem im Liftbereich aufwärts und vor der Schmiedingerscharte, 2926 m (R 816), entlang des Gletscherrands rechts zum Gipfel.

1822 Nordanstieg

Ein Berliner mit A. Hetz, 1868.

I, **666 Hm**, **2½ Std.**

Von der Krefelder Hütte, 2293 m, mit R 417 in die Kleinschmiedingerscharte, 2716 m (R 817). Von dieser kurzer Abstieg zu P. 2711 m, entlang des Gletschersaums hinauf in den Firnsattel, P. 2795 m, und weiter zum Gipfel.

1823 Südgrat

½ Std. von der Schmiedingerscharte (R 816), einfach.

1825 Nordwestlicher Schmiedinger, 2521 m

Auslaufgipfel des Großen Schmiedinger, 2957 m, nach NW gegen das Kleetörl, 2372 m; westl. unter dem Verbindungskamm das Gelände der Schmiedingerseiche, auch »Schmaler Riem« genannt.

1826 Westanstieg

½ Std. vom Kleeetörl (R 826), **148 Hm**, einfach.

1828 Kleiner Schmiedinger

Nordostgipfel, 2719 m – Hauptgipfel, 2739 m – Südgipfel, 2720 m

1. Ersteigung: vermutlich Führer G. Sock, etwa 1892.

Zwischen Kleinschmiedingerscharte, 2716 m (im S), und Winterkarlscharte, 2645 m (im N). Im O die Moränenfelder des Schmiedingerkeeses, im W die »Badstube« des Winterethauskars; nach NW ein Grat über die Seichenscharte, 2610 m, zum Tristinger, 2646 m. Untergeordneter Berg, doch schöner Blick auf das nahe Schmiedingerkees.

■ 1829 Südanstieg

20 Min. von der Kleinschmiedingerscharte (R 817), einfach.

■ 1830 Nordanstieg

½ Std. von der Winterkarlscharte (R 820), **98 Hm**, einfach.

1833 Tristinger, 2646 m

Äußerster Gipfel des Kapruner/Stubacher Kamms, nach dem Kleinen Schmiedinger-Nordost-Gipfel, 2719 m, gegen NW, zwischen beiden die Seichenscharte, 2610 m. O-Flanke zum Winterkarl, SW-Absturz zum Winterethauskar, ausgedehnte NW-Flanke (Gamsbrett) gegen das hinterste Mühlbachtal; einsam.

■ 1834 Ostanstieg

G. Sock, etwa 1892.

I, ¾ Std.

Von der Winterkarlscharte, 2645 m (R 820), Abstieg ins Winterkarl, hinauf in die Seichenscharte, 2610 m (R 818), und auf kurzem S-Kamm zum Gipfel.

□ 1835 Nordwestflanke (Gamsbrett)

Durch Jäger von der Lakaralm (R 416) begangen.

1837 Magnetköpfl, 2957 m

1. Ersteigung: K. Bröckelmann mit G. Sock, 10.7.1894.

Kleiner Felsbau, dem Kitzsteinhorn, 3203 m, nördl. angelagert; zwischen beiden die Bergstation »Kitzsteinhorn-NW-Grat«, 3023 m (R 30).

■ 1838 Südwestanstieg

K. Bröckelmann mit G. Sock, 10.7.1894; MDÖAV 1895/69.

II, ½ Std.

Vom Schmiedingerkees über die Randkluft und glatte Felsen.

1840 Hohe Kammer, 2636 m

1. Ersteigung: K. Bröckelmann, M. Schlesinger mit J. Niederhofer (»Stabeler Hansl«), 9.7.1899.

Felsrücken im NO vom Kitzsteinhorn, 3203 m, nach der Südlichen bzw. Nördlichen Kammerscharte, 2636 m.

1841 Südanstieg

I, **½ Std.**

Von der Südlichen Kammerscharte, 2683 m (R 810), dem S-Kamm folgend, über die Nördliche Kammerscharte, 2636 m, zum Gipfel.

1843 Zeferköpfl, 2446 m; Roßkopf, 2305 m; Geißstein, 2230 m

Aussichtskuppen im Bereich der Krefelder Hütte, 2293 m.

b) Kapruner/Stubacher Kamm – Nordbereich

(ab Winterkarlscharte mit Auslauf über Hohe Arche)

1850 Hintere Rötenwand: Südgipfel, 2710 m – Nordgipfel, 2675 m

Erstbegeher unbekannt. 1. Überschreitung: L. Markl, E. Meletzki, 5.8.1926.

Zwischen Winterkarlscharte, 2645 m (im SW), und Rötenwandscharte, 2632 m (im N), Gratverbindung mit dieser; im W das Winterkarl; einst »Rettenwand« genannt; einsam.

1851 Südwestgrat

L. Markl, E. Meletzki, 5.8.1926; ÖAZ 1927/14.

III–, **65 Hm**, **½ Std.**, am 1. Gratturm Bratschen, am 2. und 3. Turm fester Fels.

Von der Winterkarlscharte, 2645 m (R 820), links über steilen Fels und auf schrägem Band aufwärts in ein kleines Gratschartl. Am ausgesetzten Grat auf den 1. Turm. Auf Platten steil abwärts in die folgende Scharte und über den 2. zum senkrechten 3. Turm; von W auf diesen und zum Gipfel.

1852 Ostwand

T. Med, L. Pelikan, 21.5.1923; ÖAZ 1925/132; DB 1924/286.

III, **250 Hm**, **2 Std.**; Zugang 266 Hm, 1½ Std.

Zugang: Von der Krefelder Hütte, 2293 m, mit R 417 zum Abhang der Graswand und zum Wandfuß.

Anstieg: Unter der gelben überhängenden Wand 1 SL über Rasenschöpfe nach links in eine Rinne; in dieser 1 SL aufwärts, nach links auf den gratartigen Vorsprung und auf diesem weiter. Vor ungangbaren Felsen Quergang nach links zu Rasenschöpfen und sofort auf steil rechts ansteigendem Rasenband zum oberen Ende der unten begangenen Rinne. Diese nach rechts überqueren (sehr ausgesetzt) zu Köpfl und gerade empor in eine seichte Mulde, in einer Blockrinne weiter und rechts zum Gipfel.

1854 Vordere Rötenwand, 2647 m

1. Ersteigung: L. Purtscheller, 30.10.1892. 1. Überschreitung: L. Pelikan, T. Med, 21.5.1923.

Doppelgipfel zwischen Lakarscharte, 2488 m (im N), und Rötenwandscharte, 2632 m (im S), mit Gratverbindung zu dieser; im NW das Lakar; einst »Rettenwand« genannt; einsam.

1855 Ostanstieg

I, **353 Hm**, **1½ Std.**

Von der Krefelder Hütte, 2293 m, mit R 416 bis 2500 m (erste Wegschleife zur Lakarscharte).
Nun westw. über meist schneebedeckte Mulden und durch eine Geröllrinne in den Sattel zwischen beiden Gipfeln und beliebig auf diese.

1856 Südgrat

T. Med, L. Pelikan, 21.5.1923; ÖAZ 1923/132, DB 1924/286.

Von der Rötenwandscharte, 2632 m (R 822) über einige Gratzacken zum nahen Gipfel.

1858 Lakarschneid, 2650 m

Felsberg östl. über dem Lakar, zwischen Lakarscharte, 2488 m (im S), und Rettinger, 2640 m (im NW).

1859 Ostanstieg

I, **356 Hm**, **1½ Std.**, bez.

Von der Krefelder Hütte, 2293 m, mit R 408 (GR) bis in Falllinie der Lakarschneid, westw. abzweigen und über Geröllhänge zum Gipfel.

1860 Südgrat

L. Markl, E. Meletzki, 5.8.1926; ÖAZ 1927/14.

II, **158 Hm**, **¾ Std.**

Von der Lakarscharte, 2488 m (R 823), in einer Steilrinne auf den S-Grat, über einen Gratturm und zum Gipfel.

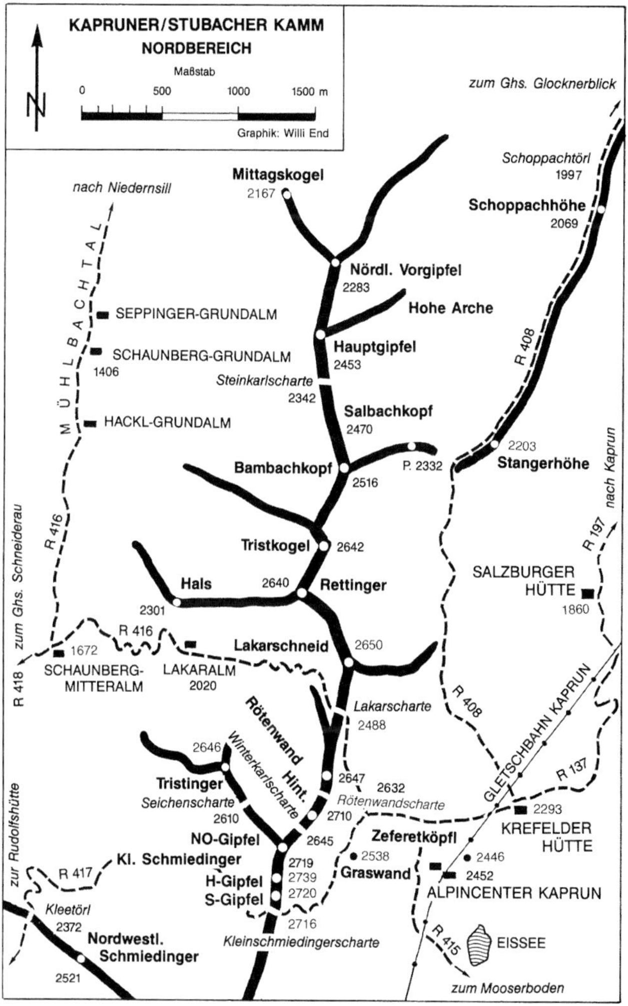
KAPRUNER/STUBACHER KAMM
NORDBEREICH
Maßstab
0
500
1000
1500 m
Graphik: Willi End
N
zum Ghs. Glocknerblick
Schoppachtörl
1997
Schoppachhöhe
2069
Mittagskogel
2167
nach Niedernsill
MÜHLBACHTAL
Nördl. Vorgipfel
2283
Hohe Arche
SEPPINGER-GRUNDALM
SCHAUNBERG-GRUNDALM
1406
Hauptgipfel
2453
R 408
Steinkarlscharte
2342
Salbachkopf
2470
HACKL-GRUNDALM
2203
Stangerhöhe
P. 2332
Bambachkopf
2516
nach Kaprun
zum Ghs. Schneiderau
R 416
Tristkogel
2642
R 197
SALZBURGER
HÜTTE
1860
Hals
2640
Rettinger
2301
R 416
1672
Lakarschneid
2650
SCHAUNBERG-
MITTERALM
LAKARALM
2020
R 418
R 408
Lakarscharte
2488
GLETSCHBAHN KAPRUN
Rötenwand
Hint.
Winterkarlscharte
2646
Tristinger
Seichenscharte
2610
2647
2632
Rötenwandscharte
R 137
2710
2293
KREFELDER
HÜTTE
NO-Gipfel
2645
Zeferetköpfl
zur Rudolfshütte
Kl. Schmiedinger
2538
2446
R 417
2719
2739
Graswand
2452
H-Gipfel
S-Gipfel
2720
ALPINCENTER KAPRUN
Kleetörl
2372
2716
R 415
EISSEE
Nordwestl.
Schmiedinger
Kleinschmiedingerscharte
2521
zum Mooserboden

1862 Rettinger, 2640 m

Zwischen Lakarschneid, 2650 m (SO), und Tristkogel, 2642 m (NO), langer W-Grat nördl. über der Lakaralm zum Hals, 2301 m; einsam, kaum besucht.

1862a Ostanstieg

1¼ Std., **346 Hm**, unschwierig, bez.

Von der Krefelder Hütte mit R 408 in Falllinie des Rettinger und zum Gipfel.

1865 Hals, 2301 m

Eckpunkt des langen Rettinger-W-Grats, nördl. über der Lakaralm.

1867 Tristkogel, 2642 m

1. Ersteigung durch Vermesser.

Zwischen Rettinger, 2640 m (im SSW), und Bambachkopf, 2516 m (im NNO). Im W das Mühlbachtal, nach O weite Abhänge gegen die Salzburger Hütte. Am besten von O (R 408) über Gras- und Schrofenhänge erreichbar.

1869 Bambachkopf, 2516 m

1. Ersteigung: Kardinal Friedrich Fürst Schwarzenberg, zwischen 1838 und 1840.

Zwischen Tristkogel, 2642 m (im SW), und Salbachkopf, 2470 m (im NW); einst »Bodenbrachkopf« genannt.

1870 Südostanstieg

K. Bröckelmann mit G. Sock, 11.7.1894; MDÖAV 1895/68.

2½ Std. von der Salzburger Hütte.

1872 Salbachkopf, 2470 m

Zwischen Bambachkopf, 2516 m (im S), und Steinkarlscharte, 2342 m (im N), nach dieser die Hohe Arche, 2453 m.

1874 Hohe Arche, 2453 m

1. Ersteigung: Kardinal Friedrich Fürst Schwarzenberg, zwischen 1838 und 1840.

Nördl. über der Steinkarlscharte, 2342 m, Auslaufgipfel des Fuscher/Stubacher Kamms zum Salzachtal. Nach dem Nördlichen Vorgipfel, 2283 m, ein flacher Kammsattel zum Mittagskogel, 2167 m.

Ödenwinkel von Nordwesten (Anstiege siehe Detailbilder).

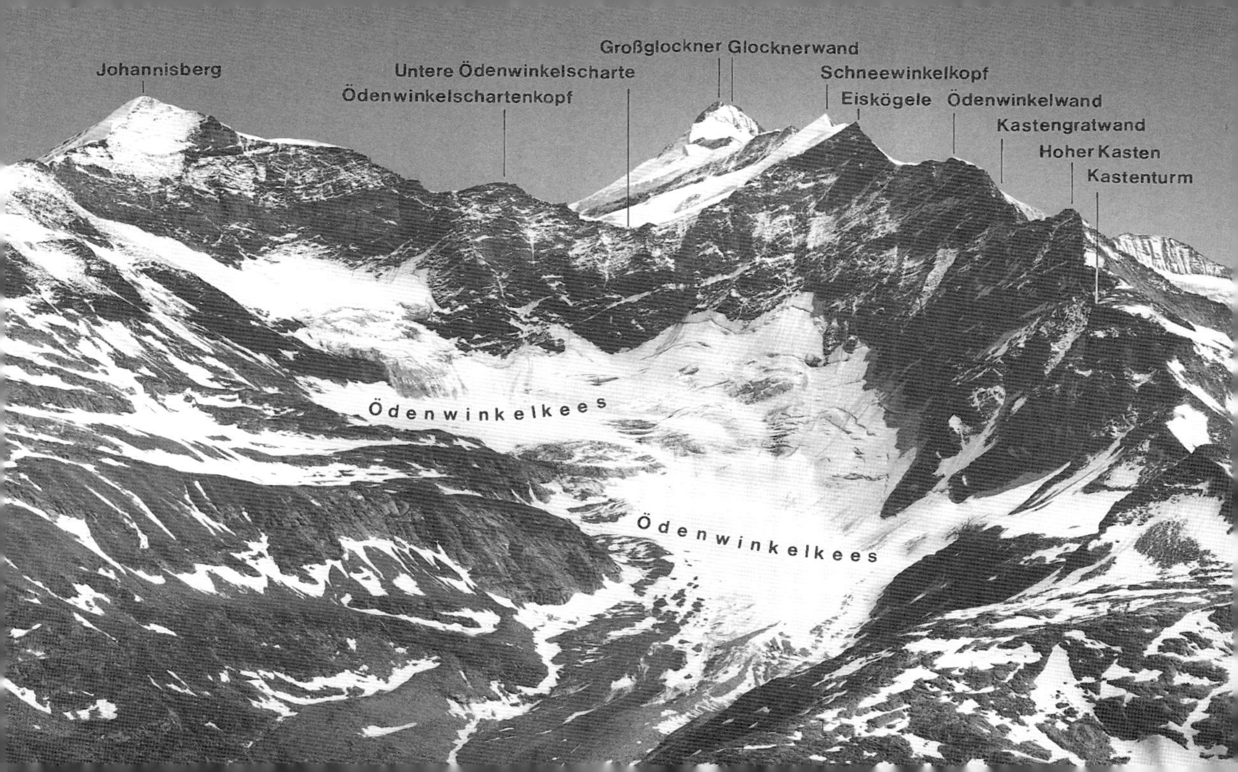
Johannisberg
Untere Ödenwinkelscharte
Ödenwinkelschartenkopf
Großglockner
Glocknerwand
Schneewinkelkopf
Eisködele
Ödenwinkelwand
Kastengratwand
Hoher Kasten
Kastenturm
Ödenwinkelkees
Ödenwinkelkees

1875 Nordanstieg

5½ Std., **1684 Hm**, bez. Steig.

Von Niedernsill, 769 m, nach Mühlbach und am Berghang aufwärts zum Gehöft Schröck, 1100 m (1¼ Std., Pkw-Zufahrt). Aufstieg zur Grünalm, 1717 m (2 Std.; hierher ein bez. Höhenweg vom Ghs. Glocknerblick am Maiskogel). Über Wiesenböden ins Grünalmkar und schräg rechts in den flachen Kammsattel zwischen Mittagskogel (2167 m) rechts und Nördlichem Vorgipfel, 2283 m, links. Von Letzterem über Schrofen und Blöcke (I) zum Hauptgipfel.

1877 Mittagskogel, 2167 m

Nordwestl. vom nördl. Vorgipfel, 2283 m, der Hohen Arche, zwischen diesen ein flacher Kammsattel.

1878 Nordanstieg

4¾ Std., **1388 Hm**, bez. Steig.

Von Niedernsill, 769 m, R 1875 in den flachen Kammsattel; rechts weiter.

c) Kapruner/Stubacher Kamm – Nordwestbereich

(ab Kleetörl zum Hinteren Planitzer, hier Kammteilung nordw. zur Scheibenhöhe, nordwestw. zum Scheidegg)

1880 Jaggeskopf (Jaggeser), 2570 m

Mittelpunkt im langen Kamm zwischen Königstuhl, 2408 m (im NW), und Kleetörl, 2372 m (im SO, R 826); von Letzterem einfach erreichbar.

1882 Königstuhl, 2408 m

Erhebung südl. über dem Sattel Steingasse, 2245 m; Beginn des langen Kamms südostw. über den Jaggeskopf, 2570 m, zum Kleetörl, 2372 m; von der Steingasse (R 827) einfach zu erreichen.

1884 Hinterer Planitzer, 2562 m

Steiler Gipfel nördl. über der Steingasse, 2245 m; nach SO Abstürze zum Ferschbachtal, nach N eine flache Kammsenke, 2510 m, zum Vorderen Planitzer, 2538 m; NW-Kamm zum Breitecksattel, 2100 m.

1885 Westflanke

2 Std., **560 Hm**, einfach, aber mühsam.

Von der Stocker-Hochalm, 2006 m, mit R 363 (GR) in ¼ Std. zur W-Flanke; über die grasige Steilflanke zum Gipfel.

1886 Übergang zum Vorderen Planitzer, 2538 m

I, ½ Std.

Entlang des Gipfelrückens, über die ostseitig felsig abbrechende Kammsenke, 2510 m.

1888 Vorderer Planitzer, 2538 m

Nördl. vom Hinteren Planitzer, 2562 m, dazwischen eine Kammsenke, 2510 m; im N die Renzelscharte, 2190 m, vor dem Gamskragen, 2362 m.

1889 Nordanstieg

I, 348 Hm, 1 Std.

Von der Renzelscharte, 2190 m (R 829), anfangs über Schrofen, dann auf steilem Rasenkamm zum Gipfel.

1891 Gamskragen, 2362 m

Zwischen Renzelscharte, 2190 m (im SW), und Stefflscharte, 2038 m (im N).

1892 Nordanstieg

I, 324 Hm, 1¼ Std.

Von der Stefflscharte, 2038 m (R 831), auf dem N-Kamm, zuletzt steil und schrofig, zum Gipfel.

1893 Südwestanstieg

II und I, **172 Hm, ¾ Std.**

Von der Renzelscharte, 2190 m (R 829), auf dem gestuften, teils schrofigen Kamm zum Gipfel.

1895 Scheibenhöhe, 2126 m

Nördl. der Stefflscharte, 2038 m, Auslaufgipfel im Kapruner/Stubacher Kamm (NW-Bereich) zum Salzachtal; im W der Rattensbach-, im O der Mühlbachgraben.

1896 Nordanstieg

4½ Std., 1352 Hm, einfach.

Von Niedernsill, 769 m, mit R 363 in den Aisdorfergraben, links aufwärts über die Samer-Grundalm, 1474 m, zur Samer-Hochalm, 1748 m (auch von Mühlbach über die Plattalm – Raineralm), und südw. auf die Scheibenhöhe.

1897 Übergang zum Gamskragen, 2362 m

I, 1½ Std.

Von der Scheibenhöhe Abstieg südw. in die Stefflscharte, 2038 m (R 831), und R 1892 auf den Gamskragen.

1898 Lerchwand, 2388 m

Im äußersten NW-Ast des Kapruner/Stubacher Kamms, zwischen Breiteck, 2114 m, Breitecksattel, 2100 m (im SO), und Scheidegg, 2214 m (im N); nach W schulterartig vorspringend das Holzeneck, 2115 m. Gipfelkreuz, schöne Aussicht.

1899 Nordanstieg

5 Std., **1584 Hm**, einfach, bez. Nr. 721.

Von Uttendorf, 804 m, über die Salzach nach Berg. Im Tannwald (Jagdhütte, 1348 m) im Bogen schräg aufwärts zur W-Seite des Hauptmannbachs und zur Moser-Hochalm, 1850 m. Südw. im Moserkar auf den Kammsattel, 2007 m, zwischen Flachbühel, 2050 m, rechts und Scheidegg links. Auf dem Kamm südostw. aufs Scheidegg, 2214 m, nach S (Schrofen) auf die Lerchwand.

1900 Südostgrat

I, 288 Hm, 1 Std.

Vom Breitecksattel, 2100 m (R 828), über das Breiteck, 2114 m, am Kamm entlang, bald über Schrofen und begraste Felsstufen, die schmäler und gratartig werden; zuletzt über ein Schartl zum Gipfel.

1901 Scheidegg, 2214 m

Eckpunkt des von der Lerchwand, 2388 m, im nach N ziehenden Kamms. N-Anstieg vgl. R 1899.

Westlicher Tauernhauptkamm

Zwischen Kalser Tauern und Unterer Ödenwinkelscharte.
Tourenbereich: Rudolfshütte.
Landkarten: AVK Nr. 39 »Granatspitzgruppe«, 1:25.000; AVK Nr. 40 »Großglocknergruppe«, 1:25.000; ÖK-UTM Nr. 3226 »Matrei in Osttirol«, 1:50.000; ÖK-BMN Nr. 153 »Großglockner«, 1:50.000; FB-WK Nr. 122 »Großglockner/Kaprun/Zell am See«, 1:50.000.

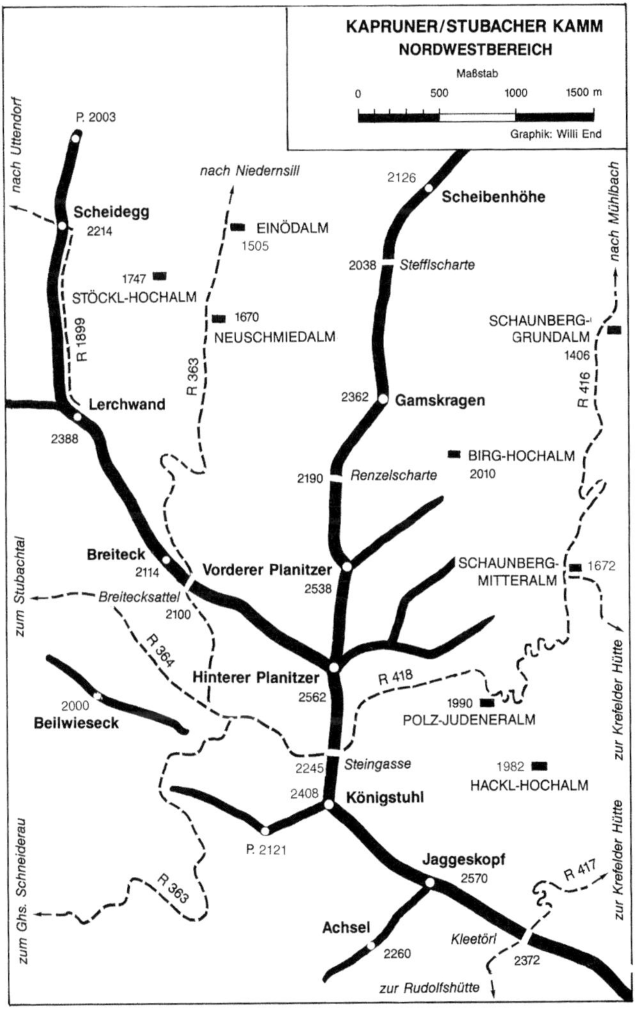
KAPRUNER/STUBACHER KAMM
NORDWESTBEREICH
Maßstab
0 500 1000 1500 m
Graphik: Willi End
nach Uttendorf
P. 2003
Scheidegg
2214
nach Niedernsill
EINÖDALM
1505
1747
STÖCKL-HOCHALM
1670
NEUSCHMIEDALM
R 1899
R 363
Lerchwand
2388
2126
Scheibenhöhe
2038
Stefflscharte
nach Mühlbach
SCHAUNBERG-GRUNDALM
1406
R 416
2362
Gamskragen
BIRG-HOCHALM
2010
2190
Renzelscharte
Breiteck
2114
Vorderer Planitzer
2538
SCHAUNBERG-MITTERALM
1672
zum Stubachtal
Breitecksattel
2100
R 364
Hinterer Planitzer
2562
R 418
1990
POLZ-JUDENERALM
zur Krefelder Hütte
2000
Beilwieseck
2245
Steingasse
1982
HACKL-HOCHALM
2408
Königstuhl
P. 2121
Jaggeskopf
2570
R 417
zur Krefelder Hütte
R 363
zum Ghs. Schneiderau
Achsel
2260
Kleetörl
2372
zur Rudolfshütte

1910 Medelzkopf, 2761 m

1. Gratüberschreitung aller Gipfel vom Kalser Tauern bis Adlersruhe: H. Kumnig, F. Illitsch, 1.10.1946, in 12 Std.

Aussichtshügel zwischen Kalser Tauern, 2515 m (im NW), und Medelzscharte, 2639 m (im SO); einfach erreichbar. Gipfelkreuz.

■ 1911 Nordwestanstieg

¾ Std., **248 Hm**, einfach.

Vom Kalser Tauern, 2515 m (R 851), südostw. an der Medelzlacke (AVK 40/2006 »Medelzlacke«), 2578 m, vorbei und an der W-Seite, zuletzt mit Linksbogen, zum Gipfel.

■ 1912 Von der Rudolfshütte

a) R 463 zum Kalser Tauern, 2515 m (1 Std.), R 1911 zum Gipfel (¾ Std.).
b) Mit der Doppelsesselbahn Medelzkopf (R 36) zur Bergstation »Medelzkopflacke«, 2564 m; südw. zur Medelzlacke, 2578 m, weiter mit R 1911.

■ 1913 Südostanstieg

¼ Std. von der Medelzscharte (R 841), **119 Hm**, einfach.

1914 Kastenturm, 2920 m

1. Ersteigung und Überschreitung: O. Langl, O. Barth, 29.6.1907. 1. Gratübergang zum Hohen Kasten: E. Friedl, R. Gerin, O. Pitschmann, 7.8.1911.

Zweizackige Felsgestalt zwischen Medelzscharte, 2639 m (NW), und Hohem Kasten, 3189 m (SO); lohnend nur in Verbindung mit dem Hohen Kasten.

■ 1915 Nordwestgrat

O. Langl, O. Barth, 29.6.1907; ÖAZ 1908/289.

II, **278 Hm**, **1½ Std.**

Von der Medelzscharte, 2639 m (R 841), am Grat oder westl. von ihm zu einem Turm. An diesem rechts vorbei (der Originalanstieg, die linksseitige Umgehung des Turms, wurde durch Felssturz ungangbar) in ein Schartl und von S über eine kurze Wandstelle zum Gipfel.

□ 1916 Westanstieg

E. Friedl, R. Gerin, O. Pitschmann, 7.8.1911; ÖAZ 1912/308.

III+, **278 Hm**, ungünstig, s. AVF-GG 9/1995/568.

■ 1917A Südostanstieg

O. Langl, O. Barth, 29.6.1907.

II, **278 Hm**, **2 Std.**

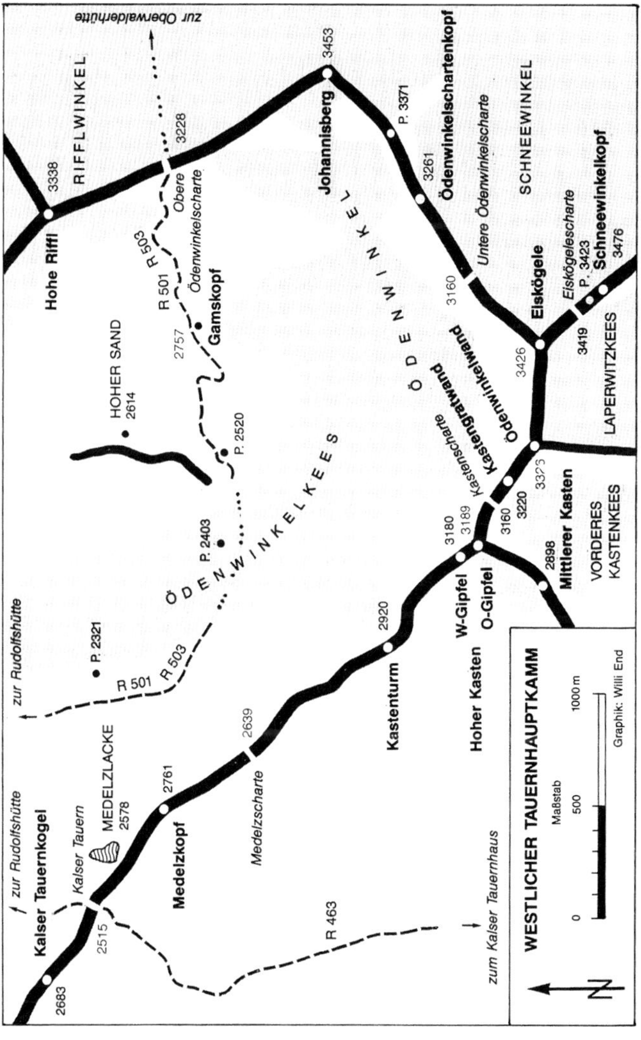
WESTLICHER TAUERNHAUPTKAMM
Maßstab
0
500
1000 m
Graphik: Willi End
Kalser Tauernkogel
2683
2515
Kalser Tauern
zur Rudolfshütte
MEDELZLACKE
2578
Medelzkopf
2761
Medelzscharte
2639
Kastenturm
2920
Hoher Kasten
W-Gipfel
O-Gipfel
3180
3189
3160
3220
Mittlerer Kasten
2898
VORDERES KASTENKEES
zum Kalser Tauernhaus
R 463
zur Rudolfshütte
R 501
R 503
P. 2321
P. 2403
ÖDENWINKELKEES
P. 2520
HOHER SAND
2614
2757
Gamskopf
R 501
R 503
Obere Ödenwinkelscharte
3228
Hohe Riffl
3338
RIFFLWINKEL
zur Oberwalderhütte
Johannisberg
3453
P. 3371
ÖDENWINKEL
3261
Ödenwinkelschartenkopf
Untere Ödenwinkelscharte
3160
Kastenscharte
Kastengratwand
Ödenwinkelwand
3426
Eisködele
Elskögelescharte
P. 3423
3419
Schneewinkelkopf
3476
SCHNEEWINKEL
LAPERWITZKEES

Vom O-Zacken hinauf aufs Firnfeld. Nun Abstieg über Schutt auf eine breite Terrasse, links zu kleinem Firnfeld (Hinteres Kastenkees), abwärts zur Stirnmoräne und zum tieferen Kastenkar. In ca. 2500 m Höhe langer NW-Quergang (R 504/GR) an der Malefusleiten zum Kalser Tauern, 2513 m (R 851).

■ 1918 Nordpfeiler (Fensterpfeiler)

H. Bärnthaler, R. Schmuck, 10.7.1982; AL 1983/2/75, B 1983/6/72.

V+, **A1** (Ausstiegs-SL), V– (Stelle), meist III und IV, **400 Hm**, **3–4 Std.**, Reibungskletterei mit originellen Kletterstellen in gutem Fels (Ausnahme 1. SL), ZH belassen, STH bis auf einen entfernt, KK mittlerer Größe günstig. Der große Felssturz (10.9.1983) im Bereiche der 8. und 9. SL bedingt vermutlich eine Anstiegsänderung. Vgl. Fotos S. 519, 523; Skizze S. 521.

Übersicht, Zugang: Vgl. R 1927.
Anstieg: Vom Pfeilerfuß auf einer Schneerampe nach links zum Beginn der Kletterei. Den ersten Pfeileraufschwung umgeht man über plattige Schrofen und gelangt so zum Fuß einer hohen, steilen Felsstufe; hier der eigentliche E. 1. SL: Erst links einer rötlichen, brüchigen Wandstelle, später über brüchigen, grasdurchsetzten Fels links haltend empor; nach 30 m (H) Quergang nach rechts zu Stand (40 m, III +, III, 1 H). 2. SL: Rechts haltend bis unter Überhang, diesen rechts umgehend aufwärts zu Stand (40 m, IV, III, 1 H). 3. SL: Über eine Platte empor in leichteres Gelände links von einem markanten Felstisch (30 m, IV, III). 4. SL: Über gestuften Fels auf einen markanten Absatz (50 m, II, I). 5. SL: An der Pfeilerkante mittels eines Risses auf den nächsten Absatz (30 m, IV+, V–, 2 H). 6. SL: An der Pfeilerkante weiter, einen Überhang links überwindend zu Stand (30 m, IV, III). 7. SL: Über leichteren Fels aufwärts zum nächsten steilen Pfeileraufschwung (50 m, I). 8. SL: Einem markanten Riss folgend, dann nach rechts zu Stand bei Blöcken unter einem Felsenfenster (30 m, IV–, 1 H).
9. SL: Durch das Fenster, dann über leichteren Fels und durch ein zweites Felsenfenster nach links zu Stand (40 m, II). 10. SL: Über angelehnten Pfeiler zu Stand bei H unter der Schlusswand (20 m, III+). 11. SL: Durch Verschneidung auf einen Absatz, dann den Haken folgend auf den NW-Grat, ca. 3000 m (35 m, V+, teilw. A1, 7 H).

■ 1919 Übergang zum Hohen Kasten, 3189 m

O. Langl, 29.6.1908, im Abstieg mit Abseilen; ÖAZ 1908/289. 1. Aufstieg: E. Friedl, R. Gerin, O. Pitschmann, 7.8.1911; ÖAZ 1912/308.

III+ und **IV**, **2–3 Std.**, schneidige Kletterei.

Kastenturm von Nordosten: R 1918 Nordpfeiler (Fensterpfeiler)

Kastenturm
Felssturz von 1983
1918
P. 2600

Vom Kastenturm abwärts in die S-Scharte (verkeilter Block). Um kleinen Felsturm herum zum Steilaufschwung des Hohen-Kasten-NW-Grats. Den ersten Aufschwung in einer Rechtsschleife erklettern und zu einem Schneefeld; über dieses zum zerklüfteten Grat. An den ersten zwei Türmen rechts vorbei, dann ausgesetzt in eine enge Scharte vor dem 30 m hohen Steilansatz. 12 m senkrecht empor (glatt, luftig) zu einem handbreiten Querspalt (guter Stand). Plattig, steil zu großem Block und über schmale Scharte auf die Höhe des Plattenkopfs. Über die folgende Scharte, durch einen Riss auf den Gipfel.

1922 Hoher Kasten

Ostgipfel, 3189 m – Westgipfel, 3180 m

1. Ersteigung und Überschreitung: O. Langl, 29.6.1908. 1. Gratübergang zur Ödenwinkelwand: E. Friedl, R. Gerin, O. Pitschmann, 7.8.1911.

Eleganter zweizackiger Felsberg mit mächtigen Wänden und Graten, zwischen Kastenturm, 2920 m (im NW), und Kastengratwand, 3220 m (im SO). Hauptgipfel im Kastengrat der Gratverbindung Kastenturm, 2920 m – Hoher Kasten, 3189 m – Kastengratwand, 3220 m – Ödenwinkelwand, 3326 m – Eiskögele, 3426 m. N-Wand zum Ödenwinkelkees, NW-Grat gegen den Kastenturm, langer SW-Grat, in dem der Obere Kasten, 2898 m (AVK 40/2002 »Mittlerer Kasten«), und tiefer (als Schuttrücken) der Untere Kasten, 2709 m, gipfelt; W-Wand über dem Hinteren Kastenkees, SO-Wand über dem Vorderen Kastenkees. Leichtester Anstieg SW-Grat. Gipfel nur mit Klettern erreichbar. Name nach Franz Keil.

■ 1923 Nordwestgrat

Normalanstieg, vgl. R 1919.

■ 1924 Südwestgrat

O. Langl, 29.6.1908; ÖAZ 1908/289.

III, III–, **300 Hm**, **2½ Std.**; Zugang 387 Hm, 2½ Std.

Zugang: Vom Kalser Tauern, 2515 m (R 851), lange Hangquerung der Malefusleiten südostw. ins Blockkar vor dem Hohen-Kasten-SW-Grat. In diesem aufwärts zum Firnfeld (Hintere Kastenkees) und auf diesem schräg rechts empor (meist Blankeis) zum ebenen Terrassensattel des SW-Grats über dem Oberen Kasten (AVK 40/2002 »Mittlerer Kasten«).

Anstieg: E. bei kleinem Vorbau, ca. 2900 m. Am SW-Grat empor zu einem Schneefleck und über Blockgelände zum ersten plattigen Aufbau. An seiner Wand, hinter einer abstehenden Platte (Langl-Platte) schräg links empor und durch ein enges Loch rechts zurück zum Grat. Am zweiten Grataufbau links vorbei und über Blöcke zum dritten Aufbau. Linksseitig Abstieg zu einem

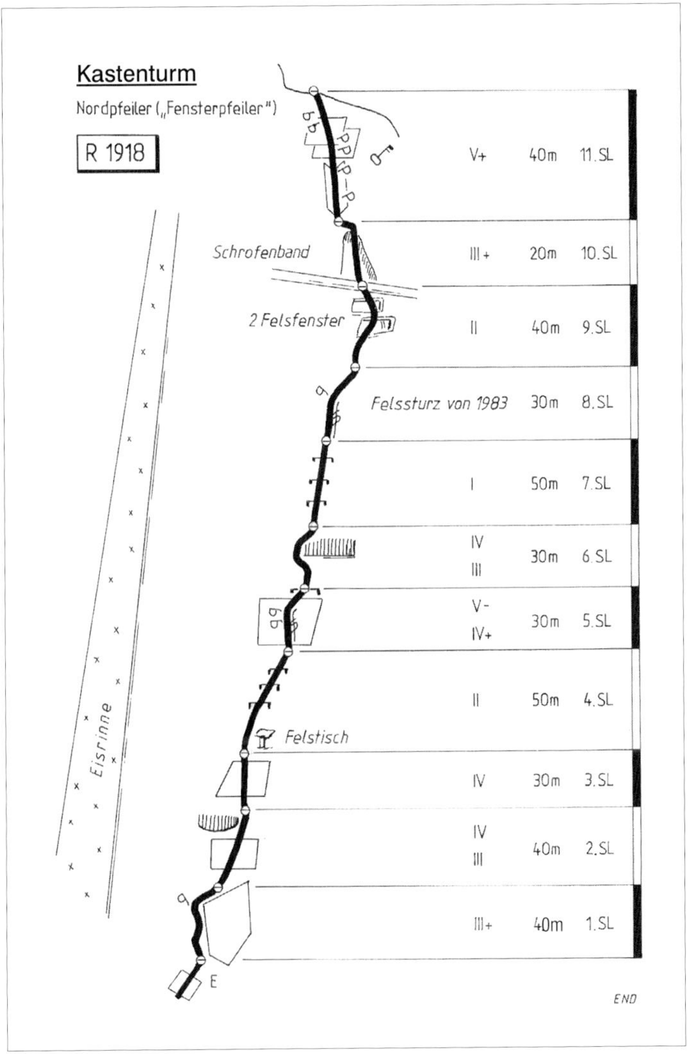
Kastenturm
Nordpfeiler („Fensterpfeiler")
R 1918
V+ 40m 11.SL
Schrofenband
III+ 20m 10.SL
2 Felsfenster
II 40m 9.SL
Felssturz von 1983 30m 8.SL
I 50m 7.SL
IV
III
30m 6.SL
V-
IV+
30m 5.SL
II 50m 4.SL
Felstisch
IV 30m 3.SL
IV
III
40m 2.SL
Eisrinne
III+ 40m 1.SL
E
END

Schuttband und von dessen Ende zurück zum Grat (III). Bald nachher westseitig, dann auf der schmalen Schneide weiter; zuletzt an steiler, 8 m hoher Platte empor (III) und über ein Schneefeld zum Gipfel.

1925 Gesamter Südwestgrat

III, III–, **780 Hm, 4 Std.**

Zugang: Mit R 1924 ins Blockkar und abwärts zum Gratfuß, P. 2414 m.
Anstieg: Über den Unteren Kasten, 2709 m, auf den Oberen Kasten, 2898 m (AVK 40/2002 »Mittlerer Kasten«), weiter R 1924 zum Gipfel.

1927 Nordwand-Übersicht

Der mächtigen Plattenmauer über dem Ödenwinkelkees ist ein langer, schräg rechts ansteigender und bis zur halben Wandhöhe reichender Plattensporn vorgeschoben, an seinem Fuß P. 2600 m. Dort, wo dieser Plattensporn an den oberen, lotrechten Wandbau stößt, streichen links Platten ab, die nach NO umbiegen. Über den Platten ein Plattenwulst und die Gipfelwand mit einer Rippe, dem obersten N-Pfeiler, R 1928 (rechts dieser eine große Rinne von der Gipfelscharte herab) auf den O-Gipfel. Der Anstieg R 1928 benützt den Plattensporn, überwindet schräg links den Plattenwulst und steigt mit schräger Querung zur Gipfelwand und auf dem obersten N-Pfeiler zum O-Gipfel. R 1929 verfolgt den Plattensporn weiter bis vor sein Ende und steigt rechts von R 1930 zum obersten NW-Grat an. Der Direkte N-Wand-Anstieg (R 1930) führt über die Platten links des Plattensporns von R 1929 empor (zwischen diesen eine brüchige Zone mit Schneefeldern bis in den Sommer), überwindet den Plattenwulst, kreuzt R 1928 und führt auf den W-Gipfel. Über die hellgrauen Platten links des vom O-Gipfel abgesetzten Pfeilers führt R 1931 (»Weg der Morgenröte«). Rechts vom Plattensporn (R 1928), von einer Eisrinne getrennt, der schräg rechts zum Kastenturm ansteigende N-Pfeiler (Fensterpfeiler, R 1918).
Zugang: Von der Rudolfshütte, 2311 m, mit R 503 auf das Ödenwinkelkees und rechts empor zum Fuß des N-Wand-Sporns, P. 2500 m, E. von R 1928 (2 Std.). Links des Sporns weiter aufwärts (½ Std), über zwei schwierige Randklüfte, zum E. von R 1930 (ca. 2700 m) am linken oberen Rand des am höchsten hinaufreichenden Eisfelds (bis 45°), rechts der E. von R 1929.

Hoher Kasten, Kastenturm von Nordnordwesten

Kastenturm:
R 1918 Nordpfeiler (Fensterpfeiler)
Hoher Kasten:
R 1928 Nordwand
R 1929 Nordwand
R 1930 Direkte Nordwand (»Plattenzauber«)
R 1931 Nordwand (»Weg der Morgenröte«)

Ödenwinkelwand
Kastengratwand
Kastenscharte
Hoher Kasten
Ostgipfel
Westgipfel
Kastenturm
1929
Felssturz von 1983
1931
1930
1929
P. 2600
1918
1928
P. 2500

■ 1928 Nordwand

F. Herrmann, F. Proksch, F. Schaffer, 22.7.1928; Jb. BG/ÖGV 1927–29/95.

IV+, **600 Hm**, **6 Std.**; Zugang 600 Hm, 2 Std. Vgl. Fotos S. 523, 525.

Übersicht, Zugang: Vgl. R 1927.

Anstieg: Am Fuß des N-Wand-Sporns über die Randkluft auf ein Band und schräg rechts auf den Plattensporn. Auf diesem empor gegen einen zweizackigen Turm und in der von links herabziehenden Rinne weiter zu einer Kante. Um diese in eine Verschneidung, in dieser kurz empor und nach links in einen Reitriss, der in eine weitere Verschneidung leitet. Über einen Überhang nach rechts zu einer von überhängenden Blöcken gebildeten Nische. Im linken Riss aufwärts auf den ersten Turm und am Sporn weiter bis vor den zweiten Turm (R 1929 empor auf diesen). Auf Geröllband (unter Überhängen) schräg links empor zu dem mächtigen, moosbewachsenen, links abfallenden Plattenschuss. In gleicher Richtung einige SL weiter zu einer Steilrinne. In dieser aufwärts und über den mittleren Felsbau gerade empor (steiles Eis, Platten) zum Plattenwulst (Steinschlaggefahr). Schräg links über diesen, dann ca. 200 m langer Quergang schräg aufwärts zur Rippe der Gipfelwand. Über Platten hinauf zu gelben Blöcken und auf der Rippe empor zum O-Gipfel.

■ 1929 Nordwand (Variante)

R. Schinko, A. Bischofberger, August 1934; ÖAZ 1936/292.

IV, Eis bis **50°**, **600 Hm**, **6 Std.** Vgl. Foto S. 523.

Übersicht, Zugang: Vgl. R 1927.

Anstieg: E. rechts von R 1930. Über die Randkluft und schräg rechts auf den Plattensporn von R 1928. Auf diesem auch über den zweiten Turm (R 1928 vor diesem nach links) und weiter empor bis fast zum Spornende; zuletzt ein nasser Riss zu einem Eisfeld an den obersten Platten. Nun in einer Linksschleife in die Wand empor, die bald nach rechts drängt; dort als Gliederung steiler Schnee, auch Wassereis (50°) und Fels. Zuletzt ein Felsgrat mit anregender Kletterei zum obersten NW-Grat.

■ 1930 Direkte Nordwand (»Plattenzauber«)

H. Bärnthaler, H. Gregoritsch, 23.7.1983; TBR; AL 1986/6/50.

VI (2 SL), V und V+ (3 SL), meist III bis IV+, **600 Hm**, Erstbegeher **8 Std.**, alle Haken belassen, Keile, auch Friends aller Größen zu empfehlen. Freie Platten- und Verschneidungskletterei in festem Fels, in den letzten 6 SL traumhafte Plattenkletterei. Vgl. Fotos S. 523, 525.

Hoher Kasten von Nordnordosten:
R 1928 Nordwand
R 1930 Direkte Nordwand (»Plattenzauber«)
R 1931 Nordwand (»Weg der Morgenröte«)

Hoher Kasten
Ostgipfel
Westgipfel
1928
1931
1930

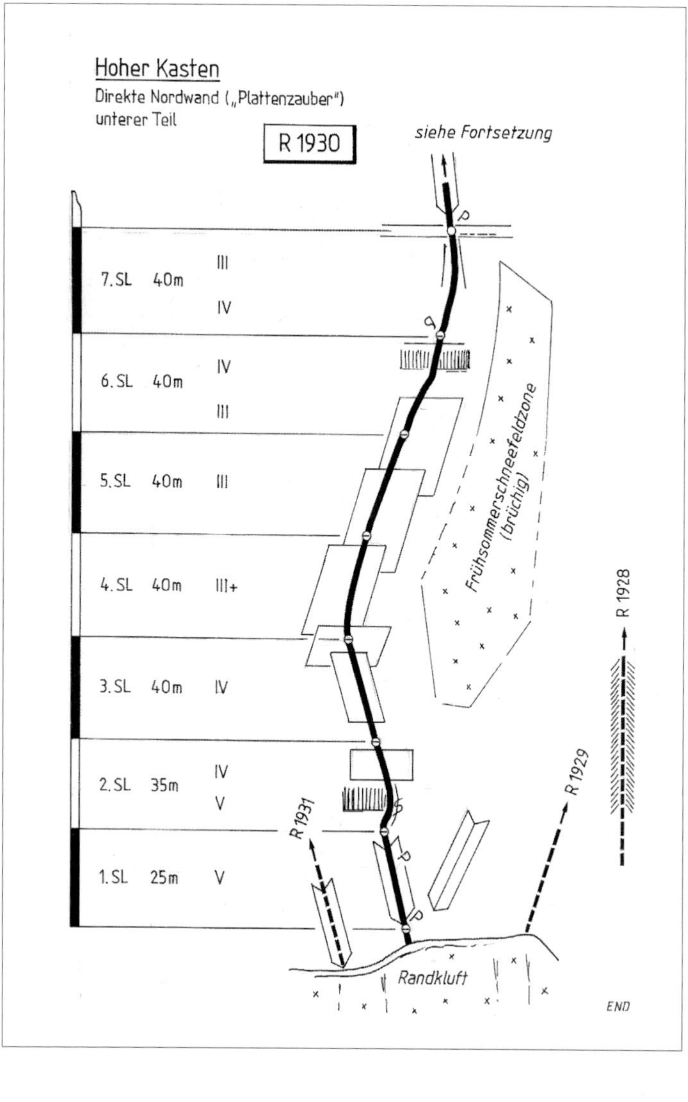
Hoher Kasten
Direkte Nordwand („Plattenzauber")
unterer Teil
R 1930
siehe Fortsetzung
7. SL 40m III IV
6. SL 40m IV III
5. SL 40m III
4. SL 40m III+
3. SL 40m IV
2. SL 35m IV V
1. SL 25m V
Frühsommerschneefeldzone (brüchig)
R 1928
R 1929
R 1931
Randkluft
END

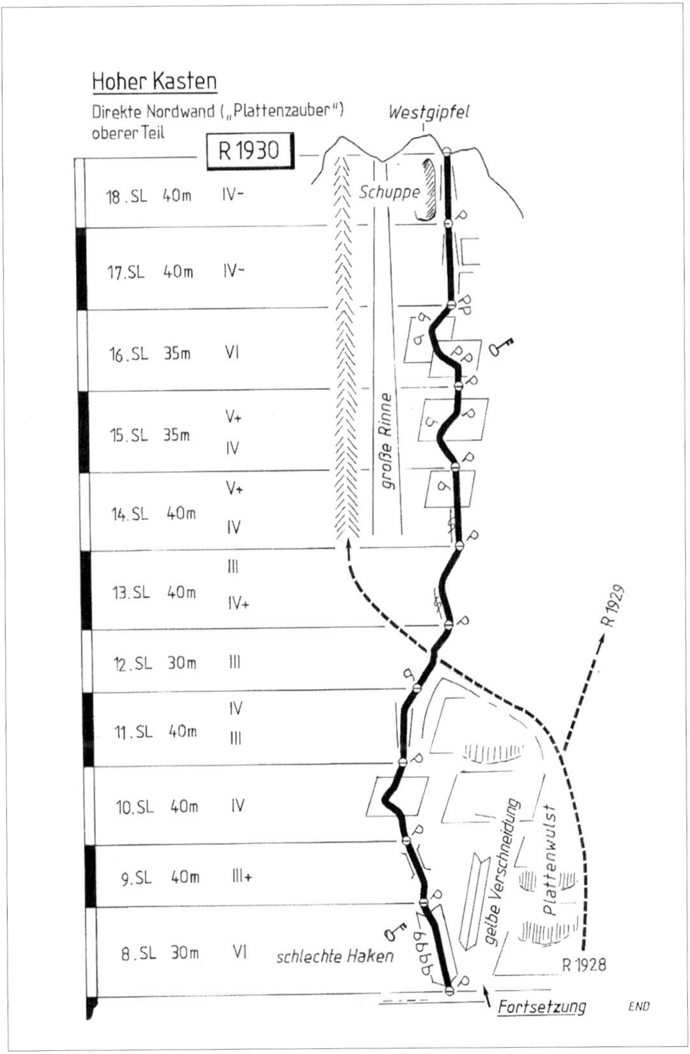
Hoher Kasten
Direkte Nordwand („Plattenzauber")
oberer Teil
R 1930
Westgipfel
Schuppe
18. SL 40m IV-
17. SL 40m IV-
16. SL 35m VI
15. SL 35m V+ IV
14. SL 40m V+ IV
13. SL 40m III IV+
12. SL 30m III
11. SL 40m IV III
10. SL 40m IV
9. SL 40m III+
8. SL 30m VI
große Rinne
R 1929
gelbe Verschneidung
Plattenwulst
schlechte Haken
R 1928
Fortsetzung
END

Übersicht, Zugang: Vgl. R 1927.
Anstieg: Vgl. Skizzen S. 526/527.

1931 Nordwand (»Weg der Morgenröte«)

H. Gregoritsch, St. Eder, 19.8.1988; NAV.

VI (2 Stellen), meist V, IV und III, **600 Hm**, **5 Std.**, 6 H verwendet, davon 2 H belassen, KK aller Größen empfehlenswert. Der Name bezieht sich auf die frühe Sonnenbeleuchtung der Wand. Durchgehend schöne Platten- und Verschneidungskletterei, wegen ihrer Länge und der hochalpinen Umgebung die eindrucksvollste Kletterei der Glockner-/Granatspitzgruppe. Vgl. Fotos S. 523, 525.

Übersicht, Zugang: Vgl. R 1927.
Anstieg: Vgl. Skizze S. 529.

1932 Übergang über die Kastengratwand, 3220 m, zur Ödenwinkelwand, 3326 m

E. Friedl, R. Gerin, O. Pitschmann, 7.8.1911; ÖAZ 1912/308.

IV, **3 Std.**, eindrucksvoll, entscheidender Teil des Kastengrats.

Vom Hohen-Kasten-Gipfel am Verbindungsgrat (lose Blöcke) hinab zu einer Firnschneide und in die Kastenscharte, 3160 m (R 843). Nun folgt der Zackengrat der Kastengratwand. Über mehrere Zacken zu einem gelblichen Turm und an seiner Kante auf diesen. Dahinter ein blockiger Turm; gerade an ihm empor, über seine schiefrige Schneide hinüber in die nächste Scharte. An der Kante auf den markanten 3. Turm (höchster Turm der Kastengratwand) und weiter über Grathöcker und Scharten zum 4. Turm; nach diesem eine Schneide zur Scharte vor dem Gipfelaufbau der Ödenwinkelwand. Daran senkrecht aufwärts (brüchig), über ein Köpfl (IV) zu einer breiten Scharte. Wieder dem Grat entlang auf einer Leiste nach rechts und sofort zur Schneide zurück. Am folgenden Aufbau die Kante empor zu einem kleinen Einschnitt vor dem Gipfel. Links des Überhangs in verstecktem, senkrechtem Riss empor und über Platten nach rechts zu Stand über dem Überhang. Nochmals senkrecht empor (eingekeilte Blöcke) auf einen Absatz und nach 2 SL über die Wechte auf den Gipfel der Ödenwinkelwand.

1933 Kastengrat

1. Winterbegehung: H. Kutscher, E. Eder, 30.1.1957.

IV, **1614 Hm**, lange, anspruchsvolle Bergfahrt im kombinierten Gelände. Gratübergang: Kastenturm – Hoher Kasten – Kastengratwand – Ödenwinkelwand – Eiskögele. Rudolfshütte – Eiskögele 10 Std. Kastengrat-Überschreitung und weiter auf den Großglockner erstmals an einem Tag durch H. Kumnig, F. Mitsch am 30.07.1946. Der ursprüngliche Name »Ödenwinkelgrat« wäre treffender.

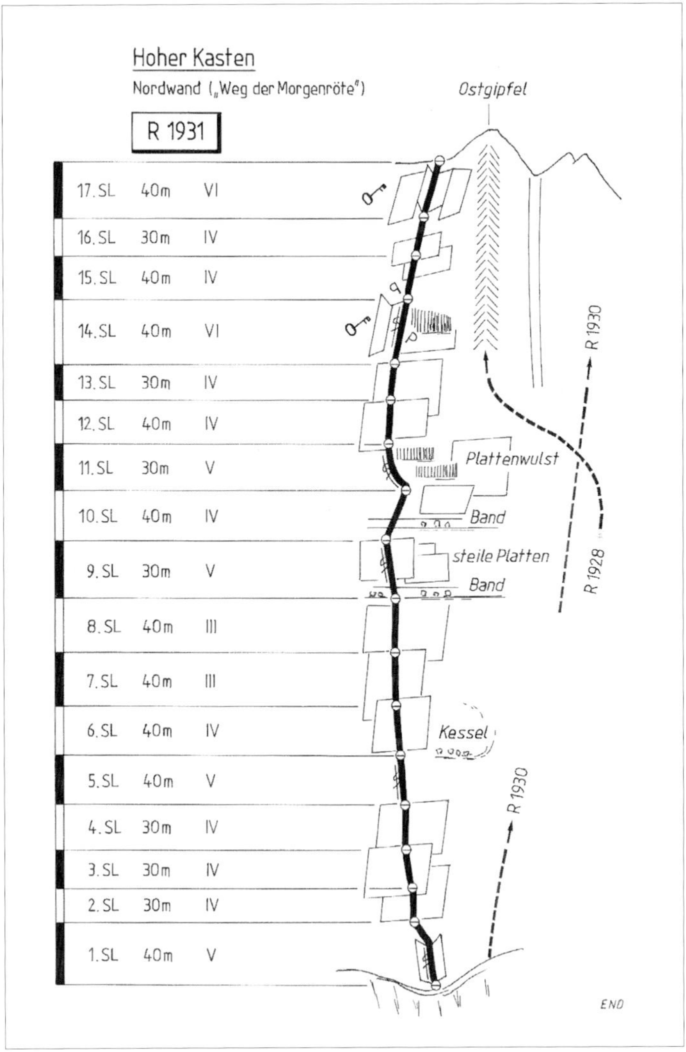
Hoher Kasten
Nordwand („Weg der Morgenröte")
R 1931
Ostgipfel
17. SL 40m VI
16. SL 30m IV
15. SL 40m IV
14. SL 40m VI
13. SL 30m IV
12. SL 40m IV
11. SL 30m V
10. SL 40m IV
9. SL 30m V
8. SL 40m III
7. SL 40m III
6. SL 40m IV
5. SL 40m V
4. SL 30m IV
3. SL 30m IV
2. SL 30m IV
1. SL 40m V
Plattenwulst
Band
steile Platten
Band
Kessel
R 1930
R 1928
R 1930
END

Zustieg: Rudolfshütte, 2311 m – Kastenturm, 2920 m (R 1915, 3 Std.).
Gratübergang: 1. Teil: Kastenturm, 2920 m – Hoher Kasten, 3189 m (R 1919, 3 Std.). 2. Teil: Hoher Kasten, 3189 m – Kastengratwand, 3220 m – Ödenwinkelwand, 3326 m (R 1932, 3 Std.). 3. Teil: Ödenwinkelwand, 3326 m – Eiskögele, 3426 m (R 1942, 1 Std.).
Abstieg: a) Vom Eiskögele, 3426 m (über die Untere Ödenwinkelscharte, 3160 m), zum Ödenwinkelschartenkopf, 3261 m (R 1165/GR, R 1323), weiter zum Johannisberg, 3453 m (R 1324A, R 1335), Abstieg R 1337 in die Obere Ödenwinkelscharte, 3228 m (3¼ Std.).
b) Vom Eiskögele, 3426 m, mit R 1165 in die Untere Ödenwinkelscharte, 3160 m, und ostseitige Umgehung von Ödenwinkelschartenkopf – Johannisberg in die Obere Ödenwinkelscharte, 3228 m (2 Std.).
Von der Oberen Ödenwinkelscharte R 501 zur Rudolfshütte, 2311 m (3 Std.).

1935 Kastengratwand, 3220 m

1. Ersteigung und Überschreitung: E. Friedl, R. Gerin, O. Pitschmann, 7.8.1911; ÖAZ 1912/308.

Zerzackte Gratschneide zwischen Hohem Kasten, 3189 m (NW), davor die Kastenscharte, 3160 m, und Ödenwinkelwand, 3326 m (SO); entscheidender Teil des Kastengrats, wird bei dessen Begehung überschritten (R 1932, R 1942, Hoher Kasten – Eiskögele); steile N- Wand zum Ödenwinkel.

1937 Ödenwinkelwand, 3326 m

1. Ersteigung und Überschreitung: B. Lergetporer mit M. Groder, J. Kerer, 30.7.1872; in der Annahme,s den Hohen Kasten erstiegen zu haben, mit Übergang zum Eiskögele. 1. Gratübergang Hoher Kasten – Kastengratwand – Ödenwinkelwand: E. Friedl, R. Gerin, O. Pitschmann, 7.8.1911.

Vergletschertes Felsmassiv zwischen Kastengratwand, 3220 m (NW), und Eiskögele, 3426 m (O), wird bei Begehung des Kastengrats überschritten.
Steile N-Wand zum Ödenwinkel, SW-Wand zum Vorderen Kastenkees, langer S-Kamm (Aderwand), der Vorderes Kastenkees (im W) und das höher befindliche Laperwitzkees (im O) trennt. Der turmbestandene Verbindungsgrat (Hohe Schneide) zum Hohen Kasten ist der entscheidende Teil des Kastengrats.

■ 1938 Südostanstieg

B. Lergetporer mit M. Groder, J. Kerer, 30.7.1872; ZDÖAV 1873/131.

¾ **Std.**, Gletschergelände.

Kastengrat von Nordosten (Anstiege siehe Detailbilder).

Eiskögele
Odenwinkelwand
Kastengratwand
Hoher Kasten
Kastenscharte
Kastenturm
Ödenwinkelkees

Vom Laperwitzkees ab 3260 m nordwestw. in den Firnsattel zwischen Ödenwinkelwand (links) und Eiskögele (rechts). Nun auf dem luftigen Wechtengrat (senkrechter N-Absturz zum Ödenwinkel) links zum Gipfel.

1939 Nordwand

R. Schinko, A. Bischofberger, August 1937; ÖAZ 1941/70. 2. Begehung (1. Alleingang): P. Rohrmoser, 5.10.1983, teilw. neue Anstiegslinie (R 1940).

V+ (Schlüsselstelle), V, IV, **450 Hm**, **5 Std.**, eisdurchsetztes Gelände, sehr ernster Anstieg. Vgl. Foto S. 533.

Zugang: Von der Rudolfshütte, 2311 m, mit R 503 in den Ödenwinkel und am Gletscher (Spalten) aufwärts zum Wandfuß (3 Std.).
Anstieg: E. links der Gipfelfalllinie, an der linken Seite eines Pfeilers. Fast durchwegs gerade empor, im obersten Wandbereich über einen Blockrissüberhang (Schlüsselstelle) und zur Ausstiegsschlucht an der lotrechten Gipfelwand. In dieser schräg rechts empor mit Ausstieg 20 m rechts vom Gipfel.

1940 Nordwand

P. Rohrmoser, 5.10.1983; anschließend Eiskögele-N-Wand (im Abstieg) und Totenkopf-W-Grat mit Hohe-Riffl-N-Wand (im Aufstieg), eine gewaltige Leistung! AL 1984/1/32.

Eis **60°**, **V+**, V, IV, kombiniertes Gelände, **450 Hm**, **5 Std.**, sehr ernster Anstieg, ähnlich R 1939.

Zugang: Vgl. R 1939.
Anstieg: E. durch ein 60 m hohes, nahezu senkrechtes, im Grund eisgefülltes Couloir. Eine 60° steile Eisrinne führt zum Beginn der immer steiler werdenden Gipfelwand; in dieser die Schlüsselstelle, ein Rechtsquergang an tritt- und griffarmer Platte, danach gestufter Fels zum Gipfelgrat.

1941 Nordwand (Erwin-Couloir)

H. Bärnthaler, St. Eder, 5.10.1985; NAV, TBR. 1. Winterbegehung: Th. Schranz, Ch. Huber, 28.1.1989 (2. Begehung). 1. Winteralleinbegehung: H. Gregoritsch, 12.2.1989 (3. Begehung) in 2 Std.

50°–60°, Einzelstellen **65–70°**, teilw. kombiniertes Gelände, **350 Hm**, **3–4 Std.**, die Verhältnisse bestimmen die Schwierigkeit, Steileiskletterei in gewaltiger Umgebung. Name nach dem Traunsteiner Bergführer Erwin Praxenthaler, verunglückt im Januar 1985 bei einer Wildbachüberquerung in Neuseeland. Vgl. Fotos S. 331, 333, 533.

Zugang: Vgl. R 1170.

Ödenwinkelwand von Norden:
R 1939 Nordwand
R 1941 Nordwand (Erwin-Couloir)
R 1174 Eiskögele – Westgrat

Ödenwinkelwand
1174
1941
1939
Ödenwinkelkees

Anstieg: E. rechts von R 1170, am höchsten Punkt der Randkluft; Anstieg durch das steile Eiscouloir in den Schneesattel zwischen Eisködele (links) und Ödenwinkelwand (rechts).

1942 Übergang zum Eiskögele, 3426 m

B. Lergetporer mit M. Groder, J. Kerer7, 30.7.1872; ZDÖAV 1873/131.

II, 1 Std., Firnstrecke des Kastengrats.

Von der Ödenwinkelwand auf dem Wechtengrat abwärts in den Firnsattel (Ausstieg R 1941) vor dem Eiskögele. Aus diesem neben der Firnschneide aufwärts zu einer Graterhebung (Ausstieg von R 1170) und über plattige Felsen direkt (oder rechts über Firn) zum Eiskögelegipfel.

Granatspitzgruppe

Östlicher Tauernhauptkamm

Zwischen Kalser Tauern und Amertaler Scharte.
Tourenbereich: Rudolfshütte.
Landkarte: AVK Nr. 39 »Granatspitzgruppe«, 1:25.000; ÖK-UTM Nr. 3226 »Matrei in Osttirol«, 1:50.000; ÖK-BMN Nr. 152 »Matrei in Osttirol«, 1:50.000 (Teilbereich); ÖK-BMN Nr. 153 »Großglockner«, 1:50.000 (Teilbereich); FB-WK Nr. 123 »Matrei/Defereggen/Virgental«, 1:50.000.

1951 Kalser Tauernkogel, 2683 m

Erstbegeher unbekannt. 1. Überschreitung: W. Brandenstein, Henriette Hurych, 22.8.1926. 1. Längsüberschreitung des Tauernkamms (Tauernkopf – Hochgasser): W. Brandenstein, 23.8.1927.

Dreieckiges Felshorn nordwestw. über dem Kalser Tauern, 2515 m. Einfache Blockkletterei, gern besucht.

1952 Südostgrat

I, 170 Hm, ½ Std., Normalanstieg. Vgl. Foto S. 539.

Vom Kalser Tauern, 2515 m (R 851), am breiten Rücken empor, zuletzt nach einem scharfen Einschnitt steiler am Grat oder rechts daneben zum Gipfel.

1953A Westgrat

W. Brandenstein, Henriette Hurych, 22.8.1926; ÖAZ 1927/202.

II, 150 Hm, ¾ Std.

Vom Gipfel über Steilabbruch und durch einen Kamin rechts vom Grat und auf Firn nordw. hinab zu R 543 oder nach links in die Rotkogelscharte, 2533 m (R 852).

■ 1954 Nordwand

F. Steirl, E. Eichinger, A. E. Gaida, 24.8.1931; AN 1932/82.

III, **200 Hm**, **2 Std.**, brüchiger Fels. R 536 führt unter der Wand vorbei. Vgl. Foto S. 539.

Am Schuttrücken aufwärts zum linken Eck der N-Wand. E. 10 m rechts in einer Verschneidung. Rechts über einen Pfeiler (plattig) 10 m empor und rechts in einem Riss weiter zu einer dreieckigen Platte und zu Stand. Auf steilem Band 1½ SL schräg rechts empor zu kaminartigem Riss (H). Nach diesem ein sperrender, bemooster Überhang. Kurz nach links zu einer Gratrippe und einige Meter aufwärts zu einem Turm. An diesem links vorbei und über Blöcke zu einem überhängenden Grataufbau. An diesem rechts vorbei und durch einen schachtartigen Kamin zum Grat zurück. Auf diesem über Blöcke, dann Schrofen zum Gipfel.

■ 1955 Nordpfeiler

P. Holl, H. Witt, 14.4.1963; NAV.

III+, **200 Hm**, **2 Std.** S. AVF-GG 9/1995/589. Vgl. Foto S. 539.

■ 1956 Rechter Südpfeiler (»Bazillus«)

H. Gregoritsch, St. Eder, R. Schmuck, 21.7.1984; NAV.

VI+ (Stelle), sonst leichter, kurze Platten- und Risskletterei. H vorhanden, KK empfehlenswert. Vgl. Skizze S. 538.

1957 Rotkogel, 2657 m

1. Ersteigung und Überschreitung: E. Pichl, E. Gams, 8.7.1896.

Doppelgipfeliger Felsrücken zwischen Kalser Tauernkogel, 2683 m (im O), dazwischen die Rotkogelscharte, 2533 m, und der Keeskogel, 2827 m (im NW). Über Letzteren der Verbindungsgrat zur Granatspitze, 3086 m. An der N-Seite führen R 536/R 543 entlang.

■ 1958 Südostgrat

E. Pichl, E. Gams, 8.7.1896; MDÖAV 1896/211. Fast gleichartig L. Distel, W. Teufel, 4.8. 1897; Jb. SN 1897/21.

III bzw. II, **114 Hm**, **¾ Std.**

Von der Rotkogelscharte, 2533 m (R 852), am Grat über eine Steilstufe und ein spaltartiges Schartl zum flachen Gratverlauf des O-Gipfels (rechtsseitige Umgehung des Grats und von O auf den O-Gipfel, II).

1959A Westgrat

II, 1¾ Std.

Vom W-Gipfel kurz abwärts in eine Scharte, steil auf den Keeskogel, 2827 m, und weiter in den Granatspitzsattel, 2970 m (R 853); einzelne Grattürme können überklettert werden.

1961 Übergang zur Granatspitze, 3086 m

E. Pichl, E. Gams, 8.7.1896; MDÖAV 1896/211. E. Hofmann, E. Katzer, 30.6.1924, mit direkten Varianten; ÖAZ 1925/4.

II, 2¼ Std., empfehlenswert. Für diesen Übergang hat sich die Bez. »Granatspitze – Gesamter O-Grat« eingebürgert.

Vom Rotkogel, 2657 m, am W-Grat (R 1959A) über den Keeskogel, 2827 m, in den Granatspitzsattel, 2970 m. Am O-Grat (R 1966) auf die Granatspitze.

1963 Keeskogel, 2827 m

Felsrücken zwischen Rotkogel, 2657 m (O), und Granatspitzsattel, 2970 m (NW), danach die Granatspitze, 3086 m; an der N-Seite führen R 536/R 543 entlang; wird bei Begehung des Rotkogel-W-Grats (R 1959) überschritten.

1965 Granatspitze, 3086 m

1. Ersteigung durch Vermesser, 1869. 1. tour. Ersteigung: G. Demelius, A. v. Schmid, J. Gräfler, K. Gorgasser, 24.8.1871. 1. Überschreitung: K. Bröckelmann, 13.7.1899. 1. Gratübergang zum Kalser Bärenkopf: L. Distel, W. Teufel, 4.8.1897; Jb. SN 1897/27. 1. Direkter Gratübergang zum Großen Muntanitz: R. Sappelt, B. Dold, L. Hennig, 16./17.8.1974 (in 20 Std.).

Spitzes Felshorn zwischen Granatscharte, 2970 m (im N), Granatspitzsattel, 2970 m (im O), und Unterer Keeswinkelscharte, 2945 m (im S); zu diesen Scharten gleichmäßige Grate. Abzweigung des Muntanitzkamms nach S; herrlicher Aussichtspunkt.

1966 Ostgrat

G. Demelius, A. v. Schmid mit J. Gräfler, K. Gorgasser, 24.8.1871.

II, 116 Hm, ½ Std., Normalanstieg. Vgl. Foto S. 541; Skizze S. 543.

Vom Granatspitzsattel, 2970 m (R 853), Blockgrat zum Gipfel.

1967 Gesamter Ostgrat

Vgl. R 1961.

1968 Nordgrat

K. Bröckelmann, 13.7.1899.

III, II, **116 Hm, 1¼ Std.**, luftig, fester Fels, beliebt. Vgl. Foto S. 541.

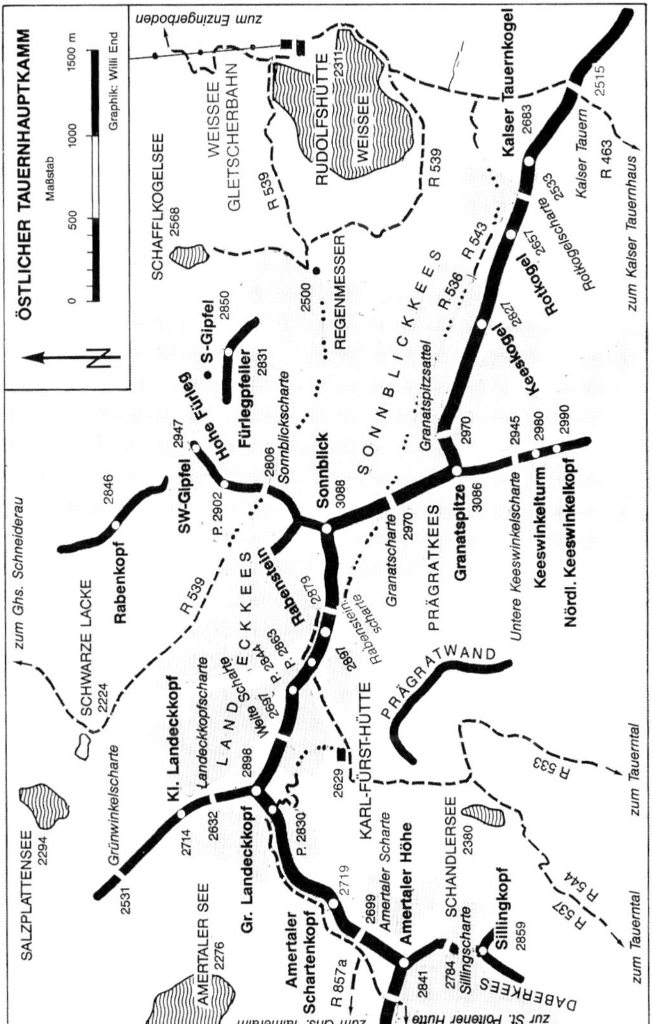
ÖSTLICHER TAUERNHAUPTKAMM
Maßstab
0 500 1000 1500 m
Graphik: Willi End
zum Enzingerboden
zum Ghs. Schneiderau
SALZPLATTENSEE 2294
SCHWARZE LACKE
SCHWARZE 2224
Rabenkopf
2846
SCHAFFLKOGELSEE 2568
WEISSEE GLETSCHERBAHN
RUDOLFSHÜTTE 2311
WEISSEE
R 539
REGENMESSER 2500
S-Gipfel 2850
Fürlegpfeiler 2831
Hohe Fürleg
SW-Gipfel 2947
P. 2902
2806 Sonnblickscharte
Sonnblick 3088
SONNBLICKKEES
Granatspitzsattel
2970
R 536
R 543
Kalser Tauernkogel 2683
2515
Kalser Tauern
R 463
zum Kalser Tauernhaus
Rotkogel 2657
Rotkogelscharte 2533
Keeskogel 2827
2945
2980
2990
Granatspitze 3086
Granatscharte 2970
PRÄGRATKEES
Untere Keeswinkelscharte
Keeswinkelturm
Nördl. Keeswinkelkopf
PRÄGRATWAND
Rabenstein 2879
Rabensteinscharte
2891
P. 2863
P. 2844
Weite Scharte 2691
LANDECKKEES
Landeckkopfscharte
Kl. Landeckkopf
2898
Grünwinkelscharte
2531
2714
2632
Gr. Landeckkopf
P. 2830
2629
KARL-FÜRST-HÜTTE
R 533
zum Tauerntal
SCHANDLERSEE 2380
AMERTALER SEE 2276
2719
2699 Amertaler Scharte
Amertaler Höhe
Amertaler Schartenkopf
R 857a
2841
2784 Sillingscharte
Sillingkopf 2859
R 544
R 537
zum Tauerntal
DABERKEES
zur St. Pöltener Hütte
zum Ghs. Taimeralm

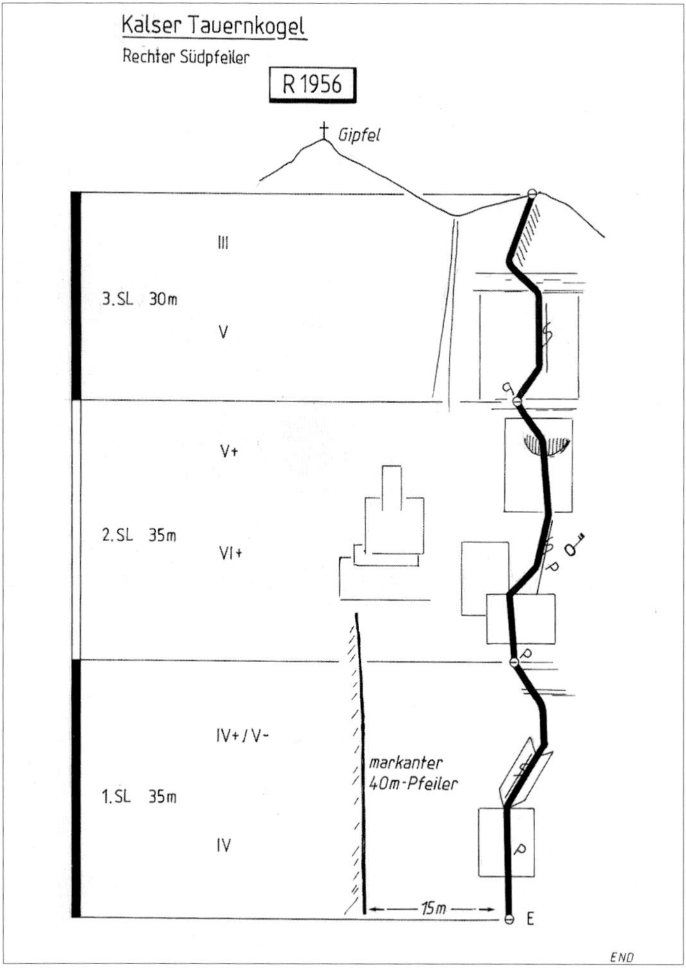

Kalser Tauernkogel von Nordosten:

R 1952 Südostgrat

R 1954 Nordwand

R 1155 Nordpfeiler

Kalser Tauernkogel
1952
1954
1955

Von der Granatscharte, 2970 m (R 855), in eine Mulde zum Absatz des N-Grats; entweder direkt am Grat (Blöcke) oder teils links davon zum Gipfel.

■ 1969 Nordostwand

Erstbegeher unbekannt.

III, gesamt **116 Hm**, **1¼ Std.**, steiler, fester Fels. Vgl. Foto S. 541.

Von der Granatscharte, 2970 m (R 855), zum E. in Gipfelfalllinie. Über die Randkluft und über Platten und Blöcke aufwärts zu einem Band mit Absatz; von diesem gerade empor zum Gipfel oder vorher schräg links zum O-Grat.

■ 1970A Südostflanke

E. Pichl, E. Gams, 8.7.1896; MDÖAV 1896/211.

II, **116 Hm**, **1 Std.** Vgl. Skizze S. 543.

Am O-Grat kurz hinab und rechts (orogr.) von ihm in einer Rinne weiter in einen Wandwinkel. Über die Randkluft auf das Kalser-Tauern-Kees und nordw. in den Granatspitzsattel, 2970 m (R 853).

■ 1971A Südostrinne

H. Peterka, M. Jedlicka, L. Schneller und 15 Kursteilnehmer, 9.8.1932.

II, **116 Hm**, **1 Std.** Vgl. Skizze S. 543.

Am S-Grat bis in dessen Mitte hinab. In der SO-Rinne hinab zu ihrer Abwinkelung und am rechten Rinnenrand weiter zur Randkluft; über diese auf das Kalser-Tauern-Kees und nordw. in den Granatspitzsattel, 2970 m (R 853).

■ 1972 Südostwand

H. Peterka, F. Zimmermann, 21.8.1940.

II, **116 Hm**, **1¼ Std.**, schöne Kletterei. Vgl. Skizze S. 543.

Vom Granatspitzsattel, 2970 m (R 853), südw. auf das Kalser-Tauern-Kees und waagrecht zur Mündung der SO-Rinne. E. rechts; am einfassenden Felspfeiler empor zu einer Firnschulter mit Schrofen und Blöcken. Nun in einer

Granatspitze, Sonnblick von Nordnordosten

Granatscharte:
R 536 von der Rudolfshütte (R 543/GR)
R 855a von der Rudolfshütte
Granatspitze:
R 1966 Ostgrat
R 1968 Nordgrat
R 1969 Nordostwand

Sonnblick:
R 1981 Südgrat

Hohe Fürleg:
R 2017 Gipfelkamm-Überschreitung

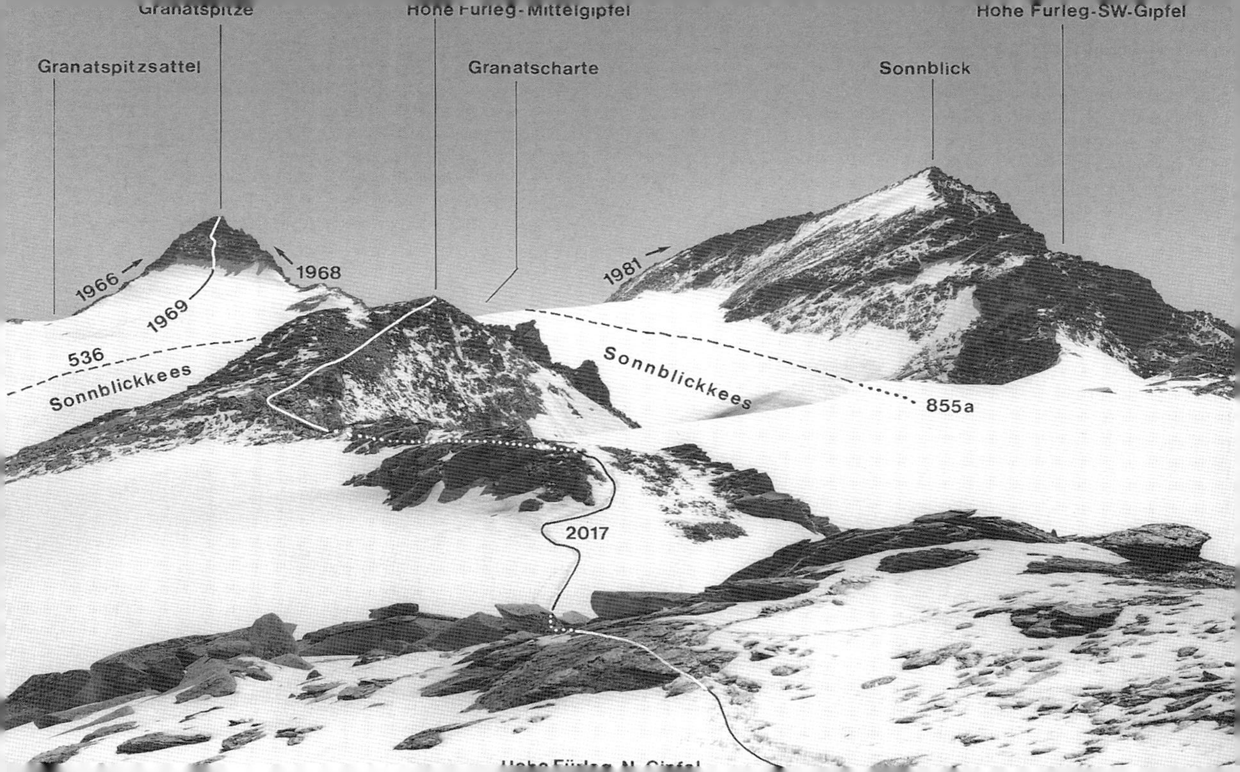
Granatspitze
Hohe Furleg-Mittelgipfel
Hohe Furleg-SW-Gipfel
Granatspitzsattel
Granatscharte
Sonnblick
1966
1968
1981
1969
536
Sonnblickkees
Sonnblickkees
855a
2017

Firnrinne (zwischen zwei Rippen) empor zu hellen Plattenstufen; nach diesen schräg links und auf steiler Blockrampe zum nahen Gipfel.

1973 Südgrat

R. Klose, F. Liederer, O. Schefzik, 23.7.1929; Jb. BG/ÖTK 1929–34/88, ÖTZ 1931/63.

II, 141 Hm, ¾ Std. Vgl. Skizze S. 543.

Von der Unteren Keeswinkelscharte, 2945 m (R 931), rechts um den unteren Gratabbruch, auf eine erdige Gratstufe und über feste Blöcke zum Gipfel.

1974 Westwand

H. v. Mrzik mit Führer, 1904.

III+, 141 Hm, 2 Std.

Von der Unteren Keeswinkelscharte, 2945 m (R 931), auf Bänder schräg in die Wand und durch Risse steil empor zu einer Rinne; Ausstieg auf steiler, fester Rippenkante zum S-Grat 15 m unter dem Gipfel.

1975 Direkte Westwand

R. Gerin, G. Hecht, R. Szalay, 30.6.1927; ÖAZ 1927/218.

IV+, 170 Hm, 2½ Std., steile Kletterei.

Von der Granatscharte, 2970 m (R 855), kurzer Abstieg am Prägratkees südw. zum tiefsten Fuß der W-Wand. An steilen, plattigen Felsen gerade empor zu einem schwarzen Riss. Unter Überhängen Hangelstelle nach rechts zu einem Schuttrücken.

Auf steilem, brüchigem Band hinan und 3 SL weiter. Darauf schräg rechts über Schrofen zu auffallend schwarzen Felsen. In Richtung der markanten zwei S-Grat-Zacken in einer Rinne weiter zu Überhängen. Schräg links über diese und auf kurzem Plattenband nach rechts. Über dieses und nach 4 m an der rechten, senkrechten Wand weiter queren, unter eine durch einen Überhang versperrte Verschneidung (schlechter Stand). Links in einer Kaminrinne hinauf, Ausstieg wenige Meter rechts des Gipfels.

1980 Stubacher Sonnblick, 3088 m

1. Ersteigung: G. Demelius, A. v. Schmid mit J. Gräfler, K. Gorgasser, 24.8.1871. 1. Überschreitung: H. Prey, 28.7.1903.

Von Gletschern umgebener Felsbau zwischen Granatscharte, 2970 m (SSO), und Sonnblickscharte, 2806 m (NNO), von dieser nach N der Stubacher/ Mitterkamm. Nach W Grat zum Rabenstein, 2897 m. Im O das Sonnblickkees, im S das Prägratkees, im NW das Landeckkees. Weite Aussicht, viel besucht.

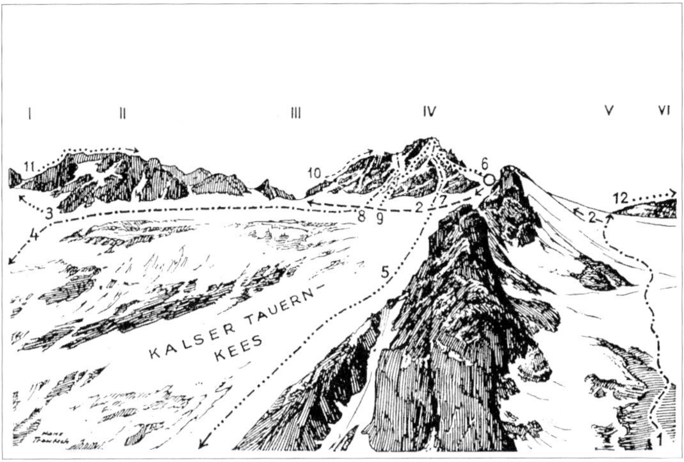

Granatspitze von Südosten

I = Obere Keeswinkelscharte:
3 = R 2268 zum Kalser Bärenkopf-Nordgrat
4 = R 2274 zum Kalser Bärenkopf-Nordostpfeiler

II = Keeswinkelgrat:
11 = R 2264 Überschreitung

III = Untere Keeswinkelscharte:
2 = R 465 von der Rudolfshütte

IV = Granatspitze:
5 = R 1970 Südostflanke
6 = R 1966 Ostgrat
7 = R 1970A Südostflanke
8 = R 1971A Südostrinne
9 = R 1972 Südostwand
10 = R 1973 Südostgrat
O = Firnsattel am Ostgrat

V = Granatscharte:
1 = R 464, R 536 von der Rudolfshütte (R 543/GR)

VI = Sonnblick:
12 = R 1981 Südgrat

1981 Südgrat

G. Demelius, A. v. Schmid mit J. Gräfler, K. Gorgasser, 24.8.1871.

I, 118 Hm, ½ Std., Normalanstieg. Vgl. Foto S. 541; Skizze S. 543.

Von der Granatscharte, 2970 m (R 855), auf dem anfangs breiten, dann schmäler werdenden Blockgrat zum Gipfel.

□ 1982 Südflanke

H. Peterka, M. Jedlicka, L. Schneller und 15 Kursteilnehmer, 9.8.1932; s. AVF-GG 10/2003/546. Keine Bedeutung.

□ 1983A Südrinne

I, 118 Hm, ½ Std.

Vom Gipfel nach S in eine Schuttrinne und abwärts zu einem Felsabsatz; über die Randkluft und am Prägratkees unter dem S-Grat entlang zur Granatscharte, 2970 m (R 855).

■ 1984 Nordgrat

H. Prey, 28.7.1903, im Abstieg; ÖAZ 1904/23.

II, 282 Hm, 1 Std.

Von der Sonnblickscharte, 2806 m (R 861), am gestuften Grat empor (zuletzt mitunter Firngrat mit Wechten) zum Gipfel.

■ 1985 Nordwestgrat

F. Herrmann, E. Bruckner, F. Schaffer, 26.6.1929; Jb. BG/ÖGV 1927–29/94.

III+, 437 Hm. 3 Std.

Nahe dem Gratfuß, P. 2651 m, führt R 539 vorbei. E. über Blöcke, dann durch kurze Risse zu Steilaufschwung. In Verschneidung empor zu Stand unter Dachüberhang. Auf steiler Platte nach rechts und durch Riss auf die Höhe des Steilaufschwungs. Am Grat über ein Felsenfenster und zum zweiten Steilaufbau (Gratfenster). Unter einem mächtigen (turmartig erscheinenden), nach links hängenden Block nach links zu einem Riss. In diesem und dem folgenden Kamin empor zu einer von einem Überhang überdachten Platte und links in einem Riss auf die Grathöhe. Am Grat weiter, bis der nächste Aufschwung zwingt, nach rechts auszuweichen. An steiler Wand über losgesprengte Blöcke in ein Schartl (rechts Überhang). Am Grat über rissdurchzogene Stufen zum nächsten Steilaufschwung. Es folgt ein abgespaltener Gratturm, eine waagrechte Gratstrecke und ein überhängender Turm. Rechtsseitig auf Band weiter und auf den Grat; bald danach Vereinigung mit dem N-Grat und auf den nahen Gipfel.

■ 1986 Westgrat

R. Klose, F. Liederer, O. Schefzik, 18.7.1929; Jb. BG/ÖTK 1929–34/94, ÖTZ 1931/63.

II, 209 Hm, 2 Std., fester Fels, schöne Kletterei.

Von der Rabensteinscharte, 2879 m (R 855b), bzw. 40 m vor dieser von R 536 rechts über schuttbedeckte Felsen aufwärts. Durch einen schwierigen Riss und über eine Blockstufe auf den Grat, oberhalb seines ersten, hohen Abbruchs. Am Grat weiter und auf den zweiten Aufbau. Waagrecht weiter (10 m Reitgrat, dann leichter) zu einem erdigen Sattel vor dem dritten Steilaufbau. Daran auf schiefrigem Hang ca. 2 SL (zuerst mit kurzem Abstieg) um einen Gratpfeiler herum, dann auf gut gestuftem Fels schräg links empor zum W-Grat und über kurze Stufen zum Gipfel.

□ 1987 Ostflanke

H. Donabaum mit F. Maier, 16.7.1908; MDÖAV 1909/93. F. Maier, 1907, direkter Anstieg.

1990 Rabenstein, 2897 m

1. Ersteigung und Überschreitung: H. Donabaum mit F. Maier, 10.7.1908; MDÖAV 1909/93.

Zwischen anliegender Rabensteinscharte, 2879 m (R 855b), und dem folgenden Stubacher Sonnblick, 3088 m (O), und Weite Scharte, 2697 m (W), nach dieser der Große Landeckkopf, 2898 m. Über den Gipfel führt der St. Pöltener Ostweg (R 536/R 543). Einst »Galgenstätte« nach W. Brandenstein.

1992 Großer Landeckkopf, 2898 m

1. Ersteigung: H. Donabaum mit F. Maier, 10.7.1908. 1. Überschreitung: W. Brandenstein, 23.8.1926 (SO–SW). 1. N-S-Überschreitung: R. Klose, F. Liederer, O. Schefzik, 16.1.1929. 1. Gratüberschreitung bis Glanzscharte: R. Klose, F. Liederer, 1.8.1930.

AVK 39/2002 »Großer Landeggkogl«. Felsgipfel zwischen Weiter Scharte, 2697 m (O), und Landeckkopfscharte, 2632 m (N), über dieser der Kleine Landeckkopf, 2714 m; im SW Amertaler Schartenkopf, 2763 m, und Amertaler Scharte, 2699 m. Abzweigung des Ödkamms nach N. Am SO-Hang steigt der St. Pöltener Weg (R 536/R 543) an, quert aber unter dem Gipfel nach W.

■ 1993 Südwestgrat

H. Donabaum mit F. Maier, 10.7.1908; im Abstieg; MDÖAV 1909/93.

II, **20 Min.**, schneidig, Normalanstieg.

Beginn des Anstiegs dort, wo R 536 den SW-Kamm erreicht; auf diesem, zuletzt durch einen kurzen Kamin, zum Gipfel.

■ 1994 Südostgrat

W. Brandenstein, 23.8.1926.

II, **201 Hm**, **1 Std.**, schöne, feste Blockkletterei.

Von der Weiten Scharte, 2697 m (R 856), am Grat zu einem Absatz; hier schwingt sich dieser auf zu einer Kante. Auf breitem Band nach links, durch einen Kamin (der den Gipfel spaltet) empor und rechts steil zum Gipfel.

☐ 1995 Westflanke

H. Donabaum mit F. Maier, 10.7.1908; MDÖAV 1909/93.

III–, 258 Hm, 1¼ Std.

Anfangs links vom SW-Grat, diesen oben überschreiten und durch einen Kamin zum Gipfel.

■ 1996 Nordostwand

R. Riedel, B. Stolarz, 24.8.1923; Jb. ASW 1924/58.

III–, 270 Hm, 1½ Std.

Von der Weiten Scharte, 2697 m (R 856), nordw. Abstieg und am Landeckkees zur NO-Wand. E. etwas links der Gipfelfalllinie. Durch Rinnen und über Bänder empor zu steilem, gestuftem Aufbau, zuletzt durch einen kurzen Kamin links auf den SO-Grat. Kurz nach links, durch einen 4 m hohen senkrechten Riss und durch den Kamin von R 1994 zum Gipfel.

■ 1997 Direkte Nordostwand

R. Klose, A. Brachtl, S. Resch, 22.7.1937; Jb. BG/ÖTK 1929–39/52, ÖTZ 1938/Nr. 9 Umschlagseite.

III–, 270 Hm, 1½ Std.

R 1996 zum Wandfuß. E. in Gipfelfalllinie und in schöner Plattenkletterei gerade zum Gipfel.

■ 1998 Nordgrat

R. Klose, F. Liederer, O. Schefzik, 16.7.1929; Jb. BG/ÖTK 1929–34/90, ÖTZ 1931/63.

III–, 266 Hm, 2½ Std., fester Fels, schönster Anstieg.

Von der Landeckkopfscharte, 2632 m (R 858), am Grat (teilw. Reitgrat) an großen Blöcken aufwärts zu seinem Steilaufbau; dieser wird linksseitig umgangen. Zuerst durch einen kurzen Blockkamin empor und einige Meter schräg links zu einem Schartl unter der senkrechten Kante.

Jenseits 3 m abwärts, dann durch kurzen Kamin zu kleinem Stand. Auf dem ansetzenden Band (zu Beginn kurze Hangelstelle) nach links bis vor dessen Ende. Hier 2 m empor, links über eine Platte, unter einem Überhang hinauf zu flachem Gelände und schräg rechts zum N-Grat über dem entscheidenden Abbruch.

Am Grat über einige Steilstufen aufwärts zu einem auffallenden Doppeltürmchen mit Klemmblock. Um dieses links ansteigend herum und auf dem festen Blockgrat weiter zum Gipfel.

2000 Kleiner Landeckkopf, 2714 m

1. Ersteigung und Überschreitung: W. Brandenstein, 21.8.1926.

AVK 39/2002 »Kleiner Landeggkogel«. Zwischen Großem Landeckkopf, 2898 m (im S), dazwischen nahe am Kleinen Landeckkopf anliegend die Landeckkopfscharte, 2632 m, und Grünwinkelscharte, 2531 m (im NW); ostseitig das Landeckkees, im W tief liegend der Amertaler See, 2276 m.

2001 Südgrat

W. Brandenstein, 21.8.1926.

II, 82 Hm, ½ Std.

E. in der Landeckkopfscharte, 2632 m (R 858). Ein breites Rasenband führt schräg rechts ansteigend zu einem Grat, kurz vorher durch einen kurzen Kamin auf den nach links ansteigenden S-Grat. Über eine rissdurchzogene Platte und weiter über Blöcke zum Gipfel.

2002 Nordwestgrat

W. Brandenstein, 21.8.1926, im Abstieg.

I, 183 Hm, 1¼ Std.

Von der Grünwinkelscharte, 2531 m (R 871), am Grat zum Gipfel.

2004 Amertaler Schartenkopf, 2763 m

1. Ersteigung und Überschreitung: H. Donabaum mit F. Maier, 10.7.1908.

Großblockiger Felskopf nordostw. der Amertaler Scharte, 2699 m, an dem nordwestseitig der St. Pöltener Ostweg (R 536/R 543) vorbeiführt.

2005 Nordostanstieg

I, ¼ Std.

Von der nordöstl. nah anliegenden Scharte, P. 2719 m (im Verbindungsgrat zum Großen Landeckkopf), zum Gipfel.

2006 Nordanstieg

W. Brandenstein, 23.8.1927.

I, ¼ Std.

Ab R 536/R 543 zum Gipfel.

2007 Südwestanstieg

I, ½ Std.

Von der Amertaler Scharte, 2699 m (R 857), auf dem Blockgrat zum Gipfel.

Stubacher/Mitterkamm

Zwischen Sonnblickscharte und Steinkarlhöhe.
Tourenbereich: Rudolfshütte.
Landkarten: AVK Nr. 39 »Granatspitzgruppe«, 1:25.000 (Teilbereich); ÖK-UTM Nr. 3226 »Matrei in Osttirol«, 1:50.000; ÖK-BMN Nr. 152 »Matrei in Osttirol«, 1:50.000 (Teilbereich); ÖK Nr. 153 »Großglockner«, 1:50.000 (Teilbereich); FB-WK Nr. 122 »Großglockner/Kaprun/Zell am See«, 1:50.000.

2010 Hohe Fürleg

Mittel(Haupt-)gipfel, 2943 m – Nordgipfel, 2925 m – Südwestgipfel, 2947 m – Südgipfel, 2850 m – Südostgipfel (Fürlegpfeiler), 2831 m

AVK 39/2002 »Hochfillegg«. Großflächiger, fünfgipfeliger Firnberg zwischen Sonnblickscharte, 2806 m (im SW), und Kitzkarscharte, 2709 m (im N); topografisch bedeutend, da nordw. der Stubacher/Mitterkamm abzweigt. Im SO das Sonnblickkees, im SW das Landeckkees und im NW das Rabenkees. Von der Rudolfshütte einfach erreichbar und gern besucht; umfassende Aussicht, nahe westl. unter dem Mittelgipfel ein kleiner Eissee; Gipfelkreuz am N- und Mittelgipfel. Der dem S-Gipfel südöstl. pfeilerartig vorspringende P. 2831 m wird Fürlegpfeiler genannt, seine S-Wand vermittelt eine Reihe klettersportlicher Anstiege mit alpinem Charakter.

Mittel(Haupt-)gipfel

1. Ersteigung: Vermutlich M. v. Prielmayer mit Führer, vor 1894. 1. tour. Ersteigung: K. Bröckelmann, E. Lomler mit F. Köll, 30.7.1896; MDÖAV 1897/86.

Nordgipfel

1. Ersteigung: K. Bröckelmann, E. Lomler mit F. Köll, 30.7.1896. 1. NW–SO-Überschreitung: H. Peterka, F. Zimmermann, 22.8.1940.

Südwestgipfel

1. Ersteigung und Überschreitung: H. Prey, 28.7.1903, Gratübergang vom Sonnblick, anschließend Überschreitung Mittelgipfel – N-Gipfel; ÖAZ 1904/23.

Stubacher/Mitterkamm

1. Längsüberschreitung: H. Prey, 28.7.1903.

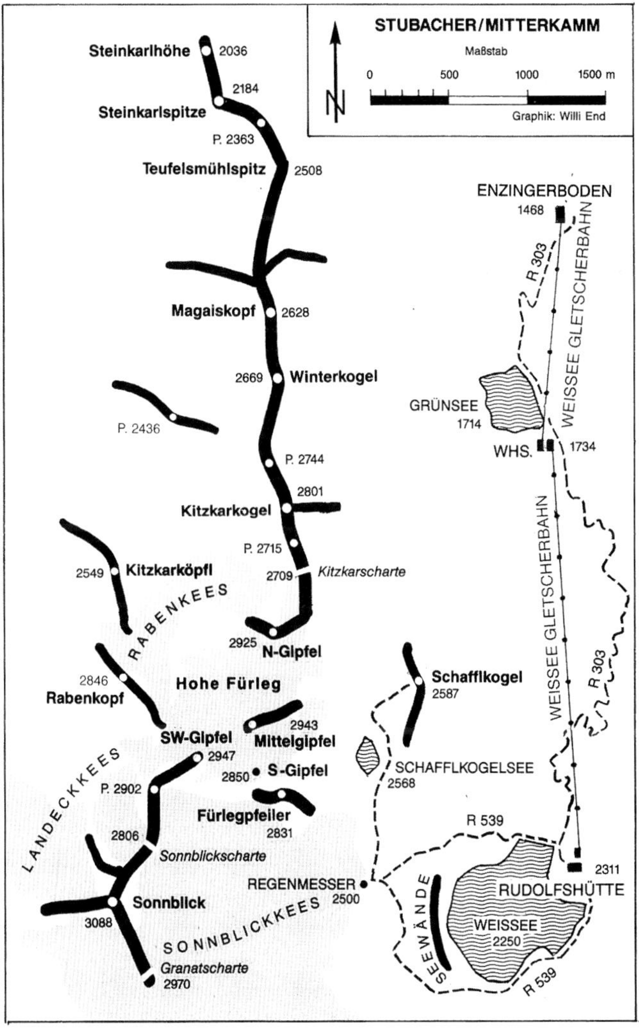
STUBACHER/MITTERKAMM
Maßstab
0 500 1000 1500 m
Graphik: Willi End
N
Steinkarlhöhe 2036
2184
Steinkarlspitze
P. 2363
Teufelsmühlspitz 2508
Magaiskopf 2628
2669 Winterkogel
P. 2436
P. 2744
2801
Kitzkarkogel
P. 2715
2549 Kitzkarköpfl
2709 Kitzkarscharte
RABENKEES
2925 N-Gipfel
Hohe Fürleg
2846
Rabenkopf
SW-Gipfel
2943
Mittelgipfel
2947
2850 S-Gipfel
LANDECKKEES
P. 2902
Fürlegpfeiler
2831
2806
Sonnblickscharte
Sonnblick
3088
SONNBLICKKEES
Granatscharte
2970
REGENMESSER
2500
Schafflkogel
2587
SCHAFFLKOGELSEE
2568
ENZINGERBODEN
1468
R 303
WEISSEE GLETSCHERBAHN
GRÜNSEE
1714
WHS.
1734
WEISSEE GLETSCHERBAHN
R 303
R 539
2311
RUDOLFSHÜTTE
SEEWÄNDE
WEISSEE
2250
R 539

■ 2011 Mittel(Haupt-)gipfel

■ 2012 Südflanke

K. Bröckelmann, E. Lomler mit F. Köll, 30.6.1896; MDÖAV 1897/86.

3 Std., gesamt **628 Hm**, einfacher Firnanstieg.

Von der Rudolfshütte, 2311 m, mit R 539 zum flachen Teil des Sonnblickkeeses, 2750 m. Nun nordw. über schräge Felsschichten empor und am folgenden Firnfeld weiter.
Nahe links am schwach ausgeprägten S-Gipfel vorbei zum Gipfelkamm und rechts auf den nahen Mittelgipfel.

□ 2013 Variante zu R 2012

L. Distel, W. Teufel, August 1897; direkter Gipfelaufstieg.

■ 2014 Ostflanke

W. Brandenstein, August 1926.

Bis **30°**, **4 Std.**, gesamt **628 Hm**, schöner Firnanstieg.

Von der Rudolfshütte, 2311 m, mit R 539 zum Regenmesser. Nun nach N und links von P. 2570 m vorbei zum Schafflkogelsee, 2568 m (AVK 39/2002 »Schafflerkogllack«). Kurz nach diesem links die Firnflanke (bis 30°) aufwärts (rechts davon der O-Grat) und zuletzt über einige Felsen empor zum Mittel(Haupt-)gipfel.

■ 2015 Ostgrat

K. Zuska, L. Graf, 18.8.1933; AN 1934/21.

II, **300 Hm**, **2½ Std.**; Zugang 320 Hm, 2 Std.

Zugang: Vgl. R 2014.
Anstieg: E. links des Grats. In einem Riss empor zu einer senkrechten Platte, dann über einen Sattel zum weiteren Gratverlauf (von links eine Schuttreise). In einer seichten Rinne aufwärts zu einer abgesprengten Platte und über dieser auf einem Band nach rechts.
In handbreitem Riss über eine Steilplatte und links über die Kante auf den Grat. Auf diesem zu einer weißen Abbruchstelle, an dieser links vorbei und auf dem Schneegrat zum Mittelgipfel.

■ 2016 Nordwestflanke

R. Behounek, 22.7.1937; Jb. SB 1937/29.

Eisanstieg bis **50°**, **340 Hm**, über das Westliche Rabenkees, s. AVF-GG 9/1995/602.

Hohe Fürleg – Nordgipfel (Gipfelkreuz).

■ 2017 Gipfelkammüberschreitung

¾ **Std.**, einfach. Vgl. Foto S. 541.

Vom SW-Gipfel, 2947 m (AVK 39/2002 »Südgipfel«), in ½ Std. auf dem Firnkamm nordostw. zum Mittel(Haupt-) gipfel, 2943 m.
Weiter auf einem ebenen Schneefeld nordnordostw. zum N-Gipfel, 2925 m (¼ Std.).

■ 2020 Nordgipfel

□ 2021A Nordostgrat

W. Brandenstein, August 1926.

II, **610 Hm**, s. AVF-GG 9/1995/602.

■ 2022A Südostflanke

H. Peterka, F. Zimmermann, 22.8.1940.

30°, **II**, gesamt **610 Hm**, **2½ Std.**

Die Firnflanke (30°) hinab und über steile Felsen zur Moräne, weiter zum Schafflkogelsee, 2568 m (AVK 39/2002 »Schafflerkogllack«), und zum O-Rand des Sonnblickkeeses. Mit R 539 (GR) zur Rudolfshütte, 2311 m.

□ 2023 Nordwestflanke

H. Peterka, F. Zimmermann, 22.8.1940; s. AVF-GG 10/2003/558.

Eisanstieg bis **60°**, **418 Hm**; Zugang 1509 Hm. Mühsam, wird nicht mehr begangen.

■ 2025 Südwestgipfel

■ 2026 Südanstieg

H. Prey, 28.7.1903; ÖAZ 1904/23.

½ Std., **141 Hm**, einfacher Anstieg.

Von der Sonnblickscharte, 2806 m (R 861), kurz am S-Grat, dann rechts daneben über Schrofen auf den SW-Gipfel.

■ 2027 Südgrat

R. Klose, F. Liederer, K. Medlitsch, 17.7.1931; Jb. BG/ÖTK 1929–34/88, ÖTZ 1932/70.

III–, **141 Hm**, **1½ Std.**, anregende Kletterei, gutes Gestein.

Hohe Fürleg – Südostgipfel (Fürlegpfeiler) von Osten:
R 2033 Südostpfeiler
R 2034 Direkter Südostpfeiler (»Anstieg der Freude«)
R 2065 Ostwand (»Weg der Morgensonne«)

Hohe Fürleg-SO-Gipfel
Fürlegpfeiler
2033
2034
2065

Von der Sonnblickscharte, 2806 m (R 861), auf der Gratschneide sehr ausgesetzt über Zacken und Türme zum Gipfelaufbau, der auf einer Glimmerbank fußt. Auf dieser etwas rechts im Zickzack aufwärts, dann wieder links an die Schneide und durch einen Blockkamin zum SW-Gipfel.

■ 2028 Westwand

H. Peterka, F. Zimmermann, 22.8.1940.

Bis **50°**, **270 Hm**, **1 Std.**

Zugang: Von der Sonnblickscharte, 2806 m (R 861), am Landeckkees Abstieg nordnordwestw. zu P. 2606 m unter der W-Wand (½ Std.).
Anstieg: Über Bergschrund und Eishang (Klüfte) auf den SW-Gipfel.

■ 2029 Südgipfel

Schwach ausgeprägte Erhebung nordwestl. vom SO-Gipfel, mit R 2012 (führt nahe am Gipfel vorbei) erreichbar.

■ 2030 Südostgipfel (Fürlegpfeiler)

Mit der Begehung des Direkten-SO-Pfeilers 1983 begann die moderne klettertechnische Erschließung dieses Gipfels; an seiner S-Wand wurden (neben den beiden alpinen SO-Pfeiler-Anstiegen, R 2033, R 2034) eine Reihe von klettersportlichen Anstiegen zwischen 100 und 150 Hm eröffnet, diese bilden das Zentrum des sportlichen Klettergeschehens im Tourenbereich der Rudolfshütte.

■ 2031 Nordwestanstieg

¼ **Std.**, einfach.

Vom Kamm zwischen Mittel- und SW-Gipfel über den Schneehang zum dem Bergmassiv südostw. vorgeschobenen SO-Gipfel (Fürlegpfeiler).

Hohe Fürleg – Südostgipfel/Fürlegpfeiler von Südosten:

R 2033 Südostpfeiler
R 2034 Direkter Südostpfeiler (»Anstieg der Freude«)
R 2034a Variante (»Quarzweg«) zu R 2034
R 2045 Südwand (»Rentnerweg«)
R 2046 Südwand (Bergführerriss)
R 2047 Südwand (»LSD«)
R 2048 Südwand (Steirerplatte)
R 2049 Südwand (»Liesl drah di«)
R 2050 Südwand (»Omega«)
R 2051 Südwand (»Biorhythmus«)
R 2052 Südwand (»Adrenalin«)
R 2053 Südwand (»Via Christa«)
R 2054 Südwand (»Hansiweg«)
R 2059 Südwand (»Dschingis-Khan«)
R 2060 Variante (»Pascalito«) zu R 2059
R 2061 Südwand (»Quo Vadis«)
R 2062 Südwand (»Mon Chéri«)

Hohe Fürleg-SO-Gipfel
Fürlegpfeiler
2045
2047
2033
2052
2060
2034a
2045
2046
2047
2048
2049
2050
2051
2052
2053
2054
2059
2061
2033
2062
2034

2032A Südostanstieg

I, 516 Hm, 1½ Std.

Vom Gipfel rechts um die S-Wand herum oder links um die O-Wand herum über Blöcke und schuttbedeckte Hänge zum unteren Rand des Sonnblickkeeses und R 539 (GR) zur Rudolfshütte.

2033 Südostpfeiler

R. Schinko, A. Bischofberger, August 1934; ÖAZ 1936/292. 1. Winter-Alleingang: H. Bärnthaler, 12.3.1984.

IV (Stellen), meist IV– und III, im oberen Teil leichter, **200 Hm**, **2 Std.**, schöne Kletterei in festem Gneis. ZH vorhanden, STH nur teilw., KK mittlerer Größe zu empfehlen. Der Pfeiler ist bereits von der Rudolfshütte sichtbar. Vgl. Fotos S. 553, 555, 583; Skizze S. 557

Zugang: Von der Rudolfshütte, 2311 m, mit R 539 bis nach dem Regenmesser und über Geröll aufwärts zum Fuß des SO-Pfeilers; um diesen mit Linksschleife ansteigend herum zum Beginn einer rechts aufwärts ziehenden Steilrampe (1½ Std.).

Anstieg: 1. SL: Die Rampe aufwärts bis zu überhängendem Fels (40 m, III, III+). 2. SL: Steil links aufwärts und wieder rechts haltend an die Pfeilerkante, Stand bei RH (20 m, IV, 1 H). 3. SL: Wenige Meter absteigen und Quergang rechts um die Kante auf eine kurze, abschüssige Rampe (15 m, III+, 1 H). 4. SL: Weiter nach rechts in eine kurze Verschneidung, in dieser 3 m aufwärts zu H, hier absteigend nach rechts zu einer weiteren Verschneidung; in dieser an der rechten Seite empor und über einen Überhang zu Stand bei H (25 m, IV, 2 H). 5. SL: Schräg links hinauf an die Pfeilerkante zu Stand unter großem Überhang (40 m, III, II). 6. SL: Am Überhang links vorbei und an der sich nun zurücklegenden Pfeilerkante empor zu Stand (40 m, III, II). 7.–8. SL: An der Gratkante in schöner Blockkletterei zum SO-Gipfel (60 m, II, I).

2034 Direkter Südostpfeiler (»Anstieg der Freude«)

H. Gregoritsch, H. Bärnthaler, H. Speer, 26.6.1983; TBR; B 1983/11/66, AL 1984/1/43. 1. Alleingang: St. Eder, 28.8.1983.

VI– (Stelle), V+ (Stelle), meist V und IV, **300 Hm**, **3 Std.**, herrliche Freikletterei (Platten, Verschneidungen) in bestem Fels; STH und ZH vorhanden, zusätzlich KK und Friends aller Größen notwendig. Vgl. Fotos S. 553, 555, 583.

Zugang: Vgl. R 2033.
Anstieg: Vgl. Skizze S. 559.

2034a Variante (»Quarzweg«) zu R 2034

St. Eder, H. Schett, L. Kranabetter, 5.7.1985; NAV.

VI+. Vgl. Fotos S. 555, 583.

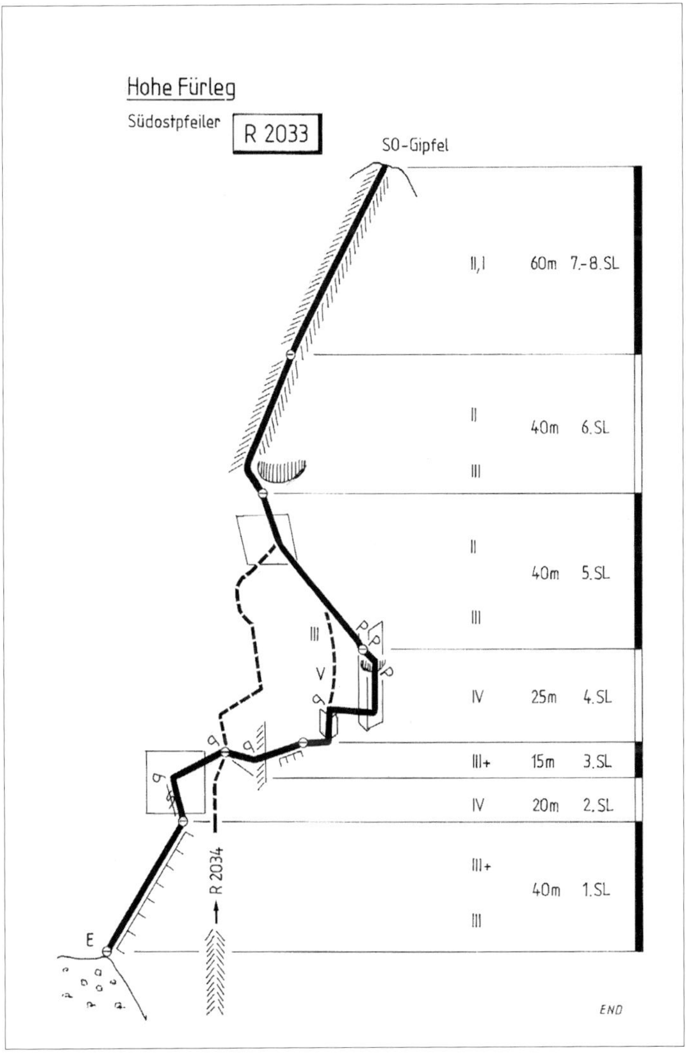
Hohe Fürleg
Südostpfeiler
R 2033
SO-Gipfel
II, I 60m 7.-8. SL
II 40m 6. SL
III
II 40m 5. SL
III
III
V
IV 25m 4. SL
III+ 15m 3. SL
IV 20m 2. SL
III+ 40m 1. SL
III
R 2034
E
END

■ 2037 Südwand-Übersicht

Die S-Wand, 100 bis 150 m hoch, über dem N-Rand des Sonnblickkeeses aufragend, bietet eine Reihe von Sportklettereien in bestem Granit. Die Reihung der Anstiege erfolgt von W nach O.

Zugang: Einfach, 380 Hm, 1½ Std. Von der Rudolfshütte, 2311 m, mit R 539 nach dem Regenmesser und angesichts der S-Wand über schuttbedeckte Hänge zum Wandfuß.

■ 2038 Südwand (»American Connection«)

St. Eder, H. Brandtjen, G. Waldron, 30.8.1988.

VI. Vgl. Foto S. 561.

■ 2038a Variante zu R 2038

VII. Vgl. Foto S. 561.

■ 2039 Südwand (»American Way of Life«)

St. Eder, H. Brandtjen, G. Waldron.

V.

■ 2040 Südwand (»Minnesota Drive«)

St. Eder, H. Brandtjen, G. Waldron.

VI.

■ 2041 Südwand (»Rocky«)

H. Bärnthaler, Alexandra Bärnthaler, 11.9.1988.

VI+.

■ 2042 Südwand (Kleiner Pfeiler)

St. Eder, R. Schmuck, 23.8.1984. TBR, NAV.

IV+ (2 Stellen), überwiegend III, **1 Std.**, Genusskletterei im festen Urgestein, zur Sicherung SU und KK. Vgl. Fotos S. 561, 565, Skizze S. 584.

■ 2042a Variante (Linker Einstieg) zu R 2042

H. Gregoritsch, 29.8.1984; NAV.

III+. Vgl. Fotos S. 561, 565.

■ 2042b Variante (Rechter Einstieg) zu R 2042

III+. Vgl. Foto S. 561.

■ 2042c Variante (oberer Teil) zu R 2042

St. Eder, Ingrid Pasterer, 16.9.1986; NAV.

IV+. Vgl. Foto S. 561.

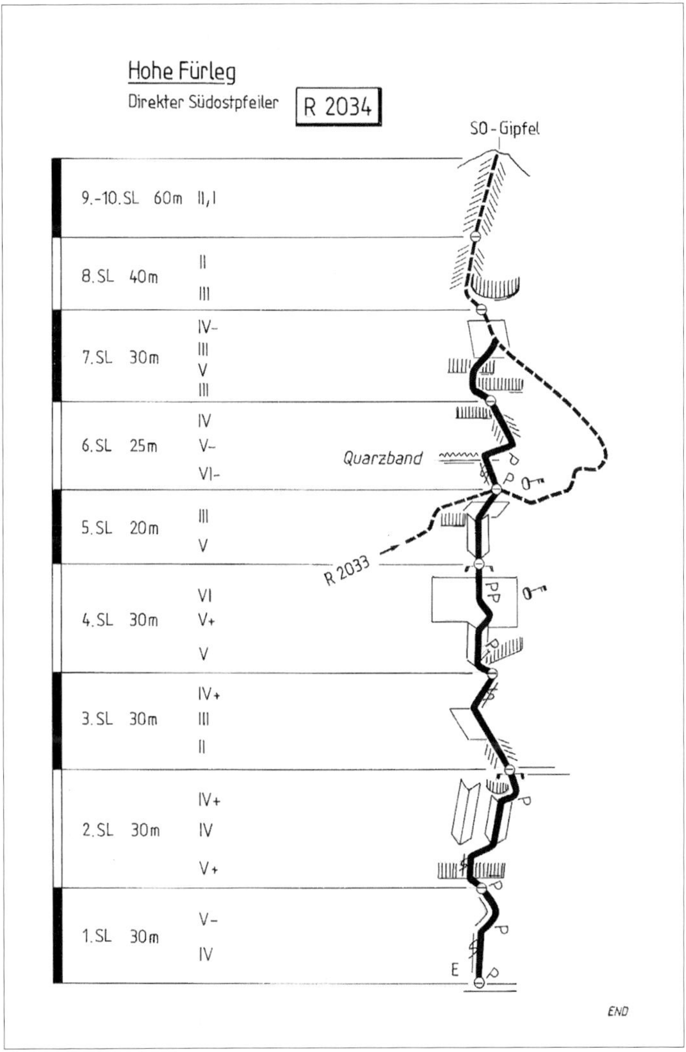
Hohe Fürleg
Direkter Südostpfeiler
R 2034
SO-Gipfel
9.-10. SL 60m II,I
8. SL 40m II III
7. SL 30m IV- III V III
6. SL 25m IV V- VI-
5. SL 20m III V
4. SL 30m VI V+ V
3. SL 30m IV+ III II
2. SL 30m IV+ IV V+
1. SL 30m V- IV
Quarzband
R 2033
E
END

■ 2042d Variante zu R 2042c

St. Eder, 6.10.1986; NAV.

III. Vgl. Foto S. 561.

■ 2042e Variante zu R 2042d

St. Eder, R. Baker, 25.7.89; NAV.

VI. Vgl. Foto S. 561.

■ 2043 Südwand (»Donald Duck«)

H. Gregoritsch, H. Bärnthaler, 22.7.1988; NAV.

VI+, schöne steile Platten- und Risskletterei, 6 H verwendet und belassen. Vgl. Fotos S. 561, 565.

■ 2044 Südwand (»Via Alexandra«)

H. Bärnthaler, St. Eder, R. Schmuck, 2.10.1985; TBR; AL 1986/6/50, MÖAV 1986/3/18. 1. Alleingang: St. Eder, 9.10.1986.

VI (ca. 15 m in der 2. SL), VI–, V, IV, **1½ Std.**, steile Risskletterei, 6 H verwendet und belassen, KK und Friends (Größe 2–3) zwingend nötig; am Beginn der 2. SL angemeißelt »VA«. Vgl. Fotos S. 561, 565; Skizze S. 562.

■ 2045 Südwand (»Rentnerweg«)

H. Bärnthaler, E. Lidl, 5.8.1984; TBR; AL 1986/6/48. 1. Alleingang: H. Gregoritsch, 23.8.1985.

V (Stelle in der 1. SL), IV, III, **1½ Std.**, 1 STH und 1 ZH verwendet und belassen, KK und Friends mittlerer Größe brauchbar. Für diesen Schwierigkeitsbereich schöner Fels; am E. eingemeißelt »RW«. Vgl. Fotos S. 555, 565; Skizze S. 563.

■ 2046 Südwand (Bergführerriss)

H. Gregoritsch, St. Eder, 1.7.1986; NAV.

VI+ (Stelle), sonst V und VI, schöne, steile Risskletterei mit Schlüsselstelle am Ausstiegsdach der 2. SL; kreuzt am 1. Stand R 2045, am E. das Zeichen »B«. Vgl. Fotos S. 555, 565, 581; Skizze S. 567.

■ 2047 Südwand (»LSD«)

H. Gregoritsch, H. Bärnthaler, G. Hubmann, 24.9.1988; NAV.

Hohe Fürleg – Südostgipfel/Fürlegpfeiler:

Westliche Südwand:

R 2038 »American Connection«
R 2038a Variante zu R 2038
R 2042 »Kleiner Pfeiler«
R 2042a Variante zu R 2042
R 2042b Variante zu R 2042
R 2042c Variante zu R 2042
R 2042d Variante zu R 2042c
R 2042e Variante zu R 2042d
R 2043 »Donald Duck«
R 2044 »Via Alexandra«

2042e
2042c
2042d
2038
2042a
2042
2043
2042b
2044

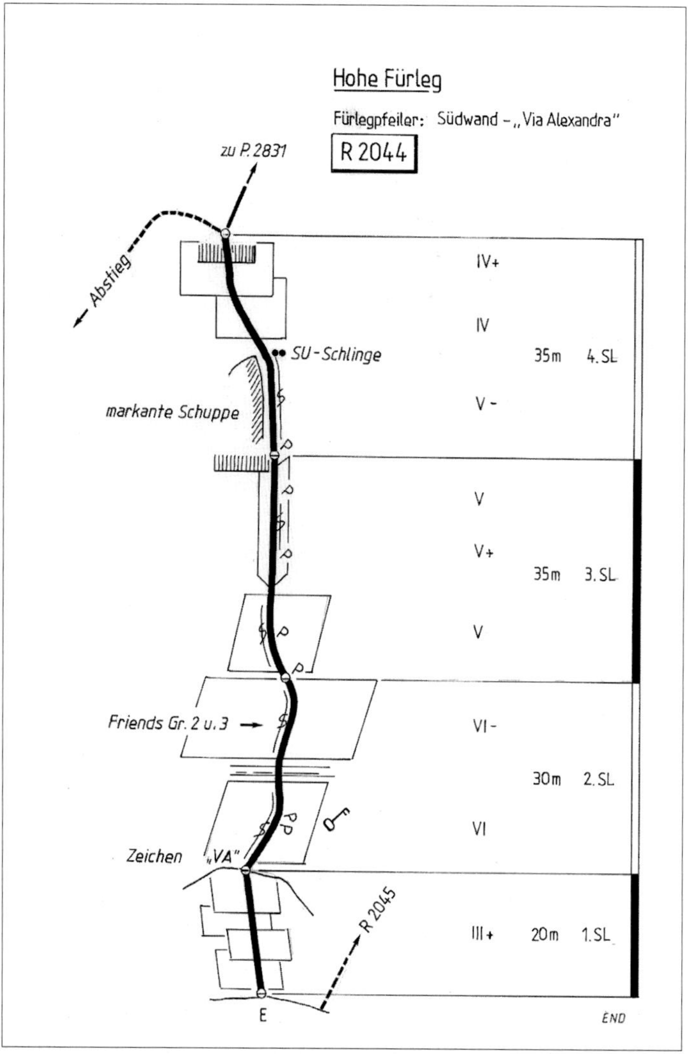
Hohe Fürleg
Fürlegpfeiler: Südwand – „Via Alexandra"
R 2044
zu P. 2831
Abstieg
IV+
IV
SU-Schlinge
35m 4. SL
markante Schuppe
V -
V
V+
35m 3. SL
V
Friends Gr. 2 u. 3
VI -
30m 2. SL
VI
Zeichen „VA"
R 2045
III+ 20m 1. SL
E
END

Hohe Fürleg

Fürlegpfeiler: Südwand – „Rentnerweg"

R 2045

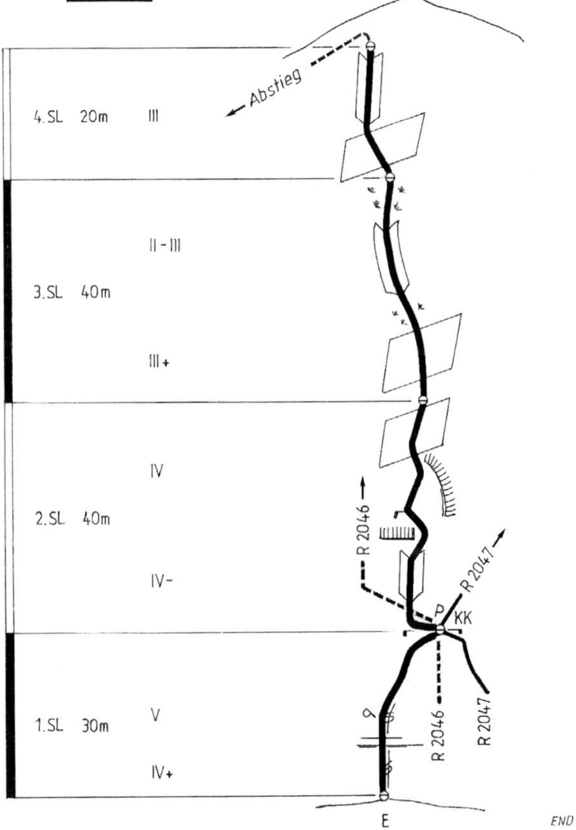

VII+, steile Platten- und Risskletterei in herrlichem Fels, mit BH abgesichert. Vgl. Fotos S. 555, 565, 581; Skizze S. 568.

■ 2048 Südwand (Steirerplatte)

E. Lidl, H. Bärnthaler, 5.8.1984; TBR; AL 1986/6/50.

VI– (Stelle in der 2. SL), V, letzte SL II–III, **2½ Std.**, alle H belassen, KK und Friends nötig; traumhafte Plattenkletterei; am E. eingemeißelt »S.P.«. Vgl. Fotos S. 555, 565, 581; Skizze S. 569.

■ 2049 Südwand (»Liesl drah di«)

H. Bärnthaler, Liesl Maurer, 20.9.1985; TBR, AL 1986/6/49.

VI– (Stelle in der 2. SL), V+ (2 Stellen), V, IV, **2½ Std.**, verwendete H belassen, in der 2. SL klemmkeilfeindlicher Fels, dennoch kleine KK nötig, Friends (Größe 1.5–2.5) für Platten/Piazrisse. Vgl. Fotos S. 555, 581; Skizze S. 570.

Im zentralen Wandteil; E. in die Verschneidung links des markanten Pfeilers.

■ 2050 Südwand (»Omega«)

St. Eder, H. Gregoritsch, 3.10.1985; NAV, TBR.

VI+, A0; gerader Gipfelanstieg, schöne, steile Riss- und Verschneidungskletterei mit schwierigen Einzelstellen. Vgl. Fotos S. 555, 581, 583.

■ 2051 Südwand (»Biorhythmus«)

H. Gregoritsch, B. Stückelschwaiger, 28.9.1988; NAV. 1. Winterbegehung: M. Hoffmann, M. Benter, 16.1.1989 (zugleich 2. Begehung).

VIII–, herrliche Plattenkletterei in steilem Fels, mit BH abgesichert. Vgl. Fotos S. 555, 581, 583; Skizze S. 571.

■ 2052 Südwand (»Adrenalin«)

M. Grulich, H. Wolfenstetter, 5.8.1985; TBR.

VI+/VII (30 m), VI, V, **3 Std.**, anspruchsvolle Freikletterei, Sicherung ausschließlich mit kleinen und mittleren KK, evtl. Friends (Größe 2–3). Vgl. Fotos S. 555, 581, 583.

Gerader Anstieg über die mit kleinen Überhängen durchsetzten Steilplatten. Der E. ist bei einer markanten Schuppe (»Geierschnabel«) mit eingemeißeltem »A«. Ausstieg rechts zum SO-Pfeiler.

Hohe Fürleg – Südostgipfel/Fürlegpfeiler:
Mittlere Südwand (Linker Teil):

R 2042 »Kleiner Pfeiler«
R 2042a Variante zu R 2042
R 2043 »Donald Duck«
R 2044 »Via Alexandra«
R 2045 »Rentnerweg«
R 2046 Bergführerriss
R 2047 »LSD«
R 2048 Steirerplatte

2042
2043
2042a
2044
2045
2046
2047
2048

■ 2053 Südwand (»Via Christa«)

H. Gregoritsch, St. Eder, 7.10.1986; NAV.

VII+, anspruchsvolle, steile Plattenkletterei an herrlichem Fels, mit BH abgesichert. Vgl. Fotos S. 555, 581, 583; Skizze S. 572.

■ 2054 Südwand (»Hansiweg«)

H. Gregoritsch, H. Bärnthaler, 3.9.1983; TBR; B 1985/7/28; AL 1986/6/50.

VI (Stelle in der 3. SL), VI– und V+ (fast durchgehend), letzte SL leichter, **2 Std.**, steile, teilw. senkrechte Riss- und Plattenkletterei; 10 H verwendet und belassen, zusätzlich KK und Friends anzuraten. Vgl. Fotos S. 555, 581, 583.

E. unter einem markanten Piazriss (H). Vgl. Skizze S. 573.

■ 2055 Südwand (»Sansara«)

P. Steger, M. Kirchner, 22.7.1984; NAV.

VI, keine H, KK notwendig. Vgl. Foto S. 583.

□ 2056 Südwand (»Herbstausflug«)

H. Bärnthaler, R. Schmuck, 3.10.1983; TBR; B 1985/7/28. 1. Alleingang: D. Sinnhuber, 19.7.1984.

VI– (längere Stelle in der 2. SL), V+, meist IV, **1½ Std.**, nicht zu empfehlen, flechtig. Vgl. Foto S. 583; Skizze S. 574.

■ 2057 Südwand (»Super Drop«)

H. Speer, R. Schmuck, 26.8.1983; TBR.

VI–/VI+ (Stelle in der 2. SL), V, IV, **2 Std.**, bis zur Schlusswand Risskletterei in bestem Granit, 3 H verwendet und belassen, KK und Friends (Größe 2–3) unbedingt nötig. Vgl. Foto S. 583; Skizze S. 575.

■ 2057a Variante (Direkter Einstieg) zu R 2057

H. Gregoritsch, H. Bärnthaler, 14.7.1984; TBR.

VI–, V, 2 H. Vgl. Foto S. 583.

■ 2057b Variante (Direkter Ausstieg) zu R 2057

P. Steger, M. Kirchner, 22.7.1984; TBR.

VI.

■ 2058 Südwand (»Blitz und Donner«)

St. Eder, H. Gregoritsch, 18.8.1988; NAV.

VIII, steile abwechslungsreiche Kletterei, mit BH abgesichert, am E. das Zeichen »B ϟ«. Vgl. Foto S. 583; Skizze S. 576.

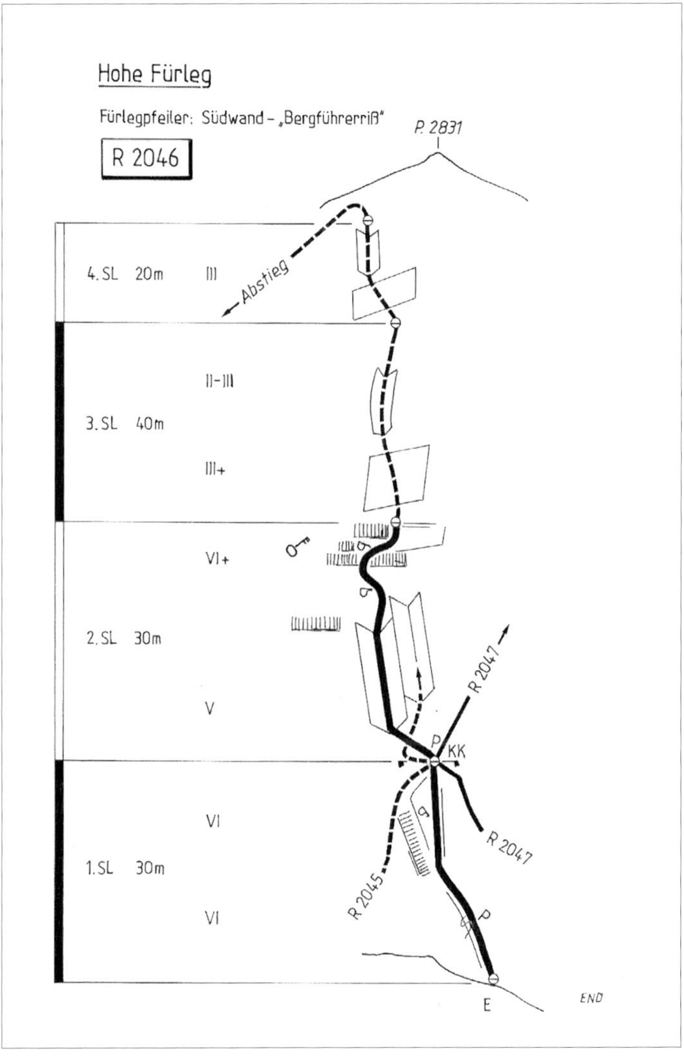
Hohe Fürleg
Fürlegpfeiler: Südwand – „Bergführerriß"
R 2046
P. 2831
4. SL 20m III
Abstieg
3. SL 40m
II–III
III+
2. SL 30m
VI+
V
R 2047
P
KK
1. SL 30m
VI
VI
R 2045
R 2047
P
E
END

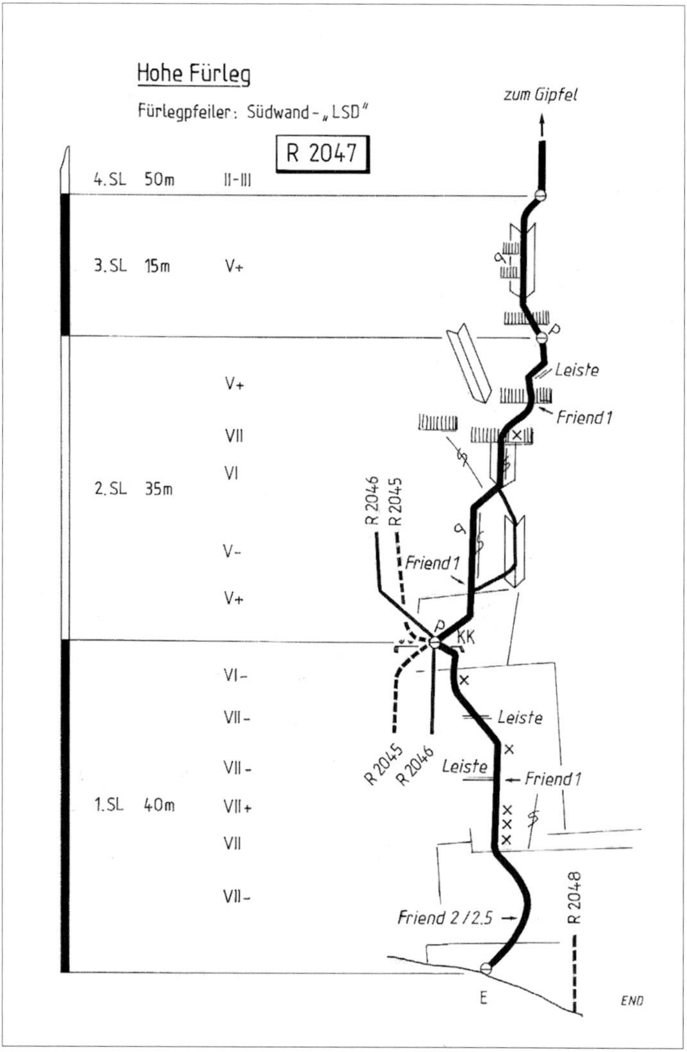

Hohe Fürleg
Fürlegpfeiler: Südwand - „LSD"
R 2047
zum Gipfel
4. SL 50m II-III
3. SL 15m V+
V+
VII
VI
2. SL 35m
V-
V+
VI-
VII-
VII-
1. SL 40m VII+
VII
VII-
Leiste
Friend 1
R 2046
R 2045
Friend 1
KK
Leiste
Friend 1
Leiste
R 2045
R 2046
Friend 2 / 2.5
R 2048
E
END

Hohe Fürleg

Fürlegpfeiler: Südwand – „Steirerplatte"

R 2048

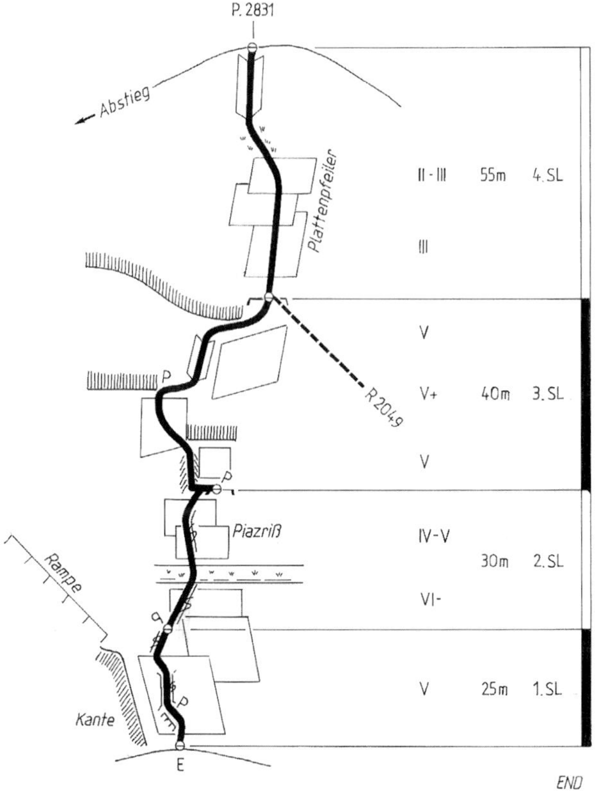

END

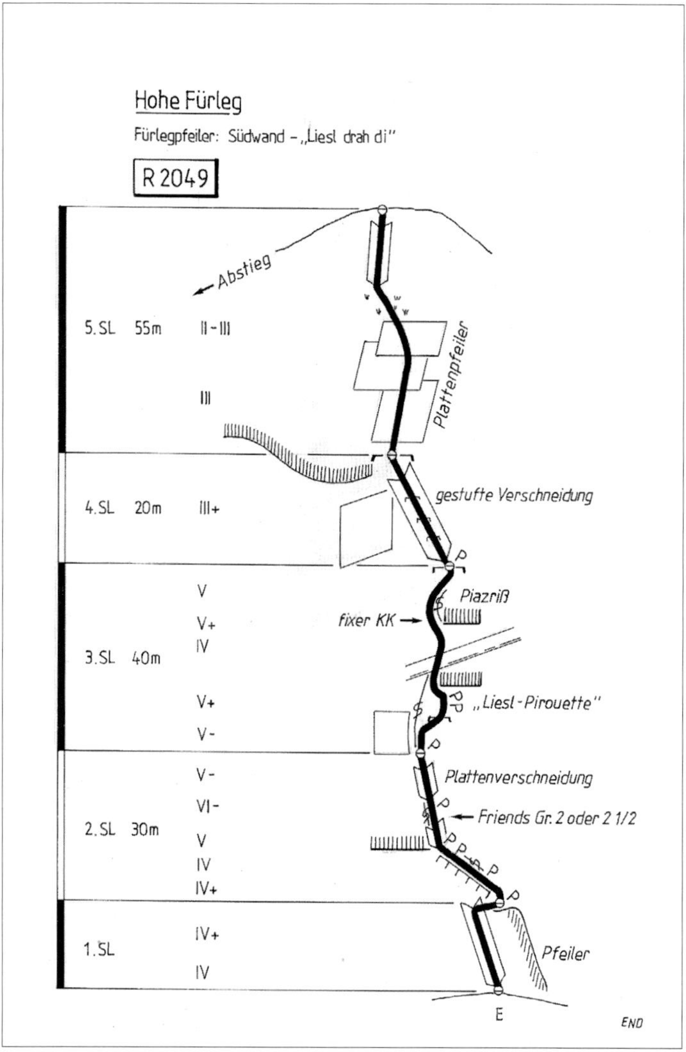
Hohe Fürleg
Fürlegpfeiler: Südwand – „Liesl drah di"
R 2049
Abstieg
5.SL 55m
II-III
III
Plattenpfeiler
4.SL 20m
III+
gestufte Verschneidung
P
V
Piazriß
fixer KK
V+
IV
3.SL 40m
V+
PP
„Liesl-Pirouette"
V-
P
V-
Plattenverschneidung
VI-
P
Friends Gr. 2 oder 2 1/2
2.SL 30m
V
IV
IV+
P
IV+
1.SL
Pfeiler
IV
E
END

Hohe Fürleg

Fürlegpfeiler: Südwand – »Biorhythmus«

R 2051

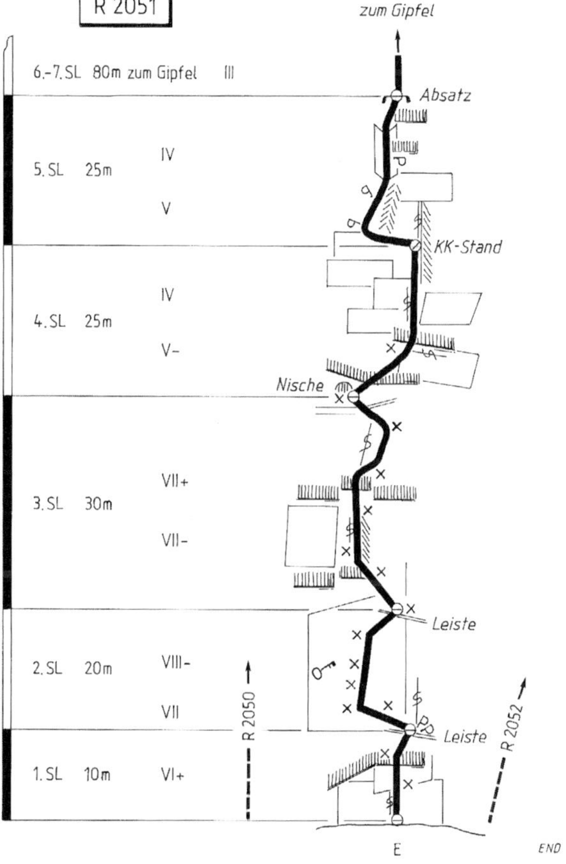

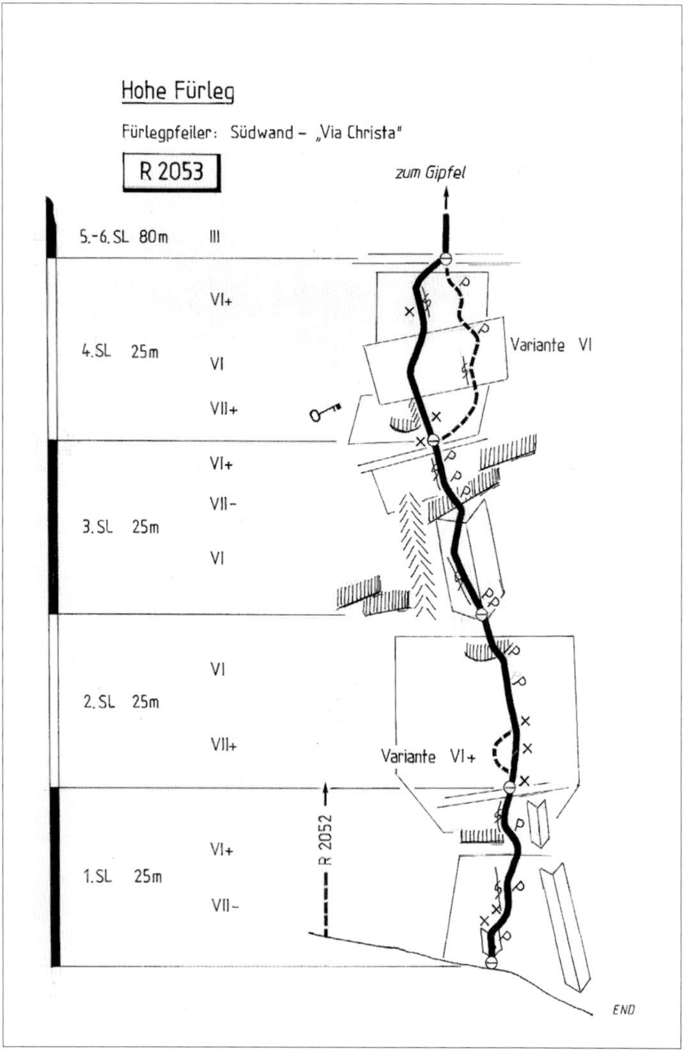
Hohe Fürleg
Fürlegpfeiler: Südwand – „Via Christa"
R 2053
zum Gipfel
5.-6. SL 80m III
VI+
4. SL 25m
VI
VII+
Variante VI
VI+
VII-
3. SL 25m
VI
VI
2. SL 25m
VII+
Variante VI+
VI+
1. SL 25m
VII-
R 2052
END

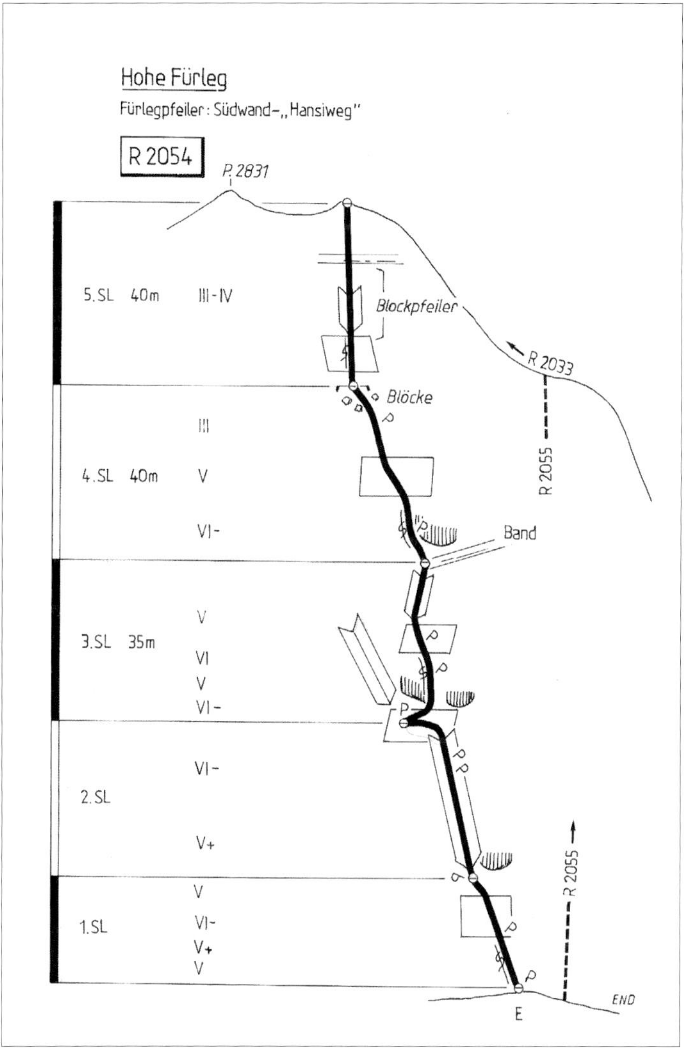
Hohe Fürleg
Fürlegpfeiler: Südwand-„Hansiweg"
R 2054
P. 2831
5.SL 40m
III-IV
Blockpfeiler
R 2033
Blöcke
III
4.SL 40m
V
VI-
R 2055
Band
3.SL 35m
V
VI
V
VI-
VI-
2.SL
V+
R 2055
V
1.SL
VI-
V+
V
E
END

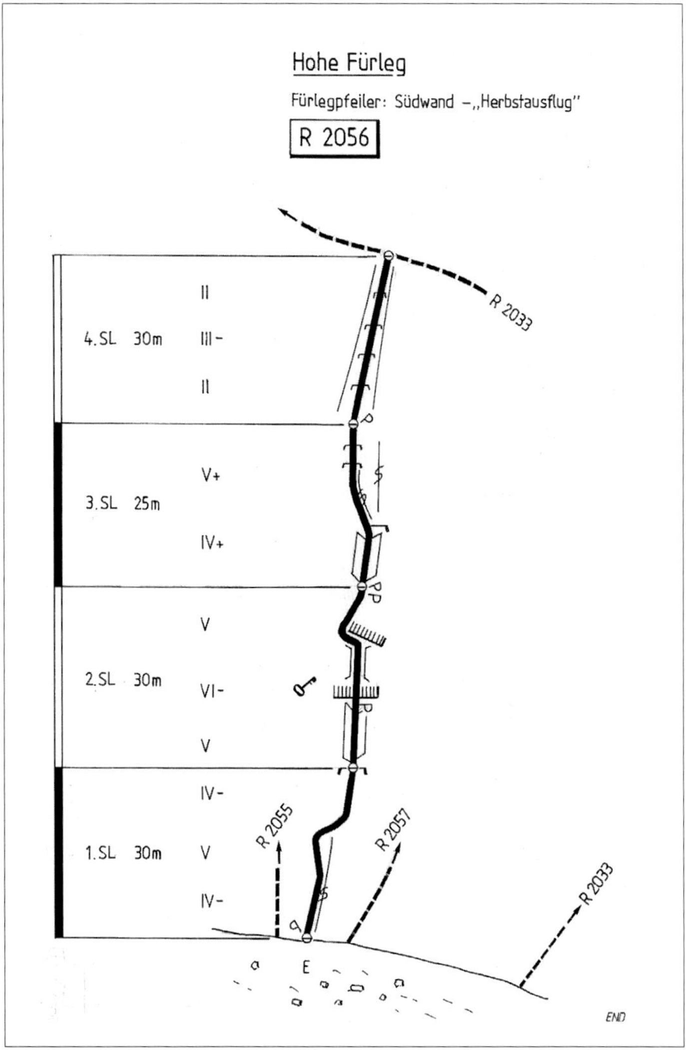
Hohe Fürleg
Fürlegpfeiler: Südwand – „Herbstausflug"
R 2056
4. SL 30m
II
III-
II
3. SL 25m
V+
IV+
2. SL 30m
V
VI-
V
1. SL 30m
IV-
V
IV-
R 2033
R 2055
R 2057
R 2033
E
END

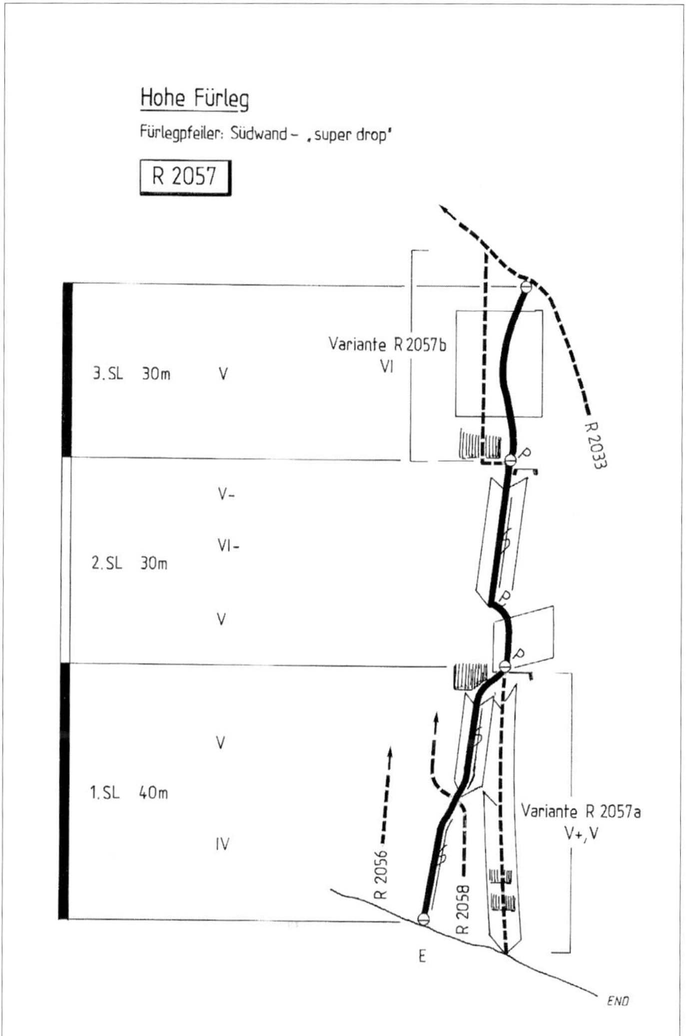

Hohe Fürleg
Fürlegpfeiler: Südwand – „super drop"
R 2057
Variante R 2057b
VI
3. SL 30m V
V-
VI-
2. SL 30m
V
V
1. SL 40m
IV
R 2033
R 2056
R 2058
Variante R 2057a
V+, V
E
END

Hohe Fürleg

Fürlegpfeiler: Südwand – »Blitz und Donner«

R 2058

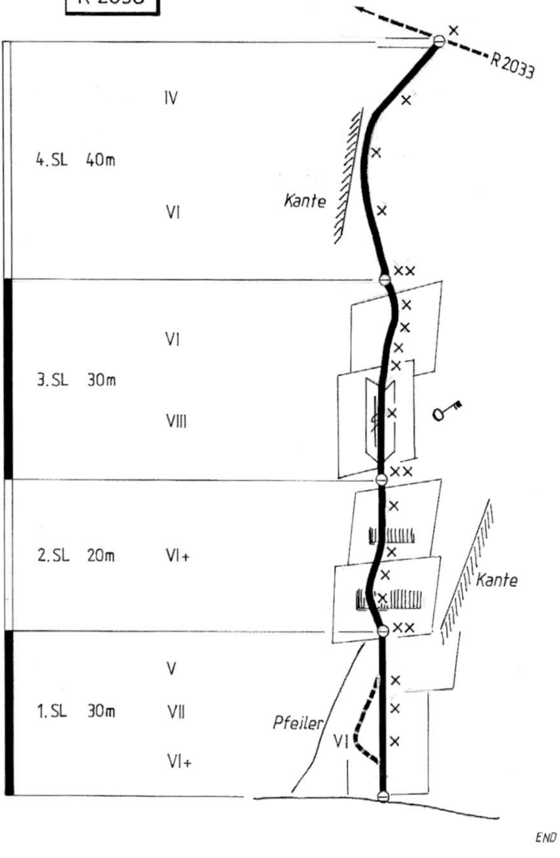

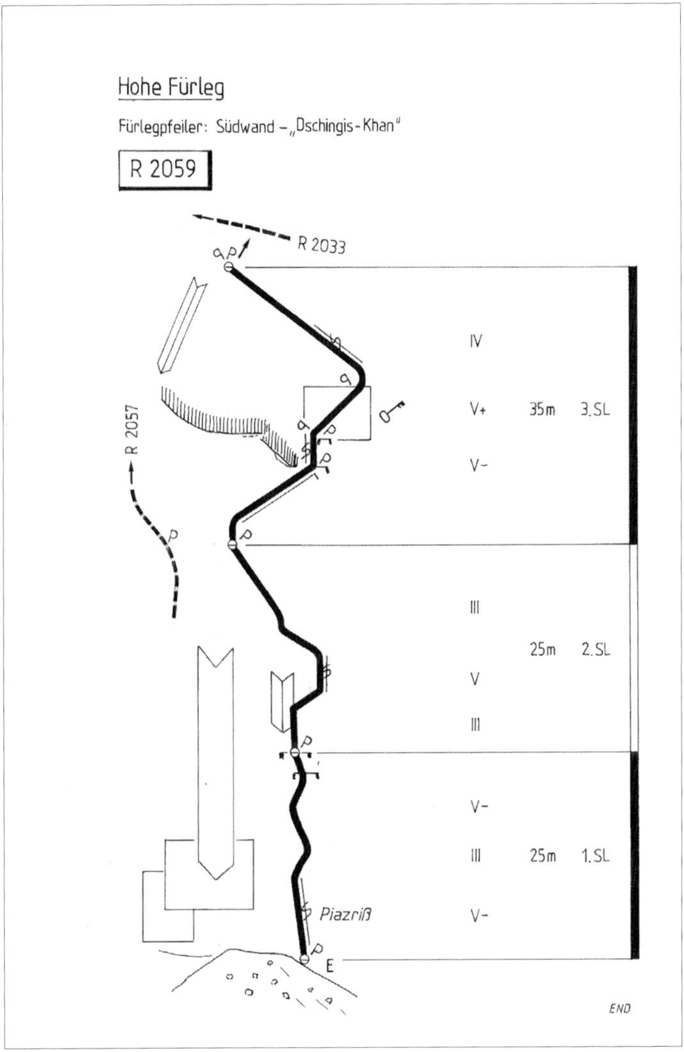

Hohe Fürleg
Fürlegpfeiler: Südwand – „Dschingis-Khan"
R 2059
R 2033
R 2057
IV
V+
35m
3.SL
V-
III
25m
2.SL
V
III
V-
III
25m
1.SL
Piazriß
V-
E
END

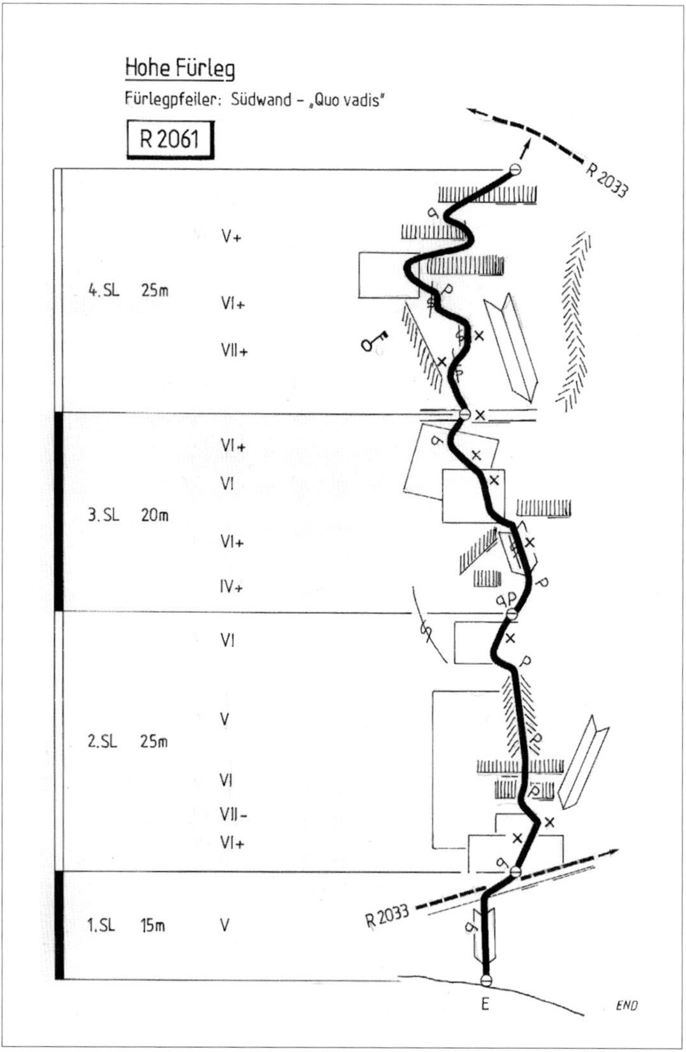
Hohe Fürleg
Fürlegpfeiler: Südwand – „Quo vadis"
R 2061
R 2033
V+
4. SL 25m
VI+
VII+
VI+
VI
3. SL 20m
VI+
IV+
VI
V
2. SL 25m
VI
VII-
VI+
R 2033
1. SL 15m
V
E
END

Hohe Fürleg

Fürlegpfeiler: Südwand – »Mon Chéri«

R 2062

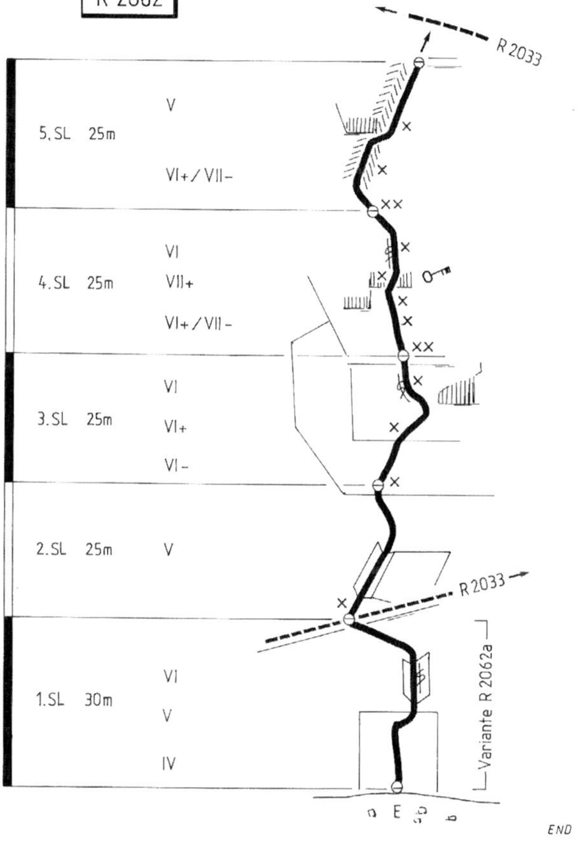

■ 2059 Südwand (»Dschingis-Khan«)

E. Lidl, H. Bärnthaler, 4.8.1984; TBR; AL 1968/6/49.

V+ (Stelle in der 3. SL), V–, IV, **2 Std.**, 4 ZH und 1 STH verwendet und belassen. Vgl. Fotos S. 555, 583; Skizze S. 577.

E. rechts von R 2057a bei markantem Piazriss.

■ 2060 Variante (»Pascalito«) zu R 2059

P. Ferrer, B. Ferrer, F. Six, 15.8.1985; NAV. 1. Alleingang: St. Eder, 9.10.1986.

VII. Vgl. Fotos S. 555, 583.

■ 2061 Südwand (»Quo Vadis«)

St. Eder, H. Gregoritsch, 2.7.1986; NAV.

VII+ (2 Stellen), sonst VI+, VI–, einmalig steile Platten- und Risskletterei, mit BH abgesichert. Vgl. Fotos S. 555, 583; Skizze S. 578.

■ 2062 Südwand (»Mon Chéri«)

H. Gregoritsch, St. Eder, 24.9.1987; NAV.

VII+, herrliche Freikletterei mit schwierigen Einzelstellen in bestem Fels, mit BH abgesichert. Vgl. Fotos S. 555, 583; Skizze S. 579.

■ 2062a Variante (Einstieg) zu R 2062

H. Gregoritsch, H. Bärnthaler, 20.7.1988; NAV.

VI.

■ 2065 Ostwand (»Weg der Morgensonne«)

St. Eder, R. Schmuck, 23.8.1984; NAV.

VI (Stelle), meist V und leichter, **3 Std.**, 4 STH und 1 ZH vorhanden, zusätzlich KK. Freikletterei in »bombenfestem« Urgestein. Vgl. Foto S. 553; Skizze S. 585.

In der markanten Verschneidung 20 m rechts von R 2034 und über die folgenden Platten geradeaus zum Gipfelgrat.

Hohe Fürleg – Südostgipfel/Fürlegpfeiler:
Mittlere Südwand (Rechter Teil):
R 2046 Bergführerriss
R 2047 »LSD«
R 2048 Steirerplatte
R 2049 »Liesl drah di«
R 2050 »Omega«
R 2051 »Biorhythmus«
R 2052 »Adrenalin«
R 2053 »Via Christa«
R 2054 »Hansiweg«

2046
2047
2048
2049
2050
2051
2052
2053
2054

2071 Schafflkogel, 2587 m

Erhebung an den O-Abhängen unter dem Hohen-Fürleg-N-Gipfel, 2925 m, nordnordostw. vom Schafflkogelsee, 2568 m.
Einfach erreichbarer Gipfel, bergsteigerisch untergeordnet, rückte erst mit Erschließung seiner O-Wand in den Blickpunkt der Kletterer. Tourengebiet der Rudolfshütte.

2072 Südanstieg

1¾ Std., **272 Hm**, einfach.

Von der Rudolfshütte, 2311 m, mit R 539 zum Regenmesser. Nun in N-Richtung aufwärts, links von P. 2570 m vorbei zum Schafflkogelsee, 2568 m (AVK 39/2002 »Schafflerkogllack«), und nordnordostw. zum Gipfel.

2073 Ostwand-Übersicht

Die O-Wand weckte mit deren 1. Begehung 1983 das Interesse der Kletterer. Die 100 m hohen Anstiege haben vornehmlich klettersportlichen Charakter, ihre Reihung erfolgt von S nach W. Der SO-Pfeiler dagegen ist als alpine Kletterfahrt einzustufen.
Zugang: Einfach, 180 Hm, 1 Std. Von der Rudolfshütte, 2311 m, mit R 539 bis über die Leiter. Nach rechts, einen Rücken überschreitend, und nordw. weiterqueren, über Schneefelder, Platten und Blockgelände zum Wandfuß.

2075 Ostwand (»Weg der schönen Männer«)

H. Bärnthaler, St. Eder, 4.10.1985; NAV, TBR.

VI+ (2 längere Passagen), sonst VI– und V, H vorhanden, Friends und KK nötig. Vgl. Foto S. 589; Skizze S. 594.

In der von Überhängen durchsetzten Wandzone, E. 80 m links von R 2076.

Hohe Fürleg – Südostgipfel/Fürlegpfeiler:
Östliche Südwand:
R 2050 »Omega«
R 2051 »Biorhythmus«
R 2052 »Adrenalin«
R 2053 »Via Christa«
R 2054 »Hansiweg«
R 2055 »Sansara«
R 2056 »Herbstausflug«
R 2057 »Super Drop«
R 2057a Variante zu R 2057
R 2058 »Blitz und Donner«
R 2059 »Dschingis-Khan«
R 2060 Variante (»Pascalito«) zu R 2059
R 2061 »Quo vadis«
R 2062 »Mon Chéri«
R 2033 Südostpfeiler
R 2034a Variante (»Quarzweg«) zu R 2034

2050
2051
2052
2053
2054
2055
2056
2057
2058
2057a
2059
2060
2061
2062
2033
2034 a

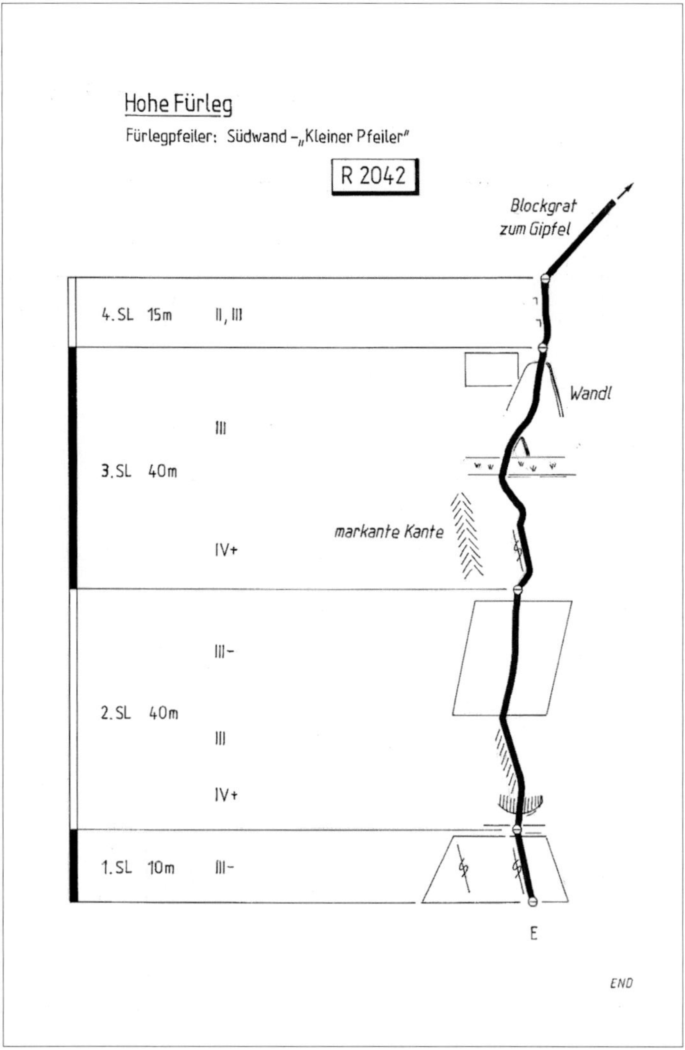
Hohe Fürleg
Fürlegpfeiler: Südwand – „Kleiner Pfeiler"
R 2042
Blockgrat zum Gipfel
4. SL 15m
II, III
Wandl
III
3. SL 40m
markante Kante
IV+
III–
2. SL 40m
III
IV+
1. SL 10m
III–
E
END

Hohe Fürleg

Fürlegpfeiler: Ostwand – „Weg der Morgensonne"

R 2065

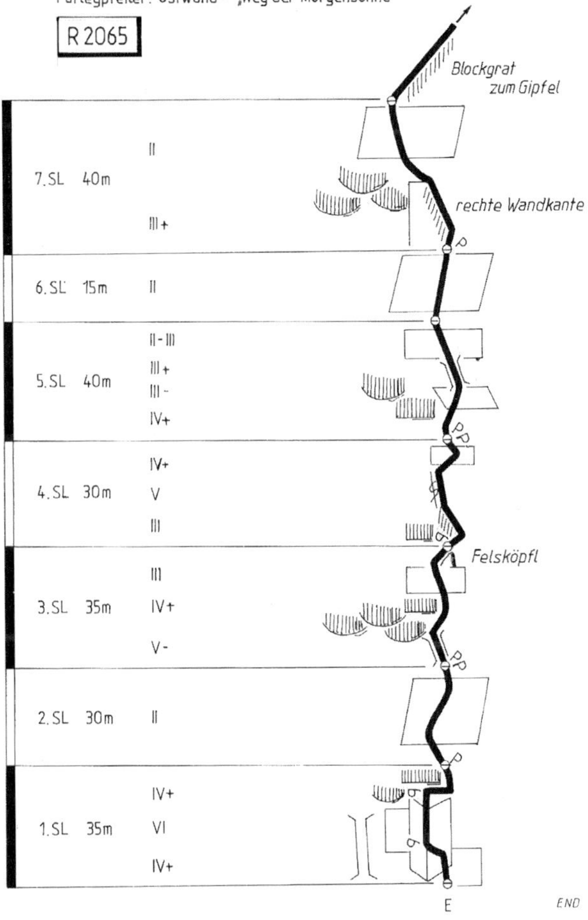

■ 2076 Ostwand (»Der letzte Tango«)

H. Bärnthaler, H. Gregoritsch, St. Eder, 21.8.1983; TBR; B 1985/7/28, AL 1986/6/50.

VI+ (Stelle in der 2. SL), VI, VI–, V+, Erstbegeher **5 Std.**, 5 H verwendet und belassen, KK-Sortiment und Friends (Größe 2–3) nötig; senkrechte Riss- und Verschneidungskletterei in bestem Fels, Ausstiegs-SL mit Flechten. Vgl. Foto S. 589.

Direkter Anstieg in der senkrechten, grauen Plattenzone in Wandmitte; E. bei einer Nische unter einem auffallenden Riss. Vgl. Skizze S. 592.

■ 2077 Ostwand (»Garfield«)

H. Gregoritsch, St. Eder, H. Schottwöck, 12.8.1988; NAV.

VIII, empfehlenswerte steile Platten- und Risskletterei, 1. und 2. SL mit BH; Abstieg auf Rasenrampe oder mit Abseilen! Vgl. Foto S. 591; Skizze S. 593.

■ 2078 Ostwand (»Royal Flash«)

St. Eder, H. Gregoritsch, 13.8.1988; NAV.

VIII+, steilste Fingerkuppen-Risskletterei, ausgefeilte Risstechnik notwendig, Supertour, mit BH; letzte SL mit R 2077; Abstieg auf Rasenrampe oder mit Abseilen! Vgl. Foto S. 591; Skizze S. 596.

■ 2079 Ostwand (»Schmetterling«)

H. Gregoritsch, St. Eder, 22.7.1984; TBR; B 1986/6/50.

VI+ (Stelle in der 2. SL), VI–, V+, **2 Std.**, Platten- und Faustrisskletterei. Ausstieg mit R 2078 möglich; Abstieg auf Rasenrampe oder mit Abseilen! Vgl. Foto S. 591; Skizze S. 595.

Über den plattigen Wandpfeiler rechts von R 2078; E. an seinem tiefsten Punkt, Ausstieg schräg links unter gelben Überhängen.

■ 2080 Nordostpfeiler (»Blumenpfeiler«)

H. Bärnthaler, H. Gregoritsch, 3.7.1983; TBR, B 1985/7/28.

VI– (Stelle), V+ (mehrere Stellen), meist V, IV, ca. **200 Hm**, **4 Std.**, alle H belassen, KK aller Größen zusätzlich nötig; im senkrechten unteren Teil Wand-, Verschneidungs- und Risskletterei an festem Granit, danach Blockkletterei. Name zufolge der üppigen Flora beim Zu- und Abstieg. Vgl. Skizze S. 597.

Zugang: Vgl. R 2069.
Anstieg: Über den markanten (von der Rudolfshütte erkennbaren) nördl. Begrenzungspfeiler der O-Wand; E. am tiefsten Punkt des Pfeilervorbaus, Ausstieg am Gipfel.

2085 Hinterer Schafbühel, 2352 m; Mittlerer Schafbühel, 2282 m; Vorderer Schafbühel, 2216 m

Einfach erreichbare Gipfel im von der Rudolfshütte nach NO, zum Tauernmoossee ziehenden Schafbühelkamm; vgl. R 304a.

2086 Rabenkopf (Rubinkopf), 2846 m

1. Ersteigung: R. Klose, A. Brachtl, S. Resch, 22.7.1937.

Zwischen Hohe-Fürleg-SW-Gipfel, 2947 m (im SO), und Kitzkarköpfl, 2549 m (im N), im NO das Rabenkees.

2087 Südostanstieg

R. Klose, A. Brachtl, S. Resch, 22.7.1937; Jb. BG/ÖTK 1929–39/52.

III–, 1 Std., kurze Kletterei.

Vom Hohe-Fürleg-Mittelgipfel, 2943 m, über das Firnfeld nach W und auf dem SO-Grat, anfangs kurze Kletterei, zum Gipfel.

2088 Kitzkarköpfl, 2549 m

Am NW-Rand des Rabenkeeses, nördl. vom Rabenkopf, 2846 m, mit mächtigen Felsabstürzen nach NW gegen die Dorfer Öd.

2090 Kitzkarkogel, 2801 m

1. tour. Ersteigung und Überschreitung (S–N): H. Prey, 28.7.1903; vgl. R 2100.

Zwischen Kitzkarscharte, 2709 m (im S), und Winterkogel, 2669 m (im N). Nach NW ein langer Felskamm über P. 2665 m – P. 2436 m abwärts zur Dorfer Öd. Unter seinen W-Abstürzen das Kitzkar mit der 250 m hohen Kitzkarklamm hinab zur Keesau (hier R 533).

2093 Winterkogel, 2669 m

1. tour. Ersteigung und Überschreitung (S–N): H. Prey, 28.7.1903; vgl. R 2100.

Zwischen Kitzkarkogel, 2801 m (im S), und Magaiskopf, 2628 m (AVK 39/2002 »Magoaskopf«, im N), westseitig Felsabstürze zum Brünnlkar.

2094 Magaiskopf, 2628 m

1. tour. Ersteigung und Überschreitung (S–N): H. Prey, 28.7.1903; vgl. R 2100.

AVK 39/2002 »Magoaskopf«. Zwischen Winterkogel, 2669 m (im S), und Teufelsmühlspitz, 2508 m (im N), westseitig Felsabstürze zum Brünnlkar.

2096 Teufelsmühlspitz, 2508 m

1. tour. Ersteigung und Überschreitung (S–O): H. Prey, 28.7.1903; vgl. R 2100.

AVK 39/2002 »Teufelmühl«. Zwischen Magaiskopf, 2628 m (im S), und Steinkarlspitze, 2184 m (im NW).

2097 Steinkarlspitze, 2184 m

Nordwestl. vom Teufelsmühlspitz, 2508 m, Verbindungsgrat zu diesem; nördlichster Gipfel des Stubacher/Mitterkamms.

2098 Steinkarlhöhe, 2036 m

Grüne Kuppe nördl. der Steinkarlspitze, 2184 m.

2099A Westanstieg

2 Std., **1037 Hm**, Steig.

Westseitig abwärts zu einer Jagdhütte und nordw. am Berghang entlang bis 1600 m; um den Bergrücken rechts zur Böndlhütte, 1547 m, abwärts zur Forststraße, links zum Ödbach und talaus zum Ghs. Schneiderau, 998 m.

2100 Süd-Nord-Überschreitung des Stubacher/Mitterkamms (Kitzkarkogel – Teufelsmühlspitz)

H. Prey, 28.7.1903; ÖAZ 1904/23.

III–, **4½ Std.**

Vom Hohe-Fürleg-N-Gipfel, 2925 m, am N-Grat steil in die Kitzkarscharte, 2709 m (R 862). Am Kitzkarkogel-S-Grat aufwärts; an den ersten zwei Gratabbrüchen links (westseitig) auf Geröllbändern vorbei, der nächste Abbruch wird rechts (ostseitig) umgangen, danach auf den Gratturm, P. 2715 m. Auf dem zerrissenen, verwickelten Grat weiter auf den Kitzkarkogel, 2801 m. Auf seinem N-Grat über einen schlanken Felsturm, 2744 m, abwärts, dabei über eine 4 m hohe, überhängende Platte (evtl. rechts umgehen), dann auf dem leichter werdenden Grat auf den Winterkogel, 2669 m. Weiter über den Magaiskopf, 2628 m, auf den Teufelsmühlspitz, 2508 m. Abstieg über die steile O-Flanke und Querung zum Grünsee (mit R 303).

Schafflkogel – Ostwand (Linker Teil):
R 2075 »Weg der schönen Männer«
R 2076 »Der letzte Tango«

2075
2076

Ödkamm

Ab Grünwinkelscharte mit geteiltem Auslauf zum Salzach- und Stubachtal. Tourenbereich: Rudolfshütte, Ghs. Taimeralm.
Landkarten: AVK Nr. 39 »Granatspitzgruppe«, 1:25.000 (Teilbereich); ÖK-UTM Nr. 3220 »Mittersill«, 1:50.000 (Teilbereich); ÖK-UTM Nr. 3226 »Matrei in Osttirol«, 1:50.000 (Teilbereich); ÖK-BMN Nr. 122 »Kitzbühel«, 1:50.000 (Teilbereich), ÖK-BMN Nr. 152 »Matrei in Osttirol«, 1:50.000 (Teilbereich); FB-WK Nr. 121 »Großvenediger/Oberpinzgau«, 1:50.000.

■ 2101 Südlicher Ödkamm

Der Südliche Ödkamm zwischen Grünwinkelscharte, 2531 m (S), und Glanzscharte, 2354 m (N), trennt die Amertaler Öd (W) von der Dorfer Öd (O); ab Glanzgschirr, 2653 m, der geteilte Nördliche Ödkamm mit NW-Ast zum Salzach- und NO-Ast zum Stubachtal.
Ausgeprägte Felsformation, einsam. Die Reihung der Gipfel erfolgt entsprechend ihrer Lage von S nach N.

2102 Südlicher Seekogel, 2637 m

1. Ersteigung: W. Brandenstein, 1926.

AVK 39/2002 »Seekopf«; ÖK 152 »Kühkarhöhe«. Nördl. der Grünwinkelscharte, 2531 m, am O-Fuß der Salzplattensee, 2294 m.
Südgrat: Von der Grünwinkelscharte (R 871) ¼ Std., vgl. R 2115.

2103 Nördlicher Seekogel, 2631 m

1. Ersteigung und Überschreitung (S–N): R. Klose, F. Liederer, 1.8.1930; vgl. R 2115.

Zwischen Südlichem Seekogel, 2642 m (im S; mit diesem durch einen grünen Sattel verbunden), und Beilscharte, 2520 m (im N).

2104 Hohes Beil, 2671 m

1. Ersteigung/Überschreitung (S–N): R. Klose, F. Liederer, 1.8.1930; vgl. R 2115.

Mächtiger, allseits steil abfallender Felsberg zwischen Beilscharte, 2520 m (im S), und Steinkarhöhe, 2539 m (im N). Höchster Gipfel im Südlichen Ödkamm.

Schafflkogel – Ostwand (Rechter Teil):
R 2077 »Garfield«,
R 2078 »Royal Flash«
R 2079 »Schmetterling«

Abstieg
2077
2078
2079

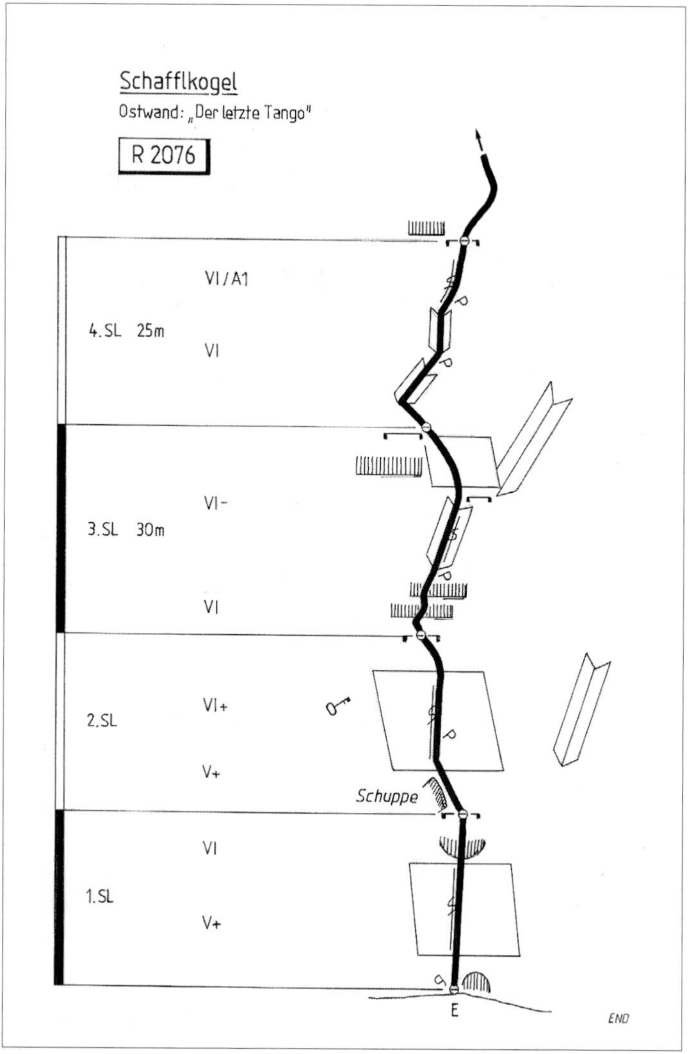

Schafflkogel
Ostwand: „Der letzte Tango"
R 2076
4.SL 25m
VI/A1
VI
3.SL 30m
VI-
VI
2.SL
VI+
V+
Schuppe
1.SL
VI
V+
E
END

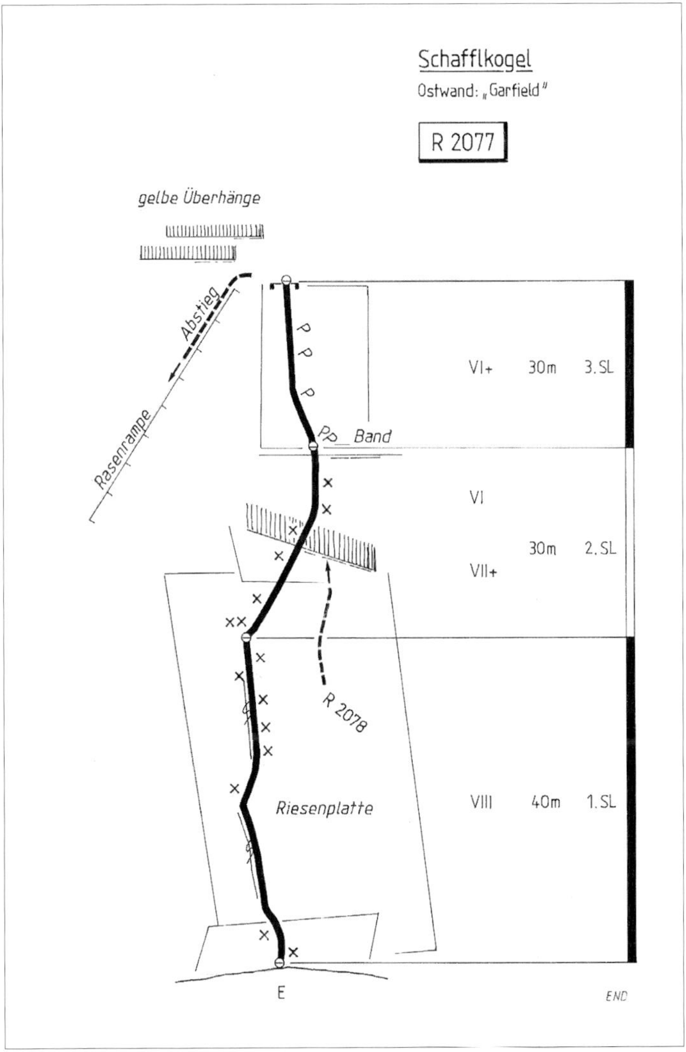
Schafflkogel
Ostwand: „Garfield"
R 2077
gelbe Überhänge
Abstieg
Rasenrampe
Band
VI+ 30m 3. SL
VI
30m 2. SL
VII+
R 2078
Riesenplatte
VIII 40m 1. SL
E
END

Schafflkogel

Ostwand („Weg der schönen Männer“) **R 2075**

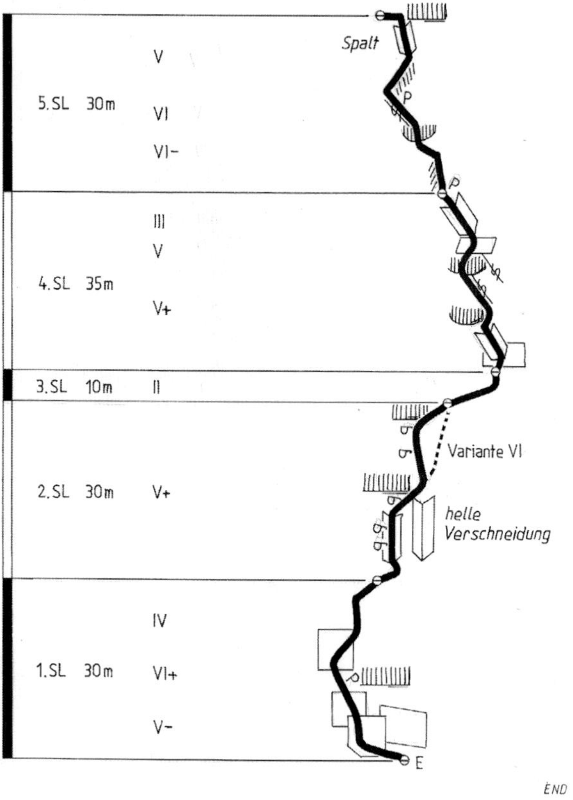

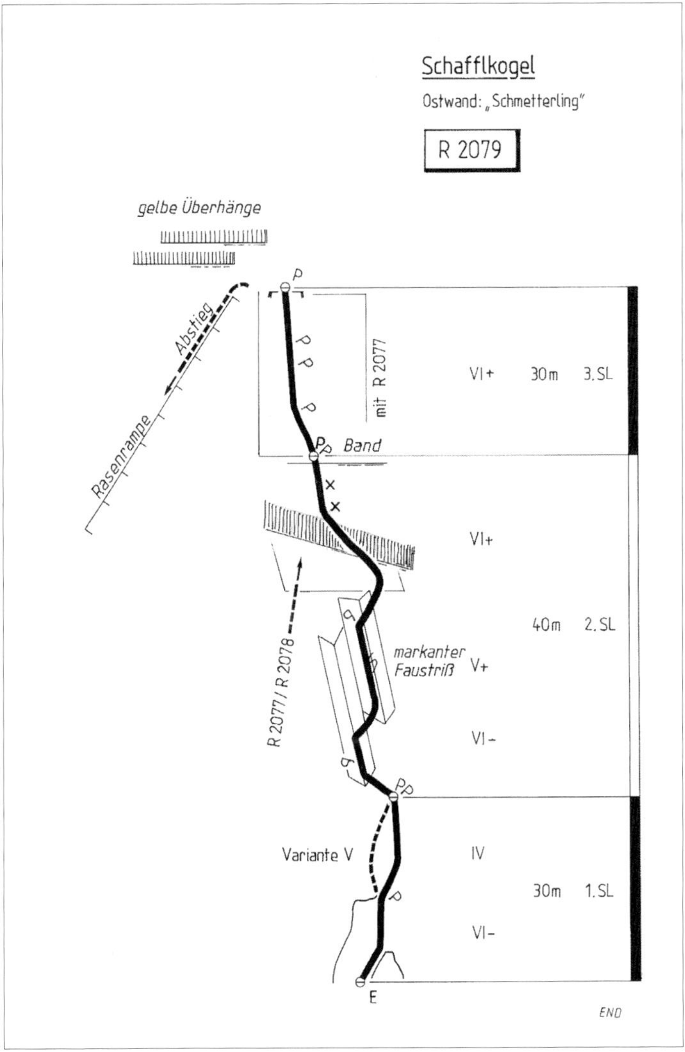
Schafflkogel
Ostwand: „Schmetterling"
R 2079
gelbe Überhänge
Abstieg
Rasenrampe
P
P
P
P
mit R 2077
VI+ 30m 3. SL
PP Band
VI+
R 2077 / R 2078
40m 2. SL
markanter Faustriß
V+
VI–
PP
Variante V
IV
P
30m 1. SL
VI–
E
END

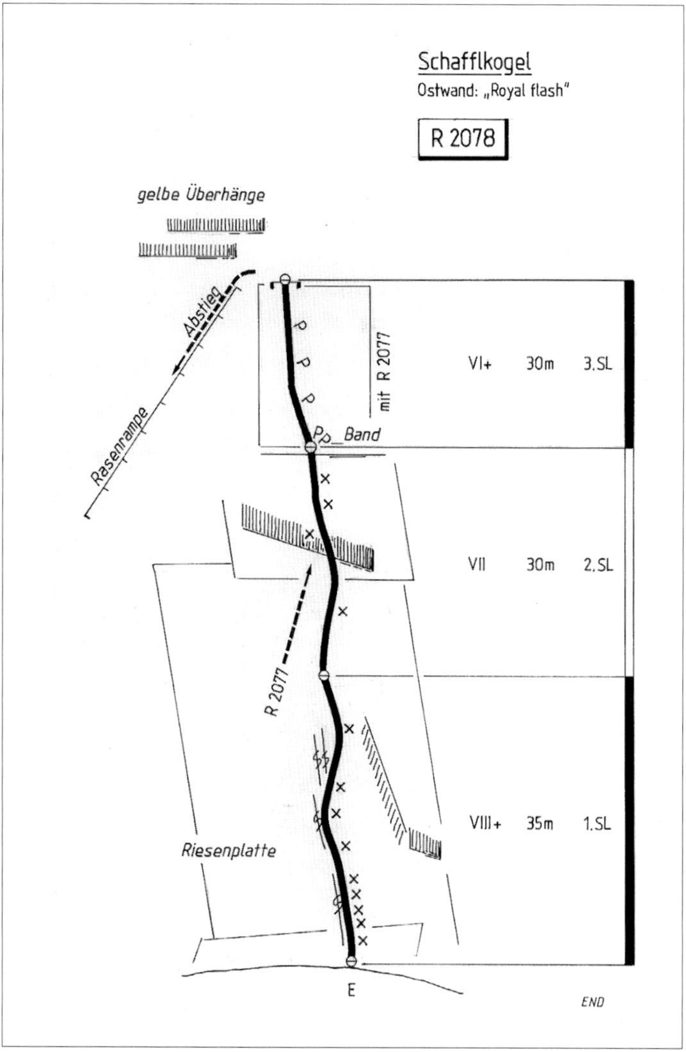

Schafflkogel
Ostwand: „Royal flash"
R 2078
gelbe Überhänge
Abstieg
Rasenrampe
mit R 2077
Pp Band
VI+ 30m 3.SL
VII 30m 2.SL
R 2077
VIII+ 35m 1.SL
Riesenplatte
E
END

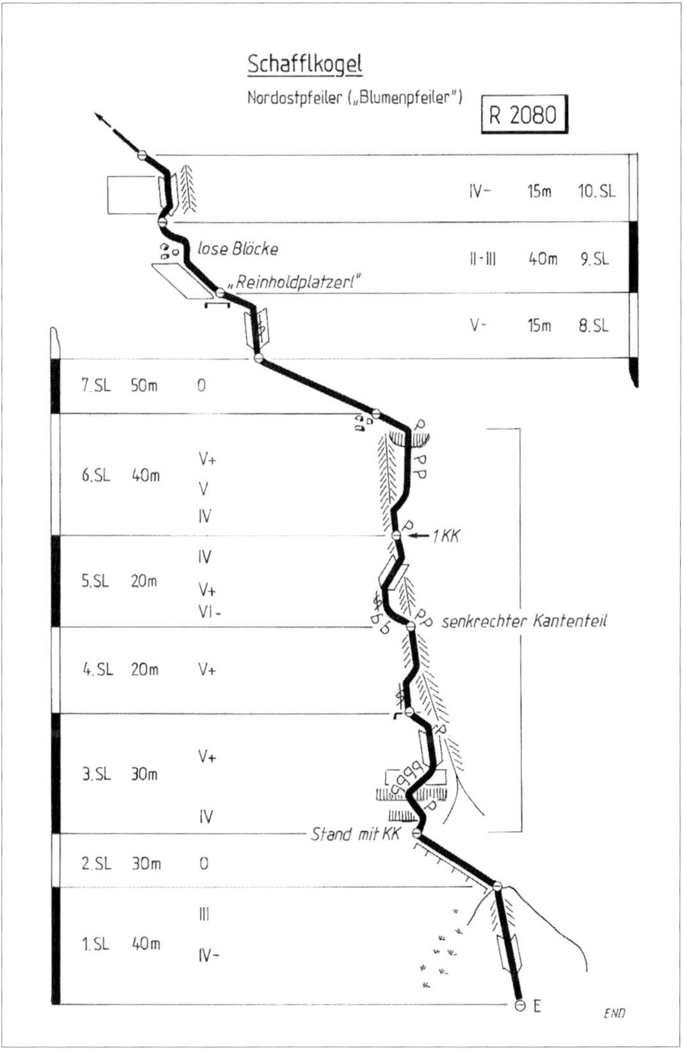
Schafflkogel
Nordostpfeiler („Blumenpfeiler")
R 2080
IV- 15m 10. SL
lose Blöcke
II-III 40m 9. SL
„Reinholdplatzerl"
V- 15m 8. SL
7. SL 50m 0
6. SL 40m V+ V IV
1 KK
5. SL 20m IV V+ VI-
senkrechter Kantenteil
4. SL 20m V+
3. SL 30m V+ IV
Stand mit KK
2. SL 30m 0
1. SL 40m III IV-
E
END

2107 Steinkarhöhe, 2539 m

1. Ersteigung und Überschreitung (S–N): R. Klose, F. Liederer, 1.8.1930; vgl. R 2115.

ÖK 152 »Gamskarhöhe«. Zwischen Hohem Beil, 2671 m (im S), und Kühkarhöhe, 2464 m (im N).

2108 Kühkarhöhe, 2464 m

1. Ersteigung und Überschreitung (S–N): R. Klose, F. Liederer, 1.8.1930; vgl. R 2115.

Zwischen Steinkarhöhe, 2539 m (im S), und Gamskarhöhe, 2555 m (im N).

2109 Gamskarhöhe, 2555 m

1. Ersteigung und Überschreitung (S–N): R. Klose, F. Liederer, 1.8.1930; vgl. R 2115.

ÖK 152 »Südl. Glanzkopf«. Zwischen Kühkarhöhe, 2464 m (im S), und Südlichstem Glanzkopf, 2560 m (im N).

2110 Glanzkopf

Südlichster, 2560 m – Südlicher, 2571 m – Mittlerer, 2571 m – Nördlicher, 2571 m

1. Ersteigung und Überschreitung (S–N): R. Klose, F. Liederer, 1.8.1930; vgl. R 2115.

Viergipfeliger Felsgrat zwischen der nahen Gamskarhöhe, 2554 m (im S) und der weiter entfernten Glanzscharte, 2354 m – Glanzgschirr, 2653 m (im N).

■ 2115 Südlicher Ödkamm – Süd-Nord-Längsüberschreitung

R. Klose, F. Liederer, 1.8.1930; Jb. BG/ÖTK 1929–34/92, ÖTZ 1931/111.

III– (kürzere Strecken), II, auch Gehgelände, **8 Std.**, fester Fels, großzügige Kletterfahrt über einen noch einsamen Bergkamm.

Von der Grünwinkelscharte, 2531 m (R 871), über den S-Grat auf den Südlichen Seekogel, 2637 m, und am Grat weiter über einen grünen Sattel auf den Nördlichen Seekogel, 2631 m. Kurz danach an einer riesigen Felsspalte vorbei, dann auf einer den N-Grat begleitenden Blockrampe, bis sie in ungangbaren Platten abbricht. Links in einer kurzen, rechtwinkligen Verschneidung wieder auf den Grat und 8 m abwärts (Reitgrat, zuletzt ein kurzer, enger Kamin); sehr schwierig auf den Absatz unter dem Abbruch. Auf dem Grat weiter abwärts in die Beilscharte, 2520 m (R 872). Nun dem S-Grat vom Hohen Beil folgend (einige Grattürme können links umgangen werden), über Blöcke und Platten auf das Hohe Beil, 2671 m. Am N-Grat abwärts und auf dem blockigen Verbindungsgrat weiter über Steinkarhöhe, 2539 m, und Kühkarhöhe, 2464 m, auf die Gamskarhöhe, 2555 m. Weiter auf den Blockgipfel des Südlichsten Glanzkopf, 2560 m. Von der folgenden Scharte an der SW-Seite über gestuften Fels im Linksbogen auf den Südlichen Glanzkopf, 2571 m, und in anregender Gratkletterei auf den kühnen Mittleren Glanzkopf, 2571 m. In NW-Richtung am Grat weiter (ein kurzer, überhängender Abbruch wird links umgangen), an einem Turm vorbei und über den schmalen Grat auf den Nördlichen Glanzkopf, 2571 m. Am N-Grat über Blöcke abwärts in die Glanzscharte, 2354 m (R 873).

Nördlicher Ödkamm/Nordwestast

2116 Glanzgschirr, 2653 m

1. Ersteigung: A. Prinzinger, Herbst 1915; ZDÖAV 1916/111.

Wuchtiger, pyramidenförmiger Felsgipfel zwischen Glanzscharte, 2354 m (im S), Graulahnerscharte, 2596 m (im NW), und Schwarzkopfscharte, 2395 m (im NO); am Gipfel Kammteilung, ein NW-Ast mit Auslauf zum Salzachtal, ein kürzerer NO-Ast zum Stubachtal. Im weiten N-Kar der tief liegende Karsee, 2088 m.

■ 2117 Südanstieg

A. Prinzinger, Herbst 1915; ZDÖAV 1916/111.

1 Std., **258 Hm**, unschwierig.

Von der Glanzscharte, 2354 m (R 873), anfangs am Kamm, dann an der W-Seite zum Gipfel.

2121 Graulahnerkogel, 2671 m

Zwischen Graulahnerscharte, 2596 m (im SSO), und Schratscharte, 2614 m (im NW).

2124 Schratkopf, 2776 m

Wuchtiger Felsberg mit gewaltigen W-Abstürzen zum Amertal; im SO die Schratscharte, 2614 m, nach N ein Verbindungsgrat zur Schratwand, 2784 m.

2128 Schratwand, 2784 m

Zwischen Schratkopf, 2776 m (im S), und Lungwand, 2699 m (im NW).

2132 Lungwand, 2699 m

Zwischen Schratwand, 2784 m (SO), und Grüneckkogel, 2623 m (NW).

2136 Grüneckkogel, 2623 m

Zwischen Lungwand, 2699 m (im SO), und Schiederhörnl, 2476 m (im N).

2140 Schiederhörnl, 2476 m

Zwischen Grüneckkogel, 2623 m (S), und Schiederscharte, 2282 m (NNW).

2143 Zwölferkogel, 2446 m

Felsgipfel nördl. der Schiederscharte, 2282 m, schöner Aussichtspunkt, Gipfelkreuz. Von der ersten Steilstufe am S-Grat (über der Schiederscharte) nordostw. der lange Geigerkamm über P. 2260 m zum Brandeck, 1867 m.

2144 Nordanstieg

I (am Gipfelgrat), sonst unschwierig, **1656 Hm**, **5½ Std.**, bez. Nr. 530.

Von Mittersill, 790 m, nach Felben, hier am Eingang ins Felber Tal an den Abhängen des Felber Bergs aufwärts zur Ehrenfeichtenalm, 1300 m, und weiter auf den Gipfel der Roßalpe, 1795 m (3 Std.). Nun rechtsseitige Hangquerung zur Bräu-Hochalm, 2822 m. Weiter unter dem Hochalmköpfl (2056 m) vorbei und am folgenden Bergrücken empor auf den Birkkogel, 2176 m; am felsigen Kamm weiter auf den Zwölferkogel.

2145 Südgrat

I, **164 Hm**, **½ Std.**

Von der Schiederscharte, 2282 m (R 879), auf dem anfangs steilen, dann mäßig ansteigenden Grat zum Gipfel.

2147 Birkkogel, 2212 m

Letzter Kammgipfel nördl. des Zwölferkogel, 2446 m, anschließend das unbedeutende Hochalmköpfl, 2056 m, und die Roßalpe, 1795 m, in den Abhängen zum Salzachtal (vgl. R 2144).

Nördlicher Ödkamm/Nordostast

2150 Schwarzkopf

Südwestgipfel, 2476 m – Nordostgipfel, 2420 m

Felsgipfel nordöstl. vom Glanzgschirr, 2653 m, dazwischen die Schwarzkopfscharte, 2395 m, im N das Schwarztörl, 2350 m.

2154 Brettkopf, 2383 m

Zwischen Schwarztörl, 2350 m (SSW), und Brettelkopf, 2301 m (NNO).

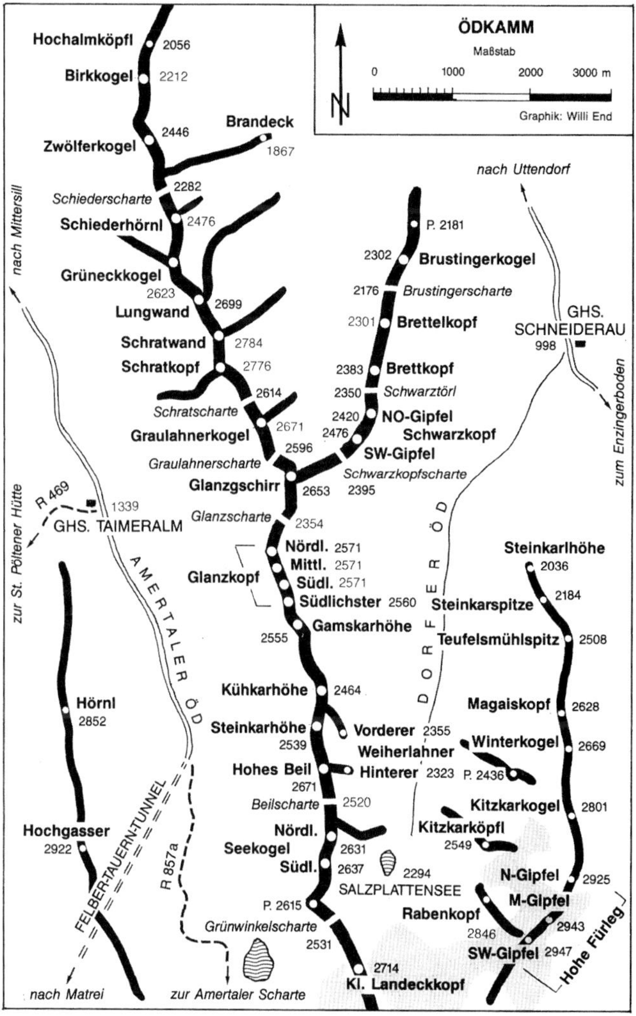
ÖDKAMM
Maßstab
0 1000 2000 3000 m
Graphik: Willi End
N
Hochalmköpfl 2056
Birkkogel 2212
Zwölferkogel 2446
Brandeck 1867
Schiederscharte 2282
Schiederhörnl 2476
Grüneckkogel 2623
Lungwand 2699
Schratwand 2784
Schratkopf 2776
Schratscharte 2614
Graulahnerkogel 2671
Graulahnerscharte 2596
Glanzgschirr 2653
Glanzscharte 2354
Glanzkopf
Nördl. 2571
Mittl. 2571
Südl. 2571
Südlichster 2560
Gamskarhöhe 2555
Kühkarhöhe 2464
Steinkarhöhe 2539
Vorderer 2355
Weiherlahner
Hinterer 2323
Hohes Beil 2671
Beilscharte 2520
Nördl.
Seekogel 2631
Südl. 2637
2294
SALZPLATTENSEE
P. 2615
Grünwinkelscharte 2531
2714
Kl. Landeckkopf
P. 2181
2302 Brustingerkogel
2176 Brustingerscharte
2301 Brettelkopf
2383 Brettkopf
2350 Schwarztörl
2420 NO-Gipfel
Schwarzkopf
2476 SW-Gipfel
Schwarzkopfscharte 2395
nach Uttendorf
GHS. SCHNEIDERAU 998
zum Enzingerboden
DORFER ÖD
Steinkarlhöhe 2036
Steinkarspitze 2184
Teufelsmühlspitz 2508
Magaiskopf 2628
Winterkogel 2669
P. 2436
Kitzkarkogel 2801
Kitzkarköpfl 2549
N-Gipfel 2925
M-Gipfel 2943
Rabenkopf 2846
SW-Gipfel 2947
Hohe Fürleg
nach Mittersill
R 469
1339
GHS. TAIMERALM
zur St. Pöltener Hütte
AMERTALER ÖD
Hörnl 2852
Hochgasser 2922
FELBER-TAUERN-TUNNEL
R 857a
nach Matrei
zur Amertaler Scharte

2158 Brettelkopf, 2301 m

Südl. der Brustingerscharte, 2176 m.

2159 Brustingerkogel, 2302 m

Nördl. der Brustingerscharte, 2176 m; Auslaufgipfel mit weiten Abhängen, zuletzt die Geierwand, nach NO zum Stubachtal.

Westlicher Tauernhauptkamm

Tourenbereich: St. Pöltener Hütte, Grünseehütte.
Landkarte: AVK Nr. 39 »Granatspitzgruppe«, 1:25.000; ÖK-UTM Nr. 3226 »Matrei in Osttirol«, 1:50.000; ÖK-BMN Nr. 152 »Matrei in Osttirol«, 1:50.000; FB-WK Nr. 123 »Matrei/Defereggen/Virgental«, 1:50.000.

a) Westlicher Tauernhauptkamm – Hauptkamm

(zwischen Amertaler Scharte und Felber Tauern)

2161 Amertaler Höhe, 2841 m

1. Ersteigung und Überschreitung: H. Donabaum mit F. Maier, 10.7.1908. 1. Gratübergang vom Sinningkopf: W. Brandenstein, 19.7.1926. 1. Ski-Ersteigung: H. Tomaschek, 19.5.1932.

Zwischen Amertaler Scharte, 2699 m (im NO), Donabaumschartl, 2760 m (im W), und Sillingerscharte, 2784 m (im S). Unter der N-Wand quert, die ersten zwei Scharten verbindend, der St. Pöltener Ostweg (R 536/R 543). Abzweigung des Klockenkogelkamms nach S; südwestl. das Daberkees.

■ 2162 Nordostanstieg

H. Donabaum mit F. Maier, 10.7.1908; MDÖAV 1909/93.

II, 142 Hm, ¾ Std.

Von der Amertaler Scharte, 2699 m (R 857), zum Aufschwung des NO-Grats und an seiner linken Flanke ansteigend queren auf den obersten Grat. In Gipfelnähe gewaltige, aufgerichtete Felstrümmer; hier durch einen natürlichen Tunnel an die rechte Gratseite und zum Gipfel.

■ 2163 Nordostgrat

R. Klose, F. Liederer, 19.7.1931; Jb. BG/ÖTK 1929–34/86, ÖTZ 1931/99.

III, 142 Hm, 1 Std.

Von der Amertaler Scharte, 2699 m (R 857), zum Aufschwung des NO-Grats; anfangs direkt an seiner Kante, dann nahe links davon empor auf die Gratschulter. Weiter über den hornartigen Vorgipfel zum Gipfel.

■ 2164 Nordwand

W. Brandenstein, 23.8.1927.

II, **120 Hm**, **1 Std.**

Nahe unter dem Donabaumschartl, 2760 m (R 891), am rechten Rand der N-Wand in einer brüchigen Schlucht empor, über einen Überhang nach rechts auf den W-Grat und zum nahen Gipfel.

■ 2165 Südanstieg

H. Donabaum mit F. Maier, 10.7.1908, im Abstieg; MDÖAV 1909/93.

I, **81 Hm**, **½ Std.**

Vom Donabaumschartl, 2760 m (R 891), am Daberkees, unter dem W-Grat entlang und über einige Felsen zum Gipfel.

■ 2166 Südgrat

W. Brandenstein, 19.7.1926.

II, **57 Hm**, **¼ Std.**

Von der Sillingscharte, 2784 m (R 901), über Schnee und plattige Felsen.

2168 Riegelkopf, 2921 m

1. Ersteigung: unbekannte St. Pöltener Bergsteiger.

Turmförmiger Felsklotz zwischen Riegelkopfschartl, 2670 m (im SO), und Teufelspitz, 2818 m (im N); im SW der Dabersattel, 2668 m, im NO der tief liegende Amertaler See, 2276 m.

■ 2169 Südwestgrat

I, **253 Hm**, **¾ Std.**

Vom Dabersattel, 2668 m (R 893), über Schnee und am breiten Blockgrat.

■ 2170 Nordgrat

W. Brandenstein, Henriette Hurych, F. Waldmann, 21.7.1926; ÖAZ 1927/201.

II, gesamt **251 Hm**, **1¼ Std.**

Von der Riegelturmscharte, 2670 m (R 894), südl. unter dem Teufelspitz vorbei und über Schnee in die Gratscharte zwischen Teufelspitz (links) und Riegelkopf (rechts); auf den untersten Bändern einen Turm umqueren, dann am Blockgrat zum Gipfel.

2171 Südostgrat

R. Klose, F. Liederer, 27.7.1930; Jb. BG/ÖTK 1929–34/94, ÖTZ 1931/99.

II, 241 Hm, 1 Std.

Vom Riegelkopfschartl, 2680 m (R 892), am Grat aufwärts, dabei über einen teilw. rasendurchsetzten Steilaufbau zum Gipfel.

2172 Nordostrinne

R. Klose, F. Liederer, 29.7.1930; Jb. BG/ÖTK 1929–34/94, ÖTZ 1931/99.

Eisrinne 50°, Ausstieg **60°**, **III**, **280 Hm**, **1½ Std.**

Vom Riegelkopfkees (R 535) E. rechts einer tiefen Steinschlagfurche bei einem vorspringenden Pfeiler.
Bei diesem über die Furche und in der Eisrinne weiter bis zu ihrer Unterbrechung. Über erdiges Gehänge schräg rechts und in der kaminartigen Ausstiegsschlucht zum N-Grat nahe vor dem Gipfel.

2174 Oberes Daberkögele, 2759 m; Unteres Daberkögele, 2702 m

1. Ersteigung und Überschreitung: J. Rabl, G. Strauß, C. Beer mit A. Hetz, 22.8.1875; Jb. ÖTK 1876/116.

Südwestl. vom Riegelkopf, 2921 m, dazwischen der Dabersattel, 2668 m; untergeordnet, jedoch der erste erstiegene Felsberg der Westlichen Granatspitzgruppe. Um den Berg quert südseitig der St.-Pöltener-Ostweg (R 536/R 543).

2175 Nordostgrat

I, 91 Hm, ¼ Std.

Vom Dabersattel, 2668 m (R 893), auf dem breiten Blockgrat zum Gipfel.

2176 Übergang Oberes – Unteres Daberkögele

II, ¾ Std.

Vom Oberen Daberkögele an der linken Turmseite ausgesetzt hinab, dann an den Türmen des SW-Grats links vorbei zur letzten Scharte vor dem Unteren Daberkögele. Nochmals queren und zum Gipfel.

2177A Westflanke

W. Brandenstein, 17.6.1926; ÖAZ 1927/201.

I, 467 Hm, ½ Std.

Vom Unteren Daberkögele westseitig den Blockhang abwärts über den folgenden, waagrechten Felsgürtel links (orogr.) in einer Rinne hinunter und zur Grünseehütte, 2235 m.

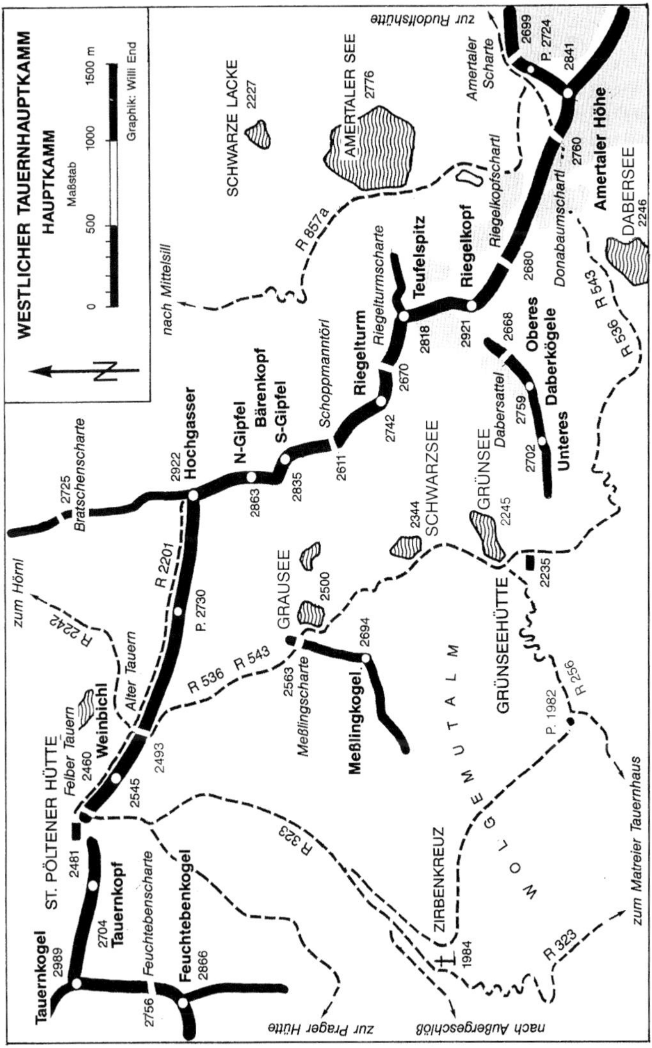
WESTLICHER TAUERNHAUPTKAMM
HAUPTKAMM
Maßstab
0
500
1000
1500 m
Graphik: Willi End
N
Tauernkogel
2989
Tauernkopf
2704
Feuchtebenscharte
2756
Feuchtebenkogel
2866
ST. PÖLTENER HÜTTE
2481
Felber Tauern
2460
Weinbichl
2545
2493
Alter Tauern
P. 2730
R 2201
R 2242
zum Hörnl
Bratschenscharte
2725
2922
Hochgasser
N-Gipfel
Bärenkopf
S-Gipfel
2863
2835
Schoppmanntörl
2611
2742
Riegelturm
2670
Riegelturmscharte
2818
Teufelspitz
2921
Riegelkopf
2680
Riegelkopfschartl
Donabaumschartl
2760
Amertaler Höhe
2841
P. 2724
2699
Amertaler Scharte
zur Rudolfshütte
nach Mittelsill
R 857a
SCHWARZE LACKE
2227
AMERTALER SEE
2776
DABERSEE
2246
R 543
R 536
Oberes
2668
Daberkögele
2759
Dabersattel
2702
Unteres
SCHWARZSEE
2344
GRÜNSEE
2245
GRÜNSEEHÜTTE
2235
GRAUSEE
2500
2694
2563
Meßlingscharte
Meßlingkogel
R 536
R 543
R 323
GOLWEMUTALM
R 256
P. 1982
ZIRBENKREUZ
1984
R 323
zur Prager Hütte
nach Außergeschlöß
zum Matreier Tauernhaus

2179 Teufelspitz, 2818 m

1. Ersteigung: W. Brandenstein, Henriette Hurych, F. Waldmann, 21.7.1926.
1. Überschreitung: R. Klose, F. Liederer, 6.8.1931.

Zwischen Riegelkopf, 2921 m (im SSO), und Riegelturmscharte, 2670 m (im WNW), danach der Riegelturm, 2742 m; schmale Gipfelschneide, elegantes Kletterziel.

2180 Südanstieg

W. Brandenstein, Henriette Hurych, F. Waldmann, 21.7.1926; ÖAZ 1927/201.

III–, gesamt **300 Hm**, **1 Std.**

Südl. unter der Riegelturmscharte, 2670 m (R 894), ostw., zuletzt über Schnee hinauf zur SO-Kante.
Links dieser in einer Rinne aufwärts, dort wo sie ungangbar wird, 8 m nach links und empor zur Gratschulter, die von der Gipfelplatte überdacht ist; mit Rechtsschleife um diese zum höchsten Punkt.

2181 Nordostkante (Teufelskante)

R. Klose, F. Liederer, 6.8.1931; Jb. BG/ÖTK 1929–34/95, ÖTZ 1932/41.

IV–, **320 Hm**, **3 Std.**, schöne Kletterei, fester Fels. Vgl. Skizze S. 609.

Zugang: Vom Schoppmanntörl, 2611 m (R 897), nach O abwärts ins Finsterkar und unter den N-Abstürzen von Riegelturm und Teufelspitz zum Fuß der markanten NO-Kante (ein senkrechter Plattenpfeiler). Nahe östl. von hellen Abbrüchen über Bänder schräg links aufwärts zu einem breiten Absatz, über Blöcke ca. 30 m links hinan an die Kante (1 Std.).
Anstieg: E. in eine steile Blockrinne und aufwärts zu einer Nische aus verkeilten Blöcken. Im Riss empor und rechts um die Ecke zu einem Kamin. Durch diesen, dann rechts über Platten in eine lotrechte Plattenverschneidung. 3 m aufwärts, rechts um die Ecke und in glattem Riss weiter zu Blockabsatz (4 SL v. E.). Durch einen kurzen, überhängenden Kamin und an der Kante 1 SL leichter weiter. Nun nahe rechts der Kante und nach links hinaus auf einen Absatz, nordöstl. des Vorgipfels (3–4 SL). Um den Vorgipfel östl. waagrecht herum in die Scharte zwischen Vor- und Hauptgipfel. An der rechten Wand auf langem Kriechband schräg aufwärts und gerade auf die letzte Schulter des W-Grats (von dieser könnte man rechts um den Gipfelaufbau zum S-Anstieg, R 2180, hinüberqueren). Von der W-Grat-Schulter um den ersten Block rechts herum und hinauf in das Schartl dahinter. Jenseits (N-Seite) 2 m hinab zu kleinem Schuttplatz. Links hinter einem ausgebauchten Block in einem engen Riss empor zu einem senkrechten, handbreiten Riss (H) und durch diesen auf den Grat 2 m links vom Gipfelblock.

2185 Riegelturm, 2742 m

1. Ersteigung: R. Majewski und Gef., etwa 1923. 1. Überschreitung: W. Brandenstein, Henriette Hurych, F. Waldmann, 21.7.1926.

Zwischen Schoppmanntörl, 2611 m (im NW), und Riegelturmscharte, 2670 m (im O), nach dieser der Teufelspitz, 2818 m; flache Gipfelkuppe, lockendes Kletterziel, einfach erreichbar.

2186 Südwestflanke

R. Majewski und Gef., etwa 1923.

I, **150 Hm**, **½ Std.**, Normalanstieg.

Nahe unter dem Schoppmanntörl, 2611 m (R 897), an der S-Seite eines Vorkopfs queren zur blockigen SW-Flanke und über diese zum Gipfel.

2187 Nordwestgrat

W. Brandenstein, Henriette Hurych, F. Waldmann, 21.7.1926.

II, **131 Hm**, **¾ Std.**, schönster Anstieg.

Vom Schoppmanntörl, 2611 m (R 897), nach rechts zum Sattel über dem Vorkopf, am Beginn des NW-Grats und über feste Blöcke zum Gipfel.

2188A Ostgrat

W. Brandenstein, Henriette Hurych, F. Waldmann, 21.7.1926; ÖAZ 1926/201.

II, **72 Hm**, **½ Std.**

Vom Gipfel rechts hinab auf ein ebenes Gratstück und zum nächsten Abbruch; an diesem linksseits in einer Rinne abwärts und in die Riegelturmscharte, 2670 m (R 894).

2189 Südostwand

W. Brandenstein, 23.8.1927.

III, **100 Hm**, **½ Std.**

Südl. unter der Riegelturmscharte, 2670 m (R 894), links zur SO-Wand, gerade empor auf ein breites Band, zu einem Rinnensystem, das den Anstieg ergibt (hierher auch von der Riegelturmscharte mit Abstieg auf unterbrochenem Band). Über zwei Überhänge empor und bis unter den Vorkopf. Rechts zum Grat und durch einen kurzen Kamin auf den Gipfel.

2192 Bärenkopf

Nordgipfel, 2863 m – Südgipfel, 2835 m

N-Gipfel, 1. Ersteigung: vermutlich R. Majewski und Gef., etwa 1923 (Übergang vom Hochgasser). S-Gipfel, 1. Ersteigung: R. Klose, F. Liederer, 29.7.1930, mit Übergang zum N-Gipfel.

Doppelgipfeliges Felsmassiv zwischen Schoppmanntörl, 2622 m (im SO), und Hochgasser, 2922 m (im N).

■ 2193 Südflanke

I, 260 Hm, 1 Std.

Westl. vom Schoppmanntörl, 2611 m (R 897), an steilen Geröllhalden hinauf zum Grat (rechts eigenartige Felszacken). Weiter nach links um einen großen Turm rechts vorbei zu einer steilen, nach links hinaufziehenden Mulde und in dieser aufwärts in die Gipfelscharte und links zum N-Gipfel.

■ 2194 Südostgrat

R. Klose, F. Liederer, 29.7.1930; Jb. BG/ÖTK 1929–34/88, ÖTZ 1931/99.

III–, 224 Hm, 1 Std. Schneidiger Anstieg mit interessanten Kletterstellen.

Vom Schoppmanntörl, 2611 m (R 897), über große Blöcke auf den Grat und an die abschließende Wand. Auf einer Rampe schräg rechts aufwärts und in einer Rinne weiter auf einen kurzen, scharfen Grat und nach links auf die aus großen Gneisblöcken bestehende Gipfelplattform. Darüber mehrere große Blöcke, die den kühnen S-Gipfel formen. An der N-Seite des Turms auf schmalem Band aufwärts und ca. 3 m vor der NW-Kante 1 m hinan, dann an der N-Seite links ansteigend queren und über die glatte Gipfelplatte auf den höchsten Punkt des S-Gipfels (nur Reitsitz möglich!).

■ 2195 Übergang vom Süd- zum Nordgipfel

III–, I, ½ **Std.**

Von der Gipfelplattform des S-Gipfels über große Blöcke abwärts (III–) in die Gipfelscharte und auf den N-Gipfel.

■ 2196 Übergang zum Hochgasser, 2922 m

Vermutlich R. Majewski und Gef., etwa 1923, in GR.

III (Stelle), I, ¾ **Std.**

Vom Bärenkopf-N-Gipfel am N-Grat (mit Steilabbruch, III, brüchiger Glimmerschiefer) abwärts, am beginnenden S-Grat links, westw., um einen Überhang und am Blockgrat weiter auf den Hochgasser.

Teufelspitz – Nordostkante (R 2181).

2200 Hochgasser, 2922 m

Ersteigung seit alters bekannt. 1. Gratübergang zum Bärenkopf: vermutlich R. Majewski und Gef., etwa 1923. 1. Gratübergang zum Hörnl: vermutlich R. Majewski und Gef., etwa 1923.

Hüttenberg der St. Pöltener Hütte, östl. über dem Alten Tauern, 2493 m, zwischen Bärenkopf, 2863 m (im S), und Bratschenscharte, 2725 m (im N), nach dieser das Hörnl, 2852 m. Breiter W-Rücken zum Alten Tauern, 2493 m, mit weitem NW- und SW-Hang; nach O Steilabbruch (»Hintere Bratschen«) zur hinteren Amertaler Öd. Nach N Abzweigung des Felber Mitterkamms. Name »Gasse« nach einer breiten Rinne im W; weitreichende Aussicht.

2201 Westrücken

Anfangs **I** (kurze Sicherungen), sonst unschwierig, **441 Hm**, **2 Std.**, bez. Nr. 525, Normalanstieg, empfehlenswert.

Von der St. Pöltener Hütte, 2481 m, mit R 543 auf den Alten Tauern, 2493 m (R 899). Kurz eben, dann steiler zum anfangs gratartigen W-Rücken. Zunehmend steiler zu Felsblöcken und -stufen, danach P. 2730 m. Aus der folgenden Blockmulde (Schneeflecke, fällt zum SW-Hang ab) steiler zum Gipfel.

2202 Ostsporn (»Weg der Winterträume«)

A. Hölzl, R. Maurhofer, 1.6.1993; NAV.

V (Schlüsselstelle), **III+, 700 Hm, 5 Std.**, teils Bratschen; Zustieg 600 Hm, 2 Std.

Vom Parkplatz am Felbertauern-Nordportal, 1605 m, über Steilgelände zum sichtbaren, markanten O-Sporn mit großer Schulter, ca. 2150 m. Dem kurzen Spornansatz folgen (III, guter Fels) zur Einstiegswand. Links in Verschneidung (V) empor und im ansteigenden Blockgelände wieder zum Pfeiler. Den großen Turm links umgehen und auf Bratschen (II) zur steiler werdenden Kante. An dieser über Steilstufen (bis III+) ausgesetzt, teils brüchig, empor zum N-Grat, 2860 m; auf diesem ca. 300 m einfach zum Gipfel.

2203 Übergang zum Hörnl, 2852 m

R. Majewski und Gef., etwa 1923.

II, Abstieg 197 Hm, Aufstieg **127 Hm**, **1½ Std.**, reizvoll und empfehlenswert.

Vom Hochgasser am N-Grat in die Bratschenscharte, 2725 m (R 921), am Hörnl-S-Grat über P. 2760 m aufwärts und nach der folgenden Scharte in netter Blockkletterei auf das Hörnl.

2205 Meßlingkogel, 2694 m

Letzter Gipfel der Granatspitzgruppe nach W zum Hochboden mit dem Südlichen Tauernbach; im N die Meßlingscharte, 2563 m, über dem Grausee, 2500 m. Einfach erreichbar, dankbarer Gipfel.

2206 Nordkamm

½ Std., **131 Hm**, unschwierig, bez.

Von der Meßlingscharte, 2563 m (R 898), über Geröll und in einer kurzen Rinne auf den anfangs schmalen Grat, später auf breitem Kamm zum Gipfel.

2207A Westsüdwestkamm

1 Std., **545 Hm**, unschwierig.

Vom Gipfel nach WSW hin und über P. 2601 m, P. 2270 m und P. 2149 m (R 324) bzw. kurz weiter zum Zirbenkreuz, 1984 m, mit R 323.

2208 Weinbichl, 2545 m

Felsige Erhebung im Bereich der St. Pöltener Hütte, zwischen Felber Tauern, 2460 m (im NW), und Altem Tauern, 2493 m (im SO).

2209 Nordwestanstieg

¼ **Std.**, einfach, bez. Nr. 513.

Von der St. Pöltener Hütte, 2481 m, zum Felber Tauern, 2460 m (R 900, Wegkreuz), jenseits entlang eines Schneeflecks und schräg rechts aufwärts.

2210 Südostanstieg

I, Steig mit Sicherungen.

Vom Alten Tauern, 2493 m (R 899), über die Steilstufe auf den Weinbichl.

2211 Felber Tauernkogel, 2989 m

1. Ersteigung: J. Breymann mit Messgehilfen, 1854.

Felsberg westl. über dem Felber Tauern, 2460 m, zur Venedigergruppe gehörend; im O-Grat der Tauernkopf, 2704 m. Hüttenberg der St. Pöltener Hütte, 2481 m, weite Aussicht, gern besucht, Gipfelkreuz seit 1968.

2212 Ostgrat

E. Brietze mit F. Raneburger, 28.8.1878; NDAZ 1878/119.

I, **519 Hm**, **1½ Std.**, bez. Nr. 523. Vgl. Foto S. 615.

Von der St. Pöltener Hütte, 2481 m, westw. den Blockhang aufwärts auf die den Hang waagrecht durchziehende lange Stufe, 2600 m (links der markante Grat mit dem Tauernkopf, P. 2704 m). Nun, meist über ein Schneefeld, schräg rechts hinan in die Scharte, 2735 m, zwischen dem erwähnten Felsgrat und dem Gipfelbau. Den Geröllhang empor, dabei an einem großen Block mit flacher Höhle vorbei, zu Felsbildungen. Unter diesen rechts hinüber zum O-Grat und auf diesem über Blöcke zum Gipfel.

2213 Nordostgrat

III–, **421 Hm**, **2 Std.**

E. bei P. 2568 m (Zugang von der St. Pöltener Hütte, 2481 m, in nordwestw. mäßig ansteigender Querung, 20 Min.). Am Grat aufwärts (Blockkletterei), im oberen Teil rechts auf den NW-Grat und zum Gipfel.

2214A Nordwestgrat

A. Steinberger, 1921, im Abstieg.

I, **222 Hm**, **¾ Std.**

Vom Gipfel am Grat abwärts in die flache Scharte vor dem markanten Gratkopf, P. 2919 m; steil hinab in eine Scharte (westseitig abwärts eine Schneerinne), danach über drei Grathöcker und einen Schrofenhang in die Tauernkogelscharte, 2767 m. In SO-Richtung über das Schneefeld abwärts, am Fuß des NO-Grats, P. 2568 m, vorbei zur St. Pöltener Hütte, 2481 m.

2215 Südgrat

W. Brandenstein, 23.7.1926; ÖAZ 1927/205.

II, 233 Hm, ¾ Std.

Zugang: a) Von der St. Pöltener Hütte, 2481 m, südwestw. den Blockhang abwärts, um den Tauernkopf (2704 m) herum und westw. hinan (Schneefelder) in die Feuchtebenscharte, 2756 m (1½ Std.).
b) Von der St. Pöltener Hütte am Hüttenweg kurz abwärts und rechts zur Wasserlacke, 2361 m; von dieser in WNW-Richtung hangaufwärts in die Feuchtebenscharte (2½ Std.).
Anstieg: Von der Feuchtebenscharte auf dem Grat zur Gipfelwand. Rechts der Gipfelfalllinie durch einen nassen Riss auf eine steil links ansteigende Rampe; in der nächsten Rinne auf den Grat und zum Gipfel.

2216 Südwestgrat

H. Strohmaier, 14.9.1974; NAV.

III+, 318 Hm, ¾ Std.

Von der Feuchtebenscharte, 2756 m (R 2215), westl. über Schrofen und Querung zum Fuß des SW-Grats, P. 2671 m. Rechts davon in einer Schuttrinne ¼ ihrer Höhe zu kleinem Kar, links auf den SW-Grat und zum Gipfel.

2217 Westwand

H. Strohmaier, 8.9.1973; NAV.

IV–, 300 Hm, 1 Std.

E. ca. 30 m links von P. 2671 m (R 2216). Durch die Schlucht bis unter kleinen Überhang. Rechts um diesen, schräg links in die Schlucht (bis hier meist fester Fels). An der linken Schluchtflanke zur Blockhalde und zum Gipfel.

b) Westlicher Tauernhauptkamm – Klockenkogelkamm

(ab Amertaler Höhe mit Auslauf zum Tauern- und Landecktal)

2220 Sillingkopf, 2859 m

1. Ersteigung und Überschreitung: W. Brandenstein, 19.7.1926, zugleich Gesamtüberschreitung des Klockenkogelkamms. 1. Ski-Ersteigung: H. Tomaschek, 19.5.1932. P. 2779 m (im Sillingkopf-SW-Grat), 1. Ersteigung: W. Brandenstein, 19.7.1926.

AVK 39/2002 »der Silling«. Firngipfel über dem Daberkees, zwischen Sillingscharte, 2784 m (im N), und Klockenkogelscharte, 2720 m (im SSW).

2221 Nordanstieg

W. Brandenstein, 19.7.1926; ÖAZ 1927/202.

I, 75 Hm, ¼ Std.

Von der Sillingscharte, 2784 m (R 901), über Geröll, Schrofen und Firn.

2222 Südwestgrat

W. Brandenstein, 19.7.1926, im Abstieg; ÖAZ 1927/202.

II, 139 Hm, ½ Std.

Von der Klockenkogelscharte, 2720 m (R 903), am SW-Grat aufwärts, dabei am P. 2779 m rechts vorbei (auf ihn unschwieriger, schmaler Grat) und weiter am Grat, an den Türmen links vorbei, zum Gipfel.

2224 Klockenkogel

Hauptgipfel, 2829 m – Westgipfel, 2679 m

1. Ersteigung: R. Majewski und Gef., 1923. 1. Überschreitung: W. Brandenstein, 19.7.1926. »Blaues Hütle«, 2740 m (markanter Zacken am NO-Grat), 1. Ersteigung: W. Brandenstein, 19.7.1926.

AVK 39/2002 »Glockenkogl«. Wuchtiger Felsdreikant südl. über dem Daberkees, zwischen Klockenkogelscharte, 2720 m (NO), Haupmerscharte, 2527 m (W), und Wilde-Mannder-Scharte, 2600 m (S); Besteigung lohnend.

2225 Südgrat

W. Brandenstein, 4.8.1926; ÖAZ 1927/202.

II, 229 Hm, ½ Std.

Von der Wilde-Mannder-Scharte, 2600 m (R 905), auf dem breiten Rücken empor zu dem schmalen, ausgesetzten Teil, dann leicht zum Gipfel.

2226 Westgrat

W. Brandenstein, 19.7.1926; ÖAZ 1927/202.

III, 302 Hm, 1 Std.

Von der Haupmerscharte, 2527 m (R 907), auf dem anfangs breiten Blockrücken aufwärts zum W-Gipfel, 2679 m, der zweimal überhängend in ein enges Schartl abbricht (evtl. abseilen).

15 m zurück und Quergang (III, brüchig) in die steile Rinne (früher Eisrinne); in dieser aufwärts, bis ein Ausstieg nach links in die Gipfelwand möglich ist, und über diese zum Gipfel.

2227 Nordostgrat

R. Majewski und Gef., 1923.

II, **50 Hm**, **¾ Std.**, schöner Anstieg.

Von der Klockenkogelscharte, 2720 m (R 903), am Grat über einen kleinen Felskopf zum Fuß des »Blauen Hütle« (auf dieses, 2740 m, über eine schmale, brüchige Schneide). Rechts oder links um das kühne Felsgebilde herum und am Grat weiter zum Gipfel.

2228 Nordwand

K. Fürst, R. Rameis, Sommer 1930.

III, **200 Hm**, **1½ Std.**, ehemals Firn, heute Fels.

Von R 537/R 544 in ¼ Std. auf dem Daberkees aufwärts zum Wandfuß (E.). In der Steilrinne, die die N-Wand teilt, steil rechts empor in das Schartl zwischen W-Gipfel, 2679 m, und Hauptgipfel und links auf diesen.

2229 Südwestwand

R. Klose, F. Liederer, O. Schefzik, 16.7.1929; Jb. BG/ÖTK 1929–34/90, ÖTZ 1932/42.

IV–, **280 Hm**, **2½ Std.**, steile Kletterei.

E. ab R 537/R 544; von rechts über eine niedere Wandstufe in die Schlucht, die aus der Scharte zwischen Vor- und Gipfel herabzieht. In ihrem Grund über Schnee bis fast an den großen Abbruch. Über die senkrechte Wand links etwa 40 m hinauf zu einem kleinen Schuttkessel.
Aus diesem waagrecht über eine glatte Platte und erdiges Gelände zu einem losgesprengten Block und in die Rinne über deren Abbruch (2 SL vom Schuttkessel). Nun rechtsseitig, zuletzt durch eine Steilrinne, zum Ausstieg und über Blöcke zum nahen Gipfel.

2231 Wilde Mannder

Nordgipfel, 2650 m – Mittelgipfel, 2655 m – Südgipfel, 2669 m

N-Gipfel, Mittelgipfel, 1. Ersteigung: W. Brandenstein, 4.8.1926, von W auf den Mittelgipfel und über den N-Gipfel in die Wilde-Mannder-Scharte; ÖAZ 1927/202. S-Gipfel, 1. Ersteigung und Überschreitung des gesamten Gipfelgrats: R. Klose, F. Liederer, K. Medlitsch, 24.7.1931.

Felber Tauernkogel von Osten:
R 2212 Ostgrat
R 323 St. Pöltener Hütte vom Matreier Tauernhaus

Felber Tauernkogel
2212
Felber Tauern
Weinbichl
St. Pöltener-Hütte
2212
323/324

Dreitürmiger, waagrechter Grat von der Wilden-Mannder-Scharte, 2600 m, nach S, die Verlängerung des Klockenkogel-S-Grats; nur Kletterziel.

■ 2232 Nord-Süd-Überschreitung

R. Klose, F. Liederer, K. Medlitsch, 24.7.1931; Jb. ÖTK 1929–34/91, ÖTZ 1932/41.

III+, 3 Std.

Überschreitung: Von der Wilde-Mannder-Scharte, 2600 m (R 905), rechts um einen Zacken zum Fuß des N-Gipfels. In einer Steilrinne aufwärts, nach 20 m über einen Blocküberhang nach rechts zu Stand an der Kante (III+). Plattiger Quergang nach rechts, dann schräg an der Turmwand hinauf auf den N-Gipfel. Über Platten in die folgende Scharte und über Blöcke auf den Mittelgipfel. Auf der Schneide in schöner Blockkletterei auf und ab, an einigen schneidigen Felszähnen vorbei, zum Steilaufbau des S-Gipfels; zuerst nahe rechts, dann links der scharfen, senkrechten Kante durch Kamine auf diesen.
Abstieg: Über Platten abwärts in die Scharte bei einem Felskopf und durch einen kurzen Riss auf diesen. Abstieg südw. über den Breitlahn, 2540 m (AVK 39/2002 »Broatlahnerkogl«), P. 2220 m und P. 2034 m (nun auf Steig) zur Landeggalm, 1713 m (R 464).

2236 Haupmerkopf (Trogkopf), 2623 m

Erstbegeher unbekannt. 1. Überschreitung: W. Brandenstein, Henriette Hurych, F. Waldmann, 19.7.1926.

AVK 39/2002 »Haupmerkogel«. Westl. der Haupmerscharte, 2527 m; unter dem Gipfel große Blockhöhle.

■ 2237 Ostgrat

W. Brandenstein, Henriette Hurych, F. Waldmann, 19.7.1926, im Abstieg; ÖAZ 1927/202.

II, 97 Hm, ¾ Std.

Von der Haupmerscharte, 2527 m (R 907), anfangs links vom Grat, dann über grasdurchsetzte Schrofen auf eine glatte Platte (brüchiges gelbes Gestein) und empor auf den O-Grat. Nach einem ausgesetzten Quergang, links unter einem Turm, über leichten Fels auf den aus großen Blöcken bestehenden Gipfel.

■ 2238 Westgrat

W. Brandenstein, Henriette Hurych, F. Waldmann, 19.7.1926; ÖAZ 1927/202.

I, gesamt **247 Hm, 1 Std.**

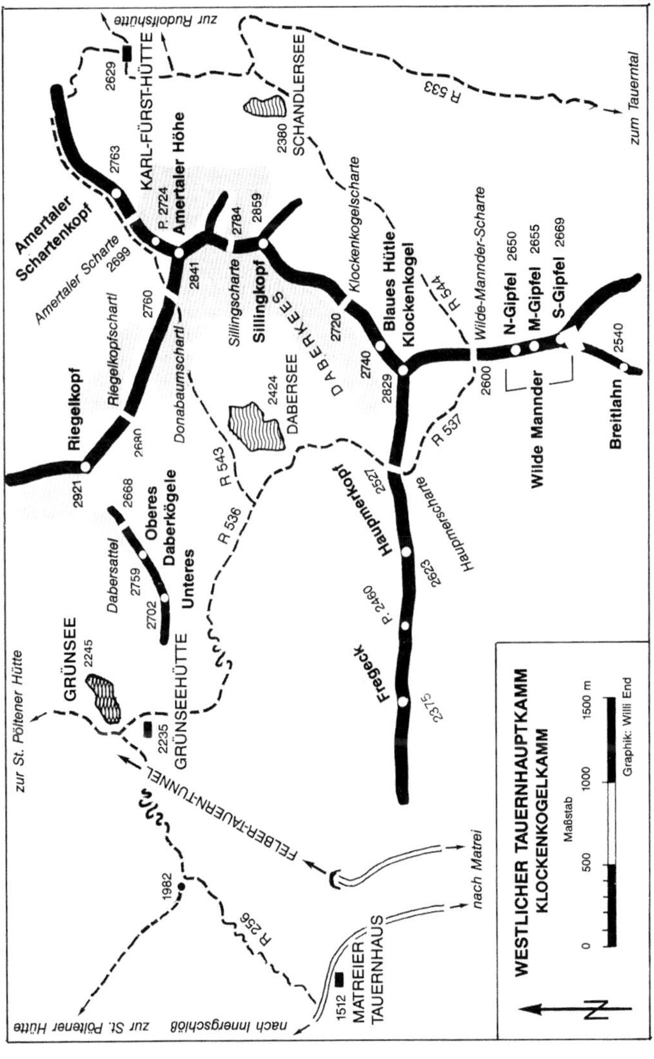
WESTLICHER TAUERNHAUPTKAMM
KLOCKENKOGELKAMM
Maßstab
0
500
1000
1500 m
Graphik: Willi End
Amertaler Schartenkopf
Amertaler Scharte 2699
2763
KARL-FÜRST-HÜTTE
2629
zur Rudolfshütte
SCHANDLERSEE
2380
R 533
zum Tauerntal
P. 2724
Amertaler Höhe
2841
2784
2859
Sillingscharte
Sillingkopf
Klockenkogelscharte
Blaues Hütle
Klockenkogel
R 544
Wilde-Mannder-Scharte
N-Gipfel 2650
M-Gipfel 2655
S-Gipfel 2669
2540
Breitlahn
Wilde Mannder
2600
R 537
2829
2740
2720
DABERKEES
DABERSEE
2424
2760
Riegelkopfschartl
Donabaumschartl
Riegelkopf
2680
2921
R 543
R 536
Haupmerkopf
2527
Haupmerscharte
2623
P. 2460
Fregeck
2375
2668
Oberes Daberkögele
Dabersattel
2759
Unteres
2702
GRÜNSEE
2245
zur St. Pöltener Hütte
GRÜNSEEHÜTTE
2235
FELBER-TAUERN-TUNNEL
1982
R 256
nach Matrei
MATREIER TAUERNHAUS
1512
zur St. Pöltener Hütte
nach Innergschlöß

Vom Dabersee, 2424 m, von R 537/R 544 nach SW dem Seeabfluss entlang abwärts bis unter dem W-Grat. Den steilen Schutthang, zuletzt in einer Rinne, aufwärts in den auffallenden, scharfen Einschnitt im rückenartigen W-Grat. Auf dem grünen Kamm, an einer Erhebung links vorbei, die nächste wird überschritten und der Gipfel erreicht.

2240 Fregeck, 2375 m

AVK 39/2002 »Frögegge«, unrichtig »Daberkögele«. Letzte Erhebung im Haupmerkopf-W-Grat.

Felber/Mitterkamm

Zwischen Hochgasser und Hoher Arche.
Tourengebiet: St. Pöltener Hütte.
Landkarten: AVK Nr. 39 »Granatspitzgruppe«, 1:25.000 (Teilbereich); ÖK-UTM Nr. 3226 »Matrei in Osttirol«, 1:50.000; ÖK-BMN Nr. 152 »Matrei in Osttirol«, 1:50.000; FB-WK Nr. 121 »Großvenediger/Oberpinzgau«, 1:50.000.

2241 Hörnl, 2852 m

1. Ersteigung: Mitglieder der ÖAV-Sektion St. Pölten. 1. Längsüberschreitung des Felber/Mitterkamms (S–N): W. Brandenstein, 17.7.1926.

AVK 39/2002 »Hochfürleg«. Nördl. vom Hochgasser, 2922 m, dazw. die Bratschenscharte, 2725 m; langer N-Kamm gegen die Taimeralm, 1341 m; breite SW-Hänge gegen den Tauernsee, 2350 m, mächtige O-Abstürze (Vordere Bratschen) zur Amertaler Öd.

■ 2242 Südwestflanke

Anfangs **I** (kurze Sicherungen), sonst unschwierig, **371 Hm**, **2 Std.**, bez. Nr. 524.

Von der St. Pöltener Hütte, 2481 m, mit R 543 auf den Alten Tauern, 2493 m (R 899). Links bis 2400 m vor dem Tauernsee; westl. von diesem im Kar mit Linksbogen aufwärts und ab 2500 m in NO-Richtung zu P. 2760 m am S-Kamm und zum Gipfel.

■ 2243 Südgrat

II, **¾ Std.** von der Bratschenscharte; vgl. R 2202.

■ 2244 Übergang zum Schwarze Lacken, 2784 m

W. Brandenstein, 1926.

½ Std., einfach.

2246 Schwarze Lacken (Die Fürleg), 2784 m

1. Ersteigung und Überschreitung (SO–NW): W. Brandenstein, 17.7.1926; vgl. R 2255.

Begrünter Gipfel zwischen Hörnl, 2852 m (im O), und Huggachkopf, 2480 m (im NW). Felsabstürzen nach W zum Langsee, 2231 m.

2247 Huggachkopf, 2480 m

1. Ersteigung und Überschreitung (S–N): W. Brandenstein, 17.7.1926; vgl. R 2255.

ÖK 152 »Huggachköpfe«. Begrünter Hügel zwischen Schwarze Lacken, 2784 m (im SO), und Schrankeckscharte, 2329 m (im N).

2250 Großes Schrankeck, 2394 m

1. Ersteigung und Überschreitung (S–NO): W. Brandenstein, 17.7.1926; vgl. R 2255.

Zwischen Schrankeckscharte, 2329 m (im S), und Kleinem Schrankeck, 2303 m (im NO).

2251 Kleines Schrankeck, 2303 m

1. Ersteigung und Überschreitung (SW–NW): W. Brandenstein, 17.7.1926; vgl. R 2255.

Zwischen Großem Schrankeck, 2394 m (im SW), und dem Brentling, 2243 m (im NW).

2252 Hieflkopf, 2170 m

Im nordöstl. Seitenkamm des Kleinen Schrankeck, 2303 m, mit Felsabstürzen zum Amertal.

2253 Brentling, 2243 m

1. Ersteigung und Überschreitung (SO–N): W. Brandenstein, 17.7.1926; vgl. R 2555.

Begrünter Berg zwischen Kleinem Schrankeck, 2303 m (im SO), und Archensattel, 1870 m (im N). Gipfelkreuz.

2254 Hohe Arche (Archenkopf), 1920 m

Letzte nördl. Erhebung des Felber/Mitterkamms mit breitem, bewaldetem Rücken abwärts zur Einmündung der Amertaler Öd ins Felber Tal. Vom südl. befindlichen Archensattel, 1870 m (R 923), einfach erreichbar.

2255 Süd-Nord-Überschreitung des Felber/Mitterkamms

W. Brandenstein, 17.7.1926; ÖAZ 1927/201.

II (Stelle am Gr.-Schrankeck-S-Grat), I, meist Gehgelände, **5 Std.**

Vom Hörnl, 2852 m, nach W und über den SO-Kamm auf den Schwarze Lacken, 2784 m. Abstieg am NW-Grat, über einen Einschnitt in eine sumpfige Mulde; an einem Rücken weiter zu einer Scharte und über einen begrünten Kamm auf den Huggachkopf, 2480 m.

Am N-Kamm abwärts in die Schrankeckscharte, 2329 m (R 922, 2½ Std.). In der Steilrinne (II) links des S-Grats aufs Große Schrankeck, 2394 m. Weiter aufs Kleine Schrankeck, 2303 m, über P. 2310 m, einige Felsen, auf den Brentling, 2243 m.

Auf dem N-Rücken über P. 2130 m abwärts in den Archensattel, 1870 m (R 923, 2½ Std.).

Muntanitzkamm

Tourengebiet: Kalser Tauernhaus, Keßleralm, Rudolfshütte, Sudetendeutsche Hütte.

Landkarte: AVK Nr. 39 »Granatspitzgruppe«, 1:25.000; ÖK-UTM Nr. 3226 »Matrei in Osttirol«; ÖK-BMN Nr. 152 »Matrei in Osttirol«, 1:50.000 (Teilbereich); ÖK-BMN Nr. 153 »Großglockner«, 1:50.000 (Teilbereich); FB-WK Nr. 123 »Matrei/Defereggen/Virgental«, 1:50.000.

a) Muntanitzkamm – Nordbereich

(zwischen Unterer Keeswinkel- und Luckenscharte)

2260 Keeswinkelturm, 2980 m

1. Ersteigung und Überschreitung (S–N): R. Behounek, S. Resch, R. Klose, M. Mathaus, A. Brachtl, K. Turnovsky, 19.7.1937; vgl. R 2263.

Zwischen Unterer Keeswinkelscharte, 2945 m, danach die Granatspitze, 3086 m (im N), und der Nördliche Keeswinkelkopf, 2990 m (im S).

2261 Nördlicher Keeswinkelkopf, 2990 m

1. Ersteigung und Überschreitung (S–N): R. Behounek, S. Resch, R. Klose, M. Mathaus, A. Brachtl, K. Turnovsky, 19.7.1937; vgl. R 2263.

Zwischen Keeswinkelturm, 2980 m (im N), und Südlicher Keeswinkelkopf, 2996 m (im S).

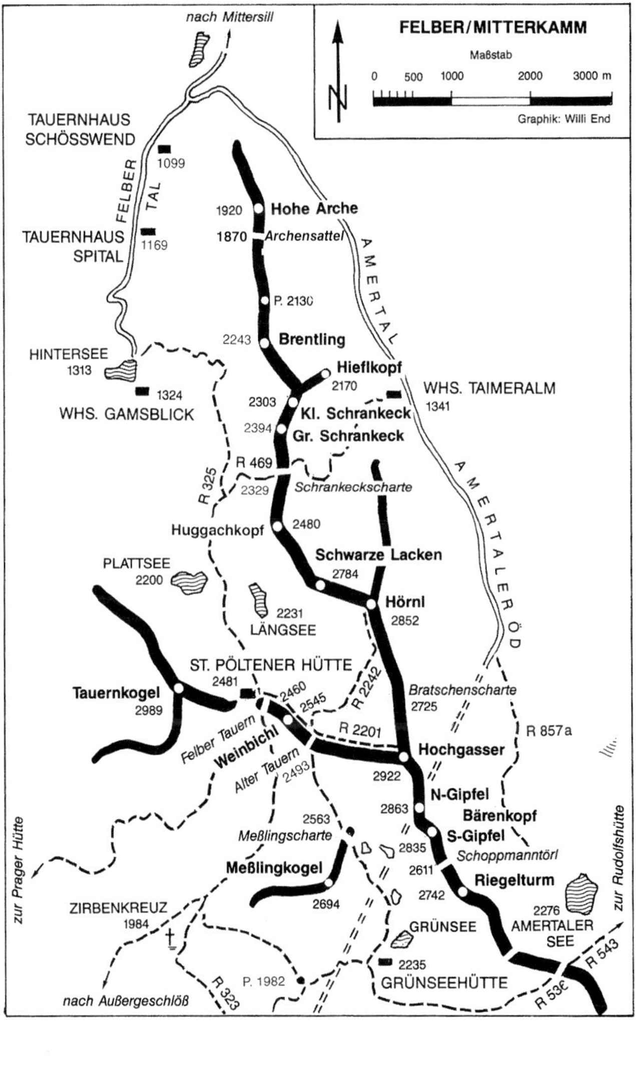
FELBER/MITTERKAMM
Maßstab
0 500 1000 2000 3000 m
Graphik: Willi End
nach Mittersill
TAUERNHAUS SCHÖSSWEND
1099
FELBER TAL
TAUERNHAUS SPITAL
1169
1920 Hohe Arche
1870 Archensattel
AMERTAL
P. 2130
2243 Brentling
HINTERSEE 1313
Hieflkopf 2170
1324
WHS. GAMSBLICK
WHS. TAIMERALM 1341
2303 Kl. Schrankeck
2394 Gr. Schrankeck
R 469
R 325
2329 Schrankeckscharte
AMERTALER ÖD
Huggachkopf 2480
Schwarze Lacken
PLATTSEE 2200
2784
Hörnl 2852
2231 LÄNGSEE
ST. PÖLTENER HÜTTE 2481
Tauernkogel 2989
2460
2545
R 2242
Bratschenscharte 2725
Felber Tauern
Weinbichl
R 2201
R 857a
Hochgasser
Alter Tauern
2493
2922
N-Gipfel
2863
Bärenkopf
2563
Meßlingscharte
S-Gipfel
2835
Schoppmanntörl
zur Prager Hütte
Meßlingkogel
2611
Riegelturm
zur Rudolfshütte
2742
2694
ZIRBENKREUZ 1984
2276
GRÜNSEE
AMERTALER SEE
R 543
2235
P. 1982
GRÜNSEEHÜTTE
R 323
R 53€
nach Außergeschlöß

2262 Südlicher Keeswinkelkopf, 2996 m

1. Ersteigung und Überschreitung (S–N): R. Behounek, S. Resch, R. Klose, M. Mathaus, A. Brachtl, K. Turnovsky, 19.7.1937; vgl. R 2263.

Zwischen Nördlichem Keeswinkelkopf, 2990 m (N), und Oberer Keeswinkelscharte, 2953 m, danach Kalser-Bärenkopf-NW-Gipfel, 3034 m (S).

2263 Keeswinkelgrat

Lange Felsschneide zwischen Unterer und Oberer Keeswinkelscharte; im O das Kalser-Tauern-Kees, im W das Prägratkees.

■ 2264 Süd-Nord-Überschreitung

R. Behounek, S. Resch, R. Klose, M. Mathaus, A. Brachtl, K. Turnovsky, 19.7.1937; Jb. BL 1937/29.

IV+ (Keeswinkelturm), sonst III+, **4½ Std.**, schöne Kletterei, landschaftlich prachtvoll. Vgl. Skizze S. 543.

Von der Oberen Keeswinkelscharte, 2953 m (R 932), am Grat auf den fast waagrechten Gipfelgrat des Südlichen Keeswinkelkopf, 2996 m. Auf der Gratschneide zu einem Turm, nach dessen Überschreitung eine kurze Abseilstelle und in die tiefste Scharte vor dem Nördlichen Keeswinkelkopf. Der folgende Gratverlauf ist brüchig; auf einen Vorturm und nach einer kleinen Scharte durch einen kurzen, abdrängenden Riss auf den Nördlichen Keeswinkelkopf, 2990 m. Am steilen Grat hinunter auf einen kleinen Turm; von diesem nach N abseilen. Über Blöcke zum kühnen Keeswinkelturm. An der SW-Kante empor und mit menschlichem Steigbaum auf den glatten Gipfelblock des Keeswinkelturm, 2980 m. An der N-Seite ca. 15 m abseilen (kann auch abgeklettert werden) auf die aus riesigen Blöcken gebildete Gratfortsetzung; auf dieser zur Unteren Keeswinkelscharte, 2945 m (R 931).

2266 Kalser Bärenkopf

Hauptgipfel, 3078 m – Südlicher Vorgipfel, 3060 m – Nordwestgipfel, 3034 m

1. Ersteigung: vermutlich M. v. Prielmayer mit Führer, vor 1894. 1. Überschreitung: L. Diestl, W. Teufel, 4.8.1897; Jb. SN 1897/21. 1. Gratübergang NW-Gipfel – Schwarzkogel: H. Peterka, M. Jedlicka, 9.8.1932.

Stattlicher Felsberg zwischen Oberer Keeswinkelscharte, 2953 m (im NW), und Grauem Törl, 2891 m (im S); im N das Kalser-Tauern-Kees, an der W-Seite das Bärenkopfkees (AVK 39/2002 »Landeckkees«); markante O-Wand; schönster Anstieg über den N-Grat, Normalanstieg S-Grat. Vom NW-Gipfel eine Kammabzweigung nach SW über die Lendingscharte,

2906 m, zum Schwarzkogel, 2867 m. Lohnender Gipfel mit herrlicher Rundsicht.

■ 2267 Südgrat

Vermutlich M. v. Prielmayer mit Führer, vor 1894.

I, 187 Hm, 1 Std., Normalanstieg. Vgl. Foto S. 627.

Vom Grauen Törl, 2891 m (R 934), anfangs rechts vom Grat aufwärts (direkt III), bald direkt über den südl. Vorgipfel auf den schneidigen Hauptgipfel.

■ 2268 Nordwestgrat

L. Diestel, W. Teufel, 4.8.1897.

II, 125 Hm, 2½ Std., schöne Blockkletterei. Vgl. Foto S. 627; Skizze S. 543.

Von der Oberen Keeswinkelscharte, 2953 m (R 932), rechtsseitig auf den NW-Gipfel. An der W-Seite des ersten Turms in einem kaminartigen Winkel hinauf und über senkrechte Stufen in eine Scharte. Am Grat weiter, dann linksseitig durch einen waagrechten Spalt und über einen Überhang. Höher oben verbreitert sich der Grat zu einem Blockrücken und leitet zuletzt firstartig zum Hauptgipfel.

■ 2269 Ostwand-Übersicht

Die O-Wand des Hauptgipfels, mit insgesamt 560 Hm, ist von zwei tief fußenden Pfeilern eingefasst – der Linke O-Wand-Pfeiler (R 2271) erreicht den Südlichen Vorgipfel, der Rechte O-Wand-Pfeiler (R 2271a), zuletzt in den NO-Pfeiler (R 2274) mündend, den Hauptgipfel; zwischen diesen Pfeilern die drei übereinander gelagerten O-Wand-Kessel (Schnee).
Unter dem tiefsten Kessel ist die O-Wand von einer waagrechten Wandstufe durchzogen, von der ein weiterer Pfeiler, der Mittlere Wandstufenpfeiler, zum Kar absetzt. Der O-Wand-Anstieg R 2270A, vom NO-Pfeiler-Fuß, führt mit langem Quergang über die waagrechte Wandstufe durch die drei O-Wand-Kessel zum Gipfel.
Zugang: Vom Kalser Tauern, 2518 m (R 851), kurz abwärts, rechts hinüber und den Hang unter dem Kalser-Tauern-Kees queren zu P. 2508 m vor dem NO-Pfeiler.

□ 2270A Ostwand im Abstieg

H. Peterka, F. Zimmermann, 21.8.1940.

III, 400 Hm, 2½ Std., ungutes Gelände, s. AVF-GG 9/1995/674. Vgl. Foto S. 627.

2271 Linker Ostwandpfeiler

H. Peterka, F. Zimmermann, 21.8.1940.

III+, 500 Hm, 3½ Std., gewaltiger Anstieg. Vgl. Foto S. 627.

Übersicht: Vgl. R 2269.
Zugang: Vom Kalser Tauern, 2518 m (R 851), mit R 467 abwärts zum Tauernbrünnl, rechts über den Seebach und auf die Hangrampe Aderleiten. Von dieser rechts die Steilhänge hinauf zum O-Wand-Fuß (1½ Std.) und links weiter zum O-Pfeiler-Fuß (¼ Std.).
Anstieg: E. links der tiefsten Pfeilerfelsen. Kurz in einer Schuttrinne zu einem schmalen Firnstreifen und auf die Felsstufe des Linken O-Pfeilers. Aufwärts zu einer senkrechten Wand, die die linke Begrenzung bildet. Auf kurzem Band nach rechts und schräg rechts über einen Blocküberhang auf steile Platten. Auf diesen zuerst gerade, dann schräg links zu einer Rippe. Hinter dieser in einer flachen Rinne kurz weiter und auf ihrer rechten Begrenzung bis zum Ende vor quer stehenden Felsstufen (Höhe der waagrechten Wandstufe in ein Drittel Wandhöhe).
Unter Stufe nach rechts zum Fuß einer mächtigen Wand. An dieser schräg links empor in eine schmale Firnbucht, kurz aufwärts, dann schräg rechts über Platten auf die Höhe der mächtigen Wand (Einblick rechts in den mittleren O-Wand-Kessel). Am Pfeiler steil empor, dann über Platten nach links. Kurz darüber die oberste Stufe des O-Pfeilers, zuletzt auf dem gratartigen SO-Pfeiler zum Südlichen Vor- und Hauptgipfel.

2271a Rechter Ostwandpfeiler (»Pfeiler der Wintersonne«)

H. Bärnthaler, 13.3.1984; NAV.

50°, III (Stellen), I–II, **500 Hm, 2 Std.**, kombiniertes Gelände. Vgl. Foto S. 627.

2272 Nordostwand-Übersicht

Die breite NO-Flanke, zu den Dorfer Keesflecken (südl. Gletscherlappen des Kalser Tauernkeeses) abfallend, ist in Gipfelfalllinie von einer hohen Eisrinne durchzogen, neben der links der NO-Pfeiler aus einem vorspringenden Schuttrücken ansteigt und den Hauptgipfel erreicht. Rechts der Eisrinne ein zweiter Pfeiler (NO-Wand-Pfeiler mit dem NO-Wand-Anstieg), der ebenfalls mit einer dreieckigen Wand absetzt und am oberen N-Grat, rechts des Hauptgipfels, endet. Im rechten Teil der NO-Wand zieht eine schräge, anfangs gestufte Felsrippe (NO-Wand-Rippe) zum mittleren N-Grat empor.
Zugang: Vom Kalser Tauern, 2518 m (R 851), kurz abwärts, rechts hinüber und den Hang unter dem Kalser-Tauern-Kees queren zu P. 2508 m unter der NO-Wand (1 Std.).

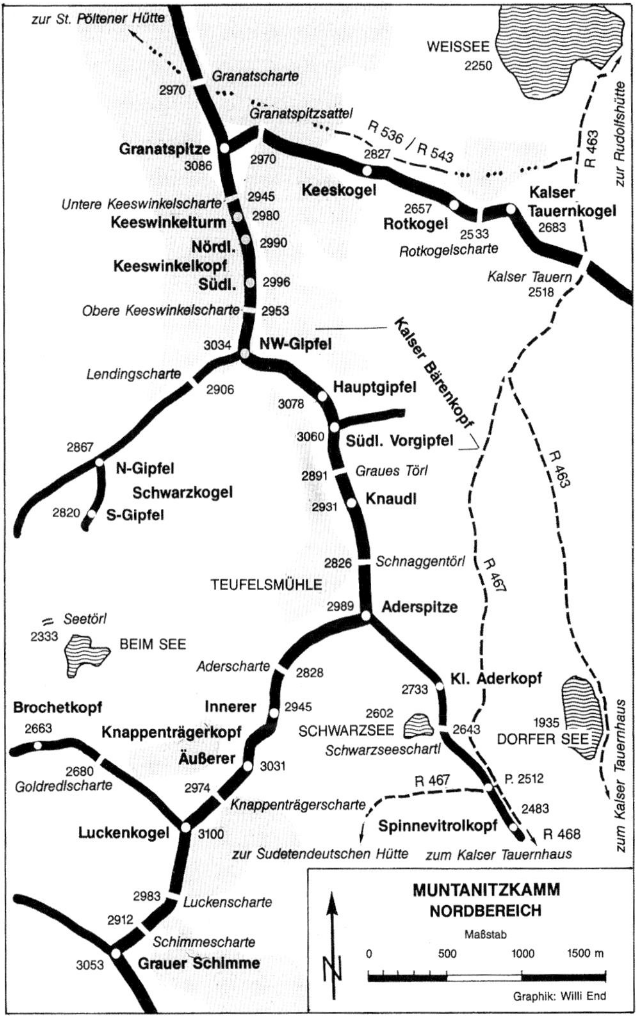
zur St. Pöltener Hütte
Granatscharte
2970
Granatspitzsattel
R 536 / R 543
WEISSEE
2250
Granatspitze
3086
2970
2827
Keeskogel
R 463
zur Rudolfshütte
Untere Keeswinkelscharte
2945
Keeswinkelturm
2980
Nördl.
2990
Keeswinkelkopf
Südl.
2996
Obere Keeswinkelscharte
2953
2657
Rotkogel
2533
Rotkogelscharte
Kalser
Tauernkogel
2683
Kalser Tauern
2518
3034
NW-Gipfel
Kalser Bärenkopf
Lendingscharte
2906
Hauptgipfel
3078
3060
Südl. Vorgipfel
2867
N-Gipfel
Schwarzkogel
2820
S-Gipfel
2891
Graues Törl
2931
Knaudl
R 463
2826
Schnaggentörl
R 467
TEUFELSMÜHLE
2989
Aderspitze
Seetörl
2333
BEIM SEE
Aderscharte
2828
Kl. Aderkopf
2733
Brochetkopf
2663
Innerer
2945
Knappenträgerkopf
Äußerer
3031
2602
SCHWARZSEE
Schwarzseeschartl
2643
1935
DORFER SEE
2680
Goldredlscharte
2974
Knappenträgerscharte
R 467
P. 2512
2483
zum Kalser Tauernhaus
Luckenkogel
3100
Spinnevitrolkopf
R 468
zur Sudetendeutschen Hütte
zum Kalser Tauernhaus
2983
Luckenscharte
2912
Schimmescharte
3053
Grauer Schimme
MUNTANITZKAMM
NORDBEREICH
Maßstab
0
500
1000
1500 m
N
Graphik: Willi End

2273 Nordostwand

H. Peterka, M. Jedlicka, 9.8.1932; ÖAZ 1932/393.

III, 400 Hm, 2½ Std., fester Fels. Vgl. Foto S. 627.

Übersicht, Zugang: Vgl. R 2272.
Anstieg: Rechts des Anstiegspfeilers ein Firnhang, der nach rechts zur NO-Wand-Rippe reicht und dort eine Schulter bildet. E. rechts vom Pfeiler. In einer Rinne auf den Firnhang und in der links abzweigenden Rinne weiter zu geneigt en Felsstufen. Schräg links aufwärts bis in Nähe der sichtbaren Scharte hoch oben an der scharfen Rippe des NO-Wand-Pfeilers. Diese Scharte wird zuletzt durch eine Felsrinne (vereist) erreicht. Am Wandpfeiler links um die Ecke und über eine große Platte zurück an die Rippe, aufwärts zum N-Grat nahe vor dem Hauptgipfel.

2274 Nordostpfeiler

R. Klose, F. Liederer, K. Medlitsch, 19.7.1931; Jb. BG/ÖTK 1929–34/86, ÖTZ 1932/81.

III+, 400 Hm, 2½ Std., empfehlenswerter Anstieg, die schwierigsten Stellen befinden sich an der Kante des Felsdreiecks. Vgl. Foto S. 627; Skizze S. 543.

Übersicht: Vgl. R 2269, R 2272.
Zugang: Vgl. R 2272.
Anstieg: Der NO-Pfeiler setzt mit einem schwarzen Felsdreieck ab. Der Anstieg führt vom Schuttrücken durch eine Schrofenrinne, bald an deren rechter Begrenzungsrippe, dann am rechten Rand des Dreiecks auf dessen Spitze empor und an der Pfeilerkante weiter zum Gipfel. Zuerst ein schmaler versteckter Riss mit Klemmblock, dann eine ca. 3 m hohe senkrechte Wandstelle. Nach kurzem Ausbiegen rechts in der Flanke über eine glatte Platte in einen kurzen Kamin und auf die Spitze des Felsdreiecks. Nun am Pfeiler über riesige Plattentafeln aufwärts, zuletzt in einer Linksschleife auf den Hauptgipfel.

2275 Südostpfeiler

W. Brandenstein, W. Sekyra, 31.7.1927.

III, 350 Hm, 2 Std. Vgl. Foto S. 627.

Zugang: Vgl. R 2271.
Anstieg: E. an der linken Pfeilerseite. Über brüchige Felsen steil aufwärts

Kalser Bärenkopf von Osten:
R 2267 Südgrat
R 2268 Nordwestgrat
R 2270A Ostwand (1. Unterer Wandkessel, 2. Mittlerer Wandkessel, 3. Oberer Wandkessel)
R 2271 Linker Ostwandpfeiler
R 2271a Rechter Ostwandpfeiler
R 2273 Nordostwand
R 2274 Nordostpfeiler
R 2275 Südostpfeiler

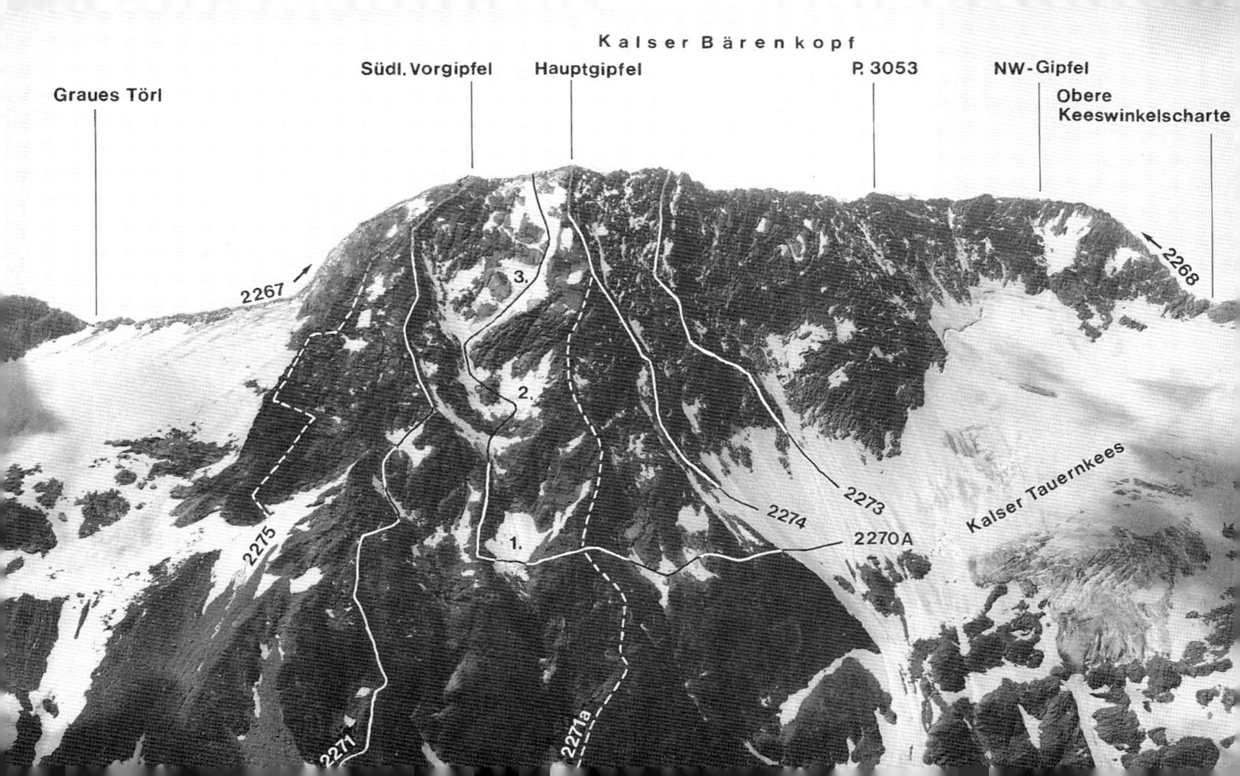

Kalser Bärenkopf
Graues Törl
Südl. Vorgipfel
Hauptgipfel
P. 3053
NW-Gipfel
Obere Keeswinkelscharte
2267
2268
3.
2.
1.
2275
2273
2274
2270A
Kalser Tauernkees
2271
2271a

und sobald wie möglich auf Band nach links auf den SO-Pfeiler. Auf diesem empor zu seinem Steilaufschwung. Nach rechts, und entweder in der steilen Schneerinne oder daneben über feste Blöcke aufwärts in eine Scharte. Rechts über Platten in einem schrägen Riss weiter auf den obersten Linken O-Pfeiler und zum Südlichen Vorgipfel.

■ 2276A Westwand

W. Brandenstein, F. Waldmann, 23.8.1926; ÖAZ 1927/202.

III–, 172 Hm, 1 Std.

Vom Hauptgipfel auf der westw. ziehenden Rippe steil abwärts, bei einem auffallenden Felsbalkon Rechtsquergang in eine Rinne und über Schrofen abwärts zum Bärenkopfkees. Im Kar nach NW queren und über Platten in die Lendingscharte, 2906 m (R 938).

■ 2277A Südwestgrat

H. Peterka, M. Jedlicka, 9.8.1932.

II, 128 Hm, ½ Std.

Vom NW-Gipfel am Grat entlang in die Lendingscharte, 2906 m (R 938).

2280 Schwarzkogel

Nordgipfel, 2867 m – Südgipfel, 2820 m

1. Ersteigung und Überschreitung: W. Brandenstein, 19.8.1927. 1. Gratübergang vom Kalser-Bärenkopf-NW-Gipfel: H. Peterka, M. Jedlicka, 9.8.1932.

AVK 39/2002 »Schwarzenkogl«. Felsgipfel im verlängerten SW-Grat des Kalser-Bärenkopf-NW-Gipfels, dazwischen die Lendingscharte, 2906 m; untergeordnet, entlegen.

■ 2281 Nordostgrat

H. Peterka, M. Jedlicka, 9.8.1932.

I, ½ Std.

Von der Lendingscharte, 2906 m (R 938), am Grat zum N-Gipfel.

■ 2282 Südwestflanke

W. Brandenstein, 19.8.1927.

I, 572 Hm, 1½ Std.

Vom Seetörl, 2300 m (R 941), nordw. über Platten zur SW-Abdachung (große Blöcke). Am rechten Rand zum Schartl beim S-Gipfel und links über Blöcke zum N-Gipfel.

2283A Ostwand

W. Brandenstein, 19.8.1927.

II, gesamt **366 Hm**, **¾ Std.**

Vom Gipfel kurz am NO-Grat hinab und rechts in die O-Wand; über Absätze und Bänder nach rechts und auf dem letzten und längsten Band zum Ausstieg im Lendingkar. Weiter abwärts zu P. 2506 m (R 458).

2284 Knaudl, 2931 m

1. Ersteigung: M. v. Prielmayer mit Führer, vor 1894.

AVK 39/2002 »der Knaudl«. Felskopf zwischen Grauem Törl, 2891 m (im N), und Schnaggentörl, 2826 m (im S), und von diesen kurz und einfach erreichbar.

2285 Aderspitze, 2989 m

1. Ersteigung: J. Rabl, G. Strauß, C. Beer mit A. Hetz, 24.8.1875. 1. Überschreitung: vermutlich M. v. Prielmayer mit Führer, vor 1894.

Mächtiger Felsbau zwischen Schnaggentörl, 2826 m (im N), und Aderscharte, 2828 m (im SW); nach SO ein langer Grat mit Kleinem Aderkopf, 2733 m, Schwarzseeschartl, 2643 m, und Spinnevitrolkopf, 2483 m; im NW das Bärenkopfkees mit der Teufelsmühle, 2700 m (R 458), im S ein weites Hochkar mit dem Schwarzsee, 2602 m. Anstiege mühsam, am günstigsten vom Kalser Tauernhaus. Name nach dem geäderten Gestein.

2286 Nordgrat

Vermutlich M. v. Prielmayer mit Führer, vor 1894.

II, **163 Hm**, **¾ Std.**

Vom Schnaggentörl, 2826 m (R 937), am ersten Turm rechts vorbei, ansonsten am Grat zum Gipfel.

2287 Südwestgrat

J. Rabl, G. Strauß, C. Beer mit A. Hetz, 24.8.1875; JB. ÖTK 1876/124.

II, **161 Hm**, **¾ Std.**

Von der Aderscharte, 2828 m (R 942), am Grat bzw. teils rechts daneben.

2288 Südostgrat

Vermutlich M. v. Prielmayer mit Führer, vor 1894.

II, **346 Hm**, **1¼ Std.**; Zugang 888 Hm, 2¼ Std.

Zugang: Vom Kalser Tauernhaus, 1755 m, mit R 468 (GR) auf den Spinnevitrolkopf, 2483 m.

Am Kamm nordwestw. weiter, über P. 2512 m (Kreuzen von R 467) ins Schwarzseeschartl, 2643 m, am Beginn des SO-Grats.
Anstieg: Vom Schwarzseeschartl (R 945) am Grat aufwärts auf den Kleinen Aderkopf, 2733 m, und weiter über P. 2863 m zum Gipfel.

2291 Kleiner Aderkopf, 2733 m

Zwischen Aderspitze, 2989 m (im NW), und Schwarzseeschartl, 2643 m (im S), wird bei der Begehung des Aderspitze-SO-Grats (R 2288) überschritten.

2294 Spinnevitrolkopf, 2483 m

Endpunkt des auslaufenden Aderspitze-SO-Grats, wird bei dessen Begehung überschritten; nordwestw. am Kamm P. 2512 m, Übergang R 467, R 468.

2295 Innerer Knappentrögerkopf, 2945 m

1. Ersteigung und Überschreitung: vermutlich Adeline Edwards mit T. Trost, 1907.

AVK 39/2002 »Innerer Knappenkopf«. Schroffer Felsbau im Luckenkogel-NO-Grat zwischen Aderscharte, 2828 m (N), und Äußerem Knappentrögerkopf, 3031 m (SW). Wird bei Begehung des Luckenkogel-NO-Grats (R 2303) überschritten. Name nach dem Aussehen: »Knappen« sind Felsen, die umzukippen drohen.

2297 Äußerer Knappentrögerkopf, 3031 m

1. Ersteigung und Überschreitung: vermutlich Adeline Edwards mit T. Trost, 1907.

AVK 39/2002 »Äußerer Knappenkopf«. Schroffer Felsbau im Luckenkogel-NO-Grat, zwischen Innerem Knappentrögerkopf, 2945 m (im NO), und Knappentrögerscharte, 2974 m (im SW), danach der Luckenkogel, 3100 m. Wird bei Begehung des Luckenkogel-NO-Grats (R 2303) überschritten.

☐ 2298 Westgrat

H. Tomaschek, 16.9.1932.

E. bei P. 2730 m am Gebrochenen Hangkees; Einzelheiten unbekannt.

2300 Luckenkogel, 3100 m

1. Ersteigung: Vermesser, etwa 1870 (Nördliches Loameskees). 1. tour. Ersteigung: V. Hecht mit Th. Groder, 1871 (von SO, Luckenwandrücken). 1. Überschreitung: Adeline Edwards mit T. Trost, 1907 (NO-Grat – SSW-Grat). 1. Gratübergang vom Brochetkogel: R. Gerin, G. Hecht, R. Szalay, 28.6.1927.

Stattliche Felsformation im Mittleren Muntanitzkamm, zwischen Knappenträögerscharte, 2974 m (im NO), und Luckenscharte, 2983 m (im SSW), nach SO mit einem Gletscherfeld abgedacht (Nördliches Loameskees). Nach NW die Gratverbindung mit der Goldredlscharte, 2680 m, zum Brochetkopf, 2663 m. Langer NO-Grat, mit Knappentrögerscharte, 2974 m, Äußerem Knappentrögerkopf, 3031 m, und Innerem Knappentrögerkopf, 2945 m, zur Aderscharte, 2828 m. Nach N und W beachtliche Felsabstürze.

2301 Südostflanke (Luckenwandrücken)

V. Hecht mit Th. Groder, 1871.

Im Gipfelbereich Firnflanke bis **30°**, **I**, **1345 Hm**, **5 Std.**, sehr anstrengend.

Vom Kalser Tauernhaus, 1755 m, mit R 451 (GR) aufwärts zum Schönleitenbach. Rechts von diesem weglos steil aufwärts ins Luckenkar (Überqueren von R 467).

Nordw. weiter zum 300 m höher ansetzenden spaltenreichen Nördlichen Loameskees. Im rechten Schuttwinkel empor, in einer Rinne (Schnee) neben dem Gletscher und dem abziehenden Luckenwandrücken hinauf, zu dessen Höhe P. 2907 m (hier zieht das kleine Luckenkees nordw. zum Äußeren Knappentrögerkopf). Nun schräg links über steiler werdenden Firn (30°), zuletzt über Felsen zum Gipfel.

2302A Ostflanke

I, im Gipfelbereich Firnflanke, **30°**, **1345 Hm**, **3½ Std.**, einfache Orientierung, doch steil und anstrengend.

Vom Gipfel über Felsen und Firnflanke von R 2301 abwärts zu P. 2907 m. Nun nach links in die lange Mulde nördl. davon (oberhalb das restliche Luckenkees).

Im erreichten Schneetal unter der Luckenwand entlang abwärts (in 2480 m Überqueren von R 467) zu den Hängen der Hinteren Ochsenalm und entlang des Stotzbachs (mit R 451) hinab zum Kalser Tauernhaus, 1755 m.

2303 Nordostgrat

Adeline Edwards mit T. Trost, 1907.

II, **272 Hm**, **2 Std.**, anregende, doch ausgesetzte Kletterei, brüchiger Fels. Vgl. Skizze S. 633.

Von der Aderscharte, 2828 m (R 942), am Grat über den Inneren Knappenträgerkopf, 2945 m, und den Äußeren Knappentrögerkopf, 3031 m, in die Knappentrögerscharte, 2974 m (R 946). Auf dem Grat, dann rechtsseitig (brüchig und ausgesetzt) zum nächsten Aufbau; an diesem links vorbei, in einer Rinne wieder auf den Grat und hinauf zum Gipfel.

□ 2304 Südanstieg

Der Anstieg ab P. 2787 m (von R 950) über das Nördliche Loameskees wird nicht mehr begangen; infolge Ausaperung des Gletschers sehr gefährlich (Spalten, Eissturzgefahr!).

■ 2305 Südsüdwestgrat

Adeline Edwards mit T. Trost, 1907, im Abstieg.

II, 117 Hm, ½ Std., selten begangen.

Von der Luckenscharte, 2983 m (R 948), am Grat, Schwierigkeiten links umgehend, aufwärts zum Gipfel.

■ 2306 Nordwestgrat

R. Gerin, G. Hecht, R. Szalay, 28.6.1927; ÖAZ 1927/217.

III, 420 Hm, 1½ Std. Vgl. Skizze S. 633.

Von der Goldredlscharte, 2680 m (R 943), am Grat aufwärts, unter der ersten Steilstufe 1 SL nach links und in einer flachen Rinne auf diese. Die zweite Steilstufe wird ebenfalls von links erklettert. Die größere, dritte Steilstufe wird von rechts erreicht. Ab halber Höhe direkt an der Gratkante und schließlich bei leichter werdender Kletterei zum Gipfel.

■ 2307 Nordwand

R. Klose, 29.8.1934; Jb. BG/ÖTK 1929–34/91.

III+, 300 Hm, 2 Std., wenig gegliederter Fels, Vereisungs- bzw. Steinschlaggefahr. Vgl. Skizze S. 633.

Zugang: Vom Seetörl, 2300 m (R 941), zum Stausee, 2279 m, und die Steilhänge aufwärts zum Gebrochenen Hangkees und zum Wandfuß, 2800 m (1½ Std.).
Anstieg: Den Anstieg bestimmt eine mächtige Plattenverschneidung in Gipfelfalllinie. E. rechts von dieser (Randkluft), wo eine Blockrippe etwas tiefer als die Plattenverschneidung herabreicht. Auf der Rippe hinauf, bis sie bei weiß gestreiftem Schiefer an die Wand stößt. Hier schräg links über die seichte Plattenrinne (in Wandmitte) hinüber und an ihrem linken Rand empor; dabei die riesigen Urgesteinstafeln knapp links der Plattenrinne (Wasserrinnsal) in griffarmer Kletterei überwinden (reiner Fels!). Im oberen Wanddrittel Abnahme der Steilheit; dort in die Plattenrinne und über Blöcke zum Gipfel.

2310 Brochetkopf, 2663 m

1. Ersteigung und Überschreitung: R. Gerin, G. Hecht, R. Szalay, 28.6.1927.

Felskopf westl. der Goldredlscharte, 2680 m, im Auslauf des Luckenkogel-NW-Grats; N-Wand gegen das Seetörl, begrünter S-Hang ins Goldredltal.

Luckenkogel von Norden:
1 = R 947 Knappentrögerscharte-Nordwestrinne
2 = R 2307 Nordwand
NO = Nordostgrat (R 2303)
NW = Nordwestgrat (R 2306)
+ = Gebrochenes Hangkees

2311 Westkamm

R. Gerin, G. Hecht, R. Szalay, 28.6.1927; ÖAZ 1927/217.

I, gesamt **850 Hm**, **2 Std.**

Von der Landeggalm, 1713 m, mit R 944 ins Goldredltal; kurz nach Beginn des Karbodens nordw. über Gras/Schrofen auf den W-Kamm und zum Gipfel.

2312 Ostgrat

R. Gerin, G. Hecht, R. Szalay, 28.6.1927, im Abstieg; ÖAZ 1927/217.

Von der Goldredlscharte, 2680 m (R 943), kurze Kletterei.

b) Muntanitzkamm – Südbereich

(zwischen Luckenscharte und Gradötzsattel)

2315 Grauer Schimme, 3053 m

1. Ersteigung und Überschreitung: R. Gerin, G. Hecht, R. Szalay, 29.6.1927.

Düsterer, grauer Felsbau zwischen Schimmescharte, 2912 m (im NO), danach Luckenscharte, 2983 m, und Grauscharte, 2950 m (im W), nach dieser der Graukogel, 2983 m; im O das Südliche Loameskees, im S reicht das Muntanitzkees fast zum Gipfel; langer NW-Grat, nach SO ein Verbindungskamm zum Großen Muntanitz, 3232 m.

■ 2316 Nordostkante

R. Gerin, G. Hecht, R. Szalay, 29.6.1927; ÖAZ 1927/218.

III, 141 Hm, 1 Std., steile Kletterei.

Von der Schimmescharte, 2912 m (R 951), aufwärts zum 1. Turm; 2. und 3. Turm, vor dem Steilaufbau, werden an der Kante überklettert. Von der erreichten Scharte 1 SL schräg links und auf steilem Rasenband zurück an die Kante; weiter, an einem gelben Turm rechts vorbei, zum Gipfel.

■ 2317 Obere Nordwestkante

R. Gerin, G. Hecht, 11.8.1927; ÖAZ 1927/220.

III–, 141 Hm, 1 Std.

Von der Schimmescharte, 2912 m (R 951), bzw. NO-Kante (R 2316) ca. 80-m-Quergang durch die N-Wand zur NW-Kante. Auf der steilen Schneide, zuletzt über Schrofen, zum Gipfel.

□ 2318A Nordwestflanke

W. Brandenstein, 21.8.1927, s. AVF-GG 10/2003/637.

III–, 800 Hm, brüchiger Fels!

■ 2319 Südwestanstieg

W. Brandenstein, 26.7.1926.

I, 1130 Hm, 3 Std., mühsam, auch günstiger Abstieg.

Von der Keßleralm, 1923 m (R 335), dem Petersbach entlang aufwärts, dann über grüne Steilhänge zu den Moränen des Muntanitzkeeses. Hier rechts neben dem Graukogel über Schutt, zuletzt über Firn, in die Grauscharte, 2950 m (R 953), und über Schrofen zum Gipfel.

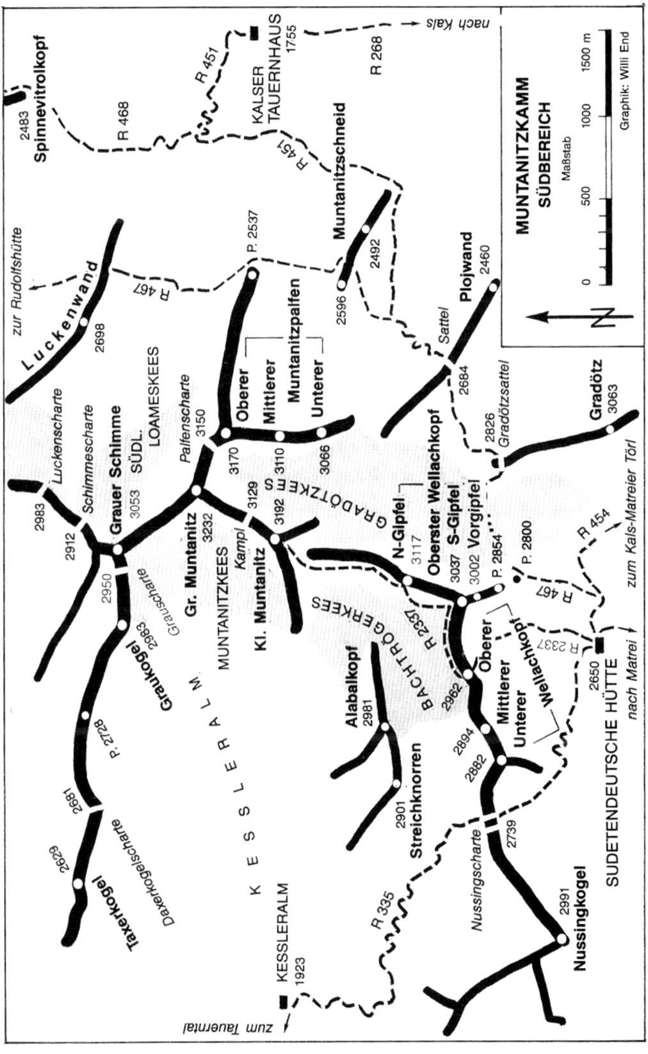
MUNTANITZKAMM
SÜDBEREICH
Maßstab
0
500
1000
1500 m
Graphik: Willi End
2483
Spinnevitrolkopf
R 468
R 451
KALSER
TAUERNHAUS
1755
nach Kals
R 268
R 451
Muntanitzschneid
2492
2596
P. 2537
zur Rudolfshütte
R 467
Luckenwand
2698
Oberer
Mittlerer
Unterer
Muntanitzpalfen
Plojwand
2460
Sattel
2684
Gradötzsattel
2826
Gradötz
3063
Kals-Matreier Törl
Luckenscharte
Schimmescharte
Grauer Schimme
3053
SÜDL.
LOAMESKEES
Palfenscharte
3150
3170
3110
3066
2983
2912
Gr. Muntanitz
3232
3129
3192
GRADÖTZKEES
N-Gipfel
3117
Oberster Wellachkopf
3037
S-Gipfel
3002
Vorgipfel
P. 2854
P. 2800
R 467
R 454
zum Kals-Matreier Törl
2950
Grauscharte
2983
Graukogel
MUNTANITZKEES
Kampl
Kl. Muntanitz
BACHERFÖRGERKEES
R 2337
Oberer
Mittlerer
Unterer
Wellachkopf
R 2337
2650
SUDETENDEUTSCHE HÜTTE
nach Matrei
2962
2894
2882
Alabalkopf
2981
Streichknorren
2901
KESSLERALM
P. 2728
2681
Taxerkogelscharte
2629
Taxerkogel
Daxerkogelscharte
2739
Nussingscharte
Nussingkogel
2991
R 335
KESSLERALM
1923
zum Tauerntal

■ 2320A Südanstieg

I und Gletschergelände, **¾ Std.**

Vom Gipfel über Schrofen westw. in die Grauscharte, 2950 m (R 953), und R 954 (GR) zum Kampl, 3129 m (R 957).

2323 Graukogel, 2983 m

Westl. vom Grauen Schimme, 3053 m, dazwischen die Grauscharte, 2950 m; nach W ein langer Kamm mit der Daxerkogelscharte, 2681 m, zum Daxerkogel, 2629 m; kaum besucht.

■ 2324 Ostgrat

II, ¼ Std.

Von der Grauscharte, 2950 m (R 953), auf dem schmalen Grat.

■ 2325A Südanstieg

II, 1060 Hm, 1½ Std., günstigster Abstieg.

Vom Gipfel mit R 2324 (GR) in die Grauscharte, 2950 m (R 953), und R 2319 (GR) abwärts zur Keßleralm, 1923 m (R 335).

■ 2326 Nordwestgrat

II, 302 Hm, 1 Std., schönster Anstieg.

Von der Daxerkogelscharte, 2681 m (R 955), durchwegs am Grat in teils schöner Plattenkletterei über P. 2728 m und P. 2842 m zum Gipfel.

□ 2327 Südwestanstieg

W. Brandenstein, 26.7.1926; ÖAZ 1927/202, s. AVF-GC 10/2003/638.

II, 1060 Hm, keine Bedeutung.

2330 Daxerkogel, 2629 m

1. Ersteigung: Hirten der Keßleralm.

AVK 39/2002 »Taxkogel«. Auslaufgipfel des Graukogel-NW-Grats nach der Daxerkogelscharte, 2681 m; südseitig Grashänge zur Keßleralm, im N Felsabstürze zum Goldredltal.

■ 2331 Südrücken

I, 706 Hm, 2 Std., Steigspuren.

Von der Keßleralm, 1923 m (R 335), am S-Rücken über P. 2210 m und P. 2491 m, hier etwas felsig, zum Gipfel.

2332 Ostgrat

I, ¼ Std.

Von der Daxerkogelscharte, 2681 m (R 955), am gratartigen Kamm.

2336 Großer Muntanitz, 3232 m

1. Ersteigung: A. v. Schmid mit Th. Groder, 2.9.1871, von S. 1. Gratübergang vom Graukogel: W. Brandenstein, 26.7.1926. 1. Überschreitung (W–O): R. Gerin, G. Hecht, R. Szalay, 29.6.1927. 1. Überschreitung (N–S): R. Klose, F. Liederer, 31.7.1931. Übergang zur Granatspitze: W. Brandenstein, 21.8.1927, die Gipfel wurden durchwegs umgangen, teils III, 14 Std.; B 1927/522. Direkter Gratübergang Granatspitze – Großer Muntanitz: R. Sappelt, B. Doll, L. Hettich, 16.–17.8.1974, mit Überschreitung sämtlicher Gipfel, teils IV+, 20 Std; NAV.

Mächtige Felspyramide, höchste Erhebung der Granatspitzgruppe; weit reichende Grate zu Nachbargipfeln. Im S das Gradötzkees, im W das Muntanitzkees und unter der gewaltigen NO-Wand das Südliche Loameskees. Am SSW-Fuß der flache Sattel Kampl, 3129 m, darüber der Kleine Muntanitz, 3192 m; als großer SO-Bogen der Muntanitz-Palfen-Grat, der das obere Gradötzkees umschließt. Gipfelkreuz. Prachtvolle Aussicht nach allen Seiten, vor allem Großglockner – Großes Wiesbachhorn sowie Südliche Venedigergruppe, Rieserfernergruppe, Lasörlingkamm, Schobergruppe und Dolomiten.

2337 Südsüdwestkamm

I, 582 Hm, 2½ Std., bez. (Karl-Schöttner-Weg), Normalanstieg. Vgl. Foto S. 643.

Von der Sudetendeutschen Hütte, 2650 m, nordw. die Böden »Auf dem Wellach« aufwärts in die von den Wellachköpfen hufeisenförmig eingefasste Mulde (Schnee) und auf den Oberen Wellachkopf, 2962 m. Dem bald breiten Kamm ostw. folgen auf den Obersten-Wellachkopf-S-Gipfel, 3037 m, und nordw. auf den Obersten-Wellachkopf-N-Gipfel, 3117 m. (Westseitig steigt das Bachtrögerkees bis zur Kammhöhe an, ostseitig Wandabstürze zum Gradötzkees.) Auf dem Kamm weiter aufwärts über eine felsige Erhöhung und auf den hornartigen Kleinen Muntanitz, 3192 m. An der W-Seite des N-Grats in einer kurzen Kaminrinne (Drahtseil) steil hinab und Quergang in den folgenden flachen Sattel Kampl, 3129 m (R 957). Auf dem breiten Schuttrücken, zuletzt plattig, auf den Großen Muntanitz.

2338 Südanstieg (Gletscheranstieg)

A. v. Schmid mit Th. Groder, 2.9.1891; s. AVF-GG 10/2003/641; aus dem Kalser Dorfertal zum Gradötzkees, sehr steil und lang, seitdem die Sudetendeutsche Hütte besteht, nicht mehr gebräuchlich; Gipfelanstieg ab Hütte.

Vgl. Foto S. 643.

□ 2339 Variante (Ausstieg) zu R 2338

R. Gerin, G. Hecht, R. Szalay, 29.6.1927; ÖAZ 1927/218.

II, günstig bei Schneelage im Ausstiegsgelände von R 2338.

Vom obersten Gradötzkees über schöne Platten aufwärts zum Fuß jener markanten Kante, die ca. 30 m westl. des Gipfels zum Gradötzkees absetzt; in der steilen Schuttrinne links der Kante empor und rechts zum Gipfel.

■ 2341 Nordwestgrat

W. Brandenstein, 26.7.1926; ÖAZ 1927/202.

II, 1½ Std. Verbindungsgrat vom Grauer Schimme. Vgl. Skizze S. 639.

Vom Grauen Schimme, 3053 m (R 2315), zum ersten Gratturm und über den rechten Grat auf diesen. Nach einer Scharte an der Kante auf den zweiten Turm, dann leichter über die nächsten Türme zum Gipfel.

■ 2342 Nordostwand-Übersicht

Der NO-Wand des Großen Muntanitz schließen links die NO-Abstürze des Oberen Muntanitzpalfen an; diese breite Felsfront, »Loameswand« genannt, wird rechts vom Gr.-Muntanitz-NW-Grat (R 2341) und links vom Oberen-Muntanitzpalfen-O-Grat (R 2354) eingefasst; am Wandfuß das Südliche Loameskees. R 2343 führt im Bereich des linken Wandpfeilers (links der Gipfelfalllinie) empor; beim rechten Wandpfeiler (reicht zum NW-Grat, R 2341) führt R 2344 aufwärts und steigt von der oberen Wandmulde mit R 2343 zum Gipfel. Gestein bis auf das obere Wanddrittel gut, doch aufliegender Schutt.

Zugang: a) Vom Kalser Tauernhaus, 1755 m, mit R 2301 in das Luckenkar und links unter den NO-Abstürzen des Oberen Muntanitzpalfen, zum Wandfuß (1000 Hm, 2½ Std.).

b) Von der Sudetendeutschen Hütte, 2650 m, mit R 467 (GR) in das Luckenkar und zum Wandfuß (2½ Std.).

■ 2343 Nordostwand (Linker Anstieg)

R. Klose, F. Liederer, 31.7.1931; Jb. BG/ÖTK 1929–34/91, ÖTZ 1932/81.

IV, 450 Hm, 4 Std. Vgl. Skizzen S. 639, 641.

Übersicht, Zugang: Vgl. R 2342.

Anstieg: E. bei P. 2750 m, über steilen Schnee hinter dem tief herabreichenden Felspfeiler links der Gipfelfalllinie. An den untersten schuttbedeckten Felsen hinan, dann schräg rechts durch eine Blockrinne auf eine Wandstufe. Gerade aufwärts (Absätze), links zum unteren Ende einer steilen Eisrinne, die vor einem auffallenden Plattenpfeiler schräg links aufwärts zieht. Hier über senkrechte Felsen zur Rechten 30 m aufwärts (IV, H), dann auf Band nach

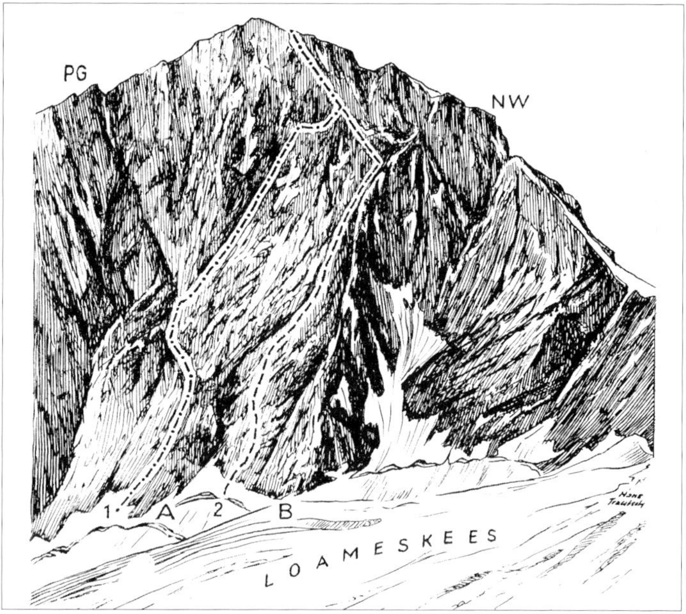

Großer Muntanitz – Nordostwand:

1 = R 2343 Linker Anstieg
2 = R 2344 Rechter Anstieg
A = Linker Pfeiler
B = Rechter Pfeiler

NW = Nordwestgrat (R 2341)
PG = Verbindungsgrat Gr. Muntanitz – Oberer Muntanitzpalfen (R 2356)

rechts und rechts haltend zu gut gestuftem Fels. Er leitet in eine Wandmulde (R 2344 von rechts) und aus dieser schräg links auf eine bratschige Rippe (diese zieht vom gipfelnächsten Gratkopf des NW-Grats herab, bäumt sich jedoch oben in mächtigen Steilplatten auf). An dieser Bratschenrippe schräg links weiter zum Aufschwung. Seine Platten werden in einer weiten Rechtsschleife umgangen. Darauf Ausstieg zum NW-Grat ca. 70 m vor dem Gipfel.

■ 2344 Nordostwand (Rechter Anstieg)

K. Balder, R. Polz, 18.7.1970; NAV.

III+, **400 Hm**, **3½ Std.** Vgl. Skizze S. 639.

Übersicht, Zugang: Vgl. R 2342.
Anstieg: E. beim rechten Wandpfeiler. Den hohen Plattenschuss empor zu einer schrägen Geröllstufe (Schnee). Rechts weiter bis nahe zu einem Abbruch der Wand nach rechts; kurz links zurück und gerade aufwärts in die Wandmulde von R 2343.

2350 Oberer Muntanitzpalfen, 3170 m

1. Ersteigung: A. v. Schmid mit Th. Groder, 2.9.1871.

Felskopf östl. vom Großen Muntanitz, 3232 m, dazwischen die Palfenscharte, 3150 m, mit langem O-Grat gegen das Kalser Dorfertal; im S-Kamm der Mittlere und Untere Muntanitzpalfen (3110 m, 3066 m) östl. über dem oberen Gradötzkees. Die hohen NO-Abstürze bilden die Fortsetzung der Gr.-Muntanitz-NO-Wand.

■ 2351 Südanstieg

II, mit Gletscherbegehung, **520 Hm**, **2½ Std.**, Normalanstieg.

Von der Sudetendeutschen Hütte, 2650 m, mit R 2338 auf das obere Gradötzkees (links zum Kampl). Hier schräg rechts aufwärts zu den Felsen und empor in die Palfenscharte, 3150 m (R 959), rechts auf den nahen Gipfel.

□ 2352 Südostanstieg

A. v. Schmid mit Th. Groder, 2.9.1871; s. AVF-GG 9/1995/692.

II, **1530 Hm** aus dem Kalser Dorfertal, steil, mühsam.

□ 2353 Nordostpfeiler

H. Peterka, M. Jedlicka, 14.8.1932; ÖAZ 1933/18; s. AVF-GG 9/1995/692. Vgl. Skizze S. 641.

IV–, **500 Hm**, brüchiger Fels.

■ 2354A Ostgrat

H. Peterka, M. Jedlicka, 14.8.1932; ÖAZ 1933/18.

III, **633 Hm**, **2 Std.** Vgl. Skizze S. 641.

Vom Gipfel am O-Grat unschwierig abwärts zu plattigem Abbruch. Rechts in einer kurzen Rinne auf die tiefere Gratschneide und über grobblockige Absätze zu einem weiteren Abbruch. Rechts in kurzem Riss abwärts auf eine schräge Platte und links zum Grat zurück. Auf diesem bis zu seiner Verflachung, danach an der rechten Seite steil abwärts zu P. 2537 m und R 467.

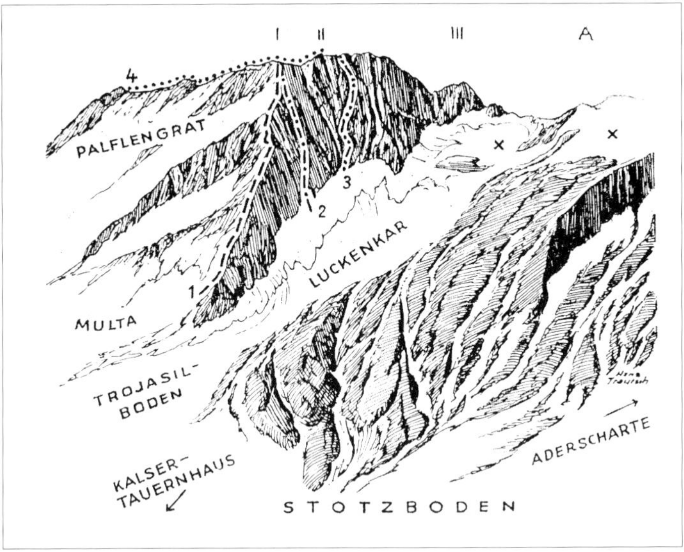

Großer Muntanitz von Nordosten

I = Oberer Muntanitzpalfen:
1 = R 2354A Ostgrat
2 = R 2353 Nordostpfeiler
4 = R 2355 Südgrat

II = Großer Muntanitz:
3 = R 2343 Nordostwand (Linker Anstieg)

III = Grauer Schimme

A = Luckenscharte
x = Loameskees

2355 Südgrat

W. Brandenstein, Henriette Hurych, 4.8.1927; B 1927/522.

III (am Unteren Muntanitzpalfen), II, **270 Hm**, **2 Std.**, mit Überschreitung des Unteren und Mittleren Muntanitzpalfen. Vgl. Skizze S. 641.

Zugang: Von der Sudetendeutschen Hütte, 2650 m, mit R 2338 zum Gradötzkees und an seiner rechten Seite aufwärts zum zweiköpfigen S-Grat-Fuß, 2900 m, des Unteren Muntanitzpalfen (1½ Std.).
Anstieg: In der Rinne zwischen den beiden Köpfen aufwärts (brüchig) in die

Scharte (3 SL). Rechts auf den Vorkopf, über den brüchigen Überhang, ½ SL weiter und auf den rechten Gipfel. Wieder zurück in die Scharte. Von dieser in schmaler Runse schräg links zu einem Loch (10 m); weiter an die Wölbungshöhe der Turmwand und gerade aufwärts auf den Unteren Muntanitzpalfen, 3066 m (20 m). Auf dem schmäler werdenden Grat nach N zum glatten Kantenabbruch. Querleisten vermitteln den Abstieg zu einem Schartl. Auf abschüssigem Kriechband nach links und zu einem Kamin. Diesen abwärts (hier Abstiegsmöglichkeit zum Gradötzkees), womit der Untere Muntanitzpalfen überschritten ist. Über Geröll aufwärts und von links auf den Mittleren Muntanitzpalfen, 3110 m. Auf der Gratschneide über Blöcke weiter und über eine Scharte auf den Oberen Muntanitzpalfen.

■ 2356 Übergang zum Großen Muntanitz, 3232 m

W. Brandenstein, Henriette Hurych, 4.8.1927.

II, ½ **Std.**, schöne Blockkletterei. Vgl. Skizze S. 639.

Vom Oberen Muntanitzpalfen am Grat in die Palfenscharte, 3150 m (R 959), über Blockstufen (oder umgehend) auf den Großen Muntanitz.

2358 Mittlerer Muntanitzpalfen, 3110 m

1. Ersteigung und Überschreitung: W. Brandenstein, Henriette Hurych, 4.8.1927.

Zwischen Oberem, 3170 m, und Unterem Muntanitzpalfen, 3066 m, wird bei S-Grat-Begehung (R 2355) auf Oberen Muntanitzpalfen überschritten.

2360 Unterer Muntanitzpalfen, 3066 m

1. Ersteigung und Überschreitung: W. Brandenstein, Henriette Hurych, 4.8.1927.

Südl. vom Mittleren Muntanitzpalfen, 3110 m, wird bei Begehung des Oberen-Muntanitzpalfen-S-Grats (R 2355) überschritten.

2361 Kleiner Muntanitz, 3192 m

Erstbegeher unbekannt. 1. Gratüberschreitung vom Streichknorren: W. Brandenstein, 17.8.1927. 1. Gratüberschreitung zum Nussingkogel: R. Gerin, G. Hecht, 13.8.1927 (über alle Wellachköpfe).

Kleiner Muntanitz vom Großen-Muntanitz-Südwestkamm

Großer Muntanitz:
R 2337 Südsüdwestkamm (mit Überschreitung des Kleinen Muntanitz)
R 2338 Südanstieg

Kleiner Muntanitz:
R 2363 Nordgrat

Kl. Muntanitz
Nussingkogel
Alabalkopf
Streichknorren
2363
2337
2338
Gradötzkees
2337
Muntanitzkees

Langer, schrofiger Felsrücken südsüdwestl. vom Großen Muntanitz, 3232 m, dazwischen das Kampl, 3129 m. Der SSW-Kamm trennt Gradötz- (O) vom Bachtrögerkees (W). Nördl. vom Bachtrögerkees der vom SSW-Kamm westw. abzweigende Seitenkamm über den Alabalkopf, 2981 m, zum Streichknorren, 2901 m; südl. vom Bachtrögerkees der mehrgipfelige Wellachkopfgrat zur Nussingscharte, 2739 m, nach dieser der Nussingkogel, 2991 m. Wird bei Begehung des Gr.-Muntanitz-SSW-Kamms (R 2337) überschritten.

■ 2362 Südsüdwestkamm

Normalanstieg, vgl. R 2337.

■ 2363 Nordgrat

R. Gerin, G. Hecht, 11.8.1927; ÖAZ 1927/220.

III–, 63 Hm, ½ Std., nette Kletterei. Vgl. Foto S. 643.

Vom Kampl, 3129 m (R 957), scharfer Grat mit steilem, festem Fels.

2365 Alabalkopf, 2981 m

1. Ersteigung und Überschreitung: W. Brandenstein, 17.8.1927.

AVK 39/2002 »Alebolkopf«. Nördl. über dem unteren Bachtrögerkees, im vom Kl.-Muntanitz-SSW-Kamm abzweigenden Kamm zum Streichknorren, 2901 m.

■ 2366 Ostanstieg

W. Brandenstein, 17.8.1927, im Abstieg; B 1927/522.

I, **¾ Std.**

Von R 2337, kurz nach Oberstem-Wellachkopf-N-Gipfel, das Bachtrögerkees nordnordwestw. überqueren; über die schrofige O-Flanke zum Gipfel.

■ 2367 Oberer Westgrat

W. Brandenstein, 17.8.1927; B 1927/522.

IV, gesamt **242 Hm**, **1½ Std.**

Nördl. unter der Nussingscharte, 2739 m (R 963), über Moränen zum unteren linken Rand des Bachtrögerkeeses und in die Knorrenscharte, 2850 m, zwischen Streichknorren (links) und Alabalkopf (rechts). Nahe rechts vom W-Grat in einem Riss (IV) empor zu kleinem Absatz unter senkrechter Wand; links dieser, auf der nach N überhängenden Gratschneide, zum Gipfel.

2370 Streichknorren, 2901 m

1. Ersteigung und Überschreitung: W. Brandenstein, 17.8.1927.

Südwestl. vom Alabalkopf, 2981 m, dazwischen die Knorrenscharte, 2850 m; Eckpunkt im vom Kl.-Muntanitz-SSW-Kamm abzweigenden Seitenkamm.

2371 Ostgrat

W. Brandenstein, 17.8.1927, im Abstieg.

I, 10 Min.

Von der Knorrenscharte, 2850 m (R 962), am kurzen Grat zum Gipfel.

2372 Südwestanstieg

W. Brandenstein, 17.8.1927.

I.

Nördl. unter der Nussingscharte, 2739 m (R 963), über die Moränen des Bachtrögerkeeses, dabei über ein Bachbett zu einem Firnhang und an ihm links aufwärts zum W-Sockel des Bergs; diesen umqueren zu einer Scharte und links über Blöcke zum Gipfel.

2375 Oberster Wellachkopf

Nordgipfel, 3117 m – Südgipfel, 3037 m – Südl. Vorgipfel, 3002 m

1. Überschreitung (S–N): R. Klose, F. Liederer, 29.7.1932.

Gipfel in der Verlängerung des Kl.-Muntanitz-SSW-Kamms; westseitig reicht das Bachtrögerkees zu seiner Höhe, nach O Felsabstürze zum Gradötzkees. Wird mit R 2337/R 2362 überschritten.

2376 Südgrat zum Südgipfel

R. Klose, F. Liederer, 29.7.1932; Jb. BG/ÖTK 1929–34/95.

IV+, 183 Hm, 2 Std., glatte Bratschenplatten.

E. am Gratfuß, P. 2854 m. In rechtwinkliger Verschneidung aufwärts zu Stand. Am Grat weiter zu einem Band und 2 m nach rechts zu einem schrägen, überhängenden Riss.
In diesem 3 m zur Kante und hinter dieser über eine 5 m hohe Platte (H) zu Sicherungsplatz im Reitsitz. An der Kante 5 SL bei abnehmenden Schwierigkeiten auf den Vorgipfel, 3002 m. An steiler N-Kante (bester Fels) 30 m ausgesetzt hinab in die Scharte und leicht auf den S-Gipfel.

2378 Oberer Wellachkopf, 2962 m

Erster Gipfel in dem vom Obersten-Wellachkopf-S-Gipfel, 3037 m, nach W ziehenden Kamm; nordseitig das Bachtrögerkees, wird mit dem SSW-Anstieg (R 2337) auf den Kleinen bzw. Großen Muntanitz überschritten.

2380 Mittlerer Wellachkopf, 2894 m

Zwischen Oberem Wellachkopf, 2962 m (im ONO), und Unterem Wellachkopf, 2882 m (im W).

2381 Nordflanke

W. Brandenstein, 17.8.1927; B 1927/522.

Kurz und einfach.

2383 Unterer Wellachkopf, 2882 m

Zwischen Mittlerem Wellachkopf, 2894 m (im O), und Nussingscharte, 2739 m (im W).

2384 Südostwand

W. Brandenstein, 17.8.1927; B 1927/522.

III, kurze Kletterei an der gelben Wand über dem Wellachboden.

2385 Südgrat

W. Brandenstein, 17.8.1927; B 1927/522.

III, **½ Std.**

Vom Fuß des S-Grats (darunter R 335) rechts über Gras auf den Vorkopf und weiter in ein Schartl; auf dem nun gelben S-Grat über Platten auf den Gipfel.

2387 Ost-West-Überschreitung (Oberer, Mittlerer, Unterer Wellachkopf)

R. Gerin, G. Hecht, 13.8.1927; ÖAZ 1927/220.

III+, **3½ Std.**

Vom Obersten-Wellachkopf-S-Gipfel, 3037 m (R 2337 m), westw. auf den Oberen Wellachkopf, 2962 m. Auf dem Grat weiter, über einen markanten Turm, in eine Scharte.
Auf dem breiten Kamm über mehrere Kuppen zu einem auffallenden grünen Turm. An seiner Kante einige Meter aufwärts, dann südseitig auf schmaler Leiste queren zum ebenen Gratstück und in netter Kletterei auf den Mittleren Wellachkopf, 2894 m.
An der Kante weiter, den nach N überhängenden Gratzacken nahe unter dem Überhang querend zurück zum Grat und in die folgende Scharte. Anfangs eben, dann über Geröll zu den gelben, nach N überhängenden Türmen des Unteren Wellachkopfs, 2882 m, die überschritten werden. Nun sehr gefährlich über die glatten, nach S steil abfallenden Bratschenplatten (fast am W-Grat bleibend) abwärts und auf dem folgenden leichten Kamm in die Nussingscharte, 2739 m (R 963).

2388 Nussingkogel, 2991 m

Erstbegeher unbekannt. 1. Überschreitung (NO–NW): R. Gerin, G. Hecht, 12.7.1927.

AVK 39/2002 »der Nussing«. Mächtiger, frei stehender Felsberg östl. über dem unteren Tauerntal mit auffallend langen Graten; S-Kamm mit dem Trugenköpfl, 2621 m (AVK 39/2002 »Drugenköpfle«), gegen die Steineralm, NW-Grat gegen die Keßleralm und ein NO-Grat zur Nussingscharte, 2739 m, diese trennt den Grat zu den Wellachköpfen, 2962 m; dreieckige N- und O-Wand und eine gewaltige W-Wand zum Tauerntal. Normalanstieg über den S-Kamm, empfehlenswert, weite Fernsicht.

■ 2389 Südkamm

I, 1082 Hm, 3 Std., lohnend. Vgl. Skizze S. 653.

Von der Äußeren Steineralm, 1909 m (R 333), nordwestw. hangaufwärts und mit Rechtsbogen zu P. 2325 m.
Am S-Kamm über P. 2431 m zum felsigen Trugenköpfl, 2621 m. Links diesem an einer großen Felsüberdachung vorbei und wieder auf den nun gratartigen Kamm. Über interessante Felsspalten steigend und auf dem blockigen Grat über P. 2760 m zum Gipfel.

□ 2390 Südwestgrat

Adeline Edwards mit T. Trost, 4.9.1907.

Einzelheiten unbekannt.

■ 2391 Ostwand

W. Brandenstein, 17.8.1927; B 1927/522.

III+ (Stelle), III, **400 Hm, 2 Std.** Vgl. Foto S. 651.

Zugang: Von der Sudetendeutschen Hütte, 2650 m, mit R 335 (GR) zur Törlesgrube und links in den hintersten Almboden unter der O-Wand (½ Std.).
Anstieg: E. am linken Wandpfeiler, an dem ein Wasserriss schräg rechts aufwärts zieht. Er bestimmt den Anstieg und verbreitert sich oben zu einer Terrasse, die bis zum NO-Grat reicht. Im Wasserriss ein riesiger Klemmblock; das Gelände ist glatt und nach außen geneigt; der Wasserriss wird oben zum überdachten Kriechband. Danach ein Absatz, oberhalb ein großer, roter Klemmblock. Sehr heikler Quergang nach rechts zu einer kaum merklichen Einbuchtung und senkrecht zu einem Band, das sich sofort zur Steilterrasse verbreitert. Sobald wie möglich nach links in die Fortsetzung des Wasserrisses, der nach links in die Wand zieht. Über unschwierige, aber brüchige Felsen weiter in eine Geröllmulde und gerade zum Gipfel.

2392 Nordostgrat

R. Gerin, G. Hecht, 12.6.1927; ÖAZ 1927/219.

III+, 252 Hm, 2 Std., anregende Kletterei. Vgl. Foto S. 651; Skizze S. 653.

Von der Nussingscharte, 2739 m (R 963), vom östl. Einschnitt auf einem Band schräg links zum Gratbeginn im rechten Einschnitt. Über Blockstufen auf den 1. Turm. Am Grat weiter zum Aufbau des 2. Turms. Links von einer abgesprengten Platte auf steilem Rasenband in die von zwei Zacken gebildete Scharte und wieder zum Grat. Weiter zum 3. Turm; an der steilen Turmkante 1 SL empor. Übertritt nach links und gerade aufwärts. Auf breitem Band nach rechts zu einer steilen Blockrinne und in dieser, nahe rechts des Turms empor. Über Geröll in die große Scharte. Am Grat 3 SL weiter, dann einen kaminartigen Riss und den folgenden Spalt aufwärts zu einer brüchigen Wand. Links neben der Kante hinauf zu abfallenden, mit roten Flechten bewachsenen Felsen. Kurz links aufwärts zu einer kleinen Nische unter großem Überhang. An ihm entlang ein breites Band, 5 m links durch einen kurzen Kamin auf den Überhang und leicht zum Gipfel.

2393 Nordwand-Übersicht

Der N-Pfeiler (roter Fels), die linke Einfassung der N-Wand, hat einen kühnen, steil abbrechenden Felsturm; der Anstieg führt genau über die Pfeilerkante. Rechts vom N-Pfeiler ein vorspringender Felssporn, daran eine lange, enge Eisrinne zum NW-Grat, die nahe darunter endet; links darüber die eigentliche Gipfelwand.

Zugang: Von der Sudetendeutschen Hütte, 2650 m, mit R 335 (GR) in die Nussingscharte, 2739 m; von der östl. Kerbe auf schrägem Band in die westl. Kerbe, 2763 m. Von dieser nach W absteigender Quergang über schuttbedeckte Felsstufen zur breiten Schneerinne zwischen NO-Grat (links) und N-Pfeiler (rechts). Nach Queren der Schneerinne zum begrünten Absatz am Fuß des N-Pfeilers bzw. der N-Wand (1¼ Std.).

2394 Nordwand

R. Gerin, G. Hecht, 14.8.1927; ÖAZ 1927/220.

IV, 300 Hm, 3½ Std., oft vereist, daher wechselnde Schwierigkeiten. Vgl. Skizze S. 653.

Übersicht, Zugang: Vgl. R 2393.

Anstieg: E. über Schrofen zu einer schräg rechts verlaufenden Rinne und in dieser zu einem Felskopf. Weiter in gleicher Richtung zu einer Höhle, über ihr links zurück und auf eine kleine Geröllterrasse. Schräg links über Platten zu einem ansteigenden, meterbreiten Geröllband.

Auf diesem zu einer Steilrinne zwischen senkrechten roten Wänden (links)

und einem plattigen Turm (rechts). In der Rinne (Schlüsselstelle, vereister Fels!) einige Meter hinan, dann unter überhängendem Block nach rechts zu einer kleinen Plattform unter dem Scheitel des plattigen Turms. An der Kante auf den Turmgipfel.
Wieder in die Rinne zurück und in dieser aufwärts, an einem roten Turm vorbei, bis in die Gipfelfalllinie. An der Schlusswand über brüchige Platten und Rinnen zum Gipfel.

2395 Nordpfeiler

R. Klose, F. Liederer, O. Ziegler, 28.7.1932; Jb. BG/ÖTK 1929–30/92.

IV, **330 Hm**, **3 Std.**, schöne Kletterei in festem Fels. Vgl. Skizze S. 653.

Übersicht, Zugang: Vgl. R 2393.
Anstieg: Vom begrünten Absatz am Fuß des N-Pfeilers den Blockrücken höher, bis sich seine Schneide steil aufschwingt. An der Kante 3 SL empor (schöne Sicherungsplätze); der nächste, etwa 15 m hohe Absatz ist kleingriffig. Nun an überhängenden Gratblöcken links vorbei zu Absatz mit Felszahn. In einer Rechtsschleife in das Schartl zwischen Felszahn und dem weiteren, senkrechten Pfeilerbau.
An dessen linker Seite 3 m aufwärts und an den Fuß des Hauptturms. Zuerst in einer Blockverschneidung einige Meter empor und nach rechts in die freie Wand zur Plattform unter der senkrechten, roten Wand des Hauptturms. Über ein Wandl empor und auf Band nach links zu Absatz unter der Kante.
Etwas rechts von ihr schräg höher zu einem handbreiten, überhängenden Riss. In diesem 3 m empor (Schlüsselstelle), danach Hangelquerung rechts zu einem tiefen Kamin und in ihm einige Meter aufwärts; schließlich an die rechte Begrenzungsrippe zu begrüntem Band (30 m vom Absatz unter der Kante).
Am Band links zur Gratkante und rechts von ihr in einer Plattenverschneidung zu einer Schuttstufe. Weiter an der Kante auf den Hauptturm. Über Platten abwärts und über einen tiefen Felsspalt in das nächste Schartl. An der Kante (große Felsblöcke) 3 SL zum Gipfel.

2396 Nordwestgrat

R. Gerin, G. Hecht, 12.7.1927, im Abstieg; ÖAZ 1927/219.

III+, **600 Hm**, **3½ Std.**; Zugang 468 Hm, 1¼ Std.; eindrucksvolle Kletterei. Vgl. Skizze S. 653.

Von der Keßleralm, 1923 m, mit R 335 bis über den zweiten Bach (¼ Std.). Nun rechts durch Wald auf den Kamm, der in den NW-Grat überleitet.
Dort, wo der NW-Grat steiler und schwieriger wird, rechts davon in steilen Grasschrofen auf das ebene Gratstück mit Felsturm. Über diesen in das Schartl vor dem ersten, großen NW-Grat-Turm mit gelbroten überhängenden Felsen. Steil rechts aufwärts über Geröll zu einem durch Blöcke gebildeten

Schartl. Kurz abwärts in eine Rinne, an ihrer rechten Begrenzung über Stufen hinauf zum Schuttfeld über dem Turm. Links steil über Schrofen in die Scharte hinter dem zweiten NW-Grat-Turm.
Anfangs links, dann an der Gratkante auf den nächsten Aufschwung. Vor dem dritten und letzten Aufschwung Quergang nach links in eine fast senkrechte, brüchige Rinne; nach 20 m auf einem Band nach rechts zum Grat und Gipfel.

Gradötzkamm

Tourenbereich: Kals-Matreier-Törlhaus, Sudetendeutsche Hütte.
Landkarten: AVK Nr. 39 »Granatspitzgruppe«, 1:25.000 (Teilbereich); ÖK-UTM Nr. 3102 »Hopfgarten in Defereggen«, 1:50.000 (Teilbereich); ÖK-UTM Nr. 3226 »Matrei in Osttirol«, 1:50.000 (Teilbereich); ÖK-BMN Nr. 152 »Matrei in Osttirol«, 1:50.000 (Teilbereich); ÖK-BMN Nr. 153 »Großglockner«, 1:50.000 (Teilbereich); ÖK-BMN Nr. 179 »Lienz«, 1:50.000 (Teilbereich); FB-WK Nr. 123 »Matrei/Defereggen/Virgental«, 1:50.000.

a) Gradötzkamm – Nordbereich

(zwischen Gradötzsattel und Hohes Tor)

2400 Gradötz

Hauptgipfel, 3063 m – Südostgipfel, 2894 m

1. Ersteigung: Vermesser, etwa 1870. 1. tour. Ersteigung: V. Hecht mit Th. Groder, 1871 (W-Flanke). 1. Übergang SO-Gipfel – Hauptgipfel: C. Diener, L. Brunner, 28.6.1891. 1. Überschreitung (N–S): R. Gerin, G. Hecht, 14.7.1927.

AVK 39/2002 »Gradetzspitz«. Eines der stattlichsten Felsmassive der Granatspitzgruppe. Im N durch den Gradötzsattel, 2826 m, vom Gradötzkees getrennt; kurzer S-Grat zur engen Stellachscharte, 2994 m, nach dieser die Stellachwand, 3060 m. Markante NO-Wand (Gradötzwand) zum Gradötztrog, W-Flanke zur Moräne des Gradötzkeeses, am Ende der Gipfelschneide nach dem SO-Gipfel der Mannlgipfel, 2613 m; vom SO-Gipfel ein S-Grat in die Hochleitenscharte, 2678 m, die Trennung zum Gaminitz, 2791 m. Früher »Stellachkopf«/»Stellachspitze« genannt. Normalanstieg über den W-Grat.

Nussingkogel von Ostnordosten:
R 2391 Ostwand,
R 2392 Nordostgrat

Nussingkogel
2391
Unterer
Wellachkopf
Mittlerer
2392
Nussingscharte

■ 2401 Westgrat

Ph. W. Rosenthal mit F. Raneburger, 21.9.1893; ÖAZ 1893/277.

I, 300 Hm, 1 Std., bez., günstigster Anstieg.

Zugang: Von der Sudetendeutschen Hütte, 2650 m, mit R 454 (GR) im Moränenhang unter dem Gradötzkees zum Auslauf des W-Grats rechts der NW-Flanke (½ Std.).
Anstieg: Auf dem mäßig ansteigenden Blockrücken zum Gipfel.

□ 2402 Nordwestflanke

V. Hecht mit Th. Groder, 1871; s. AVF-GG 10/2003/656. Zugang von der Stellachscharte mit Quergang um den W-Grat.

■ 2403 Nordgrat

R. Gerin, G. Hecht, 14.7.1927; ÖAZ 1927/219.

II, 215 Hm, 1½ Std., schöne Blockkletterei.

Vom Gradötzsattel, 2826 m (R 971), über den bratschigen Vorkopf, P. 2908 m, zum N-Grat-Schartl, 2884 m, hier der eigentliche N-Grat-Beginn. Auf der Gratschneide zu einem roten, senkrechten Abbruch. Kurz empor, dann auf Band 20 m nach links und zum Grat zurück. Auf diesem über den Vor- zum Hauptgipfel.

■ 2404 Nordostwand

R. Klose, F. Liederer, 30.7.1931; Jb. BG/ÖTK 1929–34/88, ÖTZ 1932/70.

III, 350 Hm, 2 Std., teils sehr steile Kletterei.

Übersicht: Rechts, nördl., der Gipfelfalllinie zieht ein ausgeprägter Pfeiler herab, rechts von diesem die wilde N-Schlucht. Der Anstieg führt von der Schluchtmündung schräg links auf den Pfeiler, über seinen untersten Bratschenabbruch empor und dann auf seiner Kante zum Gipfelgrat.
Zugang: Vom Gradötzsattel, 2826 m (R 971), Abstieg zum kleinen Schneefleck an der Mündung der N-Schlucht (E., ¾ Std.).
Anstieg: In der Bucht aufwärts zum steilen Plattenabbruch der N-Schlucht. Schräg links aufwärts (gutgriffiger Fels), zuletzt in einer Rinne zu einem auffallenden spitzen Block am Pfeiler (3 SL). Nun an der Pfeilerkante empor und Ausstieg 30 m rechts vom Gipfel.

■ 2405 Nordostrippe

H. Peterka, M. Jedlicka, 15.8.1932; ÖAZ 1933/18.

III, 450 Hm, 4 Std., erstes Drittel brüchig, sonst fester Blockfels.

Übersicht: Die NO-Rippe zieht links vom Gipfel schräg links abwärts und ist rechts von einer markanten, tiefen Schlucht und links von einer Schneerinne

Nussingkogel von Norden:
A = R 2392 Nordostgrat:
1 = 1. Gratturm
2 = 2. Gratturm
3 = 3. Gratturm
B = R 2395 Nordpfeiler:
1 = begrünter Absatz
2 = Felszahn
3 = Absatz unter Kante
4 = Hauptturm
A-1 = Quergang aus der Nussingscharte
N = Nordwand (R 2394)
NE = Nordwand-Eisrinne (R 2394)
NW = Nordwestgrat (R 2396)
S = Südkamm (R 2389)

begleitet; ihr Fuß bildet den tiefsten Wandpunkt.
Zugang: Vgl. R 2404.
Anstieg: Über kleine Gratköpfe unschwierig aufwärts zu einem großen Steilaufschwung. Nach rechts, dann halb links empor zu großen Blöcken und an der Gratschneide entlang bis nahe einer gelben Steilwand (150 m). Gerade weiter und bei heraushängendem Block durch einen schrägen Spalt hinauf zu großen Blöcken. Auf einem Band nach rechts, das über der gelben Wand endet. Über einige Steilaufschwünge empor zu einer weniger steilen Gratstrecke (ca. 200 m). Über große Blöcke auf den Gipfelgrat und rechts zum Gipfel.

■ 2406 Südostgrat

C. Diener, L. Brunner, 28.6.1891; ÖAZ 1891/166.

II, 385 Hm, 1¼ Std.

Von der Hochleitenscharte, 2678 m (R 978), auf dem anfangs breiten Grat, mehrfach ausweichend, zum SO-Gipfel, am Grat links zum Hauptgipfel.

□ 2407 Südostwand

C. Diener, L. Brunner, 28.6.1891 (im Abstieg), ÖAZ 1891/166.

II, 250 Hm, brüchig, s. AVF-GG 9/1995/707.

■ 2408A Südgrat

R. Gerin, G. Hecht, 14.7.1927; ÖAZ 1927/219. (Die drei unteren Grattürme wurden beim Ersteigungsversuch durch F. Raneburger, 21.9.1893, erstiegen und wegen Vereisung wieder zurückgestiegen).

II, 69 Hm, ½ Std., brüchig.

Vom Hauptgipfel am Grat (anfangs guter Fels) abwärts, dann rechts (orogr.) an ihm auf schmalen Leisten entlang und Ausstieg wenige Meter rechts der Stellachscharte, 2994 m (R 972).

2412 Mannlgipfel, 2613 m

Eckpunkt im Gradötz-O-Kamm, gegen das Kalser Dorfertal vorgeschoben. Südwestl. das hoch gelegene Gradötzkar, darüber die breite Hochleitenscharte, 2678 m; nach NO Steilwand (südöstl. Gradötzwand-Fortsetzung).

2416 Stellachwand, 3060 m

1. Ersteigung und Überschreitung (N–S): R. Gerin, G. Hecht, 14.7.1927.

Kleine Felserhebung nördl. über dem Kendlkar, zwischen Stellachscharte, 2994 m (im N), Graue Scharte, 2985 m (im SW) und Hochleitenscharte, 2678 m (im SO); westseitig das Stellachkees, nahe unter diesem R 454.

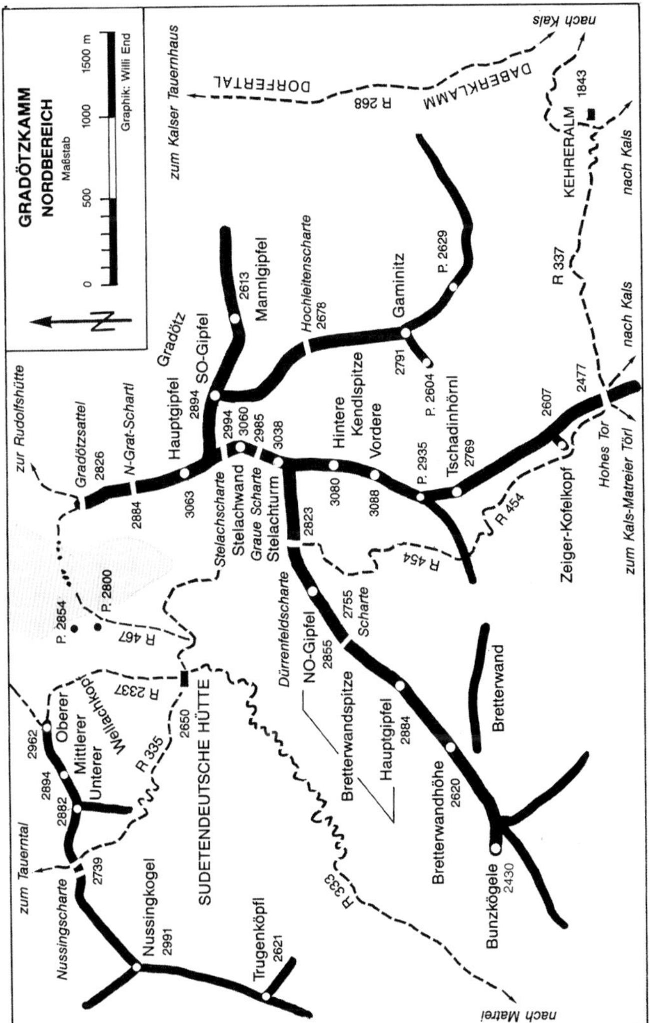
GRADÖTZKAMM
NORDBEREICH
Maßstab
0
500
1000
1500 m
Graphik: Willi End
N
zum Kalser Tauernhaus
DORFERTAL
R 268
DABERKLAMM
nach Kals
KEHRERALM
1843
nach Kals
R 337
nach Kals
zur Rudolfshütte
Gradötzsattel
2826
N-Grat-Schartl
2884
Hauptgipfel
3063
Gradötz
2894
SO-Gipfel
2613
Mannlgipfel
Hochleitenscharte
2678
Gaminitz
P. 2629
2791
P. 2604
Stelachscharte
2994
Stelachwand
3060
Graue Scharte
2985
Stelachturm
3038
Hintere
3080
Kendlspitze
Vordere
3088
P. 2935
Tschadinhörnl
2769
2607
2477
Hohes Tor
zum Kals-Matreier Törl
Zeiger-Kofelkopf
R 454
R 454
2823
Dürrenfeldscharte
NO-Gipfel
2855
2755
Scharte
Bretterwandspitze
Hauptgipfel
2884
Bretterwand
Bretterwandhöhe
2620
Bunzkögele
2430
P. 2854
P. 2800
R 467
2962
Oberer
Mittlerer
Unterer
Wellachkopf
2894
2882
R 335
2650
SUDETENDEUTSCHE HÜTTE
zum Tauerntal
Nussingscharte
2739
Nussingkogel
Nussingkogel
2991
Trugenköpfl
2621
R 333
nach Matrei

■ 2417 Nord-Süd-Überschreitung

R. Gerin, G. Hecht, 14.7.1927; ÖAZ 1927/218.

II, ½ Std.

Von der Stellachscharte, 2994 m (R 972), am N-Grat (Bratschen) auf den Gipfel, am schiefrigen S-Grat abwärts in die Graue Scharte, 2985 m (R 975).

■ 2418 Südostgrat

II, 382 Hm, 1 Std.

Von der Hochleitenscharte, 2678 m (R 978), zum Gratbeginn bei einem Schartl (R 2407 Abstieg ins Kendlkar). Am brüchigen Grat zum Gipfel.

2420 Stellachturm, 3038 m

1. Ersteigung und Überschreitung (N–S): R. Gerin, G. Hecht, 14.7.1927.

Steiler Felsbau im N-Grat der Hinteren Kendlspitze, 3080 m, über der Grauen Scharte, 2985 m.

□ 2421 Nord-Süd-Überschreitung

R. Gerin, G. Hecht, 14.7.1927; ÖAZ 1927/218.

IV+, 1 Std., schneidig und gefährlich.

Überschreitung: Von der Grauen Scharte, 2985 m (R 975), am Grat über gestuften Fels aufwärts zum Steilaufbau. An der Turmkante 8 m in äußerst brüchigen Bratschen aufwärts, dann 2 m links neben dieser über die senkrechte Wand (gefährlich) in eine Nische 4 m unter dem Gipfel; links über senkrechten, gelben Fels auf die Turmspitze.
Abstieg: Zurück in die Nische, in einer erdigen Rinne weiter, dann Übergang auf plattige Bratschen und über diese tiefer in die folgende Scharte am Hinteren-Kendlspitze-N-Grat.

2423 Hintere Kendlspitze, 3080 m

1. Ersteigung und Überschreitung: R. Gerin, G. Hecht, 14.7.1927.

Wuchtiger Felsbau südl. der Grauen Scharte, 2985 m, über dieser am N-Grat-Beginn der Stellachturm, 3038 m; im W die Dürrenfeldscharte, 2823 m, über dem Dürrenfeld, im O das tiefe Kendlkar; langer Grat nach S zur Vorderen Kendlspitze, 3088 m.

■ 2424 Nordgrat

R. Gerin, G. Hecht, 14.7.1927; ÖAZ 1927/219.

III, 95 Hm, 1¾ Std.

Von der Grauen Scharte, 2985 m (R 975), 30 m hinan auf ein Schuttplätzchen, nach weiteren 15 m ein zweites, kleineres und weiter auf dem Grat auf ein Bratschenköpfl. Jenseits 3 m abwärts in die Scharte und kurzem Riss hinauf zum Gipfel.

2425A Nordwestwand

W. Brandenstein, W. Sekyra, 26.7.1927.

III, 200 Hm, ¾ Std.

Vom Gipfel am N-Grat einige Meter hinab und bei den ersten Schwierigkeiten nach links (orogr.); über brüchige Rippen tiefer, zuletzt in einer (meist aperen) Firnrinne zum Ausstieg am Stellachkees; unter diesem R 454.

2426A Südwestflanke

R. Gerin, G. Hecht, 14.7.1927; ÖAZ 1927/219.

II, 240 Hm, ¾ Std.

Vom Gipfel über Schrofen zu den Türmen im W-Grat, links (orogr.) in die SW-Flanke und abwärts zum Dürrenfeld mit R 454.

2427 Südgrat

W. Brandenstein, W. Sekyra, 26.7.1927.

II, 1 Std.

Gratübergang von der Vorderen Kendlspitze (R 2436/GR).

2430 Vordere Kendlspitze, 3088 m

1. Ersteigung: M. v. Prielmayer mit Führer, vor 1894. 1. Überschreitung: H. Prey, A. Larisch, 25.6.1903. 1. Gipfelgratüberschreitung (zur Hinteren Kendlspitze): W. Brandenstein, W. Sekyra, 26.7.1927.

AVK 39/2002 »Sunzkogl«. Mächtiger Felsberg mit auffallend buntem Gestein, sehr schroff, von SO gesehen vielfach als schönster Gipfel der Gruppe bezeichnet; langer Gipfelgrat nach N zur Hinteren Kendlspitze, 3080 m. Gewaltige Wandbildungen nach S und O, zwischen diesen der türmereiche, tief fußende SO-Grat; zerzackter SW-Grat, dem als eigener Gipfel das kühne Tschadinhörndl, 2769 m, vorsteht. W-Flanke zum Dürrenfeldkar mit dem Normalanstieg. Lohnender Gipfel, großes (eigenartiges) Gipfelkreuz.

2431 Westrinne

M. v. Prielmayer mit Führer, vor 1894.

I, anfangs Steig, **265 Hm**, **1¼ Std.**, Normalanstieg (Saazerweg, 1987 ausgebaut von der Sektion Sudeten/DAV), teils Sicherungen.

Von der Dürrenfeldscharte, 2823 m (R 980), lange Hangquerung (an der Hinteren-Kendlspitze-W-Flanke) über dem weiträumigen Dürrenfeldkar nach SO, den Geröllhang aufwärts (dieser reicht bis zum Dürrenfeldkar, daher günstig für einen Abstieg). In der gestuften SW-Rinne (Drahtseil) in die Scharte zwischen Hinterer Kendlspitze (links) und Vorderer Kendlspitze (rechts). Rechts über den Blockgrat (Drahtseil) auf die Vordere Kendlspitze.

□ 2432 Westflanke

A. Gauster mit einem Gamsjäger, 16.7.1895; AN 1896/19.

II, **265 Hm**, ungünstig, Bratschen, Schutt.

■ 2433 Südwestgrat

H. Prey, A. Larisch, 25.6.1903; ÖAZ 1904/23.

III–, gesamt **611 Hm**, **3–4 Std.**, am eigentlichen Grat anregende, ausgesetzte Kletterei in gutem Fels, gute Sicherungsplätze, TH markieren diesen, den schönsten Anstieg auf die Vordere Kendlspitze; empfehlenswert, auch landschaftlich anziehend. Vgl. Foto S. 659.

Vom Hohen Tor, 2477 m (R 981), auf Steig (mit R 454) kammaufwärts und nahe am Gipfel des Zeiger-Kofelkopfs (2607 m) links vorbei. Hier (Tafel) rechts in den nahen Kammsattel, 2530 m, hinter dem Zeiger-Kofelkopf. Am Kamm aufwärts, an der linken Flanke unter dem Tschadinhörnl queren und steil aufwärts in den kleinen Sattel, 2715 m, nördl. hinter dem Tschadinhörnl (2769 m). Zunächst am rückenartigen Kamm (Drahtseil), dann an seiner linken Flanke aufwärts (zuletzt Drahtseil) auf die hier breite Kammhöhe, 2815 m. Weiter steiler werdend aufwärts (rechts Abstürze) auf den 1. Gratkopf, 2935 m. Beginn der eigentlichen Gratkletterei. Auf der schmalen, westseitig hinaushängenden, plattigen Gratschneide über mehrere Türme und Schartl (entlang der gut sichtbaren TH) zum Gipfel.

■ 2434 Südostgrat

R. Klose, F. Liederer, 25.7.1932; Jb. BG/ÖTK 1929–34/88.

V und IV+ (je 10 m), IV, III, **488 Hm**, **5–6 Std.** Mächtige Felsfahrt, gefährlich, doch an den schwierigen Stellen festes Gestein. Vgl. Foto S. 659.

Vordere Kendlspitze von Südosten:

R 2433 Südwestgrat
R 2434 Südostgrat:
1 = Felskopf, 2750 m
2 = 60-m-Stelle
3 = Dünner Felszahn
4 = Schroffer Turmabbruch
5 = Großer Turm (Umgehung)
6 = Scharte nach Großem Turm
7 = Scharte nach Schlüsselstelle
8 = Turm, 3000 m
9 = Letzter Turm

Vordere Kendlspitze
Hintere Kendlspitze
Stellachturm
Stellachwand
P. 2935
Tschadinhörnl
1
2
3
4
5
6
7
8
9
2433
2434
Tschadinkar
Kendlkar
Hohes Tor

Zugang: Vom Hohen Tor, 2477 m (R 981), eben nach NO, den Zeiger-Kofelkopf-O-Grat überqueren und in einer Schuttrinne hinunter zur tieferen der beiden Blockinseln im Tschadin, 2420 m, und über Almboden aufwärts zum Fuße des SO-Grats, 2600 m (¾ Std.).
Anstieg: Auf dem zunächst begrünten Steilkamm zu einem doppelgipfeligen Felskopf; rechts der Gratfelsen in einer Bratschenrinne auf den Felskopf, 2750 m. Nun 10 m an der Kante mit kleinen Haltepunkten in die nächste Scharte und ca. 60 m leicht aufwärts auf den folgenden bratschigen Gratkopf. Auf der steilen Blockschneide sehr ausgesetzt 30 m hinunter, dann wieder leicht und fast eben zu einem dünnwandigen Felszahn.
Über ihn hinweg und auf den folgenden, nach N schroff abfallenden Turm. Von seiner Spitze am Blockgrat 30 m abwärts in die Scharte vor einem riesigen, frei stehenden Gratturm. An diesem rechts vorbei in die Scharte vor einem Nebentürmchen; in der Rinne wenige Meter abwärts, dann langer ansteigender Quergang über Platten, den Schichtleisten folgend, in die Scharte nach dem riesigen Turm. Einige Meter rechts auf einen Seitengrat und dahinter auf schmalem, begrünten Band aufwärts bis unter die Blocküberhänge (2 SL vom Seitengrat). Unter diesen Quergang rechts hinaus über lose Blöcke (sehr gefährlich) zu kleiner Plattform, 2900 m. Etwas ansteigender Quergang in eine weiße Plattenrinne.
In dieser 1 SL aufwärts, dann über eine 10 m hohe Plattenstelle (IV+) zu Stand. Nun 30 m (anfangs V, H) in der Rinne empor in ein Schartl. An senkrechtem Fels im Rechtsbogen äußerst ausgesetzt 1 SL weiter, dann 40 m gerade hinan über eine Scharte zur Gratkante (großer Turm, 3000 m); über dem Steilabbruch in die Scharte nördl. des großen Turms. Hier beginnt die lange, mäßig ansteigende Schneide zum Fuß des letzten Turms; an der Kante 1 SL steil empor, dann fast eben weiter zu einigen Zacken und an diesen rechts auf einem Band vorbei in die Scharte vor dem letzten Turm. An der Kante empor (rechts eine Plattenverschneidung) auf seinen Scheitel, jenseits wenige Meter hinunter und auf den Gipfel.

☐ 2435 Direkte Variante zu R 2434

A. Trost, J. Trost, Hilde Burghardt, 28.7. 1932; MDÖAV 1933/208.

V, Überschreitung des »riesigen, frei stehenden Gratturms«. S. AVF-GG 9/1995/712.

■ 2436 Übergang zur Hinteren Kendlspitze, 3080 m

W. Brandenstein, W. Sekyra, 26.7.1927.

I, 1 Std.

Von der Vorderen Kendlspitze am N-Grat (Blöcke, Drahtseil) abwärts in die tiefste Gratscharte und über den S-Grat auf die Hintere Kendlspitze.

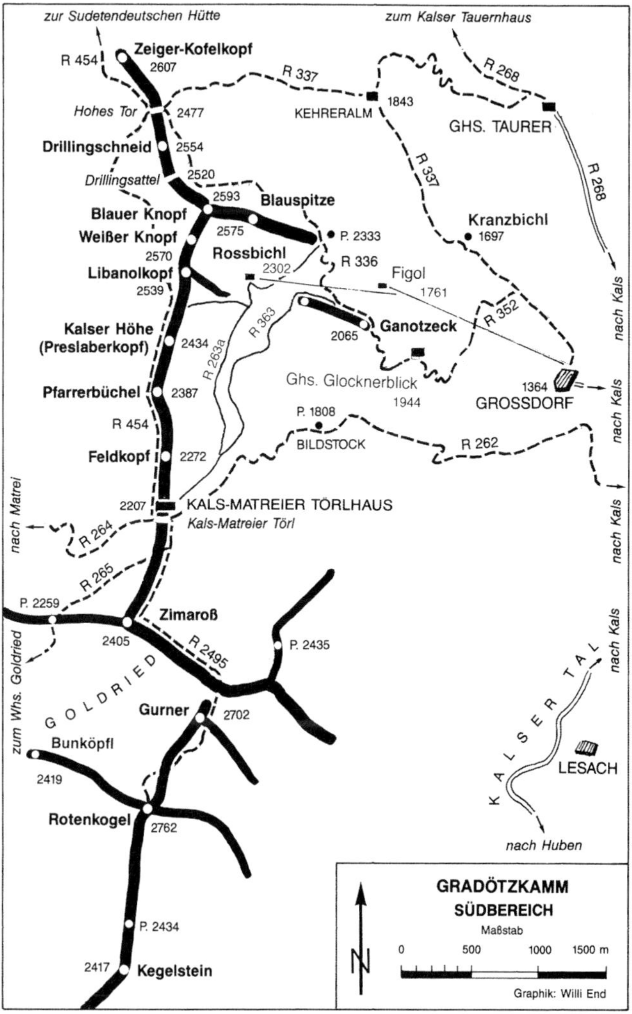
zur Sudetendeutschen Hütte
zum Kalser Tauernhaus
R 454
Zeiger-Kofelkopf
2607
R 337
R 268
1843
KEHRERALM
Hohes Tor
2477
GHS. TAURER
Drillingschneid
2554
R 337
R 268
Drillingsattel
2520
2593
Blauspitze
Blauer Knopf
Kranzbichl
2575
P. 2333
1697
Weißer Knopf
2570
Rossbichl
R 336
2302
Figol
Libanolkopf
1761
2539
nach Kals
R 352
R 363
Kalser Höhe
(Preslaberkopf)
2434
R 263a
2065
Ganotzeck
Ghs. Glocknerblick
1944
1364
GROSSDORF
nach Kals
Pfarrerbüchel
2387
P. 1808
R 454
BILDSTOCK
R 262
Feldkopf
2272
2207
KALS-MATREIER TÖRLHAUS
Kals-Matreier Törl
nach Matrei
R 264
nach Kals
R 265
P. 2259
Zimaroß
2405
R 2495
P. 2435
zum Whs. Goldried
GOLDRIED
Gurner
2702
nach Kals
KALSERTAL
Bunköpfl
2419
LESACH
Rotenkogel
2762
nach Huben
GRADÖTZKAMM
SÜDBEREICH
Maßstab
0
500
1000
1500 m
N
P. 2434
2417
Kegelstein
Graphik: Willi End

2440 Tschadinhörnl, 2769 m

1. Ersteigung: H. Prey, A. Larisch, 24.6.1903.

Kühner, ringsum lotrecht abbrechender Felsturm am Fuß des Vorderen-Kendlspitze-SW-Grats und von diesem durch einen kleinen Sattel, 2715 m, getrennt.

■ 2441 Nordanstieg

H. Prey, A. Larisch, 24.7.1903; ÖAZ 1904/23.

III, 54 Hm, ½ Std.

Aus dem kleinen Sattel, 2715 m (R 2433), auf stark geneigtem Rasenband ausgesetzt aufwärts und zum Gipfel.

2445 Zeiger-Kofelkopf, 2607 m

1. Ersteigung und Überschreitung (S–N): H. Prey, A. Larisch, 25.6.1903; ÖAZ 1904/23.

Scharfer, begrünter Bergrücken nordwestl. vom Hohen Tor, 2477 m; an der W-Seite, nahe unter dem Gipfel, führt der Sudetendeutsche Höhenweg (R 454) entlang. Alte Bezeichnung »Brunnerkogel«.

■ 2446 Südgrat

I, 130 Hm, ½ Std. vom Hohen Tor (R 981).

■ 2447 Nordostgrat

I, 50 Hm, 20 Min. vom Kamm (R 454) vor dem Tschadinhörnl.

■ 2448 Ostkamm

I, 130 Hm, ½ Std.

Vom Hohen Tor (R 981) eben nach N zum O-Kamm und zum Gipfel.

2450 Gaminitz

Südgipfel, 2791 m – Nordgipfel, 2780 m

1. Ersteigung und Überschreitung: W. Brandenstein, W. Sekyra, 27.7.1927.

AVK 39/2002 »der Ganinitz«. Steiler, zweigipfeliger Felskopf östl. über dem Eingang ins Kendlkar. Das Massiv ist ein langer Rücken, der nördl. bis zur Hochleitenscharte, 2678 m, reicht und weiter zur Stellachwand, 3060 m, Verbindung hat.

Blauspitze (Gipfelkreuz), mit Schobergruppe.

■ 2451 Südwestgrat

W. Brandenstein, W. Sekyra, 27.7.1927.

II, 250 Hm, 1½ Std.

Vom Eingang ins Kendlkar, 2500 m (von der Kehreralm 1¾ Std., R 977/GR), über einen Rasenstreifen zum Fuß des scharf ausgeprägten SW-Grats. Am Grat aufwärts, Steilstellen links umgehend, zu einem Absatz.
Hier nach links in die brüchige W-Wand (ca. 60 m) und durch einen Kamin aufwärts in die Gipfelscharte; auf der ausgesetzten Schneide rechts zum N-Gipfel.

□ 2452A Ostflanke

W. Brandenstein, W. Sekyra, im Abstieg, 27.7.1927.

I, 1291 Hm zum Ghs. Taurer, sehr steiles Rasengelände, s. AVF-GG 9/1995/715.

2455 Bretterwandspitze

Hauptgipfel, 2884 m – Nordostgipfel, 2855 m

Erstbegeher unbekannt.

Herrlicher Aussichtsberg mit Gipfelkreuz. Der lange NO-Kamm, westl. über dem Dürrenfeldkar, erreicht die Dürrenfeldscharte, 2823 m, knapp vor dieser der NO-Gipfel.
Vom NO-Kamm nordwestseitig abwärts der ausgedehnte felsige Kogelhang. Der ebenfalls lange SW-Kamm zieht über die Bretterwandhöhe, 2620 m, zum Bunzkögele, 2430 m. Von der Bretterwandhöhe die felsige Bretterwand nach S zum tiefen Bretterwandgraben mit dem Bretterwandbach nach Matrei/Osttirol.

■ 2456 Südwestkamm

I, 975 Hm, 3 Std.

Von der Äußeren Steineralm, 1909 m (R 333), über den Steinerbach und nach O hangaufwärts auf das Bunzkögele, 2430 m.
Nun knapp unter der Kammhöhe über die Bretterwandhöhe, 2620 m, zum Hauptgipfel der Bretterwand.

b) Gradötzkamm – Südbereich

(vom Hohen Tor über Kals-Matreier-Törl zum Rotenkogel)

2460 Törlrücken

1. tour. Überschreitung: C. Diener, L. Brunner, Boßler, Janke, 28.6.1891, Kals-Matreier-Törl – Blauer Knopf; die beiden Ersten weiter in das Hohe Tor; ÖAZ 1891/166.

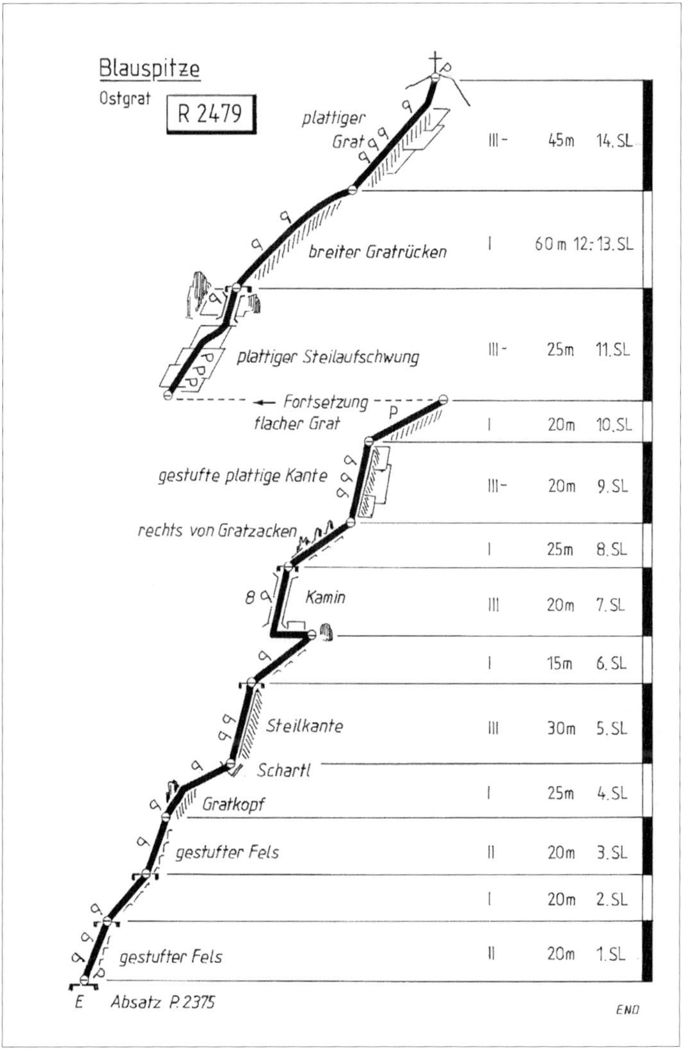
Blauspitze
Ostgrat
R 2479
plattiger Grat
III- 45m 14.SL
breiter Gratrücken
I 60m 12.-13.SL
plattiger Steilaufschwung
III- 25m 11.SL
Fortsetzung
flacher Grat
I 20m 10.SL
gestufte plattige Kante
III- 20m 9.SL
rechts von Gratzacken
I 25m 8.SL
8
Kamin
III 20m 7.SL
I 15m 6.SL
Steilkante
III 30m 5.SL
Schartl
Gratkopf
I 25m 4.SL
gestufter Fels
II 20m 3.SL
I 20m 2.SL
gestufter Fels
II 20m 1.SL
E
Absatz P. 2375
END

Kamm zwischen Hohem Tor, 2477 m (im N), und Kals-Matreier-Törl, 2207 m (im S), mit den Gipfeln (in N–S-Richtung): Drillingschneid, 2554 m, Blauer Knopf, 2593 m, Weißer Knopf, 2570 m, Libanolkopf, 2539 m (AVK 39/2002 »Niwanolkopf«), Kalser Höhe (Preslaberkopf; AVK 39/2002 »Bresslaköpf«), 2434 m, Pfarrerbichl, 2387 m, Feldkopf, 2272 m. Mit Ausnahme der Drillingschneid einfache bergsteigerische Ziele.

■ 2461 Süd-Nord-Überschreitung

2 Std., vom Kals-Matreier-Törlhaus zum Hohen Tor, unschwierig, bez., R 454.

2468 Drillingschneid, 2554 m

1. Ersteigung und Überschreitung: W. Brandenstein, H. Brandenstein, 1927.

AVK 39/2002 »Kristallbalfen«. Zerzackter Felsgrat zwischen Hohem Tor, 2477 m (im NW), und Drillingsattel, 2520 m, danach Blauer Knopf, 2593 m (im SO).

■ 2469 Süd-Nord-Überschreitung

W. Brandenstein, Henry Brandenstein, 1927.

III, bei Umgehung der Gratzacken leichter, **1 Std.**

Vom Drillingsattel, 2520 m (R 982), auf dem S-Grat, über drei graue Felstürme, zum Gipfel. Abstieg auf dem N-Grat, über einige Felszacken (»Kristallpalfen«), ins Hohe Tor, 2477 m (R 981).

2472 Blauer Knopf, 2593 m

Südöstl. vom Drillingsattel, 2520 m (R 982), und von diesem in ¼ Std. erreichbar; Abstieg nach SW, am Weißen Knopf, 2570 m, rechts vorbei zu R 454 (I, ¼ Std.).

2474 Weißer Knopf, 2570 m

Markanter, turmartiger Gipfel südl. vom Blauen Knopf, 2593 m; aus der Scharte dazwischen über Blöcke zum nahen Gipfel (I). An der W-Seite führt R 454 entlang.

2477 Blauspitze, 2575 m

1. Ersteigung: C. Diener, L. Brunner, 28.6.1891, Übergang vom Blauen Knopf. 1. Überschreitung: W. Brandenstein, W. Sekyra, 23.7.1927.

Weißer Knopf von Süden.

Blauer Knopf
Libanolkopf

AVK 39/2002 »Ganotzkogel«. Felsberg im ostw. ziehenden Seitenkamm des Blauen Knopf, 2593 m; großes Gipfelkreuz, schöner Aussichtspunkt. Im SW-Gratbereich der »Blauspitz-Klettersteig« (C/D), siehe »Klettersteig-Atlas Österreich«, Schall-Verlag, 2. Auflage 2007.

■ 2478 Nordostanstieg

I im Gipfelbereich, **270 Hm**, **1 Std.**, bez.

Von der Blauspitzbahn-Bergstation, 2302 m (R 38), nach O zum Geländeabsatz östl. der Blauspitze (Bergwerk).
Weiter R 336 zum NO-Rücken, 2440 m (großer Felsblock), auf diesem (Blöcke) zum Gipfel.

■ 2479 Ostgrat

W. Brandenstein, W. Sekyra, 23.7.1927.

III (2 SL), III– (3 SL), sonst leichter, **200 Hm**, **2 Std.**, mehrere TH kennzeichnen diesen beliebten Anstieg.

Zugang: Von der Blauspitzbahn-Bergstation, 2305 m (R 38), mit R 336 bis 2310 m. Hier nahe rechts vom Grat die Tafel »Blauspitzgrat-Einstieg«; am Rücken aufwärts zum eigentlichen Gratbeginn, Absatz, 2375 m.
Anstieg: Vgl. Skizze S. 665.

■ 2481A Nordgrat

W. Brandenstein, Henriette Hurych, 6.8.1927.

I, **½ Std.**, Abstieg zu R 336.

□ 2482 Nordwand

Th. Hinrichsen, 19.8.1969; NAV.

IV–, kurze Kletterei.

□ 2483 Südostwand

Th. Hinrichsen, B. Trojer, 3.8.1969; NAV.

III, **¾ Std.**

■ 2484 Südwestgrat

R. Veider, A. Holaus, 24.9.1969; NAV.

IV, nach 10 m 1. Schlüsselstelle, KK empfehlenswert. 5 SL anregende Verschneidungs- und Plattenkletterei mit einem enorm ausgesetzten »Herrgottswinkel« in der 4. SL. Zustieg von der Blauspitzbahn-Bergstation. Vgl. Foto S. 669.

Blauspitze von Südwesten: R 2484 Südwestgrat.

2485 Übergang zum Blauen Knopf, 2593 m

C. Diener, L. Brunner, 28.6.1891, GR.

I, ½ **Std.**

Am Grat abwärts in einen Sattel, über einen Gratkopf und auf dem schmalen W-Grat auf den Blauen Knopf.

2489 Zimaroß, 2405 m

Erhebung zwischen Kals-Matreier-Törl, 2207 m (N) und Gurner, 2702 m (SO). Wird am Anstieg (R 2495) auf den Rotenkogel, 2762 m, überschritten.

2491 Gurner, 2702 m

Felsgipfel zwischen Zimaroß, 2405 m (im NW), und Rotenkogel, 2762 m (im SW). Wird am Anstieg (R 2495) auf den Rotenkogel, 2762 m, überschritten.

2494 Rotenkogel, 2762 m

1. Ersteigung: N. Hamerl, Ende Juli 1875.

Mächtiger Berg mit langen Graten, nach N über den Gurner, 2702 m zum Kals-Matreier-Törl, 2207 m, nach S zum Kegelstein, 2417 m, und nach NW über Bunköpfl, 2419 m, zur Bergstation der Goldried-Sesselbahn, 2156 m (R 39). Hervorragende Aussicht, lohnend.

2495 Nordgrat

I (um Gipfelbereich), **555 Hm**, **2½ Std.**, bez.

Vom Kals-Matreier-Törlhaus, 2207 m, südw. den begrünten Kamm aufwärts in einen Sattel (Abzw.) und gerade weiter auf einen Absatz. An der linken Flanke zu einer weiten, grünen Mulde.
Diese im Linksbogen, anfangs unter dem Kamm, ausgehend und auf den Zimaroß, 2405 m. Auf dem nun südostw. ziehenden Kamm auf einen Absatz und rechts auf den Gurner, 2702 m.
In SW-Richtung in eine Scharte, kurz am Kamm und wieder linksseitig eines grünen Gratkopfs auf den waagrechten Grat. Auf eine Erhebung und in der rechten Geröllflanke schräg hinauf zum Rotenkogel.

2500 Kegelstein, 2417 m

Eckpunkt am S-Grat des Rotenkogel, 2762 m.

Das Kals-Matreier-Törl mit Rotenkogel:

R 2495 Nordgrat

Gurner
Rotenkogel
Zimaroß
2495
Kals- Kals-Matreier-Törl
Weißer Knopf

Informationsteil

Adressen

Die Adressen der Tourismusverbände (TVB) finden sich bei den Talorten; jene der alpinen Vereine und Hüttenwirte bei den betreffenden Hütten.

Wichtige Telefonnummern

1. Tonbanddienst Österreich: Alpenwetter gesamt: 0900/91/15 66 80
Regionalwetter: 0900/91/15 66 81
Ostalpenwetter: 0900/91/15 66 82

2. Persönliche Wetterberatung: Mo–Sa von 13–18 Uhr, in Österreich: 0512/29 16 00, aus Deutschland: 0043/512/29 16 00.

Europäischer Notruf: 112

Gendarmerie: 133

Bergrettungsdienst: 140

Führerwesen

Wer nicht über genügend Erfahrung verfügt, muss sich auf Hochtouren einem Führer anvertrauen. Im Gebiet der Großglockner- und Granatspitzgruppe gibt es viele Bergführer, die man in den Talorten verpflichten kann (Auskunft im örtlichen TVB). Auf Hütten ist dies ungewiss.Nur behördlich autorisierte Bergführer bieten Gewähr für gute Führung; sie tragen das Bergführerabzeichen des Alpenvereins und besitzen ein Führerbuch.

Auskünfte:

ÖAV - Bergsteigerschule, Wilhelm-Greil-Straße 15, A-6020-Innsbruck, Tel: 0043/(0)5 12/5954734

DAV Von-Kahr-Str. 2-4, 80997 München, Tel. 0049/(0)89/14003-0

DAV - Summit Club GmbH
Am Perlacher Forst 186
D-81545 München
Tel: 0049/(0)89/642 40-0

Rettungswesen

Die Berge sind kein Sportplatz; dies wird in keiner Lage so deutlich, als wenn der Berg seine Opfer fordert. Das Wissen um die Gefahr ist der erste Schritt zu ihrer Verhütung. Der Rat des Erfahrenen, wohlüberlegtes Handeln, eine tadellose Ausrüstung – dies alles kann helfen, Unfälle zu verhindern. Die Eintragung ins Hüttenbuch mit Angabe der geplanten Bergfahrt oder das Zurücklassen einer Nachricht erweisen sich oft als ungemein wertvoll bei Unfällen, denn die Suchaktion kann sonst so viel Zeit in Anspruch nehmen, dass es für die Rettungsaktion zu spät geworden ist. Helfen ist selbstverständliche Pflicht jedes Bergsteigers. Wer zu schwach oder unerfahren ist, beschränkt sich darauf, Nachrichten an Melde- und Ortsstellen des BRD oder Hütten, Berggasthäuser, Seilbahnstationen oder sonstige nächstgelegene Stellen, wo sich ein Telefon befindet, zu überbringen. Der österreichische Bergrettungsdienst (ÖBRD) ist ein freiwilliger, unbezahlter Kameradschaftsdienst ortsansässiger Bergsteiger.

Wenn niemand ein Mobiltelefon dabei hat oder man sich in einem Funkloch befindet, ist das »**Alpine Notsignal**« der erste Schritt zur Bergung:

Innerhalb einer Minute wird sechsmal in regelmäßigen Abständen, mit jeweils einer Minute Unterbrechung, ein hörbares (akustisches) Zeichen (Rufen, Pfeifen) oder ein sichtbares (optisches) Signal (Blinken mit Taschenlampe) abgegeben. Dies wird so lange wiederholt, bis eine Antwort erfolgt. Die Rettungsmannschaft antwortet mit dreimaliger Zeichengebung in der Minute.

Die auf Seite 676 abgebildeten Alarmsignale im Gebirge gelten international.

Telefonische Angaben müssen kurz und genau sein, um einen raschen und effektiven Rettungseinsatz zu ermöglichen.

Das »**5-W-Schema**« einprägen:

- WAS ist geschehen (Art des Unfalles, Anzahl der Verletzten)?
- WANN war das Unglück?
- WO passierte der Unfall, wo ist der Verletzte (Karte, Führer)?
- WER ist verletzt, wer macht die Meldung (Personalien)?
- WETTER im Unfallgebiet (Sichtweite)?

Hubschrauberbergung

Der Einsatz von Rettungshubschraubern ist von Sichtverhältnissen abhängig. Für die Landung beachten:

- Hindernisse im Radius von 100 m dürfen nicht vorhanden sein.
- Es ist eine horizontale Fläche von etwa 30 m erforderlich. Mulden sind für die Landung ungeeignet.
- Gegenstände, die durch den Luftwirbel des anfliegenden Hubschraubers umherfliegen können, vom Landeplatz entfernen.
- Der anfliegende Hubschrauber wird mit dem Rücken zum Wind von einer Person in »Yes-Stellung« eingewiesen.
- Dem gelandeten Hubschrauber darf man sich nur von vorne und erst auf Zeichen des Piloten nähern.

Literatur und Landkarten

Standardwerke

Demelius, Gustav/Schmid, Arthur v.: Aus der Granatkogelgruppe, ZDÖAV 1873/41 und 56.
Hofmann, Karl: Aus der Glocknergruppe, ZDAV 1870/74.
Hofmann, Karl/Stüdl, Johann: Wanderungen in der Glocknergruppe, ZDAV 1870–71/173.
Rabl, Josef/Strauß, Gustav: Wanderungen in der Granatkogelgruppe, JB. ÖTK 1876/105.
Richter, Eduard: Erschließung der Ostalpen, 3. Bd. (Hohe Tauern) 163 und 165, Verlag DÖAV-Berlin, 1894.
Ruthner, Anton v.: Berg- und Gletscher-Reisen, Gerold-Verlag, Wien, 1864.
Schultes, J. A.: Reise auf den Großglockner, Wien, 1804.
Sonklar, Carl v.: Die Hohen Tauern, Wien, 1866.
Stüdl, Johann: Die Untere Ödenwinkelscharte, ZDAV 1870/117.

Alpine Grundliteratur

Beaulieu, Charles de: Der Fuscherkamm in der Glocknergruppe, ZDÖ-AV 1903/331.
Brandenstein, Wilhelm: Die großen Wege auf den Glockner, ÖAZ 1949/14.
Brandenstein, Wilhelm: Die Granatspitzgruppe, ÖAZ 1927/55 und 94.
Brandenstein, Wilhelm: Kreuz und quer durch die Granatspitzgruppe, ZDÖAV 1929/194.
Braunstein, Josef: Die Glocknergruppe, NF 1929/105.
Donabaum, Hans: Zur Erschließung der Granatspitzgruppe, MAV 1909/93.
Egger, Alois: Beitrag zur Geschichte der Glocknerfahrten, ZÖAV 1869/298.
End, Willi: Erschließung des Glocknerkamm-Nordostabsturzes, ÖAZ 1955/112.
End, Willi: 200 Jahre Erstersteigung des Großglockners, GF 2000/4.
Geißler, Paul: Die erste Ersteigung des Johannisberges, BGS 1941–42/289.
Grenser, Anna: Eine Großglockner-Ersteigung, Jb. ÖTK 1875/94.
Gröger, Gustav: Die Landeckscharte, ZDÖAV 1879/142.
Klose, Rudolf: Die Berge um die Granatspitze, ZAV 1942/46.
Peterka, Hubert: Drei Glocknerpioniere, ÖAZ 1955/97.
Peterka, Hubert: Die Söhne der neuen Zeit, ÖAZ 1960/111.
Pusch, Wolfgang/Baumgartner, Leo: Großglockner, Bergverlag Rother, München, 3. Auflage 2003.
Prielmayer, M. v.: Die Granatspitzgruppe in den Hohen Tauern, ZDÖAV 1895/174.
Prinzinger, August: Das Stubachtal, ZDÖAV 1916/90.
Spannraft, Leo: Die Glockner-Biwakschachtel, ZDÖAV 1965/82.
Schmitt, Fritz: Glockner-Fahrten,

DAZ 1939/34.
Schmitt, Fritz: Glockner-Chronik, ZDÖAV 1965/17.
Steinberger, Corbinian: Eine Besteigung des Großglockners, Nachdruck in Donauland-Nachrichten 1924/173.
Welzenbach, Willo: Der Glocknerkamm, ZDÖAV 1928/98.
Wien, Karl: Der Tauern-Hauptkamm, ZDÖAV 1928/113.

Klassisches Schrifttum

Demelius, Gustav: Ersteigung des Großen Bärenkopfes, ZÖAV 1869/323.
Drasch, Fritz: Großglockner-Nordwestgrat, MAV 1890/17.
Facilides, Curt: Besteigung des Großen Wiesbachhornes über den Sandboden, ZDÖAV 1877/337.
Geyer, Georg: Eine Traversierung des Großen Wiesbachhorns, ÖAZ 1891/42.
Harpprecht, Theodor: Besteigung des Großen Wiesbachhorns, ZÖAV 1869/281.
Heß, Heinrich: Wanderungen in der nördlichen Glocknergruppe, ÖAZ 1879/25.
Hetz, Anton: Durch den Ödenwinkel auf die Pasterze, ÖAZ 1863/335.
Ißler, Richard: Erste Ersteigung des Großen Eisers, ZDÖAV 1873/173.
Kaindl, Albert: Erste Ersteigung des Hochtenns vom Wiesbachtörl, ZÖAV 1873/66.
Köchlin, Heinrich: Der Großglockner-Nordwestgrat, ÖAZ 1891/237.
Kögler, Karl: Romariswandkopf und Johannisberg, ZDÖAV 1877/246.
Kuffner, Moritz v.: Touren in der Glocknergruppe, ÖAZ 1884/287.
Lammer, Eugen Guido: Der Glocknerkamp, ÖAZ 1949/18.
Lergetporer, Benedikt: Romariswandkopf und Hoher Kasten [Eiskögele!], ZDAV 1873/131.
Pauly, Anton: Fuscherkarkopf-Nordwestgrat, Jb. ÖTK 1875/100.
Purtscheller, Ludwig: Besteigung des Hohen Tenn und Bauernbrachkopf, ÖAZ 1883/87.
Romich, Oskar: Die Obere Ödenwinkelscharte, Jb. ÖTK 1876/81.
Steiner, Franz: Aus der Glocknergruppe, ZDÖAV 1872/68.

Einzelne Schilderungen (Auswahl)

Brandenstein, Wilhelm: Über den Nordostgrat auf den Großglockner, ÖAZ 1949/21.
Buchenauer, Liselotte: Hohe Tauern, Band I mit Glocknergruppe, Band II mit Granatspitzgruppe, Beiträge verschiedener Autoren, Leykam-Verlag, Graz, 1980.
Folta, Karl: Zollspitzgruppe, ÖAZ 1928/185.
Friedl, Emanuel: Erste Begehung des Ödenwinkelgrates [Kastengrat!], ÖAZ 1912/308.
Gerin, Richard: Zwei Nordanstiege auf den Großglockner, ÖAZ 1912/357.
Herrmann, Fritz: Die Pallavicinirinne,

INTERNATIONALE ALARMSIGNALE IM GEBIRGE
SEGNALI INTERNAZIONALI D'ALLARME IN MONTAGNA
SIGNAUX INTERNATIONAUX D'ALARME EN MONTAGNE
INTERNATIONAL ALPINE ALARM SIGNALS

JA
SI
OUI
YES

Rote Rakete oder Feuer
Razzo rosso o luce rossa
Fusée ou feu rouge
Red flare or fire signal

Rotes quadratisches Tuch
Quadrato di tessuto rosso
Carré de tissu rouge
Red square cloth

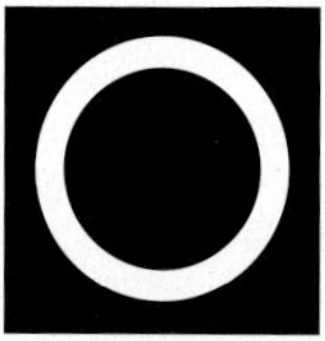

Wir bitten um Hilfe
Occorre soccorso
Nous demandons de l'aide
Yes, we need help

NEIN
NON
NO

Wir brauchen nichts
Non abbiamo bisogno di niente
Nous n'avons besoin de rien
No, we don't need anything

Diese Zeichen dienen der Verständigung mit der Hubschrauberbesatzung. Sie ersetzen nicht das Alpine Notsignal.

Alpenfreund 1927/200.
Herrmann, Fritz: Die Wiesbachhorn-Nordwestwand, GF 1927/153.
Horeschowsky, Alfred: Eine seltene Bergfahrt, ÖAZ 1924/85.
Kaltenbrunner, Roderich: Der Glocknerkamp [Glocknerwandkamp!], ÖAZ 1907/5.
Langl, Otto: Aus der westlichen Glocknergruppe, DAZ 1909–10/82.
Larisch, Anton: Gratwanderungen in der Granatkogelgruppe, DAZ 1905–1906/1. Band, 125.
Loibl, Kurt: Abstieg durch die Pallavicinirinne, ÖAZ 1937/286.
Lorenz, Hans: Gratübergang vom Kleinen zum Großen Wiesbachhorn, ÖAZ 1892/184.
Majer, Hans: Durch die Pallavicinirinne, GF 1927/109.
Peterka, Hubert: Eine Ersteigung des Großglockners über den Nordgrat [Nordostrippe!], ÖAZ 1928/173.
Peterka, Hubert: Glocknerwand: 1. Überschreitung von Norden nach Süden, BGS 1931–32/95.
Peterka, Hubert: Neue Bergfahrten in der Granatspitzgruppe, DAZ 1933/305.

Rigele, Fritz: 50 Jahre Bergsteiger, Sport und Spiel Verlag, Berlin, 1935.
Roberts, Eric: Willo Welzenbach, eine biografische Studie mit ausgewählten Schriften, Carta Verlag, Pforzheim, 1981.
Sulke, Erich: Glockner vom Norden, Jb. AAVW 1932/15.
Vanis, Erich: Großglockner-Nordostgrat, 1. Winterbegehung, ÖAZ 1950/174.
Weitzenböck, Richard: Eine Glocknerfahrt, ÖAZ 1906/161.
Welzenbach, Willo: Neufahrten in der Glocknergruppe, ZDÖAV 1928/129.
Welzenbach, Willo: Bergfahrten, herausgegeben vom AAVM, 1935.
Wien, Karl: Die Großglockner-Nordwand, ÖAZ 1927/4.

Ski-Literatur (Auswahl)

Alt, Wilhelm v.: Über die Zugänglichkeit des Glocknergebietes für Skifahrer, DAV 1906/107.
Bergold, Franz: Mit Firngleitern durch die Pallavicinirinne, AL 1968/XI/30.
Blecha, Franz: Schifahrten in der Glocknergruppe, GF 1928/22.
Friedl, Emanuel: Rund um die Oberwalderhütte, DAZ 1928/18.
Mayer, Eduard: Bergfahrten auf Schneeschuhen in der Glocknergruppe, ZDÖAV 1921/40.
Ozkaitis, Georg: Im Gebiete des Tauernherrschers, DAZ 1928/101.
Saar, Günther v.: Auf Schneeschuhen quer durch die Hohen Tauern, ÖAZ 1899/59.
Skofizh, Hans/Tursky, Franz: Schneeschuhfahrten in den Hohen Tauern, ZDÖAV 1913/195.

Alpine Auskunft

Mündliche und schriftliche Auskunftserteilung in alpinen Angelegenheiten für Wanderer, Bergsteiger und Skitouristen.

Deutscher Alpenverein

Montag bis Mittwoch von 9 bis 12 und von 13 bis 16 Uhr
Donnerstag von 9 bis 12 und von 13 bis 18 Uhr
Freitag von 9 bis 12 Uhr
D-80538 München, Praterinsel 5
Telefon (089) 294940
[aus Österreich und Südtirol 0049/89/294940]

Österreichischer Alpenverein

Donnerstag und Freitag von 8 bis 17 Uhr
Alpenvereinshaus
A-6020 Innsbruck, Wilhelm-Greil-Str. 15
Telefon (0512) 59547
[aus Deutschland und Südtirol 0043/512/59547]

Tirol Information
Montag bis Freitag 8 bis 17 Uhr, Donnerstag 8 bis 18 Uhr
A-6020 Innsbruck, Wilheilm-Greil-Str. 17
Telefon (0512) 587828, Fax 588842
[aus Deutschland und Südtirol 0043/512/587828]

Alpenverein Südtirol

Montag, Dienstag, Donerstag 10 bis 12 und 15 bis 17 Uhr
Freitag 10 bis 12 Uhr
Dr. Hansjörg Hager
I-39100 Bozen, Pfarrplatz 11
Telefon (0471) 999955
[aus Deutschland und Österreich 0039/0471/999955]

Beschreibende und wissenschaftliche Literatur

Cornelius, Hans Peter: Geologisches über die Granatspitzgruppe, ZDAV 1942/61.
Finsterwalder, Karl: Zur Namensgebung der Glocknerkarte, ÖAZ 1930/39.
Fischer, Hans: Großglockner, Bergverlag Rother, München, 1938.
Gallhuber, Julius: Die Hohen Tauern Bruckmann-Verlag, München, 1935.
Gams, Helmut: Die naturwissenschaftliche Erforschung der Glocknergruppe, ZDÖAV 1965/87.
Klein, Herbert: Zur Geschichte Felbens und des Felbentals, ZDAV 1942/76.
Kölbl, L.: Die Tektonik der Granatspitzgruppe in den Hohen Tauern, Sitzungsbericht d. Wiener Akademie d. Wissenschaften, Math.-Naturwiss. Klasse, 60. Band, 1924.
Kühlken, Oskar: Das Glocknerbuch, Berglandverlag, Salzburg, 1975.
Linding, Gerhard: Neue Glocknerkarte – diesmal aus Luftbildern, ZDÖAV 1965/7.
Löwl, Ferdinand: Der Granatspitzkern, Jb. d. Geolog. Reichsanstalt, Wien, 1895.
Löwl, Ferdinand: Kals, ZDÖAV 1897/34.
Löwl, Ferdinand: Rund um den Großglockner, ZDÖAV 1898/27.
Michl, Marcus: Die Gamsgrube (Flora), DAZ 1935/159.
Paschinger, Herbert: Die Pasterze, ZÖAV 1965/46.
Pusch, Wolfgang/Baumgartner, Leo: Großglockner, Bergverlag Rother, München, 3. Auflage 2003.
Richter, Eduard: Berichtigungen zur österr. Spezialkarte, ZDÖAV 1877/58.
Roßmanith, Gebhardt: Der Naturschutzpark in den Hohen Tauern, ZDÖAV 1937/152.
Schmid-Wellenburg, Walter: Das Gebiet der neuen Glocknerkarte, ZDÖAV 1965/87.
Tursky, Franz: Der Großglockner und seine Geschichte, Hartleben Verlag, Wien, 1922.
Waldmann, Franz: Zu den Namen der Granatspitzkarte, ZDAV 1942/69.
Weingartner, Josef: Matrei in Osttirol, ZDAV 1942/87.

Hochgebirgsführer

Brandenstein, W.: Granatspitzgruppe, Artaria, Wien, 1928.
End, W.: Glockner- und Granatspitzgruppe, Alpenvereinsführer, Bergverlag Rother, München, 11. Auflage 2010.
End, W./Peterka, H.: Glockner- und Granatspitzgruppe, Alpenvereinsführer, Bergverlag Rother, München, 1980, 1990, 1995.
Heß, H.: Führer durch die Hohen Tauern, Hartleben-Verlag, Wien, 1881.
Lienbacher, V.: Glocknergruppe, Alpenvereinsführer, Bergverlag Rother, München, 1962.
Lienbacher V./Peterka, H.: Glockner- und Granatspitzgruppe, Bergverlag Rother, München, 1969.

Peterka, H.: Glockner- und Granatspitzgruppe, Alpenvereinsführer, Bergverlag Rother, München, 1975.
Purtscheller/Heß: Der Hochtourist in den Ostalpen, 5. Band, Bibl. Institut, Leipzig, 1928.
Rabl, J.: Glockner-Führer, ÖAK-Verlag, Wien, 1881.
Tursky, F.: Führer durch die Glocknergruppe, Artaria, Wien, 1925.

Wanderführer

Dumler, H.: Osttirol Nord – Matrei, Kals, Virgen- und Defereggental, Bergverlag Rother, München, 2004.
End W./Peterka H.: Glockner-, Granatspitz- und Venedigergruppe, Gebietsführer, Bergverlag Rother, München, 12. ergänzte Auflage 1994.
Führer H.: Tauern-Höhenweg, Bergverlag Rother, München, 1993.
Herrmann, E.: Tauern-Höhenwegführer, Gerlach-Verlag, Wien, 1952.
Lienbacher, V.: Kleiner Führer durch die Glockner- und Venedigergruppe, Bergverlag Rother, München, 1967.
Maister/Walder: Osttirol, Tyrolia-Verlag, Innsbruck, 1922.
Meissel, W.: Mooserboden – Herz der Glocknergruppe, Belvedere-Verlag, Wien, 1967.
Morrigl, J.: Von Hütte zu Hütte, 2. Band, Hirzel-Verlag, Leipzig, 1912.
Oberwalder, L.: Osttirol, Tyrolia-Verlag, Innsbruck, 1956.
Peterka, H./End, W.: Glockner-, Granatspitz- und Venedigergruppe, Kleiner Führer, Bergverlag Rother, München, 1980.
BV-Tourenblätter, Mappe 7, Bergverlag Rother, München, 1972.
Toth-Sonns, W.: Führer durch die Hohen Tauern, Bergverlag Rother, München, 1940.

Skiführer

Biendl/Radio/Radiis: Skifahrten in den Ostalpen, 3. Band, Artaria, Wien, 1922.
Koller, W.: Skiführer durch die Hohen Tauern, Bergverlag Rother, München, 1932.
Schall, Kurt/Seibert, Dieter/Weiss, Rudolf und Siegrun: Schitourenatlas Österreich-West, Schall-Verlag, Wien, 2001.
Seibert, D.: Ostalpen 2, Alpenvereins-Skiführer, Bergverlag Rother, München, 1989.
Thenius, Alfred: Osttiroler Winterführer, Tyrolia-Verlag, Innsbruck, 1980.
Weiss, R.: Skitouren Nationalpark Hohe Tauern, Steiger Verlag, Innsbruck, 1985.
Weiss, R.: Skitouren Salzburg – Berchtesgaden, Glocknergruppe, Steiger Verlag, Innsbruck, 1991.

Landkarten

Alpenvereinskarte 1:50.000:
Blatt »Groß-Glockner-Gruppe« 1:50.000 (Ausgaben 1890, 1913)

Alpenvereinskarte 1:25.000:
Blatt 39 »Granatspitzgruppe« (Ausgaben 1942, 1973, 1981, 1988, 1993, 2002)

Alpenvereinskarte 1:25.000:
Blatt 40 »Großglocknergruppe« (Ausgaben 1928, 1953, 1965, 1969, 1973, 1982, 1992, 2002, 2006).

Alpenvereinskarte 1:25.000:
Blatt 41 »Schobergruppe« (Ausgaben 1936, 1968, 1981, 1991).

Österreichische Karte/BMN 1:50.000:
Blatt 122 »Kitzbühel«
Blatt 123 »Zell am See«
Blatt 152 »Matrei in Osttirol«
Blatt 153 »Großglockner«
Blatt 179 »Lienz«

Österreichische Karte/UTM 1:50.000
Blatt 3102 »Hopfgarten in Defereggen«
Blatt 3220 »Mittersill«
Blatt 3221 »Zell am See«
Blatt 3226 »Matrei in Osttirol«
Blatt 3227 »Großglockner«

Freytag & Berndt-Wanderkarte 1:50.000:
Blatt WK 121 »Großvenediger, Ober-Pinzgau«
Blatt WK 122 »Großglockner, Kaprun, Zell am See«
Blatt WK 123 »Matrei, Defereggen, Virgental«
Blatt 193 »Sonnblick«

Stichwortverzeichnis

Die Zahlen beziehen sich auf die Randzahl des Stichworts. Begriffe wie Großer, Kleiner, Hinterer etc. sind nachgestellt.

D